धर्मशास्त्र
और
जातियों का सच

धर्मशास्त्र और जातियों का सच

शशि शेखर शर्मा

प्रभात प्रकाशन, दिल्ली
ISO 9001:2015 प्रकाशक

प्रकाशक • **प्रभात प्रकाशन**
4/19 आसफ अली रोड,
नई दिल्ली-110002

संस्करण • प्रथम, 2020
मूल्य • सात सौ रुपए
मुद्रक • आर-टेक ऑफसेट प्रिंटर्स, दिल्ली

DHARMASHASTRA AUR JATIYON KA SACH
by Shri Shashi Shekhar Sharma ₹ 700.00
Published by Prabhat Prakashan, 4/19 Asaf Ali Road, New Delhi-2
e-mail: prabhatbooks@gmail.com ISBN 978-93-5266-129-9

प्राक्कथन

यदि आधुनिक भारत के इतिहासकारों और समाजशास्त्रियों के द्वारा प्रचारित तर्कों पर विचार किया जाए तो कुछ साहसिक अपवादों को छोड़कर, यह भाव मन में आएगा कि धर्मशास्त्रों से संबंधित पुस्तकें हिंदू समाज की 'मूल' पुस्तकें हैं। उन्हें 'मूल' पुस्तकों के रूप में इस कारण प्रस्तुत किया जाता है, क्योंकि उन्हें वैचारिक व सामाजिक व्यवहार का निर्धारण करनेवाले अलंघ्य ढाँचे का निर्माता माना जाता है। हमें बताया जाता है कि इस ढाँचे को व्यावहारिक रूप देने का काम ब्राह्मणों द्वारा राजतंत्र के सक्रिय सहयोग से किया गया। यही कारण है कि अधिकांश विद्वानों ने धर्मशास्त्रों का अनुवाद 'हिंदुओं की विधि पुस्तिका' के रूप में किया तथा *मनुस्मृति* को 'मनु की विधि' या 'मनु की नियमावली' का नाम दिया गया। इस प्रकार नामित किए जाने का उद्देश्य यह भी था कि धर्मशास्त्रों में समाहित बिंदुओं को हिंदू समाज के वास्तविक वैधानिक नियमों के रूप में प्रस्तुत किया जाए। यह कहा गया कि हिंदुओं ने इन धर्मशास्त्रों के प्रति आस्था प्रकट करते हुए जाति-व्यवस्था को रिलीजियस और वैधानिक रूप देकर लागू किया, जिसमें हिंदू समाज के कई वर्गों को निरंतर शोषण, असमानता तथा उत्पीड़न का शिकार बनाया गया। हालाँकि ऐसे विमर्श की एक बड़ी समस्या यह है कि इन परिकल्पनाओं के साक्ष्य विरले ही मिलते हैं।

यदि धर्मशास्त्र हिंदुओं के 'कानून' होते तथा हिंदू समाज ने उनमें समाहित निर्देशों के आधार पर अपने सामाजिक-राजनीतिक जीवन को ढाला होता, तो इस सिद्धांत के समर्थन में पर्याप्त ऐतिहासिक साक्ष्य उपलब्ध होते, जिनका संबंध इन शास्त्रों की रचना किए जाने के युग से, यानी 400 ई.पू. से सन् 600 ई. की अवधि से होता, किंतु वस्तुस्थिति ऐसी नहीं है। भारतीय इतिहास के प्राचीन या आरंभिक मध्य युग में जाति उत्पीड़न, जातीय शोषण तथा शूद्रों और 'दलितों' का समाज के अन्य वर्गों द्वारा, इस सिद्धांत के आधार पर, दमन किए जाने के साक्ष्य नहीं मिलते हैं। इतिहासकारों के दावों तथा आधुनिक युग में जातियों के बीच हिंसक घटनाओं के वर्णन के अतिरिक्त शायद ही

ऐसा कोई प्रसंग मिलता है, जो इस निष्कर्ष की पुष्टि कर दे कि धर्मशास्त्र हिंदू समाज के वैधानिक शास्त्रों के रूप में अपनाए जा रहे थे और हिंदुओं द्वारा उनके आदेशों का पालन किया जा रहा था और तद्नुसार वे सामाजिक बर्बरता में शामिल थे। फिर ऐसे कौन से तथ्य हैं, जिनके आधार पर पतनोन्मुख हिंदू इतिहास के इस महान् सिद्धांत को स्वरूप दिया गया है? हमारे पास ऐसे कौन से साक्ष्य हैं, जिनके आधार पर हिंदू इतिहास के पन्नों में धर्मशास्त्रों के इस महत्त्व को इतना विख्यात कर दिया गया है?

धर्मशास्त्रों द्वारा अपनी वैधानिकता का दावा कहीं भी नहीं किया गया है। उनमें ऐसा कोई नियम नहीं, जो शोषण और उत्पीड़न को बढ़ावा देता है। स्मृतियों की ऐसी कुछ पंक्तियाँ हैं, जो शूद्रों को वेदों के अध्ययन से रोकती हैं, लेकिन वे भी इतनी सुस्पष्ट नहीं, जितना हम सोचते हैं और उनके आधार पर यह नहीं कहा जा सकता कि शूद्रों को सताया जाता था। शायद ही किसी शासक का ऐसा अभिलेख मिले, जिससे पता चले कि एक विशेष धर्मशास्त्र उनके राज्य में नियम पुस्तिका का कार्य करता था। ऐसे लिखित और प्रमाणित साक्ष्य उपलब्ध नहीं हैं जिनसे यह पुष्टि की जा सके कि जाति के आधार पर जातियों के बीच संघर्ष होता था या सामूहिक हिंसक घटनाओं को अंजाम दिया जाता था।

प्राचीन काल में अनेक विदेशी यात्रियों ने भारत का भ्रमण किया। उनमें से कुछ ने भारत की भौगोलिक स्थिति तथा भारतीयों के सामाजिक और सांस्कृतिक जीवन का वर्णन किया है, जो साक्ष्य के रूप में आज भी उपलब्ध हैं। उनमें से किसी ने भी हिंदुओं की 'मूल' पुस्तिकाओं का वर्णन नहीं किया, न ही किसी ने एक भी ऐसी घटना का वर्णन किया, जिसमें धर्मशास्त्रों के कारण हिंदू समाज में 'उच्च' जातियों द्वारा 'नीची' जातियों पर हमले की चर्चा हो। हालाँकि हिंदू समाज में जाति की कथित केंद्रीय भूमिका के आलोक में हिंसा की घटनाएँ इतनी व्यापक होनी चाहिए थीं कि किसी भी विदेशी आगंतुक का ध्यान सबसे पहले इसी विषय की ओर गया होता, परंतु उनमें से अधिकतर का ध्यान इस ओर नहीं गया। कुछ ने जाति और शास्त्रों पर गौर किया भी तो वह आधुनिक इतिहासकारों द्वारा उन घटनाओं पर डाली गई रोशनी से पूरी तरह भिन्न परिप्रेक्ष्य में था।

मेगास्थनीज ने भारत में लंबा समय बिताया था और यहाँ रहकर काम भी किया था। उसने न केवल देश के विभिन्न हिस्सों में भ्रमण किया, बल्कि उस युग के कुछ शासक वंशों, विशेष रूप से मगध राजघराने, से उसका करीबी संबंध भी था। उसने जातीय-युद्धों, धर्म द्वारा वैधानिक घोषित किसी हिंसा या उत्पीड़न का कोई वर्णन नहीं किया है। बिरले ही कभी उसने हिंदू समाज के किसी वर्ग के शोषण को दर्ज किया अथवा प्राचीन राज्यों और हिंदू समाजों की कार्यशैली में धर्मशास्त्रों की केंद्रीय भूमिका या महत्त्व का वर्णन किया। उलटे, उसने सोच-विचारकर यह कहा कि "भारतीय लोग

साधनों से संपन्न हैं, इस कारण उनकी कद-काठी का दर्जा औसत से अधिक है और उन्हें उनके गर्वीले आकार से पहचाना जा सकता है'।[1] उसने हमें यह बताया कि "भारत में कभी अकाल नहीं पड़ा और पोषक भोजन की आपूर्ति में कभी भी कोई कमी नहीं रही।"[2] भारतीय भौगोलिक क्षेत्र में रहनेवाले विभिन्न समुदायों के उद्गम के संबंध में भी मेगास्थनीज ने एक महत्त्वपूर्ण तथ्य का उल्लेख किया है, जिसे आर्यों के निवास स्थान की बहस में अनदेखा किया जाता है। ऐतिहासिक स्मृति और भारतीयों की मान्यताओं का उदाहरण देते हुए उसने बताया, "ऐसा कहा जाता है कि अपनी संपूर्णता में भारत एक विशाल देश है और भारत की आबादी में असंख्य और विविध जाति-प्रजाति के लोग रहते हैं, जिनमें से एक भी मूल रूप से विदेशी नहीं था, बल्कि सभी स्पष्ट रूप से स्थानीय थे। यही नहीं, भारत में न तो विदेशों से प्रवासी आए और न भारत ने किसी अन्य राष्ट्र में प्रवासी भेजे।"[3]

हिंदू समाज में जाति आधारित भेदभाव पर पारंपरिक रूप से बुद्धिमानी का जो प्रदर्शन किया जाता रहा है, उसके विपरीत मेगास्थनीज ने अपना वर्णन भारत के 'प्राचीन दार्शनिकों' पर आधारित कर यह सत्यापित किया कि हिंदू समाज की रीतियाँ खुली और भेदभाव से मुक्त थीं : "भारतीयों के बीच कुछ उल्लेखनीय रिवाज प्रचलित थे, उनमें से एक को उनके प्राचीन दार्शनिकों ने नियत किया था, जिसे सही अर्थों में प्रशंसनीय कहा जा सकता है : उनकी विधि यह प्रस्थापित करती है कि किसी भी परिस्थिति में उनमें से किसी को भी गुलाम नहीं बनाया जा सकता, बल्कि अपनी स्वतंत्रता का उपभोग करते हुए सभी व्यक्ति अन्य सभी के उस समान अधिकार का सम्मान करेंगे··· इसके लिए ऐसे नियम बनाए जाएँ, जो न केवल न्यायसंगत हों और सबको समरूपता के सूत्र में बाँध सकें, बल्कि संपत्ति का बँटवारा भी समान रूप से कर सकें।"[4]

मेगास्थनीज ने भारतीय समाज के ढाँचे पर जब नजर डाली तो उसे जातियों की कोई कठोर श्रेणी नहीं दिखी, जिसमें पंथ के आधार पर कुछ समुदायों को अलग-थलग किया गया हो। उसने 'अछूतों' की उस स्थिति या ऐसी किसी व्यवस्था को नोटिस नहीं किया, जिसकी ओर उसका ध्यान न गया होता, यदि वह हिंदू समाज की मूल और सर्वव्यापी विशेषता होती। उसने भारतीय समाज को सात व्यावसायिक श्रेणियों में संगठित पाया, परंतु उन श्रेणियों में किसी सामाजिक वर्ग के रूप में शूद्रों का कोई उल्लेख नहीं था। इसकी बजाय हमें भारतीय समाज के विषय में बार-बार यही बताया जाता है कि यह मुक्त, सरल और खुली प्रवृत्ति का था, जिसमें गुलामी का अस्तित्व नहीं था। मेगास्थनीज बताते हैं, "भारतीय विदेशियों को भी गुलाम नहीं समझते थे, ऐसे में अपने देशवासियों के विषय में ऐसी बात तो वे सोच भी नहीं सकते थे"। उनके अनुसार, भारतीय कानून सरल थे और जहाँ लोग "बिरले ही कानून की शरण में जाते थे।" इस तथ्य का समर्थन

अरियन ने भी किया, हालाँकि उन्होंने भारतीयों में अपने व्यावसायिक समूह से बाहर विवाह करने की अनिच्छा की चर्चा की तथा एक साथ दो व्यवसायों को अपनाने और दूसरों के अनुसार अपने स्वाभाविक व्यवसाय को छोड़ने की अनिच्छा का भी वर्णन किया है। उसने न कोई शूद्र देखे, न ही दलित। उन्होंने ब्राह्मणों द्वारा इन समूहों के किसी भी प्रकार के शोषण का वर्णन नहीं किया है। वास्तव में अरियन ने कहा, "तर्कवादियों (ब्राह्मणों) का जीवन सरल नहीं, बल्कि सबसे कठिन था।"[5]

पाँचवीं सदी में चीनी तीर्थयात्री फाह्यान ने भारत का व्यापक भ्रमण किया, किंतु उन्होंने भी दमनकारी जाति-व्यवस्था या भयाक्रांत और निकृष्ट कोटि में रखे गए शूद्रों और अछूतों को कहीं भी नहीं देखा। उन्होंने केवल एक बार *चांडालों* की चर्चा की है, जो मथुरा में उनके प्रवास से जुड़े वर्णन में दर्ज है। फाह्यान के अनुसार, मथुरा एक ऐसा स्थान था, जहाँ बौद्ध धर्म को पूर्ण प्रतिष्ठा प्राप्त थी। मथुरा और उसके आस-पास के साम्राज्य में, "लोग प्राचुर्य और प्रसन्नता से रहते हैं। वे न जनसंख्या के बहीखातों को जानते हैं, न ही दंडाधिकारियों और न ही कानून को··· उनके शासन के लिए राजाओं को दंडात्मक (कष्टकारी) प्रणाली की भी आवश्यकता नहीं।"[6] फाह्यान ने हमें बताया कि, "उस देश के निवासी किसी जीव की हत्या नहीं करते। वे न तो मदिरापान करते हैं और न ही प्याज या लहसुन खाते हैं।"[7] इस शाकाहारी और संयमी सांस्कृतिक माहौल पर बौद्ध मूल्यों का प्रभाव स्पष्ट था और इसी संयमी परिवेश में फाह्यान ने *चांडाल* समुदाय की चर्चा की है, जो उनके अनुसार, उस क्षेत्र के बहुसंख्यक लोगों के खान-पान और सामाजिक मूल्यों के अपवाद के रूप में उस इलाके में विद्यमान था। ऐसा बहुसंख्यक समुदाय जो 'न तो सूअर और न ही मुर्गों को पालता था।' केवल चेन-छा-लो (चांडाल) समुदाय "शिकार करने और मांस बेचने का काम करता था।"[8] यही कारण था कि *चांडालों* के घर अन्य लोगों के घर से किसी अलग स्थान पर होते थे और नगर में प्रवेश करने पर वे लकड़ी पर चोट कर आवाज किया करते थे, जिससे कि उन्हें और उनकी विक्रय-वस्तु से जो बचना चाहें, वे पहले ही सतर्क हो जाएँ।

फाह्यान ने जिस अध्याय में *चांडालों* का वर्णन किया है, उसके साथ संलग्न व्याख्यात्मक टिप्पणियों में क्लेप्रॉथ और लॉन्ड्रेस ने लिखा है कि चीनी यात्री ने जिस *चांडाल* शब्द का प्रयोग किया है, उसका अर्थ कसाई हो सकता है, "क्योंकि कसाई का पेशा अपनानेवाले और अन्य बुरे कार्य करनेवालों पर यह बाध्यता थी कि वे जब भी कहीं जाएँ तो उनके पास बाँस का एक टुकड़ा या घंटी हो, जिसे बजाकर वे अपनी पहचान बता सकें।'[9] हमें यह भी पता चलता है कि बौद्ध भिक्षुओं को *चांडाल* समुदाय से भिक्षा ग्रहण करने की मनाही थी, "क्योंकि जीवों की हत्या और प्रताड़ना में आनंद प्राप्त करनेवाले कसाई, संवेदनशीलता, अच्छे गुणों और सुविचारों को भी नष्ट कर देने

का कार्य करते हैं।"[10] बर्मी बौद्ध रचना 'धम्मथट', जो *मनुस्मृति* का ही एक संस्करण है, में *चांडालों* की उत्पत्ति को लेकर एक दिलचस्प कहानी है। इस कृति के अनुसार, एक दुष्ट ब्राह्मण ने अपनी जवान पत्नी की हत्या कर दी। इस कारण उसके साथी ब्राह्मणों ने उसके अंदर की राक्षसी प्रवृत्ति से क्रोधित होते हुए उसे समाज से निकाल दिया और उसे 'त्सांडाल' कहने लगे, "और तभी से यह त्सांडाल वर्ग एक विशिष्ट समूह बन गया, जिसमें दुष्ट और कभी न सुधरनेवाले ब्राह्मणों को रखा जाने लगा।" त्सांडाल ब्राह्मण उन नौ प्रकार के ब्राह्मणों में से एक है, जिनका वर्णन 'थम्मथट' में किया गया है, जिनमें से कुछ अन्य हिंदू ब्राह्मण और ब्राह्मण बौद्ध कहे गए हैं।[11] वास्तव में चीनी तथा अन्य विदेशी वृत्तांतों में ब्राह्मणों को "पुरोहितों की बजाय एक समाज या जनजाति के रूप में देखा गया है।"[12]

भारत आनेवाले एक अन्य महत्त्वपूर्ण विदेशी यात्री ह्वेन सांग (सन् 635-643 ईसवी) थे, जिन्होंने अपने वृत्तांत 'सी-यू-की' में उस युग के भारत की दिलचस्प झलक दिखाई है। भारत में बिताए अपने आठ वर्षों के दौरान उन्होंने व्यापक भ्रमण किया, लोगों से मिले और नालंदा में पंद्रह महीने तक अध्ययन भी किया। उन्होंने क्या देखा और जाना, यह जानना दिलचस्प होगा। यदि धर्मशास्त्रों के आधार पर ब्राह्मणवादी उत्पीड़न और दलितों का दमन उस युग के समाज की वास्तविकता होती तो बौद्ध होने के कारण उनका ध्यान हिंदू समुदाय की इस प्रवृत्ति की ओर अवश्य गया होता। हिंदुओं को वे विधर्मी कहते थे तथा ब्राह्मणों के विरुद्ध अपना मत व्यक्त करने से भी नहीं चूकते थे, किंतु ह्वेन सांग ने हमें जो बताया, वह पूरी तरह अलग है। उन्होंने कहा कि भारत को 'इन्तु', अर्थात् चंद्रमा कहा जाता है, क्योंकि, "ऋषियों और साधु-संतों के ज्ञान का प्रकाश इस जगत् का मार्गदर्शन चंद्रमा के समान ही करता है, जिसके कारण यह देश विख्यात हुआ और इसे 'इन्तु' कहा जाता है।"[13] उन्होंने हमें बताया कि भारत को सामान्य तौर पर ब्राह्मणों (पो-लो-मेन) का देश कहा जाता है, क्योंकि उन्हें "उनकी पवित्रता और भद्रता के लिए जाना जाता है।"[14] ह्वेन सांग के अनुसार, मुख्य नगर के परिसर से बाहर रहनेवालों के निवास स्थान 'जाति' के आधार पर नहीं, बल्कि उनके व्यवसाय के आधार पर अलग होते थे : "कसाई, मछुआरे, नर्तक, जल्लाद और *मेहतर*, आदि के निवास नगर से बाहर हुआ करते थे।"[15] उन्होंने इन व्यावसायिक समुदायों के अस्तित्व का वर्णन किया तो किया, लेकिन इसकी चर्चा ह्वेनसांग ने नहीं की है कि उन्हें प्रताड़ना या शोषण का शिकार बनाया जाता था, न ही उन्होंने कहीं यह लिखा कि नगर के बाहर उनके निवास होने के पीछे किसी शास्त्र द्वारा लिखा गया कोई निर्देश था। उन्होंने जितने शांतचित्त और सरलता से इन घटनाओं का वर्णन किया, उससे प्रतीत होता है कि अधिकतर सामाजिक समूह सुख और शांति का जीवन व्यतीत कर रहे थे। ह्वेन सांग ने चार वर्णों का अस्तित्व देखा,

किंतु उन्हें हिंदू समाज के 'चार वर्गों' का नाम दिया। उनके अनुसार शूद्र (शू-दो-लो) कृषक वर्ग का एक सदस्य था, जो 'हल चलाने और जुताई' का काम करता था। इस संक्षिप्त वर्णन के अतिरिक्त उन्होंने हमें यह बताया—"इनके अलावा अन्य प्रकार की श्रेणियाँ हैं, जो अपने व्यवसाय के अनुसार आपस में शादी-विवाह करती हैं। इनकी चर्चा विस्तार से करना संभव नहीं होगा।"[16]

आचार, विधि-व्यवस्था और दंड पर अपनी विस्तृत चर्चा में ह्वेन सांग ने धर्मशास्त्रों का वर्णन ही नहीं किया है। उन्होंने हमें बस इतना बताया—"सरकार का प्रशासन चूँकि दयालुता के सिद्धांत पर आधारित है, इस कारण प्रशासन सरल है। परिवारों को पंजिकाओं में दर्ज नहीं किया जाता (व्यक्ति कर के लिए) और व्यक्तियों से बलपूर्वक श्रम (अनिवार्य सेवा) नहीं कराया जाता है।"[17] शहरी रिहाइश से बाहर रहनेवालों के विषय में उन्होंने हमें बताया कि उनमें से ज्यादातर लोग गाय, बैल, गधे, घोड़े, कुत्ते, लोमड़ी और बंदर जैसे जानवरों का मांस खाते थे। इसलिए, ऐसा मांस खानेवालों से "घृणा और तिरस्कार किया जाता है, उन्हें सबके द्वारा दुराचारी समझा जाता है, वे नगर की दीवारों के बाहर रहते हैं और शायद ही लोगों के बीच वे घुलते-मिलते हैं।"[18] ह्वेन सांग ने 'मिश्रित वर्गों' की उपस्थिति नोट तो की, लेकिन उन्होंने बताया, "मिश्रित वर्गों और छोटे वर्गों में जनमे व्यक्तियों तथा अन्य में, एक अंतर को छोड़कर और कोई भेद नहीं था, जो उनके द्वारा प्रयोग में लाए जानेवाले पात्रों को लेकर था, जो मूल्य और सामग्री, दोनों के आधार पर भिन्न थे।"[19] अपने विस्तृत वृत्तांत में ह्वेन सांग ने कहीं भी यह वर्णन नहीं किया कि धर्मशास्त्र हिंदुओं के 'मूल' ग्रंथ या 'विधि-नियमावली' थे। उन्होंने एक जाति द्वारा दूसरी जाति पर हिंसा या संगठित उत्पीड़न को भी नोटिस नहीं किया। इसके विपरीत, ऐसा लगता है कि वे भारतीयों के सामाजिक-राजनीतिक संगठनों के बीच सुखद संबंध को देखकर प्रसन्न थे।

अरब यात्री अबु रैहन अल-बरूनी गणित, ज्योतिष और खगोलविद्या के एक प्रतिभावान अध्येता थे। वह एक ऐसे व्यक्ति थे, जिनकी यूनानी और हिंदू दर्शन पर गहरी पकड़ थी। उन्होंने भारत का व्यापक भ्रमण किया था और उन्हें भारतीय दर्शन तथा विज्ञान का अध्ययन करने के साथ ही भारतीय सामाजिक जीवन को करीब से देखने का भी पर्याप्त अवसर मिला था। उन्होंने पतंजलि, सांख्य दार्शनिकों समेत कई दार्शनिकों की कृतियों तथा 'भगवद्गीता' का अनुवाद किया था। उन्होंने पुराणों का भी विस्तार से अध्ययन किया था। अल-बरूनी ने जिन ग्रंथों और पुस्तकों का अध्ययन किया, उनमें विज्ञान, गणित, दर्शन और चिकित्सा के विषय की पुस्तकें शामिल थीं। उन्होंने 'महाभारत' और 'रामायण' को पढ़ने की भी चर्चा की है, किंतु यह आश्चर्य की बात है कि भारत में बिताई अपनी संपूर्ण अवधि के दौरान उन्होंने भारतीय दर्शन, समाज और

संस्कृति का विस्तार से तो अध्ययन किया, लेकिन कहीं भी धर्मशास्त्रों का कोई वर्णन नहीं किया। उनके अनुवादक सचाऊ ने कहा, "केवल एक बार उन्होंने मनु के धर्मशास्त्र का वर्णन किया, लेकिन वह भी इस प्रकार कि मुझे संदेह होता है कि उन्होंने उस पुस्तक में लिखी बातों का ही वर्णन किया है या नहीं।"[20] अल-बरूनी के द्वारा स्मृतियों और धर्म शास्त्रों की चर्चा न किए जाने के दो कारण हो सकते हैं :(i) धर्मशास्त्रों की पुस्तकों का हिंदू समाज के विद्वत चिंतन में वैसा महत्त्व न रहा हो, जैसा कि विज्ञान, गणित और दर्शन के अध्ययन का महत्त्व था, (ii) हिंदू समाज के अंदर उनकी व्यावहारिकता और प्रासंगिकता नाममात्र की भी नहीं थी।

अल-बरूनी की कृतियों में जातीय और अंतर्जातीय संबंध को लेकर भी कोई चर्चा नहीं मिलती, न ही शोषण, विघटन तथा दमन का कोई वर्णन है। यद्यपि, अल-बरूनी ने इन विषयों पर इक्का-दुक्का टिप्पणी की है, लेकिन इतने अगंभीर और अकस्मात् रूप में कि लगता है ये विषय हिंदुओं के लिए किसी विशेष महत्त्व के विषय नहीं थे। हिंदुओं की सोच पर गणित, खगोल विज्ञान और राजनीतिशास्त्र ही अधिक हावी थे। अल-बरूनी ने कहा कि हिंदू अपने सामाजिक समूहों को 'वर्ण यानी रंगों' के नाम से पुकारते थे तथा वंशावली की दृष्टि से, विभिन्न सामाजिक समूह जातक या जन्म के अनुसार संगठित लगते थे। भारत में वे जिन शूद्रों से मिले, वे दास या शोषित नहीं थे, बल्कि ऐसे सामाजिक, आर्थिक समूह थे, जो हैसियत और महत्त्व में वैश्यों के समान ही थे। उन्होंने कहा, "बाद के दो वर्गों के (वैश्य और शूद्र) बीच अधिक अंतर नहीं है।"[21] विभिन्न वर्णों के सामाजिक संबंध के विषय में उनका कहना है कि, "ये वर्ग आपस में एक-दूसरे से कितने ही भिन्न क्यों न हों, वे एक ही शहर और गाँव में आस-पास बने घरों और आश्रयों में रहते हैं।"[22]

अंत्यज कहे जानेवाले समुदाय की चर्चा अल-बरूनी ने सामाजिक रूप से बहिष्कृत समूह के रूप में नहीं, बल्कि 'विशेष शिल्पकार या पेशेवर समूह के सदस्य के' रूप में की है, जिनकी वृत्ति के लिए आवश्यक था कि वे नगर के मुख्य भाग से थोड़ा दूर जाकर बस जाएँ। अल-बरूनी ने *अंत्यज* समुदायों के आठ वर्गों या श्रेणियों के विषय में बताया है—धोबी, चर्मकार, नट, बाँस के ढाल बनानेवाले, नाविक, मछुआरे, शिकारी और बुनकर। वर्ग और श्रेणी (गिल्ड) के बीच अल-बरूनी द्वारा किया गया सामंजस्य दिलचस्प है और संभवत: बताता है कि विभिन्न पेशे से जुड़े तथाकथित *अंत्यज* समूह अपने पेशागत पसंद की उपज थे और यह तथ्य कि वे व्यावसायिक श्रेणियों में संगठित थे, उन्हें सामूहिक मोल-भाव के बूते पर वित्तीय लाभ उठाने की शक्ति देता था। केवल हाड़ी, *डोम* और *चांडालों* के विषय में कहा जाता है कि वे अपने आपको जाति या श्रेणी के रूप में संगठित नहीं कर सके और "उनके पेशे से ही उनकी एक विशिष्ट पहचान

बन गई थी।" इन समूहों की सामाजिक स्थिति उनकी जीवन-शैली और पेशे के चुनाव से तय होती थी, जिसमें न्यायिक प्रणाली के अंतर्गत जल्लाद के रूप में नियुक्ति शामिल थी। अल-बरूनी ने भारतीय सामाजिक व्यवस्था की वास्तविकता पर हमें बस इतना ही बताया है, हालाँकि उन्होंने हमें यह भी याद दिलाया है, "हिंदू दार्शनिकों के अनुसार, सभी जातियों और संपूर्ण मानवजाति की साझा मुक्ति निश्चित है, बशर्ते उसे प्राप्त करने की उनकी मंशा में कोई कमी न हो।"[23] शास्त्रों और मत के आधार पर भेदभावपूर्ण जाति-व्यवस्था के संकेत अल-बरूनी के विस्तृत विवरण में नहीं मिलते हैं।

कुछ अन्य तथ्य भी हैं, जिन्हें ध्यान में रखना आवश्यक है। इन तथ्यों की सहायता से इस अध्ययन के जरिए शुरू की गई चर्चा को आगे बढ़ाने के साथ ही उस परिप्रेक्ष्य का परिचय कराना भी संभव होगा, जिसकी खोज और व्याख्या का प्रयास किया जा रहा है। पहला, यह संभव है कि हिंदू संस्कृति ने अपने सामाजिक आयामों को जाति के सांगठनिक स्वरूप को आधार बनाकर गठित किया, लेकिन, "यह बात उस कथन से पूरी तरह से अलग है कि जाति ही हिंदुत्व की आत्मा है।"[24] पीटर वान डर वीयर का कहना है कि हिंदू समाज के लिए जाति इतनी स्वाभाविक नहीं है, जितना कि दावा किया जाता है, "यह धारणा कि जाति भारतीय सामाजिक व्यवस्था का आधार है और हिंदू होने का अर्थ किसी-न-किसी जाति का सदस्य होने से है, ब्रिटिश युग में स्वयं सिद्ध तथ्य बनी। वास्तव में, उस युग में यह हुआ कि औपनिवेशक व्यवस्था के प्रशासनिक और वैचारिक दबाव के कारण जाति निर्धारण और उसके अधिक कठोर पद्धतीकरण की प्रक्रिया शुरू हो गई, जो हमें अफ्रीका के तथाकथित 'द्वितीय जनजातीकरण' (सेकेंडरी ट्राइबलाइजेशन) की याद दिलाती है।"[25] सूरीनाम, दक्षिण अफ्रीका, हॉलैंड आदि देशों में अनेक समर्पित हिंदू बसे हैं, जिन्होंने अपने सामुदायिक जीवन को पारंपरिक जाति-व्यवस्था के आधार पर संगठित नहीं किया है, फिर भी वे सच्चे हिंदू ही तो हैं।

कठोर जातिगत पहचान के महत्त्वहीन होने के समर्थन में हम हिंदू परंपरा के अनेक दृष्टांतों का उदाहरण दे सकते हैं। चोखामेला नाम का महाराष्ट्र का एक परिया व्यक्ति ब्राह्मणों का गुरु बन गया और एक चांडाल, जिसमें साक्षात् शिव को विद्यमान पाया गया, ने शंकराचार्य को शिक्षा दी।[26] विभिन्न समुदायों के बीच भिन्न-भिन्न सामाजिक भूमिका का फैलाव एक जानी-मानी बात थी और भारत की संस्कृति में यह तथ्य आज भी जाग्रत् है। अगर आज के साधु समाज की जाँच की जाए तो पता चलेगा कि उनमें बहुसंख्य गैर-ब्राह्मण होंगे तथा अधिकांश का संबंध कथित शूद्र वर्गों से हो सकता है। यह भी एक वास्तविकता है कि भारत के मंदिरों में अनेक पुजारी तथाकथित निचले वर्गों से आते हैं और उनकी संख्या लगातार बढ़ती जा रही है।[27] दूसरा महत्त्वपूर्ण स्मरणीय तथ्य यह है कि जातियों ने पृथकतावाद को बढ़ावा देने की अपेक्षा समाज में एकता को बढ़ावा दिया।

सांसारिक अंतर और विशिष्टता के प्रति संपूर्ण सम्मान का प्रदर्शन करते हुए हिंदुओं ने इसका प्रयोग बहुत बड़ी संख्या में मौजूद समुदायों को एक विशालकाय सामाजिक-सांस्कृतिक ढाँचे में एकीकृत करने के लिए किया।[28] जे.एल. ब्रॉकिंगटन कहते हैं कि जाति का एक प्रमुख कार्य "विभिन्न जनजातियों और समुदायों को सामाजिक पदानुक्रम में स्थान देकर उन्हें समाहित करने का रहा है।"[29]

इस बात पर गौर करते हुए कि अधिकांश भक्ति साहित्य भी जाति की मान्यता की पुष्टि नहीं करते हैं, बरॉकिंगटन का तर्क है, "यति की अवधारणा को यह कहकर सीमाबद्ध किया जाता है कि उनका दायरा पांथिक क्षेत्र तक सीमित था, लेकिन यह इस बात की भी पुष्टि करता है कि हिंदू परंपरा से जाति का जुड़ाव घनिष्ठता से होने के बाद भी यह उसके लिए अनिवार्य नहीं है।"[30] तीसरा प्रासंगिक विषय 'अस्पृश्यता' से संबंधित है। सबसे पहली बात तो यह कि प्राचीन काल में हिंदुओं के बीच अस्पृश्यता नहीं थी। संपूर्ण वैदिक वाङ्मय में इसकी कोई चर्चा नहीं है। अधिकांश महाकाव्यों में अस्पृश्यता की चर्चा नहीं की गई है तथा शास्त्रों में इसकी चर्चा का प्रश्न भी पूरी तरह अनिश्चित और जटिल है। गरहार्ड स्विट्जर का तर्क है कि सबसे रूढ़िवादी हिंदू भी इस धारणा को लेकर असहज महसूस करता है। वे कहते हैं, "किसी भी पवित्र पुस्तक में अछूतों को नोटिस नहीं किया गया है··· ऐतिहासिक स्रोतों के साक्ष्य के अभाव में यह बता पाना पूरी तरह असंभव है कि सामाजिक व्यवस्था के सबसे निचले पायदान पर 'अछूतों' की इस वृहत्तर श्रेणी की स्थापना कब हुई थी। उच्च जाति से आनेवाले पिछली सहस्राब्दी के किसी भी लेखक ने अपनी रचना में किसी भी रूप में इस विषय पर चर्चा करना आवश्यक नहीं समझा। संभवत: इस वर्ग का अस्तित्व आठवीं या नवीं सदी में ही सामने आया, इसलिए यह वास्तव में एक नई घटना है।"[31] अंतिम और सबसे महत्त्वपूर्ण बिंदु यह है कि अधिकांश विद्वानों ने धर्मशास्त्रों का वर्णन हिंदुओं की 'विधि-पुस्तिका' के रूप में नहीं किया है।

उपरोक्त तथ्यों के आधार पर हिंदू सामाजिक संगठन और सांस्कृतिक रीति-रिवाजों पर आधुनिक विमर्श का अध्ययन करना तनावपूर्ण और परेशान करनेवाला अनुभव हो सकता है। हिंदुओं को यह बार-बार याद दिलाया जाता है कि वे ऐसी सांस्कृतिक विरासत के वारिस हैं, जिसकी कुतर्कपूर्ण, अक्षमता से भरी, हिंसक तथा भेदभावपूर्ण नीतियाँ स्वत:सिद्ध हैं और यह बताया जाता है कि हिंदू समाज में कभी कोई अच्छी बात हुई ही नहीं और इस समाज का अपनी व्यर्थपूर्ण सभ्यता से बाहर निकलना भी संभव नहीं है। हिंदू बहुदेववाद, मूर्तिपूजा, जातिवाद और स्त्री विरोधी भावना के दलदल में फँसे हैं तथा दूसरे लोगों की भूमि पर आक्रमण करने की उनमें तीव्र इच्छा है। साथ ही, वे कमजोरों पर विजय पाने और उन्हें अपने अधीन करने की मंशा भी रखते हैं। हिंदुओं

को बार-बार यह एहसास कराया जाता है कि वे एक ऐसे धर्म के ऐसे शिकार हैं, जो समानता, भाईचारा, न्याय और लोकतंत्र की धारणाओं को समझने में सक्षम नहीं है और इसलिए इस्लाम और ईसाई धर्म से निम्न कोटि का है। हिंदुओं की पहचान केवल ऐसे दर्शन से की जा सकती है, जिसमें 'हिंदुत्व' (जिसे उनका रिलीजन मान लिया गया) के भीतर 'धर्म' के नाम पर 'सती', जाति उत्पीड़न, फर्जी आध्यात्मिकता, अनैतिक भगवानों और जगन्नाथ के रथ के आगे कूद जाने से जुड़ी कथाएँ ही प्रासंगिक हैं। आप अपने चारों ओर देख लीजिए, ऐसे ही अनुसंधान आपकी सूझ-बूझ को आहत करते दिखेंगे। आप किन्हीं आधुनिक बुद्धिजीवियों से 'न्याय सिद्धांत' या 'मीमांसा' की व्याख्यात्मक परंपरा पर बात करें तो हठात् आपका ध्यान जाति संघर्ष की अखबारों में छपी खबरों की ओर खींच लिया जाएगा और उन्हें हिंदू के रूप में आपकी पहचान का अनिवार्य तत्त्व भी बता दिया जाएगा।

हिंदुओं की बेचैनी का दूसरा कारण उसकी पहचान को खारिज किए जाने से संबंधित है, जिसे आधुनिक युग के विद्वान् शिष्ट भाषा में 'पूछताछ' [इन्टेरोगेशन] या 'समालोचना' [क्रिटीक] कहते हैं। उसे अपनी कपोल कल्पित आत्मानुभूति की समस्या से जूझने के लिए बाध्य किया जाता है। उसकी जीवन-दृष्टि का इस प्रकार वर्णन होता है, मानो हिंदुओं का अपने इतिहास के साथ ही अपनी भौगोलिक दृष्टि से कोई संबंध नहीं है। आखिर वह कौन है? जब हिंदू संस्कार या संकल्प के लिए बैठता है, तब वह ध्यान करता है कि वह हजारों वर्षों से भारतभूमि के सांसारिक तथा पवित्र इतिहास का भागीदार है : जंबूद्वीपे भारतवर्षेकुमारिकाखंडे आर्यावर्तैकादेशे···ब्राह्मणे द्वितीयपरार्धे श्रीश्वेतावाराहकल्पे वैवश्वत मानवंतरे अष्टद्विंशतीतमे कलियुगे प्रथमाचरणे। हिंदू को सिर्फ भारत का व्यापक इतिहास और भूगोल ही याद है। उसे किसी अन्य देश या काल का स्मरण नहीं है, किंतु इतिहासकार का इससे कोई लेना-देना नहीं है। उसके लिए केवल हिंदू धर्म को 'भटकाना' (डिसेंटर) ही सबसे महत्त्वपूर्ण है। इस प्रक्रिया में वह हिंदू को अचंभे में डालता है कि आखिर वह कौन है? क्या वह किसी विदेशी सैन्य हमलावर की संतान है या बर्बरतापूर्वक हराए गए समाज का सदस्य, जिसे अपने आक्रमणकारियों से प्रतिशोध लेना है? क्या वह ऐसे पूर्वजों की संतान है जो दुर्बलों को 'खा जाया' करते थे और इस परंपरा के निर्वहन में उन्होंने वर्तमान समय में भी बर्बरता को अपनाया है? क्या उसकी सांस्कृतिक विरासत में अच्छाई का एक भी गुण है या फिर उसे बर्बर जातिवाद, नपुंसक, किंतु कामुक देवताओं, समलैंगिक संतों, अवैध संतानोंवाले योद्धाओं, अपनी पत्नियों को जलानेवाले पुरुषों तथा ऐसे गुरुओं, जो अपने शिष्यों के अँगूठे काटकर प्रसन्न हुआ करते थे, के बारे में प्रचारित 'आधुनिक विद्वानों' के घातक विमर्श की छाया में जीने के लिए अभिशप्त होना पड़ेगा?

प्रो. मुहम्मद हबीब तथा रफीक जकारिया जैसे विद्वान् हिंदुओं से कहते हैं कि महमूद गजनवी या औरंगजेब की बर्बरताओं के लिए समकालीन मुसलमानों को दोषी या जिम्मेदार नहीं ठहराना चाहिए। वे यह भी कहते हैं कि अनावश्यक रूप से अतीत के विवादों के 'गड़े मुर्दे उखाड़ने'[32] का काम नहीं होना चाहिए, क्योंकि इससे आम भारतीय मुसलमानों की भावनाओं को ठेस पहुँचती है और उन्हें दोषी, राक्षसी रूप दिया जाता है। ऐसे वर्णन से हिंदुओं और मुसलमानों के बीच वैमनस्य पैदा होता है, जिसके कारण शांतिपूर्ण सह-अस्तित्व और, सामाजिक व्यवस्था के साथ ही राष्ट्रीय एकता और अखंडता के लिए एक खतरा पैदा हो जाता है। वाकई! हमें अपने इतिहास की उन सारी सिद्ध और सच्ची घटनाओं की चर्चा को बंद कर देना चाहिए, क्योंकि वे मुस्लिम समाज के सामने असहज कर देनेवाले प्रश्न खड़े करती हैं तथा विश्व स्तर पर एक पांथिक विचारधारा को लेकर परेशानी उत्पन्न करती हैं। परंतु हिंदू को हमेशा याद दिलाते रहना चाहिए कि उसके सामाजिक जीवन का पूरा सच इतिहासकारों द्वारा प्रचारित कपोल कथाओं में निहित बर्बरता, शोषण और विवादों की चर्चाओं में अंतर्निहित है यानी इतिहास लेखन में सिर्फ यह याद दिलाया जाना चाहिए कि दबंग हिंदू 'जातियों' ने अपने हिंदू परिवार के ही कुछ वर्गों के प्रति कितनी दुर्भावना का प्रदर्शन किया है। वास्तव में, हिंदू विषयों पर केंद्रित अनेक समकालीन इतिहास रचनाओं का एक बड़ा हिस्सा पूरी तरह जातीय-व्यवस्था, उच्च जातियों द्वारा निचले वर्गों पर किए गए अत्याचारों तथा हिंदू धर्म के नाम पर गंभीर असमानताओं को बढ़ावा दिए जाने की प्रवृत्ति को समर्पित है। यदि हिंदू समाज को ठेस पहुँचाने और उनके विभिन्न घटकों के बीच वैमनस्य को बढ़ावा देने का काम फर्जी और निराधार तथ्यों के आधार पर किया जा सके तो इसे एक उदारवादी और प्रगतिशील नैतिक जिम्मेदारी के रूप में सतत अंजाम दिया जाना चाहिए। वर्तमान समाज के हिंदुओं को उनके पूर्वजों द्वारा भारत पर किए आक्रमण के दौरान तथाकथित पापों का जिम्मेदार ठहराया जाना चाहिए और मनु के युग में किए गए अत्याचार की सजा दी जानी चाहिए। हिंदुओं के लिए कोई राहतकारी परिस्थिति नहीं, किसी 'वैकल्पिक अर्थ' की गुंजाइश नहीं, कोई छुटकारा नहीं। उन्हें सबसे पहले निश्चित दोषी माना जाएगा, विशेषकर तब, जब वे 'सवर्ण' प्रजाति के हों, किंतु अब शूद्र अवतार में भी उन्हें क्षमा नहीं किया जा सकता है। वर्तमान हिंदुओं को दंड का भागी बनना ही होगा। उनके अवनत धर्म को जिम्मेदार ठहराया जाएगा। उनके समाज को सतत भयंकर आरोपों के साथ जीना पड़ेगा। भारत में इस्लामी राज की सच्ची बर्बरताओं की चर्चा भी अपराध है।

इस असहजता से छुटकारा तभी संभव है, जब कोई व्यक्ति आधुनिक इतिहासकारों की अस्वीकरण की उस वैचारिक मानसिकता को अपना ले, जिसकी जड़ें 'ओरिएंटलिस्ट' और यूरोपीय 'इंडोलॉजी' ने सिंचित की हैं। यह विचारधारा

आग्रह करती है कि हर हिंदू अपनी संस्कृति के पतन की बात को स्वीकार कर ले तथा प्राचीन भारत के उस इतिहास को स्वीकार कर ले, जो एक विशेष हित को साधने के लिए प्रचारित की जाती है, जिससे उसके मन से अपनी सांस्कृतिक विरासत पर गर्व करने की बात ही मिट जाए। आधुनिक और प्रगतिशील विचारकों ने यूरोपीय औपनिवेशिक इंडोलॉजिक चिंतन को इतना आत्मसात् कर लिया है कि उनके लिए यह मायने नहीं रखता कि हमारे संतों की कृतियाँ स्कूल-कॉलेजों में पढ़ाई जाती हैं या नहीं। वह उस बहस में भी नहीं पड़ना चाहता, जिसमें उसकी सांस्कृतिक विरासत को छह हजार वर्ष की बजाय महज तीन हजार वर्ष पुराना बताया जाता है। उसमें निजी तौर पर अपने शास्त्रों का अर्थ जानने की कोई अभिरुचि नहीं है, क्योंकि वह अपना ज्ञान पक्षपात करनेवाले टिप्पणीकारों से प्राप्त करता है। उसे बताया गया है कि अपनी सांस्कृतिक पृष्ठभूमि पर गर्व करना पिछड़ेपन की निशानी है, किंतु किसी इस्लामी रचना को, उसके संदर्भ और वैचारिक उद्देश्य को जाने बिना सूफी कव्वाली के रूप में सुनना ही आधुनिकता की चरम निशानी है। अगर आप ऐसे आधुनिक हिंदू से कहें कि आप वेदांत में दिलचस्पी रखते हैं या 'रामायण' की कथा सुनने जा रहे हैं तो वह आपको संदेह और अपमान के भाव से देखेगा। मुझे याद है, जब मैंने अपनी एक महिला सहकर्मी से यह बात कही कि मैं मानसरोवर की यात्रा की इच्छा रखता हूँ तो उसका जवाब था, इंशा अल्लाह, यानी अल्लाह की इच्छा हुई तो आपकी इच्छा अवश्य पूरी होगी। प्रगतिशील आधुनिक हिंदू के लिए मेरी तीर्थाटन इच्छा को अल्लाह की दया पर निर्भर बताना हमारी मिली-जुली संस्कृति की अद्भुत मिसाल है।

कुछ प्रगतिशील हिंदू जान-बूझकर नास्तिक होने का नाटक करते हैं और उन्हें सिर्फ इसलिए प्रगतिशील माना जाता है, क्योंकि उन्हें अपनी ही परंपरा का ज्ञान नहीं होता है। कुछ अन्य अपनी कुशाग्र बुद्धि का ढोंग कर अपनी ही संस्कृति की वृथा आलोचना करते हैं, ताकि उन्हें ऐसे दर्शकों से तालियाँ मिलें, जिनमें से अधिकतर चित्त विभ्रमित मानसिकता के होते हैं। उन्हें लगता है कि अपनी परंपराओं के स्वाध्याय से उनकी मुक्ति संभव नहीं है, बल्कि उससे पराजयवादी हार मान लेने में ही भलाई है। ऐसे व्यक्तियों की हिंदू संस्कृति में अभिरुचि और उस पर उनका विमर्श केवल बेतुके अभियोग तक सीमित होता है : (i) राम ने सीता का त्याग क्यों कर दिया? (ii) द्रोणाचार्य ने एकलव्य का अँगूठा क्यों कटवा दिया? (iii) शंबूक का वध क्यों किया गया? (iv) आर्य हिंदुओं ने भारत पर आक्रमण क्यों किया और स्थानीय लोगों को दास क्यों बनाया? (v) 'ब्राह्मणवादी' उच्च जाति के हिंदुओं ने मूलवासियों का शोषण और उत्पीड़न क्यों किया वगैरह, वगैरह। वे अपने सांस्कृतिक मूल्यों की व्याख्या इन्हीं घटनाओं के आधार पर करते हैं, जबकि वे इनके संदर्भ और जटिल पारिस्थितिक अर्थ को नहीं जानते, क्योंकि

उन्हें मौलिक ग्रंथ की कोई गंभीर जानकारी नहीं है और इस कारण वे अर्धसत्य में गोते लगाते हैं और आत्म-विस्मृति का एक विचित्र स्वाँग रचते हैं।

छद्म बौद्धिक हिंदुओं को ब्रिटिश औपनिवेशिक नीतियों और मिशनरी प्रचार ने जन्म दिया। औपनिवेशिक जजों, प्रशासकों और मानवजाति का अध्ययन करनेवालों (एथनोग्राफर्स), पश्चिमी प्राच्यवादियों (ओरिएंटलिस्ट) और भारत-शास्त्र (इंडोलॉजी) के ज्ञाताओं की साँठ-गाँठ से, हिंदुओं की संस्कृति से छेड़छाड़ की शुरुआत की गई तथा उन्होंने हिंदू परंपराओं और मूल्यों की एक नई व्याख्या की शुरुआत की, जिससे वैकल्पिक हिंदू परंपराओं और मूल्यों को स्थापित किया गया। इस अभियान की शुरुआत हिंदुओं की एक पीढ़ी को इस प्रकार पालने-पोसने और बढ़ाने की मंशा से की गई, जो पश्चिमी मूल्यों में प्रशिक्षित हो और जड़-विहीन छद्म हिंदू के रूप में परिवर्तित हो जाए। औपनिवेशिक राज के द्वारा पैसे देकर बंगाली पंडितों द्वारा तैयार कराए गए 'हिंदू कानून' का जब हालहेड ने अनुवाद किया तो उसने उसे 'कोड ऑफ गेंटू लॉज' नाम दिया, जो सही भी था क्योंकि उस ग्रंथ का संबंध एक तरफ तो हिंदू शास्त्रों की भावना या मंशा से नहीं था तो दूसरी तरफ हिंदुओं के रीति-रिवाजों से भी उसका कोई लेना-देना नहीं था। वह रचना हिंदू शास्त्रों की एक विकृत अनुकृति थी, जो केवल आँख मूँदकर विश्वास करनेवाले या पाश्चात्य आधुनिकतावादी हिंदुओं को ही पसंद आ सकती थी। हिंदू परंपराओं को विकृत रूप दिए जाने का यह अभियान सभी पहलुओं को ध्यान में रखकर चलाया गया, लेकिन इसका विशेष जोर हिंदू धार्मिक व्यवहारों और सामाजिक व्यवस्था के ढाँचे के निरूपण को लेकर हिंदुओं की सोच पर था। यही वह क्षेत्र था, जिसे मिशनरियों के दुष्प्रचार तथा औपनिवेशिक शत्रुता तथा विसंवाद का सबसे अधिक प्रहार झेलना पड़ा। इस प्रहार के लिए ईसाई धर्म के उन तर्कों को हथियार बनाया गया, जिनका प्रतिपादन जीवन की सारी समस्याओं को सुलझानेवाले सिद्धांत के रूप में किया जा रहा था।

कई पाश्चात्य विद्वान् भारतीय समाज के प्रारंभिक संपर्क में आते ही शुरू हो गए। ऐसे शोध शीघ्र ही किए जाने लगे, जो यह बताते थे कि हिंदू जिस सामाजिक जीवन-शैली और सांस्कृतिक दृष्टिकोण की बात करते हैं वह सच्चाई से परे है, और जिसे हिंदू जीवन-पद्धति का नाम दिया जाता है,वह असल में आक्रमणकारी आर्यों की विरासत थी, जो वर्तमान में ब्राह्मणों और भारत की उच्च जातियों के विमर्श में सन्निहित है। पाश्चात्य विद्वानों ने हिंदू संस्कृति के अतीत को खँगाला और मानवजाति के अध्ययन से जुड़े ऐसे तथ्यात्मक रत्नों को सामने लेकर आए जिससे पता चला कि हिंदुओं की उत्पत्ति नोह [बाइबिल के पौराणिक पात्र] के एक पुत्र हैम के वंशजों से हुई है। हिंदुओं को जहाँ तक संभव था, वहाँ तक बदनाम किया गया। कभी-कभी तो यह प्रयास अकादमिक

शालीनता के दायरे को भी लाँघता दिखा, "वे सबसे कुटिल और धूर्त लोग थे; "वे सारे चोर हैं" और "उनकी स्त्रियाँ वेश्याएँ हैं।"[33] यदि हिंदुओं की जन्मजात प्रवृत्ति इस प्रकार की थी, तो उनके सांस्कृतिक तौर-तरीके तो और भी घृणित होंगे और हमें पूरे दावे के साथ बताया गया कि ऐसा ही था भी, "व्यर्थ के संस्कार, दुर्गंधयुक्त कुंड और धुआँ, कुरूप मूर्तियाँ, मन के अँधेरे तथा उनके मंदिरों के बाह्य अंधकार के बीच की मिलीभगत उनके अनुयायियों को शाश्वत अंधकार की प्राप्ति कराती है।"[34] स्पष्ट है कि आधुनिक यूरोपियों ने भारतीय समाज को सभ्य बनाने का जो बीड़ा उठाया था, उसके आड़े भाषण और भाषा की शालीनता नहीं आ सकती थी। किसी भी हिंदू विषय पर चर्चा की शुरुआत को ही बिना किसी तर्क के इतनी कठोरता और नकारात्मकता के साथ एक ऐसे निष्कर्ष तक पहुँचा दिया जाता है कि उस निष्कर्ष के समर्थन में दिया गया सबसे फिजूल, बेतुका, गलत या झूठा तर्क भी प्रासंगिक और स्वयंसिद्ध प्रतीत होता लगे। पहले से तय निष्कर्ष के कारण तर्क की गुंजाइश भी नहीं रह जाती थी।

इंडोलॉजी के अगुआ चिंतकों का प्रयास सत्य की तलाश नहीं, बल्कि उसे घोषित कर देना था और इस प्रकार के किसी भी दुष्प्रचार के लिए एक वैचारिक ढाँचा बनाना जरूरी था, जो हिंदुओं के संदर्भ में आक्षेप, फटकार, बुरे वचनों और चरित्र हनन की बुनियाद पर बना हो, ताकि समाज में होनेवाली सांस्कृतिक बहस में आधिपत्य स्थापित किया जा सके। फलत: जिस परंपरा को इस कसौटी पर कसा जाता था, उसे अभिकर्तत्व से खाली तथा किसी भी मूल तत्व से हीन प्रमाणित कर दिया जाता था। इसके फलस्वरूप धर्म, हिंदुओं का 'कानून' भी बन गया और उनका 'रिलीजन' भी। धर्मशास्त्रों से उनकी पहचान छीन ली गई और उन्हें सामाजिक और नैतिक व्यवहार के शास्त्र की बजाय 'हिंदू कानून की संहिता' तथा 'हिंदू कानून के संस्थान' का नाम दे दिया गया। *मनुस्मृति* 'मनु के कानून' के रूप में जानी गई और *याज्ञवल्क्य स्मृति* को 'याज्ञवल्क्य के कानून' कहा गया। इससे भी कहीं अधिक महत्त्वपूर्ण परिवर्तन आनेवाले समय में हुए, जब इन शास्त्रों को जबरन ब्राह्मणवादी कानून के नियम बताया जाना लगा, क्योंकि आधुनिकतावादी विद्वानों ने हिंदुत्व की व्याख्या ब्राह्मणवाद के रूप में भी कर दी। चूँकि इन शास्त्रों में व्यक्तिगत, व्यावसायिक और सामाजिक व्यवहार के नैतिक विमर्श का उल्लेख है, इसलिए जब उन्हें 'हिंदुओं की विधियों' के रूप में घोषित कर दिया गया—जबकि इन शास्त्रों में ऐसा कोई दावा नहीं किया गया है—तब तो यह सिद्ध ही हो गया कि हिंदू समाज में जो कुछ भी गलत हुआ है, उनके लिए इन्हीं शास्त्रों को जिम्मेदार ठहराया जाए, हिंदू सामाजिक-सांस्कृतिक दृष्टिकोण के पतनोन्मुख होने का कारण मान लिया जाए। हिंदू असमान, कपटी और भेदभावपूर्ण जाति-व्यवस्था का जनक बन गया। अपनी फूहड़ धार्मिक और सांस्कारिक परंपराओं का पालन करने से ही वह बुराई के गर्त में गिर गया

है और यह भी कहा गया कि उसमें प्रतिष्ठा और सम्मान को फिर से प्राप्त करने की कोई संभावना नहीं रह गई। हिंदू एक भ्रष्ट 'बहुदेववादी' आध्यात्मिकता का पालन करते हैं, जो उनकी अविवेकी और अविकसित बौद्धिक सोच का प्रदर्शन करता है।

इब्राहिमी चिंतन से प्रेरित नए पश्चिमी उपदेशों ने एक नए हिंदू जगत् की पुनर्संरचना की, जिसके विभिन्न पहलुओं को 'जाति', 'मूर्ति-पूजा', 'बहुदेववाद', 'पितृसत्तात्मकता' जैसे नाम दिए गए। संकीर्ण इब्राहिमी एकेश्वरवाद की तुलना में बहुदेववाद किस प्रकार कमतर है या पूजा-अर्चना के प्रयोजन हेतु भगवत मूर्ति को क्यों निकृष्ट मान लिया जाए, इसकी कोई विद्वत व्याख्या नहीं की गई। इब्राहिमी सिद्धांत को प्रथमद्रष्टया ही सत्य मान लिया गया, क्योंकि इब्राहिमी पैगंबरों और उनके बिना जाँचे-परखे रहस्योद्घाटन में ऐसा ही कहा गया था। इस प्रक्रिया के तहत प्राच्यवादियों, मिशनरियों, उपनिवेशवादियों और उनके बटुक भारतीय शोधकर्ताओं ने हिंदू जगत् को छद्म हिंदुओं के जगत् में तब्दील कर दिया। इसी बनावटी विचारधारा को ईसाई संगठनों और उनके द्वारा स्थापित शिक्षण संस्थानों के जरिए परोसा जाने लगा। सरकारी साहित्य और ब्रिटिश राज के द्वारा स्थापित स्कूलों और कॉलेजों के माध्यम से यह विचारधारा समाज में जड़ें जमाने लगी। विलियम जोंस, मैक्समूलर, मोनियर विलियम्स, मिल और चार्ल्स ग्रांट के बेहिसाब अनुसंधान ने भी इसमें योगदान दिया। नए कॉलेजों में एक ऐसे पाठ्यक्रम के अनुसार पढ़ाई शुरू हुई, जिसका आधार पश्चिमी विचारधारा, दर्शन और पद्धति थी। हिंदू परंपरा के विविध वैज्ञानिक, आध्यात्मिक, सांस्कृतिक और दार्शनिक पहलुओं और उनकी व्याख्या करनेवाले स्वदेशी लोगों का मुँह बंद कर दिया गया। इस प्रक्रिया के अंतर्गत एक बीमार 'गेंटूवाद' और वैचारिक रूप से परिवर्तित किए गए हिंदुओं का उदय हुआ, जिनका अपनी विरासत से कोई संपर्क नहीं था। ऐसे हिंदुओं ने अपनी नई तार्किक आधुनिकता को 'बियर पीनेवाली मित्र-मंडली' और 'गोमांस खानेवाले क्लबों' में शामिल होकर सिद्ध किया तथा उन्होंने भगवती काली की प्रतिमा को देखकर अपना हैट छूकर उन्हें सलाम कर उन्हें 'हैलो' कहा और उनकी शुभेच्छा की कामना की।[35] उनके संरक्षण में हिंदू परंपरा की समकालीन गेंटूवादिता पूरे जोश से आगे बढ़ी। उसके अनुसार, उसका उदारवाद इन तथ्यों को सिद्ध करने में अंतर्निहित है कि हिंदू बाहर से आए और उन्होंने भारत पर आक्रमण किया। वे शास्त्रसम्मत रूप से गोमांस खाते थे और स्थानीय लोगों से उन्माद की हद तक भेदभाव और नफरत करते थे। चाहे हिंदू शास्त्र, हिंदू स्मृति और हजारों वर्षों की परंपरा की संजित प्रज्ञा तबाह होती हो, तो हो जाए।

पिछले दो-तीन दशकों में हिंदू व्यवहार, हिंदू संघर्ष की रणनीतियों और हिंदू परंपराओं तथा सामाजिक गठन पर अनेक किताबें लिखी और छापी जा चुकी हैं। हिंदू विषयों पर चर्चा के दौरान उनमें अधिकतर अपमानजनक आक्षेप तथा अनुचित

प्रतीकात्मकता का प्रयोग किया गया है। उनमें से अधिकतर रचनाएँ आपको मूल ग्रंथों, मूल रचनाओं, प्राचीन हिंदुओं की वास्तविक रीतियों के विषय में न तो बताती हैं और न ही बताने में दिलचस्पी रखती हैं। वे हिंदू समाज में मध्यकाल और औपनिवेशिक शासन के हस्तक्षेपों की भी चर्चा नहीं करतीं। प्रगतिशील विद्वानों के अनुसार, हिंदू इतिहास की शुरुआत बंकिमचंद्र चट्टोपाध्याय की 'सांप्रदायिक' रचनाओं से होती है, क्योंकि उन्होंने मातृभूमि के लिए श्रद्धा गीत लिखे। यह हिंदू इतिहास बनारस के राजा शिव प्रसाद के कारण और मजबूत हुआ, क्योंकि उन्होंने ब्रिटिश राज के दौरान अदालतों में अरबी और फारसी के साथ देवनागरी लिपि के प्रयोग की शुरुआत का प्रयास किया। मेलों और उत्सवों को संस्कृति के पतन का प्रतीक बताया जाता है। हमें यह याद रखना चाहिए कि इन सबके पीछे राजनीतिक उद्देश्य था, इसलिए उन्नीसवीं सदी के उत्तरार्द्ध में जाति-संगठनों के विकास को हिंदू समाज की विघटनकारी प्रवृत्ति के रूप में दिखाया गया।

हिंदुओं के विकृत वर्तमान को लगभग छह हजार वर्षों के उनके ज्ञात इतिहास का पैमाना बना दिया गया है। इतिहासकारों की चिंता का विषय जाति के अध्ययन के लिए साँचों का निर्माण करना तथा छात्रों को उच्च जाति द्वारा शूद्रों पर हुए अत्याचार को लेकर घिसी-पिटी कहानी गढ़ने के लिए प्रेरित करना, हिंदू समाज में वैचारिक मतभेदों की गहराई के मिथक गढ़ना तथा हिंदू संस्कृति के अभाव तथा साझा विरासत की कमी की चर्चा करना ही रह गया था। आधुनिक इतिहासकारों के लिए चर्चा का सबसे महत्त्वपूर्ण विषय हिंदू 'जाति-व्यवस्था' रह गई है, जबकि इस शब्द की चर्चा न कहीं सूत्रों में है, न ही स्मृतियों में। हमें बताया जाता है कि 'जाति-व्यवस्था' वह आधारभूत और सबसे मौलिक वैचारिक धारणा है, जिसे हिंदुओं ने भारत पर आक्रमण के बाद स्थानीय शूद्रों, आदिवासियों, दलितों और द्रविड़ों को दास बनाने के लिए सदियों पहले अपनी संस्कृति का हिस्सा बनाया था। स्थानीय लोगों के ऊपर अपनी पकड़ मजबूत करने के लिए उन्होंने अनेक वैधानिक संहिताओं की रचना की और सामाजिक-राजनीतिक जीवन में अपना प्रभुत्व कायम किया। हमें फिर बताया जाता है कि ये कानूनी और प्रशासनिक संहिताएँ, जिन्हें धर्मशास्त्र कहा जाता है, विशेषकर *मनुस्मृति*, उसी दमनकारी विचारधारा के प्रमुख प्रतीक हैं। इस कारण *मनुस्मृति* को हिंदुओं की 'मूल पुस्तिका' बताया गया है। अधिकतर हिंदू *मनुस्मृति* को अपनी संस्कृति की 'मूल पुस्तिका' नहीं मानते। कइयों ने तो इसे देखा तक नहीं होगा, किंतु आधुनिक विचारक को इसकी परवाह नहीं, क्योंकि उनके वैचारिक गुरुओं ने उनके मन में यह बात बिठा दी है।

पुरातन हिंदू इतिहास पर इस आधुनिक सोच का सार इस प्रकार है : (i) हिंदू आध्यात्मिकता कुतर्की, पुरातनपंथी और लुप्त हो चुके पक्षी के समान है, (ii) न्यायवादी, परोपकारवादी और स्वतंत्रतावादी इब्राहिमी पंथों के आने से पहले भारत में कोई भी

अच्छा काम नहीं हुआ, (iii) जातिभेद और सामाजिक उत्पीड़न तथा इसके कारण होनेवाला आपसी संघर्ष हिंदू संस्कृति की प्रमुख विशेषता है, (iv) हिंदू केवल पतन की ओर जा सकते हैं और उनमें सुधार असंभव है, (v) हिंदुओं की नियति यही है कि वे अपनी गलत धारणाओं और वीभत्स 'जाति-व्यवस्था' के कारण बँटे रहेंगे और उन पर गुलामी की आशंका बनी रहेगी, (vi) हिंदुओं की वर्तमान दुर्दशा के लिए *मनुस्मृति* तथा अन्य शास्त्र दोषी हैं, तथा (vii) हिंदू संस्कृति असमानता और अन्याय को बढ़ावा देने में विश्वास रखती है।

इस घातक दुष्प्रचार से कोई भी सामान्य बुद्धिवाला हिंदू, जिसे अपनी संस्कृति की शिक्षा सही रूप में मिली हो, जिसे उसने शास्त्रों और इतिहास के व्यक्तिगत अध्ययन से और अधिक बढ़ाया हो, बच सकता है, किंतु समस्या यह है कि अधिकतर हिंदुओं को उनकी ही परंपरा के वैचारिक और दार्शनिक स्रोत मौलिक रूप में उपलब्ध नहीं हो पाते। जब मैं स्कूल में था, तब हमें बताया गया था कि हमारा देश पंद्रहवीं सदी में अस्तित्व में आया, जब किसी वास्को डि गामा ने हमारी खोज की। हमें पढ़ाया गया कि हिंदू 'धर्म' बहुदेववादी, मूर्तिपूजक, जातिवादी और पुरातनपंथी है। हमारे स्कूल की किताबों में हिंदू 'सुधारवादियों' तथा 'सुधार-आंदोलनों' पर अवश्य कुछ अध्याय होते थे, जिनका अभिप्राय यह था कि हिंदू जगत् में सुधार की नितांत आवश्यकता थी। हिंदू 'सुधार' पर चर्चाओं का यदि अध्ययन करें तो हम पाएँगे कि उसमें उन सभी धारणाओं को खारिज कर दिया जाता है, जिनके आधार पर हम कहते रहे हैं कि विश्व में हिंदुओं की पहचान बहुलवादी, मिलनसार और सहिष्णु लोगों की थी। हिंदू धर्म के सुधार का अर्थ था, उसके अनेक मतों, विधानों और सांस्कृतिक अनेकता को त्याग देना।

साक्षात् इश्वरीय अवतार तथा परमसत्ता की मूर्ति रूप में पूजा की हिंदुओं की जिस धारणा से उनकी उदार प्रकृति का पता चलता है, उसे भी खारिज कर दिया गया। सुधारों के नाम पर जाति के विखंडन और हिंदू शास्त्रों की निंदा को स्थान दिया गया। हिंदू धर्म में सुधार का अर्थ यह था कि संकीर्ण एकदेववाद तथा अनिश्चित एकेश्वरवाद की इब्राहिमी अवधारणा को स्थापित किया जाए। कोई मुस्लिम विद्वान् जब सुधार की बात करता है तो वह कुरान और हदीस में दिए गए अपने धर्म की मौलिक बातों की पुनर्स्थापना की चर्चा करता है। साथ ही, उन प्रभावों को अपने सामाजिक जीवन से निकाल बाहर करने की हिमायत करता है, जो दूसरे पंथों से इस्लाम में आए हैं, विशेष रूप से हिंदू काफिरों के कारण। दूसरी तरफ, जब हिंदुत्व के सुधार की बात आती है तो हिंदुओं से कहा जाता है कि वे अपनी संस्कृति की उन सभी धारणाओं का त्याग कर दें, जिनके आधार पर उनकी सभ्यता के आचार-विचार ने स्वरूप लिया है।

जाति के विषय को ही देख लीजिए। प्रत्येक 'सुधारक' आपसे कहेगा कि जाति-

व्यवस्था को भंग कर देना चाहिए, परंतु हम शायद ही कभी गंभीर विचार करते हैं कि इस सुझाव का निहितार्थ क्या है? इसका एक अर्थ यह हो सकता है कि अंतर्जातीय विवाह किए जाएँ, जिसमें नया कुछ भी नहीं, क्योंकि *मनुस्मृति* (अन्य कई शास्त्रों में भी) ने भी अंतर्वर्ण और अंतर्जातीय विवाहों को मान्यता दी है। यदि जाति के उन्मूलन की अपील अंतर्जातीय ऊँच-नीच और सत्ता के अभिमान को तोड़ने के लिए की जा रही है, तो हम कह सकते हैं कि जाति कभी भी सामाजिक-राजनीतिक सत्ता या वर्गों को पदानुक्रम में रखने का आधार नहीं रही है। हिंदुओं ने जाति के आधार पर ऊँच-नीच की तालिका (रोस्टर) नहीं बनाई। अस्पृश्यता निश्चित रूप से एक धब्बा है, किंतु इसकी उत्पत्ति और व्यापकता को गंभीर चर्चा के बिना स्वीकार नहीं किया जाना चाहिए। यही नहीं, हिंदू समाज ने ही कानूनी रूप से इसका उन्मूलन कर दिया है। विरले हिंदू आपको कहते मिलेंगे कि अस्पृश्यता शास्त्रसम्मत है। कोई छद्म या अविवेकी हिंदू ही ऐसा कह सकता है। इसके विपरीत इस्लाम का प्रत्येक आलिम और फाजिल आपसे कहेगा कि काफिरों के विरुद्ध लगातार जिहाद, बहुदेववाद तथा मूर्तिपूजा का विरोध इस्लामी मत का एक अनिवार्य हिस्सा है। यही वह महत्त्वपूर्ण तथ्य है, जिस पर ध्यान दिया जाना चाहिए।

ऐसे में, यदि हिंदू अपने आपको विभिन्न स्वशासी, स्व-नियंत्रित संप्रदायों और जातियों के सांस्कृतिक और सभ्यता संबंधी संघ के रूप में संगठित करते हैं तो क्या बुराई है? हमें यह भी समझने की भूल नहीं करनी चाहिए कि जाति का आज जैसा राजनीतिकरण किया गया है और उसे जैसा विभेदकारी सामाजिक रूप दिया गया है, उसका वैसा ही स्वरूप औपनिवेशिक युग से पहले भी था। दरअसल, जाति का स्वरूप वंश, क्षेत्र तथा व्यावसायिक समूहों के रूप में व्यवस्थित था, जिनकी समाज को चलाने में सहायक भूमिका थी। उनका यह मूल स्वरूप आज के युग में राजनीतिक हितों की पूर्ति के लिए संगठित की जानेवाली जातियों से पूरी तरह भिन्न था। आज भी किसी गाँव में एक पेशेवर भिखारी शायद ही मिले, क्योंकि उसकी जाति उसे भीख माँगने की बजाय कोई-न-कोई काम उपलब्ध करा देगी। शायद ही कभी किसी व्यक्ति को अपनी बेटी के विवाह में रात्रि के भोजन की व्यवस्था को लेकर चिंता हुई होगी, क्योंकि 'न्योता' की प्रथा के कारण उसे अपनी जाति के सदस्यों से चावल, घी, आटा, दाल, सब्जी और दही स्वेच्छा से दिए गए उपहार के रूप में मिल जाते थे। उसकी जाति उसे एक पहचान देने के साथ ही जन्म से मृत्यु तक बहुमूल्य सहयोग देती थी। जातियों के बीच परस्पर संबंध शत्रुतापूर्ण नहीं थे और विभिन्न समुदाय पारिवारिक, सामुदायिक, धार्मिक तथा सांस्कृतिक उत्सव मिल-जुलकर मनाते थे। मैं अपने व्यक्तिगत अनुभव से बता सकता हूँ कि अनेक पारिवारिक भोज और उत्सवों में यादव, कोइरी, कहार, बनिया, कुम्हार, लुहार आदि जातियों के लोग हमारे घर आते थे और सामूहिक भोजन में अन्य जातियों तथा

हमारे गोत्र के ब्राह्मणों के साथ बैठकर भोजन करते थे। हिंदुओं की मौलिक जाति आज के राजनीतिक जातिवाद जैसी नहीं थी। यह एक नवसृजित अनुभव है।

हिंदू चिंतन या हिंदू संस्कृति के अध्ययन में दिलचस्पी रखना आधुनिक युग में विधर्मिता के समान है। एक अंतरराष्ट्रीय दानकर्ता एजेंसी द्वारा प्रायोजित सेमिनार में एक ख्यातिप्राप्त भारतीय अर्थशास्त्री ने मुझसे पूछा कि आजीविका के लिए मैं क्या करता हूँ? मैंने उन्हें जब बताया कि मैं एक तुच्छ सरकारी बाबू हूँ तो उनके चेहरे पर एक उपहासजनक मुसकान तैर गई, किंतु मैंने जब उनसे कहा कि मैं हिंदू सांस्कृतिक परंपराओं और सामाजिक जीवन में धार्मिक विचारधाराओं की भूमिका पर शोध कर रहा हूँ, तब वह परेशान हो गए। उन्होंने अपनी निराशा खुलकर प्रकट की और हैरानी जताई कि मेरे जैसा प्रत्यक्षत: बुद्धिमान सा दिखनेवाला व्यक्ति धर्मों में, वह भी हिंदू धर्म जैसे अवैज्ञानिक और अविकसित मत में अभिरुचि कैसे रख सकता है। मैंने पलटकर जवाब तो नहीं दिया, लेकिन मैंने अनुभव किया कि मेरी विरासत को तुच्छ बताने में उन्होंने एक मिनट का भी समय नहीं लिया, जबकि उनके विचार को तार्किक रूप से खारिज करने में मुझे कई सत्र लग जाते। मैं तब और भी त्रस्त हुआ, जब मैंने देखा कि वही अर्थशास्त्री, उस सेमिनार में कांस्य युगीन प्रबंधन के तौर-तरीकों और मूर्खतापूर्ण सामाजिक नीतियों की पैरवी जिन बेतुकी दलीलों से कर रहा था, उससे भी कहीं कमजोर तर्क उसने हिंदू धर्म में मेरी दिलचस्पी को खारिज करने के लिए दिया था। परंतु वह इस बात को लेकर निश्चिंत था कि 'हिंदू' शब्द से जुड़ी कोई भी बात बचकानी सोच को प्रकट करती है। आखिर कैसे एक समझदार व्यक्ति हिंदू परंपरा जैसी पुरातन और बीते युग के विषय में अध्ययन करने में अभिरुचि ले सकता है? हिंदू सांस्कृतिक पहचान को पूर्व निर्धारित पाबंदियों वाले मानकों के निशाने पर रखा जाता है और सबसे पहले इसकी दार्शनिक, सांस्कृतिक तथा सामाजिक मूल्य प्रणाली को नीचा दिखाया जाता है, फिर उन मूल्य प्रणालियों को अकादमिक व्यवस्था के ऐसे अँधेरे कोने में धकेल दिया जाता है, जहाँ किसी आधुनिक व्यक्ति से यह अपेक्षा नहीं की जाती कि वह झाँकने का प्रयास करेगा।

ऊपर वर्णित घटना एक दु:खद सच का परिचायक है। हिंदू धर्म का नकारात्मक चित्रण, विभिन्न संप्रदायों और सांस्कृतिक समूहों को अपने अंदर समाहित किए हुए हिंदू सांस्कृतिक और सामाजिक मूल्यों और प्रतिमानों के प्रति एक ऋणात्मक धारणा, आधुनिक भारतीय मानस पर इतनी प्रबलता से छायी है कि जानकारी के साथ की जानेवाली चर्चा का स्थान उथले आरोपों ने ले लिया है। किंतु इस चर्चा में हिंदू परंपरा की व्याख्या करनेवाले हिंदू मध्यस्थ शामिल नहीं होते, क्योंकि उन्हें उनकी सांस्कृतिक परंपरा की रचनाओं के साथ अलग कर दिया गया है। इसलिए यह बहस भी उसी

आधुनिकतावादी हिंदू समुदाय के बीच होती है, जो मिलकर तय कर लेता है कि हिंदू होने का अर्थ क्या होता है ? यह कृति आधुनिकतावादी, प्रगतिशील विद्वत्ता की प्रिय विषय-वस्तुओं में से एक, अर्थात् मनु की 'संहिता' की उस व्याख्या पर वैकल्पिक परिप्रेक्ष्य प्रस्तुत करने का एक छोटा सा प्रयास है, जिसके विषय में कहा जाता है कि उसने हिंदू धर्मशास्त्रों से मिले धार्मिक समर्थन से 'मनुवाद' को जन्म दिया।

हालाँकि जैसा ज्ञान दिया जाता है, वास्तविकता उससे पूरी तरह भिन्न है। धर्मशास्त्रों ने न तो 'जाति-व्यवस्था' का सृजन किया, न ही उनके द्वारा जातियों के पदानुक्रम स्थापित हुए। धर्मशास्त्र आपसी संघर्ष का कारण नहीं है और न ही किसी अचल सिद्धांत की स्थापना करते हैं। यह कहना गलत है कि धर्मशास्त्र 'हिंदुओं के कानून' हैं और *मनुस्मृति* जैसे शास्त्रों को हिंदुओं की 'मूल पुस्तिका' जितना महत्त्व देना भी अनुचित है। परवर्ती अध्याय में हिंदू शास्त्रों की परंपरा की विशिष्टताओं पर प्रकाश डालने का प्रयास, उनमें निहित निम्नलिखित तथ्यों के आधार पर किया जाएगा : (i) धर्म कानून नहीं है, (ii) धर्मशास्त्र विधि या कानून की संहिता नहीं हैं, (iii) धर्मशास्त्रों का प्रयोग शिक्षा देने के लिए विभिन्न शाखाओं और चरणों में किया गया था, (iv) इन शास्त्रों को कभी विधिक महत्त्व नहीं दिया गया था, (v) प्राचीन भारत में शूद्र 'दास' समुदाय के समान नहीं थे और शास्त्रों द्वारा समाज में उनकी भूमिका को सामाजिक, राजनीतिक तथा आर्थिक रूप से कमतर नहीं बताया गया, (vi) किसी भी शास्त्र में सामाजिक अस्पृश्यता को स्पष्ट अनुमति दिए जाने के उदाहरण नहीं मिलते और (vii) सामाजिक-राजनीतिक पहचान के रूप में जाति को अपरिवर्तनशील रूप दिया जाना एक आधुनिक घटना है।

इस पुस्तक में उद्धृत अंग्रेजी के उद्धरणों का अनुवाद लेखक ने स्वयं किया है। पदों की सार्थक भिन्नता को दरशाने के लिए यथाआवश्यक 'रिलीजन' जैसे शब्दों का प्रयोग किया गया है, क्योंकि 'धर्म' उसका पर्यायवाची नहीं है।

यह पुस्तक 'Imagined Manuvad' का अनुवादित, संशोधित और परिवर्धित संस्करण है।

आशा है, यह प्रयास आपको लाभदायक लगेगा।

संदर्भ

1. जॉन डब्ल्यू मैक्रिंडल, 'इंडिका'; एनशिएंट इंडिया ऐस डिस्क्राइब्ड बाय मेगास्थनीज एंड आरियान; मुंशीराम मनोहरलाल; नई दिल्ली; 2000; पृ. 20
2. वही, पृ. 31
3. वही, पृ. 34
4. वही, पृ. 38
5. आरियान, पूर्वोक्त, पृ. 218

6. एबल रेमुसैट, क्लैप्रोथ एंड लैंड्रेस; द पिल्ग्रिमेज ऑफ फा-हिअन; मित्तल पब्लिकेशंस, नई दिल्ली; 1990; पृ. 108
7. वही, पृ. 108
8. वही, पृ. 108
9. वही, पृ. 113
10. वही, पृ. 114
11. वही, पृ. 114-115
12. वही, पृ. 115
13. सैमुअल बील, बुद्धिस्ट रिकॉर्ड्स ऑफ द वेस्टर्न वर्ल्ड; ओरिएंट रीप्रिंट्स; नई दिल्ली; 1983; पृ. 69
14. वही, पृ. 69
15. वही, पृ. 74
16. वही, पृ. 82
17. वही, पृ. 87
18. वही, पृ. 89
19. वही, पृ. 89
20. एड्वर्ड सी. साचाउ; अल्बेरुनिज इंडिया, मुंशीराम मनोहरलाल; नई दिल्ली; 2001; पृ. XL
21. वही, पृ. 101
22. वही, पृ. 101
23. वही, पृ. 104
24. कूनराड एल्स्त; हू इज ए हिंदू; वॉइस ऑफ इंडिया; नई दिल्ली; 2002 पृ. 11
25. गॉड्स ऑन अर्थ; वही. पृ. 11
26. वही, पृ. 15
27. वही, पृ. 16
28. वही, पृ. 18
29. द सैकर्ड थ्रैड : द हिस्टरी ऑफ हिंदुज्म; एल्स्त में उद्धृत; वही, पृ. 18
30. एल्स्त में उद्धृत; वही, पृ. 18-19
31. इंदियन; स्टुटगार्ट, 1995, एल्स्त में उद्धृत; वही, पृ. 21
32. शशि एस. शर्मा में उद्धृत; कैलिफ्स एंड सुल्तान्स; रिलीजियस आइडियोलॉजी एंड पॉलिटिकल प्रैकसिस; रूपा एंड कं.; नई दिल्ली; 2004; पृ. xvi.
33. शशि एस. शर्मा; ओ माय गॉड : नेवर ऑफ डिवाइन फॉल्टलाइंस; रूपा एंड क.; नई दिल्ली; 2002; पृ. 54
34. वही, पृ. 54
35. वही, पृ. 71

अनुक्रम

विधि क्या होती है

अंग्रेजी में लिखनेवाले अधिकतर पश्चिमी और भारतीय लेखक धर्मशास्त्रों के संग्रह को समेकित रूप से 'हिंदुओं की विधि' का नाम देते हैं। चूँकि *'मनुस्मृति'* को आम सहमति से हिंदुओं की सबसे विद्वेषपूर्ण 'कानून की पुस्तिका' मान लिया गया है, इस कारण विभिन्न कालखंडों में इसे विमर्श की कसौटी पर विशेष रूप से कसा गया है। बिरले ही किसी विद्वान् ने *मनुस्मृति* का अनुवाद 'मनु के कानून' या 'मनु के विधान' या 'मनु संहिता' के सिवाय किसी और रूप में किया होगा। आधुनिक विद्वानों ने इस धारणा को बिना किसी संदेह यह मान लिया है कि *मनुस्मृति* में हिंदुओं की विधि या कानून का संकलन है। यह विचार करना कि धर्म का अर्थ विधि के अतिरिक्त भी कुछ हो सकता है और *मनुस्मृति* को 'विधि संहिता' के सिवाय किसी अन्य दृष्टि से भी परखा जा सकता है, घोर विधर्मिता मानी जाती है और ऐसे विचारक की घोर निंदा की जाती है। क्या धर्मशास्त्र, विशेष रूप से *मनुस्मृति,* हिंदुओं की विधि संहिता है ? इस प्रश्न के उत्तर के लिए यह जानना आवश्यक होगा कि विधि क्या होती है, कानून कहते किसको हैं ?

धर्मशास्त्रों और 'हिंदुओं के कानून' को एक ही मान लेने की परंपरा की शुरुआत वर्षों पहले अठारहवीं सदी के उत्तरार्ध में देश में शुरू की गई उस शोध प्रणाली से, जिसकी पहल विलियम जोंस ने की, और जो हमारे युग में वेंडी डोनिगर की रचनाओं तक लगभग यथावत् जारी है। इस अंतराल में कई महान् विद्वानों ने भी धर्मशास्त्रों के अध्ययन में अपनी पूरी क्षमता लगा दी और इस नतीजे पर पहुँचे कि ये शास्त्र और कुछ नहीं, बल्कि 'हिंदुओं के कानून' हैं। इन नियमों की उत्पत्ति को लेकर कुछ मतांतर हैं; जैसे क्या उनकी रचना मनु जैसे किसी धूर्त ब्राह्मण ने की, परंतु उसके लिए बाद में किसी दैवी स्रोत की कल्पना कर ली गई, या यह आरंभ से ही किसी दैवी ताकत द्वारा 'रहस्योद्घाटित' थी; किंतु इस बात पर कोई विवाद नहीं है कि वे 'विधि-विधान' ही थे। यह विचार एक आदरणीय उदाहरण बन गया, क्योंकि इसका प्रतिपादन यूरोप के विद्वानों ने किया था इसलिए परवर्ती भारतीय विद्वानों ने भी देश में उसका प्रचार-प्रसार किया

और ऐसा करते समय अपनी परंपराओं की मौलिक रचनाओं का स्वाध्याय करने की भी परवाह नहीं की। चूँकि संस्कृत के विद्वानों को तथा हिंदू परंपराओं के विभिन्न शिक्षकों को शैक्षणिक संस्थानों से निकाल बाहर किया गया था, इस कारण उनकी आवाज सोची-समझी रणनीति से काम कर रहे आधुनिक विद्वानों की आवाज के बीच दब गई।

हिंदू विषयों पर लिखनेवाले आधुनिक भारतीय विद्वानों की दो प्रमुख विशेषताएँ हैं—(i) उनमें से अधिकतर संस्कृति और हिंदू परंपराओं के अध्ययन को फिजूल मानते हैं, क्योंकि उनके हिसाब से ऐसा अध्ययन अब समय-बाह्य हो गया है, (ii) कुछ विद्वान्, जो हिंदू परंपराओं के कुछ पहलुओं के अध्ययन का प्रयास करते हैं, उन्हें सामान्य तौर पर यूरोप के विद्वानों की रचनाएँ ही उपलब्ध हो पाती हैं। जो विद्वान् ईसाई धर्म के सिद्धांतों की व्याख्या के दौरान टरटूलियन या डन्स स्कॉट्स के उद्धरण देते हैं, वही विद्वान् शबर स्वामी या कुमारिल भट्ट के उद्धरणों का हिंदू विचारों की व्याख्या के लिए अव्वल तो प्रयोग नहीं करते, या तब तक नहीं करते जब तक कि उनका वर्णन किसी आधुनिक आंग्ल-अमेरिकी टिप्पणीकार द्वारा न किया गया हो। परंपरा के स्रोतों से मूल निवासियों का संपर्क टूट जाने की झलक स्कूलों और कॉलेजों से भारतीय संस्कृति के ग्रंथों के निर्वासन से मिलती है, जिसके कारण बाहरी विचारधाराओं ने हमारे मानस-पटल पर अपना अधिकार जमा लिया। इस प्रकार प्रभुत्व स्थापित करने के दौरान प्राचीन भारतीय ग्रंथों के अभिप्राय और पाश्चात्य भाष्यकारों की भेदभावपूर्ण व्याख्या के बीच की विषमता का कभी-कभार एहसास तो किया गया, किंतु शायद ही कभी हिंदू मौलिक विचारों की कसौटी पर उनकी पड़ताल और आलोचना की गई।

संस्कृत ग्रंथों का प्रत्यायुक्त अध्ययन किए जाने के कारण उनके वास्तविक अर्थ को पाश्चात्य भाष्यकार के सांस्कृतिक एजेंडे ने निगल लिया। आश्चर्य नहीं कि धर्मशास्त्रों को 'हिंदुओं की संहिता' कह दिया गया। विवेचना की इस पद्धति ने धर्म की व्याख्या 'विधि' के रूप में की, इसलिए धर्म से संबंधित शास्त्रों को कानून की संहिता मान लिया गया, किंतु इस प्रक्रिया में एक चिंता उत्पन्न करनेवाली खामी है। जो अनुवादक किसी एक संदर्भ में धर्म को 'विधि' कहता है, वही दूसरे संदर्भ में इसका अर्थ उपासना पद्धति (रिलीजन) करता है तथा वह इस कार्य को समान बौद्धिक निष्ठा, दावे और अकादमिक विश्वास से करता है। धर्म को एक ही साथ हिंदुओं का 'रिलीजन' और 'विधि', दोनों बता दिया जाता है। इस प्रकार की दोषपूर्ण व्याख्या, और एक शब्द से अनेक अर्थ निकालने की प्रवृत्ति संभवतः आधुनिक विद्वानों द्वारा भारतीय परंपराओं पर पाश्चात्य मानकों के अधिरोपण के कारण उत्पन्न हुई, जिसमें यहूदी-ईसाई सांस्कृतिक वैश्विक दृष्टिकोण को सर्वोपरि मान लिया गया। किंतु ऐसा बिना किसी वृहत्तर और सचेत मंशा के किया गया हो, यह संभव नहीं है।

धर्म की व्याख्या रिलीजन के साथ-साथ विधि के रूप में किए जाने से कुछ महत्त्वपूर्ण हित साधे गए हैं—(i) इसने धर्म की धारणा को नष्ट और भ्रष्ट कर दिया, (ii) इसने छल-प्रपंच से हिंदू परंपरा में 'रिलीजन' और 'विधि' को एक ही बात बता दिया, जिसके फलस्वरूप हिंदू समाज की व्याख्या आज तक इसी आधार पर होती चली आ रही है, (iii) इसने एक तरफ तो धर्म की धारणा को इस्लामी शरिया या चर्च के धार्मिक कानूनों के समतुल्य बना दिया, तो दूसरी तरफ एकेश्वरवादी इब्राहिमी धारणा के संगठित रिलीजन से इसकी तुलना कर दी। इस प्रकार यूरोप के विद्वानों को जहाँ यह कहने का अवसर मिल गया कि उन्होंने तो धार्मिक सत्ता को चुनौती देकर अपने समाज को पंथ-निरपेक्ष और बेड़ियों से मुक्त बना लिया, किंतु हिंदू आज भी एक अन्यायपूर्ण कानूनी व्यवस्था में जी रहे हैं, जो उनके देवी-देवताओं और पुजारियों की इच्छा के अनुसार चलती है।

धर्म की व्याख्या रिलीजन के साथ-साथ विधि के रूप में किए जाने से यह तर्क दिया जाना संभव हो गया कि धर्म शरिया या पोप के आदेशों से भिन्न नहीं है। साथ ही हिंदुओं का धर्म चूँकि भयंकर रूप से मूर्तिपूजक और निराशाजनक रूप से बहुदेववादी है तथा विधि के रूप में हिंदू धर्म इतना घोर भेदभावपूर्ण है कि हिंदू समाज विधि तथा रिलीजन, दोनों की मिली-जुली प्रताड़ना को अब तक झेल रहा है। इस कारण यदि इसे आधुनिक ज्ञान की प्राप्ति करनी है तो दोनों में ही सुधार करना होगा। वैसे तो आदर्श यह होगा कि दोनों का ही त्याग कर दिया जाए। हिंदुओं की स्थिति का वर्णन करनेवाले आधुनिक ज्ञाताओं और राजनीतिक टिप्पणीकारों के लेखों में ऐसी ही बातें स्पष्ट होती हैं। ऐसा कहा जाता है कि बुरे कानून पर आधारित बुरे धर्म से तो बुरा समाज ही बनेगा। इस तथ्य से इनकार नहीं किया जा सकता है कि हिंदू समाज अपनी विभिन्न जातियों के समुचय से मिलकर बना। यह भी सही है कि विभिन्न जातियों के बीच कार्यों के आधार पर सौपानिक क्रम भी देखा जाता था, इसलिए इस निष्कर्ष पर पहुँचना कठिन नहीं था कि इसमें सुधार की आवश्यकता है। यह तर्क दिया गया कि इस समस्या की जड़ों को नष्ट कर देना चाहिए, जिनमें प्रमुख हैं—हिंदुओं की कानून की किताब—धर्मशास्त्र। विशेषकर मनु की हिंसक संहिता को तो दफन कर देना चाहिए। हिंदुओं से प्रश्न किया जाता था कि धर्मशास्त्र तथा उसके अनुसार चलनेवाले समाज का उद्धार कैसे होगा, जो नितांत रूप से रिलीजन से जुड़ा है। इस प्रकार यह निष्कर्ष निकला कि हिंदू समाज में किसी भी सुधार के लिए शर्त यह है कि हिंदू आध्यात्मिकता और उसकी दार्शनिक परंपरा को ठुकरा दिया जाना चाहिए। वैकल्पिक रिलीजन की व्यवस्था, जो इस समाज पर नजरें गड़ाकर लाभ उठाने की तैयारी में थी, ने दावा किया कि एकेश्वरवाद न केवल हिंदू धर्म का उत्तम आध्यात्मिक विकल्प होगा, बल्कि यह स्वतंत्रतावादी, परोपकारी, समतावादी

और सामाजिक तथा राजनीतिक उत्थान के साथ ही मानवी सशक्तीकरण को भी बढ़ावा देगा। अनेक भारतीय इस दावे से सहमत थे। कार्ल मार्क्स रिलीजन को 'अफीम' कहते थे, परंतु उस रिलीजन का हर ब्रांड, हिंदू वाला छोड़कर, आधुनिक विद्वानों के हाथ में भारत आकर जनता का अमृत हो गया। यह विवेचना उत्तर-आधुनिक इतिहास चिंतन का एक विलक्षण उदाहरण थी, जो औपनिवेशिक भारतीयों में आत्म-सम्मान के घोर अभाव का परिचायक था।

एक बार यूरोपीय प्राच्य विचारधारा से ओत-प्रोत भारतीय विद्वानों ने हिंदू धर्म की रचना अपने तरीके से कर ली तो फिर उन ग्रंथों को ढूँढ़कर निकाला गया, जिनके आधार पर इस धर्म की स्थापना सिद्ध मानी गई हो। यह माना गया कि ये ग्रंथ ऐसे धर्मशास्त्र हैं, जो हिंदुओं की विधि-संहिताएँ हैं। धर्मशास्त्र, जिनमें सूत्र और स्मृति शामिल हैं, प्राच्य तथा देसी विद्वानों के साथ ही औपनिवेशिक शासन द्वारा स्मृतियों से जुड़े ग्रंथों को विधि का स्रोत बताए जाने का तर्क प्रमुखता से रखा गया। इसकी शुरुआत वारेन हेस्टिंग्स ने की, जिसने हिंदुओं के 'शास्त्र' से जुटाई गई सामग्री के आधार पर हिंदुओं के कानून की संहिता को आकार दिया और ईस्ट इंडिया कंपनी की अदालतों में उसे लागू किया। उसकी इच्छा का ही परिणाम था कि अनेक समकालीन व्यक्तियों ने अपनी क्षमता और बुद्धि से हिंदुओं के कानूनों को 'संहिताबद्ध' करने के लिए उन सामग्रियों को जुटाना और संपादित करना शुरू किया, जो रहस्यमय ब्राह्मणों के ग्रंथों में यहाँ-वहाँ बिखरी पड़ी थीं।

एशियाटिक सोसाइटी के विलियम जोंस ने इन बुद्धिजीवियों को नेतृत्व प्रदान किया। वे औपनिवेशिक आर्थिक लाभ के लिए हिंदुओं के कानून को संहिता का रूप देना चाहते थे। उन्होंने दो कार्य किए। सबसे पहले कुल्लुक भट्ट के भाष्य के अनुसार *मनुस्मृति* का अनुवाद किया और दूसरा, इसे 'हिंदू कानून की संहिता' या 'मनु के अध्यादेश' का नाम दिया। बस, यहीं से विमर्श और नामकरण की अनहोनी की शुरुआत हो गई। *मनुस्मृति* हिंदुओं का कानून बन गई। नथानियल बी. हालहेड ने जब बंगाल के कुछ पंडितों द्वारा तैयार किए गए ग्रंथ 'विवादार्णवसेतु' का अनुवाद किया तो उसे अ कोड ऑफ गेंटू लॉ, या ऑर्डिनेशंस ऑफ द पंडित्स (1776) कहा। इंग्लैंड में इस गेंटू लॉ को पूरे उत्साह के साथ स्वीकार किया गया और यह प्रारंभिक प्रयास धर्मशास्त्र के क्षेत्र में आगे किए जानेवाले शोध के लिए आदर्श बन गया। अपने अनुवाद की प्रस्तावना में हालहेड ने न केवल पंडितों के संग्रह को हिंदुओं का 'लिखित कानून' बताया, बल्कि पंडितों को हिंदू समाज का 'वकील' भी कहा। इस प्रकार के कुतर्की व्याख्यान ने अगली दो सदियों तक सिद्धांत, व्यवहार और राजनीति को उलझाकर रख दिया।

सन् 1798 में एच.टी. कोलब्रुक ने जब संस्कृत ग्रंथ 'विवादभंगार्णव' का अनुवाद

किया तो उसका प्रकाशन डाइजेस्ट ऑफ हिंदू लॉ के रूप में किया गया। जी. बुहलर ने *मनुस्मृति* का अनुवाद 'लॉज ऑफ मनु' के रूप में किया। मैक्समूलर ने अपनी सीरीज, सेक्रेड बुक्स ऑफ द ईस्ट में *मनुस्मृति* को 'हिंदुओं के कानून' के रूप में शामिल किया। भारत के धर्म पर मैक्स वेबर के अध्ययन में *मनुस्मृति* को मनु के कानून के रूप में दरशाया गया। ए.सी. बरनेल ने *मनुस्मृति* का अनुवाद, मनु के अध्यादेशों के रूप में किया। धर्म को अध्यादेश सिद्ध करने के इन अकादमिक प्रयासों ने कनसाइज ऑक्सफोर्ड डिक्शनरी को तैयार करनेवालों को निश्चित ही उलझन में डाल दिया होगा, जिन्होंने पूरी पड़ताल के साथ स्पष्ट किया है कि ऑर्डिनेंस का अर्थ 'एक आधिकारिक आदेश, एक फरमान स्थानीय सत्ता द्वारा लागू नियम और रिलीजन की रीति' होता है। इसके बावजूद, इस प्रकार की सोच बनी रही और सूत्र तथा स्मृति के ग्रंथों का अनुवाद 'हिंदू कानून संहिता', 'इंस्टीट्यूटों', 'हिंदू लॉ कोड' आदि के रूप में किया जाता रहा। कई भारतीय विद्वानों ने भी इसी मिसाल को अपना लिया। जे. आर. घारपुरे ने 'हिंदू लॉ टेक्स्ट्स' (1921) का संपादन किया। मन्मथनाथ दत्त ने 'द धर्मशास्त्राज और द हिंदू लॉ कोड्स' की रचना की। *मनुस्मृति* और याज्ञवल्क्य पर के.पी. जायसवाल की किताब का शीर्षक था, बेसिक हिस्टरी ऑफ हिंदू लॉ (1930)। अभी हॉल ही में जब वेंडी डॉनिगर ने *मनुस्मृति* का अनुवाद किया तो उन्होंने इसे 'द लॉज ऑफ मनु' कहा।

यदि धर्मशास्त्र कानून की किताबें हैं और धर्म 'विधि' है तथा 'विधि' शब्द का अर्थ चूँकि जजों, कानूनविदों, वैधानिक विद्वानों और विधि के जानकारों द्वारा आधुनिक न्याय प्रणाली के संदर्भ में लगाया जाता है। इस कारण यह निष्कर्ष निकाला गया कि दोनों शब्दों के बीच समानता है। यदि धर्म कानून है तो इसका अभिप्राय एंग्लो-सैक्सन, यूरोपीय और अमेरिकी कानून की परंपरा के अनुसार ही होना चाहिए। 'कानून' की अवधारणा का एक विशिष्ट अर्थ होता है। विद्वान् जब धर्म का अर्थ कानून के रूप में करते हैं, तब फुटनोट में यह स्पष्ट नहीं करते कि 'कानून' का प्रयोग उनके द्वारा किसी विशेष या किसी अन्य संदर्भ में किया गया है। उनके द्वारा इस शब्द का प्रयोग शुद्ध और अनिवार्य रूप से यूरोपीय या अमेरिकी न्याय-व्यवस्था के अनुसार किया जाता है, क्योंकि 'लॉ' या 'लेक्स' शब्द की उत्पत्ति ही यूरोपीय संदर्भों में कानून की प्रक्रिया के अंतर्गत हुई है। फिर तो धर्म उसी प्रकार एक कानून होना चाहिए जैसे ब्रिटिश संसद् की कोई धारा, किसी संप्रभु सत्ता का अधिनियम, किसी म्यूनिसिपल काउंसिल का कोई अध्यादेश या फिर अमेरिकी सुप्रीम कोर्ट का कोई आदेश होता है। यानी जैसी नेपोलियन की कानूनी संहिता है, उसी प्रकार धर्मशास्त्र को भी हिंदुओं की संहिता होना चाहिए। कोई लेखक जब 'कानून की संहिता' विशेषण का प्रयोग *मनुस्मृति* के लिए करता है, तो आम पाठक के मन में उसका अर्थ कानून की किताबों के रूप में ही दर्ज होगा।

साथ ही, यदि *मनुस्मृति* हिंदू कानून की संहिता है तो इसे इसके आखिरी अनुच्छेद तक नागरिक और आपराधिक प्रक्रिया की संहिता के रूप में देखा जाना चाहिए, जिसके सभी आदेशों और अनुबंधों की समान प्रासंगिकता, वैधता और न्यायिक क्षमता है।

इसलिए *मनुस्मृति* किस प्रकार की कानूनी पुस्तक है, यह समझने से पहले हमें यह जान लेना चाहिए कि कानून क्या है? हमें 'कानून' शब्द के अर्थ को समझने का प्रयास करना चाहिए और इसकी उत्पत्ति, विकास तथा लागू किए जाने के इतिहास को पश्चिमी न्याय प्रणाली के संदर्भ में समझना चाहिए। कॉलिंस इंग्लिश डिक्शनरी ने स्पष्ट किया है कि 'लॉ' का अर्थ है "एक नियम या नियमों का समूह, जिसे अदालत द्वारा लागू किया जा सकता है, जो किसी राज्य की सरकार, सरकार के अंगों तथा राज्य की प्रजा के आपसी संबंधों और एक-दूसरे के प्रति राज्य की प्रजा के व्यवहार और संबंधों का नियमन करता है।" मरियम वेब्सटर्स डिक्शनरी ऑफ लॉ ने कानून को "किसी समुदाय की बाध्यकारी प्रथा या प्रचलन; कार्य या व्यवहार का नियम, जिसे एक नियंत्रक सत्ता द्वारा निर्दिष्ट या औपचारिक रूप से बाध्यकारी घोषित किया जाता है और उसका प्रवर्तन किया जाता है" बताया है। कोलिंस कोबिल्ड इंग्लिश लैंग्वेज डिक्शनरी कहती है, "कानून, नियमों की ऐसी व्यवस्था है, जिसे समाज या सरकार में समय के साथ विकसित किया जाता है, जिसकी मदद से कारोबारी समझौते, सामाजिक संबंधों तथा चोरी, हत्या या हिंसा जैसे अपराधों को नियंत्रित किया जाता है।" ब्लैक्स लॉ डिक्शनरी ने स्पष्ट किया है कि कानून अथवा विधि का अर्थ कार्य या व्यवहार के नियमों के ऐसे समुच्चय से है, जिसे एक नियंत्रक सत्ता द्वारा तय किया जाता है, जिसका पालन और अनुकरण हर हाल में नागरिकों द्वारा किया जाना होता है, अन्यथा उन्हें दंड और कानूनी परिणामों का सामना करना पड़ सकता है। कानून की इन विभिन्न परिभाषाओं से सामने आए कुछ आवश्यक तत्त्व इस प्रकार हैं—

(i) कानून व्यवहार निर्धारण हेतु नियमों का एक विशेष समूह होता है,
(ii) इन नियमों को उस सत्ता या सरकार द्वारा लागू किया जाता है, जिनके पास ऐसा करने का अधिकार होता है,
(iii) ऐसे नियम बाध्यकारी होते हैं,
(iv) उनके आधार पर अदालतों में फैसले होते हैं,
(v) उनकी अवज्ञा के बाद कानूनी नतीजे और सजा भुगतनी पड़ती है।

हम कानून तथा राजनीति के उन बड़े जानकारों की सहायता भी ले सकते हैं, जिन्होंने पाश्चात्य कानून का आधारभूत अर्थ निकाला है और अपने तर्कों के बल पर एक ऐसी व्यवस्था का ढाँचा तैयार किया है, जिसके अंतर्गत उसके विधान, व्यवस्था और प्रवर्तन की संभावना होती है। हम हॉब्स के लेवियथन से शुरुआत कर सकते हैं। हॉब्स

की घोषणा इस प्रकार है, "कानून सामान्य तौर पर सलाह नहीं, आदेश होता है।" कानून के सकारात्मक और आदेशात्मक बाह्य रूप पर बल देते हुए हॉब्स ने आगे कहा है कि इस प्रकार सभी कानून वस्तुत: नागरिक कानून होते हैं। वे संप्रभु सत्ता द्वारा दिए गए आदेश होते हैं, जिन्हें हर हाल में लागू किया जाना होता है। फलस्वरूप, संप्रभु और प्रजा के बीच कोई स्वायत्तता नहीं होती। जेरेमी बेंथम और बॉडिन ने भी माना है कि कानून, विधिक अधिकार तथा कानूनी सिद्धांतों पर कोई भी चर्चा किसी विशिष्ट भौगोलिक सीमा में स्थित संप्रभु सत्ता के आदेशों को केंद्र में रखकर ही की जा सकती है। इन दोनों ने साथ हॉब्स से सहमति जताते हुए कहा है कि संप्रभु आदेश के बिना कानून का कोई महत्त्व नहीं होता। हालाँकि कानून पर इस दृष्टिकोण की पूर्ण अभिव्यक्ति जॉन ऑस्टिन की रचनाओं में होती है। सकारात्मक (पॉजीटिव) या नागरिक कानूनों की विषय वस्तु तथा प्रकृति को परिभाषित करते हुए उन्होंने कहा कि यह एक आदेश है, जिसे राजनीतिक संप्रभु सत्ता तैयार करती है और यह दंड द्वारा प्रवर्तनीय होता है। ऑस्टिन ने यह भी माना कि अनेक पारंपरिक व्यवहार, जिन्हें कानूनी वैधता मिल जाती है, की उत्पत्ति आदेश की अपेक्षा समुदाय के पारंपरिक रीतियों से भी होती है। हालाँकि उन्होंने कहा कि रीतियाँ तभी कानून बनती हैं, जब उन्हें किसी राजनीतिक सत्ता द्वारा विधायी या न्यायिक मंजूरी मिल जाती है। ऑस्टिन ने कानून की प्रकृति को और भी स्पष्ट करते हुए कहा, "कानून एक बुद्धिमान के दिशा-निर्देश हेतु किसी दूसरे बुद्धिमान द्वारा तय किया गया नियम है, जिसे पहले व्यक्ति पर शासन का अधिकार होता है।" अपनी परिभाषा में ऑस्टिन ने प्राकृतिक न्याय के सिद्धांतों के नैतिक ढाँचे से कानून को अलग बताते हुए उसके लिए 'वास्तविक रूप से कानून कहे जानेवाले' शब्दों का प्रयोग किया है और स्पष्ट किया कि वास्तविक रूप से कानून उन्हें कहते हैं, जो आदेशों की प्रकृति के होते हैं, परंतु आदेश होने के कारण हर वास्तविक कानून एक निश्चित स्रोत से प्रवाहित होता है।

किसी राजनीतिक संप्रभु के आदेशों से कानून की उत्पत्ति उसकी सबसे महत्त्वपूर्ण विशिष्टता होती है, जो उसे किसी सामाजिक, पारंपरिक या नैतिक व्यवस्था से अलग करती है। ऑस्टिन मानते हैं कि प्रत्येक सकारात्मक कानून या यथार्थत: जानेवाला प्रत्येक कानून, किसी संप्रभु व्यक्ति या व्यक्तियों के संप्रभु निकाय द्वारा स्वतंत्र राजनीतिक समाज के सदस्य या सदस्यों के लिए निर्धारित किया जाता है, जिसमें वह व्यक्ति या निकाय संप्रभु या सर्वोच्च होता है। ऑस्टिन के अनुसार, कानून संप्रभु के आदेश होते हैं। राजनीतिक विचारकों और विधि के क्षेत्र से जुड़े पश्चिमी विद्वानों द्वारा ऑस्टिन के विधि के सिद्धांत की स्वीकृति पर टिप्पणी करते हुए डब्ल्यू. फ्रीडमैन ने कहा, "म्यूनिसिपल कानून (किसी खास राज्य के कानून) के विश्लेषण में ऑस्टिन के सिद्धांत की अनिवार्य विशेषताओं ने अपने आपको गंभीर चुनौतियों से परे स्थापित कर लिया है।"[1] हमें यह

अवश्य याद रखना चाहिए कि प्राचीन अंग्रेजी और यूरोपीय न्यायशास्त्र में 'कानून' की सभी चर्चाओं में, विशेषकर हॉब्स के बाद, विधि को किसी प्रादेशिक राजनीतिक राज्य और उस पर शासन करनेवाली संप्रभु सत्ता से उसके संबंधों को जोड़कर ही देखा गया था। वैधिक सिद्धांतकार जॉन चिपमैन ग्रे ने ठीक ही कहा था, "विधिशास्त्र में राज्य की अवधारणा मौलिक होती है..."[2]

ग्रे ने विधिशास्त्र के प्रति ऑस्टिन के महान् और चिरकालिक योगदान को स्वीकार करते हुए विवेचनात्मक टिप्पणी की ओर यह कहा, "किसी राज्य या संगठित निकाय का कानून एक विचार नहीं, बल्कि वास्तविकता होती है। कानून रिलीजन या प्रकृति या नैतिकता के अनुसार नहीं होता; कानून वह नहीं जिसे होना चाहिए, बल्कि यह बस होता है।"[3] हॉलैंड ने अपने इलिमेंट्स ऑफ जूरिसप्रेडेंस में कानून के 'आदेशात्मकता के सिद्धांत' और मान्यताप्राप्त राजनीतिक संप्रभुता की केंद्रीय भूमिका को स्वीकार किया है। हॉलैंड ने कानूनों को लागू करने की प्रणाली पर जोर देते हुए कहा, "एक कानून अपने सही अर्थ में मानवीय काररवाई का सामान्य नियम होता है, जो केवल बाहरी कार्यों को देखता है और जिसे किसी निश्चित प्राधिकरण द्वारा लागू किया जाता है।"[4] आधुनिक विधि संबंधी सिद्धांत कानूनों के नैतिक मूल्यों को भी कुछ हद तक मान्यता देते हैं, हालाँकि कानूनों के उन मौलिक सिद्धांतों पर उनकी पूर्ण सहमति है, जिसके आधार पर कानून की अवधारणा को सही अर्थ में समझा जाता है : (i) कानून किसी संप्रभु सत्ता के विधान होते हैं, (ii) उनकी व्याख्या और उन पर व्यवहार न्यायालयों में किया जाता है, (iii) उनके साथ शास्ति और दंड विभिन्न मात्रा में संलग्न होते हैं। पी.जे. फिट्जेरॉल्ड ने इसका निचोड़ बखूबी निकाला है, "कानून तभी वास्तविक कानून होता है, जब वह बाध्यकारी हो..."[5]

यूरोपीय महाद्वीप के विधिवेत्ताओं ने अपने ब्रिटिश सहयोगियों से अलग किसी अन्य रास्ते की तलाश नहीं की। जॉर्ज जेलिनेक ने अलजेमीन स्टेट्सलेर (1905) में कानून के शासन की तीन अनिवार्य विशिष्टताएँ गिनाई हैं—(i) वे मनुष्यों के बाह्य व्यवहार के तौर-तरीके हैं, (ii) उन तौर-तरीकों का स्रोत एक ज्ञात बाहरी सत्ता होती है, (iii) उन तौर-तरीकों के बाध्यकारी बल की गारंटी एक बाहरी सत्ता से मिलती है।[6] यूरोपीय महाद्वीप के न्यायविदों की कानूनी आदेश को लेकर धारणा ऑस्टिन की सूझ-बूझ के आधार पर ही बनी। हंगरी के न्यायशास्त्री सोमलो ने किसी भी मान्य कानूनी आदेश के लिए अधिकार, कर्तव्य, संप्रभुता और राज्य के चार अनिवार्य तत्त्वों का वर्णन किया। केलसेन के नेतृत्व में वियना स्कूल ने इस विषय को और स्पष्ट करते हुए कानून के क्षेत्र को राज्य के अधिकार क्षेत्र के समतुल्य माना। केलसेन का मानना था कि कानून प्राकृतिक विज्ञान नहीं, बल्कि एक बाध्यकारी मानक है। उनके मुताबिक,

कानूनी मानक को मान्यता किसी बाहरी स्रोत से मिलती है तथा नैतिक मानक की तुलना में दंड की बाध्यता इसका आधार है।[7] किसी निश्चित समाज के अंतर्गत उसकी सत्ता द्वारा दिए जानेवाले दंड का भय ही विधिक संबंधों को परिभाषित करता है। इसी प्रकार, केलसेन के अनुसार किसी वैधिक प्रणाली में कानूनी आदेश के प्रत्येक मानक को उसकी मान्यता सर्वोच्च मौलिक मानक (जिसे वे 'ग्रुंडनॉर्म' कहते हैं) से मिलती है, जिसकी स्थापना किसी राजा के आदेश या संसद् की इच्छा से होती है। केलसेन जैसे सकारात्मक विश्लेषक के विचार में, "कोई भी विश्लेषणात्मक वकील कानून को राज्य द्वारा सृजित विषय मानता है, जिसकी सत्ता को वह चुनौती नहीं देता है।"[8]

इंग्लैंड के प्रसिद्ध न्यायशास्त्री जॉन सालमंड ने किसी वैधिक प्रणाली में कानूनी आदेश की सकारात्मकता तथा कानूनी नियमों की उत्पत्ति और उनके सहायक संस्थानों पर चर्चा को आगे बढ़ाते हुए कहा कि यह पूरी वैधिक व्यवस्था प्रादेशिक राज्यों में संप्रभु सत्ता द्वारा बनाए गए राजनीतिक माहौल पर निर्भर करती है। अपनी पुस्तक 'जूरिसप्रूडेंस' में सालमंड ने कहा, "न्याय प्रशासन में राज्य द्वारा लागू किए जानेवाले मान्य सिद्धांतों के निकाय को ही कानून कहा जा सकता है। दूसरे शब्दों में, विधि न्यायालयों द्वारा स्वीकृत और लागू किए जाने वाले नियम हैं।"[9] फिट्जेरॉल्ड कहते हैं कि सालमंड के अनुसार, कानून "न्याय करने के लिए राज्य द्वारा मान्य और लागू किए जानेवाले सिद्धांतों का निकाय है, जिन्हें न्यायालयों द्वारा माना जाता है और वे उनके अनुसार ही कार्य करते हैं।"[10] इस कारण यह स्वाभाविक था कि ऑस्टिन न्यायशास्त्र को सकारात्मक कानूनों का अध्ययन मानते, "वह विज्ञान, जो बताता है कि कानून के लिए अनिवार्य क्या है तथा उसे किस प्रकार का होना चाहिए।"[11] न्यायशास्त्र की स्कैंडिनेवियाई विचारधारा इस लिहाज से ऑस्टिन से पूरी तरह सहमत थी कि कानून की सबसे अच्छी परिभाषा यह है कि यह नियमों का एक समूह है, जिसे बल द्वारा लागू किया जाता है और जो बल से संबंधित है तथा समुदाय के लिए बाध्यकारी होता है।"[12]

जे. रेनॉल्ड पेनॉक ने कानून की ऐसी परिभाषा दी है, जिसमें इसके सारे महत्त्वपूर्ण तत्त्व शामिल हैं तथा इसमें आधुनिक न्यायशास्त्रियों के बीच की आम सहमति भी दिखती है। वे कहते हैं, "किसी कानून को मानवीय व्यवहार के एक नियम के रूप में परिभाषित किया जा सकता है, जिसे किसी विशेष राजनीतिक समुदाय के सदस्यों द्वारा बाध्यकारी के रूप में मान्यता प्राप्त होती है—सदस्यों के लिए इस मान्यता के पीछे कुछ कारक काम करते हैं, जैसे—नियमों का सामान्य रूप से पालन, लागू किए जाने के पीछे दंड का विधान तथा उसकी व्याख्या और उसे लागू करने की प्रक्रिया तथा उस नियम (या उस परिणाम की प्राप्ति, जिसके लिए उसे बनाया गया है) के उचित होने की आम धारणा, विशेष रूप से जब इस धारणा के पीछे उस समझ का भी बल होता है कि अन्य व्यक्ति

भी उसे उचित समझते हैं या कम-से-कम उसके अनुसार काम करते हैं।"[13] कानून की इस परिभाषा में उन सभी बिंदुओं पर बल दिया गया है, जिन पर हॉब्स, बेंथम, ऑस्टिन, केलसेन, सालमंड और अन्य राजनीतिक तथा कानूनी सिद्धांतवादियों ने अलग-अलग परिभाषाओं में जोर दिया है। कानून की स्थानिकता, निरंतरता और उसकी आदेशात्मकता तब और प्रमुख रूप से उजागर हो जाती है, जब इसे शासन के उस ढाँचे में स्थित माना जाता है, जो एक ऐसे विशिष्ट राजनीतिक समुदाय के सदस्यों से अंतर्संबंधित होता है, जो समुदाय मान्य सत्ता के अधीन होता है। न्यायिक पद्धति के संदर्भ में सत्ता में "आदेश और आदेश के स्रोत के अभिज्ञान और स्वीकृति, दोनों के अवयव अंतर्निहित होते हैं।"[14] आंग्ल-अमेरिकी न्यायशास्त्र में आदेश और दंड या पुरस्कार देने का सिद्धांत एक प्रमुख तत्त्व रहा है।

अंग्रेजी कानूनी परंपरा में कॉमन लॉ या जज द्वारा बनाया गया कानून वर्ष 1875 से पहले चांसरी और कोर्ट्स ऑफ एक्यूटी के फैसलों पर लागू होता था। कॉमन लॉ की इस परंपरा को देखते हुए कुछ जानकारों ने माना है कि अदालतें 'संप्रभुता के उस तंत्र को हटाने की मंशा रखती हैं, जो व्यवहार के नियमों को मान्य ठहराता है।"[15] किंतु इस बात से हमारा ध्यान एक राजनीतिक संप्रभु या ऐसी संप्रभु सत्ता के निर्देश या आदेश से बने एक विधायी तंत्र से नहीं हट जाना चाहिए, जिसके पास कानून बनाने का अधिकार होता है, जबकि जजों की भूमिका अधिकांशतया उनकी व्याख्या और उनके आधार पर न्याय करने की होती है। किसी जज के द्वारा कानून या उसकी प्रक्रिया को तय करना अंग्रेजी कानून प्रणाली की एक विशिष्टता थी और उसे अनेक प्रसिद्ध न्यायशास्त्रियों, विशेष रूप से जॉन सालमंड ने रेखांकित किया है, जिन्होंने 'कानून' की व्याख्या 'न्यायालयों द्वारा मान्य और लागू किए जानेवाले नियमों'[16] के रूप में की। जज जे. फ्रैंक ने कहा, "तथ्यों के किसी विशेष समूह के संदर्भ में कानून, एक अदालत द्वारा उन तथ्यों के आधार पर दिया गया वह फैसला है, जो उस विशेष व्यक्ति को प्रभावित करता है।"[17] जज होम्स ने कॉमन लॉ की अवधारणा में स्पष्ट रूप से मौजूद कानूनी वास्तविकता पर जोर दिया। वे मानते हैं कि कानून को वहीं तक जज द्वारा निर्मित कहा जा सकता है, जहाँ तक न्यायालय उनकी व्याख्या और उन्हें लागू कर किसी मूर्त अधिनियम को विधिक जीवंतता प्रदान करते हैं। जॉन चिपमैन ग्रे ने कहा, "न्यायालय किसी ठंडे अधिनियम में जान डाल देते हैं।"[18] किंतु जज द्वारा निर्मित कानून को ऐसे वैकल्पिक कानूनी सिद्धांतों के रूप में नहीं देखा जाना चाहिए, जो किसी संप्रभु सत्ता द्वारा निर्मित कानून के विरुद्ध या अलग वजूद रखते हों। इसके दो कारण हैं। पहला, इंग्लैंड की अदालतों के फैसलों के पीछे सत्ता के विभिन्न अंगों की अलंघ्य शक्ति होती है तथा आधुनिक कानूनों की वैधानिक प्रकृति के साथ सामान्य कानून के अंतिम रूप

में आ जाने के कारण जजों द्वारा कानून बनाने की आवश्यकता समाप्त हो गई। दूसरा, अदालतों द्वारा कानून की व्याख्या अधिकारों या दायित्वों के पूर्णतया नए समुच्चय के सृजन का कार्य नहीं था, बल्कि उन अधिकारों और दायित्वों की प्रकृति की व्याख्या था, जिन्हें एक संप्रभु सत्ता ने किसी अधिनियम में शामिल करने की इच्छा जताई थी और जिसकी न्यायिक व्याख्या की जानी थी। विभिन्न व्याख्याओं के बीच यह तथ्य तो बिल्कुल स्पष्ट है कि कानूनों का "सृजन विधायिका द्वारा किया जाता है और उनकी व्याख्या तथा उन्हें लागू करने का कार्य न्यायालय का होता है।"[19]

कानून के विषय में द लॉ लेक्सिकन का कहना है, "कानून का सत्व यह है कि यह कानून के रूप में लागू करने योग्य होता है तथा कोर्ट उस कानून का आशय तो बता सकते हैं, लेकिन कोर्ट उसे न ही खारिज और न ही अमान्य घोषित कर सकते हैं।"[20] कानून निर्माता और न्याय करनेवाले के अधिकार क्षेत्रों के अंतर्संबंध की विशेषता कुछ वैसी ही है, जैसी एक प्रणेता और एक लागू करनेवाले या व्याख्याकार बीच होती है। राजा या राजनैतिक संप्रभु ही विधि तय करते हैं और अदालतें उस कानून के दायरे के अंतर्गत रहकर नागरिकों के अधिकारों और दायित्वों पर निर्णय देती हैं। "किसी भी कानून को विधि निर्माण की पारंपरिक प्रक्रिया का पालन करना चाहिए तथा बाध्यकारी व्यवहार के नियम के रूप में समझा जाना चाहिए। कानूनों के विधायन की एक स्थापित पद्धति होती है और जब कानूनों का विधायन हो जाता है, तब उनका एक विशिष्ट रूप होता है।"[21] कानून या विधि 'अनुदानों' या शासकीय परोपकारों या कानून बनाने में सक्षम सत्ता के आदेशों से भिन्न होते हैं। कानून के लिए जहाँ 'बाध्य करने की इच्छा' का संकेत आवश्यक होता है, वहीं "परंपरागत या किसी अवसर के लिए विशेष रूप से तैयार कुछ औपचारिकता के साथ जो अधिनियमित होता है, वही कानून है..."।[22] प्रत्येक शासकीय आदेश कानून नहीं होता, "किसी आदेश की प्रकृति का निर्धारण उसके स्रोत और जिस क्षमता से उसे जारी किया गया है, उस पर निर्भर करता है। उसे क्या नाम दिया गया है, वह मायने नहीं भी रख सकता है, किंतु जिस उद्देश्य से उस आदेश का निर्माण किया गया है, उसे निर्णायक कारकों में से एक माना जा सकता है।"[23]

आधुनिक विधिवेत्ताओं के अनुसार, यह माना जाता है कि विधि वह होती है "जिसकी रचना वैधानिक रूप में हुई हो और जो विशिष्ट अधिनियम में समाविष्ट हो।"[24] और ऐसा होने के लिए "किसी सत्ता की न्यायसंगत इच्छा का होना आवश्यक है, जिसे विधायिका से शक्ति मिली है।"[25] एक बार अधिकृत सत्ता द्वारा कानून तय कर दिया जाए तो उसके प्रावधानों के अंतर्गत आनेवाले नियम 'कानूनी अधिकारों' और 'कानूनी दायित्वों' की व्यवस्था की स्थापना करते हैं, जिनकी मान्यता अदालतों में होती है और जिन्हें उनके प्रणेता द्वारा दंड, शास्ति या पुरस्कार के आधार पर लागू

किया जाता है। रोस्को पाउंड ने स्पष्ट किया, "किसी कानूनी अधिकार की परिभाषा एक निश्चित हित या किसी निश्चित हित को लागू करने की क्षमता या किसी दावे के रूप में परिभाषित किया जाता है, जिन्हें अदालतों में अधिकारपूर्वक घोषित किया जा सके।"[26] जॉन सालमंड इससे सहमत थे। उन्होंने कहा कि कानूनी अधिकार एक हित या लाभ है, जो किसी व्यक्ति को कानून द्वारा प्राप्त होता है।[27] सालमंड के अनुसार, एक संपूर्ण अधिकार एक संपूर्ण कर्तव्य के तुल्य होता है तथा एक संपूर्ण "कर्तव्य वह है, जो न केवल कानून द्वारा मान्य हो, बल्कि लागू भी किया जा सके··· सभी सामान्य मामलों में यदि कानून किसी अधिकार को मानता है तो उसे अवश्य लागू भी करेगा।"[28] सी.डब्ल्यू. पेंटन के अनुसार, किसी कानूनी अधिकार की विशिष्टता यह है कि उसे एक कानूनी प्रणाली से मान्यता प्राप्त होती है। इस कारण "कानूनी अधिकार पूर्ण रूप से एक ऐसा दावा है जिसे अदालतों और प्रशासनिक एजेंसियों के द्वारा लागू किया जा सके।"[29]

यूरो-अमेरिकी कानून जगत् के आधुनिक व्यवहारवादियों और विचारकों के अनुसार कानून में निम्नलिखित आवश्यक तत्त्वों का होना अनिवार्य है—

(i) कानून के रूप में मान्यता प्राप्त करने के लिए नियमों का उस प्राधिकरण द्वारा अधिनियमन आवश्यक है, जिसे किसी क्षेत्रीय राज्य की संरचना के अंतर्गत राजनीतिक संप्रभुता प्राप्त होती है।

(ii) कानूनों का बाध्यकारी होना अनिवार्य है।

(iii) कानून हर हाल में लागू किए जाने होते हैं।

(iv) इसके उल्लंघन पर दंडात्मक काररवाई अनिवार्य रूप से की जाती है।

(v) कानूनों द्वारा मान्य और लागू किए जाने योग्य अधिकारों और कर्तव्यों का सृजन होना चाहिए।

(vi) कानूनों को अदालतों तथा अन्य प्रशासनिक एजेंसियों द्वारा अनिवार्यत: लागू किया जाता है।

इस परिप्रेक्ष्य में यदि टिप्पणीकार धर्मशास्त्रों को 'हिंदुओं के कानून' कहते हैं तो फिर यह समझा जाना चाहिए कि वे कानून/विधि की प्रकृति से संबंधित उपरोक्त सभी तथ्यों को सूत्र और स्मृति साहित्य के विभिन्न ग्रंथों पर लागू करते होंगे, जिन्हें धर्मशास्त्र के अंतर्गत माना जाता है। तभी तो धर्मशास्त्रों को कानून सिद्ध किया जा सकता है। यह बात कहाँ तक सच या ठीक है, इस प्रश्न पर हम विस्तार से चर्चा कुछ देर बाद करेंगे।

इस बीच, हम थोड़ा समय उस ऐतिहासिक प्रक्रिया को समझने पर देते हैं, जिसके माध्यम से न्यायशास्त्र के विज्ञान का विकास पश्चिमी जगत् में प्राचीन काल से लेकर अब तक हुआ है। ऐसा सिंहावलोकन इसलिए आवश्यक है कि इससे हमें कानून के बारे में यूरोपीय सत्ता और समाज की साझी समझ का भान हो सकेगा, ताकि हम जान

सकें कि ऐसी विधिक परंपराओं में पले-बढ़े अंग्रेज या अन्य यूरोपियन जब भारत आए तो उन्होंने भारत की विधि संबंधी अवधारणा की क्या दुर्दशा की? पश्चिमी कानून के स्वरूप में यहूदी-ईसाई वैश्विक विचार की धार्मिक-सांस्कृतिक विरासत का एक प्रमुख योगदान है, जिसकी न्याय-व्यवस्था पर यूनान-रोमन कानून के सिद्धांतों-व्यवहारों का भी प्रभाव था। वस्तुतः ग्यारहवीं सदी में इटली के बोलोनिया शहर में रोमन कानून के पुनर्जन्म से उस परिपाटी का निर्धारण हुआ, जिसने विभिन्न यूरोपीय राज्यों में नागरिक कानूनों में आनेवाले नए बदलावों की शुरुआत की। नागरिक कानून या यूरोप महादेश के कानून को लंबे समय तक रोमन-जर्मन कानून के नाम से जाना जाता था, जो रोमन, जर्मन, चर्च के नियम, कानून और रिवाजों का एक मिला-जुला रूप था। होली रोमन साम्राज्य के जर्मन राजाओं के अंतर्गत यूरोप के कई हिस्सों पर यही कानून लागू था, लेकिन विभिन्न राष्ट्रीय प्रणालियों के रूप में इसका विकास तब हुआ, जब 'सुधार आंदोलन' के बाद कानून को एक अलग क्षेत्र के रूप में देखा जाने लगा। अलग राष्ट्रों के विकास ने सकारात्मक कानूनों की राष्ट्रीय प्रणाली को गति प्रदान की। फ्रीडमैन का मानना है, "राष्ट्रवादिता और उदारवाद के इस मेल से कानूनी सकारात्मकता सबसे ज्यादा संभव हो सकी।"[30]

यूनानी स्वभाव से ही सिद्धांतवादी थे। इस कारण उन्होंने राजनीति, राज्य तथा कानून के शासन जैसी बातों पर पर्याप्त दार्शनिक मंथन किया। न्याय तथा एक जटिल नगर राज्य के जीवन को नियंत्रित करने के संदर्भ में हमें उनकी चर्चाओं के पर्याप्त अभिलेख मिलते हैं, किंतु उन वास्तविक कानूनों के बारे में ऐसे साक्ष्य न के बराबर हैं, जिन्हें यूनानी अपने समाज पर लागू किया करते थे। होमर की रचनाओं में कानून का वर्णन एक ऐसी न्याय पद्धति के रूप में किया गया है, जिससे एक शासक अपने समक्ष लाए गए किसी मामले पर निर्णय देता था। होमर के अनुसार, कानून किसी शासक के द्वारा दिए गए निर्णय का अंग था, जो उसे किसी गुप्त प्रेरणा या यूनानी देवताओं से प्राप्त होता था, जो उसके न्याय के दैवी स्रोत थे, हालाँकि उसके कई फैसले रिवाजों और परंपराओं पर आधारित हुआ करते थे। यूनानी परंपरा में थेमिस न्याय की देवी थी और किसी राजा का निर्णय उसकी इच्छा से प्रेरित माना जाता था। सर हेनरी मेन मानते हैं कि 'थेमिस्ट' शब्द के बहुवचन रूप का एक विशिष्ट महत्त्व है। इसका अर्थ यह था कि देवताओं में ऐसी असीम शक्ति थी, जिससे राजाओं द्वारा अपने सामने लाई गई किसी भी कानूनी उलझन को सुलझा लिया जाता था, किंतु सर हेनरी याद दिलाते हैं कि थेमिस्ट "कानून नहीं, फैसले हैं।"

हेसियॉड और सोलोन ने जियूस की बेटी डाइक को न्याय के लिए उत्तरदायी माना। प्राचीन यूनान में न्याय का अर्थ कानून के शासन को लागू करने से कहीं ज्यादा

व्यवस्था और सत्ता को कायम रखना था। 'सोलोन की एथेंस संहिता' और डेक्रो के कानून, नियमों को व्यवस्थित करने का प्रयास करते हैं, किंतु न्याय-व्यवस्था के बारे में उनके विचारों के सामान्य मूल्यांकन से ऐसा लगता है कि वे नियमों को आकस्मिकता से संबंधित मानते थे। राज्य के कानूनों और आध्यात्मिक मूल्यों के बीच का टकराव एथेंस के लोकतंत्र के पतन का एक प्रमुख कारण माना जाता है।[31] न्याय की व्याख्या और सकारात्मक कानून से इसके संबंध की पुनर्परिभाषा का काम प्लेटो और अरस्तू ने किया। प्लेटो के अनुसार, एक शासक का सबसे महत्त्वपूर्ण कार्य एक न्यायसंगत सरकार की स्थापना करना है, जिससे कि मनुष्य उन कार्यों को पूरा कर सके, जिनकी उससे अपेक्षा की जाती है।[32] प्रो. फ्रीडमैन का मानना है कि बेंथम के समान ही प्लेटो ने एक सर्वज्ञ कानून निर्माता द्वारा बनाए गए कानूनों के सर्वशक्तिमान रूप के पूर्वाभास का अनुभव किया था। राजनीतिक राज्य वह धुरी थी, जिसके इर्द-गिर्द प्लेटो ने न्याय के अपने सिद्धांत की रचना की थी, जिसके द्वारा वे अपने सपनों के समाज में संतुलन और आंतरिक सद्भाव स्थापित करने की मंशा रखते थे।[33] उनके सिद्धांत में राज्य ही मनुष्य के भाग्य का न्याय करता था। इस कारण 'द लॉज' में उन्होंने मनुष्य जीवन की सारी गतिविधियों पर लिखित कानूनों के आधार पर विस्तृत दंड या शास्ति के बल पर निश्चित नियामकों द्वारा नियंत्रण की आवश्यकता की वकालत की है। प्लेटो के लिए कानून किसी निश्चित सत्ता द्वारा सृजित जीव के समान है। अरस्तू ने कानून को प्राकृतिक कानून (नैचुरल लॉ) और सकारात्मक कानून (पॉजिटिव लॉ) में विभाजित किया है, लेकिन सकारात्मक कानून की सांसारिक वैधता को अनदेखा भी नहीं किया और उस लिहाज से सकारात्मक कानून या वास्तविक कानून का निर्धारण कानून निर्माता राजनीतिक सत्ता की इच्छा से ही हो सकता है।

प्राचीन काल से ही रोमन कानून नियमों का पूरी तरह औपचारिक रूप था, जो कानूनी प्रक्रियाओं के शब्दशः पालन पर बल देता था। सर हेनरी मेन बताते हैं कि रोमन न्यायशास्त्र की सैद्धांतिक उत्पत्ति एक लिखित संहिता से हुई थी। उनका मानना है, "अपने इतिहास की शुरुआत से लेकर अंत तक रोमन कानून के व्याख्याताओं ने लगातार ऐसी भाषा का प्रयोग किया, जो बताती है कि उनकी व्यवस्था ट्वेल्व डेसेमविरल टेबुल पर निर्भर थी और इस प्रकार उसका एक लिखित आधार था।" उन्हें यह कहने में कोई हिचक नहीं थी कि रोम में बारह तालिकाओं—लेक्स डूओडेसिम टाबुलारम—से पहले कानून की कोई संस्था नहीं थी। इन बारह तालिकाओं में रोमन कानून को संहिताबद्ध करने का निर्णय 454 ई.पू. में सीनेट के एक निर्णय के बाद हुआ, जिसमें सर्वहारा और कुलीनों के कानून को व्यवस्थित करने का विधान था। 451 ई.पू. में दस व्यक्तियों के एक समूह को चुनी गई समिति (कोमिटिया सेंचुरिआटा) में नियुक्त

किया गया और उन्हें कानूनों को संहिताबद्ध करने का दायित्व सौंपा गया। 451 ई.पू. में ही कानूनों की तालिकाएँ तैयार की गईं और उसी वर्ष सीनेट ने उसे पारित कर दिया तथा कोमिटिया सेंचुरियाटा ने उन्हें स्वीकृति भी दे दी। दस लोगों की एक अन्य समिति का चुनाव 450 ई.पू. में हुआ, जिसने पूर्व की दस तालिकाओं में दो अन्य को भी शामिल कर लिया। संपूर्ण बारह तालिकाओं का पहला प्रकाशन 449 ई.पू. में दस लोगों की समिति के पतन के बाद एल. वालेरियस और एम. होरटेसियस की निगरानी में किया गया। रोमन सीनेट द्वारा तैयार बारह तालिकाओं को 'लेगेस डेसेमविरालेस' या 'लेक्स डूयोडेसिम टेबुलारम' का नाम दिया गया तथा कभी-कभी उन्हें 'लेजेस' और 'लेक्स' अर्थात् कानून भी कहा गया।

बारह तालिकाओं को किसी कानूनी संहिता को बनाने का पहला प्रयास माना जाता है और यह सही ही कहा जाता है, वे अगले हजार वर्षों में तब तक के लिए इकलौता प्रयास माने गए, जब तक कि जस्टीनियन का कानून पारित नहीं हो गया। रोमन कानून की पहली संहिता रोम की राजनीतिक सत्ता के आदेश पर तैयार की गई, जो उसकी संप्रभु स्वीकृति के बाद प्रयोग में आई। बारह तालिकाओं से रोमन नागरिकों के निजी और सार्वजनिक जीवन को नियंत्रित करने का प्रयास किया गया। सार्वजनिक दायरा के नियमन वाले नियम (जुस पब्लिकम) में कई बार फेर-बदल हुआ, किंतु बारह तालिकाओं के अंतर्गत निजी दायरा के नियमनवाले नियम (जुस प्राइवेटम) रोमन राज्य का मौलिक कानून बना रहे। यद्यपि कुछ इतिहासकार मानते हैं कि दस लोगों की समिति ने केवल पारंपरिक कानून के विशाल संग्रह को निश्चित और लिखित रूप दिया, तथापि इस बात को लेकर कोई संदेह नहीं कि समिति द्वारा संहिता बनाने के प्रयास को सीनेट की मंजूरी लेनी पड़ी और चुनाव समिति (कोमिटिया सेंचुरियाटा) की संप्रभु सत्ता द्वारा उसका अनुमोदन किया गया था। उसके बाद ही बारह तालिकाओं ने कानून का रूप लिया।

पापीनियन के अनुसार, कानून का अधिनियमन किसी बाहरी संप्रभु सत्ता द्वारा सामुदायिक जीवन पर नियंत्रण के लिए किया जाता है। रोमन न्यायिक प्रक्रिया के अनुसार, जिसे पापीनियन और सिसरो ने बखूबी समझाया है, किसी राज्य की संप्रभु सत्ता द्वारा जारी नियम या आदेश को ही कानून कहते हैं, जो लिखित रूप में होता है और उस राज्य के सदस्यों पर प्रवर्तित किया जाता है। रोमन लेखकों के अनुसार, कानून का यही भाव है। इस प्रकार किसी राजनीतिक सत्ता के निदेशात्मक स्वरूप में कानून की उत्पत्ति पूर्ण रूप से स्थापित होती है। उद्गम स्रोत के आधार पर कानून को औपचारिक दृष्टिकोण से देखें तो गेयस के अनुसार वह कानूनों, जनमत संग्रह, संविधान के सिद्धांतों, और सीनेट की घोषणाओं से बनता है। इन सभी का उद्भव एक अधिकार प्राप्त मान्य राजनीतिक-न्यायिक सत्ता से ही होता है।

सिसरो के अनुसार, कानून में जो साधन और संस्थान शामिल होते हैं, उनमें विधान, जनमत संग्रह, सीनेट, प्रशासनिक सत्ता द्वारा निर्धारित नियम और मजिस्ट्रेटों की आज्ञा प्रमुख है। संहिताबद्ध कानून के अलावा रोमन कानून-व्यवहार को भी रोमन नागरिक कानून का महत्त्वपूर्ण अंग मानता है। जूलियन ने यह माना है (डाइजेस्ट-1) कि जहाँ कहीं लिखित कानून उपलब्ध नहीं है, जो कुछ भी व्यवहार और रिवाज के आधार पर लागू किया जाता है, उसे ही कानून माना जाएगा। ये रिवाज पुराने होने चाहिए, जिनका निरंतर और बार-बार प्रयोग हो रहा हो तथा उनकी उत्पत्ति उन लोगों की आम चेतना से हुई हो, जिनके बीच उनका अस्तित्व होता है। हालाँकि कोई रिवाज या व्यवहार केवल इस आधार पर कानून नहीं बन जाते कि उनका प्रयोग किसी समुदाय में हो रहा हो, उन्हें राज्य द्वारा सत्ता प्राप्त एक सक्षम प्राधिकरण की स्वीकृति भी होनी होती थी। उल्पियन् ने एक अंश (डाइजेस्ट-1 लेख-3 और 34) में रूप से रिवाजों, प्रथाओं की न्यायिक पुष्टि की आवश्यकता की बात की है, जिसका अर्थ यह है कि रिवाज की प्रभावोत्पादकता न्यायिक पुष्टि पर निर्भर है। संभव है कि कुछ शिरोधार्य करनेवाले प्रचलनों ने संहिताबद्ध कानून से छूटे खाली स्थान में कानून का रूप ले लिया हो, बशर्ते उन रिवाजों को एक सक्षम प्राधिकरण द्वारा कानूनी वैधता प्रदान की गई हो। विधिवेत्ताओं के बीच यह सहमति बनी कि "परंपराओं का कानूनी रूप इस पूर्वधारणा पर, कि उनके पीछे रचयिता और रचयिता शक्ति काम कर रही है, आधारित है। वे सत्ता में निहित कानून बनाने की शक्ति और सामान्य नागरिकों के व्यवहार में उनके समावेश की पूर्व निर्धारित सोच के परिणाम होते हैं।"[33]

तीसरी सदी तक जब रोमन साम्राज्य के संपूर्ण क्षेत्र में रहनेवालों को नागरिकता दी गई, तब नागरिक कानून और राष्ट्र के अधिकार के बीच का व्यावहारिक अंतर समाप्त हो गया।[34] गणतंत्र में रोमन कानून की उत्पत्ति रोमन लोगों द्वारा पारित विधानों से हुई। इससे पहले सर्वसाधारण परिषद् अपने कानून बनाती थी, जिसे जनमत कहते थे, लेकिन 287 ई.पू. में लेक्स होरेंशिया कानून के पारित होते ही यह मुख्यधारा में शामिल हुआ और नागरिक कानून के रूप में सभी वर्गों के नागरिकों पर लागू किया गया। ऑगस्टस (31 ई.पू.) के बाद लोकप्रिय गणतांत्रिक सभाओं का महत्त्व नाममात्र का रह गया और कानून सम्राट् के आदेश की एक प्रक्रिया बन गया। इस काल में कानून का एक और रूप उन आदेशों या वरिष्ठ मजिस्ट्रेटों द्वारा न्यायिक महत्त्व के विषयों पर दिए जानेवाले निर्देशों के रूप में सामने आया।[35] सम्राट् हाड्रियन ने इसे वैधता प्रदान की और उन्हें केवल सम्राट ही बदल सकते थे। किसी मजिस्ट्रेट द्वारा दिए गए आदेश के बाद रोमन सीनेट की ओर से पारित प्रस्तावों को लिखित कानून का एक और स्रोत माना गया। लिखित कानून का चौथा रूप विद्वान् वकीलों द्वारा कानूनी प्रश्नों पर दिए

गए उत्तरों के रूप में सामने आया, जिनसे समस्याओं का निदान माँगा जाता था। इस प्रकार हम देखते हैं कि गणतंत्र के अंत के बाद रोमन राज्य ने कानून के चार स्रोतों को माना—(i) सम्राट् के आदेश, (ii) मजिस्ट्रेटों के आदेश, (iii) सीनेट के प्रस्ताव और (iv) विद्वान् वकीलों की सलाह। हालाँकि न्यायाधीशों के लिए बारह तालिकाओं का ढाँचा और उनके तत्त्व सदैव उपलब्ध थे, जिनकी सहायता वे सैद्धांतिक या वैचारिक मतभेद की स्थिति में ले सकते थे, किंतु राज्य के विभिन्न अंगों से कानूनों का सीधा और निर्विवाद संबंध रहा।[36]

यूरोप पर जब 'बर्बर' जर्मेनिक जनजातियों का आक्रमण हुआ, तब उन्होंने एक नई कानून-व्यवस्था लागू की। शुरुआती जर्मेनिक जनजातियों में एक ऐसी केंद्रीय शाही सत्ता नहीं थी, जिसके पास कानून बनाने के विशिष्ट अधिकार हों। विभिन्न जनजातियाँ आमतौर पर स्वीकार्य चलनों के आधार पर अपनी गतिविधियाँ चलाती थीं। सामाजिक नियंत्रण के नियम 'लिखित कानून' नहीं, बल्कि प्रचलित व्यवहार थे, जिन्हें नैतिकता की कसौटी से अलग नहीं किया जा सकता था। वे इस लिहाज से भी व्यक्तिगत थे, क्योंकि वे केवल उन लोगों पर ही लागू होते थे, जो उस जनजाति के सदस्य थे।[37] हालाँकि उनमें लिखित संहिता से पूरी तरह अनभिज्ञता भी नहीं थी, जैसा कि यूरिक की उस संहिता से स्पष्ट होता है, जो पाँचवीं सदी के स्पेन में विसीगोथों का नेता था, किंतु वह संहिता केवल विसिगोथों पर ही लागू होती थी। धीरे-धीरे रोमन प्रणाली के प्रभाव के कारण कानून बनाने का अधिकार शाही सत्ता के पास जाने लगा। कानून बनाने की प्रक्रिया के दौरान पुरानी जनजातीय परंपरा के प्रति सम्मान के कारण उसके सदस्यों से विचार-विमर्श भले ही किया जाता हो, लेकिन कानून की घोषणा राजा ही करता था। परंपरा और उन पर आधारित अदालतों से अधिकार छिन गए तथा उनकी वैधता समाप्त हो गई और केवल उन्हीं परंपराओं को कानून माना गया, जिन्हें राजा द्वारा घोषित किया जाता था। लेजेस बारबरोरम का कानून परंपराओं का एक दस्तावेज था, जिन्हें किसी शासक द्वारा व्यक्त इच्छा के आधार पर कानून घोषित किया जाता था।[38]

किंतु जस्टीनियन के रोमन कानून संहिता के संग्रह का सम्मान पहले की तरह ही किया जाता रहा और अनेक न्यायविदों ने इसे सँभालकर रखा कि शक्तिशाली यूरोपीय साम्राज्य से संबंधित होने के कारण किसी-न-किसी दिन वह फिर से स्वीकार्य हो जाएगा। यह उम्मीद गलत नहीं थी। होली रोमन सम्राट् अब भी मानते थे कि रोमन नागरिक कानून प्रभाव में है।[39] उन्होंने चर्च के कानून तथा स्थानीय सामंती कानूनों के साथ रोमन कानून को मिलाकर एक नया यूरोपीय नागरिक कानून बनाया। स्थानीय स्तर के कानूनी प्रयोगों में व्यापक रूप से अपनाए जाने के कारण यह नया कानून धीरे-धीरे प्रमुखता पाने लगा और यूरोप में स्वीकार्य हो गया। यह रोमन कानून यूरोपीय परंपरा

और कैथोलिक चर्च के धार्मिक नियमों का एक जटिल मिश्रण था। होली रोमन साम्राज्य के यूरोपीय राजाओं के अंतर्गत यह नया कानून यूरोपीय कानून प्रणालियों की नींव का पत्थर साबित हुआ। पुनर्जागरण के बाद ही इसमें बिखराव आया और राष्ट्रीय स्तर पर निर्मित कानूनों को संहिताबद्ध किया गया।[40]

चर्च के कानून तथा उसके धर्म वैधानिक नियम उस रोमन-यूरोपीय कानून का एक महत्त्वपूर्ण हिस्सा थे, जो मध्ययुगीन यूरोप पर प्रभावी था। चर्च द्वारा प्रतिपादित धारणाओं को अनेक राजनीतिक शासनों द्वारा कानूनी सत्ता का मान्य स्रोत स्वीकार किए जाने की वजह से हमारा ध्यान न्यायशास्त्र के एक और महत्त्वपूर्ण क्षेत्र की ओर जाता है। वह है—कानून के स्रोत और आधार के रूप में किसी पंथ के ईश्वर की संप्रभुता की स्वीकृति। लोकतंत्र की स्थापना के बाद से यूनान और रोम में मान्य कानून का प्रमुख स्रोत राजनीतिक संप्रभुता की सत्ता को ही माना जाता था। लेकिन साम्राज्यवादी रोम के धर्म के रूप में ईसाइयत के अभ्युदय के बाद धार्मिक तथा राजनीतिक सत्ता के बीच संबंधों के पुनर्निर्धारण की आवश्यकता महसूस की गई। रोम के सम्राट् कॉन्सटैंटाइन द्वारा ईसाई मत को स्वीकार किए जाने से पहले चर्च के पादरियों ने मनुष्य के जीवन का विभाजन दो हिस्सों में किया, जिसमें से सांसारिक जीवन पर राजनीतिक सीजर का नियंत्रण था और दैवी जीवन पर भगवान् के रूप में ईसा मसीह का और उनके जाने के बाद कैथोलिक चर्च का।

रोमन सम्राटों पर जब तक बहुदेववादी प्रतिमापूजक विचारधारा हावी थी, तब तक ईसा के अनुयायी राज्य के सामाजिक-राजनीतिक जीवन के किसी भी पहलू से संबद्ध नहीं होना चाहते थे, जबकि वे उसके विधिवत् नागरिक थे। वे राज्य के सांसारिक [सेकुलर] कानून की यातना को सह सकते थे, लेकिन अपने जीवन को मात्र ईसा मसीह द्वारा दिखाए रास्ते पर और उनकी मृत्यु के बाद उस चर्च के निर्देश पर नियामित करना चाहते थे, जिसे उनका सांसारिक शरीर माना जाता था, और जहाँ से महान् कृपा का शाश्वत मार्गदर्शन मिलता था। चर्च, ईसा मसीह का शरीर और उनकी आज्ञाकारी समर्पित दुलहन थी। गैर-ईसाई शासकों के अधीन रहने की मजबूरी ईसाइयों की इच्छाओं पर एक बंधन थी, जिन्हें पता था कि उपयुक्त राजनीतिक माहौल में ही दैवी नियमों को तय किया जा सकता था। एक इस्लामी राज्य की सैन्य ताकत के संरक्षण में पनपने के कारण ही इस्लाम ने शुरू से ही मुसलमानों को अल्लाह के कानूनों का संग्रह—शरिया—तैयार करने में सक्षम बनाया। दूसरी तरफ, अपने धार्मिक काल की प्रारंभिक संदियों में ईसाइयों को अपने पंथ के अनुकूल राज्य का संरक्षण प्राप्त नहीं था, अतः उनका अपना कोई अलग पांथिक कानून नहीं था। मुसलमानों में शुरुआत से ही एक मत और एक सशक्त राज्य की सम्मिलित स्थापना की दूरदर्शिता के साथ ही

आवश्यक सैन्य संकल्प भी था। राज्य सत्ता के समर्थन और प्रवर्तन के कारण ही वे शरिया की रचना कर सके और राज्य सत्ता तथा मत का संयुक्त रूप बना सके—दीन व दुनिया व दौला।

पहली तीन सदियों तक ईसाई धर्म के संरक्षण और विस्तार के लिए किसी ईसाई राज्य का न होना चर्च के अस्तित्व पर एक बड़ा संकट था। इस कमी ने ईसाई धर्म के प्रचार-प्रसार में एक बड़ी रूकावट पैदा की। स्वाभाविक रूप से इसने ईसाई धर्म के नेताओं को भी कानूनी मामले पर चर्चा से दूर रखा। संभवत: राजनीतिक और सैन्य सत्ता के अभाव के कारण ही सेंट पॉल तथा चर्च के शुरुआती पादरियों ने 'कानूनों' को अस्वीकार करने का संदेश दिया, जिसकी शुरुआत यहूदी 'कानूनों' के विरोध से हुई और ईसाइयों से कहा गया कि वे केवल ईसा मसीह के संदेशों पर ध्यान दें, जिससे कि उनका उद्धार हो सके। यहूदियों के अपने राजा, जज और योद्धा पैगंबर थे, जो उनके यहोवा के कानूनों को प्राप्त करते थे और उन्हें राज्य की अलंघ्य सत्ता द्वारा यहूदी समाज पर लागू करते थे। यहूदियों से अलग होने के बाद शुरुआत में ईसाई बने समुदाय के पास राजनीतिक सत्ता नहीं थी। उनके पास वैसी राजनीतिक सत्ता नहीं थी, जो अपनी आज्ञा का पालन करा सके। ऐसे में महज यहूदी कानूनों या फिर किसी भी अन्य कानून से उनका उद्देश्य पूरा नहीं हो सकता था। यदि आपके पास राज्य नहीं तो आपको कानून की भी आवश्यकता नहीं। कानून के लिए राज्य सत्ता का होना अनिवार्य है, यह तथ्य ईसाई इतिहास से भी प्रमाणित होता है। प्रारंभिक दिनों में ईसाइयों ने न केवल अपनी पुरानी संस्कृति को त्याग दिया, बल्कि अपने लिए किसी वैकल्पिक प्रणाली का विकास भी नहीं किया। उन्होंने अपने आपको भगवान् के संदेश और प्रतीकात्मकता के प्रचार-प्रसार के प्रति समर्पित कर दिया। ईसाइयों के पास राजसत्ता का बल नहीं था इसलिए उसके बीच ईसाई कानून भी नहीं था। मुहम्मद के पास एक राज्य भी था और सेना भी थी। फलस्वरूप, मुसलमानों ने अपना शरिया भी बना दिया। पॉल और पीटर को रोमन राज्य और यहूदी शासन से संतुष्ट रहना पड़ा था। वे बस अपनी सलीब ढोते रहे और अपने अनुकूल राज्य की स्थापना की प्रतीक्षा करते रहे।

उनकी प्रतीक्षा का अंत रोम के सम्राट् कॉन्स्टैंटाइन द्वारा ईसाई धर्म स्वीकार किए जाने से हुआ। चर्चों की शक्ति अब बढ़ गई और उनके पास कानूनी काररवाई के अधिकार भी आ गए, जो पहले राजा द्वारा किए जाते थे। ईसाइयों का जीवन दो हिस्सों में बँट गया, जिनमें से सार्वजनिक जीवन पर राजा का नियंत्रण था, जबकि उनका निजी जीवन चर्च के अधीन माना जाता था। राज्य को चर्च के मामले से दूर रहने को कहा गया था, जबकि राजाओं से यह अपेक्षा की जाती थी कि वे चर्च की रक्षा करने के साथ ही उसकी काररवाई को भी शक्ति-संपन्न करें। ईसाई धर्म को स्वीकार कर चुके साम्राज्य

ने शुरू में पूर्व के सांसारिक और राजनीतिक रोमन कानून को अपने दैवी कानून से नहीं बदला, क्योंकि उनके पास अपना कोई कानून था ही नहीं। इस कारण कॉन्स्टैंटाइन तथा उसके उत्तराधिकारियों के अंतर्गत संहिताबद्ध रोमन कानून ही प्रयोग में रहा, जिसमें जब तब आवश्यक जोड़-घटाव किए गए, किंतु सेकुलर कानून के साथ ही नियमों का एक नया संग्रह बनने लगा, जो चर्च के पादरियों और शक्तिशाली बिशपों के निर्णयों पर आधारित था। 'चर्च के कानून' या 'ईसाई धर्म कानून' के नाम से जानी जानेवाली यह कानून संहिता नियमों और विधियों की ऐसी प्रणाली थी, "जिन्हें ईसाई संगठन और उसके सदस्यों के लिए चर्च द्वारा बनाया या अपनाया गया था।"[41] चर्च की देख-रेख में लागू किया गया धार्मिक कानून सक्रियता से ईसाई समुदाय के सामाजिक और व्यक्तिगत जीवन के प्रत्येक पहलू को नियंत्रित करने लगा। ये संहिताबद्ध सकारात्मक कानून थे, जिन्हें पोप के आदेशों, चर्च परिषदों के अधिनियम, पोप के पत्रों, अध्यादेशों और धर्माध्यक्षीय आदेशों के रूप में जारी किया गया और ग्रंथ के रूप में सहेजा गया। धार्मिक अधिनियम के इस कार्य को आगे चलकर चर्च का या गिरजाघर का कानून कहा गया, जो नागरिक कानून के विपरीत ईसाई धर्म की सांस्थिक व्याख्या के अनुरूप था।

लंबे समय तक ईसाई धार्मिक कानून असंबद्ध और कुछ हद तक स्थानीय बने रहे और ऐसा कोई गंभीर प्रयास नहीं किया गया कि "उनसे सामान्य सिद्धांत निकाले जाएँ या उस समय प्रचलित सारे कानूनों को व्यवस्थित किया जाए"।[42] आखिरकार बारहवीं सदी में ग्रेशियन ने रोमन कानून की फिर से बढ़ी दिलचस्पी के प्रभाव के कारण धार्मिक कानून का व्यवस्थित संग्रह अपनी रचना डिक्रिटम यानी धर्माज्ञा में किया। बाद में पाविया के बर्नार्ड द्वारा ब्रेरिएरियम तथा पेनाफोर्ट के सेंट रेमंड द्वारा पोप ग्रेगरी नवम की राजाज्ञाओं के आधिकारिक संग्रह में संग्रह को संहिताबद्ध करने की जो पद्धति अपनाई गई और जिसे सन् 1234 में लागू किया गया, अधिक सर्वमान्य हो गया। बाद के संग्रहों में इन सामग्रियों को पाँच पुस्तकों में विभिन्न शीर्षकों के तहत उनके कालक्रम में अनुसार प्रकाशित किया गया। इन पाँच पुस्तकों में शामिल ईसाई धार्मिक कानून इन विषयों पर हैं—जज, निर्णय, पादरी, विवाह और अपराध। सोलहवीं सदी तक यही धार्मिक कानून आधिकारिक संहिता के रूप में प्रभावी रहा, जिसके बाद सुधार आंदोलन और पंथनिरपेक्ष राष्ट्रवाद ने इसकी वैधता और सत्ता पर गंभीर सवाल खड़े कर दिए। हालाँकि यह एक प्राचीन ग्रंथ के रूप में काफी बाद प्रतिष्ठित रहा, जिसका अध्ययन धार्मिक कानून के रूप में किया जाता रहा।

यहाँ मन में एक स्वाभाविक प्रश्न उठता है : शरिया या चर्च के कानूनों की वैधता को स्वीकृति और शक्ति कौन प्रदान करता है ? वे किसी संप्रभु के आदेश या निर्देश क्या हैं, जो किसी नियम को इतनी कानूनी क्षमता प्रदान करते हैं कि उनके उल्लंघन

पर कानूनी और दंडात्मक परिणाम भुगतने पड़ सकते हैं? इन प्रश्नों के उत्तर में ही संप्रभुता के रिलीजियस पहलू को समझने का सूत्र छिपा है, जिसने तीन इब्राहिमी मतों से अलंघ्य वैधता प्राप्त की है। पंथनिरपेक्ष विधिशास्त्र के अनुसार कानून वह आज्ञाएँ होती है, जिन्हें राजनीतिक संप्रभु का समर्थन मिलना आवश्यक होता है। इब्राहिमी मतों ने एक नई वैचारिक ईजाद की : उनके अनुसार, कानून को एकमेव स्रोत उनके पंथ का ईश्वर है। अल्लाह की आज्ञा ही शरिया का आधार है। अल्लाह को ने केवल पांथिक बल्कि विधिक और राजनीतिक संप्रभुता भी सौंप दी गई। संप्रभु सिर्फ अल्लाह है, राजनीतिक शासक तो उसका नायब या खलीफा भर है। अल्लाह या यहूदी ईश्वर के कानून ऐसे होते हैं, जिन्हें ईश्वर-प्रदत्त माना जाता है और उनकी विवेचना और लागू करने का कार्य किसी पैगंबर खलीफा, अमीर या चर्च द्वारा किया जाता है। रिलीजियस कानून में ईश्वर सर्वप्रमुख होता है। शरिया का बुनियादी स्रोत अल्लाह है। यहूदी कानून का अंतिम स्रोत इजराइल का भगवान् है। रिलीजियस नियम कानून होते हैं, क्योंकि वे संप्रभु सत्ता के आदेश माने जाते हैं, हालाँकि इस मामले में वह सत्ता आसमानी होती है और उन्हें सुव्यवस्थित और अधिकार-संपन्न धार्मिक कर्मियों, जैसे—काजी, राबाई, बिशप के सहयोग से राजनीतिक राज्य की सत्ता द्वारा लागू किया जाता है। संप्रभुता दैहिक होने के साथ ही नैतिक भी हो सकती है। यह इस बात पर निर्भर करता है कि कोई समाज विधिक प्रयासों की व्याख्या और उनका अनुकरण किस प्रकार करता है तथा उन्हें लागू करने के लिए किस प्रकार की प्रणाली विकसित करता है?

इब्राहिमी धार्मिक परंपरा में उनका ईश्वर ही सांसारिक, राजनीतिक और आध्यात्मिक संप्रभु है। इस दृष्टि का अनुसरण अलंघ्य रूप से कमोबेश तीनों ही इब्राहिमी पंथों में किया जाता है। इसी दैवी संप्रभुता से ईश्वर के निर्देश पर बनाए गए कानूनों को बाध्यकारी न्यायिक बल मिलता है। कानून उस देवता की इच्छा होते हैं, जिन्हें स्वाभाविक रूप से सृष्टि में महसूस किया जा सकता है, परंतु उनकी स्थूल और निश्चित प्रकृति मात्र इब्राहिमी देवता के प्रकटित आदेशों में है। वह देवता वास्तविक कानूनों को बताता है तथा उनके अनुसार अधीनस्थ अधिनियम निर्माण, सर्वोच्च व्याख्या तथा अलंघ्य रूप से उन्हें लागू करने का अधिकार अपने चुने हुए प्रतिनिधियों या स्थापित संस्थान को देता है। इस्लाम में यह अधिकार पैगंबर, खलीफा और उलेमा को है, तो ईसाई धर्म में चर्च के पास। चूँकि ऐसा माना जाता है कि सबकुछ अल्लाह की इच्छा के अनुसार होता है, इस कारण प्राकृतिक व्यवस्था के किसी भी न्यायसंगत चिंतन से अल्लाह द्वारा बताए गए सकारात्मक कानून में निहित भावना ही पुष्ट होती है। यह संसार दैवी शक्ति की अनन्य रचना है और यह रचना किसी इब्राहिमी देवता की ही हो सकती है की, क्योंकि मूर्तिपूजक और काफिर के भगवान तो वैसे भी झूठे हैं, या भगवान्

हैं ही नहीं, जिनके पास न सत्ता है, न शक्ति। सृजन की शक्ति तो सोची भी नहीं जा सकती है। इस कारण मनुष्य की न्यायसंगत सोच इब्राहिमी देवता की इच्छा में घुल-मिल जाती है। तर्क दिया गया कि चूँकि प्रत्येक वास्तविक कानून, चाहे रिलीजियस हो या सांसारिक, वह हर हाल में ईश्वर द्वारा सृजित स्वाभाविक या प्राकृतिक व्यवस्था के अनुरूप होता है इसलिए उस ईश्वरीय आज्ञा को प्रकृति के नियम अथवा 'प्राकृतिक कानून' [नैचुरल लॉ] हो जाना चाहिए। अनेक न्यायविदों के लिए उसके ईश्वरों की इच्छा ही संसार का प्राकृतिक नियम बन गई।

इस प्रकार, इब्राहिमी मतों में यह दैव-प्रदत्त प्राकृतिक नियम ही संसार को चलानेवाली न्यायसंगत व्यवस्था का प्रमुख अंग बन गया। मनुष्य अपनी सोच-विचार से भी प्राकृतिक नियम के सिद्धांतों को समझ सकता है, लेकिन एक हद तक ही, उसके बाद दैवी कानूनों की व्याख्या कोई पैगंबर या ईसाई चर्च के ओहदेदार अपने आदेशों के द्वारा ही कर सकते हैं। सेंट थॉमस एक्वीनॉस के अनुसार, मनुष्य द्वारा शाश्वत नियमों में तार्किक भागीदारी तर्क से की गई विवेचना ही प्राकृतिक नियम है। प्राकृतिक नियम के सिद्धांत का समर्थन करनेवाले मानते हैं कि कुछ निष्पक्ष नैतिक सिद्धांत हैं, जो संसार की अनिवार्य प्रकृति के साथ ही मनुष्य की अनिवार्यता के भी अनुरूप होते हैं। प्राकृतिक नियम के सिद्धांत का प्रभावशाली प्रारंभिक प्रतिपादन स्टोइक दार्शनिकों की रचनाओं में हुआ, जिन्होंने पाप की धारणा और मनुष्य के पतन को प्रकृति की अवमानना से जोड़ दिया और इसे पाप तथा कृपा से विहीन हो जाने का उदाहरण बताया गया। इस धारणा को कानून के दैवी सिद्धांत से भी जोड़ दिया और परवर्ती ईसाई विचारकों ने भी प्राकृतिक और वास्तुनिष्ठ नैतिक व्यवस्था के अस्तित्व को स्वीकार कर लिया। चूँकि प्राकृतिक व्यवस्था देवता निर्मित है, इस कारण उस व्यवस्था के नियम भी उसी नैतिक सत्ता में समाहित हैं, जिसकी स्थापना देवता द्वारा परम आदर्श के रूप में की गई है।

प्राकृतिक नियम के प्रतिपादक उसका महत्त्व एक आदर्श ढाँचे और नैतिकता के एक ऐसे दृष्टिकोण के रूप में मानते हैं, जो उनके मुताबिक अपरिवर्तनीय और परम सिद्धांत हैं। प्राकृतिक नियम लागू किए जानेवाले कानूनों की कोई ठोस संहिता नहीं है, जैसी कि वास्तविक कानून की होती है, बल्कि न्याय और अच्छाई को ईश्वर प्रदत्त ऐसा मानक मान लिया जाता है, जिसकी कसौटी पर प्रत्येक वास्तविक कानून के गुण को परखा जाना चाहिए। इस विचार के अनुसार, कानून और नैतिकता का परस्पर व्याप्त होना अनिवार्य है। विलियम ब्लैकस्टोन मानते थे कि प्रकृति का यह नियम मानवता के साथ व्याप्त होने तथा ईश्वर द्वारा निर्दिष्ट होने के कारण निश्चित रूप से किसी अन्य कानून की तुलना में श्रेष्ठ है। इस कारण मसीहा, पैगंबर, खलीफा या चर्च द्वारा व्याख्यायित ईश्वर की इच्छा को वास्तविक कानूनों पर नियंत्रण का कार्य करना चाहिए।

ईश्वर की इच्छा की पूर्ति के रूप में निश्चित की गई नैतिकता की सीमा को लाँघनेवाला सांसारिक कानून वैध हो ही नहीं सकता। थॉमस एक्वीनॉस मानते थे कि ईश्वर अपनी बुद्धि में उस शाश्वत विचार को स्थान देते हैं, जिससे वह संसार पर शासन करते हैं। शासन करनेवाले ईश्वर का यही विचार शाश्वत प्राकृतिक नियम है। इस अर्थ में प्राकृतिक नियम एक ईश्वर प्रदत्त दैवी कानून है, जो उन हदों या मानकों को तय करते हैं, जिनका पालन मनुष्य को हर हाल में करना चाहिए, यदि वह मुक्ति चाहता है। यही कारण है कि शरिया के सबसे महत्त्वपूर्ण आदेशों को 'हदूद' [अल्लाह द्वारा तय हदों के अंदर] कानून कहा जाता है।

प्राकृतिक नियम को देवता के अधिकार क्षेत्र में डाले जाने से यह असंभव हो गया कि इसकी खोज मनुष्य के अपने विवेक से भी हो सकती है। निष्कर्ष विश्लेषण यह है कि ईश्वर के मन की बात को केवल दैवी प्रकटीकरण [रेवेलेशन, इलहाम, वही] के माध्यम से ही जाना जा सकता है। सांसारिक कानून को ऐसी दैवी प्राकृतिक नियमों को समाप्त या परिवर्तित करने की भूल नहीं करनी चाहिए, बल्कि वास्तविक कानून को सदैव दैवी प्राकृतिक नियमों का पालन करना चाहिए। सेंट ऑगस्टीन मानते थे कि दैवी कानून ही एकमात्र परम कानून हैं तथा सांसारिक कानूनों का पालन तभी करना चाहिए, जब वे चर्च के कानून के विरुद्ध न हों। प्राकृतिक और वास्तविक नियम-कानून के बीच संबंध को समझने के लिए हम एक उपमा का प्रयोग कर सकते हैं—ईश्वर के आदेश का उल्लंघन कर मनुष्य पतित और कष्ट का भागी हो जाता है और उसकी मुक्ति केवल ईसा मसीह के उद्धारक प्रेम और चर्च के प्रति समर्पण से ही संभव है, यह धारणा प्राकृतिक नियम का ही एक पहलू मानी गई है। अत: रिलीजियस सत्ता द्वारा बनाए गए नियम और शासकों द्वारा उन्हें उन विधर्मियों के विरुद्ध लागू किया जाना, जो ईश्वर के रूप में ईसा मसीह या अल्लाह को नहीं मानते, वास्तविक कानून का एक उदाहरण है, जिसे प्राकृतिक या दैवी नियम के अनुरूप तैयार किया गया है।

थॉमस एक्वीनॉस के अनुसार, कानून सबकी भलाई के लिए उस व्यक्ति द्वारा बनाया और लागू किया गया तर्कसंगत अध्यादेश है, जो समुदाय की देखभाल करता है। चूँकि समुदाय की देखभाल की जिम्मेदारी ईसा मसीह के चर्च को सौंपी गई है, जो अपने ईश्वर की संप्रभुता और उसकी किताबों में दर्ज कानून की अलंघ्य बातों पर विश्वास करता है, इसलिए कानून बनाने की शक्ति सिर्फ चर्च के पास होनी चाहिए। ईसाई चर्च ने दावा किया कि उसके संस्थापक ने उसे मानव समुदाय के मार्गदर्शन के लिए कानून बनाने के अधिकार दिए हैं। "इस वास्तविक धार्मिक कानून के स्रोत या लेखक मूलत: से धर्माध्यक्षीय वर्ग या उसके प्रमुख पोप हैं, जो धार्मिक कॉलेज और दैवी रूप से नियुक्त इसके प्रमुख सेंट पीटर के उत्तराधिकारी हैं।"[43] चर्च संबंधी कानून

के सबसे 'फलदायी' स्रोत पोप है। उनकी सत्ता को दैवी कानून के मानकों [जिसे पोप स्वयं ही तय भी करते थे] के सिवाय और कोई सीमित नहीं कर सकता था, क्योंकि पोप बोनिफेस अष्टम ने हमें स्पष्ट रूप से बताया है कि सारे कानून उनकी दिल की तिजोरी में जमा हैं—इन स्क्रीनियों पेक्टोरिस!

सेंट ऑगस्टाइन ने शाश्वत कानून की परिभाषा 'देवता के आदेश या दैवी व्यवस्था' के रूप में की, जो प्राकृतिक व्यवस्था कायम रखने का निर्देश देता है तथा इसके उल्लंघन पर रोक लगाता है।"[44] विशिष्ट रूप से कार्यान्वित किए जानेवाले वास्तविक कानून की सेंट थॉमस द्वारा दी गई परिभाषा भी इसी के अनुरूप थी, "यह दैवी कानून यानी वास्तविक कानून है, जिसे पूरी मानवता के लिए ईश्वर ने स्वयं बनाया है और जो शास्त्रों में लिखा है। मनुष्यों द्वारा बनाए जानेवाले सारे वास्तविक कानूनों को इसी दायरे में होना चाहिए।"[45] सेंट थॉमस के मुताबिक, ऐसे सारे कानून अमान्य हैं, जिन्हें उसके रचयिता के साध्य या उसकी शक्ति की परवाह किए बिना बनाया जाता है : "हमें मनुष्य की नहीं, बल्कि ईश्वर की इच्छा का पालन करना चाहिए।"[46] 'डिक्रेतुम ग्रातियानुम' एक ऐसी रचना है, जो प्रकृति के नियम की महत्ता को ईश्वर के नियम जितना महान् बनाती है। 'डे इकलेजिआस्टिका प्रोटेस्टेट' में एगिडियस कोलोन्ना ने कहा कि ईश्वर ने पोप को अनोखी और सर्वोच्च आध्यात्मिक शक्तियाँ दी हैं। इस कारण उनके द्वारा प्रत्यक्ष रूप से बनाए गए या प्रत्यायोजित पादरी परिषद् में व्यापक विचार-विमर्श के बाद बने, कानून की बाध्यता एक समान होती है, बशर्ते वह ईश्वर द्वारा निर्धारित नैतिक व्यवस्था और ईश्वर द्वारा रेवलेशन [प्रकटीकरण] के माध्यम से बताई बातों के अनुरूप हो। इस कारण संपूर्ण मध्य काल में, राजसत्ता की शक्ति द्वारा पूर्ण रूप से समर्थित बिशपों की सत्ता ने यह सुनिश्चित किया कि ईसाई मतावलंबियों द्वारा दैवी कानूनों का पालन हो और मत विरोधियों को दंडित किया जाए।

ईसाई प्रोटेस्टेंट सिद्धांत के महान् प्रणेता जॉन काल्विन ने अपनी पुस्तक 'इंस्टीट्यूट्स ऑफ क्रिस्चियन रिलीजन' (1536) में लिखा, "यह सत्य है कि ईश्वर के जिस नियम को हम नैतिक कानून कहते हैं, वह और कुछ नहीं, बल्कि प्राकृतिक नियम तथा मनुष्य के अंतःकरण पर ईश्वर द्वारा उकेरी गई बातें हैं। फलतः उनके विचार में जिस स्वाभाविक न्याय की बात आजकल होती है, वह निषेधित है।" काल्विन के अनुसार, 'प्रेम का चिरस्थायी नियम', जो बाइबिल के दस आदेशों में निहित है [मोजेज को ईश्वर द्वारा प्रदत्त], वही ईश्वर का शाश्वत और अपरिवर्तनीय सार्वभौमिक नैतिक मानक है। वह मानते थे कि शाश्वत प्राकृतिक नियम 'मनुष्य के हृदय में छपे' हैं, इस कारण मनुष्य इन कानूनों पर आधारित नैतिक और कानूनी सिद्धांतों का भेद करने में सक्षम है। वह मनुष्य के स्वर्ग से पतन के अधर्मी प्रभाव तथा उसके फलस्वरूप उसकी

कल्पना के क्षीण पड़ने को लेकर भी उतने ही सजग थे। इसलिए वे मानते थे कि ईश्वर के कानून को अमल में लाने के लिए मजहबी किताबें आवश्यक हैं, लेकिन मनुष्य अपनी गलतियों के अंधकार से इतना घिरा है कि वह प्राकृतिक नियम को समझने का प्रयास कर यह जान ही नहीं पाता कि ईश्वर को कैसी आराधना स्वीकार्य है? इसी प्रकार, ईश्वर ने हमें लिखित कानून देकर उन बातों को स्पष्ट किया है, जो प्राकृतिक नियमों में स्पष्ट नहीं थीं। साथ ही, हमारी सुस्ती को दूर करने के लिए हमारे मस्तिष्क और स्मरण पर अधिक ताकत से प्रहार किया है। काल्विन पूरे विश्वास के साथ दावा करते हैं कि नागरिक प्रशासकों को ईश्वर ने ही सत्ता दी है और ईश्वर के नियम लागू कराने का दायित्व उन पर ही है। काल्विन को इस विषय में कोई संदेह नहीं था कि प्राकृतिक नियम ईश्वर के वे नियम हैं, जो मनुष्यों के हृदय पर छपे हैं और बाइबिल के दस नियमों में दर्ज हैं। इस कारण काल्विन का तर्क था कि राज्य का दायित्व है कि वह चर्च को बढ़ावा दे और झूठ की शिक्षा देनेवालों को प्रताड़ित करे।

एक्वीनॉस और काल्विन को पढ़ने से लगता है कि प्राकृतिक नियम ईश्वर के नैतिक विन्यास हैं; वास्तविक कानून चर्च या राज्य द्वारा उस प्राकृतिक नियम के अनुसार ही लागू किए जाते हैं। चर्च का मानना है कि धार्मिक कानून मौलिक रूप से ईश्वर की इच्छा के अनुरूप हैं तथा उन्हें मानवता का कानून बनना चाहिए, भले ही उसके लिए कितने ही कष्ट क्यों न उठाने पड़ें? मुस्लिम विधिवेत्ता और उलमा भी मानते हैं कि अल्लाह के आदेश के तहत बना शरिया कानून प्राकृतिक नियमों के अनुरूप है। उसे संपूर्ण मानवता का कानून बनना चाहिए, चाहे इसके लिए बल प्रयोग भी क्यों न करना पड़े? किंतु एक समस्या है—ईश्वर के आदेश एकार्थक प्रतीत नहीं होते। ईसाई और इस्लामी पांथिक ग्रंथों में ईश्वर अलग-अलग बातें कहते हैं जबकि तीनों दावा करते हैं कि उनका ईश्वर एक ही है। जो इब्राहिम का ईश्वर था, उसे ही ईसा और मुहम्मद का ईश्वर भी कहा गया हैं, परंतु इन तीनों रिलिजंस में उस ईश्वर की प्रकृति, उसका नाम और पूरा व्यवहार, झगड़े की हद तक अलग-अलग है। उनके द्वारा बताया गया नियम भी एक जैसा नहीं है। इब्राहिमी पंथों में यदि ईश्वर की एक धारणा पर सहमति नहीं है तो उस ईश्वर का 'एक प्राकृतिक नियम' कैसे हो सकता है। प्रत्येक सांप्रदायिक समूह अपने ही देवता के द्वारा घोषित प्राकृतिक नियम को प्राकृतिक व्यवस्था का एकमात्र आधार मानता है। इस प्रकार, यह जिद कि उनका निजी दैवी कानून सारी मानवता के लिए समान तथा स्वाभाविक हैं, वैसी मजहबी जमातों द्वारा उन कानूनों को लागू करने और पालन कराने के लिए स्वघोषित रूप से अधिप्राप्त सत्ता की एक धार्मिक अकड़ है, जो कानूनों को मात्र अपने भगवान् द्वारा रहस्योद्घाटित और मजहबी ग्रंथों में संकलित होने का दावा करती है। प्राकृतिक नियम के सिद्धांत का प्रयोग मजहबी संस्थाएँ नैतिक

और विधिक सापेक्षवाद के खतरों से अपने ढोंग की रक्षा करने के लिए करती हैं।[47] किंतु एक बिंदु पर सारे इब्राहिमी रिलिजंस सहमत हैं कि ईश्वर के कानूनों में राजनीतिक संप्रभुता जैसी ही शक्ति होती है, और उनका पालन बेहिचक किया जाना चाहिए।

यह विचार हमें फिर से ऑस्टिन की बात पर लौटने को बाध्य करता है, जिन्होंने कहा था कि सारे वास्तविक कानून स्पष्ट रूप से निश्चित कानून निर्माता से उत्पन्न होते हैं, जो संप्रभु ईश्वर होता है। कम-से-कम पुनर्जागरण तक, ईसाई रिलीजन में ईश्वर की संप्रभुता और चर्च की कानूनी संप्रभुता पर न तो कभी संदेह किया गया और न ही उसे राजनीतिक संप्रभुता से कम शक्तिशाली माना गया। पुनर्जागरण ने भी केवल राजनीतिक शासक की विधायी सत्ता को पहचान दिलाई, परंतु निजी धार्मिक मामले में चर्च की शक्ति को कम नहीं किया। सेंट थॉमस ने चर्च के अनुयायियों को याद दिलाया कि दैवी संप्रभुता की अनदेखी कर बनाया गया प्रत्येक कानून अमान्य है। वे कहते थे, "हमें मनुष्य नहीं, ईश्वर का पालन करना चाहिए।"[48] इस्लाम में तो यह कहना भी अभिशाप [कुफ्र] है कि अल्लाह के सिवाय कोई और संप्रभु हो सकता है, चाहे वह राजनीतिक, धार्मिक और न्याय संबंधी सत्ता ही क्यों न हो। इस्लामी समाज का कानून वही है, जो अल्लाह ने वास्तविक और ऐतिहासिक रूप से 'कुरान' में बताया है तथा अल्लाह के पैगंबर के सुन्ना में जिसकी व्याख्या व्यावहारिक रूप में प्रयोग के लिए की गई है। सामाजिक-राजनीतिक जीवन के कतिपय क्षेत्रों में मनुष्य के बनाए गए कुछेक मामूली कानून मान्य हो सकते हैं, लेकिन वे शरिया की तुलना में हमेशा तुच्छ ही रहेंगे।

डब्ल्यू. फ्रीडमैन का तर्क है—"कानून की अवधारणा का अर्थ किसी समुदाय के व्यवहारों के निश्चित मानक से है, जिसे वह बाध्यकारी मानता है तथा जिसे उस सत्ता द्वारा तय किया जाता है, जो मानकों को सामान्य रूप से लागू करने और विभिन्न दंड प्रावधानों के साथ उनका पालन कराने का अधिकार रखती है।"[49] इस प्रकार बाध्यकारी कानूनों की संहिता, विवादों का निपटारा करनेवाली अदालतें, जो तय नियमों के आधार पर फैसला सुनाती हैं तथा वह तंत्र, जो आवश्यकता पड़ने पर कानून के प्रवर्तन हेतु बल प्रयोग करता है, मिल-जुलकर किसी समाज की कानूनी प्रणाली का निर्माण करते हैं। ग्राहम ह्यूजेस ने कानूनी प्रणाली की सबसे महत्त्वपूर्ण विशेषताओं को इंगित करते हुए बताया है कि 'कानूनी प्रणाली' पद के द्वारा सिर्फ उन-उन सामाजिक व्यवस्थाओं का वर्णन किया जा सकता है, जिनमें विधानों के लिए उच्च कोटि की संस्थाएँ होती हैं, विवादों के निपटारे का तंत्र होता है और बल प्रयोग का आदेश देनेवाले निकाय होते हैं।"[50] इस कारण जॉन फिनिस जैसे नव-प्रकृतिवादी ने भी स्पष्ट किया कि कानूनों की तकनीकी और कानूनी वैधता केवल इस कारण समाप्त नहीं हो जाती है कि वे काररवाई की नैतिक वजह नहीं बता सके, क्योंकि कानून शब्द का अर्थ "मुख्य रूप

से उन नियमों से लगाया जाता है, जो एक निश्चित और प्रभावी अधिकरण (जो जाना-पहचाना मानकीकृत होता है और कानूनी नियमों द्वारा गठित संस्थान होता है) द्वारा पूरे समुदाय के लिए नियंत्रक विधिक नियमों के अनुसार बनाए जाते हैं और नियमों से संबद्ध अभियोजक संस्थानों के प्रतिबंधों से पुष्ट होते हैं।"[51]

प्राचीन प्रकृतिवादियों ने नैतिक विधियों की प्रणाली को उसी रूप में सारे वास्तविक कानूनों का आधार बनाया, जैसा कि उस रिलीजियस नैतिक प्रणाली में स्थापित है, जिसमें उनका विश्वास है। प्रत्यक्षवादी, नव-प्रकृतिवादी और लॉन एफ. फुलर जैसे प्रक्रियावादी प्रकृतिवादी इस मत को खारिज करते हैं कि कानून के विषय पर किसी नैतिक सिद्धांत का कोई नियंत्रण है। प्रत्यक्षवाद इस आधार पर प्रकृतिवाद से भिन्न है, क्योंकि एक तरफ तो इसने शासक को रिलीजियस नियंत्रण से मुक्त कर किसी राजनीतिक सत्ता द्वारा बनाए गए कानून की वैधता को स्थापित किया, वहीं दूसरी तरफ कानून बनाने की प्रक्रिया से धीरे-धीरे नैतिक अनुपालन को भी हटाया। कानून की उत्पत्ति किसी संप्रभु सत्ता के हाथों में ही अपरिवर्तनीय रूप से बनी रही। केवल संप्रभु का पद ईश्वर के क्षेत्र से शासक के दरबार में (कम-से-कम यूरोप में) चला आया। कानून के विषय को नैतिक पाबंदियों से मुक्त कर दिया गया था।

जब हम धर्मशास्त्र के अपने अध्ययन की ओर फिर से लौटते हैं तो हमें रिलीजियस सत्ता और यूरोपीय न्यायविदों के विचारों पर की गई उपरोक्त चर्चा को ध्यान में रखना होगा। किंतु आगे बढ़ने से पहले एक छोटे से विषय की चर्चा करना उपयोगी होगा, जिसका संबंध धर्मशास्त्र को हिंदू कानून की 'संहिता' या 'संग्रह' करार दिए जाने से है। किसी का भी अनुमान होता है कि यूरोपीय विद्वानों ने कानून के 'संग्रह' और 'संहिता' शब्द का प्रयोग उसी अर्थ में किया होगा, जिस अर्थ में उनका प्रयोग पश्चिम में कानून संबंधी विमर्श में किया जाता है। तो फिर कानून की संहिता अथवा कानून का कोड क्या है ? वे निश्चित रूप से किसी राज्य द्वारा लिखित और घोषित कानूनों के संग्रह हैं, जिन्हें संहिताबद्ध किए जाने के दौरान कुछ प्रचलनों को भी चुनकर विधिवत् रूप से एक कानूनी ढाँचा प्रदान किया गया। किसी संहिता का सबसे प्राचीन उदाहरण हम्मुराबी की संहिता में मिलता है, जो 1780 ई.पू. में बेबीलोनिया के बादशाह हम्मुराबी द्वारा घोषित नियमों का एक संग्रह है। यह संहिता राज्य के कामकाज को चलाने के लिए संप्रभु सत्ता द्वारा बनाए गए वास्तविक नियमों का एक संग्रह है। कानून की किसी संहिता का एक प्राचीन उदाहरण वे दस नियम हैं, जिन्हें यहूदियों के नेता मोसेस द्वारा कनान में अपने ईश्वर यहोवा से आकाशवाणी के जरिए प्राप्त किया गया था। सहायक कानूनी सिद्धांतों के साथ यही दस नियम यहूदी कानून का आधार बने रहे, जिन्हें यहूदी जजों, राजाओं ने भी माना और लागू किया।

आरंभिक मध्य युग में रोमन सम्राट् जस्टिनियन ने अपने शासनकाल के दौरान कानून के संग्रह और संहिताकरण की व्यवस्था की तथा उनका नाम इंस्टीट्यूट रखा। यह एक राजनीतिक संप्रभु सत्ता के आदेश और देखरेख में किया गया कानूनों का संहिताकरण था। मानकीकृत कानूनी बोलचाल में 'संहिता' से कानूनों के उस संग्रह का अर्थ लगाया जाता है, जो एक संप्रभु शासक या एक विधायिका द्वारा तैयार किया जाता है। हम ज्ञात संहिताओं में से कुछ उदाहरण ले सकते हैं। इनमें से ही एक ऐतिहासिक दृष्टांत नेपोलियन की संहिता (1804) है, जो नेपोलियन के शासनकाल में लागू कानूनों का संग्रह है, जिन्हें फ्रांस के अलावा यूरोप तथा लैटिन अमेरिका के कई हिस्सों में भी लागू किया गया। संयुक्त राज्य अमेरिका की संहिता अमेरिकी सरकार और उसके संघीय कानूनों के अधिनियमों का एक संग्रह है। हेनरी की संहिता हैती के राजा हेनरी द्वारा लागू कानूनों का संग्रह है। लुइसियाना की संहिता (1822) पीटर डरबिग्नी, एडवार्ड लिविंगस्टोन और मोर्यू लिसलेट द्वारा तैयार की गई थी, जिसे लुइसियाना राज्य ने अपनाया और लागू किया। कुछ अन्य 'संहिताओं' में शामिल हैं 1896 की जर्मन नागरिक संहिता, प्रशिया की संहिता, 1912 की स्विस नागरिक संहिता और फ्रेंच कानूनों की संहिता। कानून/विधि की सारी संहिताएँ या इंस्टीट्यूट किसी शासक, राजनीतिक संप्रभु सत्ता या विधायिका द्वारा निर्मित हैं। तो फिर *मनुस्मृति* किस प्रकार की संहिता है, क्या मनु की संहिता नेपोलियन की संहिता के समतुल्य है ? क्या हमारे धर्मशास्त्रों में हिंदू कानून के वैसे ही इंस्टीट्यूट हैं, जिनकी तुलना जस्टिनियन के इंस्टीट्यूट से या चर्च के कानूनों या शरिया से की जा सकती है ? इन विषयों की समीक्षा करने का अवसर हमें आगे मिलेगा।

बहरहाल, यदि धर्मशास्त्र हिंदुओं के कानून हैं और *मनुस्मृति* हिंदू कानून की संहिता है (जिससे यह अर्थ भी लगा कि धर्म 'कानून' है) तो स्मृति के ग्रंथों को उन मानदंडों को भी पूरा करना होगा, जो कानून की किसी संहिता पर लागू होते हैं। धर्मशास्त्रीय ग्रंथों में दिए गए सिद्धांतों को उन सूचकों के अनुरूप होना पड़ेगा, जो नैतिक बातों से किसी कानून को अलग करते हैं। *मनुस्मृति* पर लिखनेवाला कोई भी लेखक जब उसकी विषय-वस्तु का अनुवाद 'मनु के कानून' के रूप में करता है तो वह यह नहीं बताता कि वह 'कानून' शब्द का प्रयोग किसी विशेष या अनोखे रूप में कर रहा है, न ही वह विशेष अर्थ का एक दायरा तय करता है, जिसमें वह कानून शब्द का प्रयोग कर रहा है। वह बस धर्म को 'कानून' कह देता है। ऐसे में एक पाठक 'कानून' शब्द का अर्थ उसके न्यायिक-राजनीतिक लिहाज से ही लगाएगा या अगर उसने यदि कनसाइज ऑक्सफोर्ड डिक्शनरी खोली तो उसे पता चलेगा कि 'कानून' का अर्थ है, एक नियम, जिसे किसी समुदाय पर लागू किया जाता है या उसमें प्रचलन में होता है, जिसमें किसी

कृत्य और निषेधित या स्वीकृत करने की ताकत होती है और जिसे दंडों की सहायता से लागू किया जाता है। वही शब्दकोश पाठक को यह भी बताएगा कि संहिता अध्यादेशों का एक विधिवत् संग्रह है, कानून का इस प्रकार से व्यवस्थित विधान है, जिससे असंगति से बचा जाए। दोनों ही परिस्थितियों में धर्म और धर्मशास्त्र को लेकर उसकी धारणा उसी सिद्धांत से तय होगी कि कानून किसी निश्चित संप्रभु सत्ता के आदेशों का फल है और उसकी वैधता कोर्ट स्वीकार करते हैं तथा जिनका अनुपालन शासकीय दंड के आधार पर किया जाता है। इससे तो धर्म की संपूर्ण धारणा पर एक कुठाराघात होगा।

कभी-कभी हमें बताया जाता है कि धर्मशास्त्र हिंदू कानून के 'स्रोत' हैं। इस तर्क पर तब और बल दिया जाता है, जब ग्रंथों के उन हिस्सों पर चर्चा होती है, जिनमें वर्ण और आश्रम प्रणाली तथा विभिन्न वर्णों के सामाजिक कर्तव्यों पर चर्चा हुई हैं, किंतु *मनुस्मृति* क्या वास्तव में 'कानून' का 'स्रोत' है? वस्तुतः कानून के स्रोत की पहचान स्वयं कानून द्वारा की जाती है और वे आदेशात्मक होते हैं। पी.जे. फिट्जेरॉल्ड का मानना है, "कानून के स्रोतों का वर्गीकरण या तो विधिक या ऐतिहासिक रूप में किया जा सकता है।"[52] ऐतिहासिक स्रोत अनादेशात्मक होते हैं, जिनमें "कानून द्वारा औपचारिक मान्यता की कमी होती है।"[53] कानून के विधिक स्रोत ऐसे नियम, आदेश, अध्यादेश आदि होते हैं, जिन्हें किसी संप्रभु या अन्य अधिकृत सत्ता द्वारा घोषित किया जाता है। फिट्जेरॉल्ड के अनुसार, कानून के ऐतिहासिक स्रोतों में निम्नांकित शामिल हैं—न्यायाधीशों के लेख, नैतिक लेख तथा जजों के आदेश। वे विधिक विकास की धारा को प्रभावित कर सकते हैं, लेकिन अपने दम पर उन्हें कोई कानूनी अधिकार नहीं होता है। फिट्जेरॉल्ड ने यह अंतर स्पष्ट रूप से किया है, "इस प्रकार कानून की किताब और जेरेमी बेंथम की कृतियाँ, दोनों ही अंग्रेजी कानून के संसाधन के स्रोत हैं··· कानून की किताब जो कहती है, वह तत्काल प्रभाव से और विधिक रूप से ही कानून बन जाता है, लेकिन जो बेंथम कहते हैं, वह कानून बन भी सकता है या नहीं भी, इस पर किसी का अधिकार नहीं होता, बल्कि यह विधायिका या अदालतों की इच्छा पर निर्भर करता है।"[54] इसलिए हॉब्स, बेंथम या ऑस्टिन जैसे राजनीतिक दार्शनिकों की अवधारणाएँ और विचार अपने आप में कानून नहीं हैं। वे विधायिका की स्वीकृति या कोर्ट के आदेश से कानून बनते हैं। किंतु *मनुस्मृति* के विषय में हमें पिछले दो सौ वर्षों से पूरे विश्वास के साथ कहा जाता रहा है कि वह ग्रंथ अपने स्वरूप में ही विधि के नियमों के अनुसार कानून है!

जूलियस स्टोन ने लीगल सिस्टम एंड लॉयर्स रीजनिंग्स में किसी कानून व्यवस्था की चार शर्तें गिनाई हैं—(i) यह आधुनिक राज्यों से उत्पन्न होता है, (ii) यह नैतिक और सामाजिक व्यवहार से भिन्न होता है, (iii) यह किसी निश्चित वर्ग के सदस्यों

पर लागू होता है, और (iv) यह "एक अनुभवजन्य अकेली सत्ता है…"[55] द मोरैलिटी ऑफ लॉ में प्रो. लॉन एल. फुलर ने कानून की अवधारणा को विस्तार देते हुए लिखा है कि किसी भी विचार को तब तक कानून नहीं माना जा सकता, जब तक कि वह अनिवार्य एवं आदेशात्मक रूप से लागू न किया जाए और वह तभी प्रभावी रूप से लागू हो सकता है, जब निम्नांकित आठ सिद्धांतों को पूरा करता हो—(i) नियमों को सामान्य शब्दों में घोषित किया गया हो, (ii) नियमों की सार्वजनिक घोषणा की गई हो, (iii) नियम भविष्य प्रभावी हों, (iv) नियम समझ में आने लायक और स्पष्ट हों, (v) नियम एक-दूसरे के सुसंगत हों तथा विरोधाभासी न हों, (vi) प्रभावित पक्षों पर अत्यधिक दबाव ने डालते हों, (vii) किस निश्चित समय में नियमों में निरंतरता हो और (viii) नियमों को आधिकारिक रूप से शब्दशः लागू किया जाए।[56] व्याख्यात्मक रूप से यह कहा जा सकता है कि कानूनी आदेश एक सोद्देश्य उद्यम होता है। यह सामाजिक-राजनीतिक सह-अस्तित्व को व्यवस्थित रखने के लिए शासकीय अधिकरण द्वारा नियमों पर आधारित आदेश होता है। मोंटाना कोड एनोटेटेड, 2001 हमें याद दिलाता है कि 'कानून' राज्य की सर्वोच्च सत्ता की इच्छा की एक गंभीर अभिव्यक्ति है। जेंक्स भी इस बात से सहमत हैं कि न कानून राजनीतिक रूप से संगठित समाज पर सर्वोच्च सत्ता द्वारा लागू की गई नियमों की प्रणाली है और जिसे उस समाज के सदस्यों द्वारा उनके व्यवहार या आपसी संबंधों को नियंत्रित या शासित करनेवाला माना जाता है।

इस प्रकार कानून को प्राचीन काल से लेकर आधुनिक युग तक, उन नियमों को इंगित करनेवाला कहा जा सकता है, जो—(i) किसी ईश्वर के रहस्योद्घाटन [रेवेलेशन] और आदेश पर आधारित होते हैं, (ii) किसी संप्रभु सत्ता के आदेशों में निहित होते हैं, (iii) व्यवहार रूप में अदालतों द्वारा मान्य होते हैं और उनका अनुपालन दंडात्मक रीति से कराया जा सकता है। इन तीनों में से किसी भी रूप में कानून को किसी निश्चित क्षेत्र में ही लागू माना जा सकता है, क्योंकि "कानून की अवधारणा और अभिव्यक्ति क्षेत्र के आधार पर की जाती है।"[57] यदि राजनीतिक सत्ता के नियंत्रणाधीन कोई ऐसा विशेष क्षेत्र ही न हो, जिस पर उस राजनीतिक सत्ता का अधिकार हो तो किसी कानूनी प्रणाली के निर्माण और उसे लागू करने की आवश्यकता ही नहीं पड़ेगी। फिट्जेरॉल्ड संभवतः इसी अनिवार्यता का संकेत दे रहे थे, जब उन्होंने कहा, "जिस प्रकार एक राज्य सीमा से बँधा होता है, उसी प्रकार कानून को लागू किए जाने का क्षेत्र भी निश्चित होता है।"[58] यहाँ कानून का सीमा से बँधा होने का अर्थ यह नहीं है कि नियमों के किसी संग्रह की मान्यता उस क्षेत्र में ही होती है जहाँ वे फलित हुए थे, बल्कि कानून वह होता है, जो किसी निश्चित क्षेत्र में अधिकार प्राप्त सत्ता द्वारा घोषित किया गया हो और उस सत्ता के पास उस क्षेत्र विशेष में उसे लागू करने की इच्छा के साथ

उपयुक्त साधन भी हो। कानूनों से किसी क्षेत्र का वैसा ही संबंध है जैसा कि उसे घोषित करनेवाले की संप्रभुता से होता है।

अब तक 'कानून', 'कानून की संहिताओं' तथा 'कानूनी आदेश' पर हमने जो चर्चा की है, उससे हमें उस अवधारणा की समीक्षा में सहायता मिलेगी, जिसके अनुसार यह कहा जा रहा है कि *मनुस्मृति* कानून की एक किताब है और धर्मशास्त्र हिंदुओं की कानून संहिता है। हमें यह याद रखना चाहिए कि 'लॉ' हिंदू शब्द नहीं है और इसका उपयोग पाश्चात्य विद्धान् उस संग्रह को इंगित करने के लिए करते हैं, जिसके शिक्षक धर्म के प्राचीन सिद्धांतों और सामाजिक सद्भाव के शाश्वत मूल्यों अतिरिक्त और कुछ भी बताने का नाटक नहीं करते हैं। हम नहीं जानते कि किस संप्रभु सत्ता ने किस सूत्र या स्मृति को लागू और संहिताबद्ध किया ? हमें उस निश्चित क्षेत्र की भी जानकारी नहीं, जिस पर कोई विशेष स्मृति कानून के रूप में प्रभावी थी। हमें यह भी ज्ञात नहीं कि किन अदालतों ने उनके किस हिस्से को लागू किया ? किसी राजा ने धर्मशास्त्र या स्मृति को अपने शासन क्षेत्र के कानून के रूप में अपनाया हो, इसकी भी हमें कोई जानकारी नहीं है। इसका भी कोई प्रमाण नहीं कि धर्मशास्त्रों का रहस्योद्घाटन किसी ऐतिहासिक रूप से सक्रिय और अभिज्ञाप्त 'देवता' ने किया हो और उसे किसी रिलीजियस संस्था खलीफा, चर्च या सुल्तान ने लागू किया हो। स्मृति या सूत्र का संबंध किसी राजा या वंश या राजनीतिक व्यवस्था नहीं, न ही किसी क्षेत्र या लोगों के किसी समूह से ही। अब तक ऐसा कोई भी शासक नहीं मिला, जिसने कहा हो कि *मनुस्मृति* उसके राज्य का कानून है, किंतु दो सदियों तक विद्वानों ने अपनी बुद्धि के पर्याप्त प्रयोग से हमें बताया कि *मनुस्मृति* न केवल 'कानून' है, वह भी किसी एक क्षेत्र विशेष में किसी निश्चित काल के साम्राज्य का ही नहीं, बल्कि सारे हिंदुओं का सर्वकालीन कानून है। यह बात लगातार बिना विचलित हुए कही जाती रही है। यदि इस बात में लेशमात्र भी सत्य होता तो धर्म का अर्थ अवश्य 'कानून' होता और वह भी पश्चिमी विधिक अर्थ में, जिसमें कानून की उनकी अवधारणा के सभी अनिवार्य तत्त्व होते।

संदर्भ

1. डब्ल्यू. फ्रीडमैन, लीगल थ्योरी, यूनिवर्सल लॉ पब्लिशिंग कं. लिमिटेड; 1999, नई दिल्ली, पृ. 264
2. वही, पृ. 264
3. वही, पृ. 265
4. वही, पृ. 265
5. पी.जे. फिट्जेरॉल्ड, सालमंड ऑन जूरिसप्रेडेंस, यूनिवर्सल लॉ पब्लिशिंग कं. प्राइवेट लिमिटेड; 2002; नई दिल्ली; पृ. 2–15

6. फ्रीडमैन, उद्धृत के विपरीत, पृ. 260
7. वही, पृ. 276
8. वही, पृ. 289
9. वही, पृ. 266
10. फिट्जेरॉल्ड, उद्धृत के विपरीत, पृ. 36
11. ए डिक्शनरी ऑफ द सोशल साइंसेज, (इ.डी.) जुलिउस गोल्ड एंड विलियम एल कोल्ब; तविस्तोक पब्लिकेशंस, 1964, लंदन, पृ. 364
12. जे रोलैंड पेन्नौक, वही, पृ. 379
13. पेन्नौक, वही, पृ. 378
14. पेन्नौक, वही, पृ. 378
15. पेन्नौक, वही, पृ. 379
16. पेन्नौक, वही, पृ. 379
17. पेन्नौक, वही, पृ. 379
18. फिट्जेरॉल्ड, उद्धृत के विपरीत, पृ. 37
19. फिट्जेरॉल्ड, वही, पृ. 75
20. टी.पी. मुखर्जी एंड के.के. सिंह; द लॉ लेक्सिकन: इलाहाबाद लॉ एजेंसी, 1971, इलाहाबाद, वॉल. 1, पृ–5
21. वोल. II, वही, पृ. 6
22. वही, पृ. 6
23. वही, पृ. 7
24. वही, पृ. 7
25. वही, पृ. 7
26. वही, पृ. 23
27. वही, पृ. 24
28. वही, पृ. 24
29. वही, पृ. 25
30. फ्रीडमैन, उद्धृत के विपरीत, पृ. 290
31. वही, पृ. 6
32. वही, पृ. 8
33. ए डिक्शनरी ऑफ द सोशल साइंसेज, उद्धृत के विपरीत, पृ. 466
34. इनसाइक्लोपीडिया ब्रिटैनिका (इ.बी.), माइक्रोपीडिया, वॉल. 22, 1987, पृ. 919
35. वही, पृ. 919
36. वही, पृ. 919
37. वही, पृ. 923
38. वही, पृ. 923
39. वही, पृ. 923
40. वही, पृ. 923

41. कैथोलिक इनसाइक्लोपीडिया, इंटरनेट वर्जन
42. वही, पृ. 109
43. वही, पृ. 110
44. फ्रीडमैन में उद्धृत, उद्धृत के विपरीत, पृ. 104
45. वही, पृ. 109
46. वही, पृ. 110
47. फिट्जेरॉल्ड, उद्धृत के विपरीत, पृ. 16
48. फ्रीडमैन में उद्धृत, वही, पृ. 110
49. फ्रीडमैन में उद्धृत, वही पृ. 16
50. वही, पृ. 17
51. जॉन फिनिस, नैचुरल लॉ एंड नैचुरल राइट्स, ऑक्सफोर्ड क्लैरेंडन प्रेस, 1980, पृ. 276
52. फिट्जेरॉल्ड, उद्धृत के विपरीत, वही पृ. 109
53. वही, पृ. 109
54. वही, पृ. 110
55. फ्रीडमैन में उद्धृत, वही, पृ. 18
56. वही, पृ. 18
57. फ्रिट्जेरॉलड, पृ. 15
58. वही, पृ. 75

❑

सार्वभौमिक आदर्शों के रूप में धर्म

भारतीय दार्शनिक जगत् में धर्म एक विशेष अवधारणा है। शुरुआत में यह वैदिक परंपरा में ब्रह्मांड संबंधी और नैतिक विचार-विमर्श के रूप में सामने आया, किंतु जैन, बौद्ध और सिखों की सामाजिक और आध्यात्मिक चर्चाओं में भी इसका प्रयोग निरंतरता के साथ हुआ है। भारतीय वैचारिक प्रणाली की सभी धाराओं में इसका एक प्रमुख स्थान है। विश्व तथा उसमें मनुष्य के स्थान को समझने के लिए धर्म को समझना अनिवार्य है। धर्म न केवल बाहरी प्राकृतिक जगत् और आंतरिक जगत् के सूक्ष्म अस्तित्व से जुड़ा है, बल्कि यह दो मनुष्यों के आपसी संबंधों के उस नैतिक व्यवहार की व्याख्या भी करता है, जहाँ मनुष्य का जीवन आवागमन और क्षणभंगुरता की विषमता से घिरा है। हम जिस जगत् में रहते हैं, उससे हमारी चेतना संबद्ध है तथा उसका अर्थ और महत्त्व हमारे मन की वृत्तियों से गहरे रूप से जुड़ा होता है। जब परम और शाश्वत सत्ता अपनी अव्यक्त और श्रेष्ठ चेतना के ज्ञानातीत निराकार रूप से साकार रूप लेती है, तब प्रकृति का सृजन एक अद्‌भुत और मनोरम रूप में होता है। प्राकृतिक घटनाएँ चेतना में स्वरूप लेती हैं। जगत् की बाहरी घटनाएँ किसी भी व्यक्ति के आंतरिक चेतना से जुड़ी होती हैं। सूर्य का संबंध उसकी आँख, वायु का साँस लेने की प्रणाली से होता है। विश्व जिन स्तंभों पर टिका है, वे धातु और आयतन कहे जा सकते हैं, जिनके आधार पर न केवल विश्व को एक अलग स्वरूप में देखा जाता है, बल्कि देखनेवाले के मन में उसका एक साकार स्वरूप भी बनता है।

विश्व एक निश्चित रूप में अस्तित्व में आता है। चूँकि जीव, जगत् का अभिन्न अंग है, इस कारण उसका जीवन इसकी लय से बँधा होता है। यदि मनुष्य प्रकृति की घटनाओं को उनके वास्तविक रूप में समझ लेता है और अपने व्यक्तिगत तथा सामाजिक व्यवहार को ब्रह्मांडीय पद्धति पर आधारित कर लेता है तो उसका वैश्विक नैतिकता के साथ भलीभाँति सामंजस्य तालमेल बैठ जाता है। यह धर्म का कार्य है कि वह इस तालमेल को बिठाने में सार्थक भूमिका निभाए। यह सामाजिक तथा सात्त्विक

संबंधों को समझने में मदद करता है। इस प्रकार धर्म एक तरफ जहाँ व्यक्ति के सामाजिक और व्यक्तिगत आचार से जुड़ा है, वहीं दूसरी तरफ वह सत्य और ऋत के अखंड तथा मौलिक तत्त्व से भी जुड़ा है। धर्म को समझने के दौरान इन महत्त्वपूर्ण प्रश्नों के उत्तर मिलते हैं, जैसे—जगत् क्या है, हम कौन हैं, हम क्या करें, प्रसन्नता के लिए क्या करें, क्या नहीं? धर्म को जड़ रहकर समझना संभव नहीं। इन प्रश्नों के उत्तर भी एक समान नहीं मिलते। इसी कारण *महाभारत* स्पष्ट करता है कि धर्म अत्यंत सूक्ष्म, जटिल और गहरा है। एक स्तर पर यह मौलिक, नित्य और शाश्वत है तो दूसरे पर यह प्रकाश से भी तेज है। यह समय के साथ विकसित होता है, इसलिए अपने मूल रूप में धर्म परम पूर्ण और गत्यात्मक, दोनों ही है। *महाभारत* के अनुसार, धर्म किसी देवता द्वारा इतिहास के एक निश्चित खंड में घोषित किया गया इलहाम नहीं है। इसलिए धर्म जड़ धारणाओं, जड़ नियमों का समुच्चय नहीं बल्कि नैतिक मूल्यों का सार्वभौम मानक है, जिसके अधीन मनुष्य इसे विभिन्न परिस्थितियों में अलग-अलग रूपों में देखता और समझता है। धर्म की शाश्वतता इस जगत् में अंतर्निहित होती है, फलतः धर्म की स्थिति को स्थान और काल के दायरे में रखकर समझा जा सकता है—स एव धर्मः सोधर्मो देश काले प्रतिष्ठितः। धर्म को धारण करना या उनका अनुशीलन करना मात्र सामाजिक रीतियों से नहीं जुड़ा है, बल्कि यह मानव के व्यक्तिगत उत्कर्ष का पाथेय भी नहीं है। धर्म, निबद्ध व्यक्तिवादिता के परे जाकर ऋत की एकात्मकता के वैभव के साक्षात्कार से भी जुड़ा है। धर्म, आत्ममुग्ध अहंकार से ब्रह्मांडीय ओंकार के प्रकाश तक की यात्रा है। इस प्रक्रिया में ज्ञान की तलाश और प्राप्त ज्ञान, दोनों ही नित्य गतिमान और मनुष्य की उच्चतर क्षमताओं के आलोक में गतिशील और विकासमान रहते हैं।

इस प्रकार भारतीय तत्वचिंतन 'धर्म और दर्शन के परस्पर संबंध'[1] पर जोर देता है, जो विश्व की कार्यप्रणाली और उसमें मनुष्य की भागीदारी को सही रूप में समझने के लिए आवश्यक है। किसी मनुष्य को धर्म का ज्ञान देवता समझे जानेवाले किसी पूर्व निश्चित स्रोत द्वारा आसानी से नहीं कराया जा सकता है। धर्म को ब्रह्मांडीय शक्तियों के आपसी संबंध के संवेदनशील आदान-प्रदान से ही समझा जा सकता है। विश्व की भौतिक और मानसिक वास्तविकता को व्यक्तिगत मनन से ही अनुभूत किया जा सकता है, जब व्यक्ति स्वयं द्रष्टा बन जाता है। ब्रह्मांड के संगीत को संवेदनशील होकर सुनना पड़ता है। किसी विशिष्ट देवता की इतिहास-सापेक्ष घोषणा को टोटका मानकर घर ले जाने की सुविधा धर्म के अध्येता को नहीं है। धर्म, सत्य, ऋत का साक्षात्कार एक सुदीर्घ एवं गहन अवलोकन, चिंतन एवं बोध के पश्चात् होता है—गहन 'दर्शन' और 'श्रवण' के बाद। वैदिक ऋषि किसी मंत्र की रचना में किसी तीसरे पक्ष के सुने-सुनाए संदेश को अपना कहकर नहीं प्रचारित करता है, बल्कि वह तो अपने द्वारा 'सुने' तथा

'देखे' सत्य को शब्दबद्ध करता है। मंत्र में दिए गए विचार किसी सुनी-सुनाई गई बात के आधार पर नहीं थे, बल्कि ऋत के अपने वास्तविकता के अनुभव पर आधारित थे। इसी कारण मंत्र की रचना करनेवाले ऋषि को *'मंत्र द्रष्टार'* कहा गया। महान् आत्माएँ धर्म का साक्षात्कार करती थीं।

गौतम को जब गहन ध्यान और चिंतन से ज्ञान की प्राप्ति हुई, तब वे बुद्ध बने और यह कहा गया, "उन्होंने धर्म को देख लिया।"[2] प्रो. हीराकावा अकीरा कहते हैं कि बौद्ध ज्ञान की प्राप्ति की प्रक्रिया की व्याख्या 'चीजों को उनके वास्तविक रूप में देखने'[3] से की जाती है। बुद्ध ने जब जगत के मूल तत्वों को, जब उनके वास्तविक रूप में देखा, तो वह 'देखना' उनके धर्म का आधार बन गया। उन्होंने कहा, "इस प्रकार मैं उस धर्म का सम्मान और पालन करूँगा, जिसके आश्रय से मैं ज्ञानोद्दीप्त हुआ हूँ"।[4] सारनाथ में जिन पाँच ब्राह्मणों ने उनका पहला उपदेश सुना, उनके 'ज्ञान चक्षु' खुल गए अर्थात्, *'धर्म चक्षुं उद्पादि',* क्योंकि उपदेश के बाद वे धर्म को देखने लगे। यदि धर्म को स्वयं देखना या अनुभूत करना होता है तो उसे घोषणा या प्रस्थापना नहीं कहा जा सकता। क्योंकि "प्रकृति में उसका अस्तित्व होता है और इस कारण सभी से उसका अनुभव करने के लिए कहा जाता है।"[5] इस संदर्भ में *मज्झिम निकाय* में बुद्ध की सलाह है, "भिक्षुको, मैं कहता हूँ कि धर्म को स्वयं ही देखना पड़ता है, वह अनंत है, स्वयं-आकर-देखो *(ऐहिपस्सको)* है और उसे आगे बढ़कर कहूँगा कि बुद्धिमान व्यक्ति इसे स्वयं कार्यान्वित करता है।"[6] बुद्ध का धर्म और ऋग्वैदिक ऋषियों का 'धर्म' और 'ऋत' मुख्यतया चिंतन का परिणाम है। डॉ. अंबेडकर कहते हैं कि बुद्ध का धर्म "इस मायने में एक खोज है कि यह इस धरती पर मनुष्य जीवन की परिस्थितियों की तथा मनुष्य की उन सहजवृत्तियों की खोज और पड़ताल है, जिसके साथ वह पैदा हुआ है।"[7] धर्म की अवधारणा अनुभवजन्य है। इसमें मानव-व्यवहार की वे चिंताएँ निहित हैं, जिसके अंतर्गत भौतिक, मानसिक तथा सामाजिक समझ की वास्तविकता शामिल रहती है।

तब प्रश्न यह है कि क्या धर्म को निश्चित रीति से परिभाषित करना संभव है? संभवत: नहीं, क्योंकि इसकी व्याख्या के किसी भी प्रयास से इसके रचनात्मक लचीलेपन का ह्रास होगा। धर्म को समझने का एक ही उपाय है कि बुद्धिमान चिंतकों की बात सुनी जाए, जो इसकी उत्पत्ति, विषय-वस्तु तथा उपयोगिता की बात करते हैं। धर्म को केवल इसके प्रयोग के संदर्भ में समझा जा सकता है। भारतीय परंपरा में पले-बढ़े संतों ने धर्म की प्रकृति और उसके संदर्भ को कई प्रकार से समझा है, लेकिन इस तथ्य से किसी ने भी इनकार नहीं किया है कि धर्म का महत्त्व वर्तमान मनुष्य जीवन की समस्याओं को सफलतापूर्वक दूर करने से संबंधित है। डॉ. अंबेडकर ने बुद्ध द्वारा की

गई धर्म की व्याख्या का गहराई से अध्ययन किया था। धर्म के मूल तत्त्वों की व्याख्या के क्रम वे निम्नलिखित सिद्धांतों को सबसे महत्त्वपूर्ण बताते हैं[8]—

- जीवन की पवित्रता का पालन धर्म है,
- जीवन में पूर्णता की खोज धर्म है,
- मोह और माया का त्याग कर, साधारण जीवन जीना ही धर्म है
- लोभ का त्याग ही धर्म है,
- सांसारिक वस्तुओं को क्षणिक मानना ही धर्म है,
- कर्म को नैतिक व्यवस्था का साधन मानना ही धर्म है।

डॉ. अंबेडकर ने जिन बिंदुओं की चर्चा की है, उनकी तह में जाएँ तो स्पष्ट हो जाएगा कि उनमें और बुद्ध के उपदेशों में काफी हद तक समानता है। यद्यपि डॉ. अंबेडकर ने धम्म के उस पक्ष पर ज्यादा जोर दिया था, जो उनके समय की सामाजिक राजनीति के अनुकूल था। इस प्रक्रिया में, उन्होंने तात्विकता की प्रकृति—मनुष्य तथा विश्व के संबंधों पर विचार नहीं किया, जबकि यह अंतर्संबंध बुद्ध के उपदेशों का प्रमुख अंग थे। हालाँकि बुद्ध के विचारों के अनुसार, "चार भद्र सत्य और आश्रित उत्पत्ति का सिद्धांत, दोनों ही धर्म हैं।"[9] बुद्ध ने सारनाथ में जब पहला उपदेश दिया तो उन्होंने व्यवहार में कठोरता से बचने और 'मध्यम मार्ग' अपनाने के पाँच संदेश दिए। "उन्होंने चार भद्र सत्य के विषय में भी बताया, जिसमें दुःख के अस्तित्व का सत्य, दुख का कारण, उसके निषेध और उसके निवारण का उपाय अंतर्निहित है।"[10] बुद्ध ने जिस धर्म की शिक्षा दी, उसका प्रमुख उद्देश्य उन कारणों को समझना था, जिनसे सांसारिक जगत् की चीजों की समाश्रित उत्पत्ति होती है, जो अज्ञानता के प्रथम आवेग से प्रारंभ होकर *'निब्बान'* के शांत स्वरूप में घटनाओं की श्रृंखला का सृजन करता है। बुद्ध विश्व की सच्चाई को जान चुके थे और समझ चुके थे कि मिथ्या अनुराग ही दुःख का कारण है। बुद्ध जीवन का एक ऐसा तरीका सुझाना चाहते थे, जिससे इन कारणों को दबाया जा सके। चूँकि बुद्ध की मौलिक चिंता सांसारिक जीवन की दैनिक गतिविधियों से मुक्ति दिलाना थी, इस कारण उनका प्रमुख उद्‌देश्य 'मनुष्य के अस्तित्व पर ध्यान केंद्रित'[11] करना था। उनका धर्म कारण, परिणाम और जीवन की तुच्छ वस्तुओं की क्षणभंगुरता को तथा उनकी आश्रित उत्पत्ति को समझने से जुड़ा था। बुद्ध का प्रमुख उद्‌देश्य भिक्षुकों को जीवन-मरण के चक्र यानी संसार से मुक्ति दिलाना था। इसी कारण "बुद्ध की शिक्षा मनुष्य के कष्ट निवारण पर केंद्रित है।"[12]

विद्वान् बुद्धघोष के अनुसार, "धर्म शब्द के चार अर्थ हैं—गुण (वैशिष्ट्य), देशना (उपदेश), परियत्ति (लेख) और निसत्त (वस्तु)।"[13] स्तंभ अभिलेख-2 पर अंकित अपने संदेश में सम्राट् अशोक ने, जो बुद्ध के उत्कृष्ट अनुयायी थे, धर्म के

अर्थ की व्याख्या करने का प्रयत्न किया था। उन्होंने लिखवाया, "(धर्म का पालन) प्रशंसनीय है, किंतु धम्म किनसे बना? (इनसे बना है धम्म, अर्थात्)—पाप हीनता, अनेक अच्छे कर्म, दयाभाव, परोपकार, सत्य बोलना और शुद्धता।"[14] धर्म के शुभ संस्कार पर टिप्पणी करते हुए अशोक ने कहा कि इसके अंतर्गत, "दासों और सेवकों से उचित व्यवहार, बुजुर्गों के प्रति सम्मान, जीवों के प्रति प्रशंसनीय कोमलता, ब्राह्मणों और श्रमणों को अच्छे उपहार देना शामिल है।"[15] बुद्ध ने जिस धम्म को देखा और जिसका उपदेश दिया, वह उनके पूर्व के भारतीय मनीषियों द्वारा दिए गए उपदेशों से भिन्न नहीं था। बुद्ध ने अपने धर्म को प्राचीन पद्धति यानी *'पुराणम मग्गम'* का नाम दिया, जिसे प्राचीन काल से ही अनेक ज्ञानियों ने प्रवर्तित किया है—*पुब्बकेहि सम्मासमं बुद्धेहि:*। प्रो. अकीरा इस वचन पर कहते हैं कि, "इस प्रकार बौद्धों ने उस 'धर्म' शब्द का ही प्रयोग किया, जो बुद्ध के समय से पहले से ही प्रचलित था।"[16] वे आगे कहते हैं, "इस प्रकार यह सामाजिक आचारों और विचारों को नियंत्रित करनेवाले मानकों पर लागू होता था। अच्छाई, नैतिक गुण तथा सच्चाई जैसे मूल्यों की अभिव्यक्ति के अलावा 'धर्म' शब्द प्राचीन काल से ही लोगों के रीति-रिवाजों और कर्तव्यों को भी इंगित करता था। दूसरे शब्दों में, यह सामाजिक व्यवस्था को दरशाता था। बौद्ध पंथ में इन सारे अर्थों के साथ ही इस शब्द का प्रयोग किया गया है।"[17]

जैन मुनि श्री न्यायविजयजी ने, जैन परंपरा में धर्म को जिस रूप में समझा गया है, उसके अनुसार इसकी व्याख्या करते हुए कहते हैं, "*धर्म* का तात्पर्य क्षमाशीलता, हृदय की कोमलता (विनम्रता, सौम्यता), स्पष्टवादिता, संतुष्टि, सच्चाई, संयम, तपस्या, त्याग, वैराग्य और इंद्रिय-निग्रह जैसे सद्गुणों से है।"[18] जैन परंपरा में धर्म की व्याख्या मनुष्य जीवन के प्रत्येक चरण में उचित व्यवहार का महत्त्व बताने के संदर्भ में की गई है—सामान्य मनुष्य के उचित व्यवहार के लिए *गृहस्थ धर्म* और तपस्वी के लिए *साधु धर्म* शब्द का प्रयोग होता है। आचार्य हरिभद्र कहते हैं कि अहिंसा, सच्चाई, अस्तेय, संयम तथा दूसरों की वस्तु न लेना धर्म के ऐसे पाँच सिद्धांत हैं, जिनका पालन सभी बौद्धिक और सामाजिक पृष्ठभूमि के व्यक्तियों द्वारा किया जाना चाहिए—*पंचैतानि पवित्राणि सर्वेषां धर्मचारिनाम अहिंसा सत्यं अस्तेयं ब्रह्मचर्यं अलोभता*।[19] जैन परंपरा के अनुसार धर्म के निम्नलिखित साध्य है—*दुर्गतिप्राप्ततप्राणिधारणाद धर्म उच्यते धत्ते चैतान शुभास्थाने तस्माद धर्म इति स्मृत:*।[20] इसका अर्थ है, "वह, जो जीवों को पतन की या दयनीय स्थिति में जाने से रोकता है" धर्म है। साथ ही "वह जो उनके जीवन को निम्न स्तर से उठाकर उच्च स्तर पर ले जाता है," वह भी धर्म ही है।

जैन परंपरा में धर्म को जीवन पद्धति माना जाता है; एक मार्ग, जो व्यक्तिगत और सामाजिक शुद्धता से सर्वांगीण बौद्धिक कल्याण की ओर ले जाता है। श्री न्यायविजयजी

इसकी व्याख्या इस प्रकार करते हैं, "*धर्म* में दर्शन का उपासना, अच्छे जीवन के सिद्धांत और व्यवहार, संयमी संस्कृति और नैतिक व्यवहार शामिल हैं। *धर्म* या उपासना संस्कृति का अंतिम उद्देश्य सारी अशुद्धियों को दूर कर आत्मा को मोक्ष दिलाना है। *धर्म* वह है, जो किसी को मोक्ष के चरम लक्ष्य की प्राप्ति तक ले जाता है।"[21] श्री न्यायविजयजी धर्म पर अपने मत को इस प्रकार आगे बढ़ाते हैं, "यह सत्य की कसौटी पर सिद्ध किया जा चुका है। यह विनय पर आधारित होता है, इसे क्षमा की शक्ति दृढ़ता प्रदान करती है। *ब्रह्मचर्य* इसकी रक्षा करता है। उपशम इसकी पहचान है तथा अपरिग्रह और निष्परिग्रह इसके गुण हैं। *धर्म* की प्राप्ति न होने से ही व्यक्ति दुःख भोगता है और जीवन-मरण के अंतहीन चक्र में पिसता रहता है। *धर्म* व्यक्ति को पतन और अधोगति से बचाता है। यह जीवों में उस सर्वज्ञान का संचार करता है, जो अतुलनीय है। *धर्म* सारी अच्छाई और वास्तविक आनंद की प्राप्ति का साधन है। धर्म मानव जीवन तथा स्वर्ग में भी अच्छाई का स्रोत है।"[22] *उत्तराध्ययन सूत्र* के अनुसार, तीर्थंकर पार्श्वनाथ के उपदेशों में मूलतः *चातुर्याम धर्म,* यानी संयम के चार मार्गों—अहिंसा, सत्य, अस्तेय और अपरिग्रह की ही व्याख्या की गई है।

बुद्ध के मुताबिक, धम्म वस्तुओं की प्रकृति को देखने, मनुष्य के दुःख के कारणों को समझने तथा मध्यम मार्ग से जीवन जीने का उपाय है, जिससे मनुष्य के दुःखों का अंत हो जाता है। उनके धम्म ने भिक्षुकों को तथा सामान्य मनुष्यों को सामाजिक और व्यक्तिगत जीवन जीने का ऐसा मार्ग दिखाया, जो नैतिक और बौद्धिक मूल्यों पर आधारित था तथा जिससे आनंद का अनुभव कर राग-द्वेष से मुक्त रहना संभव होता है। भगवान् महावीर ने उस धर्म का उद्बोधन किया, जिसके अनुकरण से श्रेष्ठ कर्मों के द्वारा आत्मा को क्षीणकारी दुर्गुणों से मुक्त कर अहंकार मुक्त बनाया जा सके। महावीर ने मनुष्यों को अपने ऊपर विजय प्राप्त करने का उपदेश दिया। गुरु नानकदेव ने कहा कि मानवता के बौद्धिक विकास में समर्पण तथा विनम्रता के साथ सामाजिक कर्तव्यों का निर्वहन करते हुए परमात्मा के वास्तविक दर्शन की प्राप्ति का प्रयास शामिल रहना चाहिए। गुरु महाराज के अनुसार, व्यक्ति के स्थूल शरीर को भौतिक जगत् से परमात्मा की प्राप्ति के लिए इस जगत् से उस जगत् तक जाने के बीच पाँच अनिवार्य चरण पार करने होते हैं—सम्यक् सामाजिक जीवन *(धर्म खंड)*, प्रयत्न का जगत् *(श्रम खंड)*, निष्काम कर्म *(कर्म खंड)*, बुद्धि का जगत् *(ज्ञान खंड)* जिसके अंत में परमात्मा *(सच खंड)* का जगत् आता है, जो चेतना और कृपा के शुद्ध और निराकार होने की स्थिति होती है। भौतिक जगत् में प्रत्येक जीव को *धर्म खंड* के दौरान अपना कर्तव्य निभाना पड़ता है। *जपजी* में गुरु नानकदेव कहते हैं कि परमेश्वर ने धरती की रचना दिन-रात, ऋतुओं, दिनों, दिनांकों, वायु, जल, अग्नि तथा पाताल की सांसारिक

घटनाओं के ताने-बाने के बीच की है। प्रत्येक जीवन जब तक इस जगत् की भौतिकता से जुड़ा रहता है, तब तक वह उन भौतिक तथा नैतिक नियमों से बँधा रहता है, जो इस जगत् पर शासन करते हैं, परंतु इस सबके बीच भी उसे अपना धर्म अपनी पूरी क्षमता से निभाना चाहिए।

भौतिक जीवन किसी भी व्यक्ति के लिए कर्तव्य निभाने का प्राथमिक अवसर होता है। गुरु नानकदेव भी हमें शिक्षा देते हुए यही कहते हैं कि यह संसार धर्म का पालन करनेवाली जगह, एक *धर्मशाला* के समान है—

राती रुति तिथि वार। पवन पानी अगनी पाताल।
तिसु विचि धरती थापि राखी धरमसाल।[23]

सभी जीवों को धर्म के सांसारिक क्षेत्र में अपना कर्तव्य निभाना पड़ता है। गुरु महाराज चेतावनी देते हैं कि अपने धर्म का त्याग करने से कष्ट और दुःख भोगना पड़ता है—*आपणा धरमु गवावहिबूझहि नाही अनदिनु दुखि विहाणी।।*[24] वह जीवन धर्म के अनुसार नहीं कहा जा सकता, जो ईश्वर का नाम जपने के प्रति समर्पित नहीं है, जिसमें संयम और त्याग नहीं तथा जो धर्म के अनुसार नहीं है— *जपु-तपु संयमु धरमु न कमाइया।*[25] वेद, पुराण और शास्त्र के उपदेशों का शब्दशः पालन कर धर्म को समझना संभव है। जीवन की वह पद्धति, जो *स्मृतियों* और *शास्त्रों* से उच्च आदर्शों की शिक्षा प्राप्त करती है, ईश्वर में हमारे विश्वास को दृढ़ करती है तथा हमें *परब्रह्म* की उस आनंदमयी स्थिति में ले जाती है, जो जीवन का परम लक्ष्य होता है—

सासत बेद पुराण पुकारहि धरमु करहु खटु करम द्रिड़ईआ।
नामु जपहु नामे गति पावहु सिम्रिति सासत्र नामु द्रिड़ईआ।।[26]

फलदायी जीवन धर्म अर्जित कर ही जिया जा सकता है। धर्म और कर्म एक साथ मिलकर जीवन को अर्थ, प्रासंगिकता और बौद्धिक आभा प्रदान करते हैं। गुरु नानकदेव कहते थे कि धर्म पर आधारित जीवन सामाजिक समरसता, नैतिक सदाचार तथा बौद्धिक गहनता के सिद्धांतों से परिचालित होता है।

यदि परिस्थिति के अनुसार धर्म का पालन संभव है तो उन सिद्धांतों के आधार पर एक ऐसी नैतिक-सामाजिक व्यवस्था स्थापित की जा सकती है, जो वास्तविकता की समझ तथा मनुष्यों की मूल प्रवृत्ति के विरुद्ध न हो। भारतीय परंपरा ठीक ही कहती है कि धर्म का केवल पालन ही नहीं होना चाहिए, बल्कि उसे अर्जित भी किया जाना चाहिए : *धर्मार्जनम्।* हम ऐसे अनेक मनुष्यों के बारे में सुनते हैं, जो सही कर्मों से धर्म अर्जित करते हैं। इस कारण अर्थ, काम और मोक्ष के साथ धर्म मनुष्य जीवन के चार लक्ष्यों में से एक बन जाता है। धर्म को समझना मनुष्य जीवन का पहला और संभवतः सबसे प्रमुख उद्देश्य होता है। धर्म का सार एक बार जान लिया जाए तो फिर जीवन

की दो अभिलाषाएँ, यानी भौतिक संपत्ति तथा शारीरिक सुख, किसी व्यक्ति को जीवन की उन उलझनों में फँसने नहीं देंगी, जो उसकी मुक्ति में बाधा खड़ी करते हों। धर्म के अनुसार, जीने का अर्थ है—एक *जीवनमुक्त* के समान मुक्त जीवन जीना। ज्ञान, ब्रह्मांडीय व्यवस्था में धर्म को समझने का वह साधन है, जिससे मनुष्य अपने तथा दूसरों के बीच के संबंध को समझ पाता है। इस ज्ञान से मोक्ष और अमरत्व की प्राप्ति होती है—*विद्ययाऽमृतमश्नुते।* भारतीय परंपरा में धर्म सांसारिक तात्कालिकता के किसी बिंदु पर, परिवर्तनशील सामाजिक जीवन की यथा आवश्यक परिस्थितियों में किए जानेवाले नैतिक निर्णयों का भी द्योतक होता है। कुछ सामान्य और मौलिक धर्म हैं, जो सभी मनुष्यों पर सभी परिस्थितियों में लागू होते हैं, किंतु अधिकांशतया धार्मिक व्यवहार की मान्यता को उसकी अवधारणा के संपूर्ण संदर्भ में ही समझा जाता है। धर्म के क्षेत्र में "आचार तथा भौतिकता अवश्य आपस में घुल-मिल जाते हैं।"[27]

धर्म उपदेशों की निश्चित व्यवस्था नहीं है। इसके विभिन्न मायने हो सकते हैं और इसमें विभिन्न परिस्थितियों के अनुसार परिस्थितिजन्य लचीलापन भी होता है। धर्म को समझने के लिए यह समझना होगा कि जीवन क्या है तथा उसे प्रकृति के अनुसार विभिन्न परिस्थितियों में कैसा होना चाहिए? धर्म को समझने के लिए मानवीय मनोविज्ञान के साथ ही ब्रह्मांडीय प्रकृति को भी समझना आवश्यक है। चेतना और भौतिक पदार्थ आपस में सहकारपूर्वक उस संसार की रचना करते हैं, जिसमें हम रहते हैं तथा धर्म इस आंतरिक प्रक्रिया की पद्धति और अर्थ की व्याख्या प्रस्तावित करता है। जीवन क्षेत्र में निरंतर हो रहे परिवर्तन और विस्तार के आलोक में हिंदू विचारकों ने व्यवहार के निश्चित नियमों को संहिताबद्ध करना उचित नहीं समझा। धर्म की प्रकृति इतनी विस्तृत है कि उसकी व्याख्या शब्दों में नहीं की जा सकती है। इसके क्षेत्र और महत्त्व ने सबसे कल्पनाशील विचारकों और कवियों को भी हैरान कर दिया है—*किं कर्म किं कर्मेति कवयोऽपयत्र मोहिता:।*[28] युधिष्ठिर ने जब धर्म की व्याख्या करने का अनुरोध विद्वान् भीष्म से किया तो भीष्म भी स्पष्ट परिभाषा नहीं दे सके। इसके स्थान पर उन्होंने सिद्धांतों का एक विस्तृत खाका खींच दिया, जिसके संदर्भ से किसी व्यवहार के उचित-अनुचित होने का निर्णय किया जा सके—

तादृशो अयं अनुप्रश्नो यत्र धर्म: सुदुर्लभ:।
दुष्कर: प्रतिसंख्यातुम तत्केनात्र व्यवस्यति।।
प्रभवार्थाय भूतानां धर्मप्रवचनं कृतम्।
य: स्यात्प्रभवसंयुक्त: स धर्म इति निश्चय:।।

भीष्म ने निम्नलिखित बातों की ओर ध्यान आकर्षित किया—धर्म परिभाषित करना सबसे कठिन है, क्योंकि इसका सार अत्यंत सूक्ष्म है। धर्म की व्याख्या उसके

उस रूप में की गई है, जो जीवों का उद्धार करता है। इस कारण, हे युधिष्ठिर! यह याद रखो कि कोई भी व्यवहार या सामाजिक आचार का वह नियम, जो जीवों का कल्याण करता है, निश्चित रूप से धर्म के अनुसार है। ज्ञानी ऋषियों ने कहा है कि वह जो जीवन को कुशलता से धारित और पालित करता है, वही धर्म होता है।[29]

धर्म शब्द की उत्पत्ति 'धृ' मूल से हुई है, जिसका अर्थ है—धारण करना, सहारा देना तथा बनाए रखना। इस कारण धर्म, चिंतनशील जागरूकता की ऐसी अवधारणा है, जिससे संसार की सामाजिक, नैतिक तथा भौतिक व्यवस्था कायम रहती है और कुशलता से चलती है, किंतु गूढ़ स्तर पर धर्म उन ब्रह्मांडीय शक्तियों का ज्ञान भी है, जो वस्तुओं को अलग-अलग रखती हैं। आलंबन की अवधारणा के व्याख्यात्मक, किंतु संबंधित प्रयोग में 'वी-धृ' का अर्थ धरती और आसमान को तथा उन सारी वस्तुओं को, जो उनके बीच स्थित हैं, उन्हें अलग रखना शामिल रहता है, जिसमें उनकी कार्यात्मकता के विशिष्ट क्षेत्रों में उनकी व्यक्तिगत गूढ़ता को सुनिश्चित किया जाता है।[30] विलहेम हॉबफास का मानना है कि *स्तभ, स्कभ* (थामना), *मा* (मापना) और *प्रथ* (विस्तार) जैसी क्रियाएँ जगत् को वैदिक दृष्टिकोण से समझने में सहायक हैं। यह समझ *'धृ'* की अवधारणा के समरूप है। इस कारण *विधर्मण* की अवधारणा, *चित्र* और *सत* के महासमुद्र (समुद्रार्णव) के अंतर्गत जीव, भौतिक पिंडों, धरती, आकाश, आदि के पृथक्कीकरण का संकेत देती है और उनके बीच के पार्थक्कय का द्योतक है। धर्म के परिचालन के परिणामस्वरूप ही परम सत ऐतिहासिक और आनुभाविक प्रक्रिया में वस्तुनिष्ठ वैशिष्ट्य प्राप्त करता है। जीव परम सत्ता का अखंडित सत्य आत्मानुत अभिज्ञान की प्रक्रिया में ज्ञेय हो जाता है। धर्म के अनुसार जीने का अर्थ है, इस विशाल ब्रह्मांड के साथ ही मनुष्यों के सामाजिक और पारंपरिक परिवेश के सिद्धांत को समझना और उनका नियमन करना। एक पारंपरिक प्रक्रिया के रूप में धर्म कुछ और नहीं, बल्कि मनुष्य के सामाजिक दायरे में, उस ब्रह्मांडीय नाटक का एक आईना है, जिसमें देवता तथा दानव बिना रुके भाग लेते हैं। रीतियों के धर्म पर हॉबफास का तर्क है कि धर्म का "ब्रह्मांड की उत्पत्ति के साथ मौलिक, किंतु बहुधा विस्मृत, संबंध तथा संसार की व्यापकता को 'धारण' करते हुए उसमें स्थित सत्ताओं को एक-दूसरे से पृथक तथा उनकी विशिष्ट पहचान के दायरे में बनाए रखने की वचनबद्धता संदेह से परे है।"[31]

ब्रह्मांड की उत्पत्ति से धर्म के संबंध की पृष्ठभूमि को देखते हुए इसके अर्थ की विवेचना प्राथमिक रूप से सृजन, निर्माण तथा जगत् के धारण से की जानी चाहिए। धर्म का उदय जगत् की गतिविधियों के साथ हुआ और जहाँ यह उन घटनाओं की व्याख्या करता है, वहाँ यह महत्त्वपूर्ण रूप से उस प्रक्रिया और सृजन की वास्तविकता

के अनेक रूपों का भी ज्ञान कराता है। वैदिक ऋषियों को उस "बहुलता का पूर्ण ज्ञान था, जो धर्म में अंतर्भूत है।"[32] और इसी कारण वे धर्म का बहुवचन रूप प्रयोग में लाते हैं, उन धर्मों—*तानि धर्माणि*—की बात करते हैं, जो सबसे पहले विद्यमान (प्रथमानि आसन) थे। चूँकि जीव सांसारिक जगत् का अंश है और बाहरी जगत् के पदार्थों के समान ही उसकी भी उत्पत्ति उसी स्रोत से हुई है, इस कारण मनुष्य के आंतरिक जीवन का संबंध उत्पत्ति की उस प्रक्रिया से रहता है, जहाँ "धारण करने की पारस्परिकता" का पालन किया जाता है।[33] मनुष्य का आंतरिक जीवन और बाहरी जगत् की घटनाएँ, सत्य के अभिज्ञान के दो पक्ष हैं, जिसमें पहला तार्किक तथा संज्ञेय रूप से संसार के स्थूल स्वरूप की व्याख्या करता है। अग्नि प्रज्वलित करना, यज्ञ की व्यवस्था तथा मंत्रों के उच्चारण के साथ ही निजी तथा सामाजिक जीवन का नियमन उन पहले तथा दृढ़ धर्मों के अनुसार होना चाहिए, जो उत्पत्ति के क्रम में उद्‌भूत होते हैं। मनुष्य जीवन में आदिम तथा शाश्वत धर्म का पालन किया जाना चाहिए—*प्रथमी अनुधर्मा*। वह, जो मौलिक ब्रह्मांडीय धर्मों की स्थापना कर उन्हें धारित करता है; "परवर्ती मानवीय धर्म आदिकालीन अवधारणा के सततीकरण की स्थापना और नवीनीकरण के समान है"।[34] *महाभारत* के ज्ञानियों ने धर्म की मानक एवं कार्यात्मक पूर्व-सत्ता को भलीभाँति जाना और समझा था तथा उन्होंने इसे सृजन का साहचर्यी शाश्वत कारण कहा था—*धर्म एष सनातनः*—जिसकी पुष्टि बाद में तब हुई, जब बुद्ध ने कहा कि उनके उपदेश धर्म के पुनर्कथन हैं—*एष धम्मो सनातनः।*

डॉ. चेरबाट्स्की का तर्क है कि अपने उपदेशों की अवधारणा की अभिव्यक्ति के क्रम में बुद्ध ने "अस्तित्व के तत्व *(धम्म)*, उनके कार्य-कारण संबंध तथा सदा के लिए उनके निरोध की विधि पता लगाया।"[35] साक्षात् जगत् अविरल चेनता की शक्ति के भीतर चेतना तथा भौतिक वास्तविकता के विभिन्न तत्त्वों के बीच आश्रित उत्पत्ति के संबंध में प्रकट होता है; जिस शांत चेतना को बुद्ध के शब्दों में *निब्बान* की दशा कहा जाता है और जो अपने विशुद्ध रूप में सदैव पूर्ण विश्राम की अवस्था में रहता है। कारण और परिणामसूचक सृष्टि का आरंभ स्थूल अस्तित्व की अहंकारिक अज्ञानता का फल है। 'अभिधर्मकोश' में वसुबंधु ने इस बिंदु को और स्पष्ट किया है। उनके विचारों में *निर्वाण*, "अस्तित्व के तत्त्वों को विश्राम की स्थिति में ले जाने की एक पद्धति है, जहाँ से उनका उदय फिर कभी नहीं होगा।"[36] बुद्ध के उपदेशों में धर्म अस्तित्व के तत्त्व हैं, जिन्हें पुनः *स्कंधों* (तत्त्व के पाँच समूह), *आयतनों* (सूझ-बूझ की शक्ति और उनके लक्ष्य) तथा *धातुओं* (मनःशक्ति, वस्तुनिष्ठ पदार्थ तथा वस्तुओं की चेतना) में वर्गीकृत किया जाता है। बुद्ध के संघ में शामिल होनेवाले किसी नवागंतुक को *धम्म* की इन मौलिक बातों का ज्ञान होना आवश्यक था—*तस्साहं वचनं*

सुत्वा, खन्धे आयतनानि च धातुयो च विदित्वान पब्बजिं अनागरियं।[37] बुद्ध ने धर्म को देखकर वस्तुओं की अनिवार्य प्रकृति को समझ लिया था, जो प्रकटित श्रेणियों की समाश्रितता का लक्षण रखती हैं, क्योंकि प्रत्येक वस्तु का अस्तित्व दूसरे पर निर्भर होता है। महावग्ग के अनुसार, "रात्रि के पहले प्रहर में भगवान् ने सीधे और विपर्यस्त रूप से संभव नैमित्तिक उत्पत्ति पर ध्यान केंद्रित किया—अज्ञानता के आश्रय से स्वभावगत संस्कार है, संस्कार पर आश्रित चेतना *(विज्ञान)* है, चेतना पर आश्रित *नाम-रूप* है।"[38] बुद्ध ने कारण और परिणाम के इस चक्र को तोड़ने के उपायों की शिक्षा दी, जिससे मोक्ष का मार्ग प्रशस्त होता है और उन संस्कारों का अंत होता है, जो शांति में वृत्ति उत्पन्न कर सृष्टि के सृजन का कारण बनते हैं : "जिसकी प्रकृति उत्पन्न होने की है, उन सभी की प्रकृति ठहराव की भी है।"[39]

धर्म की "वस्तुओं को अलग रखने तथा उनकी विशिष्टता"[40] को बनाए रखने में अहम् भूमिका होती है। इसलिए धर्म सिर्फ अवधारणात्मक नहीं होता है, बल्कि उसका प्रयोग सामान्यतया 'अनिवार्य लक्षण', 'विशिष्ट गुण' और 'विधेय' को बताने के लिए किया जाता है।[41] हॉबफास का तर्क है कि अपने विधेयात्मक रूप में धर्म वस्तुओं की आधारभूत विशिष्टताओं को बताता है और इस अर्थ में वह "पदार्थ में विशेषणात्म रूप में अंतर्निहित" गुण द्वारा समर्थित होता है। धर्म को जानना केवल विश्व की वस्तुओं और मनुष्यों के कार्य-कलाप को समझना नहीं है, बल्कि मनुष्यों के समूह को भी समझना है, जिससे कि व्यक्तियों के बीच तथा विभिन्न वस्तुओं में मनोविज्ञानात्मक रूप में तालमेल हो। धर्म को पहले देखा और समझा जाना चाहिए, फिर उसे पुरुषों और स्त्रियों के पारस्परिक और सामुदायिक संबंध के सिद्धांतों पर लागू किया जाना चाहिए। धर्म 'सत्य', 'उचित' और 'सही' का पैमाना है, जो एक आदर्श और विश्व को समझने का तरीका होने के साथ ही इस समझ को व्यक्तिगत और सामाजिक जीवन पर लागू करने की भी पद्धति है। गोंडा का कहना है कि "*धर्म* व्यक्तिगत व्यवहार के तरीके का आधार है; यह समुदाय के ढाँचे को पालित करता है तथा वास्तविकता के हर स्वरूप की निरंतरता को नियमित करता है। धर्म का पालन करनेवाला व्यक्ति अपने चरित्र के आदर्श की पहचान करता है और अपने अंदर शाश्वत वैधानिकता को प्रकट करता है। प्रकृति एवं मनुष्यों के जगत् की घटनाओं को धर्म के अनुसार होना चाहिए।"[42] एतदर्थ गोंडा के अनुसार, *धर्मशास्त्र* "ऐसी किताबों के समूह हैं, जिनका वास्तविक और मौलिक उद्देश्य धार्मिक, नैतिक तथा सामाजिक *आचार* के श्लाघ्य व्यवहार की शिक्षा देना था।"[43] भारतीय संस्कृति के निर्माण में योगदान करनेवाले प्रभावी विचारों की चर्चा करते हुए एफ.एडगर्टन कहते हैं, "धर्म सम्यक और सामाजिक रूप से स्वीकृत व्यवहार है, जो एक मनुष्य दूसरे या अन्य जीवों के साथ करता है।"[44]

योगसूत्र, 111.15 पर अपनी टीका में व्यास ने धर्म की व्याख्या "किसी आधार की निर्धारित सुयोग्यता, यानि किसी विशिष्ट ध्येय की पूर्ति की उसकी क्षमता" के रूप में की है— *"योगतावच्छिन्ना धर्मिण: शक्तिरेव धर्म: ।"*[45] जब किसी विशेष उद्देश्य को पूर्ण करने की क्षमता, जिसका वितरण सार्वभौमिक स्तर पर सभी व्यक्तियों या घटना में समान रूप से नहीं हो पाता, तो यह उस माध्यम की आंतरिक शक्ति या दुर्बलता का रूप ले लेता है, जिसमें इसकी अभिव्यक्ति होती है। इस कारण *न्याय वैशेषिक* विचारधारा धर्म को एक 'गुण' या लक्षण मानती है : किसी घटना में अंतर्निहित गुणों का ऐसा उदय, जिससे नीति विषयक निष्कर्ष निकालना संभव नहीं है।[46] एक तरफ धर्म सभी घटनाओं का संस्थापनकारी सिद्धांत है, तो दूसरी तरफ व्यक्तिगत घटनाओं का सत्रात्मक एवं परिस्थितिजन्य लक्षण है; उनका *स्वधर्म* या *अधिकार* है, जिसे हॉबफास "*धर्म/स्वभाव* की अवधारणा का प्रस्फुटन और ब्रह्मांडीकरण"[47] कहते हैं। ब्रह्मांड के इसी प्रस्फुटन और अंतर्भूत होने की चर्चा एस. राधाकृष्णन ने धर्म के संदर्भ में की थी, जब उन्होंने बताया था कि यह "किसी वस्तु होने के सिद्धांत है जिसके कारण कोई वस्तु, वस्तु है,"[48] और जिसे जे. गोंडा ने 'विधिपूर्णता तथा निरंतरता' कहा। इसकी व्याख्या करते हुए गोंडा ने कहा, "*धर्म* का पालन करनेवाला व्यक्ति अपने चरित्र के आदर्श की पहचान करता है और अपने अंदर शाश्वत व्यवस्था को प्रकट करता है।"[49]

किसी शरीर के अंतर्गत धर्म के उदय का अर्थ किसी माध्यम या निकाय द्वारा प्राप्त सत्यता के सिद्धांतों को लागू करना है। *न्याय* सिद्धांत में शरीरी माध्यम को पहचान क्रिया, इच्छा, इंद्रिय ज्ञान तथा भौतिक सुखों जैसे कारणों के आपसी खेल का मंच बताया गया है— *चेष्टेन्द्रितार्थाश्रय: शरीरम्।* दो शरीरों के बीच समान गुणों की व्याख्या *वैशेषिक* द्वारा साधर्म्य तथा उनकी भिन्नता वैधार्म्य के रूप में की गई है। *वैशेषिक* दर्शन का प्रमुख उद्देश्य सांसारिक वस्तुओं, गुणों तथा तत्त्वों की मौलिक प्रकृति की खोज है, जिससे कि मनुष्य के मन को वैसे आकर्षणों से मुक्त किया जा सके, जो अज्ञानता के कारण उत्पन्न होते हैं। ऋषि कणाद ने यह अनुभव किया था कि मनुष्य यदि सांसारिक वस्तुओं की वास्तविक प्रकृति को समझ ले तो कभी उनके प्रति आसक्त नहीं होगा। इस कारण, जब उन्होंने वैशेषिक सूत्र की रचना की तो उसका उद्देश्य धर्म की व्याख्या बताया— *अथातो धर्म व्याख्यासाम: ।*

हम जब वस्तु के धर्म को समझ लेते हैं तथा उसके भौतिक गुणों को जान लेते हैं, तब हम उनकी तीव्र इच्छा का दमन कर पाते हैं। वास्तविकता को जान लेना महत्त्वपूर्ण है, क्योंकि प्रत्येक वस्तु का "अपने रूप में न कि किसी और रूप में, अपना एक *धर्म,* विशिष्ट गुण और इस कारण एक विशेष कार्य होता है।"[50] धर्म के अर्थ का अन्वेषण करनेवाले को यह भान हो जाता है कि "जो व्यक्ति *धर्म* का पालन करता है,

वह अपने चरित्र के आदर्श की पहचान कर लेता है और अपने अंदर शाश्वत व्यवस्था को प्रस्फुटित कर लेता है।"[51] मनुष्यों को पहले से तय कर दी गई निश्चित धारणाओं का पालन न तो करना चाहिए और न ही कोई ऐसी बाध्यता होती है। उन्हें तो बस अपनी वास्तविक क्षमताओं का अनुभव कर उनका संतुलन दूसरे मनुष्यों की क्षमताओं के साथ, बिना हिंसा के, बिठाना होता है। एक बार इस मार्ग पर चल दिया जाए तो यह कहा जा सकता है कि मनुष्य ने धर्म का पथ अपना लिया, क्योंकि मनुष्य के लिए सबसे स्वाभाविक कार्य 'अपने वास्तविक स्वभाव'[52] को समझना होता है। सभी जीवों को अपने धर्म के अनुसार व्यवहार करना चाहिए।

यह पता लगाने के लिए कि व्यवहार का कोई तरीका धर्म के अनुसार है या नहीं, चाहे वह व्यक्तिगत धर्म हो या सामाजिक, उस व्यक्ति को प्रयोग और समीक्षा के सिद्ध तरीकों का प्रयोग करना होगा। धर्म का अर्थ सैद्धांतिक तरीके से निश्चित नहीं किया जा सकता, क्योंकि न तो काल और न ही सामाजिक शक्तियाँ निश्चित या स्थिर हैं। वे बदलती रहती हैं और परिवर्तन की प्रक्रिया में उस स्थिति की पुनर्समीक्षा के लिए नई परिस्थितियों का निर्माण करती हैं, जो पहले कभी उचित समझी जाती थीं। इस प्रकार की पुनर्समीक्षा उसी सामाजिक माहौल में संभव है, जहाँ मूल्यों और पैमानों को उन ज्ञानी पुरुषों द्वारा अनुभवों की कसौटी पर कसा जाए, जो सतत चिंतन, मनन और प्रयोग में जुटे रहते हैं। यह समझना आवश्यक है कि भारतीय परंपरा में वस्तुओं की प्रकृति को देखना और समझना सदा से ही अत्यंत महत्त्वपूर्ण रहा है और इस कारण, "वास्तविक व्यवहार के अनुभवजन्य ज्ञान को धर्मग्रंथों के उद्धरणों की तुलना में ऐतिहासिक रूप से प्राथमिकता प्राप्त थी।"[53] विलहम हॉबफास मानते हैं, "यह दृढ़ विश्वास कि जो अपने आप में सही है, उसका अभिप्राय समाज के कतिपय ढाँचों और नियमों और व्यवहारों से लगाया जा सकता है जो वस्तुतः उपलब्ध होते हैं, प्रयोग के बाद निर्धारित होते हैं और परंपरा से स्वीकृति प्राप्त करते हैं, हिंदुओं द्वारा *धर्म* को समझने में अत्यंत महत्त्वपूर्ण भूमिका अदा करता है।"[54] हिंदुओं के लिए पूर्व सिद्ध और दैवी रहस्योद्घाटन (रेवेलेशन) उपलब्ध नहीं हैं, जिनके आधार पर वे प्राकृतिक नियमों की एक शानदार और नैतिक कहानी गढ़ सकें। मैक्स वेबर ने ठीक ही कहा है कि हिंदू परंपरा में प्राकृतिक कानून (नैचुरल लॉ) जैसा कुछ भी नहीं है। "इसी प्रकार उस रूप में व्यवस्थित और विकसित कोई विधिक और सामाजिक दर्शन भी नहीं है, जिसे 'धर्म का दर्शन' कहा जाए तथा जिसका लक्ष्य उसका तर्कपरक औचित्य सिद्ध करना हो।"[55] यह स्मरण रहे कि विधिशास्त्र में प्राकृतिक कानून (नैचुरल लॉ) देवता प्रदत्त कानून—चर्च के नियम, शरिया, आदि—का पर्यायवाची माना जाता है।

न्याय शास्त्र के महान् प्रवर्तक (नवीं सदी) जयंत ने हमें याद दिलाया है कि धर्म

वह है, जो नितांत रूप से आत्मा में बसा होता है—*संस्कार नृगुण: स्थायी*।[56] प्रशस्तपाद, जो *वैशेषिक सिद्धांत* के मूर्धन्य शिक्षक थे, ने भी इसी प्रकार कहा कि धर्म आत्मा के गुणों और विशेषताओं का एक जटिल मेलजोल है, जिसे *पुरुषगुण* कहते हैं। किसी एक पिंड के गुण अन्य पिंडों के गुणों के सानिध्य में स्वरूप लेते हैं। विभिन्न व्यक्तित्वों के अंतर की पहचान, उनका संरक्षण और समर्थन ध्यानपूर्वक किया जाता है। वे सभी एक साथ मिलकर हमारी वास्तविकता के ताने-बाने का बोध कराने में 'ग्रिड रेफरेंस' का कार्य करते हैं। वस्तुनिष्ठ नैतिक या कानूनी नियम होता ही नहीं है, क्योंकि हमें कोई स्थावर और अपरिवर्तनशील वस्तुनिष्ठ विश्व ही नहीं मिला है। इस विश्व में अपने *कर्म* के माध्यम हमारी लगातार भागीदारी हमारे जीवनगत अनुभवों को नया अर्थ देती रहती है। हिंदुओं की जीवन दृष्टि के अनुसार मनुष्य और उसका जगत् निरंतर एक-दूसरे को धारित और समर्थित करते रहते हैं। इस जीवन दृष्टि में "पारस्परिक धारणता, विश्व की उत्पत्ति तथा आचार का अवगुंठन और संतुलन, 'मानवीय क्रिया' तथा 'प्राकृतिक घटनाओं का अवगुंठन और संतुलन अन्य वैश्विक विचार से भिन्न है; हिंदू जीवन दृष्टि ब्रह्मांड को उसके अपने ही अंतर्ग्रस्त, 'प्राकृतिक' और 'वस्तुनिष्ठ नियमों' के भरोसे छोड़ देती है।"[57] एस. राधाकृष्णन कहते हैं कि मनुष्य विकल्पों को चुनने के लिए स्वतंत्र है, किंतु वे मनुष्य की, उसके चारों ओर की वस्तुओं के प्रति निर्भरता पर भी बल देते हैं। इस कारण मनुष्य का विकल्प एक महान् मौलिक सत्य और उसे समझने के लिए प्रयुक्त बिंबों के बीच स्थित ढाँचे में ही निहित होता है। "धर्म के नियम अमूर्त विचारों के मूर्त स्वरूप हैं और इस कारण परिवर्तनशील हैं...यद्यपि धर्म असीम है, किंतु इसके विषय असीम और कालातीत नहीं हैं...आज हमें परिवर्तन की शुरुआत करनी चाहिए तथा हिंदू धर्म के विषय को आधुनिक युग के अनुसार प्रासंगिक बनाना चाहिए...धर्म एक लचीली कोशिका है, जो बढ़ते हुए शरीर का आवरण है।"[58]

वेदों में देवताओं को ऋत धर्म: कहा गया है, यानी वे वास्तविकता की प्रकृति और सत्य के अनुरूप हैं। उनका उदय न केवल ऋत ब्रह्मांडीय शक्तियों की सोद्देश्य गत्यात्मकता से हुआ है, बल्कि उनकी कठोर तपस्या और आध्यात्मिक उपलब्धियों से एक ऐसा वातावरण बनता है, जिसमें उन शक्तियों को अर्थ और स्वरूप मिल सके। *देवताओं* की प्रमुख प्रकृति सत्य और व्यवस्था से उनका जुड़ाव है। यह उनका *गुण* है। इसी प्रकार पुरुषों और स्त्रियों को भी अपने *पुरुषगुण* का ज्ञान व्यक्तिगत बुद्धि और कर्म से प्राप्त कर लेना चाहिए। अधिकांश हिंदू विद्वान् *वेदों* की सराहना धर्म का ज्ञान करानेवाले स्रोत के रूप में करते हैं। वे धर्म के *वेदमूलत्व* में विश्वास करते हैं, यानी यह मानते हैं कि धर्म की जड़ें वेदों में हैं। परंतु विद्वानों की अभिरुचि उन पद्धतियों के प्रति अधिक रही है जिनके माध्यम से वेद धर्म के सिद्धांतों का अनुभव और अभिज्ञान

करते हैं। वेद की रचना करनेवाले ऋषियों ने धर्म का ज्ञान चिंतन से प्राप्त किया। वेदों में उन ऋषियों के चिंतन और प्रयोग से प्राप्त ज्ञान समाहित है। महर्षि कणाद कहते हैं कि *बुद्धिपूर्वा वाक्यकृतिर्वेदे,* अर्थात *वेदों* के मंत्रों को, किसी देवता से मुफ्त में प्राप्त रहस्योद्‌घाटन की बजाय बुद्धि के प्रयोग से समझा जाना चाहिए। वे 'अपौरुषेय' हैं, यानी उनमें निहित प्रज्ञा और विवेक की भाँति शाश्वत है और किसी व्यक्ति पर आधारित नहीं है। कोई ऐसा मनुष्य नहीं है, जो यह कहते हों कि उसे यह ज्ञान दैवी स्रोत से प्राप्त हुआ है। *वेद* किसी व्यक्ति का सिद्धांत नहीं हैं, जो कहता हो कि दुनिया कैसी होनी चाहिए। *वेद* गहनता से सृष्टि के गूढ़ रहस्यों के अन्वेषण से प्राप्त अंतर्दृष्टि का काव्यात्मक अभिलेख हैं। *वेदों* को *ब्रह्म* की प्राणवायु कहा जाता है, क्योंकि ऋषियों ने विश्वसत्ता को समझने के लिए उसके गहनतम स्तर तक यात्रा कर पुरुष के सृजन सिद्धांत के साथ ही विश्व के अस्तित्व की उस घटना का अनुसंधान किया, *पुरुष* जिसके अस्तित्व का मूल और एकमेव कारण प्रतीत होते हैं।

मनुष्य जिस ब्रह्मांड में रहते हैं, उसमें पूरी तरह से रचे-बसे हैं। मनुष्य तथा ब्रह्मांडीय घटना एक सदृश्य, और परस्पर आधारित कारक आधार-द्रव्य से उद्‌भूत भी होते हैं और उस द्रव्य के साझा प्रतिमान भी होते हैं। विश्व का निर्माण कैसे हुआ, इसकी खोज करने के पहले मनुष्यों के तत्त्व का पता लगाना आवश्यक होगा। मनुष्यों की वास्तविक सामूहिक प्रकृति सामाजिक संस्थानों के उस संगठन को तय करती है, जिसमें जीवन को उसकी सच्ची और फलदायी संतुष्टि प्राप्त होती है। मनुष्यों द्वारा स्थापित प्रत्येक सामाजिक संस्थान को उन व्यक्तियों की विशिष्टताओं का ध्यान रखना चाहिए, जो सामूहिक रूप से उन संस्थानों को जीवन देते हैं। इसके लिए उनके विभिन्न गुणों और क्षमताओं को समझना आवश्यक है। इस ब्रह्मांड को समझने और उसकी सामाजिक-सांस्कृतिक व्यवस्था को बनाए रखने के लिए स्त्रियों और पुरुषों का भी अध्ययन किया जाना चाहिए। इस अंतर्ज्ञान से मनुष्य "अपने जीवन की गतिविधियों को ब्रह्मांड के मूल्यों और नियमों के अनुसार व्यवस्थित कर सकता है। ऐसा करने के लिए मनुष्यों को इसका ज्ञान होना चाहिए कि ब्रह्मांड के ढाँचे का स्वरूप क्या है और उसे कैसे संरक्षित रखा जा सकता है?"[59] प्रत्येक सामाजिक-सांस्कृतिक व्यवस्था "विविधता को एकता तथा अलग व्यक्तित्व के लोगों को समुदाय में परिवर्तित करने का प्रयास करती है।"[60] वास्तविकता के साथ मानवता के संबंध की पहचान यूनानियों ने भी की थी और इस पहचान की झलक होमर में दिखती है, जिसका मानना था, "ब्रह्मांड ऐसी ऐकांतिक मौलिक व्यवस्था है, जो प्रकृति और समाज के ढाँचे का निर्धारण करती है। नैतिक या न्यायोचित (डिकाईओरा) होने के लिए किसी व्यक्ति के कार्यों का इस व्यवस्था के अनुरूप होना आवश्यक है। इस आलोक में, समाज का

निर्माण श्रेणियों में हुआ है, जो विभिन्न सामाजिक स्थितियों से जुड़े निर्धारित नियमों का पालन करते हैं।"[61]

कार्यकुशल और संतुष्ट होने के लिए मनुष्य जीवन का उन सिद्धांतों पर संगठित होना आवश्यक है, जो परिस्थिति के अनुसार हों, जिससे कि हमारे ब्रह्मांड के बदलते परिदृश्य में एक उत्कृष्ट संतुलन और सद्भाव स्थापित हो सके। इसे सही अर्थ देने के लिए तथा इसके पीछे की सर्जक शक्तियों को समझने के लिए चिंतनशील मन को जीवन के प्रयोगसिद्ध, चित्तसंबंधी और बौद्धिक पहलुओं के अध्ययन में लगाना चाहिए। सच्चाई और वैश्विक व्यवस्था के सिद्धांतों के लिये एक ही बार अंतिम रूप से प्रभु प्रकाश रूप में प्राप्त ज्ञान का दावा नहीं किया जा सकता है। उनका अध्ययन अतीत और समकालीन परिस्थिति के संदर्भ में निरंतर किया जाना चाहिए। इस अध्ययन में परीक्षण की प्रक्रिया के साथ ही परिवर्तन की आवश्यकता महसूस होगी, तथा प्रयोग से प्राप्त परिणामों के आधार पर अपेक्षित सुधार किए जाने चाहिए। सत्य के संदर्भ को पूर्ण रूप से अलंघ्य नहीं कर दिया जा सकता है। जिस किसी समाज ने अपने निर्धारक दावों और सिद्धांतों की तात्त्विक पूर्णता को स्वीकार कर लिया है, उसका पालन करनेवालों को सदैव, हर हाल में उसे सिद्ध मानना पड़ता है, तथा इसकी अनुभूति होने पर कि उनके आप्त संदेश के तत्त्व मूल रूप से अपर्याप्त और हानिकारक हैं, उन्हें उसके सुधार की आवश्यकता को अस्वीकार कर देने का प्रशिक्षण भी दिया जाता है। यही नहीं, तय और अपरिवर्तनीय सिद्धांतों पर आधारित समाज यह समझता है कि उसके ऊपर दुनिया को अपने दैवी दावों के आधार पर बदलने का दायित्व भी होता है, जिसकी घोषणा पूर्ण विश्वास के साथ करता भी है। विश्व को अपने ही सिद्धांतों के अनुसार परिवर्तित करने की इच्छा, जिन्हें अतीत के एक विशिष्ट युग में प्रतिपादित किया गया था, परंतु जिनकी परा-ऐतिहासिक बाध्यता प्रचारित की जाती है। यह स्पष्ट है कि उन उपदेशों के माध्यम से प्रचारित विचारधारा के पीछे कोई ठोस दलील नहीं होती, क्योंकि ऐसी विचारधारा इस संसार की घटनाओं से सरोकार नहीं रखती और अपेक्षा करती है कि लोग मात्र थोथे दावों के आधार पर अपने आपको बदल लें। संसार की प्रकृति और पूर्व-निश्चित विचारधारा के बीच की खाई, तथा इस खाई के कारण बहुमुखी और परिवर्तनशील घटनाओं की वास्तविकता पर होनेवाली हिंसा को महत्त्वपूर्ण नहीं माना जाता।

धर्म के संदर्भ में पूर्व नियोजित सिद्धांत जैसी कोई बात नहीं है। रूढ़िवादी सिद्धांत (डॉग्मा) अहंकारी विचार होता है। धर्म क्रमबद्ध रूप से संसार से जुड़ा है, जो सदैव सत्य को ढूँढ़ता और देखता है। रूढ़िवादी सिद्धांत जगत् की वास्तविकता से परे होता है, जिसका उद्देश्य अपने प्रभाव को कायम करना होता है। एक बार उद्घोषित किए जाने

के बाद रूढ़िवादी विचारों के प्रतिपादक उस जगत् का जिक्र तक नहीं करते, जिससे उनका आमना-सामना होता है। यही नहीं, उनका विशेष बल इस बात पर होता है कि किसी प्रकार से समस्त स्त्रियों और पुरुषों को उस रूढ़ि को अपनाने के लिए विवश कैसे किया जाए? दूसरी तरफ, धर्म का विश्व की घटनाओं के साथ मौलिक संबंध होता है और जिसे उसकी उन सनातन जड़ों के अध्ययन से ही जाना जा सकता है। धर्म की वैश्विक संदर्भता का प्राकट्य मानक एवं व्यक्तिपरक व्यवहारों के रूप में होता है। सामान्य रूप में धर्म उन मानकों की व्याख्या करता है, जो विश्व के स्वरूप को स्पष्ट करते हों, तथा उस व्यवहार की अपेक्षा करता है, जो विश्व चेतना की लय से तारतम्य हो। व्यवहार के अव्यक्त नियम एक सतत प्रक्रिया में बनते हैं, जिसमें मनुष्य उस उत्कृष्ट पद्धति की खोज करता है, जिसके आधार पर अपने जीवन को ढाल सके। इस प्रक्रिया में वे व्यवहार की उत्कृष्ट या यदा-कदा खराब व्यवस्था भी कायम हो सकती है, लेकिन इन पद्धतियों के विकास से एक बात सिद्ध होती है कि खराब व्यवस्था सदैव निगरानी, आलोचना और त्याग दिए जाने की परंपरा के अधीन रहती है।

सुप्रीम कोर्ट ने धर्म की परिभाषा इस प्रकार की है कि वह जो समाज के स्थायित्व की रक्षा, उसका पालन या पुष्टीकरण करता है; सामाजिक व्यवस्था बनाए रखने के साथ ही मानवता के कल्याण को सुनिश्चित करता है, उसे धर्म कहते हैं। सुप्रीम कोर्ट की विवेचना *महाभारत* में की गई धर्म की व्याख्या के ही समान है। *महाभारत* में धर्म से जुड़े उन सिद्धांतों का वर्णन है, जो मनुष्यों के कल्याण को सुनिश्चित करते हैं और इस कारण मानव समाज को एक साँचे में ढालते हैं—

धारणाद् धर्ममित्याहु धर्म धारयते प्रजा।
यत् स्याद् धारण संयुक्तम् स धर्म इति निश्चयः।।

धर्म उन अवधारणाओं का नाम है, जिन्हें मनुष्यों द्वारा अपने जीवन को नियंत्रित करनेवाले सिद्धांतों के रूप में, जहाँ तक संभव हो, अपनाया जाना चाहिए, क्योंकि बुद्धिमान पुरुषों ने अपने अनुभव से यह पाया है कि धर्म संसार के उस स्वरूप के अनुकूल है, जिसमें मनुष्य किसी निश्चित अवधि में रहते हैं। धर्म की स्वीकार्यता और उसके पालन की अनुशंसा इस दृष्टि से की जाती है कि उसमें मनुष्यों को सांसारिक समृद्धि और आध्यात्मिक ज्ञान की ओर ले जाने की क्षमता होती है—*स हि निःश्रेयसेन पुरुषं संयुनक्तीति प्रतिज्ञानिमहे तदभिधीयते। वैशेषिक सूत्र* में कहा गया है कि धर्म के सिद्धांत मनुष्यों को गौरव और सिद्धि की ओर ले जाते हैं— *यतो अभ्युदयानिः श्रेयससिद्धिः स धर्मः। पाराशर स्मृति* पर टीका करते हुए माध्वाचार्य ने कहा कि धर्म वह है, जो इस जगत् में सभी की सुख-समृद्धि को बनाए रखता है और परा जगत् में उनके शाश्वत आनंद की कामना करता है— *अभ्युदय निःश्रेयस साधनसत्तवेन धारयति इति धर्मः।*[2]

भारतीय विचार परंपरा की *वैशेषिक* धारा, संसार की मौलिक प्रकृति को समझने के लिए इसके तात्त्विक आधार की खोज अणु, परमाणु तथा अन्य इकाइयों की रचना के सिद्धांतों और गुणों की जाँच-पड़ताल से करना चाहती है, किंतु जब कणाद ने अपने सूत्र की शुरुआत की तो इसका उद्देश्य धर्म के सिद्धांतों की व्याख्या को बताया—*अथातो धर्म व्याख्यासाम। वैशेषिक सूत्र* का तर्क है कि अपने ब्रह्मांड की रचना करनेवाले विभिन्न तत्त्वों के संघटन और गुणों को समझना तथा उनके परस्पर संबंध को सूचीबद्ध करना, इस जगत् के निहितार्थ को समझने की दिशा में पहला कदम है, जो उन *नामों* और *रूपों* से परे है, जिनमें वह अर्थ सामान्यतः छिपा रहता है। किसी *वैशेषिक* अन्वेषक के लिए, भौतिक वस्तुओं और उनके गुणों का ज्ञान, उनके धर्म का ज्ञान अपरिहार्य रूप से कराता है, जो धर्म के विषय में बुद्ध द्वारा किए गए पूर्वाभास से भिन्न नहीं है। बुद्ध ने स्कंध, आयतन और धातु की धारणाओं का पता लगाया, जिनके परिवेश में प्रकट प्रकृति और चेतन जीवों का उदय और विकास हुआ। पृथ्वी, वायु और जल जैसे तत्त्व, आकार और गंध जैसे गुण, गति जैसी क्रियाओं का अध्ययन यह जानने के लिए अवश्य किया जाना चाहिए कि एक-दूसरे के साथ क्रिया और प्रतिक्रिया करते हुए वे किस प्रकार तात्त्विक पद्धतियों का निर्माण करते हैं। जो कुछ बाह्य जगत् में है, वही किसी-न-किसी रूप में मनुष्य के अंदर भी है। किसी मनुष्य का अध्ययन उस वातावरण के अध्ययन के बिना पूर्ण नहीं हो सकता, जिसमें वह रहता है। इस कारण, धर्म एक ऐसा विषय है, जो न केवल वास्तविकता से गहराई से जुड़ा है, बल्कि धारणा की इस प्रक्रिया में प्राप्त ज्ञान पर आधारित व्यवहार से भी संबंधित है। क्या *धर्मशास्त्र* धर्म की उन मूल बातों का पालन करते हैं, जैसा कि विभिन्न दार्शनिक विचारधाराओं की शिक्षा में बताया गया है?

इस प्रश्न का उत्तर हमें शास्त्रकारों के कथनों से मिल सकता है। *महाभारत* में कहा गया है कि तर्किक प्रयोग तथा न्याय की भावना से किया गया कर्म ही धर्म है—*आरम्भो न्याययुक्तोय: स हि धर्म इति स्मृत:। मनुस्मृति* में लिखा गया है कि अच्छा और आदर्श व्यवहार ही धर्म का सर्वोत्कृष्ट मापदंड है—आचारः परमो धर्मः। *वशिष्ठ स्मृति* के अनुसार, सभी बुद्धिमान पुरुष बिना शंका इस बात पर सहमत हैं कि जीवन में धर्म का सर्वश्रेष्ठ पालन अच्छे व्यवहार के लिए ही किया जाता है—*आचार: परमो धर्म: सर्वेशामिति निश्चय:। महाभारत,* जो धर्म संबंधी पुस्तकों में से सर्वश्रेष्ठ है, कहता है कि धर्म का प्रमुख उद्देश्य मनुष्यों द्वारा उनके सांसारिक कर्तव्यों का पालन, दूसरे मनुष्यों को कष्ट पहुँचाए बिना, न्याय और निष्पक्षता से सुनिश्चित कराना है तथा उन महान् पुरुषों के आचरण की सीख लोगों को देना है, जो धर्म के साक्षात् उदाहरण हैं :

"यस्मिन्यथा वर्तते यो मनुष्यसतसमिमस्तथा वर्तितव्यं स धर्मः।

मायाचारो मायया वर्तितव्यः साध्वाचारः साधुना प्रत्युदेयः।।"

धर्म की एक निश्चित परिभाषा देने से जुड़ी जटिलताओं ने अनेक विचारकों को भी उसकी एक निश्चित व्याख्या करने के क्रम में हिचकिचाहट में डाल दिया और वे ऐसा नहीं कर सके। इस जटिलता का ज्ञान *महाभारत* को भी था जैसा कि उस ग्रंथ द्वारा यह दरशाए जाने से प्रतीत होता है कि धर्म की व्याख्या अत्यंत कठिन है। इसके तत्त्वों के किसी एक स्रोत का दावा भी नहीं किया जा सकता है। धर्म के सिद्धांतों को सभी समय के लिये एक ही बार तय भी नहीं किया जा सकता है। धर्म को केवल जीवन के अनुभवों के आधार पर तथा महापुरुषों के आचरण को देखकर समझा जा सकता है :

तादृशोऽयमनुप्रश्नो यत्र धर्मः सुदुर्लभः।
दुष्करः प्रतिसंख्यातुम तत्केनात्र व्यवस्यति।।

इसके बावजूद महान् संतों ने धर्म के कुछ मानक सिद्धांतों को स्वीकार किया, जिनकी सहायता से ऐसा आधारगत ढाँचा प्रस्तुत किया जा सके, जिसके अंतर्गत मानव समाजों द्वारा अपने व्यक्तिगत और सामुदायिक जीवन को संगठित करने की विभिन्न पद्धतियाँ विकसित की जा सकें। वेदों, पुराणों, शास्त्रों और उपनिषदों में ऋषियों ने धर्म के मौलिक सिद्धांतों, उनके मूल मानकों का संकेत दिया है। कालांतर में उन बातों की शिक्षा अनेक प्राचीन संतों ने भी दी है तथा आज भी भारतीय परंपरा की विवेचना करनेवाले शिक्षकों द्वारा दी जा रही है। उनके द्वारा यह अपेक्षित है कि मनुष्य जीवन धर्म के उन मौलिक सिद्धांतों का पालन करे। धर्म के मानकों को सामान्य तौर पर निम्नलिखित विषयों से जुड़ा हुआ समझा जा सकता है :

- किसी विचार की स्वयंभू निरंकुशता का अभाव।
- पुरुष और स्त्री किसी आदिम पाप के उत्तराधिकारी नहीं हैं। वे अमरत्व की संतान हैं—अमृतस्य पुत्राः।
- विश्व एक परिवार है—वसुधैव कुटुम्बकम्।
- सांसारिक वस्तुएँ केवल व्यक्ति के अहंकार का दिग्दर्शन नहीं हैं—इदं न मम।
- हमारी पृथ्वी संपूर्ण मानवता की साझा माता है—माता भूमिः पुत्रोहम् पृथिव्यः।
- देवताओं के समान स्त्रियों और पुरुषों को भी सत्य और स्थायित्व की रक्षा करनी चाहिए—ऋतस्य गोपा, सत्यस्य गोपा।
- सत एक है, किंतु भौतिक जगत् में यह अनेक रूपों में दिखता है—एकोहम् बहुस्याम।
- दूसरों से ऐसा व्यवहार न करो, जैसा अपने साथ नहीं चाहते—आत्मनः

प्रतिकूलानि परेषाम् न समाचरेत।

- नेक व्यवहार ही सबसे बड़ा धर्म है—आचारो परमो धर्मः।
- अहिंसा ही परम धर्म है—अहिंसा परमो धर्मः।
- सदा सत्य बोलो और उसकी खोज करो। कभी झूठ मत बोलो—सत्यम् वद, नानृतम वदेत।
- कोई न छोटा है, न बड़ा, सब भ्राता तुल्य हैं—*अज्येष्ठसे अकनिष्ठसे एते समभ्रतरः।*

इन आधारभूत सिद्धांतों पर बल देकर कई पीढ़ियों तक महान् संतों और गुरुओं ने अपने समय के समाज के लिये उपयोगी नैतिक और प्रासंगिक आदर्शों की शिक्षा दी। आचार या सद्व्यवहार आपसी संबंधों का मानक ढाँचा होता है, इस बात को प्रधान सिद्धांत के रूप में मान लिया गया। लेकिन यह भी कहा गया कि, उन मूल सिद्धांतों के आलोक में रहते हुए, विभिन्न समाजों में दैनिक क्रिया-कलापों के दौरान किए जानेवाले व्यवहारों को लेकर नियमों में पर्याप्त अंतर हो सकते हैं।

धर्म के मानक या उसके मौलिक बातों, जैसे—सत्य, अहिंसा, त्याग, अपरिग्रह, भाईचारा, परोपकार आदि को अनुल्लंघनीय माना जाता था। फिर भी, मानव समाज इस रूप में स्वतंत्र था कि वह निजी, घरेलू, सामाजिक और राजनीतिक जीवन के सुचारु संचालन के लिए इन मानकों के आधार पर अलग और सकारात्मक नियम तय करे। निस्संदेह रूप से धर्म के अंतर्गत घरेलू जीवन से जुड़े कई प्रचलित संस्कार भी शामिल थे, जिनका वर्णन वेदों और कल्पसूत्रों में है, किंतु ऐसा कहा जाता था कि ये संस्कार मनुष्यों को ब्रह्मांड से और सृष्टि के विभिन्न आयामों में स्थित प्रभामय बुद्धि के प्रतीक देवताओं से जोड़ते हैं तथा आत्मज्ञान की प्राप्ति कराते हैं—*धर्मणा मित्रावरुणा विपश्चिता व्रता रक्षेते असुरस्य मायया।*[63] ऐसा नहीं है कि वैदिक संस्कारों के यांत्रिक पालन भर से ही धर्म और लाभ की प्राप्ति होती है। *अथर्ववेद* में कहा गया है कि केवल एक संस्कार को ही करने भर से धर्म की पूर्ति नहीं होती है। इसका उद्देश्य तभी पूर्ण होता है, जब इसके कर्ता में अपेक्षित गुण भी जाग्रत् हो जाएँ :

ऋतो सत्यं तपो राष्ट्रं श्रमो धर्मश्च कर्म च।
भूतं भविष्यदुच्छिष्टे वीर्यं लक्ष्मीर्बलं बले।।

अब जैसा कि स्पष्ट है, धर्म परिव्यापक और बहुमुखी है और इसे मनुष्य के व्यक्तिगत तथा सामाजिक चलन के विभिन्न पहलुओं में साधु, संतों और गुरुओं द्वारा लागू किया जाता है। *गृह्यसूत्र, स्रौत* और *धर्मसूत्र* मनुष्य के जीवन और उनके समाज विभिन्न कार्यक्षेत्र में धर्म को लागू किए जाने से संबंधित होते हैं। *स्रौत सूत्र* में वैदिक यज्ञों और अनुष्ठानों का वर्णन है। *गृह्यसूत्र* घरेलू यज्ञ और विभिन्न संस्कारों से

जुड़े नियम और प्रक्रिया का वर्णन करता है। *धर्मसूत्र* तथा आगे चलकर *स्मृति* और *महाभारत* मनुष्य का अध्ययन एक सामाजिक जीव के रूप में करते हैं तथा मनुष्य के सामाजिक जीवन, उसके नैतिक कर्तव्यों और दायित्वों के विभिन्न पहलुओं पर विचार करते हैं। वेदों के छह अंग (वेदांग) हैं, जिनका अध्ययन वैदिक संदेशों को समझने के लिए आवश्यक माना जाता है। छह अंगों में से एक अंग कल्प सूत्र है, जिसमें शुल्ब, स्रौत, गृह्य और धर्मसूत्र आते हैं। *धर्मसूत्र* "प्रमुख रूप से आचार, संस्कार, अशौच, प्रायश्चित्, वर्ण धर्म, आश्रम धर्म आदि का वर्णन करते हैं।"[64] पारंपरिक रूप से ऐसा माना जाता है कि श्रुति से भिन्न होने की स्थिति *धर्मशास्त्रों* के नियमों को स्वीकार नहीं किया जा सकता। *धर्मशास्त्र* की चर्चाओं और उनके वचनों को तभी उचित माना जा सकता है, जब वह *श्रुति* और उसके आदर्शों के अनुरूप हो। यही कारण है कि "धर्म के ये मूल्यवान स्रोत कठोर संहिता के रूप में नहीं हैं और न ही उनके नियम पूर्ण रूप से अनिवार्य हैं।"[65]

धर्मशास्त्र मात्र सुझाव और अनुशंसा देते हैं। कल्प और *वेदांग* का में छात्रों द्वारा संबंधित चरणों में उनका पाठ किया जाता था, जो वैदिक ग्रंथों की विशिष्ट पाठ परंपरा के अनुसार होता था। *चरण,* आपस में संबंधित ब्राह्मणों के समूह हुआ करते थे, जो किसी विशेष अनुष्ठान का पालन करनेवाले तथा वेदों मंत्रों के किसी विशिष्ट संग्रह का पाठ करनेवालों के अनुयायी होते थे। पाणिनि (IV.I 63) ने चरण की व्याख्या वेदों की किसी शाखा के पाठकों के रूप में की है।[66] *मालतीमाधव* की व्याख्या में जगधर की टीका *चरण* को उन व्यक्तियों का समूह जो वेद की एक ऐसी विशेष शाखा का पाठ करने के प्रति समर्पित हैं तथा इस प्रकार एक निकाय बन जाते हैं," के रूप में किया है'।[67] करनेवाला बताया गया है। जगधर ने आगे कहा है कि उन वैदिक मंत्रों के ग्रंथों तथा ब्राह्मण ग्रंथों के अंतर के कारण भी नए *चरणों* की स्थापना हुई होगी।[68] भारत के विभिन्न हिस्सों में ब्राह्मण *चरणों*—वेदों का पाठ करनेवालों—के सामने आने से ऐसे रिवाजों और सामाजिक प्रथाओं का विकास हुआ होगा, जिनका संबंध किसी विशेष *चरण* से रहा होगा। कुछ *चरणों* ने अपनी प्रथाओं को व्यवस्थित रूप दे दिया होगा, जबकि अन्य ऐसा नहीं कर सके होंगे, जिसके कारण अनेक प्रकार की सामाजिक और रीति-रिवाजों की प्रणाली विकसित हुई होगी। महापंडित काने का मत है कि केवल कुछ ही चरणों के अपने विशिष्ट *गृह्यसूत्र* और *धर्मसूत्र* थे, जबकि अन्य कई *चरणों* में उन्हें अलग रूपों में नहीं पाया जाता है।

आपस्तंब, *हिरण्यकेशी* और बौधायन चरणों में *कल्प, श्रौत, गृह्य* तथा *धर्म* ग्रंथों की पूरी श्रृंखला पाई जाती है। दूसरी तरफ, आश्वलायन, मानव और सांख्यायन चरण

के अपने *धर्मसूत्र* नहीं थे। अनेक प्राचीन चरणों के विषय में भी यही कहा जा सकता है। अनेक चरणों के अपने पृथक *धर्मसूत्रों* के न होने के निम्नलिखित कारण हो सकते हैं : (i) इन *चरणों* का मानना था कि सामाजिक-धार्मिक और घरेलू संस्कार निरंतर परिवर्तन की दशा में रहते हैं। इस कारण ग्रंथों को रचनाबद्ध करने से उन्हें ऐसी वैधता, कठोरता और समझ की औपचारिकता मिलेगी, जो सामाजिक मेल-जोल के मानकों से पूर्णतया भिन्न होगी, या (ii) कुछ चरणों ने अन्य चरणों के उपलब्ध *धर्मसूत्र* अपने अध्ययन और संदर्भ के लिए प्राप्त किए होंगे। "गृह्य और धर्मसूत्र में विद्यमान और प्राचीन *स्मृतियों* में विकसित" *स्मार्त* परंपरा का विकास "स्थानीय स्तरों पर रीति-रिवाजों की उस विविधता को दरशाते हैं, जो इस साहित्य की रचना का एक समान स्रोत है"।[69] प्रो. ओम प्रकाश का तर्क है कि आश्वलायन और आपस्तंब विचारधारा के *गृह्यसूत्र* की शुरुआत अपने ही सांस्कृतिक क्षेत्रों में उपलब्ध समान सामग्रियों को लेकर हुई होगी और आगे चलकर उन्हें ग्रंथों का रूप दिया गया होगा। *आपस्तंब गृह्यसूत्र* का आरंभ इस प्रकार की परिचयात्मक टिप्पणी से होता है : "अब उन संस्कारों पर विचार करते हैं, जो पारंपरिक व्यवहार, प्रचलित रीति-रिवाज, आदि (पर आधारित) हैं।"[70] *आश्वलायन गृह्यसूत्र* में भी इसी प्रकार का स्पष्टीकरण है कि यह ग्रंथ प्रयोग और परंपरा पर आधारित है। *गृह्य* और *धर्मसूत्र* परंपरा के बीच निकटता को देखते हुए यह कहा जा सकता है कि जिन भी विषयों को ग्रंथों का रूप दिया गया, वे सभी ग्रंथ उस युग में प्रचलित परंपराओं से परवर्ती थे। धर्मशास्त्र के ग्रंथों ने प्रचलन नहीं शुरू किया। उन्होंने तो बस उस समय की वास्तविकता को एक धार्मिक तथा स्वतःशोधी शिक्षा पद्धति का आकार दिया।

धर्मसूत्रों के साथ ही *गृह्यसूत्रों* की प्रकृति निर्देशात्मक की अपेक्षा वर्णनात्मक थी। इसकी पुष्टि इस तथ्य से भी होती है कि इन ग्रंथों में सामाजिक रीति-रिवाजों और सांस्कृतिक बहुलता की व्यापक विविधता को न केवल स्वीकार किया गया है, बल्कि उनका उत्सव मनाया गया है। ये ग्रंथ धर्मोपदेशक के आसन से किसी रूढ़िवादी विचार का आदेश नहीं देते, बल्कि विभिन्न सामाजिक संरचनाओं द्वारा तथा विशेष रूप से ब्राह्मण समुदाय के द्वारा, स्वीकार्य संस्कारों का वर्णन करते हैं और धर्म की मानक आवश्यकताओं के अनुसार उन्हें फिर से व्यवस्थित करते हैं। *पारस्कर* और *आश्वलायन गृह्यसूत्र* उस विविधता का ही संकेत देते हैं, जब वे कहते हैं कि परंपरा इस प्रकार बन जाती हैं कि "और जब गाँव (के लोग) उन्हें कहते हैं कि उन्हें (वैवाहिक संस्कारों आदि में) ऐसा करना चाहिए' या "किसी भी आयु की ब्राह्मण स्त्री, जिसके पति और बच्चे जीवित हैं, यह शिक्षा (अनुमति) दे कि वे ऐसा ही करें।"[71] अनेक संस्कार परिवारों की परंपरा के अनुसार किए जाते थे, "हालाँकि अन्य

संस्कार विभिन्न ब्राह्मण समुदायों की परंपराओं का वर्णन करते हैं, जैसे वसिष्ठ अपनी चोटी दाहिनी ओर रखते हैं, भृगु अपना पूरा सिर मुँडवाते हैं, आदि।"[72] यहाँ तक कि तार्किक और व्यावहारिक रूप से भी यह मान लेना कि किसी विशिष्ट भौगोलिक क्षेत्र में प्रचलित विशेष सामाजिक या धार्मिक संस्कार को किसी ग्रंथ में दर्ज कर लेने भर से वह भारत की विशाल भूमि की विविधता भरी आबादी द्वारा अपना लिया जाएगा, अविश्वसनीय है, विशेषकर इस तथ्य के आलोक में कि हिंदू समाज में विधान सत्यापन और कार्यान्वयन हेतु किसी केंद्रीय संस्था का पूर्ण अभाव है। ग्रंथ स्वयं भी स्पष्ट करते हैं कि किसी समुदाय में प्रचलित रीति-रिवाजों को उन्हीं समुदायों के लिये मान्य माना जाना चाहिए, बशर्ते वे धर्म के मानकों के विरुद्ध न हों। किसी ग्रंथ में दर्ज किसी विशेष संस्कार की वैधता सिर्फ उपदेशात्मक थी, वह भी तब, जब उसके धर्म के अनुकूल होने स्वीकृति विद्वानों द्वारा प्रदान हो जाती थी। हालाँकि यह निष्कर्ष नहीं निकाला जा सकता कि जिन संस्कारों का वर्णन ग्रंथों में नहीं, उनका अस्तित्व नहीं था या वे निषिद्ध थे। हमें बस यही पता चलता है कि या तो उनका वर्णन नहीं किया गया या उन्हें विद्वानों द्वारा धार्मिक व्यवहार के अनुकूल नहीं माना गया। हमें यह भी ध्यान में रखना चाहिए कि *धर्मशास्त्र* प्रचलित परंपराओं का महज दस्तावेज होने भर का दावा नहीं करते। वे सामाजिक मेल-जोल के मानकों की भी चर्चा करते हैं, जिसमें उनके अनुसार, सामाजिक प्रथा को निजी तथा सामाजिक धर्म के रूप में महत्त्वपूर्ण स्थान प्राप्त था।

अपने अनोखे सामाजिक सरोकार के कारण, *धर्मशास्त्र* के द्वारा *धर्म* शब्द का प्रयोग ऐसे अधिकारों, कर्तव्यों और रस्मों के लिए किया जाता है, जिनसे कोई मनुष्य आदर्श, मर्यादित और आर्य जीवन जी सकता है। इसमें जीवन के विभिन्न *वर्णों* (काम-धंधे) का भी वर्णन है। *तंत्रवार्तिका* का कहना है कि *धर्मशास्त्रों* का उद्देश्य विभिन्न *वर्णों* और *आश्रमों* (जीवन के चरण) के धर्म की शिक्षा देना है : *सर्वधर्मसूत्रानाम वर्णाश्रम धर्मोपदेशित्वात।*[73] *तंत्रवार्तिका* द्वारा दी गई परिभाषा से *स्मृति* और *सूत्र* में निहित अनुभवों की प्रकृति का पता चलता है। *धर्मशास्त्रों* में अंकित विचार अनुशंसात्म शिक्षा है : वे कानूनी *आदेश* नहीं, बल्कि *उपदेश* हैं। *धर्मशास्त्र* का संकलन जिन लोगों ने किया होगा, वे राजकीय कर्मचारी नहीं थे, जिन्हें कानूनी नियम तय करने की शक्ति मिली हो। वे ऋषि-मुनि, गुरु, तपस्वी और आध्यात्मिक ज्ञानी थे, जिन्हें किसी संप्रभु राजनीतिक सत्ता से शासनादेश प्राप्त नहीं था। इन विद्वानों का सम्मान और उनकी स्वीकार्यता उन लोगों के सहज समादर से उपजी थी, जिनके साथ वे रहते थे। यह तथ्य निर्विवादित है कि जिन *कुलों* के नाम पर विभिन्न *स्मृतियों* की रचना हुई, उनमें से किसी ने भी कभी राज्य के लिए कार्य नहीं किया। यदि किसी एक ब्रह्मर्षि या ऋषि के *कुल* का संबंध राज परिवार से रहा भी तो वह धर्म-कर्म या अनुष्ठानों के संपादन तक ही

सीमित था। ग्रंथों के संकलनों का संबंध राज-व्यवस्था से नहीं था, न ही उन्होंने अपने कथनों के पीछे राजकीय समर्थन प्राप्त होने का दावा ही किया था। ये ग्रंथ उन व्यक्तियों के परिश्रम का परिणाम हैं, जिन्होंने कई पीढ़ियों तक विभिन्न युगों में मानव समाज के क्रिया-कलापों का परिशीलन किया और जो दावे उनके द्वारा किए गए, उनका संबंध व्यवहार के उन मानकों की स्वीकार्यता से है, जो उनके समाज में सही और फलप्रद माने जाते थे।

दैनिक सामाजिक जीवन में जब धर्म के सिद्धांतों को लागू करने की बात की जाती थी, तो मानवीय प्रयास के कुछ महत्त्वपूर्ण क्षेत्रों में उनके प्रचलन को देखा-समझा जाता था। प्रमुख रूप से यह कहा जा सकता है कि धर्म का सामाजिक प्रयोग आचार, व्यवहार और राजधर्म के संदर्भ में होता था। मनु के टिप्पणीकार मेधातिथि के अनुसार, *स्मृतियों* में उन पाँच प्रमुख क्षेत्रों की पहचान की गई है, जिन पर धर्म लागू किया जाता है। ये हैं : *वर्ण धर्म, आश्रम धर्म, वर्णाश्रम धर्म, नैमित्तिक धर्म* (प्रायश्चित्त आदि) और *गुण धर्म* (राजा के कर्तव्य)। इन पाँच क्षेत्रों को धर्मशास्त्र के तीन प्रमुख विषय समझा जा सकता है : व्यक्तिगत जीवन, सामाजिक जीवन और राजनीतिक सत्ता का स्वरूप तथा उस समाज से उसका संबंध, जिस पर वह शासन करता है। धर्मशास्त्रों ने अपने विषय को विस्तार देते हुए धर्म की सामाजिक भूमिका के दायरे में *व्यवहार* और *राजधर्म* को भी शामिल किया है। अन्य प्रमुख बातों को स्मृतियों के सामने आने से काफी पहले श्रुतियों में शामिल किया गया था। छांदोग्योपनिषद् (2.23) धर्म की व्याख्या मनुष्य जीवन के तीन आश्रमों में मुक्ति दिलानेवाले के रूप में करता है : *गृहस्थ जीवन, ब्रह्मचर्य जीवन* और *संन्यास जीवन*।[74] इसके अनुसार, *त्रयो धर्मस्कंधा यज्ञोऽध्ययनं दानमिति प्रथमस्तप एवेति द्वितीयो ब्रह्मचर्याचार्यकुलेवासी तृतीयोऽत्यंतमात्मानमाचार्यकुलेऽवसादयन।*

गुरु उस समाज के स्वरूप और क्रिया-कलापों को समझने का प्रयत्न करता है, जिसमें वह रह रहा है तथा धर्म के सिद्धांतों को उस समाज में इस प्रकार प्रतिपादित करता है, जिससे कि वह मनमाने ढंग से थोपे जाने की बजाय स्वाभाविक परिस्थितियों के अनुरूप प्रतीत हो। धर्म का सारत्व सामाजिक व्यवहार के व्यक्तिगत नियमों में नहीं, बल्कि किसी समाज के मानक दृष्टिकोण और उसके चरम लक्ष्य के रूप में देखा जा सकता है। *मीमांसा सूत्र* (1.12) में ठीक ही कहा गया है कि *चोदनालक्षणोऽर्थो धर्मः,* अर्थात् धर्म का वास कर्म के उन मानकों में होता है, जिनसे प्रसन्नता प्राप्त होती है और जिनकी सराहना और प्रशंसा वेदों द्वारा की गई है।

अब हमें जिस प्रश्न पर विचार करना चाहिए : वह स्रोत या सत्ता किस प्रकार की है, जहाँ से *धर्म* अर्जित या ज्ञात होता है? क्या धर्म की उत्पत्ति किसी संप्रभु राज

सत्ता से हुई है? क्या इसकी उत्पत्ति किसी अदालत के आदेश से हुई है? क्या धर्म किसी राजनीतिक सभा के विधायी अधिनियम से उत्पन्न हुआ? क्या इसका निर्धारण किसी प्रशासनिक प्राधिकार के आदेश से हुआ? फिर हम धर्म के उद्भव और उसके स्रोतों के बारे में क्या जानते हैं? *गौतम धर्मसूत्र* का कहना है कि धर्म का प्राथमिक स्रोत *वेद* हैं, तदनन्तर *स्मृतियों* में दर्ज महाजनों की परंपराएँ : *स्मृतिवेदो धर्ममूलं तदविदाम च स्मृतिशीले।* आपस्तंब का कहना है कि धर्मपरायण व्यक्तियों के विचार और उनके सामाजिक व्यवहार के तरीकों को धर्म का साक्ष्य माना जा सकता है : *धर्मज्ञ समयः प्रमाणं वेदाश्च।* वसिष्ठ को मान्यता है कि *श्रुतियाँ* तथा *स्मृतियाँ* और उनके बाद शिष्ट मानवों के व्यवहार धर्म के प्राथमिक स्रोत हैं : *श्रुतिस्मृतिविहितोधर्मः, तद्लाभे शिष्टाचारः प्रमाणं।* मनु ने कहा कि धर्म के प्राथमिक स्रोत *वेद* हैं, जिनके बाद ऋषियों के वे उपदेश आते हैं, जिन्हें एक पीढ़ी से दूसरी पीढ़ी तक अग्रसारित किया गया। *वेदों* का पूर्ण ज्ञान रखनेवालों के आचरण तथा श्रेष्ठ अंतःकरण की प्रेरणा इसके अन्य स्रोत हैं :

वेदोऽखिलो धर्ममूलं, स्मृतिशीले च तद्विदं।
आचारश्चैव साधूनामात्मनःतुष्टिरेव च।।

याज्ञवल्क्य ने मनु के रेखांकित उपरोक्त बिंदुओं पर बल देते हुए दुहराया है कि *वेद, स्मृति,* अच्छा व्यवहार या स्वीकृत प्रथा तथा अच्छी मंशा से किया गया कोई भी कार्य धर्म का स्रोत है—

श्रुतिः स्मृतिः सदाचारः स्वस्य च प्रियमात्मनः।
सम्यक् सङ्कल्पज कामो धर्ममूलमिदं स्मृतम्।।[75]

हमें यह अच्छी तरह याद रखना चाहिए कि इनमें से धर्म का कोई भी स्रोत—*वेद, उपनिषद्, स्मृति,* स्वस्थ परंपरा, महान् व्यक्तियों के सद्व्यवहार तथा मनुष्य की अच्छी मंशा—दूर-दूर तक किसी राजा, उसके दरबार के प्रशासनिक अधिकारियों से संबंधित नहीं है। *धर्म* किसी पैगंबर द्वारा घोषित किसी देवता के अलंघ्य आदेश नहीं हैं, जिन्हें लोगों के बीच प्रचारित किया गया और किसी चर्च या किसी खलीफा या सुल्तान के द्वारा बलात् लागू कर दिया गया। पश्चिम के विद्वान्, जो *धर्म* का अनुवाद कानून के रूप में करते हैं, वे हमें पूरे दावे के साथ बताते हैं कि *वेद* और कुछ नहीं, बल्कि आदिम चरवाहों की बचकानी बातें हैं। इससे और अधिक कटु आलोचना करनेवाले विद्वान् मानते हैं कि *वेदों, उपनिषदों* और *श्रुतियों* का महत्त्व मूर्खों की गप या लालची और कुटिल पुरोहितों की कपोल कल्पना से अधिक नहीं है। इसके बावजूद हमें उन्हीं महान् आलोचकों द्वारा यह भी बताया जाता है कि चरवाहों द्वारा रचित श्रुतियों से अपनी मौलिकता को ग्रहण करनेवाला धर्म हिंदुओं का कानून है!

धर्म के मानकों को अनेक क्षेत्रों में लागू किया गया है। उसके अनुसार ही इसका

अध्ययन विभिन्न स्तरों पर किया गया। वैदिक ग्रंथों में *धर्म* के प्रमुख मानकों की चर्चा की गई है। मनुष्य के जीवन के विविध क्षेत्रों के लिए उनकी व्याख्या और प्रयोग *वेदांग, उपवेद, उपांग* तथा *दर्शन* की छह शाखाओं की शिक्षा का विषय है। भौतिक दुनिया का अध्ययन वैशेषिक का विषय था; तर्क और ज्ञान प्राप्ति के सिद्धांतों की व्याख्या *न्याय* का विषय था; वैदिक विधियों तथा यज्ञों के संपादन की व्याख्या *मीमांसा* द्वारा संधानित होता था। इसी प्रकार वह धर्म, जो मनुष्य के निजी तथा सामाजिक व्यवहार के लिए उचित समझा जाता था, एक लंबी अवधि के दौरान धर्मशास्त्र का विषय बन गया। चूँकि इसका संबंध मनुष्य जीवन के अत्यधिक परिवर्तनशील परंतु ऐतिहासिक, भौगोलिक तथा सांस्कृतिक रूप से निश्चित क्षेत्र से था, इस कारण *धर्मशास्त्र* को आदेशात्मक बनाने से परहेज किया गया। *धर्मसूत्र,* कल्प साहित्य का अंग है, जो ज्योतिष, छंद, निरुक्त, व्याकरण तथा शिक्षा के साथ मिलकर छह स्तरीय वेदांग साहित्य का निर्माण करते हैं। वेदांग की सहायता से *श्रुतियों* के अत्यंत जटिल और बहुस्तरीय संदेश को समझा जाता है। उनसे विचारों का एक ऐसा ढाँचा प्रदान करने की अपेक्षा की जाती है, जिसके अंतर्गत वेदों के गूढ़ सामाजिक, मनोवैज्ञानिक और आध्यात्मिक चिंतन का संज्ञान हो तथा उनका प्रयोग, प्रशिक्षण तथा कार्यान्वियन संभव हो सके। सतत परिवर्तनशील घटनाओं का विश्व तथा उन घटनाओं में निहित व्यवस्था का परीक्षण ऋषियों ने जीवन की विभिन्न प्रयोगशालाओं में किया। किसी *धर्मशास्त्र* के विचारों का असर सामाजिक जीवन पर उसी प्रकार बाध्यकारी हो सकता है, जिस प्रकार संज्ञा या विशेषण के नियमों पर किसी चर्चा का आम लोगों की बोली पर होता है। हालाँकि उनके व्याख्यात्म विचार और स्पष्टीकरण के मूल्य का सम्मान किया जाता है।

ऐसा प्रतीत होता है कि वैदिक संदेश पर चिंतन की प्रक्रिया और उनके विभिन्न पहलुओं के अध्ययन के क्रम में विद्वानों को परिवार और समाज में मनुष्य की भूमिका पर विचार के लिए भी प्रोत्साहित किया गया होगा। उनके ज्ञान और उपदेश से आस-पास रहनेवाले लोगों का निजी तथा सामाजिक व्यवहार भी परिवर्तित हुआ होगा। ऐसा कहा जाता है कि स्मृति और सूत्रों में व्यवहार के जिन नियमों का उल्लेख है, उसके पीछे ऐसे विद्वान् हैं, जो *ब्राह्मण* तथा आरण्यक के उपदेशों से अपने *चरण* को शिक्षित करने के साथ ही अपने-अपने चरणों के लिए प्रचलित सामाजिक प्रथाओं की जानकारी भी जुटाया करते थे।[76] उन प्रथाओं को प्रणालीबद्ध करने के साथ ही याद रखने और अध्ययन करने की सुगमता के उद्देश्य से सूत्रबद्ध किया गया होगा। जैसा कि पहले कहा जा चुका है, अनेक चरणों के अपने धर्मशास्त्र नहीं थे, जिससे यह सिद्ध होता है कि इन संकलनों को 'कानूनों' का नाम देना पूरी तरह दोषपूर्ण है, क्योंकि

अनेक सामाजिक समूह किसी शास्त्र में संकलित की गई सामग्री के बिना भी फल-फूल रहे थे। अनेक वैदिक *चरणों* में *धर्मसूत्रों* की अनुपस्थिति से भी हम यह निष्कर्ष निकाल सकते हैं कि ग्रंथों से अधिक महत्त्व सामाजिक प्रथाओं का रहा होगा। *धर्मसूत्रों, स्मृतियों, रामायण, महाभारत* और *पुराण* जैसे धर्मशास्त्रों ने हिंदू सामाजिक व्यवस्था का सृजन नहीं किया। वह व्यवस्था कालखंड में समीपवर्ती *स्मृति* और *सूत्र ग्रंथों* की रचना के कई वर्ष पहले से ही अस्तित्व में थी। वास्तव में *सूत्रों* और स्मृतियों की रचना तत्कालीन सांस्कृतिक साक्ष्यों के आधार पर ही की गई प्रतीत होती है। आपस्तंब और बौधयन में पुराणों के अनेक श्लोकों का उल्लेख है। पुत्रियों और पुत्रों के संपत्ति संबंधी उत्तराधिकार से जुड़े विवादों पर चर्चा के क्रम में यास्क *(निरुक्त 3.1), ऋग्वेद* के दो श्लोकों के दृष्टांत उद्धृत करते हैं। इन तथ्यों के आलोक में प्रो. लाऊ कहते हैं कि सामाजिक विषयों पर इस प्रकार के पद्यात्मक साहित्य की सामग्री स्थानीय उपयोग में पहले से ही प्रचलित रही होगी। *धर्मशास्त्रों* ने सूत्रों के संग्रह के समय, उनकी शैली और स्वरूप और विषयवस्तु को अपना लिया गया होगा।[77]

धर्मशास्त्रों के विवेचक और आलोचक भी निश्चित तौर पर यह कहने की स्थिति में नहीं हैं कि कुल कितनी संख्या में धर्मसूत्रों और स्मृतियों का संकलन हुआ था? ऐसी अनिश्चितता तीन बातों का संकेत देती है : पहला, प्राचीन भारतीय समाज में धर्मशास्त्रों के संग्रह, मानकीकरण, प्रसार या सत्यापन की कोई केंद्रीय प्रणाली नहीं थी; दूसरा, किसी *स्मृति* या *सूत्र* का उस समाज के सांस्कृतिक क्षेत्र के परे, जिसमें इन ग्रंथों की रचना की गई होगी, का प्रभाव नहीं होगा; और तीसरा यह कि, चूँकि *सूत्र* या *स्मृति* परंपरा का उद्देश्य छोटे स्थानीय समुदाय की प्रथाओं को कलमबंद करना था, इस कारण उनका प्रभाव उस स्थानीय समुदाय से ईतर क्षेत्रों में नहीं रहा होगा, जिनकी अपनी अलग विशिष्ट परंपरा रही होगी। अनेक महत्त्वपूर्ण *धर्मशास्त्र* उन ग्रंथों से अनभिज्ञ हैं, जिनका अध्ययन दूसरे क्षेत्रों में किया जाता था। अल्का शुक्ला कहती हैं कि विभिन्न साहित्यिक स्रोतों के अध्ययन से सौ स्मृतियों के अस्तित्व का पता चलता है, परंतु बौधायन में सिर्फ सात का ही वर्णन है। याज्ञवल्क्य में बीस संकलनों का वर्णन है, किंतु उस सूची में बौधायन का कोई उल्लेख नहीं है। पाराशर मात्र उन्नीस स्मृतियों का वर्णन तो करते हैं, किंतु बृहस्पति, यम तथा व्यास जैसे महत्त्वपूर्ण नामों को छोड़ देते हैं। *भविष्य पुराण* में छत्तीस स्मृतियों का उल्लेख है, किंतु किसी भी *उपस्मृति* की चर्चा नहीं है जबकि अंगिरा और वीरमित्रोदय अनेक *उपस्मृतियों* की चर्चा करते हैं। इन तथ्यों से स्पष्ट होता है कि धर्मशास्त्रों में अस्पष्टता, प्रणालीबद्धता का अभाव तथा कलमबद्ध करने की प्रणाली का अभाव दिखता है, जबकि प्रामाणिक कानूनों और शरियत में ऐसा नहीं होता है। कोई इस्लामी विधिवेत्ता ऐसा नहीं होगा जो मुस्लिम के

हदीस संग्रह को तो जानता हो, पर *बुखारी* को नहीं। इससे पता चलता है कि *धर्मशास्त्रों* की लोकप्रियता शैली के रूप में, परंपरा कानून के विषयों से, अधिक और व्यापक थी। कुछ महत्त्वपूर्ण *धर्मसूत्र* इस प्रकार हैं : *गौतम सूत्र, बौधायन धर्मसूत्र, आपस्तंब धर्मसूत्र,* और *हिरण्यकेशी धर्मसूत्र*। महत्त्वपूर्ण स्मृतियाँ *मनु, बृहस्पति, गौतम, याज्ञवल्क्य,* दक्ष, *पाराशर, विष्णु, यम, अंगिरा, कात्यायन* और *अत्रि* के नाम पर हैं।

इन *स्मृतियों* की शैली न तो कथात्मक रूप से समान है और न ही वे समान विषयों की चर्चा करती हैं। *सूत्रों* की रचना गोपन सूत्रों या छंदों के रूप में की गई है। *स्मृतियाँ* अधिकांशतया छंदोबद्ध रूप में हैं। विभिन्न सूत्र और स्मृतियाँ अकसर घटनाओं के वर्णन में एक-दूसरे का खंडन करती हैं तथा अधिकांशतया अपने संग्रह के भीतर में ही विरोधाभासी बातों की चर्चा करती हैं। मनु ने *आचार* के साथ ही *व्यवहार* की चर्चा की है। दूसरी तरफ, पाराशर अपने आपको *आचार* और *प्रायश्चित्त* तक ही सीमित रखते हैं। अनेक *स्मृतियाँ* कहती हैं कि ब्राह्मणों को वेदों की शिक्षा देने के अतिरिक्त कोई अन्य कार्य नहीं करना चाहिए, जबकि पाराशर कृषि को ब्राह्मणों के लिए उपयुक्त व्यवसाय मानते हैं। विभिन्न *स्मृतियों,* धार्मिक आचरण के मूल्यांकन के लिए, वेदों से संदर्भ लेने, अच्छे व्यवहार, आदर्श प्रथाओं तथा धार्मिक व्यवहार की उचित समीक्षा जैसी बातों पर तो सहमत हैं, किंतु उनमें से किसी में भी इस बात पर पूर्ण सहमति नहीं है कि इस मूल्यांकन और इन चर्चाओं के बाद किस प्रकार के क्रिया-कलाप को अपनाया जाए? इस विषय को संबंधित समुदाय की सामान्य कार्यप्रणाली द्वारा तय किए जाने के लिए छोड़ दिया गया है। यह स्पष्ट है कि *धर्मशास्त्रों* का संकलन पूर्णतया विभेदक, बिखरे हुए और विकेंद्रित स्वरूप से लगभग 1,500 वर्षों की अवधि दौरान किया गया है। ऐसा कोई धर्मादेश नहीं था, जिसका पालन *धर्मसूत्रों* द्वारा किए जाने की अपेक्षा की जाती थी। ऐसा कोई चर्च भी अस्तित्व में नहीं था, जो उस धर्मादेश पर आधारित किसी नियम को अपनाए जाने की पुष्टि केंद्रीकृत रूप से करता हो, न ही ऐसे अधिकार प्राप्त व्यक्तियों का कोई निकाय था, जिसे विवेचना और न्याय करने की भूमिका दी गई थी। किसी *शास्त्र* की नीतियाँ, किसी हिंदू परिवार, किसी जाति, किसी गाँव या किसी *श्रेणी* की प्रथाओं जितनी ही मान्य थीं, बशर्ते वे धर्म की मानक बातों का उल्लंघन न करती हों। मधु किश्वर ने जब यह कहा था कि अगर वह चाहतीं तो अपने लिए एक मधु स्मृति की रचना कर लेतीं तो वह कोई ठिठोली नहीं कर रही थीं।

संदर्भ

1. विलहेम हॉबफास, इंडिया एंड यूरोप, सनी प्रेस; अल्बेनी; 1988, पृ. 310
2. हीराकावा अकीरा, ए हिस्टरी ऑफ इंडियन बुद्धिज्म, (ट्र.) पाउल ग्रोनेर; मोतीलाल

बनारसीदास; दिल्ली, 1988, पृ. 29

3. वही, पृ. 29
4. वही, पृ. 28
5. मोतीलाल पंडित, बियॉण्ड द वर्ड: बुद्धिस्ट एपरोच टू नॉलेज एंड रियलिटी, इंटरकल्चरल पब्लिकेशंस, नई दिल्ली, 1997, पृ. xvi
6. वही, पृ. IX
7. बी.आर. अंबेडकर, द बुद्धा एंड धम्मा; डॉ. बाबासाहेब अंबेडकर के लेख व भाषण, शिक्षा विभाग, महाराष्ट्र सरकार, वॉल. II, पृ. 217-218
8. वही, पृ. 229-245
9. अकिरा, वही, 28
10. वही, पृ. 31
11. पंडित, वही, पृ. 65
12. अकिरा, वही, पृ. 39
13 वही, पृ. 46
14. सुकुमार दत्त द्वारा उद्धृत, अर्ली बुद्धिस्ट मोंक्स एंड मोनेस्ट्रीज ऑफ इंडिया; मोतीलाल बनारसीदास, दिल्ली, 2000, पृ. 111
15. वही, पृ. 113
16. अकिरा, वही, पृ. 45
17. वही, पृ. 45
18. मुनि श्री न्यायाविजयजी, जैन दरसन, (ट्र) नागिन जे. शाह, मोतीलाल बनारसीदास, 2000, दिल्ली, पृ. 27
19. वही, पृ. 63
20. वही, पृ. 64
21. वही, पृ. 95
22. वही, पृ. 96
23. जपजी
24. श्री ग्रंथ साहिब, सिरिराग महला 3,1
25. वही, आसा महला, 5
26. वही, बिलावलु महला, 5
27. हॉबफास, पृ 317
28. श्रीमद् भगवत्, 4.16
29 एन. रामा जोइस, धर्म: द ग्लोबल एथिक्स; भारतीय विद्या भवन; मुंबई; 1997, पृ. 2
30. हॉबफास, पृ 317
31. वही, पृ. 317
32. वही, पृ. 315
33. वही, पृ. 318
34. वही, पृ. 318

35. थ. चेरबात्सकी, द सेंट्रल कनसेप्शन ऑफ बुद्धिज्म; मोतीलाल बनारसीदास; दिल्ली; 2001; पृ. 3
36. वही, पृ. 3
37. महावग्गा, वही, पृ. 3
38. पंडित, वही, पृ. 66
39. द बुक ऑफ डिसिप्लिन, वही में उद्धृत, पृ. 67.
40. हल्बफास, पृ. 319
41. वही, पृ. 319
42. वही, पृ. 312
43. वही, पृ. 312
44. वही, पृ. 312
45. वही, पृ. 555
46. वही, पृ. 555
47. वही, पृ. 337
48. वही, पृ. 337
49. वही, पृ. 337
50. वही, पृ. 337
51. वही, पृ. 337
52. वही, पृ. 337
53. वही, पृ. 324
54. वही, पृ. 324
55. वही, पृ. 324
56. वही, पृ. 552
57. वही, पृ. 319
58. वही, पृ. 338
59. रामाश्रय रॉय, पॉलिटिकल ऑर्डर: द वैदिक परस्पैक्टिव, आई.आई.ए.एस., शिमला; 2002, पृ. 12
60. वही, पृ. 31
61. वही, पृ. 47
62. जोइस, पृ. 3
63. ऋग्वेद 5.63.7
64. एस.पी. नागेंद्र, द मोरल एंड रिचुअल फाउंडेशन ऑफ एनशिएंट इंडियन सोसाइटी, *इन लाइफ, थॉट एंड कल्चर इन इंडिया* (सं.), जी.सी. पांडे; पी.एच.इ.एस.पी.सी., वॉल. I, पार्ट 2; नई दिल्ली, 2001,पृ. 221
65. वही, पृ. 321
66. जॉन विल्सन, इंडियन कास्ट, वॉल. 2, दीप पब्लिकेशंस; नई दिल्ली; 1976, पृ. 7
67. वही, पृ. 7

68. वही, पृ. 8
69. वही, पृ. 233
70. वही, पृ. 233
71. वही, पृ. 233
72. वही, पृ. 233
73. पी.वी. काने द्वारा उद्धृत, हिस्टरी ऑफ धर्मशास्त्रा, बोरी, पुणे, 1990, वॉल. 1, पार्ट 1, पृ. 4.
74. वही, पृ. 4
75. जोइस, पृ. 6-7
76. डॉ. रमेश कुमार लॉ (सं.), आपस्तंब धर्मसूत्र, साहित्य भंडार, मेरठ; 1988; पृ. 1
77. वही, पृ. 5

❑

धर्म के प्रतिपादक

यद्यपि धर्मशास्त्र के ग्रंथों के प्राथमिक संदर्भ के रूप में सूत्र और स्मृति को ही जाना जाता है, किंतु अधिकांश विद्वान् व्यक्तिगत, घरेलू और सामाजिक व्यवहार पर चर्चा के दौरान *महाभारत, रामायण* तथा कौटिल्य के अर्थशास्त्र को भी इसमें शामिल करते हैं। अधिकांश *धर्मसूत्र* अनेक *स्मृतियों* से भी प्राचीन हैं तथा "गौतम, बौधायन और आपस्तंब के विद्यमान धर्मसूत्र निश्चित रूप से 600 से 300 ई.पू. के बीच के थे।"[1] *स्मृतियाँ* विभिन्न और पूर्णतया अलग-अलग युगों में रची गईं। ऐसी रचनाएँ पंद्रह सौ वर्षों की अवधि में संकलित की गईं और हमें उनकी पारस्परिक ऐतिहासिकता का कोई प्रमाण या किसी ग्रंथ विशेष के कालक्रम का पता नहीं चलता है। *मनुस्मृति* (जिसे स्मृतियों में सबसे प्राचीन माना जाता है) की रचना संभवतः ईसवी सन् से पहले की गई होगी तथा याज्ञवल्क्य और नारद की *स्मृतियों* की रचना ईसवी की प्रारंभिक सदी में की गई होगी, लेकिन "इनके अतिरिक्त अन्य *स्मृतियाँ* 400 ईसवी सन् से 1000 ईसवी सन् के बीच की हैं।"[2] विद्वानों के सामने सबसे बड़ी चुनौती किसी विशेष *स्मृति* के लेखक का स्पष्ट निर्धारण करने और उनके विश्वसनीय कालक्रम का पता लगाने के रूप में सामने आती है। विभिन्न प्रकार की रचनाओं में स्वीकृत प्रचलनों को लेकर व्यापक मतभेद दिखाई देते हैं। धर्मशास्त्रों का कोई भी लिखित पाठ अपने आप में अर्थ और परंपराओं का पूर्ण और विशिष्ट विश्व नहीं है। विभिन्न रचनाओं में एक-दूसरे के श्लोक और अर्थ उद्धृत किए गए हैं। कुछ ग्रंथ तो पूर्णतः दूसरे स्रोतों से लिए श्लोकों का संग्रह मात्र हैं; उनका कोई व्यक्तिगत अस्तित्व नहीं है। डॉ. काने का कहना है, "एक ही नाम से दो या तीन भिन्न *स्मृतियाँ* मिलती हैं, जैसे—*शातातप, हारीत, अत्रि*। यही नहीं दुविधा और भी गहरी हो जाती है जब ग्रंथों द्वारा पांथिक उत्साह गढ़ा जाता है, जैसे *हारितस्मृति,* जो वैष्णव प्रवचन से भरी है।"[3]

अनेक *स्मृतियाँ* कुछ प्रसिद्ध हस्तियों के नाम पर तो हैं, किंतु उनके नाम के पूर्व में वृद्ध, वृहत् और *लघु* जैसे उपसर्ग जुड़े हुए हैं। कुछ उदाहरण हैं, *वृद्ध याज्ञवल्क्य,*

वृद्ध मनु, वृहत् पाराशर और *वृद्ध विष्णु*। *वृद्ध* या *बृहत्* नाम से मिलनेवाले ग्रंथ अपने नाम से पाए जानेवाले मौलिक ग्रंथ से भिन्न हैं। इस तथ्य से यह संकेत मिलता है कि अनेक तत्कालीन परंपराओं को बाद में परंपरावादियों ने अपने संग्रह में शामिल किया, उन्हें तोड़ा-मरोड़ा, संपादित, संशोधित या संवर्धित किया। पूर्व से प्रचलित पारंपरिक ग्रंथों को पुनर्व्यवस्थित करने, नए रूप में ढालने, यहाँ तक कि उन्हें एक नई रचना का रूप देने की प्रक्रिया लगातार चलती थी और परंपरा के पुनर्मूल्यांकन का हिस्सा थी। इस प्रक्रिया में किसी प्रसिद्ध ऋषि का नाम सम्मान के दृष्टिकोण से उस ग्रंथ से जोड़ दिया जाता था। परिवर्तन की इस प्रक्रिया का संकेत डॉ. काने ने यह कहते हुए दिया, "इन नामों से मिलनेवाले ग्रंथ उन *स्मृतियों* से भिन्न हैं, जिनमें ऐसे उपसर्ग नहीं हैं···।"[4] वे आगे कहते हैं, "चूँकि अनेक रचनाकारों ने किसी प्रामाणिक ग्रंथ की अपेक्षा अपनी स्मृति का सहारा लिया, इस कारण अनेक जाने-माने छंदों का श्रेय भी विभिन्न ग्रंथों में भिन्न-भिन्न लेखकों को दिया गया। 'भ्रातृनाम-अप्रजा:' पद जिसे नारद का (नारद 16.25-26) मानकर *व्यवहारमयूख* में उद्धृत किया गया है, उसका श्रेय *मदन* पारिजात (पृ. 680) में शंख को दिया गया है। *बंधुओं* के संबंध में लिखे गए तीन छंद माधव द्वारा बौधायन के परंतु *मदनपारिजात* द्वारा वृद्ध शातातप के बताए जाते हैं।"[5] इस कारण ऐसा प्रतीत होता है कि धर्मशास्त्र से जुड़ी अनेक कृतियों के शब्द किसी ज्ञात मूल लेखक के नहीं हैं। ऐसा इस कारण भी हुआ कि ग्रंथ की किसी विशेष सांस्कृतिक क्षेत्र के अंतर्गत अपनी प्रासंगिकता के अलावा, उसके स्वरूप के निर्धारण में संग्रहकर्ता या टिप्पणीकार ने अपने संपादकीय विवेक का भी प्रयोग किया। यह संभव है कि *स्मृतियों* का मानक संकलन और विस्तार उन्नीसवीं सदी के शुरुआती वर्षों से पहले नहीं हुआ होगा। जब एक औपनिवेशिक सरकार के तत्त्वावधान में *स्मृतियों* का अनुवाद और प्रकाशन औपचारिक रूप से आरंभ हुआ, जिसकी शुरुआत सन् 1813 में *मनुस्मृति* के प्रकाशन के साथ हुई, तब उनके मानवीकरण की प्रक्रिया चल पड़ी होगी।

हालाँकि एक बात स्पष्ट है कि *स्मृति* और *सूत्रों* के ग्रंथों को किसी प्रकार की औपचारिक या सकारात्मक शासन आदेश जैसी अधिकार सत्ता प्राप्त नहीं है। उनमें से अनेक की कोई अकादमिक स्वीकृति या विश्वसनीयता भी नहीं रही होगी। डॉ. काने ने ठीक ही कहा है, "अधिकार के आधार पर सारी *स्मृतियाँ* समान नहीं हैं। उनमें से अधिकांश अज्ञात हैं और प्राचीन टिप्पणीकारों ने बिरले ही उन्हें उद्धृत किया है।"[6] लगभग एक सौ ज्ञात शास्त्रों में से जिन शास्त्रों की चर्चा सबसे अधिक होती है, वे मनु और याज्ञवल्क्य के नाम से जुड़ी *धर्मशास्त्र* की कृतियाँ हैं। डॉ. काने के अनुसार कुछ ही, ('केवल दर्जन भर') *धर्मशास्त्र* कृतियों में टिप्पणीकारों की दिलचस्पी दिखती है, यहाँ तक कि *मनुस्मृति* जैसी सबसे लोकप्रिय रचना पर मेधातिथि ने उसकी मौलिक

रचना के लगभग बारह सौ वर्षों बाद एक टिप्पणी लिखी। *धर्मशास्त्र* परंपरा के बहुतायत ग्रंथों की विश्वसनीयता की कमी तथा प्राचीन विद्वानों और शिक्षकों द्वारा उनमें लेशमात्र भी अभिरुचि न दिखाना यह संकेत देता है कि सामाजिक जीवन में उनका कोई महत्त्व नहीं रहा होगा और वे जिस युग में संकलित किए गए होंगे, उसमें भी उनके अध्ययन को महत्त्व नहीं दिया गया होगा। इस कमी के कारण इन ग्रंथों के महत्त्व पर प्रश्नचिह्न लग जाता है। *सूत्र* और *स्मृति ग्रंथों* का सबसे महत्त्वपूर्ण प्रयोग ब्राह्मणों की औपचारिक शिक्षा के लिए किया गया। *वेद, वेदांत* और *उपवेद* के साथ ही धर्मशास्त्रों का अध्ययन ब्राह्मण तथा अन्य छात्रों को एक शिक्षक द्वारा कराया जाता था। किसी छात्र से न केवल व्याकरण, गणित और काव्य रचना के विषयों की जानकारी अपेक्षित थी, बल्कि उसे इसका ज्ञान होना भी आवश्यक था कि मनुष्य एक आदर्श व्यक्तिगत और सामाजिक जीवन कैसे जी सकता है। राजनीतिक या न्यायप्रणाली के संदर्भ में *धर्मशास्त्रों* के प्रयोग का वर्णन नहीं के बराबर मिलता है। उनका व्यावहारिक प्रयोग 'अध्ययन' एवं 'शिक्षण' तक ही सीमित था।

शास्त्रों के आंतरिक साक्ष्य भी धर्मशास्त्रों के शैक्षणिक उद्गम का संकेत देते हैं। हमने ऊपर देखा है कि प्राचीन वैदिक *चरणों* के शैक्षणिक माहौल में *धर्मसूत्र* पृथक् कृतियों के रूप में सामने आए, जहाँ उनका प्रयोग पूरक अध्यापन सामग्री के रूप में किया जाता था। *सूत्रों* और *स्मृतियों* का प्रमुख प्रयोग अध्ययन और मंत्रोच्चार के लिए किया जाता था। बौधायन सूत्र में *धर्मपाठकों* का वर्णन है, जो धार्मिक कृतियों का अध्ययन करते थे।[7] गौतम ने कई बार धर्मशास्त्र के आचार्यों का वर्णन किया है, जिससे अनुमान लगाया जा सकता है कि इन कृतियों का प्रयोग ब्राह्मण समुदायों द्वारा स्थापित विद्यालयों में पठन-पाठन के लिए किया गया होगा। डॉ. काने ने *'सूत्रचरणों'* के अस्तित्व की ओर हमारा ध्यान आकृष्ट कर कहा है कि वे विशिष्ट सूत्रों का अध्ययन करनेवाले समुदाय थे। वे कहते हैं, "सभी नहीं तो मूल रूप से अनेक *धर्मसूत्र* कल्पसूत्रों का अंग थे तथा विशिष्ट सूत्रचरणों में उनका अध्ययन किया जाता था।"[8] कुमारिल भट्ट ने *तंत्रवार्तिका* में धर्मशास्त्र के इतिहास की समीक्षा करते हुए यह नहीं कहा कि किसी विशेष *सूत्र* या *स्मृति* का प्रयोग किसी विशेष राज दरबार में किया गया; इसकी बजाय वे कहते हैं कि इन कृतियों को विभिन्न वैदिक *चरणों* द्वारा पढ़ा जाता था। इसमें लिखा है, "गौतम (धर्मसूत्र) तथा गोभिल (गृह्यसूत्र) का अध्ययन *छांदोगस* (सामवेदियों) द्वारा, वसिष्ठ (धर्मसूत्र) *ऋग्वेदियों* द्वारा लिखित शंख-लिखित का वाजस्नेय-संहिता के अनुयायियों द्वारा और आपस्तंब तथा बौधायन सूत्रों का अध्ययन तैत्तिरीय शाखा के अनुयायियों द्वारा किया जाता था।"[9] कुमारिल भट्ट की व्याख्या को मानें तो सूत्रों की रचना किसी दृष्टि से भी न्यायिक क्षेत्र में प्रयोग के लिए नहीं की गई

थी। उन्हें अनेक *चरणों* के अध्ययन हेतु *(पाठव्यवस्थोपलभ्यते)*, के लिए लिखा गया था। उनका महत्त्व विधिक नहीं, केवल शैक्षणिक था।

अनेक *धर्मसूत्र* पुराने आचार्यों के विचारों को उद्धृत करते हैं। डॉ. काने का मानना है कि यह पता लगाना कठिन है कि 'आचार्य' किस प्रकार के शिक्षक हुआ करते थे, हालाँकि वे इस विचार से सहमत दिखते हैं कि इस शब्द का अर्थ "उस विशेष शास्त्र में किसी विशेष बिंदु पर अधिकांश लेखकों के सामान्य पारंपरिक विचार से है।"[10] *गौतम धर्मसूत्र* अकसर अन्य आचार्यों के विचार उद्धृत करता है। *बौधायन गृह्यसूत्र* में कण्व बौधायन को प्रवचनकार तथा आपस्तंब को सूत्रकार कहा गया है। प्रवचन का अर्थ किसी विषय या परंपरा, संभवत: वेदों की व्याख्या, की विवेचना या शिक्षा देना है। *आपस्तंब गृह्यसूत्र* के अनुसार वेदों की व्याख्या करनेवाले को *मधुपर्क* अर्पित किया जाना चाहिए। डॉ. काने का मानना है कि धर्मशास्त्रों के संदर्भ में ऐसा कहा जा सकता है कि एक प्रवचनकार "अपनी कृति की रचना किसी भी प्रकार कर सकता है (जो विस्तृत या संक्षिप्त हो सकती है), किंतु एक सूत्रकार को अपनी कृति संक्षेप में और उचित शैली में सृजित करनी पड़ती है।"[11] *प्रवचन* और *सूत्रों* की रचना के शिल्प में अंतर संभवत: इस कारण आया कि किसी विशेष वैदिक परंपरा के शिष्यों का प्रशिक्षण उनकी अपनी विविध आवश्यकताओं के अनुसार किया गया। *प्रवचनकार* के साथ सूत्रकारों की श्रेणियों का संदर्भ इस बात की पुष्टि करता है कि धर्मशास्त्र से जुड़े विषयों की व्याख्या शिक्षकों के कई वर्गों ने बिना किसी निश्चित शैली या विषय से बँधकर की। ऐसा लचीला रुख केवल अकादमिक माहौल में संभव है, न कि विधि संबंधी साहित्य के क्षेत्र में।

धर्मसूत्र साहित्य की रचनाओं का शिक्षकों, छात्रों और विविध वैदिक अध्ययन समूह के व्याख्याताओं से संबंध की पुष्टि दक्षिणी राज्यों द्वारा प्रदत्त भूदान अभिलेखों से भी होती है। राजा अतिवर्मन से दान लेनेवाले कोटलीशर्मन को *गोरनलता पट्टिकाओं* (चौथी सदी) में "आपस्तंब सूत्र ऋग-यजुस समविदे" का पाठक बताया गया है।[12] पल्लव नरेश नरसिंहवर्मन द्वितीय (सन् 711) के दान में "दान लेनेवाले का वर्णन आपस्तंब सूत्र के पाठक के रूप में किया गया है, जो रथीथरा गोत्र का है और जिसका नाम है—*कुमारमंदशर्मन*।"[13] अविनीता (सन् 495-555) के श्रृंगेरी-पट्ट के अनुसार दान लेनेवाले तीन में से दो "प्रवचन कल्प के छात्र" हैं।[14] चहमान रतनपान (सन् 1119-20) का दान "बताता है कि दान लेनेवाला इतिहास, *पुराण, रामायण, महाभारत, पदवाक्य,* याज्ञवल्क्य, कात्यायन, भृगु, अंगिरा, मार्कंडेय, भट्टदर्शनादि शदशास्त्राभिरतस्य के अध्ययन के प्रति समर्पित है।"[15] राजा दान लेनेवालों को कानून के विशेषज्ञ की बजाय सिर्फ *स्मृतियों* के विद्यार्थी के रूप में देखता है। अनेक भू-दान

अभिलेखों में *प्रवचनकल्प* और *प्रवचनसूत्र* का संदर्भ मिलना दिलचस्प है, क्योंकि आज हमें उन नामों के ग्रंथ नहीं मिलते और हम इस तथ्य से यह सहज अनुमान लगा सकते हैं कि उन रचनाओं का संदर्भ व्यक्तिगत शिक्षकों की शिक्षा से या संभवत: किसी वैदिक स्कूल की पारंपरिक ज्ञान परंपरा से ही रहा होगा। शैक्षणिक लचीलेपन के इस माहौल में प्राचीन शिक्षकों में यात्रा करने, वाद-विवाद करने, चर्चा और विमर्श करने के प्रति गहरी रुचि को देखते हुए यह कहा जा सकता है कि दो भौगोलिक क्षेत्रों के बीच विचारों का आदान-प्रदान सहजता से होता होगा। चूँकि अधिकांश विद्वान् वैदिक विरासत से मिले मौलिक दृष्टिकोण को अपनाते हैं, इसलिए यह संभव है कि लंबी अवधि में उनके वैचारिक आदान-प्रदान से कुछ सामान्य स्वीकार्य सिद्धांत बन गए होंगे। इस तथ्य की पुष्टि बौधायन के आरंभिक *धर्मसूत्र* तथा वसिष्ठ और मनु नाम से प्रचलित संकलन में साझा वैदिक उद्धरणों के साथ ही संस्कार संबंधी बातों से हो जाती है। डॉ. काने और बुहलर कहते हैं कि इन समानताओं को इस तथ्य से समझा जा सकता है कि इन कृतियों का उद्गम समान सांस्कृतिक सामग्री से हुआ है, जो बुहलर के अनुसार, लोकप्रिय छंदों या विचारों के रूप में सामाजिक तथा रीति-रिवाजों के क्षेत्र में प्रचलित रहे होंगे।[16] मौलिक बात यह है कि व्याख्याता इन शास्त्रों का संबंध राजाओं या दंडाधिकारियों से नहीं, बल्कि वेदों की शाखाओं और उनका अध्ययन करनेवाले संप्रदायों से जोड़ते हैं।

धर्मशास्त्र के संपूरक अन्य रूप बाद की पद्यात्मक स्मृतियाँ हैं, जबकि सूत्र उनसे भी पूर्व के हैं। मनु, *स्मृतियों* को धर्मशास्त्र के समान मानते हैं=*श्रुतिस्तु वेदो विज्ञययो धर्मशास्त्रं तु वै स्मृत:।* स्मृति शब्द की उत्पत्ति *स्मृ* और *अक्तिन* मूल से हुई है, जिनका अर्थ वास्तविक अनुभव से प्राप्त ज्ञान तथा पूर्वजों की परंपराओं और संस्कारों को आगे बढ़ाने के लिए उस अनुभव का प्रयोग करना है, परंतु परंपरा का स्मरण *यत्रवत* और मूक नकल के समान नहीं था। वह वर्तमान विश्व की वास्तविकताओं से जुड़ा था, जिसमें सभी परंपराओं की समीक्षा और उनका परिष्कार कड़ाई से की किया जाना था। *कल्पद्रुम* पर अपनी व्याख्या में दुर्गादास इस द्वंद्वात्मकता को जानते हुए स्मरण *(स्मृति)* के साधनों तथा किसी तथ्य की व्यक्तिगत अनुभूति के बीच अंतर करते हैं : *द्वैधस्मृत्यानुभवमेदिका।*[17] 'डॉ. काने के अनुसार, " 'स्मृति' शब्द का प्रयोग दो अर्थों में किया जाता है। इसका प्रयोग सारी प्राचीन धर्मनिष्ठ गैर-वैदिक कृतियों, जैसे—पाणिनि के व्याकरण, श्रौत्र, गृह्य और धर्मसूत्रों से लेकर *महाभारत* और मनु, याज्ञवल्क्य तथा अन्य के लिए किया गया। संकीर्ण अर्थ में स्मृति और धर्मशास्त्र समानार्थी हैं, जैसा कि मनु कहते हैं।"[18] परवर्ती स्मृति या धर्मशास्त्र संकलनों के संबंध में मैक्समूलर कहते हैं, "बिना किसी संदेह के यह कहा जा सकता है कि आज हमारे पास जितने भी सच्चे धर्मशास्त्र हैं, वे बिना किसी अपवाद विशेष वैदिक चरणों के *कुल धर्मों* के पूर्व में रचे

गए सूत्र की कृतियों के आधुनिक संस्करण हैं।"[19] बुहलर इस विचार से सहमति व्यक्त करते हैं; डॉ. काने का मत इस दृष्टि से थोड़ा अलग है कि वे नहीं मानते कि सभी *स्मृतियों* के पूर्ववर्ती *सूत्र* पाठ भी होते थे। उपरोक्त वर्णन में मैक्समूलर द्वारा कही गई दो प्रमुख बातें इस प्रकार महत्त्वपूर्ण हैं कि उनसे *स्मृतियों* को उनके विशिष्ट परिवेश के संदर्भ में देखा जा सकता है। पहली बात यह है कि *स्मृतियों* का संबंध विशेष कुल के स्थानीय रिवाजों से होता है; तथा दूसरी बात यह है कि ऐसे कुल मूल रूप से ब्राह्मण परिवार थे, जो वैदिक पाठ करनेवाले विशेष समूह के वे सदस्य थे, जिन्होंने वेदों के विशेष पाठ को अध्ययन के लिए चुना था।

इन बातों की पुष्टि *स्मृतियों* में अंतर्निहित साक्ष्यों से भी होती है। अनेक स्मृतिकार अपनी रचनाओं का आरंभ हमें यह बताते हुए करते हैं कि धर्म पर चर्चा के अंतर्गत आनेवाले बिंदुओं की विवेचना करनेवाले शिक्षक की ख्याति और निपुणता किस कोटि की है तथा वे लोग कौन हैं, जिनकी जिज्ञासा के कारण उस विवेचना की आवश्यकता पड़ी? धर्म का कोई भी विवेचक राजा, पदाधिकारी या न्यायाधीश नहीं था, न ही प्रश्नकर्ताओं के समूह में वकील, प्रशासक या विधिवेत्ता शामिल थे। कुछ ही प्रश्न ऐसे होते थे, जिनमें पूछा जाता था कि किसी राजा के कानून का क्षेत्र क्या होगा? अधिकांश प्रश्न इस संबंध में किए जाते थे कि सदाचारी और आदर्श जीवन कैसे व्यतीत किया जा सकता है? *याज्ञवल्क्य स्मृति* की रचना मिथिला के सुदूर क्षेत्र में महान् तपस्वी याज्ञवल्क्य द्वारा की गई बताई जाती है। भ्रमणकारी ऋषियों का एक समूह उनके आश्रम पहुँचा और उनसे मनुष्य जीवन के विभिन्न चरणों की प्रकृति तथा विभिन्न व्यवसायों को अपनानेवाले मनुष्यों के धर्मों की व्याख्या करने की प्रार्थना की :

योगीश्वरः याज्ञवल्क्यं समपूज्य मुनयऽप्रुवम।
वर्णाश्रमत्रानाम नो ब्रुहि धर्मनिशेष्टः।

पाराशर स्मृति का आरंभ मिथिला के मैदानों से भी सूदूर क्षेत्र से हुआ। इसमें दिखाया गया है कि ऋषि व्यास हिमालय की शृंखलाओं की एक ऊँची चोटी पर स्थित किसी जंगल में ध्यान लगाकर बैठे थे। अनेक जिज्ञासु उनके सुदूर आश्रम पर धर्म का ज्ञान प्राप्त करने पहुँचे। उनकी अभिरुचि विशेष रूप से कलियुग में मानव व्यवहार तथा जीवन के विभिन्न चरणों में विविध व्यवसायों को अपनानेवाले पुरुषों-स्त्रियों के उचित शुद्धीकरण की व्यक्तिगत प्रणाली को समझने पर केंद्रित थी :

मनुसानाम हित धर्म वर्तमाने कलयुगे
शौचाचारम तथावच्च वद सत्यवतीसुत।

संवर्त्त स्मृति का आरंभ निर्जन क्षेत्र में रहनेवाले संवर्त्त मुनि के पास अनेक विद्वान् संतों के पहुँचने से होता है। संतों ने धर्म के गूढ़ अर्थ को जानने की इच्छा प्रकट की

तथा व्यवहार के उन सिद्धांतों की व्याख्या सुनने की याचना की, जिसे मुनि ने स्वयं देखा और परखा हो। जिज्ञासु संत यह जानना चाहते थे कि ऐसे कौन से सिद्धांत हैं, जो मानव कल्याण के हित में हैं और जो मनुष्य को सफल तथा विफल व्यवहार के बीच भेद करने की क्षमता प्रदान करते हैं :

भगवन श्रोतुमिच्छामः शेयनकर्म द्विजोत्तमम्
यथावद्धरममाचक्ष्व शुभाविवेचनम्।

व्यास स्मृति की रचना वाराणसी में हुई। एक दिन भगवान् व्यास के आश्रम में अनेक साधु-संत आए और उनसे विभिन्न व्यवसायों को समाहित करनेवाली सामाजिक व्यवस्था की सूक्ष्म बातों को बताने का अनुरोध किया। *आपस्तंब स्मृति* में चर्चा का प्रमुख बिंदु निकृष्ट कार्यों के लिए नैतिकता के आधार पर प्रायश्चित्त करने पर केंद्रित है—*प्रायश्चित्त विनिर्णयं।* इस दृष्टांत में भी अपना ज्ञानवर्धन करनेवाले साधु-संत, महान् आपस्तंब से संपर्क करते हैं, जो शांतचित्त, संसार से विरक्त, मेधावी स्वभाव के हैं; जो अपनी एकांत कुटिया में सतत आत्मविद्या को विकसित करने में जुटे हैं। भार्गव वंश के ऋषि हारीत द्वारा *हारीत स्मृति* की शिक्षा ऐसे अवसर पर दी गई, जब बौद्धिक चर्चा के एक सत्र में वहाँ एकत्र मुनियों द्वारा उनसे ऐसा पूछा गया कि जीवन के विभिन्न व्यवसायों तथा वैष्णव योग के पद्धति सिद्धांतों की प्रकृति के लिए उपयुक्त धर्म किस प्रकार का होना चाहिए। जिज्ञासु शिष्य अपने शिक्षकों से व्यवहारों की प्रकृति तथा सामाजिक परंपराओं पर पड़नेवाले उनके प्रभाव को उस रूप में बताने का अनुरोध करते हैं, जिस रूप में वे उनके समय में समाज में व्याप्त थे। ऐसा माना जाता है कि शिक्षकों ऋषियों ने मानव समाजों और सामुदायिक संगठनों को व्यक्तिगत रूप से 'देखा', 'सुना' है। ऋषि अत्रि से उनके समक्ष एकत्र हुए शिष्यों ने आग्रह किया कि वे उन्हें उस नैतिक व्यवहार की शिक्षा दें, जिससे सारे मनुष्यों के लिए प्रसन्नता का एक वातावरण बनाने की क्षमता प्राप्त हो—*हितार्थं सर्व लोकानां भगवान् कथयस्वन।*

ऋषि अत्रि ने अपने प्रवचन का आरंभ किसी देवता से प्राप्त रहस्योद्घाटन से नहीं किया। उन्होंने विनीत भाव से यह बताया कि वे जो कहनेवाले हैं, वह उनके अपने अनुभव तथा उनके द्वारा स्वयं देखी-सुनी बातों पर आधारित है : *तत सर्व संप्रवक्ष्यामि यथादृष्ट यथाश्रुतं।* उन्होंने अपने सम्मुख उपस्थित स्रोताओं से, जिनमें से अनेक वैदिक ज्ञान के महान् प्रवर्तक थे, धर्म का सक्रिय अध्ययन करने को कहा, जिसके एक अंश की विवेचना वे स्वयं *(अधवेतव्यम प्रयत्नबः)* करनेवाले थे। वेदों में धर्म 'को देखने' के महत्त्व पर पर्याप्त बल दिया गया है और जिसकी शिक्षा बुद्ध ने भी दी है; अत्रि भी उसी तथ्य की पुनर्व्याख्या दृढ़ रूप से कर रहे थे।

शैली के अनुसार, *मनुस्मृति* की रचना मनु की शिक्षाओं का, उन अनेक ऋषियों में

से एक ऋषि द्वारा किया गया एक पुनर्संग्रह है, जो वर्षों पहले मनु के पास गए थे और उनसे धर्म की प्रकृति का ज्ञान प्राप्त किया था। *मनुस्मृति* के 1.119 में वाचक का कहना है : तुम सभी मुझसे आज यह शिक्षा ग्रहण करो, जिसे मेरे प्रश्न करने पर वर्षों पहले मनु ने मुझे दी थी।[19] अब हम जान चुके हैं कि मनु ने जो शिक्षा दी, उसके लिए उनके आश्रम में एकत्र हुए अनेक ऋषियों ने धर्म पर उनके विचारों को जानने की इच्छा प्रकट की थी। *मनुस्मृति* का आरंभ इस सूचना से होता है : "महान् ऋषिगण जब मनु के पास पहुँचे, तब वह एकाग्रचित्त ध्यान में थे। उन्होंने उनका अभिवादन किया और फिर उनसे इस प्रकार कहा, "महाशय, हमें कृपया सभी चार वर्णों के धर्म व्यवस्थित और क्रमवार रूप से बताएँ तथा उनके धर्म भी बताएँ, जो दो वर्णों के बीच पैदा होते हैं।" यह स्पष्ट रूप से सीधा प्रश्न था, जिसका मनु समाजशास्त्रीय उत्तर दे सकते थे, परंतु वे अपने उपदेश का आरंभ आदिकालीन परिस्थिति से करते हैं। वे बताते हैं कि कैसे ब्रह्मांड की उत्पत्ति प्राचीन काल में हुई, कैसे उसके गर्भ से जीवों का जन्म हुआ, कैसे समाज का निर्माण हुआ तथा किस प्रकार वर्गों में भेद किया गया। एकत्रित महात्माओं को वे बताते हैं कि दो भिन्न ऐतिहासिक युगों में सामाजिक और व्यावहारिक धर्म एक समान नहीं रहे (मनु, 1.85)। सभा को वे बताते हैं कि अनुचित माध्यमों से धन और प्रतिष्ठा अर्जित करने से धर्म का अवमूल्यन होता है (मनु, 1.82)। वे संतों को यह याद दिलाते हैं कि धर्म एक निश्चित धारणा नहीं है। यह ऐतिहासिक परिस्थिति के अनुसार परिवर्तित और विकसित होती रहती है—*अन्ये कृतयुगे धार्मस्त्रेतायाम द्वापरेऽपरे।*

मनु ने आरंभ में ही स्पष्ट कर दिया था कि उनके उपदेश का उद्देश्य ब्राह्मणों तथा अन्य सभी वर्गों की जन्मजात गतिविधियों का क्रमानुसार वर्णन करना है। ऐसा अनुमान है कि सभा में यह प्रश्न किया गया होगा कि संतों द्वारा दी गई धर्म की शिक्षा का प्रयोग किन क्षेत्रों में किया जा सकता है। सभा ने जानना चाहा कि मनु की शिक्षा का क्या किया जाए। मनु ने अपनी स्थिति स्पष्ट की (और हमें उन्हें ध्यानपूर्वक सुनना चाहिए) और यह कहा कि केवल एक विद्वान् ब्राह्मण को "इसका ध्यानपूर्वक अध्ययन कर अपने शिष्यों को इसकी उचित व्याख्या करनी चाहिए, किसी और को नहीं।"[20] *मनुस्मृति* (1.03) का संबंधित अंश इस प्रकार है :

विदुषा ब्राह्मणेनेदमध्येतव्यं प्रयत्नतः
शिष्येभ्यश्च प्रवक्तव्यमं सम्यज्ञ नान्येन केनाचित।

ब्राह्मणों को *मनुस्मृति* का अध्ययन और शिक्षण सांसारिक धन की प्राप्ति के लिए नहीं, बल्कि अपने आपको बुरे कर्मों के प्रभाव से मुक्त करने के लिए करना चाहिए। ऐसा कहा गया है (मनु 1.10) कि एक ब्राह्मण, "जो इस शिक्षा का अध्ययन करता है और जिसने अपने व्रत को निभाया है, वह अपने पूर्व के मन, हृदय, वाणी तथा शरीर के

कर्मों के प्रभाव से कलुषित नहीं होता"[21]—

इदं शास्त्रंधीयानो ब्राह्मण: शमसित्व्रत:
मनोवाग्देहजैरनित्यम कर्मदोषैर्न लिप्यते।

विभिन्न स्मृतियों द्वारा सतत रूप से इस पर बल दिया गया है कि शास्त्रों के 'अध्ययन' का उद्देश्य तथा धर्म के शिक्षण में इसका उपयोग विशेष रूप से उन ब्राह्मणों के लिए है, जो पठन-पाठन तथा तपस्वियों वाला जीवन जीना चाहते हैं।

मनुस्मृति में यह वर्णित है कि उसके अधिकांश भाग की विवेचना ऋषि भृगु द्वारा की गई है, जिन्होंने उसे मनु से सुना था। चूँकि *मनुस्मृति* को प्राचीनतम स्मृति माना जाता है, इस कारण इसकी विवेचन पद्धति के विषय में जानना रुचिकर होगा। इसमें बताया गया है कि धर्म के सिद्धांत की पहली व्याख्या ब्रह्मा ने की थी, जो इस सृष्टि की रचना के भी स्रोत हैं। यह सर्वथा उपयुक्त माना गया था कि सांसारिक जगत् की उत्पत्ति के साथ उत्पन्न वस्तुओं की प्रकृति (धर्म) का अस्तित्व भी होना चाहिए। *मनुस्मृति* के अनुसार, धर्म का प्रतिपादन सर्वप्रथम ब्रह्मा ने ही किया था। उन्होंने ही धर्म की शिक्षा वर्तमान युग के प्रथम पुरुष मनु की दी थी। मनु ने धर्म की शिक्षा मारीच, अत्रि, अंगिरा, पुलस्त्य, पुलह, क्रतु, प्रचेतस, वसिष्ठ, भृगु और नारद को दी थी। भृगु ने फिर इसकी व्याख्या अन्य ऋषियों के लिए *स्मृति* के रूप में की थी। इस विवरण से यह पता चलता है कि मनु मानवता के पहले पूर्वज थे। इस व्यक्ति को ही स्वयंभू मनु की उपाधि दी गई है, किंतु कुछ अन्य मनु भी हुए हैं। *महाभारत* में प्रचेतस मनु का उल्लेख है, जिसने संभवत: *अर्थशास्त्र* पर एक ग्रंथ लिखा था। अन्यत्र उनका वर्णन सिर्फ मनु के रूप में मिलता है। यद्यपि यह बता पाना कठिन है कि वास्तव में *मनुस्मृति* का शिक्षक कौन है, किंतु यह अनुमान लगाया जा सकता है कि धर्मशास्त्र की शिक्षा से उनका तथा उनके वंश (मानव) का संबंध प्राचीन अवश्य था। *महाभारत* (59.80-85) में भी ब्रह्मा के उपदेशों के प्रसारण एवं संचरण का वर्णन है, किंतु उसे प्राप्त करनेवालों में मनु का नाम शामिल नहीं है। *नारद स्मृति* के परिचय में यह वर्णन है कि मनु की शिक्षा सर्वप्रथम नारद को दी गई थी, जिन्होंने संक्षिप्त रूप में इसकी शिक्षा मार्कंडेय और फिर सुमंती भार्गव को दी।[22]

महाभारत के शांतिपर्व (336.38-46) में हमें बताया गया है कि ब्रह्मा की मौलिक शिक्षा, जो एक लाख श्लोकों का संग्रह थी, स्वयंभू मनु को दी गई, जिसके संपादित रूप का उपयोग उशनस और बृहस्पति द्वारा विभिन्न शास्त्रों की रचना के लिए किया गया।[23] *नारद स्मृति* भी इस तथ्य की पुष्टि करती है कि मूल एक लाख श्लोकों का संपादन और संक्षेपण लगभग चार हजार श्लोकों में किया गया। *मनुस्मृति* के प्रथम और सबसे सम्मानित टिप्पणीकार मेधातिथि ने हमें बताया है कि प्रजापति ब्रह्मा

ने मूलत: धर्म की शिक्षा एक लाख श्लोकों में दी थी, जिसका संक्षेपण मनु तथा अन्य द्वारा बाद में किया गया।[24] वहीं दूसरी तरफ, *संस्कारमयूख,* प्रजापति के संदेश को प्राप्त करने, उसके संक्षेपण और प्रसार का श्रेय मनु को नहीं देता है। इसकी बजाय वह कहता है कि *स्वयंभूशास्त्र* के चार संस्करणों की रचना भृगु, नारद, बृहस्पति और अंगिरा ने की थी—*भार्गवी नारदीय च बृहस्पतियांगिरस्यापि स्वायंभूवस्य शास्त्रस्य चतश्रः संहिता मता।*[25] *मनुस्मृति* के मूल लेखक या उसके कालक्रम को निश्चित करने की समस्या उसके प्रवर्तक, प्रवचन की शृंखला और उपदेश को प्राप्त करनेवाले तक ही सीमित नहीं है, बल्कि इसकी सामग्री भी समस्याग्रस्त है। प्राचीन लेखक विश्वरूप ने, "*मनुस्मृति* के छंदों को स्वयंभू के छंद कहकर उद्धृत किया है... जबकि विश्वरूप द्वारा उद्धत भृगु की उक्तियाँ (याज 1.187 और 252) *मनुस्मृति* में नहीं मिलती हैं। इस प्रकार अपरारक द्वारा भृगु से उद्धृत छंद *मनुस्मृति* में नहीं मिलते हैं।"[26] *भविष्यपुराण* कहता है कि स्वयंभू मनु की मौलिक रचना का संपादन चार रूपों में भृगु, नारद, बृहस्पति और अंगिरस द्वारा किया गया। नारद के ग्रंथ को *नारदीय मनु संहिता* भी कहा गया और *भविष्य पुराण* में भार्गवी संहिता के अनेक छंद उद्धृत किए गए हैं, जो वर्तमान *मनुस्मृति* में भी मिलते हैं। ऐसा माना जाता है कि *महाभारत* को *मनुस्मृति* के समान किसी ग्रंथ का ज्ञान था, जो "वर्तमान ग्रंथ से निकटता से संबंधित था, किंतु उसके समरूप नहीं था; तथा उस काव्य और वर्तमान *मनुस्मृति* के आधार के रूप में छंदों का एक प्रचलित प्रवाह उपलब्ध था, जिसमें उन दार्शनिक और विधिसम्मत विचारधाराओं का ज्ञान समाहित था, जिसका स्रोत सामान्य रूप से मनु को बताया जाता है।"[27]

ऐसे तथ्य भ्रमकारी प्रतीत होते हैं। इस कठिन गाँठ को सुलझाने का आरंभ हम यह मान लेने से कर सकते हैं कि प्राचीन काल से ही धर्म की पारंपरिक शिक्षा का एक वाङ्मय था, जिसका उपयोग परवर्ती समय में धर्मशास्त्र के विद्वानों ने अपने शिक्षण के निरूपण के लिए किया। प्रो. वी. राघवन का मानना है कि अनेक *धर्मशास्त्रीय* ग्रंथों की रचना भारत में विकसित होनेवाले साझा सांस्कृतिक विचारों के आधार पर की गई है, जो विभिन्न सांस्कृतिक व्यवहारों के अध्ययन और संग्रह का परिणाम है और उनका तर्क है कि, "मनु के छंदों की इस बहती श्लोक धारा से वर्तमान *मनुस्मृति* ने ईसा पूर्व दूसरी सदी और ईसवी सन् दूसरी सदी के बीच, भृगु के संपादन के कारण अपना रूप लिया होगा।"[28] प्राचीन समुदायों और पूर्वजों की अच्छी परंपराओं को सहेजकर रखा जाता था, जिससे कि उनसे शिक्षा ली जा सके। *ऋग्वेद* स्पष्ट रूप से कहता है कि व्यक्ति को पूर्वजों के दिखाए मार्ग से भटकना नहीं चाहिए—*मन: पथ: मानवद अधिदूरम नैस्त परवत: ।* अनेक विद्वानों की रचनाओं से इस बात की पुष्टि होती है कि हिंदुओं के बीच नैतिक तथा पारंपरिक व्यवहारों की एक साझा सांस्कृतिक विरासत विद्यमान थी।

जे.डी.एम. डेरेट का मत है कि "प्राचीनतम रचनाओं, *धर्मसूत्रों,* पर पारंपरिक नियमों के घालमेल के बीच रचे जाने की छाप है, जिन पर लेखकों के अपने विशिष्ट सैद्धांतिक और विद्वत्तापूर्ण उत्साह का प्रभाव भी शामिल हो गया।"[29] उन्होंने यह भी कहा कि, "समुदायों के सारे वर्गों द्वारा परस्पर आदान-प्रदान के क्रम में मानक रूप में प्रयुक्त साझा नैतिक विचारों और व्यवहारों तथा समय के साथ अपने बीच आचार-विचार के संव्यवहार से ही भारतीय विरासत और पारंपरिक ज्ञान का निर्माण हुआ।"[30]

इन ग्रंथों के रचयिता के रूप में ब्रह्मा का नाम लिया जाना संभवत: इन्हें प्रतिष्ठा देने के उद्देश्य से किया गया तथा संसार की सत्ता-मीमांसा संबंधी वास्तविकता का संबंध धर्म से स्थापित किया गया। किंतु यह प्रश्न महत्त्वपूर्ण है कि उन एक लाख श्लोकों का महत्त्व या अर्थ क्या हो सकता है, जिन्हें ब्रह्मा की शिक्षा के आधार पर रचे गए मूल ग्रंथ का आधार कहा जाता है तथा क्यों इतनी पावन रचना का संपादन और संक्षेपण किया गया, जबकि ऐसा करने से अनेक मूल्यवान संदेशों के पूर्णतया नष्ट होने की आशंका थी? इस प्रश्न का कोई स्पष्ट उत्तर नहीं मिलता है, किंतु हम कुछ संभव परिकल्पनाओं पर विचार कर सकते हैं। ब्रह्मा के अप्रामाणिक ग्रंथ के संक्षेपण का कारण मात्र याद रखने की सुविधा को नहीं माना जा सकता, क्योंकि हिंदुओं में स्मरण और उच्चारण की असीम क्षमता *वेदों, उपनिषद्, ब्राह्मण* और *आरण्यक* तथा अन्य दार्शनिक एवं पारंपरिक ग्रंथों के विशाल संग्रह को पीढ़ी-दर-पीढ़ी मौखिक रूप सहेजे जाने से सिद्ध होती है। यह अनुमान लगाया जा सकता है कि ब्रह्मा के मूल उपदेशों पर आधारित किसी आद्य ग्रंथ का प्रयोग साझा सांस्कृतिक वैदिक दृष्टिकोण की ओर इंगित करने के लिए किया गया होगा; सांस्कृतिक समताओं, समान व्यक्तिगत, नागरिक तथा सामाजिक रिवाजों के उपदेशों का ऐसा वाङ्मय, जिसके आधार पर विभिन्न शिक्षण प्रणालियों ने अपने युग के अनुसार सामाजिक व्यवहारों का वर्णन किया। नारद या मनु द्वारा पुरानी शिक्षा का संक्षेपण किए जाने की धारणा यह संकेत देती है कि उन्होंने या उनके नाम से प्रचलित ग्रंथों ने, उसी उपदेश को व्यवहारों को अपनी शिक्षा का आधार बनाया, जिन्हें वे प्रासंगिक मानते थे।

मनुस्मृति में शामिल की गई धारणाएँ उस सामूहिक सांस्कृतिक विरासत का अभिलेख हैं, जिन्हें संग्रहकर्ताओं ने अपने उद्देश्य के अनुसार प्रासंगिक पाया, किंतु *मनुस्मृति* में जो कुछ दर्ज है, उसका अभिनिषेध *नारद स्मृति* में नहीं होता है। नारद से शिक्षा ग्रहण करनेवालों के लिए उनके उपदेश उतने ही महत्त्वपूर्ण रहे होंगे, जितने कि मनु से शिक्षा ग्रहण करनेवालों के लिए मनु के उपदेश हैं, बशर्ते वे धर्म के अनुकूल हों और एक-दूसरे के प्रति मन में विद्वेष पैदा न करते हों। विभिन्न रचनाकारों को यह आभास हो गया था कि व्यापक हिंदु समुदायों के द्वारा धारण किए जाने धर्मोपदेश न

केवल अत्यंत जटिल हैं, बल्कि उनकी संख्या भी बहुत अधिक है। उन्हें पूर्ण रूप से केंद्रीकृत या सूचीबद्ध करना न तो आवश्यक समझा गया होगा और न ही संभव। ब्रह्मा के किसी आदिग्रंथ को स्रोत बताए जाने की धारणा यह बताती है कि भारत के हिंदू समुदायों की विविधता भरी विरासत को किस प्रकार एक सूत्र में पिरोने का प्रयास किया गया। यदि सारे मनुष्य ब्रह्मा के सृजनात्मक बलिदान के कारण उत्पन्न हुए हैं तो उन सभी को अपने विकास तथा सामूहिक निर्माण के क्रम में सामूहिक रूप से सामाजिक व्यवहारों में शामिल होना चाहिए। ब्रह्मा के उपदेशवाले काल्पनिक ग्रंथों में संशोधन और संक्षेपण के संदर्भ उस स्वीकार्यता का संकेत देते हैं कि सामाजिक व्यवहार के तरीकों को पूर्ण रूप से जड़ और अपरिवर्तनशील नहीं माना जा सकता। विभिन्न युगों में भिन्न-भिन्न प्रकार के व्यवहार की आवश्यकता पड़ती है तथा मानव समुदायों को अपने युग के अनुकूल सामाजिक रीतियाँ निश्चित करने की अनुमति मिलनी चाहिए, परंतु मनु के द्वारा विवेचित आधार के नियम मात्र उन्हीं के लिए खास नहीं थे। मनु द्वारा अपनाए गए नियम का अत्रि भी प्रयोग कर सकते थे। संभवत: यही कारण है कि एक टिप्पणीकार किसी एक छंद का श्रेय किसी एक शिक्षक को देता है तो दूसरा उसी छंद का रचनाकार किसी दूसरे को बताता है। यही नहीं, किसी प्रतिपादक द्वारा निर्धारित आचार का नियम उसी की संपत्ति नहीं होता था। इसे एक विचार का वक्तव्य माना जाना चाहिए, जिसे कोई भी अपने जीवन को नियमित बनाने के लिए अपना सकता था।

इस कारण धर्मशास्त्रों के ज्यादातर रचनाकारों की पहचान उस रूप में नहीं की जा सकती है, जिस अर्थ में लेखक शब्द का प्रयोग किया जाता है। यह भी असंभव है कि *सूत्रों* और *स्मृतियों* से संबद्ध नामों तथा उनकी रचना के काल का निर्धारण थोड़े-बहुत अनुमान के साथ भी किया जा सकता हो। यह परिस्थिति उसके एकदम उलट है, जिसमें जस्टीनियन के नियमों की ऐतिहासिकता, या अल-शफी को कानूनी किताबों या हनबाल के कानून के लेखकों की ऐतिहासिकता निश्चित रूप से बताई जा सकती है। संभवत: प्राचीन हिंदुओं ने प्रवचनकर्ता के कद या उसके पांथिक जुड़ाव की अपेक्षा विचार की प्रासंगिकता को अधिक महत्त्व दिया। *धर्मशास्त्रों* के साथ जोड़े गए नामों का संबंध प्राचीनकाल में आध्यात्मिक तथा शैक्षणिक उपलब्धियों से रहा होगा, किंतु किसी लेखक के नाम पर उस रचना का नामकरण निश्चित रूप से परिपाटीबद्ध है। धर्मशास्त्र के साथ जुड़े भौगोलिक क्षेत्र को लेकर भी एक समस्या उत्पन्न होती है। यह संभव नहीं कि धर्मोपदेश के किसी विशेष संग्रह के एक निश्चित प्रभाव क्षेत्र का निर्धारण किया जा सके। अनेक धर्मशास्त्रों में परस्पर विरोधाभासी परंपराओं का उल्लेख है, किंतु वे एक ही भौगोलिक क्षेत्र से जुड़े रहने का दावा करते हैं। उनमें से कुछ ग्रंथ तो उस भौगोलिक सीमा का वर्णन भी नहीं करते, जिसमें उनके नियमों के प्रचलित होने की बात कही

जाती है। उनमें से कुछ अपने क्षेत्र या सामाजिक संबंध का परिचय दिए बिना ही सीधे विभिन्न परंपराओं की व्याख्या करने लगते हैं। *आपस्तंब धर्मसूत्र* सीधे अपने पाठकों का ध्यान अपनी सामग्री की ओर ले जाता है, ऐसा ही *गौतम धर्मसूत्र* में भी किया गया है। इनमें उस समुदाय का वर्णन नहीं किया गया है, जिससे उनका संबंध था (न ही *स्मृतियों* में ऐसा वर्णन है)। यदि इन ग्रंथों का उद्देश्य मानक सामाजिक तथा विधिक व्यवहारों का निर्धारण करना होता तो ऐसी स्थिति नहीं होती। विधिक आदेशों की घोषणा और उनके प्रभावी कार्यान्वयन के लिए उस भौगोलिक क्षेत्र तथा सामाजिक समूह का वर्णन अनिवार्य है, जिनके लिए किसी कानून का निर्माण किया जाता है। इस लिहाज से *सूत्र* और *स्मृति ग्रंथ,* दोनों ही हमें निराश करते हैं।

मनुस्मृति के मौजूद संस्करण के दूसरे अध्याय में प्राचीन भारत के पारंपरिक रूप से स्वीकार्य भौगोलिक क्षेत्र के कुछ हिस्सों का वर्णन है, किंतु यह वर्णन शास्त्र में वर्णित आचार के नियमों को उस क्षेत्र में लागू कराने के उद्देश्य से नहीं किया गया है। भौगोलिक क्षेत्रों का वर्णन केवल पारंपरिक ज्ञान के औपचारिक निवेदन के लिए किया गया, जिसमें उस शास्त्र के साथ उस क्षेत्र के संबंध पर अधिक चर्चा नहीं की गई है। मनु (सुविधा के लिए कल्पना की जा सकती है कि एक मनु थे, जिनके नाम पर वह शास्त्र है) *ब्रह्मावर्त* नाम के क्षेत्र का वर्णन करते हैं, जो सरस्वती और दृषद्वती नदियों के बीच स्थित था और जिसे वैदिक आर्यों की सबसे पावन भूमि माना जाता था। कुरुक्षेत्र, पांचाल, सूरसेन और मत्स्य को मिलाकर *ब्रह्मर्षि* क्षेत्र कहा जाता था, जिसकी प्रतिष्ठा ब्रह्मावर्त से कुछ ही कम थी। पूर्वी-पश्चिमी अक्ष पर सरस्वती और प्रयाग तथा उत्तरी-दक्षिणी अक्ष पर हिमालय और विंध्य पर्वत के बीच के क्षेत्र को *मध्य देश* कहा जाता था। मनु द्वारा सबसे बड़े क्षेत्र का वर्णन *आर्यावर्त* के रूप में किया गया है; वह क्षेत्र, जो हिमालय और विंध्य पर्वतों के बीच है, जिसके दोनों ओर पूर्वी और पश्चिमी सागर हैं। इसके अतिरिक्त मनु ने किसी अन्य भौगोलिक क्षेत्र की जानकारी नहीं दी है। विद्यमान भौगोलिक संदर्भों से किसी ढाँचागत और विषयगत उद्देश्य की पूर्ति नहीं होती तथा उन्हें हटा दिए जाने से भी शास्त्र के प्रवचन के संपूर्ण अर्थ में, सिवाय छंद 1.18 के, कोई परिवर्तन नहीं आता, जो हमें एक महत्त्वपूर्ण संकेत देता है।

मनु हमें बताते हैं कि उन क्षेत्रों में *यज्ञ* को पावन रूप से संपादन किया जा सकता है, जहाँ काले मृगों का वास होता है। वह हमें उस क्षेत्र के बारे में नहीं बताते जहाँ ऐसे मृग पाए जाते हैं, किंतु हम अनुमान लगा सकते हैं कि उनका तात्पर्य संपूर्ण आर्यावर्त को ही उनका निवास बताने से हो सकता है। यदि हम इस धारणा को मान लें तो विंध्य पर्वतों के दक्षिण का संपूर्ण क्षेत्र वैदिक यज्ञों को करने और द्विजों के रहने योग्य नहीं रह जाएगा। हालाँकि समस्या यह है कि मनु द्वारा किया गया क्षेत्र-निर्धारण अन्य स्रोतों से

ज्ञात ऐतिहासिक तथ्यों तथा प्रामाणिक संदर्भों के अनुरूप नहीं है। *ऋग्वेद* के एक छंद में (viii 5.37–39) चेदी वंश के राजा कषु का वर्णन है। चेदी वंश वर्तमान बुंदेलखंड के क्षेत्र पर शासन करता था, हालाँकि श्रीकांत तलगेरी चेदियों का उद्गम स्थान कुछ और बताते हैं, "किंतु चेदियों की वंशावली का वर्णन करनेवाले पुराण बताते हैं कि चेदी वे यादव थे, जो उत्तरी महाराष्ट्र के विदर्भ को छोड़ उत्तर की ओर बुंदेलखंड चले आए।"[31] यदि हम गौर करें तो विदर्भ फिलहाल विंध्य के दक्षिण में है। यदि *ऋग्वेद* में चेदियों का वर्णन है, तो ऐसा प्रतीत होगा कि ऋग्वैदिक काल में भी द्विज समुदाय मनु द्वारा निर्धारित आर्यावर्त की सीमाओं से बाहर के क्षेत्र में भी रहता था। ऋषि अगस्त्य की पत्नी, लोपामुद्रा वैदिक छंदों की एक श्रद्धेय 'कवयित्री-रचयिता' थीं।[32] वह विदर्भ के राजा की पुत्री थीं। अत: "ऐसे सभी तथ्य स्पष्ट रूप से रेखांकित करते हैं कि *ऋग्वेद* की रचना से पहले भी उत्तरी महाराष्ट्र में 'आर्य' रहते थे।"[33]

यदि ऋग्वैदिक काल में विंध्य के दक्षिण में वैदिक लोग, वैदिक कवयित्रियाँ और वैदिक राजा थे, तो वे अन्य आर्यों की तरह ही वे यज्ञ और अन्य सामाजिक रीतियों का पालन भी करते होंगे। हम एक और विरोधाभासी तथ्य का संदर्भ दे सकते हैं, जो मनु द्वारा धर्म के तत्त्वों और यज्ञ के लिए क्षेत्र विशेष को पावन बताने का खंडन करता है। डॉ. काने ने कहा है, "अधिकांश *धर्मसूत्र* अधिकतर अन्य स्मृतियों से प्राचीन हैं।" इससे *आपस्तंब धर्मसूत्र* निर्णायक रूप से *मनुस्मृति* से प्राचीन हो जाएगा, जिस *मनुस्मृति* को प्राचीनतम *स्मृति* माना जाता है। हम आपस्तंब के 'व्यक्तिगत इतिहास' के विषय में अधिक नहीं जानते, हालाँकि विद्वान् मानते हैं कि आपस्तंब वैदिक जगत् की प्राचीन हस्ती नहीं हैं, क्योंकि उनका वर्णन वैदिक ग्रंथों में नहीं है।[34] डॉ. काने के अनुसार, आपस्तंब का काल 600 ई.पू. से 300 ई.पू. के बीच का रहा होगा। डॉ. रामगोपाल का अनुमान है कि आपस्तंब 800 ई.पू. से 500 ई.पू. के बीच रहे होंगे। किसी भी सूरत में आपस्तंब की रचना मनु से कुछ सदी पुरानी ही होगी। *मनुस्मृति* की तुलना में आपस्तंब धर्मसूत्र के प्राचीन होने के तथ्य की पुष्टि उन अनेक उद्धरणों से होती है, जो इस *धर्मसूत्र* से लिये गए और अत्यंत प्राचीन काल के विद्वानों ने उन्हें उद्धृत किया है।

बुहलर का मानना है कि *आपस्तंब धर्मसूत्र* की उत्पत्ति भारत के दक्षिणी भाग में हुई होगी। हरदत्त ने आपस्तंब सूत्र पर *उज्जवला वृत्ति* नाम की एक टीका लिखी है। हरदत्त के अनुसार, आपस्तंब संभवत: दक्षिण भारत के थे। डॉ. काने ने भी आपस्तंबी विचारधारा की उत्पत्ति दक्षिण भारत में होने पर पर्याप्त बल दिया है। *महार्णव* में मिले साक्ष्यों के आधार पर, जो आपस्तंबियों को नर्मदा नदी के दक्षिणी क्षेत्र में स्थित बताते हैं, अर्थात् जो आंध्र क्षेत्र और गोदावरी के मुहाने के आस-पास का क्षेत्र है, डॉ. काने मानते हैं, "आपस्तंब विचारधारा की उत्पत्ति दक्षिण में तथा संभवत: आंध्र में मान लेना

स्वाभाविक है।"[35] आपस्तंब का संबंध दक्षिण से था, इसके संकेत दक्षिण में बड़े पैमाने पर किए जानेवाले भू-दानों से मिलते हैं, जिनके प्राप्तकर्ता आपस्तंबी लोग थे। यह तथ्य दिलचस्प है कि मनु के विपरीत, *आपस्तंब धर्मसूत्र में ब्रह्मावर्त, आर्यावर्त* या *ब्रह्मर्षि देश* जैसे भौगोलिक वर्गों का कोई जिक्र नहीं है तथा वह ग्रंथ अपने अंदर वर्णित व्यवहार के किसी नियम का संबंध प्राचीन भारत के भूगोल के उन क्षेत्रों से नहीं बताता है। हालाँकि *आपस्तंब धर्मसूत्र* की अनेक बातें मनु में भी मिलती हैं, जैसे—धर्म, वैदिक अध्ययन, वैदिक कर्म, विभिन्न वर्णों के कर्तव्य आदि। इन प्रमाणों से यह संकेत मिलता है कि *मनुस्मृति* की रचना से काफी पहले भारत के दक्षिणी भाग में धर्म के नियमों तथा वैदिक कर्मों और जीवन पद्धति का पालन स्पष्ट रूप से किया जा रहा था। इन प्रमाणों से यह भी संकेत मिलता है कि धर्म का पालन और उस पर आधारित आचार के नियम उत्तर भारत के छोटे क्षेत्र तक सीमित नहीं थे, जैसा कि मनु तथा अन्य रचनाकार आभास कराते हैं। वैदिक विरासत से संबंधित धर्म तथा सांस्कृतिक परंपराओं का संबंध देश के अधिकांश हिस्सों से जुड़ा था। हालाँकि *धर्मशास्त्र* की उत्पत्ति को लेकर हमारी सूचना का आधार दक्षिण में स्थित आपस्तंबी विचारधारा है, जिसने अपने विभिन्न *सूत्र चरणों* में उन नियमों का अध्ययन और पालन किया होगा, फिर भी हम यह दावा निश्चित रूप से नहीं कर सकते कि आपस्तंबियों द्वारा दी गई धर्म की शिक्षा केवल भारत के दक्षिणी भाग के लिए ही थी। यहाँ तक कि बौधायन और *हिरण्यकेशी* सूत्रों के शिक्षक भी अधिकांशतया दक्षिण भारत के ही बताए जाते हैं। महान् वैदिक व्याख्याकार, सायन, वौधायनीय बताए जाते हैं। *आपस्तंब धर्मसूत्र,* आचार नियमों के क्षेत्रीय संबंध को लेकर मौन है। इसी प्रकार प्राचीनतम *धर्मसूत्रों* में सम्मानित, *गौतम धर्मसूत्र* (600 ई.पू.-400 ई.पू.) भी हमें इन क्षेत्रों के विषय में नहीं बताते, जिनके व्यवहारों पर उसने चिंतन किया या जिनके वर्णन का दावा किया है। उन क्षेत्रों या समूहों का निर्धारण असंभव है, जिनसे गौतम की रचना का स्पष्ट संबंध बताया जा सके। आपस्तंब और गौतम, दोनों ही उन स्थानों, साम्राज्यों, सामाजिक वर्गों या रीति संबंधी वर्गों का वर्णन नहीं करते, जिनसे उनकी रचना का किसी भी प्रकार का कोई विधिक, कर्मकांडीय या नियम संबंधी नाता रहा होगा। दोनों ही अपने महत्त्वपूर्ण *सूत्र* की जल्दबाजी में शुरुआत करते हैं और सीधे ही रीति-रिवाजों तथा व्यावहारिक नियमों का वर्णन करने लग जाते हैं। हम व्यावहारिक परंपराओं के विषय में तो जान जाते हैं, किंतु उन लोगों के विषय में नहीं जान पाते, जिनके बीच वे प्रचलित थे। ग्रंथ की चर्चाओं की प्रकृति अनाम, अनजाने क्षेत्र से जुड़े विचारों जैसी थी, जो किसी निर्धारित क्षेत्र, सामाजिक स्वरूप या राज्य के प्रति निरपेक्ष भाव रखते थे। निश्चित रूप से ऐसा व्यवहार एक सामाजिक माहौल में ही उत्पन्न हुआ होगा, किंतु प्राचीन *स्मृतियों* का संदेश चूँकि न्यायिक या आदेशात्मक नहीं था, इस

कारण लोगों या क्षेत्र का वर्णन आवश्यक नहीं समझा गया।

दूसरी तरफ, बाद की *स्मृतियों* में क्षेत्र को लेकर कुछ वर्णन मिलते हैं। *मनुस्मृति* में आर्यावर्त, ब्रह्मावर्त और ब्रह्मर्षि देश तथा उनके अंतर्गत आनेवाले क्षेत्रों का वर्णन किया गया है। इस उद्‌देश्य से आठ मंत्रों का प्रयोग किया गया है। *याज्ञवल्क्य स्मृति* में उसे भौगोलिक क्षेत्र से जोड़नेवाली केवल एक पंक्ति है—*यस्मिन देशे मृग: कृष्णस्तस्मिन धर्मन्नाबोधत*—उस देश के धर्म को जानो, जहाँ काले मृग विचरण करते हैं। इस सूचना को बहुत स्पष्ट और ज्ञानवर्धक वर्णन नहीं कहा जा सकता है। पाराशर ने अपने नामवाले ग्रंथ में क्षेत्रीयता को गौण कर दिया तथा कालखंडों का विभाजन विभिन्न युगों में उनके समय में अपनाई जानेवाली प्रथाओं के आधार पर किया। हमें बताया जाता है कि *पाराशर स्मृति* किसी समूह या क्षेत्र पर नहीं, बल्कि *कलियुग* पर लागू होती है। मनु और याज्ञवल्क्य के बाद रची गई *संवर्त्त स्मृति* में भी काले मृग की उपमा दी गई है, जिसके निवास क्षेत्र को सबसे शुभ माना जाता है। दक्ष *स्मृति* काले मृग और *आर्यावर्त,* दोनों का कोई वर्णन नहीं करती। *वेदव्यास स्मृति* बताती है कि काले मृग का नैसर्गिक निवास जिस क्षेत्र में है, वहाँ वैदिक धर्म पाया जा सकता है, किंतु हम अब जान चुके हैं कि वैदिक धर्म विदर्भ के साथ ही आंध्र में भी विद्यमान था और *वेदव्यास स्मृति* के काल से भी पहले से। संभवत: आपस्तंब सूत्र से संकेत लेते हुए, *आपस्तंब स्मृति* ने भी किसी क्षेत्रीय वर्ग का वर्णन नहीं किया। इस ग्रंथ ने ब्रह्मावर्त के सांस्कृतिक क्षेत्र या काले मृग के धार्मिक महत्त्व की चर्चा अपने शैक्षणिक महत्त्व की मान्यता के लिए नहीं की। *हारीत स्मृति* काले मृग का वर्णन करती है, किंतु धर्म पर चर्चा के क्रम में इस स्मृति में ब्रह्मर्षि देश तथा आर्यावर्त का वर्णन नहीं मिलता है। *संख स्मृति* तथा *अत्रि स्मृति* में न तो काले मृग का वर्णन है, न ही ब्रह्मर्षि देश का और न ही इससे संबंधित लोगों तथा क्षेत्र का।

इस कारण हम यह पूरे दावे के साथ कह सकते हैं कि धर्मसूत्र की रचनाओं का किसी निश्चित साम्राज्य या क्षेत्र का संबंध नहीं था। कई अन्य महत्त्वपूर्ण रचनाएँ भी हैं, जो किसी क्षेत्र या स्थानीय पहचान से संबंध की चर्चा नहीं करती हैं। ऐसे ग्रंथ, जो भौगोलिक संबंध की चर्चा करते भी हैं तो केवल काले मृग के प्रतीक के रूप में करते हैं, जिससे कोई स्पष्ट जानकारी नहीं मिलती। यही नहीं, ऐसे संदर्भ क्षेत्र संबंधी विवरण देने की अपेक्षा अधिकांशतया रचनात्मक शैली के रूप में दिए गए हैं। इन संदर्भों से किसी समुदाय द्वारा अपने पूर्वजों की विरासत को सहेजने के लिए अपनाए जानेवाली संस्कृति और पवित्र कर्मकांडों के विवरण का संकेत भर ही मिलता है। फिर भी, केवल कुछ ही धर्मशास्त्र ब्रह्मावर्त आदि की चर्चा करते हैं। उनमें से अधिकांश आचार के नियमों का पालन किसी विशेष क्षेत्र में किए जाने को महत्त्वपूर्ण या अनिवार्य नहीं मानते हैं। इसका अर्थ यह नहीं कि किसी विशेष ग्रंथ में वर्णित परंपराओं को किसी विशेष क्षेत्र

से पूरी तरह अलग करके देखा जा सकता है। यदि ग्रंथ किसी परंपरा का वर्णन करते हैं, तो उन्होंने सामुदायिक नियमों की विवेचना के लिए किसी मानव समूह के व्यवहारों पर ध्यान केंद्रित किया होगा। इस कारण हमें यह तथ्य कभी नहीं भूलना चाहिए कि किसी निश्चित क्षेत्र या राज्य के विधिक नियमों की अपेक्षा समुदाय की प्रथाओं पर अधिक ध्यान दिया गया है। धर्मशास्त्र में किसी समुदाय के जीवन की चर्चा प्रमुखता से की गई है, न कि किसी क्षेत्रीय इकाई के विधिक, राजनीतिक जनादेश की।

मनुष्यों का वास्तविक जीवन तथा उनके व्यवहार की विवेचना के लिए समुदायों के रीति-रिवाजों पर इस प्रकार ध्यान केंद्रित किए जाने से धर्मशास्त्र विधि संबंधी नियमों की कठोरता से मुक्त हो जाता है और क्षेत्रीय तथा राजनीतिक सीमा को पार कर जाता है। क्षेत्रीय और स्थानीय विशिष्टताओं से ऊपर उठकर धर्म अपनी नैतिकता और स्वतंत्रता की रक्षा कर सकता है। इस प्रकार की स्वतंत्रता से धर्म, हस्तक्षेप करनेवाले राजनीतिक शासन से दूर रहता है और समुदाय के वास्तविक व्यवहारों की वैधता और स्वायत्तता को सुनिश्चित करता है। किसी निश्चित क्षेत्र से धर्म को असंबद्ध करने से और उसके प्रभाव से किसी शासन को दूर रखने से, स्थानीय समाज द्वारा विभिन्न व्यक्तिगत तथा सामाजिक व्यवहार के नियमों को तय करने के अधिकार की सुरक्षा की गई है। ऐसा प्रतीत होता है कि धर्मशास्त्र यह सुझाव देते हैं कि परिवार, गाँव, समुदाय जैसे सामाजिक संगठनों को अपने आंतरिक नियंत्रण के लिए अपनी प्रणाली विकसित करने की इजाजत मिलनी चाहिए और उनकी वैधता किसी क्षेत्र विशेष पर शासन करनेवाली सत्ता के अधीन नहीं होनी चाहिए। किसी शासन की शक्ति का विस्तार समुदाय के दैनिक सांस्कृतिक, सामाजिक जीवन पर नहीं होना चाहिए और राजा को उन अच्छी प्रथाओं का सम्मान करना चाहिए, जिनका निर्धारण समुदाय के धर्मपरायण वरिष्ठों द्वारा किया जाता है। राजनीतिक शासन को यह सुनिश्चित करना चाहिए कि किसी समुदाय के सामाजिक धर्म का सम्मान, संरक्षण तथा पालन हो। सूत्र या स्मृति ग्रंथों द्वारा जब राजा पर धर्म के पालन की जवाबदेही डाली जाती है, तब उसका उद्देश्य यह होता है कि राजा उस धर्म का सम्मान करे, जिसका पालन और समर्थन समुदाय के शिष्ट लोगों द्वारा किया जाता है। धर्म पर आधारित आचार के नियमों का निर्धारण निस्संदेह रूप से कुल, ग्राम, जाति या श्रेणी द्वारा अपने समय के संतों और गुरुओं की देख-रेख में किया जाता था। वैसे भी धर्म, राजाओं का राजा था।

धर्म का निर्धारण क्षेत्र विशेष द्वारा न होने से विभिन्न समुदाय एक-दूसरे की अच्छी प्रथाओं को ग्रहण करते और प्रयोग में लाते थे। इस विशिष्टता से इस तथ्य की पुष्टि होती है कि अधिकांश स्मृतियों की मान्यता, कम-से-कम सैद्धांतिक स्तर पर, पूरे भारतवर्ष में थी तथा जो समाज उनमें से किसी से भी शिक्षा ग्रहण करना चाहता था,

उसका स्वागत होता था। किसी धर्मशास्त्र की विचारधारा या ग्रंथ को क्षेत्र में बाँधकर नहीं रखा जा सकता था। अत्रि या हारीत स्मृति की शिक्षा विभिन्न क्षेत्रों और स्वतंत्र राजसत्ताओं के अधीन रहनेवाले हिंदुओं के लिए उपलब्ध थी। धर्म, राज्यों की सीमा और दरबार की इच्छा से ऊपर था। राजा का पहला कर्तव्य समाज को बाहरी आक्रमण से सुरक्षित रखना और आंतरिक व्यवस्था बनाए रखना था, जिससे कि कृषि, पशुपालन और व्यापार बिना किसी संकट सुचारु रूप से चलता रहे। राजा पर विभिन्न संघटक इकाइयों की परंपराओं को बिना छेड़छाड़ के बनाए रखने का भी दायित्व था, जिससे कि समाज की आंतरिक एकजुटता बनी रहे। राजा बाहरी आक्रमण पर कठोर रवैया अपनाता था, "किंतु वही चेहरा अपने राज्य की ओर मुड़ते ही दयालुतापूर्ण अहस्तक्षेप के भाव में आ जाता था। समाज के संदर्भ में राजा या राज्य के पास बल प्रयोग या कानून बनाने की शक्ति नहीं थी। उनकी भूमिका चीजों को सुचारु रूप से चलते रहने देने और विभिन्न समूहों की परंपराओं को बिना रुकावट जारी रहने देने तक सीमित थी। वास्तव में, पारंपरिक भारतीय ग्रंथों के अनुसार, प्रजारक्षण यानी प्रजा की रक्षा के साथ, राजा का एक और गुण लोकरंजन अर्थात् समाज को प्रसन्नचित्त रखना है।"[36]

भारतीय दृष्टिकोण के अनुसार राज्य, समाज या सामाजिक नियमों को वैधानिकता प्रदान नहीं करता। मानवीय भावना जब चरम पर होती है और उसकी इच्छाशक्ति जब स्वतंत्र रहना चाहती है तो वह राज्य की सत्ता के आगे घुटने नहीं टेकती। इसके विपरीत, ऐसा माना जाता है कि एक राज्य वह सामूहिक संगठन है, जो व्यक्तियों की स्वायत्तता तथा उनकी एकजुटता की सुरक्षा करता है। "भारतीय मार्ग के अनुसार, समाज वह कायिक संगठन है, जो स्वतः किसी स्थान, पेशे, कुल या पांथिक मत के विभिन्न समूहों के आस-पास स्वरूप लेता है। लोगों के इन समूहों को अंतर्जात रूप से वैध माना जाता है। सार्वजनिक जीवन में उनकी भूमिका अक्षत होती है। वास्तव में, अपने क्षेत्रों में इन समूहों की गतिविधियाँ तथा उनका पारस्परिक संबंध भारतीय अर्थ में लोक शासन का निर्माण करती हैं··· ऐसे लोक शासन में राजा या राज्य का गठन विभिन्न क्षेत्रों और भूमिकाओं में आनेवाले विविध समुदायों के सौहार्दपूर्ण क्रिया-कलापों को सुनिश्चित करने के लिए किया जाता है।

"राजा, समाज के क्रिया-कलापों में पड़नेवाली बाधाओं को दूर करने और व्यवस्था कायम रखने का काम करता है। इसी स्वाभाविक संतुलन और व्यवस्था को समाज के संदर्भ में *धर्म* कहा जाता है और निश्चित रूप से राजा का दायित्व धर्म की रक्षा करना है···एक जटिल समाज में, विशेष रूप से जिसमें सत्ता का एकाकी स्रोत नहीं होता, स्वाभाविक संतुलन और व्यवस्था अर्थात् धर्म को बनाए रखना इतना महत्त्वपूर्ण होता है, कि उसका सुचारु संचालन सत्ता के अंतर्जात रूप से विद्यमान विविध केंद्रों के आपसी

संतुलन पर निर्भर करता है। संभवत: इस कारण ही भारतीय राजनीति पर लिखे गए ग्रंथों में धर्म की रक्षा और भारत के लोगों की सामूहिक चेतना पर इतना बल दिया गया।"[37]

प्राचीन भारत के सम्राट् कठोर नियम तय नहीं करते थे, कम-से-कम व्यक्तिगत, सामाजिक और नागरिक कानूनों पर तो बिल्कुल ही नहीं। कानून बनाने की उनकी सत्ता का विस्तार प्रमुख रूप से कूटनीतिक, युद्ध, आंतरिक सुरक्षा, लोक निर्माण और *व्यवहार* की प्रक्रियाओं के पालक न्यायालयों की प्रणालियों तक था। एक राजा समाज के धर्म पर नियम न तो बना सकता था, न ही प्रचलित नियम बदल सकता था। नए नियम बनाने या स्थापित नियम को बदलने की इच्छा "समाज के बीच से उत्पन्न होती थी, जिन पर महान् ऋषि-मुनि और संन्यासी तथा समाज के विभिन्न वर्गों और समूहों द्वारा चर्चा की जाती थी और अंत में एक नए संतुलन और व्यवस्था की स्थापना की जाती थी।"[38] संभवत: इस कारण ही "*महाभारत* में राजा को विविध देश और काल के धर्म का अध्ययन सतर्कता से करने का आदेश दिया गया, क्योंकि देश और काल के साथ ही धर्म भी परिवर्तित होता है तथा एक स्थान और काल का धर्म दूसरे में अधर्म भी हो सकता है।"[39] *शुक्रनीति* में कहा गया है, "*देशधर्म* (विभिन्न स्थानों का धर्म), *कुलधर्म* (विभिन्न कुल के धर्म), *जातिधर्म* (विभिन्न जातियों के धर्म) कुछ भी हों, चाहे वे *सनातन* (बिना आरंभ) या *मुनिप्रोक्त* (ज्ञानी द्वारा बताया गया) हों, तथा भले ही वे प्राचीन या नए हों, राजा को राष्ट्रहित में उन्हें जानने और उनकी रक्षा करने का प्रयत्न करना चाहिए।"[40] इस दृष्टिकोण के अनुसार, धर्मशास्त्र की रचना और व्याख्या करनेवालों के लिए इसका कोई महत्त्व नहीं रहा होगा कि धर्म किस शासन या क्षेत्रीय सीमा से बँधा था?

धर्मशास्त्रों के ऐसे संदर्भ, जो किसी भौगोलिक क्षेत्र की चर्चा करते हैं, उनका उद्देश्य भी किसी साम्राज्य या राज्य की क्षेत्रीय या विधिक सीमा का निर्धारण करना नहीं था। आर्यावर्त, ब्रह्मावर्त, ब्रह्मर्षिदेश, मध्य देश आदि किसी साम्राज्य या संघ की सीमा नहीं है। वे महत्त्वपूर्ण सांस्कृतिक क्षेत्रों के नाम हैं, जिन्हें उस क्षेत्र में रहनेवाले लोगों के आचार के कारण सम्मान और महत्त्व मिला। इन मानवी निवास स्थलों के बीच भेद, साम्राज्यों या विधिक शासन के प्रति स्वामीभक्ति के आधार पर नहीं किया गया, बल्कि उसका आधार उनकी सांस्कृतिक परंपराएँ थीं। किसी विशेष क्षेत्र की प्रशंसा वहाँ रहनेवाले महान् जाति या महान् पंथ के कारण नहीं और न ही राजनीतिक नेतृत्व के कारण की जाती थी, बल्कि उसकी प्रशंसा उन सामाजिक-सांस्कृतिक आचारों के कारण की जाती थी, जो उस क्षेत्र में प्रचलन में थे और काफी हद तक उन्हें धर्मानुकूल माना जाता था। *शतपथ ब्राह्मण* में कुरु-पांचाल क्षेत्र की प्रशंसा वहाँ की जाति या राजनीतिक नेतृत्व के कारण नहीं की गई, बल्कि उसका आधार कुरु-पांचालों की श्रेष्ठ

बोली थी—*तस्मादत्रोत्तराहि वाग्वदति कुरु पांचालात्र*।[41] *कौशीतकी ब्राह्मण* के अनुसार, "जिन्हें (श्रेष्ठ बोली) की शिक्षा ग्रहण करनी है, वे उत्तर दिशा में जाते हैं या उसकी प्रतीक्षा करते हैं, जो उस दिशा से आता है।"[42] *तैत्तिरीय ब्राह्मण* के अनुसार, कुरुक्षेत्र एक आदर्श क्षेत्र है, क्योंकि उस देश में देवताओं की प्रार्थना श्रेष्ठ रूप से की जाती है—*तेशाषामकुरुक्षेत्रे वेदिरसितः*। *ऋग्वेद* (III.23.4) में कहा गया है कि अग्नि के आह्वान का श्रेष्ठ स्थान उस देश में है, जहाँ दृशद्वती, आपया और सरस्वती नदियाँ बहती हैं, क्योंकि वहाँ के निवासियों का मुखमंडल अंतस की प्रज्वलित अग्नि से चमकता है और वे विद्वत्ता से संपन्न हैं।

कौशीतकी ब्राह्मण उपनिषद् (IV.1) के अनुसार, कुरु-पांचाल और काशी-विदेह के क्षेत्र इस काल में सम्माननीय हैं, क्योंकि वे बौद्धिक गतिविधि के महान् केंद्र हैं।[43] प्राचीन भारतीयों के लिए 'आर्य' और 'अनार्य' शब्दों का जाति या नस्ल के दृष्टिकोण से कोई महत्त्व नहीं था। प्राचीन भारतीय इतिहास की व्याख्या करनेवाले आधुनिक विद्वान् बताते हैं कि 'आर्य' शब्द का अर्थ जातीय वर्ग से नहीं लगाया जा सकता। इसका प्रयोग किसी भाषा या परिवार की बोली के रूप में किया जाता था, इसलिए इसकी व्याख्या अब इसी के अनुसार की जानी चाहिए। किंतु प्राचीन ग्रंथों के साक्ष्य 'आर्य' शब्द की भाषा संबंधी उत्पत्ति की भी पुष्टि नहीं करते। "निरुक्त (II.2) के अनुसार कंबोज देश आर्यों के देश की सीमा से बाहर था, जबकि दोनों की ही बोली समान थी। *महाभाष्य* इसका समर्थन करता है और कहता है कि सौराष्ट्र एक आर्य देश नहीं था।"[44] इन संदर्भों से पता चलता है कि किसी स्थान पर आर्य भाषा बोलनेवाले लोग भले ही रहते हों, किंतु उस स्थान को आर्य देश या आर्यावर्त का हिस्सा नहीं माना जाता था। इसका अर्थ यह हुआ कि एक ही नस्ल और एक ही भाषा के लोगों के बीच आर्य और अनार्य का भेद किया जा सकता था। इस विरोधाभास से केवल एक निष्कर्ष निकाला जा सकता है कि अपने आपको आर्य कहे जाने के लिए उस व्यक्ति का कार्य और व्यवहार का आदर्श होना आवश्यक था। आर्य होने के लिए आर्य भाषा बोलना या बलवान जातीय समूह का सदस्य होना ही पर्याप्त नहीं था। आर्य व्यक्ति आदर्श और न्यायप्रिय व्यक्ति था—एक आर्य देश वह था, जहाँ धर्मनिष्ठ और उदात्त जीवन जीनेवाले लोग निवास करते थे।

डॉ. काने ने सही कहा है, "धर्मसूत्रों के काल में आर्यावर्त की अवस्थिति को लेकर विद्वानों में गहरा मतभेद था।" उसकी सीमा निश्चित और स्थिर नहीं थी। विभिन्न ग्रंथों में भिन्न भौगोलिक अवस्थितियों का वर्णन है। *वसिष्ठ धर्मसूत्र* के अनुसार, आर्यावर्त, विनशन के पूर्व में, कालकवन के पश्चिम में, विंध्य पर्वत के उत्तर में तथा हिमालय के दक्षिण में स्थित है। शंख लिखित *धर्मसूत्र* का कहना है कि *ब्रह्मवर्चस्व* या आध्यात्मिक

उत्कर्ष उस क्षेत्र में पाया जाता है, जो सिंधु और सौवीर के पूर्व में, कांपिली के शहरी केंद्र के पश्चिम में, हिमालय के दक्षिण तथा परियत्र के उत्तर में स्थित है। *मनुस्मृति* ने विंध्य के उत्तर के संपूर्ण भारत को आर्यावर्त माना है। *बौधायन धर्मसूत्र,* आर्यावर्त को गंगा और यमुना नदियों के बीच मानता है। आर्यावर्त विस्तारशील या विवर्ती (यहाँ तक कि सिकुड़नेवाले) सांस्कृतिक क्षेत्र के समान था, जिसकी सीमाएँ मानचित्रण में निश्चित रूप से निर्धारित किए जाने की अपेक्षा आपसी संपर्क के कारण परिवर्तित होती रहती थीं। आर्यावर्त के अंतर्गत भी आध्यात्मिक तथा सामाजिक श्रेष्ठता और सज्जनता की विभिन्न श्रेणियाँ थीं। ब्रह्मर्षि देश के नाम से ज्ञात क्षेत्र को कई लोग 'ब्रह्मावर्त' नाम से ज्ञात देश की तुलना में कम पवित्र मानते थे। मध्य देश को इन दोनों के बाद तीसरा स्थान प्राप्त था।[45] यदि *बौधायन धर्मसूत्र* की मानें तो अवंति, अंग, मगध, सौराष्ट्र, दक्षिणापथ, सिंधु और सौवीर, आर्यावर्त की उसकी अवधारणा से बाहर के क्षेत्र थे, किंतु *मनुस्मृति* के अनुसार उपरोक्त सारे क्षेत्र आर्यों का देश कहे जानेवाले क्षेत्र की सीमा के अंतर्गत ही आते थे।

इस आर्य देश की सीमा निश्चित नहीं थी तथा उनके निर्धारण में राजनीतिक क्षेत्र का कोई संदर्भ नहीं है। विधिक या न्यायिक क्षमता का वर्णन तो और भी कम है। जब किसी विशेष क्षेत्र में धर्म का वास होने की बात कही जाती है तो ऐसा उल्लेख किसी विशेष राजा के शासन की अपेक्षा उस क्षेत्र द्वारा प्रदर्शित मूल्यों के कारण किया जाता है। एक राजा की प्रशंसा धर्म के रक्षक और पालक के रूप में की जा सकती है, लेकिन वह न तो उसके तत्त्वों का विधायन करता है, न ही निर्धारण। यह दायित्व अंतिम रूप से गुरुओं, ऋषियों, विद्वानों और समाज की आम राय से होता है। उस काले मृग का मात्र प्रतीकात्मक रूप में वर्णन है, जिसका निवास धर्मनिष्ठों के देश में माना जाता है। उसे भी वैधता उसकी जैविक छवि की अपेक्षा सांस्कृतिक स्वरूप के कारण मिलती है। काला मृग *यज्ञ* है और जहाँ पवित्र *यज्ञ* होते हैं, वह क्षेत्र आर्य होता हुआ कहा जाता है। काने ने *श्वेताश्वतर* का एक अंश उद्धृत किया है, जो कहता है, "यज्ञ काला मृग बन गया और पृथ्वी पर घूमने लगा। *धर्म* उसके पीछे-पीछे चल रहा था।"[46] जहाँ यज्ञ नहीं होते और धर्म का पालन नहीं किया जाता वे क्षेत्र म्लेच्छों के माने जाते थे, किंतु *म्लेच्छ देश* की धारणा पर भी विवाद है। यह माना गया है कि पृथ्वी का कोई भी भाग अपने आप अशुद्ध नहीं होता, बल्कि अशुद्ध लोगों के संपर्क में आने से अशुद्ध होता है—*यतो भूमिर्न स्वतो दुष्ट संसर्गाद्धि सा दुष्यति।*[47] *मनुस्मृति* (II.22) पर अपनी टिप्पणी में मेधातिथि ने स्पष्ट किया है, "आर्यावर्त का नाम इस कारण आर्यावर्त पड़ा, क्योंकि आर्य वहाँ बार-बार उत्पन्न होते हैं और यदि समय-समय पर म्लेच्छ उन्हें रौंद भी डालें तो भी वे वहाँ अधिक समय तक नहीं रहते हैं"[48]—*आर्या वर्तन्ते तत्र*

पुन: पुनरुदभवनतयाक्रमयाक्रमयापि न चिरं तत्र म्लेच्छ स्थातोरा भवन्ति। दूसरी तरफ, *महाभारत* का कर्णपर्व पाँच नदियों के उस देश को, जिसे आर्यों का सबसे पवित्र देश कहा जाता है, अशुद्ध और धर्मबाह्य मानता है, क्योंकि निरंतर उपेक्षा और दुर्बल होने के कारण उसमें पवित्र परंपराओं का निर्वहन नहीं किया गया।[49]

हालाँकि यह आश्चर्यजनक है कि जिस 'भारतवर्ष' शब्द का प्रयोग पौराणिक परंपरा के साथ ही राजकीय अभिलेखों में प्रचुरता से किया गया है, वह आर्यावर्त की सीमाओं के पार चला जाता है तथा भारत के उस भौगोलिक क्षेत्र को इंगित करता है, जिसे आधुनिक युग में हम मान्यता देते हैं। *मार्कंडेय पुराण* कहता है, "भारत के पूर्व, दक्षिण और पश्चिम में महासागर हैं तथा उत्तर में हिमालय है"[50]—*दक्षिणा परतो हयस्य पूर्वेण च महोदधि: हिमवानुत्तरेणास्य कारमुकस्य यथा गुणा:। तदेतेदभारतम् वर्ष।* *विष्णु पुराण* ने भारतवर्ष की परिभाषा उस क्षेत्र से की है, जो दक्षिण के सागरों और उत्तर में हिमालय के बीच स्थित है—*उत्तरमयतसमुद्रस्य हिमाद्रेष्चैव दक्षिणम वर्ष तदभारतं नाम भारती यत्र संतति:।* वायु पुराण भी यही कहता है—*उतरमं यतसमुद्रस्य हिमवददक्षिणम च यतो। वर्ष यदभारतं नाम यत्रेयं भारति प्रजा।* *मत्स्य पुराण* में कन्याकुमारी और गोमुख के बीच के क्षेत्र को भारतवर्ष माना गया है—*आयतस्तु कुमारितो गंगाया: प्रवहावधि:।* यह भारतवर्ष, जो ब्रह्मावर्त, ब्रह्मर्षि देश या आर्यावर्त की परिभाषित सीमाओं से भी बड़ा था, उसे यज्ञ तथा मानवीय कार्यों के लिए सबसे पवित्र माना जाता था। यह उन मनुष्यों के लिए सर्वश्रेष्ठ भूमि माना जाता था, जो स्वर्ग और मोक्ष की कामना करते हैं।[51] पुराणों का जब यह स्पष्ट मत है तो फिर कुछ धर्मशास्त्रों द्वारा सांस्कृतिक परंपराओं को एक छोटे क्षेत्र तक सीमित रखनेवाली पांथिक विचारधारा को ही हिंदुओं की विरासत का प्रतिनिधित्व करनेवाला विचार क्यों मान लें? हमें *मीमांसा* के महान् आचार्य शबर स्वामी (5वीं सदी) की बात ध्यानपूर्वक सुननी चाहिए, जिन्होंने कहा था कि संपूर्ण भारतवर्ष में, हिमालय से लेकर कन्याकुमारी तक, भाषा और संस्कृति की गहन एकता है—*प्रसिद्धश्च स्थालयम चरुशब्द आ हिमवत च कुमारिभ्य:।* [52] *प्रतिभाषा प्रकाश* में जब पैठनसि को यह आकलन करते हुए उद्धृत किया जाता है कि धर्म का पूर्ण विकास और व्यवहार हिमालय से कन्याकुमारी तक किया जाता है—*आ हिमवत च कुमारया: सिंधुवैतरणि: नदी सूर्यस्योदयनम पुर: भावदव्य कृष्णमृगो विचरति तत्र धर्मष्चतुष्पादो भवतिर्ति*[53]—तब हमारे पास अविश्वास का कोई कारण नहीं रह जाता। पैठनसि के अनुसार, काला मृग पूरे भारत में विचरण करता है, न कि एक छोटे क्षेत्र में जैसा कि *धर्मशास्त्र* की कुछ परंपराएँ मानती हैं। धर्म पर किसी जाति या क्षेत्र का एकाधिकार नहीं हो सकता था। इसकी परिकल्पना इस प्रकार की गई है कि उसका लक्ष्य संपूर्ण मानवता का अभ्युदय हो।

यदि *धर्मशास्त्र* का किसी क्षेत्र या राजनीतिक या विधिक शासन से व्यावहारिक संबंध नहीं था तो प्रशासन और न्यायिक क्षेत्र के व्यक्तियों से तो किसी प्रकार संबंध नहीं था। *धर्मसूत्र* की व्याख्या की आवश्यकता कभी राजनीतिक या विधिक परिस्थिति के संदर्भ में नहीं पड़ी, न ही हमने कभी किसी राजकुमार या न्यायाधीश या मंत्री को उन चर्चाओं में शामिल होते देखा है, जिनमें सामाजिक व्यवहार के सिद्धांत का निर्धारण होता है, क्योंकि वह विषय धर्म के शिक्षकों के अधिकार क्षेत्र में आता है। ऐसा कभी नहीं हुआ कि किसी राजा या न्यायाधीश या पुलिस अधिकारी या अमात्य ने 'कानून' को समझने के लिए किसी गुरु से संपर्क किया हो और फिर उसे अपने प्रशासनिक कार्यों में लागू किया हो। *स्मृतियों* में सामान्यत: (सिवाय 'व्यवहार' के अध्याय के) उन लोगों की कोई चर्चा नहीं है, जो राज-काज और विधि संबंधी प्रशासन से संबंध रखते हैं। इससे इतर हम ऋषियों, गुरुओं और संन्यासियों को व्यक्तिगत या सामाजिक धर्म की चर्चा में शामिल पाते हैं, जिनकी गतिविधि संसद सीनेट या राजकीय समिति में नहीं दिखती, बल्कि उनके सुदूर और शांत आश्रम तथा कुटिया में दिखती है। उनका सरोकार 'कानून' की घोषणा से नहीं, बल्कि अपने समय के विभिन्न समुदायों के समक्ष पेश आनेवाली मानवीय परिस्थिति की समीक्षा से था। इन ऋषि-मुनियों के पास कानून की घोषणा का अधिकार नहीं था। जिन ऋषियों के नाम पर *स्मृतियाँ* मिलती हैं, उनमें से कोई भी किसी राजा का दरबारी नहीं था। उनमें से किसी को भी किसी राजकुमार द्वारा सलाहकार या पुजारी के रूप में भी नियुक्त नहीं किया गया था। वे सभी स्वतंत्र विद्वान् और विचारक थे, जिनके विचार अच्छे, बुरे या कैसे भी हों, उनकी उत्पत्ति तथा प्रभावोत्पादकता उसी प्रकार की थी, जिस प्रकार की किसी *मीमांसाचार्य* या *वेदांती* शिक्षक के उपदेश की होती है।

इस कारण स्मृतियाँ हमें बताती हैं कि वे लोग जो मनुष्यों, सामाजिक वर्गों, राजाओं तथा व्यावसायिक समूहों के धर्म को जानने का प्रयास करते हैं, राज दरबारी नहीं, बल्कि यायावर ऋषि, मुनि, योगी तथा अन्य विद्वान् होते हैं। महान् मुनियों ने याज्ञवल्क्य से संपर्क किया तथा वह जिस रूप में धर्म को देखते हैं, उस रूप में ही उनसे उसकी व्याख्या करने का आग्रह किया—*मुनयो अप्रूवन*। बदरी स्थित आश्रम में ऋषि पाराशर से जिन लोगों ने संपर्क किया, वे दंडाधिकारी या न्यायाधीश नहीं थे बल्कि महान् ऋषि थे, जो समसामयिक युगधर्म को जानना चाहते थे—*ततस्ते ऋषय: सर्वे धर्मतत्वार्थकांक्षिन: ऋषि व्यासम पुरस्कृत्य गता बद्रीकाश्रमे*। ऋषि संवर्त्त को न्याय प्रणाली के ज्ञाता के रूप में नहीं, बल्कि आध्यात्मिक विज्ञान का महान् ज्ञाता बताया गया है—*ॐविद्यापरायणम्*। उनसे सीखने के लिए आनेवाले स्वतंत्र जिज्ञासु थे, जो धर्म को जानना चाहते थे—*ऋषयस्तु समाग यपप्रच्छु धर्मांकांक्षिण:*। याज्ञवल्क्य को

राजनीतिक विचारक नहीं बल्कि महान् योगी माना गया है—*योगीश्वर: याज्ञवल्क्यम्।* दक्ष को वेद तथा धर्म के सिद्धांतों का ज्ञाता कहा गया है—*सर्वधर्मर्थ तत्वज्ञ सर्ववेदविदम् वर: ।* वेदव्यास तप के वह सागर (तपोनिधि) हैं, जिनसे ऋषि धर्म की गूढ़ बातें जानने के लिए संपर्क करते हैं—*पपरच्चुरमुमुनयो अभ्येत्य धर्मान वर्णव्यवस्थितान।* महान् गुरु आपस्तंब, जो एक निर्जन स्थान में रहते थे, आध्यात्मिक ज्ञान तथा योग में सिद्ध थे और आचारों के ज्ञाता हैं—*आत्म विद्यापारायणम्, शांतम, योगवित्तमम।* वह अपने उपदेशों में अनेक मुनियों को संबोधित करते हैं—*मुनयो: अपूर्वन। अत्रि स्मृति* की शुरुआत इस कथन से होती है कि उसमें बताए गए धर्म की चर्चा ऋषि अत्रि ने अनेक ऋषियों के आग्रह पर की, जो सारे वेदों के ज्ञाता थे और अग्निहोत्र में जिन्हें सिद्धि प्राप्त थी। धर्मशास्त्रों में मिले प्रमाण बताते हैं कि धर्म के सिद्धांत विभिन्न आश्रमों या विद्यालयों के बौद्धिक माहौल में उत्पन्न हुए, जहाँ विद्वानों के बीच सामाजिक रीतियों, परंपराओं, परस्पर संबंधों तथा विवाद सुलझाने की प्रणाली जैसी सैद्धांतिक बातों पर चर्चा होती थी।

धर्मशास्त्र मोटे तौर पर इन विषयों की चर्चा करते हैं : धर्म के स्रोत, संस्कार, व्यक्तिगत आचार, जीवन के विभिन्न चरणों (आश्रम) के कर्तव्यों, विभिन्न वर्णों के कर्तव्य, प्रायश्चित, श्राद्ध, राजधर्म, परस्पर व्यवहार तथा विवाद निपटाने के तरीके आदि। इनमें से अनेक विषयों का संबंध समुदायों, पुरुषों और स्त्रियों के दैनिक 'व्यवहार' से है—सिवाय *व्यवहार* और *राजधर्म* के। इस क्षेत्र को यथासंभव राजाओं तथा अन्य राजकर्मियों की विधायी क्षमता तथा प्रशासनिक हस्तक्षेप से दूर रखा जाता था। मनुष्यों के व्यक्तिगत तथा सामाजिक जीवन पर नियंत्रण का कार्य परिस्थिति विशेष के आलोक में उनकी सामूहिक गतिविधि तथा सामूहिक बुद्धि पर निर्भर था। किसी भी आचार का संदर्भ शिक्षकों के ज्ञान से लिया तो जाता था तथापि गुरुओं को इस रूप में प्रतिमानात्मक नहीं होने दिया जाता था कि वे मानवीय परिस्थितियों से असंबद्ध प्रतीत हों और सतत परिवर्तित होनेवाले सामुदायिक जीवन के अनुरूप नहीं हों। छात्रों के कर्तव्य तथा किसी *आश्रम* के पाठ्यक्रम का निर्धारण राजा के शिक्षा विभाग का कार्य नहीं था, बल्कि उस शिक्षक का दायित्व था, जो आश्रम का कुलपति होता था। विवाह के संस्कार *गृह्यसूत्र* पर आधारित तो थे, परंतु बहुत सी रस्में और विधि-विधान उस समुदाय की स्त्रियों द्वारा अपनाई जानेवाली रीतियों पर आधारित थीं—*यत् स्त्रया आहुस्तत्कूर्यूह।* इस कारण स्वाभाविक रूप से इन विषयों पर सार्वजनिक चर्चा, बहस और व्याख्यान होते थे और इन सैद्धांतिक चर्चाओं को गुरुओं का आशीर्वाद प्राप्त होता था। नागरिक समुदाय की आंतरिक सहमति से जिस व्यवहार को अनुमोदित किया जाता था, वह राजनीतिक सत्ता पर भी बाध्यकारी होता था। सामाजिक व्यवहार तथा धर्म के नियम राज्य के अधिकार

क्षेत्र से बाहर विकसित होते थे तथा राज्य से न केवल उन्हें मानने, बल्कि सक्रिय रूप से उनका सम्मान करने की भी अपेक्षा की जाती थी। भारत में, धर्म के सिद्धांतों को तय करने का अधिकार सदा से ही राज्य या राज्य के अधिकारियों की पहुँच से बाहर रहा है।

राज्य के विधायी हस्तक्षेप से धर्म की स्वायत्तता का एक कारण इस धारणा को भी माना जा सकता है कि इसकी विशिष्टता का संबंध उन सिद्धांतों और विचारों से होता है, जिनका समावेश नैतिक व्यवस्था में करने से मनुष्य का संपूर्ण जीवन उत्तम हो जाता है। समाज की नैतिक व्यवस्था में शामिल तत्त्व दैवी सिद्धांतों, राज्य के नियमों और कानून तथा किसी चर्च या शरिया अदालत पर आधारित नहीं होते हैं। सृष्टि के अर्थ और रहस्य का वर्णन तथा उसमें मनुष्य के स्थान की व्याख्या करने के साथ आदिकालीन सृजनात्मक ऊर्जा के चेतन और जड़ निर्गम से उसका संबंध स्थापित कर वे पूर्णतावादी तथा लौकिक विस्तार को भी अपने अंतर्गत समेट लेते हैं। धर्म के संपूर्णात्मक सिद्धांतों को तो प्रतिमान माना जाता है, परंतु उसके परिस्थिति संबंधी विवरण को नहीं। शिक्षकों और संतों द्वारा समाज पर बाहर से आयातित नियमों को लागू करने से इनकार के पीछे उनका यही अटल विश्वास है कि नैतिक तथा सांस्कृतिक विचारों का कठोर विबंधन धर्म के प्रमुख उद्देश्यों के प्रतिकूल होता है तथा प्राकृतिक व्यवस्था के अनुरूप एक आदर्श और अच्छा जीवन ब्रह्मांड की नैतिक व्यवस्था की पृष्ठभूमि में ही संभव है। सामाजिक नियमों को लागू करने की प्रक्रिया में ब्रह्मांडीय व्यवस्था को समझना आवश्यक है, जिससे "उस व्यवस्था को इस प्रकार से सृजित किया जाए कि जीवन पद्धति सहज और स्वत:स्फूर्त रूप से उस व्यवस्था से सामंजस्य कर ले।"[54] सामाजिक नियमों को 'आत्म-बाध्यकारी' प्रकृति का कहा जा सकता है, जिनका निर्धारण और जिनकी स्वीकार्यता, आनंद कुमारास्वामी के अनुसार, समाज की मुक्त 'एकमतता' पर निर्भर करती है।[55] ब्रह्मांडीय प्रतिमान की स्वीकार्यता प्रथम पुरुष-प्रजापति-के आदिकालीन यज्ञ पर आधारित है, "क्योंकि प्रजापति मरणशील तथा अमर लोक (*यस्य छाया अमृतम् यस्य मृत्यः*), दोनों की उत्पत्ति के कारण है। मरणशील लोक के तुलना में अमर लोक परम सृजन (*अति सृष्टि*) हैं, अर्थात् ईश्वर स्वयं मृत्युलोक का अंग हैं।"[56] भौतिक और तात्कालिक जगत् में ब्रह्मांडीय अनुरूपता है। यज्ञ के सिद्धांतों का प्रतिफलन जिन निष्काम कर्मों और आत्मयज्ञ में होता है, उसे व्यक्तिगत तथा सामाजिक व्यवहार का प्रतिमान भी होना चाहिए तथा उस प्रथम यक्ष से प्रेरणा लेनी चाहिए जिसे सत्य इच्छाशक्ति (*ऋत-व्रत*) से संपन्न ब्रह्मांडीय शक्तियों ने संपादित किया था। इसमें निहित विचार यह है कि, "हमें उचित कार्यों के लिए शाश्वत प्रतिमानों को ध्यान में रखना है। *धर्म* के रूप में सम्मिलित रूप से प्रतिफलित *ऋत* के शाश्वत सिद्धांत ही ऋजुता का नित्य पैमाना हैं।"[57] यह कहना कि धर्म ब्रह्मांडीय ऋत का

लौकिक पर्याय है, यह कहने के समान होगा कि "सामाजिक जीवन दान या यज्ञ से ही संपूर्ण होता है; न उससे कम से, न उससे अधिक से। मनुष्य उस सीमा तक सामाजिक होता है, जहाँ तक वह दूसरों से आत्म-तुच्छता में आगे नहीं निकल जाता। दूसरे शब्दों में, जब वह अपने कर्म को एक संस्कार में बदल देता है।"[58] पूर्व निर्धारित नैतिक नियमों के प्रति सामूहिक समर्पण भारतीय कर्म व्यवहार के प्रतिमान से सामंजस्य स्थापित नहीं कर पाएगा, जहाँ मोक्ष या मुक्ति किसी देव ज्ञान के जरिए विशिष्ट सामूहिक धर्मांतरण से संभव नहीं है, बल्कि उसका आधार कठोर व्यक्तिगत आहुति, अर्थात् *स्वधर्म* के रूप में प्रतिबिंबित नैतिक आचार के रूप में देखा जाता है।

धर्मशास्त्र में वर्ण जैसे सामूहिक संगठन के संदर्भ से हमें उनके द्वारा नैतिक रूप से स्वायत्त व्यक्ति के व्यवहार पर दिए जानेवाले बल को नहीं भूलना चाहिए। मानव व्यवहार का संदर्भ व्यक्तिगत अधिकारों और कर्तव्यों, व्यक्तिगत कृपा और अज्ञानता की विवेचना के साथ दिया जाता है, न कि अदृश्य देवता के आह्वान के माध्यम से या आदेशात्मक सामूहिक स्वीकार्यता के द्वारा, जिसमें नैतिक मूल्यों के साथ ही ब्रह्मांडीय और सामाजिक सच्चाई को खारिज कर दिया गया हो। रूढ़िवादिता से इनकार करने, उसे चुनौती देने या एक विशेष प्रकार से व्यवहार न करने पर किसी को भी दंडित नहीं किया जा सकता है। अपने व्यक्तिगत जीवन का स्वामी तथा नियामक वह स्वयं है तथा उस पर निर्णय लेने के लिए भी स्वतंत्र है। इस दृष्टि से "*धर्म* के ये मूल्यवान स्रोत कठोर नियम के रूप में नहीं हैं, न ही उनमें शामिल नियम पूर्णतया अनिवार्य होते हैं।"[59]

इस कारण, यह स्वाभाविक था कि धर्म की धारणा राजदरबारों के दायरे से बाहर रहे तथा प्रमुख रूप से उसका उद्गम स्थान विद्वानों के विमर्श और जीवित मानव समाजों की सामूहिक बुद्धि में स्थित हो। प्रमुख धर्मशास्त्रों का वर्गीकरण उनकी विवेक-दृष्टि और परंपरा के आधार पर किया जाता रहा, जिन्हें व्यक्तिगत तथा सामूहिक अनुभव या स्मृति, *यानी* अतीत के ज्ञान के स्मरण के रूप में देखा गया।[60] चूँकि स्मरण करना "निश्चित रूप से व्यक्तिगत अनुभव" है, इसलिए "*स्मृतियों* में किसी निश्चित संदर्भ की कमी"[61] दिखती है। *स्मृतियाँ* दैवी रहस्योद्घाटन नहीं थीं, बल्कि मनुष्यों द्वारा संग्रहीत और संपादित रचनाएँ थीं, जिनमें त्रुटियों और, इसलिए आलोचना की संभावना थी, क्योंकि उनमें "समुदाय के उन सामूहिक अनुभवों का भंडार है, जिनसे वह समुदाय अतीत की बातों को आत्मसात् कर ज्ञान और मार्गदर्शन प्राप्त करता है"।[62] धर्मशास्त्र और विशेष रूप से स्मृतियाँ पारिभाषिक दृष्टि से भी, "व्याख्यात्मक, चयनात्मक, सहयोगपूर्ण, अनुनेय हैं"।[63] इस कारण "स्मृति को लागू करना अत्यधिक व्यक्तिपरक कार्य है। मेरे अनुसार श्रुति के निर्वचन हेतु जो उपयुक्त संपोषक *स्मृति* तत्त्व है, वह आपके लिए एकदम अनुपयुक्त हो सकता है या आप उसी तत्त्व को दूसरे तरीके से

प्रयोग में ला सकते हैं।"[64] जूलियस लिपनर का तर्क है कि *स्मृतियों* को लौकिक संदर्भ में प्रामाणिक परंपरा के रूप में देखा जा सकता है, क्योंकि "*स्मृति* के रूप में प्रभावी आकर्षण पैदा करने के लिए किसी बात को सभी संबद्ध लोगों द्वारा प्रामाणिक रूप से स्वीकार किया जाना आवश्यक है।"[65] हमें *धर्मशास्त्रों* का अध्ययन सावधानीपूर्वक करना चाहिए, क्योंकि उनकी पाठ-विषयक विवेचना में भी "ऐसा कोई प्रधान समाधान नहीं है, जिसे सीधे-सीधे प्राप्त कर लिया जाए और किसी व्यक्ति की विशिष्ट परिस्थिति पर लागू कर दिया जाए; हर व्यक्ति उचित परामर्श और विवेक के जिम्मेवार प्रयोग के द्वारा, अपने धार्मिक रुझान तथा अपनी परिस्थिति की सीमाओं के अधीन ही अपने व्यक्तिगत धर्म का संधान करता है।"[66]

अपने गहनतम स्तर पर धर्म एक ब्रह्मांडीय, सत्तात्मक और अस्तित्ववादी ढाँचा प्रदान करता है, जिसके अंतर्गत मानव व्यवहार के विविध नियम निर्धारित किए जा सकते हैं। उस ढाँचे के अंतर्गत सामाजिक व्यवहार की विभिन्न प्रणालियों को बिना टकराव समाहित किया जा सकता है। *धर्मशास्त्रों* का उद्देश्य अपने विमर्श में विभिन्न सामाजिक परंपराओं, सांस्कृतिक पद्धतियों तथा कानूनी प्रक्रियाओं के कुछ मौलिक नियमों को संकलित करना था। यह सुनिश्चित किया गया कि इन विविध प्रणालियों की पहचान को स्वीकार किया जाए तथा उसकी रक्षा हो, साथ ही धर्म की शर्तों का भी उल्लंघन न हो। रॉबर्ट लिंगट कहते हैं, "इस प्रकार हम उन संकेतों को समझ सकते हैं, जिनसे हमारे लेखक विविध परंपराओं को समझने का तथा उन्हें उस नैतिकता की ओर प्रवृत्त करने का प्रयास करते हैं, जिन्हें वे श्रेष्ठ समझते हैं तथा उन्हें एक सुसंगत रूप देने का प्रयास करते हैं। वे कुछ प्रचलनों की प्रशंसा करते हैं, जबकि उन नैतिक नियमों के अनुसार अन्य को त्याग देते हैं, जिनके वे व्याख्याता हैं। वे कुछ सामान्य कर्तव्य भर निर्धारित करते हैं, जिन्हें स्वीकृति देना समाज का काम है ताकि वे सही दिशा में विकसित हो सकें। उनका उद्देश्य यहीं पूर्ण हो जाता है।"[67] कार्यान्वयन के विशिष्ट बिंदुओं का निर्धारण असंदिग्ध रूप से वास्तविक मानव संव्यवहारों पर छोड़ दिया जाता था। ऐसा नहीं कि धर्मशास्त्र इस तथ्य से अनभिज्ञ थे, बल्कि प्रवचन करने की उनकी शैली यह बताती है कि संकलनकर्ताओं ने विभिन्न स्रोतों और रीति-रिवाजों की छानबीन में कठोर परिश्रम किया। स्मृतियों में अनेक विरोधाभासी विचारों तथा बाह्य स्रोतों के विचारों की चर्चा मिलती है।[68] कुछ कहते हैं, 'हालाँकि गौतम कहते हैं', 'मनु यह कहते हैं, लेकिन यह मेरा मत नहीं है', 'इस विषय पर अत्रि का यह मत है, यह शौनक का और यह अत्रि का' जैसी बातें मिलती हैं। यही कारण है कि वेंडी डॉनिगर जैसे कटु आलोचक को भी मनु स्मृति के विषय में यह स्वीकार करना पड़ा, "'शिक्षण' जैसा व्यापक शीर्षक ही यह स्पष्ट कर सकता है कि विधिक परंपरा से परे यह ग्रंथ क्या

है—दर्शन की पुस्तक, एक धार्मिक पुस्तक जो धर्म को एक सम्मिश्र जीवन दृष्टि में अधिष्ठापित करता है; इस पाठ का यही संदेश है।"[69]

संदर्भ

1. काने, वही, पृ. 13
2. वही, पृ. 304
3. वही, पृ. 305
4. वही, पृ. 305
5. वही, पृ. 305
6. वही, पृ. 306
7. वही, पृ. 13
8. वही, पृ. 19
9. वही, पृ. 20
10. वही, पृ. 33
11. वही, पृ. 41
12. वही, पृ. 68
13. वही, पृ. 68
14. वही, पृ. 68
15. वही, पृ. 302
16. वही, पृ. 52
17. अल्का शुक्ला, पाराशर स्मृति; परिमल पब्लिकेशन; दिल्ली; 1991,पृ. 1
18. वही, पृ. 299
19. वही, पृ. 143
20. वेंडी डॉनिगर, द लॉज ऑफ मनु; पेंगुइन बुक्स; नई दिल्ली; 1991, पृ. 14
21. वही, पृ. 14
22. काने, वही, पृ. 309
23. वही, पृ. 308
24. वही, पृ. 309
25. वही, पृ. 310
26. वही, पृ. 310
27. वि. राघवन, 'द मनु संहिता', द कल्चरल हेरिटेज ऑफ इंडिया में, आर.के. मिशन इंस्टिट्यूट ऑफ कल्चर, कोलकाता, 1993, वॉल. 2, पृ. 336
28. वही, पृ. 337
29. जे.डी.एम. डेरेक, हिंदू लॉ पास्ट एंड प्रेजेंट, ए. मुखर्जी एंड को. प्राइवेट लिमिटेड, कोलकाता, 1957, पृ. 14
30. जे.डी.एम. डेरेक, ए क्रिटिक ऑफ मॉडर्न हिंदू लॉ, एन.एन. त्रिपाठी प्राइवेट लिमिटेड; बॉम्बे; 1970, पृ. 28

31. श्रीकांत तलगेरी, द आर्यन इन्वेन्शन थ्योरी एंड इंडियन नेशनलिज्म; वॉइस ऑफ इंडिया; नई दिल्ली; 2003, पृ. 260
32. वही, पृ. 260
33. वही, पृ. 260
34. काने, वही, पृ. 55
35. काने वही, पृ. 67
36. जितेंद्र बजाज (संपा.), अयोध्या एंड द फ्यूचर ऑफ इंडिया, सेंटर फॉर पॉलिसी स्टडीज; मद्रास; 1993, पृ. 17
37. वही, पृ. 15-16
38. वही, पृ. 19
39. वही, पृ. 20
40. वही, पृ. 18
41. काने से उद्धृत, वॉल. II पार्ट-I, पृ. 12
42. वही, पृ. 12
43. वही, पृ. 13
44. वही, पृ. 13
45. वही, पृ. 15
46. वही, पृ. 15
47. वही, पृ. 16
48. वही, पृ. 16
49. वही, पृ. 16
50. वही, पृ. 17
51. वही, पृ. 17
52. वही, पृ. 17
53. वही, पृ. 17
54. एस.पी. नांगेंद्र, पी.एच.आई.एस.पी.सी., विपरीत, पृ. 215
55. वही, पृ. 215
56. वही, पृ. 218
57. वही, पृ. 220
58. वही, पृ. 220
59. ओम प्रकाश, रिचुअल सोशल एंड लीगल आइडियाज इन द धर्मसूत्र एंड अर्ली स्मृतीज; लाइफ थॉट एंड कल्चर इन इंडिया, पी.एच.इ.एस.पी.सी.; उद्धृत के विपरीत, पृ. 231
60. जूलियस लिप्नर, हिंदूज : देयर रिलीजियस बिलीफ्स एंड प्रैकटिसिज, रोउत्लेज; लंदन; 1994, पृ. 74
61. वही, पृ. 74
62. वही, पृ. 75
63. वही, पृ. 75

64. वही, पृ. 76
65. वही, पृ. 76
66. वही, पृ. 220
67. रॉबर्ट लिंगाट, द क्लासिकल लॉ ऑफ इंडिया; मुंशीराम मनोहरलाल; नई दिल्ली; 1993, पृ. 44.
68. टी.आर. वेंकटरामा शास्त्री, 'द स्मृतीज : देअर आउटलुक एंड कैरेक्टर' इन आर.के. मिशन, वॉल. 2, उद्धृत के विपरीत, पृ. 313
69. डोनिगर, उद्धृत के विपरीत, पृ. xviii

❑

धर्म के स्रोत

पिछले डेढ़ सौ वर्षों में अनेक तेजस्वी विद्वानों ने धर्मशास्त्रों का अध्ययन किया, किंतु उनमें से एक भी विश्वास के साथ यह नहीं बता सका कि कोई विशेष ग्रंथ किस युग का हो सकता है या, संभावित रूप से भी, यह नहीं बता पाया कि जिस व्यक्ति के नाम पर वह ग्रंथ है, उसका लेखक वही है या नहीं? किसी विद्वान् को नहीं मालूम कि मनु कौन थे या फिर बौधायन किसे कहते हैं? विद्वान् कुछ कर सके तो इतना कि ग्रंथों के पाठ्य रूप का कालक्रम तय कर सके। उदाहरण के लिए, हमें यही बताया जा सका कि मनु स्मृति को 300 ई.पू. से 200 ई. सन् के बीच रखा जा सकता है। तब भी आश्चर्यजनक रूप से कई विद्वान् आज भी यह कहते हैं कि उनकी चाहे रचना किसी ने भी की हो, चाहे वे उपदेश के रूप में किसी भी युग से संबंधित रहे हों, वे हैं मगर कानून! हमने जैसा कि ऊपर देखा है, कानूनी नियमों की वैधता का एक निश्चित और स्थायी स्रोत होता है। कानून (विधि) राजा का आदेश, किसी शासक के निर्देश, न्यायाधीश का फैसला, विधिक निकाय का विधान, किसी भगवान् की आकाशवाणी या किसी चर्च के धार्मिक नियम हो सकते हैं। यदि धर्म कानून होता तो उसे भी उन्हीं स्रोतों से औपचारिक रूपरेखा और निर्देशात्मक तथ्य ग्रहण करने पड़ते, जिन्हें एक मत से विधि निर्माण का सामान्य स्थान माना गया है। किसी ग्रंथ में विधिक शक्ति तब तक नहीं हो सकती, जब तक कि वह कानून को तय करनेवाले मौलिक मानदंड पर खरा न उतरे और जिसकी पुष्टि उन लोगों द्वारा न की जाए, जिन्हें न्यायशास्त्र का ज्ञाता माना जाता है। हम्मूराबी की संहिता कानून है, क्योंकि उसकी घोषणा एक राजा ने की। शरिया कानून है, क्योंकि उसमें अल्लाह के आदेश हैं और सुल्तानों ने उन्हें लागू किया। चर्च के कैनोनिकल नियम भी कानून हैं, क्योंकि एक चर्च ने उन्हें तय किया है, जिसे ऐसा करने का अधिकार है। भारतीय दंड संहिता तथा भारतीय साक्ष्य अधिनियम कानून हैं, क्योंकि भारत पर शासन करनेवाली ब्रिटिश औपनिवेशिक सरकार ने उन्हें अधिनियमित किया। प्रश्न यह है कि क्या धर्म का अस्तित्व इनमें से किसी सत्ता पर आधारित है? क्या धर्म

के स्रोत कानून होने की कसौटी पर खरे उतरते हैं? आखिर धर्म के स्रोत क्या हैं? हमें अब इस प्रश्न का सीधा सामना करना होगा।

प्राचीनतम *सूत्र* ग्रंथ, *गौतम धर्मशास्त्र* कहता है—*वेदो धर्ममूलं, तद्विदाम् स्मृतिशीले,* अर्थात् वेद ही धर्म के प्रमुख स्रोत हैं, साथ ही उन लोगों की परंपराएँ भी उसमें शामिल हैं, जो वैदिक ज्ञान में पारंगत थे तथा जिनके आचार को प्राचीन पीढ़ियों ने आदर्श माना था। हरदत्त ने अपनी *मिताक्षरावृत्ति* में इस सूत्र की व्याख्या करते हुए कहा है कि धर्म अंतर्जात व्यक्तिगत गुणों में होता है तथा उन कर्मों से परिलक्षित होता है, जिनसे सांसारिक सफलता और आध्यात्मिक श्रेष्ठता प्राप्त होती है—*कर्मजन्योऽअभ्युदयनिःश्रेयसहेतुरपूर्वाख्या आत्मगुणों धर्म। आपस्तंब धर्मसूत्र* के अनुसार, धर्म के महत्त्वपूर्ण स्रोतों में से एक वे व्यवहार और परंपराएँ हैं, जिन्हें विद्वान् गुरुओं और धर्मनिष्ठ व्यक्तियों द्वारा प्रभावोत्पादक माना जाता है—*धर्मज्ञसमयः प्रमाणम्। आपस्तंब* की परिभाषा के अनुसार तो महत्त्व के पदानुक्रम में वेदों का स्थान एक कदम नीचे आता है, जहाँ उनका वर्णन धर्मज्ञों की परंपरा के बाद किया गया है : धर्मज्ञ; वेदाश्च। *बौधायन धर्मसूत्र* का कहना है कि धर्म के रहस्य को समझने में सहायक दार्शनिक पद्धतियों की शिक्षा वेदों में दी गई है, जिनके बाद *स्मृतियों* में दर्ज परंपराएँ तथा विद्वानों का व्यवहार आता है—*उपादिष्टो धर्मः प्रतिवेदम, स्मार्तो द्वितीयः तृतीयः शिष्टागमः।* जब ऋषि व्यास ने महान् गुरु पाराशर से संपर्क किया और उनसे कहा कि वे धर्म को जानने के उपायों का वर्णन करें, तब पाराशर ने कहा कि धर्म को तभी समझा जा सकता है, जब वेदों तथा स्मृतियों के गूढ़ अर्थों को समझने के साथ ही गुणीजनों के अच्छे व्यवहार को संज्ञान में लिया जाए—*श्रुतिः स्मृतिः सदाचारा निर्णेतव्याश्च सर्वदा। बौधायन स्मृति* के अनुसार, ऋषियों ने जिस रूप में धर्म को देखा और वेदों में जिस प्रकार उसे दर्ज किया गया, वही उसके निरूपण का पहला मानदंड होना चाहिए। स्मृतियों के विचार दूसरे स्थान पर आते हैं, जिनके बाद वेदों में महारथ प्राप्त करनेवाले *शिष्ट* व्यक्ति आते हैं।

याज्ञवल्क्य स्मृति, वेदों, स्मृति और सदाचार को, धर्म को जानने का साधन मानती हैं, जैसा कि पूर्ववर्त्ती सूत्रकारों ने भी माना है, किंतु यह मनुष्य की अभिरुचि और काफी सोच-विचार के बाद उत्पन्न व्यवहारों को इस सूची के चौथे स्थान पर शामिल करती है। यह कहती है:

श्रुति स्मृतिः सदाचारः स्वस्य च प्रियमात्मनः
सम्यक संकल्पजः कामो धर्ममूलमिदमं स्मृतम्

मिताक्षर हमें धर्म के पाँच स्रोतों के महत्त्व के विषय में बताता है तथा कहता है कि *श्रुति, स्मृति, सदाचार, प्रियमात्मनः* और अच्छी मंशा से जाग्रत् इच्छा के बीच मतभेद

होने पर पूर्ववर्ती स्रोत को उसके परवर्ती स्रोत से अधिक प्रभावी माना जाएगा— *एतेषाम् विरोधे पूर्वपूर्वस्य बलियष्टवम्*। *मिताक्षर* आगे एक और भी इस महत्त्वपूर्व तथ्य की ओर संकेत करता है कि व्यवहार की दो वैकल्पिक धारणाओं में से व्यक्ति उस नियम को चुन सकता है, जो उसकी आंतरिक प्रकृति के अनुसार हो, क्योंकि अनेक उपलब्ध परंपराओं के बीच मनुष्य की इच्छा ही सद्गुण से संपन्न व्यवहार को निर्धारित करती है— *आत्मेचच्छैव नियमिका*। इसमें संदेह नहीं कि वेद और *स्मृतियाँ* धर्म का महत्त्वपूर्ण स्रोत हैं तथा उनका सैद्धांतिक महत्त्व भी अधिक है, किंतु सभी परिस्थितियों में उन्हें पारस्परिक अच्छे व्यवहार और व्यक्तिगत चेतना को अस्वीकार करते नहीं दिखाया गया है।

यह मूलभूत विचार है, लेकिन *याज्ञवल्क्य* स्मृति धर्म के अन्य सभी स्रोतों की तुलना में अच्छे व्यवहार और व्यक्तिगत इच्छाओं के व्यावहारिक महत्त्व पर अधिक बल देकर ही संतुष्ट नहीं हो जाती। यह एक कदम और आगे बढ़ते हुए कहती है कि वैदिक धर्म को जाननेवाले (*वेदधर्मज्ञ*) चार ब्राह्मणों की परिषद् या तीन विद्याओं (*त्रैविद्या*) में पारंगत उनमें से तीन भी यदि धर्म पर कोई घोषणा करे, उसका सम्मान किया जाना चाहिए। किंतु ऐसी परिषद् को बुलाना संभव न हो तो क्या होगा? याज्ञवल्क्य कहते हैं कि ऐसे में आध्यात्मिक ज्ञान और आत्मविद्या से परिपूर्ण केवल एक ही व्यक्ति की सलाह से यह मान लिया जाना चाहिए कि धर्म क्या है? इस सुझाव को *स्मृतियों* के उपलब्ध रहने पर भी स्वीकार किया जाना चाहिए, क्योंकि समय और स्थान की विशिष्टता के आलोक में न्यायसंगत इच्छाओं की पूर्ति के लिए विकल्प का सिद्धांत किसी व्यक्ति या समुदाय को यह अधिकृत करता है कि लिखित नियम का अनिवार्य रूप से पालन किए बिना भी वह सबसे अच्छे नियम को चुन सके। स्मृति इतने पर ही संतुष्ट नहीं रहती, बल्कि कहती है कि वास्तव में धर्म के चौदह स्रोत हैं— *पुराण, न्याय, तर्क-विद्या, मीमांसा, व्याकरण* आदि को धर्म के स्रोत के रूप में शामिल किया जाता है। तर्क (*न्याय*) तथा उचित जिज्ञासा (*तर्क*) को धर्म को जानने के महत्त्वपूर्ण उपाय के रूप में मानना यह बताता है कि यदि सदाचार के नियमों को समझना, विकसित करना और उन्हें फलदायी रूप से लागू करना है तो तर्क और उचित जिज्ञासा की सहायता लेनी चाहिए।

सदाचार, व्यक्तिगत संतुष्टि के साथ ही समूह की संतुष्टि और स्थान तथा काल के अनुसार उनकी व्यावहारिकता सापेक्षता पर धर्मशास्त्रों के अधिकांश संकल्पकर्ता सहमत हैं। अनेक ग्रंथों में व्यक्तिगत व्यवहार तथा मानव समाज के पारंपरिक मूल्यों की केंद्रीय भूमिका पर बार-बार बल दिया गया है तथा उनकी चर्चा *समय* के सिद्धांत के रूप में की गई है। *समय* वह अवधारणा है, जो हमारे सामने आगे की चर्चा में बार-बार

आएगा। इस कारण उचित होगा कि धर्म पर इस चर्चा की समग्रता में *समय* के महत्त्व से जुड़ी मौलिक बातों को अभी ही समझ लिया जाए। *आपस्तंब सूत्र* का आरंभ एक सारगर्भित और महत्त्वपूर्ण घोषणा से होता है। वास्तव में आपस्तंब का प्रथम सूत्र निश्चित और स्पष्ट रूप से यह बताता है कि वह धर्म, जिससे अधिकांश *धर्मसूत्रों* का संबंध है, धर्म के समग्र निर्देशात्मक अधिकार क्षेत्र का एक विशेष पहलू भर है। *धर्मशास्त्र* में जिस धर्म की विवेचना की गई है, वह उन अभिरचनाओं की व्याख्या है, जो इस संसार में समय-समय पर मनुष्यों के बीच परस्पर व्यवहार से उत्पन्न हुई हैं। *आपस्तंब धर्मसूत्र* का आरंभ इस प्रकार होता है—*अथातस्सामयाचरिकान धर्मान व्याख्यास्यामह;* अर्थात् अब हमें उन धर्मों की व्याख्या, न कि घोषणा, करनी है जो *समय* की उपज हैं। सूत्र में समय का प्रयोग उन अभिरचनाओं के लिए किया गया है, जो मनुष्य के लौकिक और सामुदायिक जीवन में नियामक सिद्धांतों की परंपराओं के रूप में सामने आती हैं। समय मानवीय क्रिया का फल है, न कि उसका सृजन किसी भगवान् या राजा ने किया है। यह पूर्ण रूप से तथा बिना संदेह *पौरुषेय* है। हरदत्त ने अपनी रचना *उज्ज्वलावृत्ति* में इस संदर्भ में कहा है कि सामाजिक और रीति संबंधी प्रणालियों का विकास मनुष्यों द्वारा जिन विभिन्न परिस्थितियों में होता है, उसे समय कहते हैं—*पौरुषेय व्यस्था समय: ।* ऐसी प्रणाली पर आधारित सामाजिक जीवन को *समयाचार* कहते हैं तथा व्यवहारों से उत्पन्न होनेवाले विभिन्न धर्मों को *समयाचारिका* कहते हैं। चूँकि विभिन्न मानव समुदाय स्थान और कस्न से के अधीन उत्पन्न होनेवाली आवश्यकताओं के प्रति विशिष्ट तरीकों से प्रतिक्रिया करते हैं, इस कारण उद्भूत होनेवाले धर्म को अपरिवर्तनीय, पूर्वरचित ग्रंथों की पूर्व निर्धारित व्यवस्था का फल नहीं कहा जा सकता है। *समय* के क्षेत्र में अनेक प्रकार के व्यवहारों को स्वीकार किया जाता है। ग्रंथ में दर्ज संस्कृति पहले सामाजिक व्यवहार में आ चुकी होती है। इस कारण आपस्तंब, धर्म का प्रयोग बहुवचन रूप में करते हैं और समयाचारिका धर्म नहीं कहते, बल्कि समयाचारिकान धर्मान की वैधता को हमें स्वीकार करने की सलाह देते हैं।

अधिकतर प्राचीन स्रोतों में धर्म शब्द का प्रयोग महज एक नियम के अर्थ में या "पारंपरिक रीति के रूप में किया गया है, जिसका कोई धार्मिक आधार नहीं था।"[1] साथ ही धर्म के स्रोतों की पहचान प्रमुख रूप से वेदों, मूल्यवान परंपराओं, अच्छे रिवाजों तथा उनके अलावा व्यक्तिगत संतुष्टि के रूप में की गई है। सारे विद्वान् *वेदों* को धर्म का प्रथम निर्देशात्मक स्रोत मानते हैं। अनेक ग्रंथों में कहा गया है कि किसी *धर्मशास्त्र* की अवधारणा को उसी हद तक मूल्यवान माना जा सकता है, जहाँ तक वह वेदों के अनुरूप हो। *स्मृति* ग्रंथ और वैदिक निर्देश के बीच मतभेद होने पर वेदों के निर्देश ही मान्य होंगे। ऐसा कहा गया था कि दो स्मृतियों के बीच विवाद होने पर व्यक्ति के

पास उस विकल्प को चुनने का अधिकार था, जो उसकी समसामयिक परिस्थिति के अनुकूल हो। *स्मृति* की शिक्षा को चुनने का विकल्प उपलब्ध होने से यह पता चलता है कि सनातन परिवार की स्त्रियों-पुरुषों और समुदायों द्वारा धार्मिक परंपराओं को मूल्यवान मानकर साझा किया जाता था। केवल एक शर्त रहती थी कि विकल्प ऐसा हो, जिससे मानव कल्याण और आध्यात्मिक उत्कर्ष प्राप्त हो सके। इस कारण अधिकतर शिक्षक एकमत थे कि मानव-व्यवहार धर्म की निर्देशात्मक बातों के अनुरूप होना चाहिए, जिसके प्रमुख तथा सैद्धांतिक स्रोत वेद हैं। समय के साथ समाज में विविधता तथा जटिलता के कारण व्यक्तिगत तथा सामुदायिक जीवन के नियम अधिक स्वायत्त हो गए, किंतु टिप्पणीकार वेदों की सफल प्रभावोत्पादकता को गौण मानने के लिए तैयार नहीं थे। कुमारिल जैसे विद्वान् तथा अन्य कहते हैं कि *वेदों* की व्याख्या में यदि *स्मृति* में अंकित कोई धारणा नहीं मिलती, तो संभव है ग्रंथ के उन खंडों को भुला दिया गया हो या मनुष्य के पास उन्हें समझने की क्षमता नहीं रह गई हो। साथ ही, हम यह भी देखेंगे कि कई दृष्टि से *स्मृतियाँ,* वेदों के अनुरूप नहीं हैं। कभी-कभी वे उनसे आगे निकल जाती हैं तथा कभी उनके अर्थ का भी खंडन करती हैं।

मनुस्मृति धर्म के स्रोत की पहचान इस प्रकार करती है—संपूर्ण वेद धर्म का मूल स्रोत हैं, वेदज्ञ धर्मनिष्ठ व्यक्तियों के विचार और अच्छे (विद्वान्) व्यक्तियों की आत्मतुष्टि भी उनके अंग हैं। पूर्व में हम देख चुके हैं कि धर्म का कोई एक अर्थ नहीं है। यह ऐसा शब्द है, जिसे परिस्थिति के अनुसार एक विशेष अर्थवत्ता मिल जाती है, जो इसके अलग-अलग तत्वों के साथ ही, उन सभी को सामूहिक रूप में स्वीकार करने पर आधारित है। यह कहना कि कोई विचार धर्म के निकट हैं, संभवत: किसी स्वीकार्य सांस्कृतिक धारणा को इंगित करना होगा, किंतु प्रयोगात्मक रूप में उसका इतना महत्त्व नहीं होगा। अहिंसा, सत्य, नि:स्वार्थ क्रिया धर्म तो है, किंतु विभिन्न क्षेत्रों में उनके प्रयोग और उनकी व्याख्याएँ भिन्न-भिन्न होंगी। मानव समुदायों के जीवन में प्रयोग किए जाने पर धर्म *राजधर्म, कुलधर्म, श्रौतधर्म, देशधर्म, स्मार्तधर्म, ग्रामधर्म, पुत्रधर्म* आदि रूप में विशिष्ट हो जाता है। *धर्मशास्त्र,* धर्म की अनेक परिभाषाओं और अर्थों को स्वीकार करते हैं, क्योंकि उनका अर्थ मानव जीवन की आवश्यकता और प्रयोग पर निर्भर करता है। प्रयोग के क्षेत्र के अनुसार, धर्म के प्रमुख सिद्धांत विविध रूप ले लेते हैं तथा वह प्रमुख स्रोत भी भिन्न हो जाता है, जिससे उन्हें वैधता मिलती है। धर्म के साधन भी बदल जाते हैं, जिससे उसकी व्यावहारिक सफलता सुनिश्चित की जाती है। राजा के धर्म (*राजधर्म*) की निर्देशात्मक वैधता *अर्थशास्त्र, दंडनीति और नीतिशास्त्र* जैसे ग्रंथों से मिलती है, न कि *ब्राह्मण* ग्रंथों से। धर्म पर चर्चा करनेवाली कोई *स्मृति* जीवन के सभी पहलुओं में एक सा ही महत्त्व नहीं रखती। महत्त्वपूर्ण टिप्पणीकारों ने हमारा ध्यान धर्म

की इसी प्रासंगिकता और प्रयोगधर्मा होने की ओर आकर्षित किया है।

कुछ प्रमुख टीकाएँ, जैसे *मनुस्मृति* पर मेधातिथि की टीका, यह बताती है कि अनेक विद्वानों तथा भारतीय समाज के पारंपरिक वर्गों ने *स्मृतियों* की पूर्ण और अकाट्य वैधता को स्वीकार नहीं किया है। प्रश्न और समीक्षा करने की परंपरा (*पूर्वपक्ष*) द्वारा की गई आपत्तियाँ विभिन्न ग्रंथों में दर्ज हैं, जो इस बात का प्रमाण हैं कि परंपरा की आलोचना सदा से ही होती रही है। *मनुस्मृति* पर मेधातिथि का *भाष्य* उन लंबी चर्चाओं से भरा है, जिसमें *पूर्वपक्ष* द्वारा कई प्रकार के असहज और श्रद्धाहीन प्रश्नों को उठाया गया। इन चर्चाओं से उन आधुनिक टिप्पणीकारों का खोखलापन स्पष्ट हो जाता है, जो यह मानते हैं कि स्मृतियाँ हिंदू समाज के प्रामाणिक कानूनी ग्रंथ हैं जबकि हिंदू समाज, और विशेषकर समाज के ब्राह्मण शिक्षकों ने ही उनकी कड़ी आलोचना की है। मेधातिथि का पूर्वपक्ष महत्त्वपूर्ण प्रश्न करता है : यदि *वेद* ही धर्म के मौलिक स्रोत हैं तो *स्मृतियों* जैसे अन्य स्रोतों पर विचार करने की आवश्यकता नहीं होनी चाहिए। *पूर्वपक्ष* मेधातिथि से कहता है कि बिना सोच-विचार के वेदों को भी धर्म के सभी पहलुओं के स्रोत कैसे मान लिया जाए, जबकि उनमें भी विरोधाभासी दावे हैं। उदाहरण के लिए "एक छंद सूर्योदय के बाद के समय को तर्पण के लिए सबसे उपयुक्त मानता है, जबकि दूसरा सूर्योदय से पूर्व के समय को।" मेधातिथि में पूर्वपक्ष आगे कहता है—"वैदिक पाठों की संख्या अनगिनत है; एक व्यक्ति उन सभी को कैसे जान सकता है? संभवत: उनमें से कुछ नष्ट हो गए हों। इस कारण यह संभव है कि वैदिक पाठवाले ऐसे भी ग्रंथ हो सकते हैं, जिनमें *मनुष्यों की हड्डी से बने पात्र में भोजन करना,* नग्न रहना और कई ऐसी ही बातों के (जिनकी चर्चा विपथ-गामी ग्रंथों में मिलती है) उपदेश दिए गए हों।"[2]

हिंदू परपंरा के अंदर से ही प्रश्न करनेवाले विचार *स्मृति* ग्रंथों की वैधता पर कटु आघात करते हैं। मेधातिथि एक उदाहरण देते हैं, जिसमें एक विद्वान् मनु द्वारा II.6 में उद्धृत धर्म के सारे स्रोतों पर ही प्रश्न खड़ा कर देता है। वह कहता है—"मनु तथा अन्य (वर्तमान छंद के रूप में) की शिक्षाओं पर वेदों की श्रेष्ठता, उनका स्मरण और प्रयोग आदि निर्भर होता तो बाद वालों की सत्ता का क्या आधार होता? यदि अन्य शिक्षाओं पर जैसे—*स्मार्त धर्म* की मनु की व्याख्या—तो फिर इसकी पुष्टि कौन करेगा? वास्तव में, यह कहना कि क्या अधिकृत है और क्या नहीं, पूर्ण रूप से तर्क पर आधारित होना चाहिए और यह किसी की शिक्षा में नहीं मिल सकता। इस प्रकार वर्तमान छंद पूर्ण रूप से अनुपयोगी है और इसी प्रकार आगे आनेवाले अन्य छंद भी।"[3] प्रश्नकर्ता यहीं चुप नहीं होता, वह आगे भी तर्क देता है : "यह कहा गया है कि स्मरण (*स्मृति* या परंपरा) ज्ञान का एक विश्वसनीय साधन नहीं है, इसका कारण यह बताया जाता है कि स्मरण केवल उन बातों को याद दिलाने का काम करता है, जिन्हें ज्ञान के अन्य साधनों

से जान लिया गया है तथा किसी नए अनुभव की ओर नहीं ले जाता है। यह संभव है कि मनु तथा अन्य ने अपने 'स्मरणों' की रचना बिना स्वयं उनके अर्थों का अनुभव किए, कल्पना से की हो, जिस प्रकार कुछ कवि कल्पना के आधार पर एक पृष्ठभूमि की रचना करने के बाद अपनी कहानी लिखते हैं।"[4] इन गहन चर्चाओं से हिंदुओं द्वारा अपनी परंपरा के पहलुओं को समझने के दृष्टिकोण का पता चलता है। ये इस बात के प्रमाण हैं कि किसी शास्त्रसम्मत विचार को बिना जाँचे-परखे स्वीकार नहीं किया जाता था और हिंदू समाज के अनेक तथाकथित रूढ़िवादी वर्ग भी मनु की कही बातों की परवाह किए बिना सामाजिक संबंध, उठने-बैठने या शादी-विवाह के कार्य निष्पादित किया करते थे।

इस प्रकार की खुली अवज्ञा की बात सुनकर, विद्वान् मेधातिथि किसी रूढ़िवादी के समान आग-बबूला नहीं हुए। वे अपनी विरासत को इतनी अच्छी गहराई से समझ चुके थे कि उन्होंने प्रश्नकर्ता की निंदा किसी अपराधी के समान नहीं की या उसे धर्मद्रोही घोषित नहीं किया। वे *पूर्वपक्षी* के संदेहों का सामना करते हैं तथा धैर्य से अपने विचार व्यक्त करते हैं। मेधातिथि अपने विचारों का वर्णन इस प्रकार शुरू करते हैं : "वेदों में मिलनेवाली विरोधाभासी शिक्षा की संभावना से हम इनकार नहीं करते। हमारा तात्पर्य यह है कि ऐसे सभी मामलों (जहाँ दोनों ही आदेश समान रूप से सीधे अनुभूत हैं) में, दोनों ही आदेशों का आधार एक ही होता है तथा दोनों ही कार्यों को विकल्पों के रूप में देखा जाता है।"[5] मेधातिथि के अनुसार, वैदिक उपदेशों की मान्यता केवल उन्हीं कर्मों से जुड़ी होती है, जिन्हें अदृश्य (*अदृष्ट*) लाभ प्राप्त करने तथा *अपूर्व* या फलदायी परिणाम के लिए किया जाता है। *सदाचार,* शिक्षकों या पूर्वजों के अच्छे व्यवहारों या आत्मतुष्टि पर आधारित कार्य समान रूप से दृश्य कारणों (लाभ, लालच, भौतिक सुख आदि) पर आधारित होते हैं। वे आगे कहते हैं, "हमने *धर्म* शब्द की व्याख्या पहले ही कर दी है; और यह ऐसा कार्य है, जिसे एक मनुष्य को करना चाहिए तथा जो उसके हित में है, और जो उन कार्यों से भिन्न है जो ज्ञान के साधारण साधनों से प्राप्त हो सकें।"[6] *वेदों, ब्राह्मणों* और *स्मृतियों* की मान्यता के संदर्भ में धार्मिक कार्यों की अपनी धारणाओं को स्पष्ट करने के लिए मेधातिथि द्वारा दिए गए उदाहरणों में अधिकांशतया यज्ञ या अन्य कर्मकांड शामिल थे। वह शायद ही कभी वैदिक वाङ्मय की सर्वोच्च मान्यता को स्थापित करने के लिए किसी सामाजिक या विधिक नियम का दृष्टांत देते हैं। उनके दृष्टांतों में *श्येन बलि, षोडसी पात्र, अतिरात्र* यज्ञ आदि शामिल हैं, किंतु सामाजिक पदानुक्रम या समाज में नागरिक संस्थानों की भूमिका का कोई वर्णन नहीं मिलता।

मेधातिथि ने पहले ही अनुमान लगा लिया था कि मनु ने जिस प्रकार अपनी रचना

में संपूर्ण वेद को बिना कारण बताए धर्म का मूल बताया था, उस पर आपत्ति अवश्य होगी। वह इस विषय पर तर्क देते हैं कि "यह उपदेश के स्वरूप की एक रचना है और इस कारण सिद्ध निष्कर्षों का वर्णन करती है; वे लोग जो इन निष्कर्षों के 'क्यों' तथा 'किस कारण' की खोज करते हैं, *पूर्व मीमांसा* से प्रेरित हैं। हम पहले ही बता चुके हैं कि यह रचना उन लोगों के लिए है, जो उपदेशों से ही ज्ञान प्राप्त करने की इच्छा रखते हैं··· हम यह भी नहीं कहते कि मनु तथा अन्य ने *धर्म* को प्रत्यक्ष रूप से समझा, क्योंकि अनुभूति वह ज्ञान है, जो बोध करानेवाली वस्तुओं से संवेदी अंगों के संपर्क में आने से प्राप्त होता है और *धर्म* के लिए संवेदी अंगों का ऐसा संबंध संभव नहीं···।"[7] मेधातिथि की समझ के अनुसार *मनुस्मृति* व ऐसी ही अन्य कृतियाँ केवल प्राचीन शिक्षकों के उपदेशों का ज्ञान देती थीं। मेधातिथि मानव कार्यों के उन क्षेत्रों का अंतर समझाते हैं, जिनसे मनुष्य का सांसारिक तथा भौतिक कल्याण (खेती, व्यापार, नौकरी आदि) होता है तथा जिनके अंतर्गत, अपूर्व के हस्तक्षेप के कारण किए जानेवाले कर्मकांड लाभदायक होते हैं। वह *स्मृतियों* की निदेशात्मक मान्यता को कर्मकांड कर्मों के लिए सुरक्षित रखते हैं। दैनिक, सामाजिक-आर्थिक जीवन को स्मृतियों या वैदिक नियमों से नियंत्रित नहीं किया जा सकता है। मेधातिथि के अनुसार इसका कारण यह है कि "कृषि, नौकरी, आदि, भी मनुष्य के कल्याण में सहायक हैं, लेकिन उनके इस प्रकार लाभप्रद होने का पता सकारात्मक तथा नकारात्मक आगमन से चलता है, और जहाँ तक अच्छी पैदावार वाली खेती का प्रश्न है, तो वह प्रत्यक्ष अनुभूति तथा ज्ञान के अन्य साधनों से प्राप्त होती है।"[8] उनके लिए धर्मशास्त्र नहीं, बल्कि वार्त्ता ग्रंथ अधिक उपयोगी होगा।

मेधातिथि इस बात पर सहमत हैं कि केवल उपदेशों और परंपराओं के स्मरण को ज्ञान का विश्वसनीय साधन नहीं माना जा सकता है, जिन पर निर्धारित होने का दावा कई *स्मृतियाँ* करती हैं। यदि *स्मृतियों* को स्मरणकर्ताओं के एक अटूट सिलसिले के रूप में माना जाता है तो "*स्मृतियों* की स्थिति वर्तमान परंपरा भर से अच्छी नहीं होगी।"[9] यह तर्क देने के बाद मेधातिथि ने वेदों से *मनुस्मृति* के संबंध पर अपनी बात को इस प्रकार कहा, "इन सारी बातों से पता चलता है कि *धर्म* के मामले में निश्चित रूप से मनु तथा अन्य और वेद के बीच कोई-न-कोई संबंध है, लेकिन यह संबंध किस प्रकार का है, इसका पता हम नहीं लगा सकते हैं। वास्तव में वेदों का ज्ञान रखनेवाले व्यक्तियों को जब दृढ़ विश्वास हो जाता है कि *किसी कार्य को किया जाना चाहिए* तो यह मान लिया जाना चाहिए कि यह विश्वास वेद पर आधारित है, न कि किसी भ्रांति पर; केवल इसी दृष्टि से हम ज्ञान के लिए किसी स्रोत का अनुमान लगा सकते हैं।"[10] *धर्मशास्त्र* के सभी छात्रों में भेद करने की यह क्षमता होनी चाहिए, क्योंकि मेधातिथि के अनुसार, *स्मृतियाँ* "कभी-कभी *धर्म* शब्द का प्रयोग उन कार्यों के संबंध में करती हैं, जो आदेशों और

निषेधों (अर्थात् *सराहनीय और निंदनीय कर्म*) का विषय बनते हैं और कभी उस अनोखी वस्तु (बल यानी उत्कृष्टता) का बोध कराते हैं, जो उन कार्यों को करने से प्राप्त होती है तथा तब तक वर्तमान रहती है, जब तक कि (कर्ता को) उसका फल नहीं मिल जाता है।"[11] इस कारण धर्म किसी व्यक्ति का अकारण, अनायास या नियमित स्मरण नहीं हो सकता है। इसका उन व्यक्तियों की स्मृति होना आवश्यक है, जिनमें *शील* होता है, जो मन की ऐसी स्थिरता है, जिसे ग्रंथों और समाज के एकाग्रचित्त अध्ययन के लिए प्रयोग किया जाता है। धर्म "महज स्मृति नहीं है, बल्कि *शुद्ध* अंत:करण वाली स्मृति होती है। इस कारण इसकी व्याख्या करनेवाले मनुष्यों में समझ, ज्ञान, बौद्धिक एकाग्रता तथा वेदों के अर्थ का गूढ़ ज्ञान होना आवश्यक है। *मनुस्मृति* के छंद II.6 के अर्थ को स्पष्ट करते हुए मेधातिथि कहते हैं, "आज भी शास्त्रों में वर्णित योग्यता प्राप्त व्यक्ति की बातों को उसी भरोसे और विश्वास के साथ स्वीकार किया जाता है, जिस प्रकार मनु तथा अन्य की बातों को··· वास्तव में, जिस व्यक्ति में उक्त योग्यता (*साधुता, शील, आचार*) हैं, उसे सदा से अकेले ही 'परिषद्', या 'न्यायासन' माना जाता है।[12]" जब ऐसी स्थिति है, तो हम कैसे मान लें कि विद्वानों की बात पर विश्वास नहीं किया जाता था और ग्रंथ में लिखे आदेश को श्रेष्ठता प्राप्त थी?

इस उद्धरण में मेधातिथि जो कह रहे हैं, वह अत्यधिक महत्त्वपूर्ण है। वे कह रहे हैं कि *स्मृति* में कही गई बातें वेदों द्वारा निर्देशित संस्कारों और कार्यों के अन्वेषण के लिए ज्ञान का वैध स्रोत हो सकती हैं, किंतु सांसारिक जीवन के अन्य अधिकांश क्षेत्रों में किसी भद्र और न्यायसंगत व्यक्ति के विचारों को महत्त्व दिया जाना चाहिए। वे कहते हैं, "उक्त योग्यता (*स्मृतिशीले च तद्विदाम*) से संपन्न व्यक्ति, ऐसे व्यक्ति के वचन (तथा उसके द्वारा रचे गए ग्रंथ), चाहे किसी मानवीय स्रोत से ही क्यों न निकले हों, उन्हें धर्म के ज्ञान के लिए प्रामाणिक स्रोत के रूप में देखा जाना चाहिए।"[13] व्यक्ति के ज्ञान तथा सामाजिक धर्म में मानवीय योगदान के महत्त्व को बीते युगों में भी माना गया है। उसे आज भी स्वीकार करना चाहिए "ताकि आज भी किसी व्यक्ति के पास वैसी योग्यता हो और वह उन योग्यताओं के आधार पर किसी ग्रंथ की रचना करता हो तो आनेवाली पीढ़ियों के लिए उन रचनाओं को भी मनु तथा अन्य कृतियों के समान ही आधिकारिक माना जाएगा। वर्तमान पीढ़ी के जो लोग उक्त लेखक के समकालीन होंगे, वे धर्म का ज्ञान उस लेखक के शब्दों से नहीं प्राप्त करेंगे, क्योंकि सूचना के जो स्रोत लेखक को उपलब्ध होंगे, वही उन लोगों के लिए भी उपलब्ध होंगे।"[14] किसी को भी यह विचार आएगा कि कहीं मेधातिथि किसी धर्मग्रंथ को *स्मृति* में बदलने के लिए भूतोपेक्षिता के सिद्धांत को तो लागू नहीं कर रहे? उनकी बात का अंतर्निहित संकेत यही है कि किसी *स्मृति* ग्रंथ के शब्दों का उसके समकालीन परिवेश के लिए कोई महत्त्व नहीं होता, और

वह समकालीन परिवेश अपने समय की उस सकल मानक मूल्य प्रणाली संचालित होता है, जो मानव समाज के वास्तविक चलन के अनुसार विकसित हुआ है।

जहाँ तक धर्म के स्रोत के रूप में अच्छे मनुष्यों के व्यवहारों की बात है—*आचारश्चैव साधुनाम्* (मनु II.6)—तो मेधातिथि ने स्पष्ट किया कि, "जब किसी कार्य के संबंध में किसी प्रकार का वैदिक या स्मृति संबंधी कथन नहीं है, परंतु सभ्य व्यक्तियों द्वारा उसे धर्म मानकर उसका अनुपालन किया जाता है तो उस कार्य को उसी प्रकार 'वेदों का आदेश' मान लेना चाहिए, जिस प्रकार *स्मृति* में प्रावधान हैं।"[15] किंतु अच्छे व्यक्तियों द्वारा किए जानेवाले जिन कार्यों का अनुकरण किया जाना चाहिए, उनमें शूद्रों के अधिकारों, स्त्रियों की भूमिका या किसी भी सामाजिक कार्य का कोई वर्णन नहीं है। मेधातिथि कहते हैं कि 'अच्छे मनुष्यों' के कार्य, जिनका संबंध धर्म के क्षेत्र से माना जाता है, निम्नलिखित होते हैं—"(क) कंगन पहनना तथा विवाह आदि के दौरान किए जानेवाले अन्यु शुभ संस्कार, (ख) प्रसिद्ध वृक्षों, यक्षों, चौराहों की पूजा या ऐसे ही कार्य, जिन्हें विविध राज्यों में अलग-अलग प्रकार से विवाह के दिन कन्या द्वारा किया जाता है, (ग) विभिन्न राज्यों के अनुसार सिर पर रखी जानेवाली चोटियों की संख्या, (घ) अतिथियों, शिक्षकों तथा अन्य सम्मानित जनों के सत्कार का सही तरीका।"[16] इस निरूपण से उन स्थानीय रिवाजों को स्वीकार किए जाने का व्यापक मार्ग खुल जाता है, जिनका प्रतिपादन विद्वानों और समुदायों का नेतृत्व करनेवालों के द्वारा किया जाता है तथा जिन्हें अंततः उन *स्मृतियों* जितना ही सम्मान उन क्षेत्रों में मिलता है, जहाँ वे उत्पन्न होते हैं, और यह मान उस हद तक हो सकता था मानो वे स्वयं *वेदों* द्वारा निर्देशित किए गए हों। हम जानते हैं कि *वेदों* में सामाजिक, आर्थिक, राजनीतिक या रीति संबंधी बहुत से निर्देश नहीं हैं। इस कारण, किसी ग्रंथ की सहायता के बिना भी दैनिक, सामाजिक व्यवहारों के दौरान तय किए जानेवाले नियमों का दायरा काफी व्यापक था तथा हिंदुओं द्वारा उन्हें विधिवत् रूप से ग्रहण किया जाता था। अतः यह कहना कि यद्यपि किसी कार्य का वर्णन वेदों या स्मृतियों में नहीं है, किंतु शिक्षकों और समाज के विद्वानों द्वारा मान लिए जाने पर उसे वेदों द्वारा निर्देशित माना जाए और उसे *स्मृति* ग्रंथ जितना ही महत्त्व दिया जाए इस तथ्य को प्रमाणित करने के समान होगा।

सरल शब्दों में, मेधातिथि द्वारा *मनु* (II.6) की टीका का अध्ययन किए जाने से पता चलता है कि कोई वास्तविक सामाजिक रीति *स्मृति* के नियम या किसी शासक के आदेश का फल नहीं थीं, बल्कि यह मानव समाजों की उत्पत्ति थी, जो व्यक्ति के साथ ही संपूर्ण समुदाय के लिए एक अच्छा, सुखद और संतोषजनक जीवन जीने के सही तरीकों की सामूहिक खोज में व्यस्त रहता था। इस अध्ययन से यह स्पष्ट होता है कि मानव समुदाय का जीवन शास्त्रीय ग्रंथों में दिए गए नियमों से इतना बँधा नहीं था।

समाज का परिचालन गुरुओं, ऋषियों और आचारवान् मार्गदर्शकों द्वारा विकसित परंपरा आधारित समय था। किसी *स्मृति* ग्रंथ की समकालीन कार्यात्मक सत्ता नहीं थी। इसकी खूबी केवल किसी पारंपरिक चलन और व्यावहारिक उत्कृष्ट मानदंडों के पुनर्कथन से जुड़ी थी। हिंदू समाज के वास्तविक जीवन को वर्तमान जीवन के अवसरों और चिंताओं से स्वरूप मिलता है। आपस्तंब अपने दावे में पूरी तरह सही थे कि अधिकांश लोक-संस्कारों, घरेलू रस्मों तथा समुदाय के अंतर्गत होनेवाले पारंपरिक व्यवहारों पर निस्संदेह रूप से उस समुदाय की स्त्रियों का अधिकार था— *यत्र स्त्रिया आहुस्ततकुरयु:*। धर्म के स्रोत के रूप में साधु, शीलवान् और शिष्ट मनुष्यों के अच्छे व्यवहारों या आचार पर बल दिए जाने को निश्चित रूप से समुदाय की प्रचलित जीवन-शैली की ओर संकेत माना जा सकता है। मेधातिथि ने स्पष्ट रूप से ऐसा कहा : "यहाँ व्यवहार से तात्पर्य ऐसी परंपरा से है।"[17] मेधातिथि के अनुसार, *स्मृति* ग्रंथों में प्रमुख रूप से ऐसे सामाजिक व्यवहार और संस्कारों की चर्चा है जो नियत स्वरूप के हैं, जैसे— *अष्टक, अग्निहोत्र,* कर्मकांड के कलश-उपकरण तथा विधि-विधान से होनेवाला पूजा-पाठ। भारत के अलग-अलग हिस्सों में रहनेवाले विभिन्न मानव समुदायों के लिए उनके भद्र वरिष्ठों द्वारा तय किए गए अच्छे व्यवहार, आचार ही उनके सामाजिक धर्म के मानक होते थे : "स्मरण और व्यवहार (स्मृति और आचार) का अंतर यही था।"[18] *स्मृतियों* में केवल उन्हीं कार्यों के स्मरण का प्रयास किया गया होगा, जिनका एक निश्चित रूप माना जाता था तथा जिनकी चर्चा एक निश्चित निरंतरता और ऐतिहासिक सत्यता के साथ की जा सकती थी। निश्चित रूप से स्मृतिकारों ने अपने आपको मनुष्य जीवन के उन नियमों के स्मरण से दूर रखा होगा, 'जिनका निश्चित रूप' नहीं था, जो प्रवहमान और विकासशील थे और इस कारण थोड़े समय के लिए ही टिकते थे। मेधातिथि ने इस विचार का समर्थन किया है : "किसी भी रचना में सारे आचारों का संग्रह संभव नहीं है, क्योंकि वे मनुष्य की प्रकृति की विविधता के अनुसार ही विविध होते हैं; और उनके शांत चित्त या उद्वेलित होने के कारण ही उनके व्यवहारों के भी अंतहीन रूप थे।"[19] यदि किसी *स्मृति* या *सूत्र* ने सामाजिक व्यवहारों का सार्वभौमिक संग्रह करने का दावा नहीं किया, यदि इस पर सहमति बनी कि यह एक असंभव और अनावश्यक कार्य है तो यह कहना उचित होगा कि हम नहीं जानते कि *स्मृति* में कितनी सामाजिक रीतियाँ दर्ज नहीं की गई थीं। हमें उन क्षेत्रों के रिवाजों के विषय में भी कोई जानकारी नहीं, जो धर्मशास्त्रों को ज्ञात भूगोल से बाहर थे। यह संभव है कि ऐसे रिवाज, जिन्हें दर्ज नहीं किया गया, शास्त्रों के विचारों से, कथ्य और सार के स्तर पर काफी अलग होंगे।

छंद II.10 में *मनुस्मृति* एक बार फिर धर्म के स्रोतों की चर्चा करती है और कहती है—"वेदों को 'प्रकट ज्ञान' समझना चाहिए तथा धर्मशास्त्रों को 'स्मृतियाँ'; किसी भी

परिस्थिति में इन दोनों की आलोचना नहीं की जानी चाहिए, क्योंकि इन दोनों से ही *धर्म* का प्रकाशित हुआ है।" किंतु इस छंद पर मेधातिथि की टिप्पणी दिखाती है कि न केवल *स्मृतियों* पर चर्चा और उनकी आलोचना होती थी, बल्कि उनकी पाठ संरचना पर भी गंभीर प्रश्न खड़े किए जाते थे; कभी-कभी ढिठाई से भी, जो बहस करनेवाले के प्रश्न से भी समझा जा सकता है। मेधातिथि इसकी व्याख्या करते हुए कहते हैं कि "साधारण जीवन में 'सुसंस्कृत व्यक्तियों के व्यवहारों' को न तो ईश्वर की वाणी न की 'स्मरण' के रूप में माना जाता है, क्योंकि वे संहिताबद्ध नहीं हैं; संहिताबद्ध ग्रंथ को ही *स्मृतियाँ* या 'स्मरण' कहा जा सकता है।"[20] मेधातिथि ने यह पूर्वाभास करते हुए कि सुसंस्कृत व्यक्तियों के व्यवहार को आलोचना से परे रखने पर प्रश्न उठ सकता था, यह समझाया कि इन व्यवहारों की मात्र शरारत के दृष्टिकोण से आलोचना नहीं की जानी चाहिए, क्योंकि वे समाज की स्वीकार्यता प्राप्त करने के कारण *स्मृति* के समान ही हैं। वे कहते हैं—'वस्तुत: किए जानेवाले कार्य का ज्ञान सुसंस्कृत व्यक्तियों के व्यवहारों से मिलता है, इसलिए वे भी *स्मृति* के अंतर्गत आते हैं। इस कारण जब भी किसी विषय पर *स्मृति* के संबंध में बात की जाती है तो सुसंस्कृत व्यक्तियों के व्यवहार (*तच्च समाचारे प्यस्तोत्यत: सोऽपि स्मृतिरवे*) को उसी के अंतर्गत माना जाना चाहिए।"[21] मेधातिथि इसके तुरंत बाद कहते हैं कि श्रुति और *स्मृति* को अभिवर्द्धित करने की उनकी मंशा गलत धारणाओं पर आधारित तर्क से उन्हें बचना था। वह उनके समीक्षात्मक मूल्यांकन को अवरुद्ध नहीं करना चाहते थे। यहाँ तक कि *मनुस्मृति* ने छंद 12.106 में कहा—"केवल वही धर्म को नहीं जानता है, दूसरा नहीं, जो इसकी पहचान तर्क से करता है।" *वेदों* की आलोचना पर अनुशासन का उद्‌देश्य नास्तिकों, ढोंगी और अज्ञानी, किंतु विनोदी, व्यक्तियों के हमलों को रोकना है, न कि समीक्षात्मक जिज्ञासा को रोकना—"इसके अनुसार ही पिछले छंद में ऐसी 'आलोचना' पर पाबंदी लगा दी गई है—ऐसी आलोचनाएँ, जिनमें सम्मान नहीं होता, परंतु ऐसी जिज्ञासाओं को दबाने का प्रयास नहीं है, जो वेद के वास्तविक अर्थ को स्पष्ट करती हैं।"[22]

मनुस्मृति (II.12) धर्म के स्रोतों पर अपनी चर्चा का सार बताते हुए कहती है कि, "वेद, *स्मृति*, सुसंस्कृत व्यक्तियों के व्यवहार तथा जो कुछ स्वयं को स्वीकार्य है, यह धर्म को जानने के चार साधन हैं।" ब्रह्मावर्त में रहनेवाले लोगों का व्यवहार क्या सदाचार पर आधारित था, इस प्रश्न पर मेधातिथि ने उत्तर दिया कि यह बात उसकी संभावना के आधार पर कही गई है। वे कहते हैं कि ब्रह्मावर्त में लोग भी उन बालकों के साथ भोजन करते थे, जिनका *उपनयन* नहीं हुआ, इस कारण इस व्यवहार को आदेशात्मक नहीं माना जा सकता।[23] भद्रता का प्रमुख मानदंड यह है कि कोई कार्य केवल निजी इच्छा और लोभ के वश में आकर नहीं किया जाना चाहिए। कुमारिल भट्ट ने ठीक

ही चेतावनी दी है—"वह *स्मृति,* जो वेदों के विरुद्ध है या निंदनीय है तथा जो किसी हित को साधने की स्पष्ट मंशा रखती है, उसे कभी भी वेद पर आधारित नहीं कहा जा सकता।"[24] इस कारण शूद्रों द्वारा वेद अनुशंसित कर्मों को करने से रोकना सही नहीं है, जैसा कि कुछ टिप्पणीकार मानते हैं। मेधातिथि ने स्पष्ट रूप से कहा है कि शूद्रों को अन्य सभी वर्णों के समान ही सारे वैदिक कार्य करने का अधिकार है—"विभिन्न ग्रंथों की विषय-वस्तु वास्तविक कर्म है और इसका अधिकार सभी चार जातियों [वर्णों] को है।"[25] एक ब्राह्मण शिक्षक किसी शूद्र को सारे विधि-विधानों को संपन्न करने का निर्देश धर्म के किसी नियम का उल्लंघन किए बिना दे सकता है।

सभी मानते थे कि धर्म के सिद्धांत को सर्वप्रथम मान्यता *वेदों* से मिलती है। इसके बाद *स्मृति* का स्थान आता है, जिसके लिंगट के अनुसार, "दो अर्थ हैं—मौलिक रूप में, व्युत्पत्ति के अर्थ में यह स्मरण की गई परंपरा का या उस ज्ञान का महत्त्व बताता है, जिसे व्यक्ति धर्म के नियमों की *स्मृति* से प्राप्त करता है, जो श्रुति के उलट है... दूसरे अर्थ में, यह *धर्मसूत्रों और धर्मशास्त्रों* प्रभृत संपूर्ण साहित्य को इंगित करता है, जिस साहित्य को *स्मृति* से प्रेरणा मिली है।" *स्मृति* किसी परंपरा को निरंतर याद रखने के अभ्यास के साथ ही मार्गदर्शन का जीवित स्रोत तथा संहिताबद्ध ग्रंथ भी है। लिंगट का मानना है कि पुरानी व्यवस्था ने *स्मृति* को पहले अर्थ में अधिक समझा, जिसमें उन्हें एक निश्चित ग्रंथ मानने की अपेक्षा एक सजीव रचनात्मक परंपरा माना गया है : "गौतम (1.2) उन स्मृतियों की बात करते हैं, 'जो वेद को जानते हैं'। उनके मन में एक ऐसा स्रोत है, जो अब तक जीवंत है। इसी प्रकार, जब आपस्तंब "धर्म को जाननेवालों की सहमति (*समय*) की बात करते हैं, वे उसी स्रोत का संदर्भ देते प्रतीत होते हैं। मनु अब भी *स्मृति* शब्द का प्रयोग उसी अर्थ में (2.6.12) में करते हैं।"[26] हुआ यह कि बहुत बाद के लेखकों ने *स्मृति* शब्द का प्रयोग 'प्रेरक साहित्य' के रूप में किया तथा व्याख्यात्मक और टीका संबंधी जीवंत परंपरा को स्थिर ग्रंथ का स्वरूप देने की शुरुआत हो गई, किंतु विद्वान् गुरुओं को एक सजीव परंपरा को ग्रंथ में रचे जाने के खतरे का आभास था। इसलिए अन्वेषण की सतत प्रक्रिया में आनेवाली रुकावट से बचने के लिए तथा धर्म को दैनिक जीवन की वास्तविकता से जोड़े रखने के लिए सदाचार और आत्मतुष्टि को धर्म के निर्धारकों के रूप में घोषित किया गया। चूँकि अनेक *स्मृतियों* में विरोधाभासी उपदेशों की भरमार और असंभव माँगों का वर्णन था, इस कारण "एक वस्तुनिष्ठ मानदंड अर्थात् "अच्छी रीतियाँ तथा एक व्यक्तिपरक मानदंड अर्थात् विवेक पर आधारित सदिच्छा की शर्त को शामिल किया गया। दोनों ही बातों को व्याख्या की प्रक्रिया में मिला दिया गया, जिसका उद्देश्य विभिन्न स्मृतियों के बीच विवादों को सुलझाना है।"[27]

धर्म को जानने के लिए *सदाचार, शिष्टाचार* और *शीलाचार* की पहचान से स्पष्ट है कि अच्छी रीतियों के साथ इन विषयों पर चिंतन भी धर्म के प्रमुख स्रोतों में शामिल है। बौद्धिक, धार्मिक या शैक्षणिक मानदंड भले ही *वेदों* द्वारा तय किए जाते हों, सदाचार और अच्छी परंपरा को सामाजिक तथा सामूहिक व्यवहारों और कानून को बनाने के मूल्यवान स्रोत के रूप में माना जाता था। विविध ग्रंथों के बीच, यहाँ तक कि किसी एक ग्रंथ में भी विद्यमान विचारों के बीच, मतभेदों से यह स्पष्ट होता है कि संग्रहकर्ता कोई नया मानदंड नहीं तय करना चाहते थे, बल्कि विविध विचारों को शामिल करना चाहते थे। किसी उपदेश का महत्त्व केवल किसी विद्वान् द्वारा कहे जाने से नहीं, बल्कि उसकी मानवीय प्रभावोत्पादकता से तय होता था : "किसी भी व्याख्या को उसे स्वीकृत करनेवालों की संख्या से प्रामाणिक नहीं माना जा सकता था। उसकी प्रामाणिकता केवल उनके उपदेशों के आध्यात्मिक तथा उनके नैतिक मूल्यों से मिल सकती थी।"[28] किसी अच्छे व्यवहार का महत्त्व और प्रासंगिकता या किसी सामाजिक प्रथा का मूल्य *शिष्टों* की *परिषद्* में व्यापक चर्चा तथा गहन चिंतन, वाद-विवाद के बाद तय होता था तथा उसके बाद ही उसे लागू करने पर निर्णय लिया जाता था। रॉबर्ट लिंगट ने धर्म के स्रोतों पर चर्चा के दौरान इस तथ्य पर बल दिया है—"उत्तर वैदिक *युग* में *परिषदों* द्वारा निर्धारित *सदाचार* की धर्म के नियमों के विवेचन में एक महत्त्वपूर्ण भूमिका थी। इन्हें तय करने में आपस्तंब (I.I.I.2) ने प्रमुख रूप से 'धर्म को जाननेवालों की सहमति (*धर्मज्ञ-समय*) का संदर्भ दिया है' और वे वेदों की चर्चा दूसरे स्थान पर करते हैं। यह संभव है कि *धर्मसूत्र* एवं प्राचीन शास्त्रों (*स्मृतियाँ*) ने *परिषदों* द्वारा प्रतिपादित नियमों को मात्र संग्रहीत करने का ही कार्य किया है।" आपस्तंब के एक टीकाकार हरदत्त ने मनु एवं अन्य स्मृतियों के समान ही *परिषद्* की व्याख्या की। वास्तव में *स्मृतियों* को *पार्षद* रचनाओं (*परिषदों* से निकलनेवाली रचनाएँ) का नाम दिया गया।"[29]

सांसारिक कार्यों से जुड़ी मानवीय गतिविधियों को हिंदू विचारधारा में दो हिस्सों में बाँटा गया : ऐसी गतिविधियाँ, जो दृष्ट प्रतिफल को मन में रखकर की जाती हैं तथा वे, जो अनदेखे या अदृष्ट प्रतिफल के लिए की जाती हैं। दूसरे प्रकार के कार्य का उदाहरण वैदिक संस्कारों, धार्मिक कर्तव्यों और अन्य धार्मिक दायित्वों को *वेदों* तथा *शास्त्रों* के अनुसार पूर्ण करने के रूप में देखा जा सकता है। 'दृश्य' फल की प्राप्ति के लिए, सामाजिक-आर्थिक जगत् के क्षेत्र में किए गए कार्यों के लिए—जिनसे तत्काल सांसारिक सुख प्राप्त होता हो—अच्छे आचार, स्थानीय व्यवहार और सामाजिक परंपराओं के महत्त्व को समझा जाता है। दृश्य मंशाओं से जुड़े व्यवहार के नियम सदैव स्वैच्छिक और सांकेतिक माने जाते थे। *मिताक्षरा* के आधार पर एस. वेंकटरमन कहते हैं कि, "अन्य भेद पहचाने जाने लगे, जैसे कि ऐसा नियम, जो धर्म-संस्था संबंधी नियम

है, उसे *व्यवहार* या लौकिक जगत् में वैसी ही अधिकारिता अथवा आदेशात्मकता प्राप्त नहीं थी, या एक ऐसा आदेश जो स्वतंत्र चिंतन के द्वारा नैतिक उपदेश बन गया हो, बाध्यकारी नहीं था।"[30] वेदों द्वारा केवल जीवन के मानक लक्ष्य तय किए जाते हैं और वे मानव अस्तित्व की वास्तविकता के लिए ज्ञानशास्त्रीय एवं मनोवैज्ञानिक साधन मुहैया कराते हैं, जिनसे उन लक्ष्यों को प्राप्त करना संभव होता है। इस कारण, "उनमें विधिक नियमों पर कोई प्रत्यक्ष बयान नहीं होता, बल्कि धर्म के विभिन्न पहलुओं पर असंबद्ध बातें होती हैं, जिनसे लौकिक विधि को प्रभावित करनेवाले कुछ नियमों को ढूँढ़ा जा सकता है।"[31] *स्मृतियाँ* एक तरफ धर्म के नियमों और आदेशों की व्याख्या करती हैं तो दूसरी तरफ समुदाय के लौकिक जीवन की बातों को भी अपने दायरे में समेटती हैं।

यद्यपि *शास्त्र* शब्द का अर्थ होता तो "किसी आदेश का सूचक है, किंतु किसी लिहाज से यह ऑस्टिन के आदेश जैसा भाव नहीं रखता।"[32] धर्मशास्त्रों में, "इसका अर्थ केवल व्यवस्थित ज्ञान से होता है, जिसके अभ्यास से कोई व्यक्ति वांछित फल पा सकता है··· ऋषियों या संतों द्वारा किसी सांसारिक शक्ति का प्रयोग नहीं किया जाता था। उनका अधिकार किसी संप्रभु सत्ता की कृपा से नहीं था। वे कानून निर्माता होने का दावा नहीं करते थे, बल्कि वे कानून के दैवी उपदेशों के व्याख्याता तथा प्राप्त परंपराओं के संग्रहकर्ता होने भर का ही दावा करते थे।"[33] इस कारण नए रीति-रिवाजों को स्वीकार कर उन्हें शामिल करते हुए धर्म के नियम में परिवर्तन संभव था और अकसर ऐसा किया भी जाता था। विधि की परिवर्तनशीलता तथा सामाजिक स्वीकार्यता से उसकी मान्यता की आवश्यकता का पालन इतनी दृढ़ता से किया जाता था कि न तो किसी धर्मशास्त्र ने, न ही कानून की किसी प्रणाली ने कानूनी दायित्वों के क्षेत्र को धार्मिक या नैतिक दायित्व के क्षेत्र के साथ सहविस्तारी माना।"[34] "इस कारण इसे एक सार्वभौमिक तो नहीं, परंतु सामान्य नियम समझा जा सकता है कि जहाँ भी स्मृतियों में किसी शास्त्रीय कर्तव्य के उल्लंघन के लिए आध्यात्मिक दंड का प्रावधान है तो उस प्रावधान को उन्हें इस प्रकार से अनिवार्य प्रकृति का नहीं माना जा सकता कि वे अंतरात्मा पर विधिक रूप से पालनीय हों।"[35] *मिताक्षरा* का कहना है कि संस्कार, कर्मकांड, विधि-विधान या आध्यात्मिक व्यवहार के दायरे में आनेवाला कोई उपदेश "व्यवहार कानून के अंतर्गत *विधि वाक्य* जितना अधिकार नहीं रखता और उसे कानून का नियम नहीं माना जा सकता है।"[36] *संध्या* न कर पाने या किसी बुजुर्ग का अभिवादन न करने के लिए या किसी शूद्र से अंतरंग संबंध रखने के लिए किसी को भी कभी दंडित नहीं किया गया।

विचारों में विविधता का एक कारण धर्मशास्त्रों में विभिन्न विषयों के सुव्यवस्थित किए जाने के तरीके को लेकर हो सकता है। व्यक्तिगत व्यवहार के नियम (*आचार*),

कर्मकांडी व्यवहार तथा परस्पर संबंध (*व्यवहार*) आदि को एक वर्ग के अंतर्गत मिला-जुलाकर नहीं रखा गया था, बल्कि उन्हें मानव गतिविधि के विभिन्न क्षेत्र माना जाता था, जिनका आदेशात्मक सिद्धांत से एक सौपानिक संबंध था। हिंदू शास्त्रों की बहु-संबद्धता का दूसरा कारण यह हो सकता है कि सामाजिक जीवन से संबंधित अनेक नियम, विद्वानों के सामाजिक व्यवहारों (*समय*) और समुदायों की प्रचलित प्रथाओं पर आधारित थे। *वेदों* या *स्मृति* के आदेशों का महत्त्व सामाजिक-आर्थिक संबंधों के नियमन की अपेक्षा किसी ब्रह्मचारी के जीवन के धर्म और यज्ञ के विधिवत् संस्कार के लिए अधिक था।

सामाजिक-आर्थिक संबंधों के लिए स्थानीय प्रथा और समूह के रिवाज अंतिम रूप से निर्णायक माने जाते थे। इस कारण इसमें कोई आश्चर्य नहीं कि "एक दिन की यात्रा के दौरान कोई व्यक्ति उन शासन क्षेत्रों से गुजर सकता है, जहाँ एक ही वर्ग के हिंदुओं पर तीन या चार प्रकार के 'हिंदू कानून' लागू होते हैं।"[37] *स्मृति* में लिखे गए शब्दों की अपेक्षा प्रचलनों का महत्त्व सदैव अधिक रहा है तथा "निश्चित रूप से यह कहना संभव नहीं कि भारत के किसी गाँव या शहर में रह रहे दो हिंदुओं पर सभी मामलों में एक ही कानून लागू होता है।"[38] शास्त्रों के अधिकार को लेकर उत्पन्न भ्रम का कारण उनकी रचना की शैली है, जिसमें लेखकों द्वारा अपने से सदियों पुराने आप्त वचनों का संदर्भ तो दिया जाता है, परंतु उन्हें इस रूप में लिखा गया, मानो वे उनके समय की ही बात हों। डेरेट ने कहा कि "उनकी रचना प्रचलित विषयों की पड़ताल के उद्देश्य से नहीं की गई तथा उन्हें ऐसे लोगों के लिए लिखा गया, जो काफी पहले ही लुप्त हो चुके थे और कभी-कभी जिनका नामो-निशान भी नहीं मिलता।"[39]

सारे युग और सभी स्थानों पर सारी *स्मृतियाँ* मान्य नहीं थीं। यदि किसी *स्मृति* की घोषणा भिन्न युग के लिए की गई थी तो वह आज मान्य नहीं हो सकती। *पाराशर स्मृति* ने कहा कि *कृत युग* में मानव [मनु] की *स्मृति* मान्य थी, *त्रेता* में गौतम की, *द्वापर* में शंख लिखित *स्मृति* प्रभावी थी तो कलियुग में, अर्थात् जिस युग में हम जी रहे हैं, *पाराशर स्मृति* सबसे विश्वसनीय है। किसी *स्मृति* की नीति यदि आम लोगों की नैतिक सोच के विरुद्ध होती थी तो उसे महत्त्वहीन माना जाता था और इस कारण वह *लोक-विद्विष्ट* अर्थात् लोक-निंदा का कारण बन जाती थी। कोई भी *स्मृति* नियम, जिसे समाज स्वीकार नहीं करता था, पूर्णतया महत्त्वहीन माना जाता था। इस कारण ही, अधिकांश *धर्मशास्त्र* विभिन्न ऐतिहासिक कायापलट के दौर से गुजरे तथा नए समय के अनुरूप बने रहने के लिए उन्होंने अपनी शिक्षा में उपयुक्त परिवर्तन किए। हम इसकी जाँच के लिए किसी *स्मृति* को उठाकर देखें तो तुरंत ही "पता चलता है कि ऐसे अनेक नियम, जो पहले मान्य थे, टिप्पणीकारों और ग्रंथ संग्रहकताओं के प्रयास से विधिशास्त्रीय

अलमारियों में बंद हो चुके हैं।"[40] इस कारण *स्मृति* ग्रंथों की कठोरता की सैद्धांतिक पुष्टि "पूर्णतया भ्रमित करनेवाली है, क्योंकि सदियों से विकास व समायोजन के साक्ष्य निश्चित रूप से मिलते हैं।"[41] व्यावहारिक और शैक्षणिक सुधार की इस लंबी प्रक्रिया में, *समय* तथा अच्छी सोचवाले लोगों की स्थानीय परंपराओं को किसी शास्त्रीय नियम से अधिक महत्त्व दिया जाता था। डेरेट का मानना है कि "*सदाचार* या अच्छे लोगों का व्यवहार, जो वेदों में पारंगत हैं, स्वयं *शास्त्रीय* आदेशों का स्थान ले सकता है।" वे आगे कहते हैं कि "हाल के कुछ ख्यातिप्राप्त लेखकों ने *स्मृति* को वेद वचन की स्थानपूर्ति करने की अनुमति दी है और कहा कि कोई सदाचार भी *स्मृति* का स्थान भी ले सकता है।"[42]

अनेक विद्वानों ने सलाह दी है कि *धर्मशास्त्र* को समझने के लिए किसी व्यक्ति को विचारशील और सहानुभूतिपूर्ण समझवाला होना चाहिए। विद्वता का ढोंग भरते, अधूरे ज्ञान और रूढ़िबद्ध वक्रोक्तित के शोर के पीछे भागने की अपेक्षा यदि कोई व्यक्ति, जैसा कि डेरेट कहते हैं, 'अपनी ही छुरी लेकर जंगल में निकले' तो उसे अधिक लाभ होगा। बिरले ही किसी हिंदू घर में, चाहे वह परंपरागत परिवार ही क्यों न हो, कोई *स्मृति* मिल जाए। उससे भी दुर्लभ वह हिंदू पुरुष या स्त्री होगा, जो कहे कि वह अपने निजी, पारिवारिक जीवन को किसी *स्मृति* के निर्देशों के अनुसार जीता या जीती है। *धर्मशास्त्रों* की परिकल्पना विधि शास्त्र या धर्माचार के ग्रंथ के रूप में नहीं की गई थी। कोई भी यदि ध्यानपूर्वक अवलोकन करे तो पाएगा कि "एक ही गली में उसे कहा जाएगा कि विधवाओं का पुनर्विवाह कम ही होता है और वहीं इसे आम प्रचलन भी बताया जाएगा; यह भी कि यौवन से पूर्व विवाह की बात अनसुनी है और वहीं इसे एक अच्छी प्रथा भी बता दिया जाएगा; यह कि तलाक एक अभिशाप है और वहीं यह भी कहा जाएगा कि यह ऐसा आवश्यक उपाय है, जिससे भारत को गैर-जरूरी तरीके से एक लंबे समय तक दूर रखा गया।"[43] यह लचीलापन, विविधता, अनुकूलनीयता और अपनी पहचान को खोए बिना उसमें ढल जाना, उस अनोखी हिंदू जीवन-शैली का परिणाम है, जिसमें धार्मिक और आध्यात्मिक दायरे में रहते हुए भी सामाजिक और रस्मों के प्रचलन में महति विविधता को समावेशित कर विकसित होने का अवसर था। सामाजिक, राजनीतिक तथा नागरिक इकाइयों को अपनी सुविधा के अनुसार अपने नियम बनाने की छूट थी। *धर्मशास्त्र* के शिक्षकों का कर्तव्य समाज को यह याद दिलाना था कि उनकी सांसारिक चिंताओं की तात्कालिकता से परे आत्मत्याग, अहिंसा, परोपकार, चिंतन, आध्यात्मिक ज्ञान और मन की शुद्धि के उच्चतर लक्ष्य भी हैं, जो एक उच्च आदर्श की ओर संकेत तो करते हैं, परंतु जो दैनिक जीवन से परे नहीं। हमें यह नहीं भूलना चाहिए कि "शास्त्रों की रचना अधिकांशतया संन्यासियों, फकीरों और ऐसे लोगों द्वारा की जाती

थी, जिन्हें किसी वर्ग या किसी भी प्रकार के सांसारिक हितों की चिंता नहीं थी।"[44]

मनुस्मृति (II.2) दावे के साथ कहती है कि मनुष्य अपने सारे कार्य इच्छा से प्रेरित होकर कर सकता है। कार्य दो भिन्न, किंतु आपस में जुड़े क्षेत्रों में स्थित होता है—पहला, दैनिक, राजनीतिक तथा आर्थिक जीवन से जुड़ा है, जिससे व्यक्ति को भौतिक सुख (अभ्युदय) प्राप्त होता है और दूसरा, धर्म-कर्म के क्षेत्र में किए गए कार्य हैं, जिससे उसका सांस्कृतिक और बौद्धिक उत्थान (निःश्रेयस) होता है। दूसरा क्षेत्र मनुष्य जीवन के सारे पहलुओं में एक गहरे सूत्र के समान पिरोया गया प्रतीत होता है। हिंदुओं में भगवान् कोई दूर की भयावह शक्ति नहीं, जिसे तुष्ट करने की आवश्यकता हो। वह प्राप्य और नमन करने योग्य है। चूँकि भगवान् अंतर्यामी और प्राप्य हैं, इस कारण धार्मिक जीवन में "इतनी समझ होनी चाहिए कि विश्व में ऐसी अदृश्य शक्तियाँ हैं, जिनका हमारे जीवन से निरंतर संबंध रहता है।"[45] किंतु संपूर्ण सृष्टि का कारण, अर्थात् ब्रह्म से, मानवीय संबंध व्यक्तिगत आधार पर तय किया जाता है। एक हिंदू धर्म-कर्म या धार्मिक उत्थान के लिए अपना मार्ग चुनने के लिए स्वतंत्र है, क्योंकि वह जिस संस्कृति से संबंध रखता है, उसका मानना है कि परम सत्ता की असीमता मात्र एक प्रतीक के रूप में ही रीत नहीं जाती। वह पूर्ण सत्य किसी बाह्य दबाव से नहीं, बल्कि सार्थक रूप से उसकी खोज करनेवाले मानव मन द्वारा जाना जा सकता है। स्थान और काल अस्तित्व निर्णय के वैध मापदंड हैं तथा ऐसे महत्त्वपूर्ण विचार हैं, जन्हें सामाजिक तथा न्यायिक निर्णय करते समय ध्यान में रखना चाहिए। 'सत्य' कोई ऐतिहासिक रेखांकन नहीं है, जिसे विजयी पांथिक संगठनों और वैचारिक सेनाओं के बल पर स्थापित किया जाए। सत्य एक सतत अनुसंधान है।

शास्त्रीय और विधिक नियमों की अपूर्णता हिंदू जगत् के उस विचार पद्धति की उपज है, जिसमें इस धारणा को महत्त्व मिलता है कि विभिन्न प्रकार की जीवनशैलियों को भी अतींद्रिय रूप में गुणवान बनाया जा सकता है। न केवल यथार्थ को जानने के विभिन्न व्यक्तिगत तरीकों को स्वीकार किया गया, बल्कि विभिन्नता के सिद्धांत तथा भिन्न-भिन्न सामाजिक-आर्थिक अभिव्यक्तियों की संभावना को समूहों, सामाजिक इकाइयों और राज्यों पर भी लागू किया गया—"यह भारतीय विचारधारा तथा भारतीय कानून का सिद्धांत है कि कोई एक मापदंड या तरीका सभी पर लागू नहीं होता।"[46] यदि हिंदू विचार ने एकदेववाद और एकेश्वरवाद को अस्वीकार किया तो उसने उसी भावना से एकमेव सार्वभौम कानून के विचार को भी अस्वीकार कर दिया, क्योंकि संकीर्ण पांथिक विचारधारा का लौकिक सहयोगी और उसका राजनीतिक दाँव-पेंच माना गया। *महाभारत* (XII.79.32) कहता है कि स्थान और काल की अनिवार्यता के कारण आचार का कोई सिद्धांत विशिष्ट रूप ले सकता है; जिसे एक संदर्भ में अधार्मिक माना

जाता है, उसे ही दूसरे में धर्मनिष्ठता या दोनों का मेल माना जा सकता है। फिर कोई व्यक्ति या पंथ, बहिष्कारवादी नैतिक दृष्टिकोण अपना कर, यह कहने का दंभ और साहस कैसे कर सकता था कि मात्र उसकी जीवन-पद्धति ही सत्य और पाप विनाश की ओर ले जा सकती है। ऐसा बेतुका साहस महानतम हिंदुओं ने भी नहीं दिखाया। *महाभारत* (वनपर्व, 313.117) कहता है कि मनुष्य का मन अस्थिर है, शास्त्र अलग-अलग सुर में बोलते हैं; एक ऋषि के विचार सार्वभौमिक रूप से स्वीकार नहीं किए जाते; धर्म का सत्य व्याख्याओं के गर्त में छिपा है। इसलिए सबसे अच्छा विकल्प यह है कि महान् व्यक्तियों द्वारा अपनाए गए मार्ग पर अपने सुविचारों के आलोक में चला जाए। विचारों की विविधता को जहाँ जीने के तरीके के रूप में देखा गया, वहीं सभी विचारों को समान रूप से अच्छा नहीं माना गया। हिंदुओं ने बुद्धिमत्ता का परिचय देते हुए फिजूल और बेतुकी नैतिक सापेक्षवादिता को अस्वीकार किया है। उन्होंने विविधता को स्वीकार, यहाँ तक कि सहन भी किया, लेकिन उस नैतिक आचरण को चुपचाप सहन नहीं किया, जो आचार तथा धर्म के आदर्शों के बीच भेद पैदा करता है—"नैतिक जीवन के प्रति उदासीनता स्पष्ट रूप से अभारतीय है।"[47]

किंतु इस बात को नहीं भुलाया गया कि परिस्थितियाँ विषयों को बदल देती हैं, बल्कि उनकी गहन अनुभूति की गई तथा अनेक महान् शिक्षकों ने परिस्थितिजन्य अधिकारों और दायित्वों तथा धर्म की श्रेष्ठता की चुनौतियों पर गंभीरता से विचार किया है। एक हिंदू के लिए मानव व्यवहार के रूप में इतिहास से परे और अलौकिक मापदंड रखनेवाले नियमों को आँख मूँदकर स्वीकार कर लेने का विकल्प उपलब्ध नहीं था। उसके सामने किसी रूढ़ि को स्वीकार करने और उसकी यंत्रवत् अंधभक्ति करने का रास्ता भी नहीं था। इसका कारण यह है कि एक हिंदू से अपेक्षा की जाती है कि वह अपनी निजता तथा लौकिक परिस्थिति की जटिलता को ध्यान में रखते हुए आध्यात्मिक विकास का मार्ग तैयार करे। उसी प्रकार एक समुदाय से व्यवहार के नियम तय करने से पहले उन पर वाद-विवाद, चर्चा और जाँच की अपेक्षा की जाती थी। हिंदुओं के साथ समस्या यह थी कि वे उस तथाकथित सीधे, सरल मध्य पथ पर चलने से मना कर देते थे, जिसे देववाणी या पांथिक वैधानिकता प्राप्त कानून की पुस्तकों द्वारा तय किया जाता था। उनके लिए यह मानना संभव नहीं था कि उनका मत देववाणी द्वारा यदि एक बार तय कर दिया गया तो वह आनेवाले समय में अपरिवर्तनीय रहेगा, चाहे उसकी ज्ञानमीमांसा जीवन की वास्तविकता के सामने कितनी भी विवादित क्यों न हो जाए। हिंदू जगत् को ऋषि आपस्तंब ने स्पष्ट रूप से सुझाया है कि, "सत्य और असत्य यह कहते हुए नहीं फिरते हैं कि 'ये हम हैं;' देवता, किन्नर और पूर्वज भी यह नहीं कहते कि 'यह सही है, वह गलत है' (*न धर्माधर्मौ चरत आवम स्व इति, न देवगंधर्वा*

न पितर इति आचक्षते 'याम धर्मो याम अधर्म इति)।"[48] जीवन खोज और सीखने की निरंतर प्रक्रिया है।

धर्म और अधर्म की धारणाएँ बौद्धिक खोज और आध्यात्मिक दृष्टि द्वारा समझी जा सकती हैं, बशर्ते उन्हें उन ब्रह्मांडीय सिद्धांतों के अंतर्गत सांसारिक जीवन की वास्तविकताओं को देखने का अवसर दिया जाए, जो जीवन के अस्तित्व की व्याख्या करती हैं। उन सिद्धांतों को वेदों, परंपराओं, महान् ग्रंथों के साथ ही अच्छे विचारवाले व्यक्तियों तथा सामाजिक परंपराओं से भी समझा जा सकता है। ऋषि वाल्मीकि (*रामायण* 104.38.31) में कहते हैं कि सत्यवादिता, विपरीत परिस्थिति में शौर्य, संपूर्ण सृष्टि के प्रति करुणा, सुमधुर वाणी, देवताओं के प्रति सम्मान, सामाजिक समूहों और अतिथियों के प्रति सम्मान किसी व्यक्ति के सार्वजनिक गुण हैं। उसका व्यावहारिक जीवन इन मानदंडों के अनुरूप होना चाहिए :

सत्यम् सधर्मम् च पराक्रमम् च भूतानुकंपा प्रियवादितम् च्।
द्विजातिदेवातिथिपूजनम् च पंथनम् आहुस त्रिदिवस्य सन्तः॥

'*महाभारत*' (XII.23.19) के अनुसार, व्यक्तिगत तथा सामाजिक व्यवहार उन सार्वभौमिक मानकों के अनुरूप होना चाहिए, जिन्हें धर्म की प्रमुख विशेषता माना जाता है। *महाभारत* स्पष्ट करता है कि धर्म के सिद्धांतों को अहिंसा, सत्यवादिता, शांतिपूर्ण स्वभाव, क्रूरता का अभाव तथा स्वयं के तुच्छ स्वभाव पर चेतन नियंत्रण में रचा-बसा देखा जा सकता है : *अहिंसा, सत्यमऽक्रोध आनृसंस्यम् दमस्तथा आर्जव चैव राजेन्द्र निश्चितम् धर्मलक्षणम।*

इस धर्म चर्चा में कोई देवता शामिल नहीं, किसी पैगंबर की आवश्यकता नहीं, कोई शास्त्र बाध्य नहीं। एक अच्छे जीवन के लिए केवल अच्छे सिद्धांतों के प्रति समर्पण आवश्यक है। याज्ञवल्क्य ने ठीक ही कहा था कि किसी को भी दूसरों के साथ ऐसा व्यवहार नहीं करना चाहिए, जैसा कि वह अपने साथ नहीं चाहता—*अतो यदत्मानो! पश्यम परेषां न तद आचरेत।* धर्म का ऐश्वर्य ऐसी ही अंतर्भूत बातों पर आधारित होता है।

धर्म के सिद्धांतों की खोज निरंतर किए जाने की आवश्यकता है, क्योंकि परिस्थितियाँ मामलों को बदल देती हैं। *रामायण* मानव व्यवहार के गुण की समीक्षा की एक विश्वसनीय पद्धति की खोज गहन चेतना के साथ करती है और इसका व्याख्यात्मक स्वरूप "ग्रीक त्रासदी के समान उस दुविधा का आनंद मनाता है, जिसका सामना सद्‌गुणी मनुष्य को करना होता है।"[49] समस्या केवल यह जान लेने से समाप्त नहीं हो जाती कि धर्म का पैमाना सत्यवादिता है, बल्कि मनुष्य को यह ज्ञान भी होना चाहिए कि किसी मानवीय परिस्थिति में सत्यवादी होने का क्या अर्थ होता है? भीष्म

को इस विडंबना का ज्ञान था, जब कौरवों की महासभा में द्रौपदी ने अपने अपमान पर उनकी चुप्पी का कारण पूछा था। किंतु भीष्म को क्या करना चाहिए था? क्या हस्तिनापुर के सिंहासन के प्रति उनकी पूर्ण स्वामिभक्ति के कारण उन्हें एक असहाय महिला के अपमान के प्रयास को प्रभावी हस्तक्षेप से रोकने से बचना चाहिए था; उसे रोकना चाहि था या फिर उन्हें उस अशोभनीय दृश्य की वेदना को इस आशा के साथ सहना चाहिए था कि संभवत: द्रौपदी के साथ हुई त्रासदी के गर्भ में एक बेहतर भविष्य का बीज छिपा है? हिंदू स्मृति में ऐसी घटनाओं की भरमार है। इस कारण हिंदू मन समझता है कि घटनाओं और व्यक्तियों पर बेतुके निर्णय करने से पूर्व अत्यधिक सावधानी बरतनी चाहिए, क्योंकि हममें से कुछ लोग इस भ्रम में रहते हैं कि अच्छाई और बुराई की धारणा हमारी व्यक्तिगत अभिरुचि द्वारा तय की जाती है तथा नैतिकता निरंकुश नियमों को सीधे-सीधे लागू करने का नाम है। हिंदू मन इससे कम घमंडी और थोड़ा अधिक संशयात्मक रहा है।

भगवान् राम को अपने वैवाहिक धर्म और राजा के रूप में उनके धर्म के बीच किसी एक को चुनना था। अंत में उन्होंने जो फैसला किया, उससे एक कठिन परिस्थिति के निदान के लिए उनकी प्रतिक्रिया और उनके असमंजस की अभिव्यक्ति होती है। उन्होंने सोचा कि उनका निर्णय संतुलित था, उनके प्रशासनिक और राजनीतिक नियंत्रण के अधीन स्थित समाज के व्यापक हित में था, किंतु उनके निर्णय पर मिथिला की महिलाओं को आज भी आपत्ति है, जो यह कहने से बाज नहीं आतीं कि उन्होंने राजा का धर्म तो निभाया, लेकिन पति का धर्म भूल गए। भगवान् राम के निर्णय की आलोचना आधुनिक टिप्पणीकारों द्वारा उस व्यक्तिवादी दृष्टिकोण से की जाती है, जिसमें प्रेमी के लिए सिंहासन का त्याग करना महान् नैतिक गुण माना जाता है। किंतु व्यक्तिवादी समाज का आधुनिक आलोचक अपने मानदंड आधुनिक जगत् के असीम सुखवादी व्यक्तिवाद के आधार पर तय करता है, जहाँ मनुष्य जीवन का महत्त्व केवल उसकी अपनी प्रसन्नता और संतुष्टि से लगाया जाता है। किंतु भगवान् राम एक अलग सांस्कृतिक जगत् में जी रहे थे, जहाँ निजी स्वार्थ को समाज के हित में पूरी तरह त्यागना यदि संभव नहीं हो तो कम-से-कम दोनों में संतुलन रखना महत्त्वपूर्ण माना जाता था। इस कारण हमें याद रखना चाहिए कि "दुविधा में सही व्यवहार पर विमर्श ही वाल्मीकि के ग्रंथ का मूल आधार है।"[50]

धर्म पर एक आलेख सामाजिक जीवन की जटिलताओं को देखने का केवल एक तरीका हो सकता है। चूँकि हिंदुओं को सारगर्भित चर्चा (संवाद) का पूर्ण ज्ञान था, इस कारण उन्होंने धर्म पर अनेक ग्रंथों तथा तर्कपूर्ण पद्धतियों की रचना की और इस तथ्य की पुष्टि की कि "किसी भी ग्रंथ को स्थानीय परिस्थितियों में भी सर्वोपरि नहीं

माना जा सकता था।”[51] पद्धतियों या पुस्तिकाओं की शृंखला स्थानीय उपयोग के लिए महत्त्व रखती थी, इस कारण किसी सामाजिक विवाद में “एक धर्मग्रंथ को दूसरे के विरुद्ध रखा जाता था और अकसर ऐसा होता था।”[52] केवल कुछ मानक सिद्धांत—सत्य, अहिंसा, पवित्रता, आत्म-नियंत्रण आदि—सभी मनुष्यों पर समान रूप से लागू होते थे, किंतु “सभी पर लागू होनेवाले नियमों को छोड़कर, हिंदुत्व में धर्म, विभिन्न व्यक्तियों के लिए तथा भिन्न परिस्थितियों में भिन्न-भिन्न होता है।”[53] कठिनाई या संकट (आपदा) की स्थिति में सबसे कठोर नियम भी त्याग दिए जाते थे। “दूसरे शब्दों में, इन समूहों के सदस्यों के लिए व्यवहार के जिन तरीकों (आचार) को उचित माना जाता है, वही धर्म हैं, चाहे उनकी व्याख्या *धर्मशास्त्रों* में न हो या वे उनमें दिए नियमों के अनुकूल न हों।”[54] अच्छे व्यवहार, परंपरा और स्थानीय रीतियों पर निरंतर इस प्रकार बल दिए जाने के कारण हमें यह याद रखना चाहिए कि “धर्म को कानून नहीं समझा जा सकता है, जैसा कि *‘धर्म’* शब्द का अनुवाद करनेवाले अकसर करते हैं—पश्चिम में धर्मशास्त्रों को ‘विधि ग्रंथ’ बना दिया गया—उसे रिलीजन भी नहीं समझा जा सकता, जो अर्थ आधुनिक भारतीय भाषाओं में धर्म का हो गया है।”[55] अधिकांश *स्मृतियाँ* अपनी विषय-वस्तु को तीन महत्त्वपूर्ण हिस्सों बाँटती हैं—*आचार, व्यवहार और प्रायश्चित्त। स्मृतिकारों* को यह ज्ञान था कि उनकी कृतियों की नैतिक शिक्षा तथा कानूनी चर्चा में प्रचलित परंपराओं का एक बड़ा हिस्सा भी मिश्रित है, “जो अपने स्रोत और तत्त्व-मीमांसा के आवरण के बिना भी अस्तित्व में थे, क्योंकि वे कुछ सामाजिक आवश्यकताओं की उपज थे और विशिष्ट सामाजिक परिस्थितियों के कारण अस्तित्व में आए थे।”[56]

धर्मशास्त्र कुछ सैद्धांतिक बातों को स्पष्ट करते हैं, जिनका पालन धर्म को बनाए रखने के लिए अनिवार्य है। इन बातों पर अधिकांश ग्रंथों में सहमति है तथा यह समझने के लिए कि उनका क्या अर्थ है, हम *धर्मशास्त्रों* में दी गई ‘धर्म’ की परिभाषा का अनसंधान कर सकते हैं। *मनुस्मृति* (IV.92) का कहना है—*धर्म* के दस बुनियादी [illegible] हैं—धैर्य, क्षमा, संयम, अस्तेय, शुद्धीकरण, इंद्रियों पर विजय, विवेक, ज्ञान, सत्य [illegible] क्रोध न करना। एक दूसरे छंद (X.63) में *मनुस्मृति* के अनुसार, अहिंसा, सत्य, अनैतिक तरीके से धन न जुटाना, शुद्धता और इंद्रियों पर नियंत्रण संक्षेप में सभी वर्णों के समान धर्म हैं। *महाभारत* (शांतिपर्व, 6.7.8) ने सारे मनुष्यों के धर्म को इस प्रकार स्पष्ट किया है—सत्यवादिता, क्रोध से मुक्ति, दूसरों से धन साझा करना, क्षमाशीलता, केवल अपनी पत्नी से संतानोत्पत्ति, शुद्धता, शत्रुता न करना, स्पष्टवादिता और अपने ऊपर निर्भर सभी व्यक्तियों के साथ समता का व्यवहार करना सभी वर्ण के मनुष्यों पर लागू धर्म के नौ मौलिक नियम हैं। *धर्मशास्त्र* उस सांस्कृतिक दृष्टिकोण की व्याख्या करते हैं, जिसके अनुसार मानव जीवन को व्यवस्थित किया जा सकता है। यदि इन

मौलिक आदर्शों पर ध्यान स्थिर रहे तो सकारात्मक नियमों की भिन्नता को सामाजिक जीवन की स्वायत्तता का प्रमाण माना जा सकता है, जिसे विविध रूपों में, भिन्न कालों और भौगोलिक स्थानों में संगठित किया गया। यह विषय इतना महत्त्वपूर्ण नहीं था कि किसी दरिद्र को मुसीबत में क्या भोजन दिया गया, जब यह तय कर लिया गया हो कि किसी मनुष्य के जीवन में परोपकार का एक महत्त्वपूर्ण स्थान होता है। *ददस्वन्नम, ददस्वन्नम, ददस्वन्नम युधिष्ठिर*—भोजन दो, भोजन दो, भोजन दो हे राजा युधिष्ठिर! यह वह सलाह है, जिसे प्रत्येक राजा को याद रखना चाहिए। उसे इस मानक निर्देश की पूर्ति के लिए यथावश्यक सभी प्रकार के प्रशासनिक उपाय करने चाहिए। महत्त्व किसी लक्ष्य तक पहुँचने का है, किसी विशेष पथ पर चलने पर बल नहीं दिया जाता। फलदायी पथ एक नहीं अनेक हो सकते हैं। लक्ष्य शुभ होना चाहिए, पथ मंगलकारी।

नैतिक अर्थ के अतिरिक्त धर्म का संस्कार संबंधी महत्त्व भी है। इस दृष्टिकोण से धर्म का अर्थ वेदों द्वारा बताए गए *यज्ञ, होम, अग्निहोत्र* आदि से लगाया जाता है। *ऋग्वेद* में धर्मण शब्द का प्रयोग कम-से-कम साठ बार किया गया है, '*वी*' शब्द के साथ '*स्व*' को मिलाकर अठारह बार तथा सत्य के साथ छप्पन बार किया है। किंतु डॉ. काने के अनुसार, अधिकांश मामलों में 'धर्मण' का अर्थ धार्मिक अध्यादेशों या संस्कारों से लगाया जाता है। कुछ वैदिक छंदों में इस शब्द का अर्थ व्यवहार के सिद्धांत या नियम जैसा भी लगता है। *अथर्ववेद* में *धर्म* शब्द संभवत: धार्मिक रस्मों से प्राप्त गुण के लिए प्रयोग में लाया गया। *ऐतरेय ब्राह्मण* में इस शब्द का प्रयोग अमूर्त भाव के साथ संपूर्ण धार्मिक कर्तव्यों के लिए किया गया। दर्शन का मीमांसावादी विचार धर्म शब्द के महत्त्व को धार्मिक संस्कार के साथ ही सामाजिक-नैतिक कर्तव्य के रूप में भी बताता है। अपने पूर्व मीमांसासूत्र (I.I.2) में जैमिनी ने कहा कि धर्म उन पुण्यवान आकांक्षाओं या परिणामों का महत्त्व बताता है, जिनकी व्याख्या वैदिक छंदों में मिलती है। मीमांसा के अनुसार, कोई भी कर्म अपने आपमें मूल्यवान होता है। किसी मंत्र में देवता का स्मरण वरदान देनेवाले के रूप में नहीं, बल्कि संप्रदान के रूप में उस कार्य में अंतर्निहित संयुग्मी महत्त्व को बताने के लिए किया जाता है, जिसमें देवता की वास्तविकता बलि प्रदान का संकेत देती है। *मीमांसा* द्वारा धर्म की व्याख्या कर्म (*कर्मन*) से किए जाने का अर्थ यह है कि किए जानेवाले कर्म में ही फल भी छिपा होता है। उसके लिए स्वर्ग या नरक में भेजनेवाले दंडाधिकारी देवता की आवश्यकता नहीं पड़ती। प्रत्येक कार्य के निष्पादन से *अपूर्व* प्रकट होता है, जिसमें दंडात्मक रूप में या प्रभावी रूप में उन सभी कार्यों का फल देने की संभावना रहती है। यज्ञ करना धार्मिक कार्य है, क्योंकि यह पुण्य का काम है। परोपकार सराहनीय कार्य है, क्योंकि इससे भी अच्छे फल की संभावना पैदा होती है। चूँकि धर्मशास्त्रों का संबंध धर्म की पूर्ण उर्वरता

से है, इस कारण वे इन पहलुओं को भी ध्यान में रखते हैं।

वैदिक सामग्री का वर्गीकरण मंत्र और ब्राह्मण के रूप में किया जा सकता है। ऐसा माना जाता है कि वैदिक मंत्र चार प्रकार के होते हैं : *ऋक* (जो स्वरबद्ध है), *यजुस* (जिसमें छंद की कोई सीमा नहीं होती, किंतु उसे एक वाक्य का होना चाहिए), सामन (जिसे गाया जाता है) तथा *निगड़* (यानी प्रेष, जिसका अर्थ उन शब्दों से है, जिनका प्रयोग एक व्यक्ति दूसरे से किसी कार्य को करने के लिए कहने में प्रयोग करता है) 'मंत्र' शब्द की सटीक व्याख्या कहीं नहीं मिलती, हालाँकि इस बात पर सभी सहमत थे कि किसी मंत्र को वैदिक रचनाओं के समूह से परे जाकर, और कुछ महत्त्वपूर्ण कर्तव्यों और कार्यों को करने में उसके प्रयोग को समझे बिना नहीं जाना जा सकता है। *मनुस्मृति,* (III.121) पर अपनी टिप्पणी में मेधातिथि ने कहा कि, "मंत्र का वास्तविक स्वभाव वेदों में न पाई जानेवाली अभिव्यक्तियों से संबंधित नहीं हो सकता है; वेद के सारे छात्र स्वीकार करते हैं कि ऋक, यजुस, सामन—तीनों रूपों में ही, मंत्र वेद का हिस्सा है और शब्दों का अर्थ प्रयोग से ही लगाया जा सकता है।"[57] विस्तृत अर्थ में यह कहा जा सकता है कि *मंत्र* वेदों का वह अंग है, जिसे विद्वानों ने इस रूप में स्वीकार किया है।

पूर्व मीमांसा सूत्र (II.1.31-32) कहता है कि "*अपि वा प्रयोग सामर्थ्यानमंत्रोऽभिधान वाचि स्यात्",* अर्थात् *मंत्र* वह है जो अभिकथन करता है या दूसरे शब्दों में कहें तो *मंत्र* वे हैं, जो किसी बात का अभिकथन करते हैं। *पूर्व मीमांसा* की परिभाषा में प्रभावी शब्द *अभिधानवाची* है, जिसका अर्थ है—नाम लेना, बताना या अभिकथन करना। अभिधा रूप में एक नाम का प्रयोग उस शब्दश: अर्थ को बताने हेतु किया है, जो उस शब्द को आम सहमति या परंपरा से प्राप्त होता है। मंत्र का प्रयोग केवल यंत्रवत् उच्चारण के लिए नहीं किया जाता। वे मौलिक रूप से *अभिधायक* हैं, यानी यह याद दिलाते हैं कि क्या हो रहा या क्या किया जाना है ? किंतु यह भी सत्य है कि केवल एक-तिहाई *ऋग्वैदिक* मंत्रों का प्रयोग ही वैदिक यज्ञों में किया जाता है, अन्य अध्ययन और चिंतन के लिए हैं। डॉ. काने कहते हैं कि "मंत्र की कोई औपचारिक परिभाषा नहीं दी गई है और केवल इतना कहा गया है कि मंत्र वही है, जिनकी पहचान विद्वानों ने उस रूप में की है।"[58] *तंत्रवार्तिक* का भी यही कहना है—*स्वध्यायेपठ्यमानेषु येषु मंत्रपदं स्मृतमं, ते मंत्र नाभिधानम् ही मंत्राणां लक्षणं स्थितम।*

दूसरी तरफ वेदों के ऐसे भाग, "जो मंत्र नहीं हैं या जिन्हें मंत्र नहीं कहा जा सकता, वे ब्राह्मण हैं।"[59] *ब्राह्मण* ग्रंथ वेदों से गद्यात्मक रचनाओं के रूप में जुड़े हैं, जिनमें विभिन्न यज्ञों और धार्मिक संस्कारों से जुड़ी जानकारी है तथा उनमें ऐसी अनेक कथा-कहानियाँ हैं, जो कुछ कर्मकांडों के अर्थ की व्याख्या करती हैं। ऐसा कहा जाता

है कि *ब्राह्मण* ग्रंथों को प्रेरणात्मक और व्याख्यात्मक अंशों में बाँटा जा सकता है। पहले को *विधि* और दूसरे को *अर्थवाद* के रूप में वर्गीकृत किया जाता है। इसी कारण *वेदों* को कभी-कभी तीन वर्गों, अर्थात् *विधि, अर्थवाद* और *मंत्रों* में वर्गीकृत किया जाता है। विधि एक "प्रबोधन है, जो इस दृष्टि से अर्थपूर्ण है कि वह एक ऐसे विषय को विहित करता है, जिसका कोई (उपयोगी) उद्देश्य है और यह कुछ ऐसा आदेश देता है, जो किसी भी अन्य सत्ता का अनुकरण नहीं करता है (या उसके द्वारा स्थापित नहीं) किया जाता है।"[60] इसका अर्थ होगा कि किसी अज्ञात विषय को बताना ही विधि का उद्देश्य है (*अज्ञातस्य ही ज्ञापनं विधिः*) या जैसा कि शबर कहते हैं, कि ऐसे विचार या धारणा का रहस्योद्घाटन, जिसे किसी अन्य स्रोत द्वारा नहीं जाना जाता, वही विधि है—*अविदित वेदवम् च विधिरित्युच्यते।* व्याकरण की दृष्टि से इसका अर्थ होगा कि *विधि* का आदेश मौखिक रूप से या एक कर्मप्रधान कृदंत द्वारा दिया जाता है। उदाहरण के लिए, यह प्रबोधन कि "वह जो स्वर्ग प्राप्ति की इच्छा रखता है, उसे अग्निहोत्र करना चाहिए, उस होम का पालन विहित करता है, जिसका लाभप्रद उद्देश्य है और जो अन्य स्रोतों में प्राप्त नहीं होता", विधि है।[61]

वैदिक विद्वान् मानते हैं कि 'इसे किया जा सकता है', 'इसे किया जाना चाहिए' जैसे शब्द *विधि* का संकेत देते हैं। डॉ. काने कहते हैं कि "इससे पता चलता है कि विधि सामान्यतया इच्छासूचक रूप में छिपी होती है, (जिसे संस्कृत में *विधि लिंग* कहते हैं) और वर्तमान काल रूप में प्रयुक्त किसी क्रिया को विधि निर्धारित करनेवाला नहीं माना जा सकता है।"[62] किंतु हम जानते हैं कि इच्छासूचक रूप में कोई भी बात बस एक सलाह होती है, जिसमें विकल्प की संभावना अंतर्निहित है, क्योंकि इच्छासूचक रूप में कोई क्रिया केवल इच्छा या मंशा व्यक्त करती है। इस प्रकार इसके द्वारा कानूनी रूप से बाध्यकारी नियम की स्थापना नहीं की जाती है। *विधि* को किसी सलाह, उपदेश या किसी इच्छा के रूप में देखा जा सकता है, जिससे स्पष्ट होता है कि किसी *विधि* के उपदेश का पालन करना अच्छा हो सकता है, लेकिन यदि उन्हें माना नहीं गया तो कोई दंड नहीं दिया जा सकता है।

विधि ऐसे आदेश के समान नहीं होती, जिसके साथ कोई प्रतिबंध जुड़ा हो। शास्त्रों में भाषा संबंधी एक और साधन का प्रयोग किया गया है, जिसे *अर्थवाद* कहते हैं। *अर्थवाद* का महत्त्व *विधि* से भी कम होता है। हमें याद रखना चाहिए कि मीमांसा के प्रतिपादकों द्वारा विधि और *अर्थवाद* के जिस व्याकरणिक रूप की व्याख्या की गई है, उसी रूप में उनका प्रयोग *धर्मशास्त्रों* में किया गया है। किसी ग्रंथ में *अर्थवाद* के हिस्से का उद्देश्य उसके प्रेरणात्मक भागों की महिमा का बखान या गुणगान करना होता है। *पूर्व मीमांसा सूत्र* के I.2.7 पर अपनी टिप्पणी में शबर ने एक लेखांश को

उद्धृत किया है कि "समृद्धि की इच्छा रखनेवाले को वायु को प्रसन्न करने के लिए किसी सफेद जानवर की बलि देनी चाहिए; निस्संदेह वायु सबसे गतिवान देवता हैं; वह वायु के समीप उनका उचित भाग लेकर जाता है; वह (वायु) बलि देनेवाले को समृद्धि दिलाते हैं।"[63] डॉ. काने हमें बताते हैं कि वायु को बलि देने की बात करनेवाला पहला हिस्सा *विधि* है, क्योंकि अन्न भेत शब्द इच्छासूचक रूप में है। शेष हिस्सा *अर्थवाद* है, जिसका उद्देश्य गुणगान करना है। इस प्रकार, *विधि* केवल प्रेरणादायी या सलाह देने संबंधी होती है, जबकि एक *अर्थवाद* और कम महत्त्वपूर्ण होता है, क्योंकि यह केवल प्रशंसा या गुणगान करता है। *स्मृतियों* में *अर्थवाद* बहुतायत में हैं। *मनुस्मृति* के छंद II.1 पर टिप्पणी करते हुए मेधातिथि कहते हैं कि उसके प्रथम अध्याय में कुछ एक सौ उन्नीस छंदों में से केवल पाँच या छह छंद (85-91) उस ग्रंथ का उद्देश्य बताते हैं, जबकि शेष केवल घोषणात्मक व्याख्या (*अर्थवाद*) हैं। हम जानते हैं, और मेधातिथि हमें फिर से याद दिलाते हैं, कि धर्म को स्मृति के उन अंशों से सीखा जा सकता है, जिनमें *लिं* और प्रेरणात्मक बातें समाहित हैं, जिसका अर्थ हुआ कि *मनुस्मृति* के पहले अध्याय में पंचानवे प्रतिशत केवल *अर्थवाद* है, एक भाषण, जो *विधि* के कुछ अंशों का सिर्फ बखान करते हैं। इसी प्रकार मनु V.56 पर मेधातिथि कहते हैं, "छंद 28 से यहाँ तक हम केवल गुणगान करनेवाली बातें देखते हैं; केवल दो या तीन छंद ही स्तुतिद्योतक हैं।"[64] मेधातिथि ने छंद II.118-121, तथा छंद IX.135 को भी *अर्थवाद* के उदाहरण कहा है। ये उदाहरण केवल सांकेतिक हैं और हम यह मान सकते हैं कि विभिन्न *स्मृतियों* के अनेकानेक छंद भी *अर्थवाद* ही हैं। चूँकि *विधि* या *अर्थवाद,* नियम या *परिसंख्य* की परिभाषा को लेकर भी अनके अर्थ लगाये जाते थे, इस कारण आगे चलकर उनकी कई स्वतंत्र व्याख्या देखने को मिली।

विधियों को भी कृत्वार्थ, जो रीति-रिवाज पर लागू होते हैं, तथा *पुरुषार्थ,* जो मनुष्य पर लागू होता है, में बाँटा जाता है और *विधि* के दोनों उपखंड प्रेरणादायी शक्तियों की ओर संकेत करते हैं, जिन्हें 'प्रयुक्ति' कहा जाता है। किसी *विधि* का उद्देश्य और कार्य व्यक्ति द्वारा स्वेच्छा से उसे प्रेरणादायी शक्ति के रूप में मानकर अपनाए जाने पर निर्भर करता है। जैमिनी ने *पूर्वमीमांसा* सूत्र में *पुरुषार्थ* की व्याख्या *यस्मिन प्रीतिः पुरुषस्य तस्यालिप्साऽर्भलक्षणाऽविभत्वत* के रूप में की है, अर्थात् *पुरुषार्थ* वह है, जिसके अपनाए जाने पर किसी मनुष्य की प्रसन्नता निर्भर करती है, जो अपने निजी तथा तात्कालिक लाभ के लिए किसी विशेष कार्य को करने का निर्णय ले सकता है। *कृत्वार्थ* वह है, जो *पुरुषार्थ* की प्राप्ति में सहायता करता है, परंतु कर्ता को प्रत्यक्ष लाभ नहीं पहुँचाता। दोनों के बीच का भेद यह है कि "यदि कृत्वार्थ को नहीं माना गया तो कृत्य दोषपूर्ण हो जाता है, जबकि पुरुषार्थ का पालन न करने पर परिणाम यह होता है कि

मनुष्य स्वयं निन्द्य या धर्मोल्लंघक तो हो जाता है, लेकिन कृत्य दोषपूर्ण नहीं होते।"[65] इन दोनों शब्दों की कुछ और व्याख्याएँ भी की गई है, जिनसे पता चलता है कि एक ही कार्य को विभिन्न विद्वानों द्वारा *कृत्वार्थ* या *पुरुषार्थ* के रूप में अलग-अलग देखा गया है। कुछ सोचते हैं कि धनोपार्जन *पुरुषार्थ* है, जबकि अन्य मानते हैं कि इसे *कृत्वार्थ* भी कहा जा सकता है। इस कारण, यदि कोई धनोपार्जन को *कृत्वार्थ* मानता है तो ऐसे उपार्जन के लिए उन उपायों को अपनाना, जो शास्त्रों में नहीं बताए गए हैं, उपार्जन को दोषपूर्ण बना देते हैं तथा उन संस्कारों को तुच्छ बना देते हैं, जिनमें ऐसे धन का प्रयोग किया जाता है। किंतु धनोपार्जन को यदि *पुरुषार्थ* माना जाए, जैसा कि अन्य विद्वान् मानते हैं, तो यज्ञ के लिए धन चाहे किसी भी साधन से इकट्ठा किया जाए, उसका कृत्य प्रभावित नहीं होगा।

हमारी वर्तमान सामान्य धारणा यह है कि केवल *धर्मशास्त्रों* द्वारा बताए गए तरीके से ही—अन्य किसी और रीति से नहीं—विभिन्न वर्ण अपनी आजीविका और धन अर्जित कर सकते हैं; एक ब्राह्मण दान से, क्षत्रिय सैन्य वीरता से, वैश्य कृषि से और शूद्र सेवा से। किंतु अधिकांश विद्वानों और टिप्पणीकारों का मानना है कि धनोपार्जन के नियम को पुरुषार्थ ही माना जाना चाहिए। *याज्ञवल्क्य स्मृति* (II.144) पर अपनी व्याख्या में विश्वरूप ने माना है कि धनोपार्जन के नियम पुरुषार्थ हैं, जिसका अर्थ होगा कि विभिन्न वर्णों द्वारा अलग-अलग प्रकार से धनोपार्जन के तरीकों को निर्धारित और सीमित नहीं किया जा सकता। डॉ. काने कहते हैं, "धनोपार्जन मनुष्य के लिए स्वाभाविक कार्य है और यह शास्त्र पर निर्भर नहीं रहता। साथ ही, कोई भी समझ सकता है कि धन इकट्ठा करने से उसे इकट्ठा करनेवाले को सुख मिलता है। इस कारण, धन पुरुषार्थ है और धन से किए जानेवाले संस्कार भी पुरुषार्थ हैं।"[66] *मिताक्षरा* ने तो यहाँ तक कह दिया कि *स्मृतियों* की कई पाबंदियाँ भी मात्र पुरुषार्थ हैं, क्योंकि उनके पीछे प्रत्यक्ष सांसारिक हित छिपे हैं तथा उनका पालन करने या न करने से पाप या मजबूरी का कोई संबंध नहीं होता। प्रो. काने कहते हैं, "सामान्य रूप से यह कहा जा सकता है कि जिन निर्देशों में एक अदृश्य, आध्यात्मिक या पारलौकिक परिणाम निहित होते हैं, वे *कृत्वार्थ* हैं, जबकि जिनके दृश्य परिणाम हैं, वे पुरुषार्थ हैं।" ऐसा कहा जा सकता है कि यज्ञ करने, पवित्र संस्कारों को करने या व्रत रखने के पीछे अदृश्य या अलौकिक फल प्राप्त करने की इच्छा होती है। दूसरी तरफ, भाग-दौड़ भरे जीवन में लौकिक कार्यों के पीछे तात्कालिक लाभ की भावना होती है। दूसरे शब्दों में, *विधि* के *कृत्वार्थ* अंश के अंतर्गत केवल पवित्र कर्मों को रखा जा सकता है, जबकि *पुरुषार्थ विधि* के अंतर्गत मनुष्य का सामाजिक जीवन और उसके संबंध आते हैं। *पुरुषार्थ* मात्र उपदेशात्मक है और उसमें कोई कार्मिक हास निहित नहीं होता, न ही किए गए कार्य के फल के अतिरिक्त किसी

अन्य लाभ का विश्वास दिलाता है। आपराधिक रूप से धन अर्जित करने पर कोई व्यक्ति नैतिक दंड का भागी हो सकता है, किंतु उस व्यक्ति को इस प्रकार अर्जित धन के अंश से परोपकारी कार्यों को करने से नहीं रोका जा सकता है। सामाजिक क्षेत्र में जहाँ पारस्परिक लेन-देन को निभाया जाता है, वहाँ *पुरुषार्थ* को अमल में लाया जाता है तथा किसी शूद्र से ब्राह्मण के संबंध का कोई अलौकिक या दैवी कारण नहीं होता, न ही उसका अलौकिक महत्त्व होता है—यह संबंध तात्कालिक सांस्कारिक माहौल में प्रभावी मानवीय मूल्यों का परिचालन है।

इस कारण कोई *विधि* वाक्य व्यक्तिगत संदर्भ में ही लागू किया जाता है। *विधियों* की परामर्श संबंधी बातें व्यवहार में तभी महत्त्वपूर्ण हो सकती हैं, जब वे किसी व्यक्ति की इच्छा की पूर्ति कर सकें। यदि किसी प्रबोधन से फल की प्राप्ति नहीं होती या उसका कारण स्पष्ट नहीं होता, तो उसे प्रेरणात्मक *विधि* नहीं कहा जा सकता। वह *अर्थवाद* या किसी स्थानीय प्रचलन से जुड़ा हो सकता है, संभव है कि एक अंधविश्वास भी हो। यदि सारे धर्मशास्त्र हिंदुओं के 'कानून' हैं, तो हिंदू विश्व के सबसे विचित्र प्राणी होंगे। चलिए, हिंदू 'कानूनों' के कुछ उदाहरणों का जायका लेते हैं। हम सबसे प्राचीनतम सूत्र गौतम सूत्र से शुरुआत करते हैं। इसमें निम्नलिखित दिलचस्प 'कानूनी' सिद्धांत हैं : (i) 'किसी व्यक्ति को अपनी पत्नी के संसर्ग में उसकी *ऋतु* में ही जाना चाहिए', (ii) 'वह प्रतिबंधित अवधि के सिवाय किसी भी अन्य समय पर उसके पास जा सकता है', (iii) 'अपने माता-पिता का प्रतिदिन चरण स्पर्श करना चाहिए', (iv) 'पत्ते या पत्थर की सहायता से मल नहीं हटाना चाहिए', (v) 'इंद्रधनुष को *इंद्रधनु* नहीं, बल्कि *मणिधनु* कहना चाहिए', (vi) 'किसी को भी अपनी दुधारु गाय की स्थिति के बारे में दूसरी गाय के मालिक से बात नहीं करनी चाहिए', (vii) 'किसी को भी उस नाव पर सवार नहीं होना चाहिए, जो उसे पार न ले जा सके', (viii) 'दिन में कोई व्यक्ति अपना सिर नहीं भी ढक सकता है', (ix) 'मल का त्याग करते समय व्यक्ति को अपना सिर ढक लेना चाहिए', (x) 'व्यक्ति को उस रस्सी को नहीं लाँघना चाहिए, जिससे कोई बछड़ा बँधा हो'। *आपस्तंब* सूत्र में भी हिंदू कानूनी सिद्धांत के कुछ अद्‌भुत नमूने हैं : (i) 'एक छात्र को अपने गुरु के लिए प्रतिदिन एक घड़ा पानी लाना चाहिए', (ii) 'उसे सूर्यास्त के बाद लकड़ी इकट्‌ठा नहीं करना चाहिए', (iii) 'हाथ से हिलाए गए या एक हाथ से डाले गए जल से आचमन नहीं करना चाहिए', (iv) 'मुसकराते समय मुँह को हाथ से ढक लेना चाहिए', (v) 'झूले के खंभे के बीच के स्थान को पार नहीं करना चाहिए', (vi) 'एक झुंड में बैठी चिड़िया को नहीं गिनना चाहिए', (vii) 'उगते या डूबते हुए सूर्य को नहीं देखना चाहिए', (viii) 'नदी को तैरकर पार नहीं करना चाहिए', (ix) 'दिन में सहवास नहीं करना चाहिए', (x) 'युगलों को एक बिस्तर का साझा उपयोग

केवल सहवास के लिए करना चाहिए अन्यथा अलग-अलग बिस्तर पर सोना चाहिए।'

अब स्वाभाविक प्रश्न यह उठता है कि यदि किसी ने इन महान् आदेशों का पालन नहीं किया तो, क्या उस व्यक्ति को उनका पालन नहीं करने के लिए राज्य द्वारा दंडित किया जाता था ? धर्मशास्त्र इस पर कोई स्पष्ट उत्तर नहीं देते हैं, चूँकि इनमें से अधिकांश निर्देश व्यक्तिगत व्यवहार और सामाजिक रिवाजों से जुड़े थे, इसलिए यह असंभव है कि उनके पालन से कोई जोर-जबरदस्ती जुड़ी होगी। चूँकि यह पता लगा पाना असंभव है कि इन निर्देशों के निशाने पर कौन लोग थे, इसलिए उनके आपसी संबंधों का अनुमान भी नहीं लगाया जा सकता है। उपरोक्त कथनों की प्रकृति—और ये तो सदृश्य कथनों के बहुत बड़े वाङ्मय का एक छोटा नमूना है—तथा उनकी अनगिनत संख्या के कारण उनकी निगरानी करना, उन्हें सूचीबद्ध करना और पालन तथा उल्लंघन की घटनाओं का पता लगाना भी असंभव रहा होगा। हमारे पास ऐसा कोई प्रमाण नहीं है, जिससे हम कह सकें कि बछड़े को बाँधनेवाली रस्सी को लाँघने या इंद्रधनुष को मणिधनु की बजाय इंद्रधनुष कहने पर किसी व्यक्ति को दंडित किया गया हो। धर्मशास्त्रीय निर्देशों की बहुत बड़ी संख्या से ही स्पष्ट है कि ये एक लंबी अवधि में दर्ज की गई स्थानीय सामाजिक रीतियाँ थीं। कुछ स्थानीय वर्जनाएँ होंगी, तो कुछ सरल और सामान्य अंधविश्वास। इन धारणाओं को हिंदुओं का 'कानून' कहना शब्दार्थ विज्ञान का प्रहसन ही हो सकता है या व्याख्यात्मक भ्रामक निरूपण। चूँकि अधिकांश उद्धृत वक्तव्यों के साथ यह बात नहीं कई गई है कि उन्हें अपनाने से किस प्रकार का लाभ प्राप्त हो सकता है, इस कारण उन्हें प्रेरणात्मक विधि कहना भी सही नहीं होगा। यह हल्का-फुल्का *अर्थवाद* है ? शायद वह भी नहीं, क्योंकि अधिकांश *अर्थवाद* इस प्रकार के नहीं होते।

शास्त्र पाठों में ऐसे अनेक आंतरिक प्रमाण मिलते हैं, जो बताते हैं कि उनका संबंध कार्य के विभिन्न नियमों से है, न कि धर्म के महत्त्वपूर्ण मौलिक सिद्धांतों से। साथ ही, अधिकांश विचार स्थानीय रीतियों पर आधारित थे। यह निष्कर्ष एक ही ग्रंथ में विभिन्न विरोधाभासी निर्देशों, अनेक विकल्पों और दूसरे युग तथा काल की बातों के मौजूद रहने से भी निकाला जा सकता है। *गौतम धर्मसूत्र* कहता है कि एक ब्राह्मण बालक का *उपनयन* आठवें वर्ष में हो जाना चाहिए। उसी *धर्मसूत्र* के अगले सूत्र में कहा गया कि यह नौवें या यहाँ तक कि पाँचवें वर्ष में भी किया जा सकता है। सूत्र 1.1.12 में, गौतम कहते हैं कि एक क्षत्रिय का *उपनयन* ग्यारहवें वर्ष में और वैश्य का सोलहवें वर्ष में किया जाना चाहिए जबकि सूत्र 1.1.14 में कहा गया है कि एक क्षत्रिय का *उपनयन* यदि बाइसवें वर्ष में और वैश्य का चौबीसवें वर्ष में हो तो भी मान्य होता है। किसी छात्र के केश-विन्यास को लेकर भी ऐसे ही ज्ञानवर्द्धक कानून हैं। गौतम कहते हैं कि एक ब्रह्मचारी अपना सिर मुड़ा सकता है, पूरे सिर के बाल को कसकर

लट बना सकता है या केवल अपनी शिखा ही रख सकता है। इस निरूपण के अनुसार तो, कानून वह है जो किसी व्यक्ति की इच्छा पर निर्भर करता है। गौतम कहते हैं कि अनेक आचार्य यह मत रखते हैं कि जीवन का सबसे महत्त्वपूर्ण चरण गृहस्थ जीवन का होता है, क्योंकि इसी चरण पर अन्य सभी चरण निर्भर करते हैं तथा प्रत्येक व्यक्ति को इस चरण का धर्म निभाना चाहिए। वह यह भी कहते हैं कि इस मत के विपरीत अनेक आचार्य मानते हैं कि एक छात्र अपनी इच्छा के अनुसार गृहस्थ, संन्यास या वानप्रस्थ में से किसी भी चरण को चुन सकता है।

गौतम धर्मशास्त्र में एक स्थान पर कहा गया है कि चार वर्णों को केवल ब्राह्म, प्रजापात्य, आर्ष और दैव विवाह की ही अनुमति है। अगले ही सूत्र में यह कहा गया है कि कुछ आचार्य असुर और गंधर्व विवाहों को भी पहले चार विवाहों के समान ही महत्त्वपूर्ण और वैध मानते हैं। ऐसा कहा जाता है कि एक ब्राह्मण को विभिन्न प्रकार के यज्ञ करने चाहिए, शिक्षा देनी चाहिए तथा दान में मिले अन्न आदि से ही जीवन चलाना चाहिए, लेकिन गौतम कहते हैं कि यदि उपरोक्त तरीके से व्यवस्थित जीवन जीना संभव न हो तो एक ब्राह्मण को क्षत्रिय या वैश्य द्वारा अपनाई जानेवाली आजीविका के साधनों को भी अपना लेना चाहिए। गौतम कहते हैं कि कुछ आचार्यों के अनुसार एक ब्राह्मण, शूद्रों की आजीविका भी अपना सकता है, हालाँकि उनके अपने विचारों के अनुसार, एक ब्राह्मण को ऐसा करने से बचना चाहिए। एक सूत्र में गौतम कहते हैं कि शूद्र अपनी आजीविका अन्य तीन वर्णों की सेवा से अर्जित कर सकते हैं। अन्य सूत्र में वह उतने ही दावे से कहते हैं कि एक शूद्र शिल्प और दूसरे कौशल से—*शिल्पवृत्तिश्च*—भी आजीविका कमा सकता है। ऐसे में हम यह सोचने पर बाध्य हो जाते हैं कि यदि शिल्पकारी के विस्तृत क्षेत्र से आजीविका कमाने का विकल्प हो तो शूद्र दूसरों की सेवा क्यों करेंगे, जबकि किसी वृत्ति या व्यवसाय को अपना कर वे किसी शास्त्रिक नियम का उल्लंघन भी नहीं कर रहे। जहाँ तक अन्य तीन वर्णों की सेवा को लेकर शूद्रों की मजबूरी का प्रश्न है, तो हम गौतम द्वारा बताई गई उस बात को रेखांकित कर सकते हैं कि प्रत्येक वर्ण से उन वर्णों की सेवा की अपेक्षा की जाती थी, जो उससे श्रेष्ठ थे—*सर्वे चत्तरोत्तरम परिचरेयुः।* ब्राह्मण के खान-पान संबंधी नियम भी उतने ही लचीले हैं—एक स्थान पर गौतम कहते हैं कि ब्राह्मण को विशुद्ध द्विज के घर का भोजन ही करना चाहिए। अन्य स्थान पर कहते हैं कि एक ब्राह्मण सभी वर्णों के घर का पानी, शहद, अनाज, दूध, दही आदि ग्रहण कर सकता है; स्पष्टतः 'सभी वर्णों' में शूद्र भी सम्मिलित थे। एक अन्य स्थान पर गौतम अधिक मुखर हो जाते हैं और कहते हैं कि श्राद्ध, अग्निहोत्र और देवकर्म जैसे पवित्र संस्कारों के लिए आवश्यक सामग्री बिना संदेह, शूद्रों से भी ली जा सकती है।

शास्त्रों में ऐसे अनेक वक्तव्य हैं, जिन्हें ढाँचागत आवश्यकता और तर्क पर विचार किए बिना ही सम्मिलित कर लिया गया है। इस प्रकार के कथन—बिना बछड़ेवाली गाय का दूध पीने योग्य नहीं होता; वर्षा ऋतु में छात्र अपनी पढ़ाई छोड़ सकता है; कुत्ते, लोमड़ी या गधे की आवाज सुनाई देने पर अध्ययन बंद कर देना चाहिए—*सूत्रों* और *स्मृतियों* में बहुतायत से पाए जाते हैं। शायद ही ऐसे कथनों के पीछे का कारण बताया गया होता है। ऐसे कथन बस सीधे, बिना व्याख्या और यदा-कदा, हास्यास्पद रूप से कह दिए जाते हैं। प्रायश्चित्त जैसे महत्त्वपूर्ण विषय पर भी जो, अधिकांश धर्मशास्त्रों का भी महत्त्वपूर्ण विषय है, स्थिति स्पष्ट नहीं है। गौतम का प्राचीनतम सूत्र भी हमें उलझन में डाल देता है। प्रायश्चित्त पर केंद्रित अध्याय के आरंभ में वे कहते हैं कि कुछ लोगों के अनुसार प्रायश्चित्त करना ही चाहिए—*कुर्यादित्य परम*—जबकि कुछ आगे चलकर वे हमें यह भी बताते हैं कि कुछ आचार्यों के अनुसार ऐसा नहीं करना चाहिए—*न कुर्यादित्यहु:*। एक स्थान पर गुरु की पत्नी के साथ व्यभिचार करनेवाले के लिए गौतम अत्यंत कठोर दंड का विधान करते हैं—वे कहते हैं, उन्हें लौह की लाल तपती चारपाई पर लिटा देना चाहिए। कुछ पृष्ठों बाद उसी पुस्तक में, वह कहते हैं कि उपरोक्त दुराचार के लिए *प्राणायाम* और *आज्य होम* एक अच्छा प्रायश्चित्त होता है। गौतम कहते हैं कि अपने से निचले वर्ण के पुरुष के साथ सोनेवाली स्त्री को कुत्तों के सामने फेंक देना चाहिए। इसे अत्यंत कठोर दंड कहा जा सकता है, किंतु हम जानते हैं कि अवर वर्ण के पुरुष और उच्च वर्ण की स्त्री के संयोग से (*प्रतिलोम*) संतानों का उत्पन्न होना कोई अनोखी बात नहीं थी और धर्मशास्त्र हमें अनेक मिश्रित वर्णों के बारे में बताते हैं, जो दो वर्णों के बीच बिना किसी उत्पीड़न के बने संबंध की उपज थे। यदि मनमर्जी से संबंध बनाने की प्रत्येक घटना पर किसी स्त्री को कुत्तों के सामने फेंक दिया जाता, तो ऐसा कैसे हो सकता था? हम जब किसी से चुल्लू भर पानी में डूब मरने की बात कहते हैं, तो उसका अभिप्राय केवल उसके द्वारा संपन्न गलत कार्य की निंदा करना होता है। यह नहीं कि गलत कार्य करनेवाला वास्तव में अपने आपको डुबो लेता है या उसे डुबो दिया जाता है।

आपस्तंब धर्मसूत्र भी कम निर्देशात्मक नहीं है। सूत्र 1.2.12 और 1.2.15 के बीच (जहाँ किसी ब्रह्मचारी के लिए आश्रम में वेदाध्ययन की अवधि के निर्धारण का वर्णन है) वहाँ चार विकल्प सुझाया गया है—अड़तालीस वर्ष, छत्तीस वर्ष, चौबीस वर्ष और बारह वर्ष। एक स्थान पर आपस्तंब कहते हैं कि यदि किसी ब्रह्मचारी का गुरु संकट में हो तो उसे किसी शूद्र या उग्र गृहस्थ से भी दान स्वीकार कर लेना चाहिए। अन्यत्र वह कहते हैं कि अन्य आचार्यों के विचार में शूद्र तथा उग्र गृहस्थ से सभी परिस्थितियों में दान और धन खुशी-खुशी लिया जा सकता है। यह बात तो समझ में आ सकती है

कि गाँव में अपराधी के आने पर किसी ब्रह्मचारी से अध्ययन छोड़ने के लिए क्यों कहा जाता था, किंतु यह तो समझ से परे है कि आपस्तंब ने गाँव में किसी संत के आने पर या बादलों के घिरने पर या बिजली के कड़कने की आवाज पर अध्ययन रोकने की बात क्यों कही है। थोड़ा आगे चलकर ही स्थिति एकदम पलट जाती है और *वाजसनेयी ब्राह्मण* की उपमा देते हुए आपस्तंब कहते हैं कि बादलों के घिरने या बिजली के गरजने पर अध्ययन जारी रखना चाहिए। आपस्तंब में ऐसे अनेक विरोधाभासी कथन मिलते हैं—(i) आचमन के बाद अधरों को दो या तीन बार धो लेना चाहिए, (ii) स्नातक ब्राह्मण को अन्य तीन वर्णों के घर भोजन ग्रहण नहीं करना चाहिए, किंतु वह किसी धार्मिक शूद्र के घर भोजन कर सकता है, (iii) वास्तव में वह कहीं से भी मिला भोजन ग्रहण कर सकता है—*यत: कुतश्चभ्युद्यतम भोक्तव्यम्,* (iv) ब्राह्मण को कभी व्यापार नहीं करना चाहिए, किंतु संकट में वह ऐसा कर सकता है, (v) एक ब्राह्मण अपने शूद्र अतिथि को भोजन करा सकता है, बशर्ते उसने उसके घर के कार्य निष्पादन में सहायता की हो, किंतु यदि उसने नहीं भी किया तो भी उसे भोजन कराया जाना चाहिए, चाहे इसके लिए ब्राह्मण को राजा के पास दान लेने ही क्यों न जाना पड़े। महान् ऋषियों और गुरुओं के मार्ग पर चलना आवश्यक माना जाता था। (*येन महाजन: गता: तेन पंथा:*), यह भी माना जाता था कि इसका पालन बिना आलोचना, केवल श्रद्धावश नहीं किया जाना चाहिए, क्योंकि कुछ महान् ऋषियों ने कभी-कभी धर्म का उल्लंघन भी किया है और उनके ऐसे कार्य का अनुसरण कभी नहीं किया जाना चाहिए—*दृष्टो धर्मव्यतिक्रमस्साहसम च पूर्वेशाम।*

मनुस्मृति (II.39) में लिखा गया है कि यदि किसी ब्राह्मण का *उपनयन* सोलहवें वर्ष तक नहीं होता तो उसे सावित्री विमुख समझा जाएगा और उसे *व्रात्य* माना जाना चाहिए। इस प्रक्रिया का पालन कैसे हो, इसकी व्याख्या नहीं की गई है। मैं एक व्यक्तिगत उदाहरण से बता सकता हूँ कि *स्मृति* के ऐसे निर्देशों का, *उपनयन* जैसे महत्त्वपूर्ण संस्कार की महत्ता स्थापित करने के अतिरिक्त और कोई व्यावहारिक महत्त्व नहीं है। मेरे अपने कुल में ऐसा माना जाता था कि *उपनयन* एक परिपक्व आयु में होना चाहिए और मेरा *उपनयन* भी सोलह वर्ष की आयु के बहुत बाद किया गया। *वेदों* और *धर्मशास्त्रों* के एक महान् विद्वान् ने मेरा *उपनयन* करवाया, किंतु किसी ने भी उस संस्कार की वैधता पर प्रश्न खड़ा नहीं किया और न ही क्रोध में *मनु* के उदाहरण ही दिए गए। मुझे समुदाय से न तो बाहर निकाला गया, न ही *व्रात्य* घोषित किया गया। *मनुस्मृति* के उद्धरणों से अधिक महत्त्व कुल के रिवाजों का था, क्योंकि *मनुस्मृति* में इतिहास के किसी अन्य युग में प्रचलित रिवाजों का वर्णन किया गया है। वैसे भी अच्छे व्यवहार को *सदाचार* से तय किया जाता है और मनु के अनुसार *सदाचार* किसी वर्ण या समुदाय

के वे पारंपरिक प्रचलन हैं, जिनका पालन लंबे समय से किया जाता रहा है—*आचार: पारम्पर्यक्रमागत:*। यही कारण है कि धार्मिक संस्कारों को संपन्न कराने की प्रक्रिया में भी विभिन्नता की परिपाटी दर्ज की गई है। आपस्तंब कहते हैं कि एक वैश्य की मेखला (पवित्र धागा) ऊन (*आविसूत्रम वैषस्य*) का बना होना चाहिए, जबकि मनु कहते हैं कि वैश्य की मेखला पटुआ (*वैषस्य शणतान्तवि*) का होना चाहिए। आपस्तंब के अनुसार, ब्राह्मण ब्रह्मचारी का दंड पलाश का होना चाहिए, जबकि मनु के अनुसार उसका दंड बेल की लकड़ी का हो तो अच्छा है।

मनुस्मृति में ऐसी अनेक बातें दर्ज हैं, जिन्हें *ग्रंथ* में शामिल किए जाते समय व्यक्तिगत आचार-विचार और स्वच्छता के अच्छे नियमों के रूप में माना जाता होगा। यह नियम ब्राह्मणों के विभिन्न समुदायों के बीच प्रचलित व्यवहार के मानक रहे होंगे, जिनकी परंपराओं को अच्छा माना गया होगा, क्योंकि युगों-युगों से हिंदुओं ने अपने गुरुओं को सम्मान की दृष्टि से देखा है। वास्तव में *मनुस्मृति* की चर्चाओं में मुख्यत: विद्वान् ब्राह्मणों को ही श्रोता और संदर्भ समूह के रूप में शामिल किया गया है। यद्यपि ऐसा माना जाता है कि ब्राह्मणों द्वारा जिन व्यवहारों को अच्छा माना जाता था, उन्हें हिंदुओं के व्यापक समुदाय द्वारा भी स्वीकार किया जाता था। *मनुस्मृति* (IV.82) का कहना है कि किसी व्यक्ति को अपने दोनों हाथों से अपना सिर नहीं खुजाना चाहिए। आगे कहा गया है (IV.63) कि किसी को भी बिना सोचे-समझे कोई कार्य नहीं करना चाहिए; जाँघों पर रखी थाली से भोजन नहीं करना चाहिए; अकारण कोई अनावश्यक प्रश्न नहीं पूछना चाहिए। कुछ अन्य सुझाव इस प्रकार हैं—(i) अग्नि को मुँह से फूँककर नहीं बुझाना चाहिए तथा उसमें अशुद्ध सामग्री नहीं डालनी चाहिए, (ii) निर्वस्त्र स्त्री को नहीं देखना चाहिए, (iii) निर्वस्त्र होकर स्नान नहीं करना चाहिए; सड़कों और राजमार्गों पर मूत्र नहीं त्यागना चाहिए, (iv) मार्ग में मिलने वाली गुफाओं, देवताओं की मूर्तियों, ब्राह्मणों, शहद, पवित्र वृक्षों को दाहिनी ओर रखना चाहिए, (v) बारिश में नहीं दौड़ना चाहिए, न ही पानी में अपनी छवि देखनी चाहिए, (vi) सूने मकान में नहीं सोना चाहिए, (vii) रजस्वला स्त्री से बात नहीं करनी चाहिए, (viii) बुजुर्ग व्यक्ति को नींद से नहीं जगाना चाहिए आदि, आदि। व्यवहार के ये नियम 'कानूनी आदेश' नहीं, बल्कि व्यवहार की ऐसी बातें हैं, जिन्हें शिष्टों द्वारा अच्छा मानकर कभी स्वीकृति दी गई होगी।

धर्मशास्त्रों की शिक्षा को आदेशात्मक नहीं माना जा सकता; क्योंकि उन्हें न्यायिक या वैधानिक स्वीकृति नहीं मिली थी। शास्त्रों ने केवल अच्छे व्यवहार के मानकों को दर्ज किया और इस प्रक्रिया में बताया कि मनुष्यों द्वारा धर्म के उच्च मानकों को प्राप्त करने की पहली शर्त भद्र आचरण होती है। धर्मशास्त्रों द्वारा अपनाई गई विधि सांकेतिक, परामर्शपूर्ण और प्रबोधात्मक प्रकृति की है। व्याकरण के *विधि लिं* के रूपों—जो क्रिया

के अंत में *एत, येत* आदि के प्रयोग से स्पष्ट होता है—के प्रचुर प्रयोग से यह संकेत मिलता है कि मनुष्य को नैतिक निर्णय का अधिकार प्राप्त था और यह तथ्य वाक्य संरचना के *कर्तृ वाच्य* और *कर्म वाच्य,* दोनों रूपों में अंतर्निहित है। इन कृतियों से पता चलता है कि दर्ज किए गए उपदेशों को अतीत के सम्मानित समुदायों द्वारा उपयोगी माना गया था और आज भी उनका प्रयोग अपने जीवन में व्यक्तिगत गरिमा को प्राप्त करने के लिए किया जा सकता है। यदि कोई व्यक्ति वर्णित आचार का अनुसरण नहीं करता तो यह उसकी मर्जी है, इस कारण उसे दंडित नहीं किया जा सकता है; क्षति केवल नैतिक स्वरूप की होती है, जिसे व्यक्तिगत और विधिवत् प्रायश्चित्त से दूर किया जा सकता है। प्रायश्चित्त संबंधी संस्कारों का आधार मनोवैज्ञानिक होता है, वे समाज के नैतिक मूल्यों से जुड़ने का एक साधन उपलब्ध कराते हैं, जिनके उल्लंघन से न केवल सामुदायिक संतुलन बिगड़ता है, बल्कि गलती करनेवाले के जीवन में भी संकट आ जाता है। किसी अधार्मिक कार्य का प्रतिफल केवल नैतिक होता है और सामाजिक रीति या रिवाज का पालन न करने पर उपदेशात्मक निंदा और साथियों के व्यंग्य सुनने पड़ते हैं या संभवत: अति उत्साही होने का आरोप लग सकता है। सनातन धर्मी हिंदुओं ने शायद ही कभी कांट के दर्शन या इब्राहिमी पांथिक दर्शन के समान नैतिकता के बाध्यकारी पालन और आदेशात्मक मानकों को कोई महत्त्व दिया है।

संदर्भ

1. लिंगट, उद्धृत के विपरीत, पृ. 4
2. गंगानाथ झा (ट्र), मनुभाष्य ऑफ मेधातिथि; वॉल. 3, पृ. 174-175
3. वही, पृ. 176
4. वही, पृ. 189
5. वही, पृ. 175
6. वही, पृ. 181
7. वही, पृ. 187-190
8. वही, पृ. 181
9. वही, पृ. 197
10. वही, पृ. 198
11. वही, पृ. 201
12. वही, पृ. 204
13. वही, पृ. 204
14. वही, पृ. 204-205
15. वही, पृ. 205
16. वही, पृ. 205

17. वही, पृ. 206
18. वही, पृ. 206
19. वही, पृ. 206
20. वही, पृ. 211
21. वही, पृ. 212
22. वही, पृ. 217
23. वही, पृ. 232
24. वही, पृ. 233
25. वही, पृ. 228
26. लिंगट, उद्धृत के विपरीत, पृ. 13
27. वही, पृ. 14
28. वही, पृ. 16
29. वही, पृ. 16
30. एस. वेंकटरमन, ए ट्रेटाइज ऑन हिंदू लॉ; ओरिएंट लॉगमेन; मद्रास; 1972, पृ. 3
31. वही, पृ. 6
32. वही, पृ. 6
33. वही, पृ. 6
34. वही, पृ. 19
35. वही, पृ. 19
36. वही, पृ. 19
37. डेरेट (1957), उद्धृत के विपरीत, पृ. 7
38. वही, पृ. 7
39. वही, पृ. 11
40. वही, पृ. 15
41. वही, पृ. 42
42. वही, पृ. 42
43. डेरेट (1970), उद्धृत के विपरीत, पृ. 12
44. वही, पृ. 20
45. वही, पृ. 35
46. वही, पृ. 32
47. वही, पृ. 28
48. आपस्तंभ धर्मसूत्र, 1.7.20.6
49. डेरेट (1970), उद्धृत के विपरीत, पृ. 33
50. वही, पृ. 33
51. लिप्नर, उद्धृत के विपरीत, पृ. 33
52. वही, पृ. 84
53. लूडो रोचर, 'द धर्मशास्त्राज', इन गविन फ्लड (सं), द ब्लैकवेल कॉम्पेनियन टू हिंदुज्म;

ब्लैकवेल पब्लिशिंग; ऑक्सफोर्ड; 2003, पृ. 104

54. वही, पृ. 103
55. वही, पृ. 102
56. पारस दिवान, मॉडर्न हिंदू लॉ, इलाहाबाद लॉ एजेंसी, इलाहाबाद 1976, पृ. 20
57. झा, वॉल. IV, उद्धृत के विपरीत, पृ. 145
58. काने, वॉल. II, उद्धृत के विपरीत, पृ. 1223
59. वही, पृ. 1222
60. वही, पृ. 1225–1226
61. वही, पृ. 1226
62. वही, पृ. 1226
63. वही, पृ. 1238
64. झा, वॉल. V, उद्धृत के विपरीत, पृ. 64
65. काने, वॉल. V, II, उद्धृत के विपरीत, पृ. 1223
66. वही, पृ. 1223

❑

उत्पीड़ित और उत्पीड़क

ईसाई धर्म पर किसी भी अकादमिक बहस में अधिकतर विद्वान् ईसाई नीतिशास्त्र के सिर्फ उन प्रतिमानों को प्रस्तुत करते हैं, जिनके बारे में उनकी धारणा है कि ये प्रतिमान ईसाइयों की आस्था की मूल शिक्षा हैं। यीशु के जीवन में परिलक्षित एकेश्वरवादी प्रेम में आस्था, परोपकार और मानवीय संवेदना पर बल और सार्वभौमिक प्रेमभाव की प्रासंगिकता को ईसाई मत के मर्म के रूप में रेखांकित किया जाता है। ईसाई धर्म की अन्य कहानियों, और बाइबिल के अन्य निर्देशों को ईसा की ऐतिहासिकता और उनके संदेश की व्यावहारिक क्षमता की विशिष्टता को बढ़ाने का उपकरण बताया जाता हैं। बाइबिल के वृत्तांतों में उन व्यक्तियों और जातियों को, जो ईश्वर की अलग अवधारणा में विश्वास रखते हैं; वाचिक तथा शारीरिक रूप से उत्तेजित, अपमानित करने के संकल्प भरे पड़े हैं। लेकिन हमें बताया जाता है कि यह तथ्य ईसा के प्रेम के संदेश को कमतर नहीं करता है। यह तथ्य नजरअंदाज कर दिया जाता है कि संपूर्ण दुनिया में चर्च ने ईसाई धर्म को न माननेवाले लोगों तथा विधर्मी समझे जाने वाले लोगों का क्रूरतापूर्वक उत्पीड़न किया है। उद्देश्यपूर्ण तरीके से सिर्फ करुणा के प्रशंसित सिद्धांत की चर्चा की जाती है। तथ्य यह भी है कि लातिनी अमेरिका के मूल निवासियों की लाखों की तादाद में, योरोपीय विजेताओं द्वारा, पवित्र पादरियों के सौम्य संरक्षण में, की गई हत्या से भी करुणा की मूल धारणा पर कोई कलंक पड़ता नहीं देखा जाता। इस तथ्य को कि गैर-ईसाई लोगों के अपने विशिष्ट धार्मिक-सांस्कृतिक मानदंड का पालन करने के नैतिक अधिकार की स्वतंत्रता को ईसा के चर्च द्वारा एक अभिशाप माना गया, और इस तथ्य को कि इनके पथ-प्रदर्शकों ने मूर्तिपूजकों के प्राचीन सांस्कृतिक रूपों को नष्ट करके, उनका जबरन धर्म-परिवर्तन कराके उन्हें समाहित करने में कोई कोर-कसर नहीं छोड़ी, ईसाइयत द्वारा मानव गरिमा और 'देशीय लोगों' के सांस्कृतिक अधिकारों पर हुआ शातिर हमला नहीं माना जाता है। धर्मनिष्ठ ईसाई राज्यों के सरंक्षण में बड़े पैमाने पर संस्थापित दास व्यापार को ईसा के अनुयायियों द्वारा मानवीय अस्मिता का उपहास नहीं माना जाता। विश्व के

एक बड़े भू-भाग की धन-संपदा की लूट और उसके बाशिंदों पर पश्चिमी साम्राज्यवाद के परोपकार के तहत लादे गए अनकहे अपमान से ईसाई अग्रदूतों का सिर शर्म से नहीं झुकना चाहिए!

कहा गया कि ये घटनाएँ सिर्फ मानवीय भूल हैं। यहाँ तक कहा गया कि उपरोक्त उपाय मानवता को चर्च के प्रिय संरक्षण में लाने हेतु सुधारात्मक उपकरण हैं। इन घटनाओं के बावजूद, करुणा का मूल आदर्श, जो कि ईसाई धर्म का प्रतीक है—जैसा कि हमें बताया जाता है—अप्रभावित रहता है। एक आदर्श ईसाई विचारक मार्टिन लूथर ने गुलामों के जीवन पर उनके मालिक के अधिकार की अपरिहार्यता और श्रेष्ठता सिद्ध की, तथापि प्रोटेस्टेंट ईसाइयों की अन्य समाजों के दमितों को मुक्त कराने की आधुनिक क्षमता निर्विवाद समझी जाती है! जबकि अधिकतर मध्य अमेरिकी और अफ्रीकी समाज, सदियों से ईसाइयत की अनुकंपा पाने के बावजूद, चरम सामंती उत्पीड़न, गरीबी, अपराध और पतन में डूबे हुए हैं। बहुत सारे ईसाई द्वेषपूर्ण नस्लभेद करते हैं, इसके बावजूद कहा गया कि ईसाइयत की मूल शिक्षा करुणा और प्रेम ही है। लूट, राहजनी, धार्मिक स्थलों का अपवित्र किया जाना, समुदायों और जातियों का जबरन धर्म-परिवर्तन, वैज्ञानिकों के जलाए जाने, डायनों के रूप में महिलाओं का उन्मादी तरीके से शिकार करने, काले अफ्रीकनों को उनकी संस्कृति, धर्म और मूल से पूर्णतया उन्मूलन किए जाने, क्रूर श्वेत नस्लवाद की प्रथा और ईसाई संसार के राक्षसी यहूदी विरोध जैसे कार्यों को ईसा के संदेश या ईसाई धर्म की महत्त्वपूर्ण विशेषताओं के रूप प्रचारित नहीं किया जाता है। अगर किसी पंथ का वैचारिक संदेश उसके विद्वानों के लेखन और सामुदायिक नेतृत्व या अनुयायियों के व्यवहार से मिलता हो, तो पोप के गजट और चर्च के आदेशों के अनुपालन में ईसाइयों द्वारा की गई हिंसा, जिसे चर्च और राज्य के अधिकारियों का संरक्षण प्राप्त था और ऐतिहासिक अभिलेखों में जिनके प्रचुर प्रमाण हैं, को ईसा मसीह की शिक्षाओं के स्पष्ट और आवश्यक परिणामों के रूप में देखा जाना चाहिए, किंतु आश्चर्य की बात है, ऐसा कम ही किया जाता है। हिंसा के ऐतिहासिक साक्ष्य को ईसाइयत के प्रचार हेतु किसी बाधा के रूप में नहीं देखा जाता है।

इस्लामी किताबों के संदेश की व्याख्या भी इसी प्रकार की गई है। हमें बार-बार सत्यनिष्ठा से बताया गया है कि इस्लामी संदेश का मौलिक अर्थ कुछ संक्षिप्त उपदेशों में ही निहित है—(i) इस्लाम का मतलब शांति; (ii) इस्लाम मानवीय भाईचारे और मनुष्य की समानता का आदेश देता है; (iii) इस्लाम विश्वास करता है कि आस्था के मामले में कोई बाध्यता नहीं की जा सकती है; (iv) इस्लाम इस आदेश में विश्वास करता है, 'आपकी आस्था आपके लिए, मेरी आस्था मेरे लिए'; (v) इस्लाम संपूर्ण मानवता हेतु एक ईश्वर में विश्वास करता है। हमें बताया गया है कि यही सब इस्लाम

के नैतिक और सामाजिक सरोकार का प्रमुख तत्त्व हैं। इस्लाम को एक रिलीजन के रूप में केवल इन्हीं नेक उपदेशों के आधार पर जाँचा जाना चाहिए। किंतु इस्लामी किताबों की शिक्षा, इसकी शरीयत विचारधारा और इसके कुरान विशेषज्ञ और टिप्पणीकार इन पूर्वकथित विषयों तक ही सीमित नहीं रहते हैं। यही नहीं, अगर यही विषय इस्लामी संदेश के सबसे मौलिक विचार होते तो सामाजिक-राजनीतिक जीवन में इनका व्यावहारिक स्वरूप धार्मिक बहुलवाद और सांस्कृतिक विविधता की स्वीकृति, प्रेम और भाईचारा के रूप में प्रदर्शित होने चाहिए थे। अगर यही सब सच होता तो उस इस्लामिक आग्रह का क्या कहें कि अल्लाह के सिवा कोई और ईश्वर नहीं है, कि हिंदू अल्लाह के दुश्मन हैं; कि मूर्तिपूजकों के ईश्वर दुष्ट, अक्षम और शैतान के भाई हैं, और मुसलमानों को काफिरों से तब तक लड़ना चाहिए, जब तक कि पूरे संसार पर सिर्फ अल्लाह का पंथ काबिज न हो जाए? काफिर की धारणा का क्या किया जाना चाहिए, जो कि 'अल्लाह का दुश्मन' और एक जन्मजात 'पापी' है और जिसे पवित्र जिहाद का शिकार बनाया जाना चाहिए, जब तक कि वह मुसलमानों के अधीन, धर्मांतरित या नष्ट न हो जाए?

इस्लाम के नाम पर आयोजित लूट, आक्रमण और रक्तपात के विशालकाय विश्वसनीय ऐतिहासिक साक्ष्य का क्या हो? ऐतिहासिक अभिलेख जबरन धर्म-परिवर्तन, देवी-देवताओं की अपवित्रता, तीर्थस्थानों के विनाश, मासूम मनुष्यों के बंदी बनाने, औरतों और बच्चों को गुलामों की तरह बेचे जाने एवं आतंक और क्रूरता के शासनों के थोपे जाने का स्पष्ट सबूत देते हैं; और यह सब इस्लामी चिंतन की दृष्टि से न्यायसंगत माना गया। यह भी ध्यान में रखना चाहिए कि क्रूरता करनेवाले कोई शक नहीं छोड़ते कि उनके कृत्य, उनकी आसक्ति और उनकी आस्था के द्वारा निर्देशित थी। किंतु, शांति और भाईचारे के घोषित संदेश के साथ इस्लामी इतिहास के इन तथ्यों को शायद ही कभी मध्यकालीन इतिहास के विद्वानों द्वारा उठाया जाता है। तमाम खलीफाओं, सुल्तानों और उलेमाओं के शताब्दियों के व्यवहार क्या इस्लामी सिद्धांत की शिक्षा से नहीं निकलते? परंतु हमें बताया जाता है कि क्रूरता की घटनाएँ संभवत: कभी हुई ही नहीं; यदि यह किसी प्रकार मान लिया गया कि वे हुईं, तो यह कहा गया कि वे रिलीजियस प्रकृति के कृत्य नहीं, बल्कि पथभ्रष्ट राजाओं और कट्टर मुल्लाओं के कृत्य थे। इस्लाम का मूलभूत सिद्धांत असल में शांति, समानता और मानवीय भाईचारा है और हमें इस्लाम के संदेश को समझने के साथ-ही-साथ उसे परिभाषित करने हेतु केवल ऐसे मूल विचारों पर ही ध्यान देना चाहिए। बर्बरता का वास्तविक ऐतिहासिक साक्ष्य इसके सिद्धांतों की ऊँचाई को कलंकित करने का हेतु नहीं माना जाता है। हमें सलाह दी जाती है कि रिलीजन प्रेरित क्रूरता के कृत्यों के मौलिक संदर्भों को पर्याप्त शंकाशीलता के साथ पढ़ा जाना चाहिए। हमें बताया गया है कि इन इस्लामी ग्रंथों को उन इतिहासकारों द्वारा लिखा गया है,

जिन्होंने सुल्तान और इस्लाम के रूढ़िवादी नेतृत्व को खुश में करने के लिए मूर्तिपूजक समाज के ऊपर इस्लामी विजय का अतिरंजित चित्रण किया। फिर तो यह अपेक्षा की जा सकती है कि खलीफा और सुल्तान, जो कि मुस्लिम समुदायों के आध्यात्मिक और लौकिक पथ-प्रदर्शक हैं, अपनी आस्था के वास्तविक शांतिपूर्ण निहितार्थ के बारे में अधिक अवगत रहे होंगे। इसीलिए होना तो चाहिए था कि किसी इतिहासकार या दरबारी को सुल्तान और उलेमा का वरदहस्त पाने के लिए शांति के संदेश, धार्मिक सद्भाव, सांस्कृतिक समन्वयता और सांप्रदायिक सहिष्णुता पर अधिक जोर देना चाहिए था, न कि हिंसा के कृत्यों, बर्बरता और उत्पीड़न के चित्रण पर—जो कि तथाकथित रूप से भाईचारे और शांति के मूल संदेश के विरुद्ध है। फिर तथाकथित सिद्धांत और व्यवहार में यह अंतर्विरोध क्यों?

समझाया जा रहा है कि 'काफिर' समाज के विरुद्ध सदियों से चले आ रहे हिंसा और उत्पीड़न के कृत्य भी इस्लाम की आधारभूत मान्यताओं को कमतर नहीं बनाते हैं। यहाँ तक कि रिलीजन के नाम पर शुरू किए गए आधुनिक आतंकवाद को भी इस्लाम की सच्ची शिक्षा से भटकाव के जैसा बताया जाता है। इतिहास, वास्तविक समतावादी रिलीजन के लागू किए जाने में हुई बाधा का लौकिक प्रमाण है। इसलिए इस्लामी आस्था को तथाकथित बुनियादी और मौलिक नैतिक मूल्यों की रोशनी में आँका जाना चाहिए, शेष सभी कृत्यों को मानवीय दोष और मानवीय अपूर्णता के फुटनोट और मनुष्य को 'सही रास्ते' पर लाने के कार्यक्रम की जल्दबाजी के तौर पर देखा जा सकता है।

जो ईसाई और मुस्लिम टीकाकार (बहुत से हिंदू अनुयायी भी), ईसाइयत और इस्लाम की परिभाषा हेतु क्रमशः मुक्त 'प्रेम' की केंद्रीयता और एकेश्वरवादी समतावाद पर बल देते हैं, वही हिंदू परंपरा के संदर्भ में यह मान लेते हैं कि इस परंपरा का मूल विचार, जाति-व्यवस्था के पदानुक्रम, समाज के निचले तबके के दमन, स्त्रियों के सती के रूप में दहन, मूर्तिपूजा की खौफनाक प्रथा और विविध झूठे देवताओं की पतित पूजा में ही स्थित है। 21 मार्च, 2004 के 'द टाइम्स ऑफ इंडिया' में प्रकाशित एक लेख में दिलीप पडगाँवकर ने भारत की 'आत्मा' को मूर्तिपूजा के कार्य के पर्याय के रूप में परिभाषित किया है। उनके अनुसार हिंदुत्व के रूप में जो आदर्श प्रस्तावित होता है, उसे अंधविश्वास, सतीप्रथा, दलितों के खिलाफ जारी भेदभाव, लैंगिक पूर्वाग्रह इत्यादि के रूप में अभिव्यक्त किया जा सकता है। वास्तविक अर्थ में यही सच हिंदुत्व के मूल विचार हैं। यदि कोई चाहे तो हिंदू तत्त्व-मीमांसा और दर्शन पर चर्चा की शुरुआत करके वाद-विवाद की इस शैली का परीक्षण कर सकता है। चर्चा प्रारंभ होते ही, अगर सभी नहीं तो कई, वक्ता वाद-विवाद में जैमिनी की चर्चा छोड़ कर सीधे द्रोण द्वारा एकलव्य के अँगूठा काटने या राम द्वारा देवी सीता के निर्वासन तक कूद जाएँगे। मान लिया गया है

कि हिंदू परंपरा उन्हीं मानदंडों में हमेशा से स्थित है, जिनके लिए आधुनिक समय की इस तरह की घटनाओं के उदाहरण दिए जाते हैं, जैसे कि, 'अछूत' को पीटा जाना (इस तथ्य के बावजूद कि ब्राह्मण और क्षत्रिय एक-दूसरे को समान गंभीरता से पीटते हैं या सुन्नी भी शियाओं और अहमदियों का दमन करते हैं और कैथोलिक और प्रोटेस्टेंट समाजों ने पिछली कुछ शताब्दियों में एक-दूसरे का निष्ठापूर्वक खून बहाया है); एक समुदाय द्वारा दूसरी जाति के लोगों को उनके निजी तालाबों और कुओं के उपयोग से इनकार और धर्मग्रंथों की स्त्री-द्वेषी शिक्षा के अंतर्गत ससुरालवालों द्वारा दुल्हनों को जलाया जाना। यदि हिंदू परंपरा में कोई मौलिक नैतिक मूल्य है तो वे प्रमुखतया इन असमानतावादी, लैंगिक संवेदनाशून्य और जातीय-पवित्रता, विशेषाधिकार और मर्दानगी भरे व्यवहार में स्थित है और इसका प्रमाण हिंदू ग्रंथों के केंद्र *मनुस्मृति* से मिलता है। व्याख्या के विविध ज्ञान-शास्त्रीय उपकरण, जैसे—'प्रतिवाद' (कल्टेस्टेशन), 'अवचेतनता' (सबलिमिवालिटी), 'परिवर्तनीयता'(ऑल्टेरिटी), 'संकरण' (हाइब्रिडाइजेशमीन), 'विभेदन' (डिफरेंशियेशन) आदि का प्रयोग आधुनिक इतिहासकारों और समाजशास्त्रियों द्वारा, बड़ी कुशलता से ईसाई और इस्लामी धर्मग्रंथों एवं उनके व्यवहार के सूक्ष्म अर्थ को सहानुभूति के साथ समझाने के लिए किया जाता है, किंतु हिंदू विचार के व्याख्यात्मक पुनर्निर्माण में इन्हें भुला दिया जाता है, और कहा जाता है कि हिंदू संस्कृति की मुख्य विशेषताओं को *मनुस्मृति* में उल्लिखित 'हिंदू कानून' के प्रमाणों द्वारा ही न्यूनीकृत किया जा सकता है। यह चित्रण सत्य से परे, खोखला और दुराग्रही है।

सच तो यह है कि हिंदू मन मौलिक और अनिवार्य रूप से *वेदों, उपनिषदों, गीता, पुराण, रामायण, महाभारत, तिरुकुरला* की शिक्षा और संतों, महात्माओं एवं लोक गायकों के संदेशों से अनुप्रेरित होता है, न कि *धर्मशास्त्रों* से। हिंदू विषयों पर आधुनिक चिंतकों की चर्चा शायद ही कभी *वेदों, उपनिषदों* और *दर्शन* की विचारधारा के मूल्यों को छूती है, क्योंकि उनके संदेश मुख्यत: आधुनिक विद्वत्ता की सोच और एजेंडे के साथ बेमेल हैं और इसलिए असुविधाजनक हैं। *धर्मशास्त्रों* के पाठ, मुख्यत: *मनुस्मृति* (पूरी नहीं, किंतु उसकी चयनात्मक और प्रपंची व्याख्या), इस संदर्भ में उपयोग करने के लिए अधिक सुविधाजनक मानी जाती हैं, और गुटबाज विद्वानों द्वारा उनका उपयोग विभाजक सामाजिक उद्देश्य (एजेंडे) की पूर्ति हेतु किया जाता है। यह सिद्ध करने हेतु कि 'भारत' जैसी कोई राष्ट्रीय चेतना और हिंदू नाम की कोई सांस्कृतिक पहचान नहीं थी। हिंदू परंपरा केवल ब्राह्मणवाद है। हिंदू परंपरा का एक संश्लेषित रूप बनाने के प्रयास के बावजूद, यह परंपरा केवल विरोधी और विपरीत-संस्कृति की भीड़ हैं। हिंदू चिंतन ब्राह्मणों का दमनकारी जनादेश बना रहा, जिन्होंने शस्त्रधारी क्षत्रियों के सहयोग से भारतीय समाज के दूसरे वर्गों को मजबूरन और अनिच्छुक अनुपालन की अवस्था में रखा और इस प्रक्रिया

ने पंथ नाम की एक पहेली, जिसे 'हिंदू पंथ' कहा गया, को पैदा किया। अतः यह तय किया गया कि आधुनिक विद्वत्ता का कार्य है कि 'मुक्तिदायक' धर्मों के करुणामयी सहयोग से, अवर समझी जानेवाली जातियों को गैर-हिंदू घोषित करके हिंदू परंपरा को विखंडित किया जाए और इसके विविध तत्त्वों को तथाकथित 'मनुवाद' से अलग किया जाए।

तथ्य यह है कि अनेक श्रद्धेय हिंदू संत, जैसे—रैदास, कल्लार, मयकंदर, सेक्केलार, वेमाना और तुकाराम, को हिंदू समाज के तथाकथित 'प्रतिकारों-सांस्कृतिक' वर्ग का कहा जा सकता है। परंतु यह तथ्य आधुनिक टिप्पणीकार के लिए कोई मायने नहीं रखता, जिनके जीवन का उद्देश्य यह सिद्ध करना है कि सभी गैर-ब्राह्मण, गैर-क्षत्रिय और गैर-वैश्य समुदाय वास्तव में हिंदू-विरोधी और गैर-हिंदू हैं। *स्मृति* ग्रंथों को अत्यधिक महत्त्व दिया जाना और *मनुस्मृति* के चुनिंदा अंशों का विकृत उपयोग लंबे समय से औपनिवेशिक शासन द्वारा सिद्ध शैक्षिक रणनीति का हिस्सा बन गया, जो कि पश्चिमी शिक्षा द्वारा पोषण पाकर विधि मान्य हुआ और सहयोजित विकृत विद्वत्ता के जरिए इनका उपयोग किया गया।

वेंडी डॉनिगर संस्कृत की विद्वान् समझी जाती हैं और शिकागो विश्वविद्यालय में धर्मों के इतिहास की एक बहुत सम्मानित प्रोफेसर हैं। यह अपेक्षा की जानी चाहिए कि वे *वेद, महाकाव्यों, गीता* और साथ ही दार्शनिक ग्रंथों, जो कि हिंदू विश्व-दृष्टि की मूलभूत पहचान में सामूहिक रूप से सम्मिलित हैं, की उपस्थिति के बारे में अवगत होंगी। परंतु आश्चर्यजनक रूप से वे सीधे कहती हैं "*मनुस्मृति* ऐतिहासिक रूप से उभरे प्रभावी हिंदुत्व के ढाँचे का बुनियादी ग्रंथ है।"[1] अधिकांश हिंदू मानते हैं कि *श्रुति* और *प्रस्थानत्रयी—गीता, उपनिषद्, वेदांत सूच*—हिंदू दार्शनिक, आध्यात्मिक और नैतिक संसार का आधार हैं, परंतु वेंडी डॉनिगर के अनुसार यह सत्य नहीं है। वे वीरतापूर्वक *मनुस्मृति* को हिंदू परंपरा के चरमबिंदु के रूप में चिह्नित करती हैं, "किसी भी अन्य ग्रंथ की तुलना में यह ग्रंथ संपूर्ण रूप में हिंदू धर्म और भारतीय समाज के सबसे प्रभावशाली निर्माण की एक सीधी संपर्क रेखा है। हिंदू पारिवारिक जीवन, मनोविज्ञान, शरीर की संकल्पना, यौन-क्रिया, मनुष्य एवं पशु के बीच संबंध, मुद्रा एवं भौतिक संपदा की मनोदृष्टि, राजनीति, कानून, जाति, शुद्धीकरण एवं प्रदूषण, अनुष्ठान, सामाजिक प्रथा एवं आदर्श और सांसारिक त्याग एवं सांसारिक लक्ष्य का कोई भी आधुनिक अध्ययन मनु को नहीं नकार सकता।"[2] अगर यह कथन वेंडी डॉनिगर से कम प्रख्यात किसी मनुष्य से आया होता तो इसका महत्त्व अज्ञानता से उपजे वाक्छल से अधिक नहीं होता, किंतु डॉनिगर की तथाकथित विद्वत्ता की वजह से ऐसे आख्यान के पीछे के उद्देश्य की ओर हमारा ध्यान आकर्षित होता है। वह स्वयं ही हमें संकेत देती हैं और बहुत दुःखी

होकर कहती हैं कि, "नीत्शे ने *मनु* को ईसाई धर्म पर चोट करने के लिए एक छड़ी के रूप में उपयोग किया।" इसलिए वे घोषणा करती हैं कि *मनु* वास्तव में हिंदू मस्तिष्क का अत्यधिक असमानतावादी परिणाम था और वह लैंगिक एवं सामाजिक समानता की कसौटी के आधार पर ईसाई धर्म के सिद्धांतों से हीन हैं।

मनुस्मृति का उनका मूल्यांकन विशेष उद्‌देश्य की पूर्ति करता है, जिसका आधार उनकी अपनी चिंता है कि इस ग्रंथ को कैसा होना चाहिए, न कि यह ग्रंथ वास्तव में कैसा है। उन्होंने लेशमात्र प्रमाण प्रस्तुत नहीं किया है—वास्तव में, उनके अभिकथन को पुष्ट करने हेतु लेशमात्र प्रमाण नहीं है—किंतु उन्होंने दृढ़तापूर्वक कहा, "ईसवी सन् की आरंभिक शताब्दियों तक हिंदू धर्म के केंद्र, *वर्णाश्रम-धर्म,* हेतु *मनु* शास्त्रीय परंपरा में प्राधिकार का मानक स्रोत बन गया और बना रहा।"[3] उनके अभिकथन से उनके प्रयोजन का पता चलता है, जो कि मुख्यत: (केवल नकारात्मक, जैसा हम देखेंगे) लैंगिक भेदभाव, मानवीय असमानता एवं स्वच्छंद यौन संबंधों के साथ ही हिंदू खान-पान के ऊपर *मनु* के विचारों पर केंद्रित है। वास्तव में, वह विश्वास करती हैं कि *मनुस्मृति* ऐसा ग्रंथ है, जिसने ब्राह्मण समाज के निरंतर बदलते खाना बनाने की परंपरा और पुजारी की अनुष्ठान भूमिका के सहयोजन के साथ एक नया हिंदू रिलीजन बनाया। बहरहाल, उनका मुख्य प्रयोजन सैद्धांतिक है। वे निश्चित 'बुनियादी' हिंदू मूल्यों में दोष ढूँढ़ना चाहती हैं और इसलिए उन्हें एक निश्चित 'बुनियादी' हिंदू ग्रंथ की आवश्यकता है। वे *मनुस्मृति* पर हाथ डालती हैं और मनु को "उसके समाज के कम-से-कम कुछ हिस्से की चेतना"[4] की आवाज में बदल देती हैं। हिंदुत्व की आलोचना को आगे बढ़ाने और सफल बनाने हेतु उन्होंने पहले *मनुस्मृति* को अनावश्यक और अनुचित केंद्रीयता प्रदान की और फिर उन्होंने बिना किसी आधार के घोषित किया, 'जैसा कि हमने देखा है, स्वयं हिंदुओं ने *मनु* को सिद्धांत रूप में हमेशा गंभीरता से लिया है। आदर्श के दायरे में पौरोहित्य दृष्टिकोण से मानवीय जीवन कैसा होना चाहिए, मनु इसकी आधारशिला है, एक ऐसा दृष्टिकोण है, जिसकी हिंदुओं ने हमेशा केवल औपचारिक चर्चा तो की है, परंतु जिसके लिए वे कई तरह से अभी भी सही मायने में अभिकांक्षी हैं।"[5] डॉनिजर के सूत्रीकरण में दो समस्याएँ हैं : एक, वे कहती हैं 'जैसा कि हमने देखा है' परंतु उन्होंने हिंदू स्रोतों से अपने लेख के इस पूर्ववर्ती हिस्से के भव्य निष्कर्ष को उचित ठहराने के लिए कोई प्रमाण नहीं दिया है; दूसरा, उनका यह सुझाव काफी हास्यास्पद है कि हिंदुओं ने '*मनु* को गंभीरतापूर्वक लिया है।' कुछ लोगों ने *मनु* को गंभीरता से लिया होगा, किंतु उन कारणों के लिए नहीं, जिन्हें वेंडी डॉनिगर ने सुझाया है।

डॉनिगर के द्वारा *मनुस्मृति* को 'अधिकार के मानक स्रोत' के रूप में सिद्ध करने के प्रयास का एक कारण यह भी है कि यूरोपीय इंडोलौजिस्ट और पश्चिमी विद्वानों में मनु

को काफी महत्त्व मिला। विंटरनित्ज ने हमें बताया है कि पश्चिमी विद्वत जगत में, "ऐसा कोई ग्रंथ नहीं है, जिसे इतनी प्रसिद्धि मिली हो और जिसे शताब्दियों तक मानव-धर्मशास्त्र जितना आधिकारिक माना गया हो।"[6] यह संस्कृत भाषा का पहला ग्रंथ था, जिसे 'किसी दूसरी यूरोपीय भाषा में अनूदित किया गया।' शीघ्र ही इसका अन्य यूरोपीय भाषाओं में अनुवाद किया गया। मात्र इस आधार पर डॉनिजर ने सिद्ध किया कि यह तथ्य मनु के "ऐतिहासिक और धार्मिक महत्त्व का प्रमाण-पत्र है, जो यूरोपीय प्राच्यविदों ने इसे प्रदान किया।"[7] किंतु पाश्चात्य प्राच्यविदों ने जो महत्ता दी, उससे यह प्रमाणित कैसे हो गया कि हिंदुओं ने '*मनु* को गंभीरतापूर्वक लिया ?' डॉनिजर ने स्वीकार किया है कि औपनिवेशिक और पाश्चात्य रिलीजियस एजेंडा के तहत बहुत से प्राच्यविदों (ओरिएंट लिस्ट) और पश्चिमी भारतविदों (इंडोलॉजिस्ट) ने एक तरफ *मनुस्मृति* को 'विधि पुस्तिका' बनाने और दूसरी तरफ ग्रंथ के नवनिर्मित अर्थ का उपयोग हिंदू समाज को निरुत्साहित और ओजहीन करने के लिए साझा रूप से किया। तथापि वे *मनुस्मृति* के औपनिवेशिक और प्राच्यवादी मूल्यांकन को हिंदू समाज की आलोचना करने के लिए उपयुक्त पाती हैं। *मनु* द्वारा स्त्रियों और अछूतों के बारे में जो कहा गया है, उसे वह 'प्रेमपूर्वक' और 'विश्वास' के साथ अनूदित करने में कठिनाई महसूस करती है।[8] वह विश्वास करती है कि *मनुस्मृति* हमें यह "पूछने की चुनौती देती है कि यह कैसे हो सकता है कि एक मनुष्य या कि एक पूरी संस्कृति, जो स्वभावतः हमसे बदतर नहीं है, ऐसे विचारों पर विश्वास कर उन्हें व्यक्त कर सकी, जिन्हें हम अनिष्टकर मानते हैं।"[9] यह वास्तव में डॉनिजर की थीसिस का निचोड़ है और *मनुस्मृति* को हिंदुओं की मूल किताब का दर्जा दिए जाने के पीछे का कारण भी। वे बताना चाहती हैं हिंदुओं की सबसे प्रमुख किताब कितनी अमांगलिक हो सकती है; वह समझना नहीं चाहती है; वह हिंदू धरोहर में उसके असली स्थान का पता लगाना नहीं चाहती हैं; वह इस पर समग्रता में टिप्पणी नहीं करना चाहती है; उनके अनुवाद का उद्देश्य सीधा और सरल है : वह हिंदू धर्म को एक अशिष्ट सांस्कृतिक इकाई के रूप में कलंकित करना चाहती है : "यह उन लोगों को, जो इसे अनिष्टकर मानते हैं, इसके अमंगल की पूरी ताकत को देखने का मौका देगा।"[10] बेशक, कुलीनता और सद्व्यवहार का मानक उनकी अपनी ईसाई संस्कृति है और इसलिए अनिष्ट को उनके द्वारा पूर्ववर्ती ईसाई नीतिशास्त्र के प्रकाश में परिभाषित किया गया है : मत 'जो हम साझा नहीं करते हैं'; मूल्य 'जिसे हम बुरा मानते हैं'; मनुष्य 'जो इसे बुरा पाते हैं' आदि। किसी विचार की नीचता की प्रामाणिकता उसके पश्चिमी ईसाई धर्म की विश्वदृष्टि के साथ के अंतर से है। *मनुस्मृति* पापमय है, जैसा कि इसे हिंदुत्व के साथ जुड़ा होने के कारण होना चाहिए' इसमें किसी भी प्रकार के वाद-विवाद की कोई आवश्यकता नहीं है, क्योंकि यह ग्रंथ ईसाई धर्म की धार्मिक रूढ़ियों के साथ तथ्यतः बेमेल है।

हिंदू धर्म के पापमय संदेश को सफलतापूर्वक प्रचारित करने हेतु कुछ रणनीतिक युक्तियाँ बनाई जानी भी आवश्यक थीं। विद्वान् प्रो. डॉनिजर के हाथों में *मनुस्मृति* के प्रथम और अंतिम अध्याय, ऐसे अध्याय जो कि अत्यधिक दार्शनिक, चिंतनशील और नैतिक विचारों से भरे हैं और धर्म के मूलग्रंथ की चर्चा की विचारात्मक रूपरेखा बनाते हैं, "आंतरिक अध्यायों के अधिक सांसारिक प्रसंगों के चारों ओर केवल आध्यात्मिक पुस्तक अवलंब बन जाते हैं।"[11] धर्म का प्रमुख आख्यान, *मनुस्मृति* के मूल विचार, केवल एक 'पुस्तक अवलंब' (बुकएंड) बन जाते हैं, जिसे अध्येता और सामान्य पाठक आदरणीय प्रोफेसर की सलाह पर छोड़ भी सकते हैं और जातीय दमन और स्त्रियों के अपमान के अधिक महत्त्वपूर्ण क्षेत्रों में सीधे प्रवेश कर सकते हैं, जिन्हें तथाकथित रूप से हिंदुत्व के चारित्रिक वैशिष्ट्य का प्रमाण कहा जाता है। डॉ. डॉनिजर के अनुसार पुस्तक अवलंब के आरंभ और अंतिम अध्याय के बीच में हिंदू चिंतन का प्रमुख संदेश निहित है। डॉनिजर यह समझती हैं कि कई पाठक संभवत: अपना समय ग्रंथ के मूल शब्दों को पढ़ने में बरबाद नहीं करना चाहेंगे, इसलिए ऐसे पाठकों के लिए वे एक बुद्धिमत्तापूर्ण और आसान सारांश उपलब्ध कर देती है : "(पुस्तक अवलंब) के बीच के अध्यायों में जीव की विभिन्न अवस्थाओं में पुनर्जन्म का विषय, एक दूसरे समानांतर आवर्ती विचार से गुँथा हुआ है : हत्या और भक्षण की समस्या (दो कार्य, जो स्पष्टत: भिन्न हैं, यद्यपि समरूप से परस्पर संबद्ध हैं)।"[12] डॉनिजर के अनुसार, सारांश में यही हिंदू धर्म और *मनुस्मृति* का निहितार्थ है।

डॉनिजर के अनुसार, यदि *मनुस्मृति* के प्रतीकों की प्रकृति को ठीक से समझ लिया जाए तो उसका संदेश और आसानी से समझा जा सकता है। मनु का पहला महत्त्वपूर्ण विषय 'हत्या और भक्षण' है। दूसरा बिंदु 'मनुष्यों और पशुओं के बीच सूक्ष्म संबंध' से संबंधित है और तीसरा प्रमुख विषय, जो "पुनर्जन्म के ताने में और परस्पर हत्या और भक्षण के बाने में गुँथा हुआ है"[13], "अच्छे और बुरे मनुष्य के बीच का अंतर है।"[14] डॉनिजर के अनुसार, यह विषय उन लोगों की 'वर्ज्य सूची'(ब्लैकलिस्ट) के रूप में व्यक्त होता है, "जिन्हें विभिन्न प्रकार के व्यक्तिगत संपर्कों से बाहर रखना है।"[15] डॉनिजर हमें यहाँ यह बताना चाहती है कि हिंदुत्व, जिसकी अभिव्यक्ति उसके सर्वोत्कृष्ट सांस्कृतिक ग्रंथ *मनुस्मृति* द्वारा की गई है एक ऐसी जीवन-शैली है, जिसे तीन प्रमुख मौलिक सिद्धांतों में सुव्यवस्थित ढंग से समझाया जा सकता है—(i) हत्या और भक्षण; (ii) मनुष्य और उसके पशुओं से अंतरंग संबंध और (iii) वर्ज्यता के सिद्धांत पर बल। इसके मूलभूत दार्शनिक और नैतिक मूल्य, जैसे, सत्य, परोपकार, अहिंसा इत्यादि केवल अवशिष्ट पुस्तक अवलंब हैं।

मनुस्मृति और हिंदुत्व के बारे में डॉनिजर का दृष्टिकोण स्पष्ट है, "यह उत्पीड़ित

और उत्पीड़क का नृत्य है।"[16] 'हत्या और भक्षण' के इस हिंदू सांस्कृतिक मूल को समझने का सर्वाधिक लाभप्रद तरीका प्रो. डॉनिजर को व्यक्तिगत रूप से सुनना है : "जैसे कुत्ते एवं गधे, ऊँट एवं गाय, हत्या और भक्षण से संबंधित विषय-वस्तु के बुनियादी अभिनेता हैं, वैसे ही पागल एवं शराबी, व्यभिचारी एवं जुआरी, नपुंसक मनुष्य एवं कोढ़ी, अंधे मनुष्य एवं काने मनुष्य स्वयं को सामाजिक संपर्क हेतु प्रत्याशियों के रूप में बारंबार प्रस्तुत करते हैं और बारंबार अस्वीकृत होते हैं, जबकि दूसरे प्रकार के मनुष्य एक या किसी अन्य सूची में विशिष्ट होते हैं। पूरी पुस्तक में ये निष्कासित समूह चार जोड़ों के नृत्य या वर्ग नृत्य, में संलग्न हैं, वे आगे बढ़ने, पीछे हटते, अलग होते, फिर समूह बनाते, आगे बढ़ते और फिर पीछे हटने में लगे हुए सामाजिक समूहों का जटिल प्रतिरूप बनाते हैं।"[17] उत्तर-आधुनिक भाषा और व्याख्यान शैली का यह अद्‌भुत नमूना है। बूझो तो जानें! यह लुभावनी कथा वस्तुगत विद्वत्ता या ग्रंथ की समझ के आधार पर नहीं, बल्कि उनके, 'पाखंडी' हिंदू धर्म के सुरम्य निरूपण पर हमारे सहज विश्वास की अपेक्षा रखती है। इस निरूपण में हिंदुओं का पांथिक आचार 'आंतरिक तनाव' में निहित होता है जहाँ "यहाँ भोजन और भक्षकों की श्रृंखला है, जो कि स्वयं को उचित भी ठहराती है और अपेक्षा करती है कि हम इससे बाहर निकलें; यह होता है, किंतु यह नहीं होना चाहिए।"[18] डॉनिजर के विचार से पशुओं की हत्या और भक्षण आवर्ती विषय है, किंतु हमें यह भी बताया गया है कि विशेष पशुओं की हत्या नहीं करनी चाहिए और हमें, विद्वत्ता की विचित्र दीप्ति में, सूचित किया जाता है, कि परवर्ती, सिद्धांत इस धारणा से जुड़ा है कि "कोढ़ी या अंधे मनुष्यों को कोई अधिकार नहीं है…।"[19] कोई डॉनिगर से जानना चाहेगा कि वे शराबियों, जुआरियों और कोढ़ियों के "किन अधिकारों की बात कर रही हैं—कानूनी, राजनीतिक, चिकित्सा, विधि संबंधी या मानवाधिकार के कुछ प्रगतिशील मत? हम यह भी जानना चाहेंगे कि धर्मशास्त्रीय कार्यों के संकलनकर्ताओं ने क्या कभी 'अधिकारों' के अनुदाता होने का दावा किया था? वे *मनुस्मृति* के ग्रंथ के बारे में स्वयं कहती हैं कि "इसकी सांस्कृतिक प्रतिष्ठा, चाहे सकारात्मक हो या नकारात्मक, पाठ के परे किसी कानूनी अदालत में मनु का वास्तविक उपयोग एक अलग मामला है"; किंतु ग्रंथ के विधिक और कार्यकारी मूल्यों के बारे में यह अनिश्चितता उनको अपनी चर्चा के दायरे में 'अधिकारों और 'बहिष्कार' के प्रश्न को समेटने से नहीं रोकती है।

मनुस्मृति के अनुवाद में उनके योग्य सहयोगी और सह-अनुवादक कोलंबिया यूनिवर्सिटी के प्रोफेसर ब्रायन के. स्मिथ अपने दृष्टिकोण में कम उन्नत नहीं हैं। यद्यपि स्मिथ अपनी विवेचना का आरंभ प्रश्न के रूप में करते हैं, उनकी व्याख्या में यह सुझाव है कि 'मनु के लेखकों 'ने अपने ग्रंथ का 'वस्तुगत सत्य' स्थापित करने का प्रयत्न किया है। स्मिथ अपने लेख के एक भाग में सुझाव देते हैं कि "मनु वस्तुत: अन्य सभी धार्मिक

ग्रंथों की तरह अपने सच्चे लेखकत्व को छुपाता है और वास्तव में उसे अपने लोकोत्तरीय और परमसत्य पर आधारित होने के स्वयं के दावों को प्रभावी ढंग से पुष्ट करवाने के लिए ऐसा करना भी चाहिए।"[20] फिर वे थोड़ी सी अकादमिक मेहनत करके पूरे विश्वास के साथ, जिसे वे थोड़े पहले 'धर्मग्रंथ' कह रहे थे, उसका अनुवाद 'मनु के कानून' करते हैं और परम निष्ठा से कहते हैं कि "*मनुस्मृति* ब्राह्मण या 'पुजारी' नामक सामाजिक वर्ग (वर्ण) द्वारा बनाया गया है।" स्मिथ का उद्देश्य *मनुस्मृति* की 'धार्मिक' और 'कानूनी' प्रकृति पर जोर देना और ब्राह्मणों को मात्र पुजारियों के रूप में विशिष्ट पहचान देना है। मानो प्राचीन ब्राह्मण ईसाई चर्च की तरह पोप द्वारा विहित कानूनों का ऐलान करने और उन्हें धार्मिक अदालतों में अमल में लाने हेतु अधिकृत थे। स्मिथ, डॉनिगर की स्मृति ग्रंथों को कानूनी किताब जैसा न मानने की चेतावनी के बावजूद ऐसा करते हैं। स्मिथ और डॉनिगर, दोनों सामान्यत: ब्राह्मणों का पुजारी के रूप में पात्रीकरण करते हैं। यह अनुवाद अत्यधिक संदिग्ध है। डॉनिगर भी ब्राह्मणों के पुजारी और *मनुस्मृति* को 'पुजारी दृष्टिकोण का आधार' होने में विश्वास करती है। इस तथ्य के बावजूद कि *मनुस्मृति* में पुरोहिती संस्कार, मंदिर अनुष्ठान या विभिन्न संस्कारों और यज्ञों के पालन से संबंधित दूसरे कार्यक्रमों पर शायद ही कोई चर्चा हो, डॉनिगर *मनुस्मृति* को शुरू से अंत तक पौरोहित्य का ग्रंथ मानती हैं और ब्राह्मणों को पुजारी के रूप में चिंतित करती हैं। इस स्पष्ट तथ्य के बावजूद कि मनु उन ब्राह्मणों को अत्यधिक तिरस्कार से देखते हैं, जो केवल मंदिर में या गाँव के पुरोहित के रूप में कार्य करते हैं, वेंडी डॉनिगर के लिए *मनुस्मृति* सिर्फ और सिर्फ पुरोहिती कार्य का ग्रंथ है और ब्राह्मण पुजारी हैं।

मनुस्मृति (III.151) में यह कहा गया है कि जो ब्राह्मण पुजारी का काम करता है और दूसरों के लिए यज्ञ करता है (याजयंति), वह सम्मान के योग्य नहीं है, यहाँ तक कि वह श्राद्ध भोज में भाग लेने का भी अधिकारी नहीं है। डॉनिगर 'याजयंति' शब्द का अनुवाद, जो 'किसी के लिए भी यज्ञ करते हैं' जैसे करती हैं, जबकि प्रो. गंगानाथ झा द्वारा किया गया इसका अनुवाद, 'जो लोग परिचारक के लिए यज्ञ करते हैं', अधिक उपयुक्त जान पड़ता है। मेधातिथि अपनी समीक्षा में शब्द 'याजयंति' पर कहते हैं कि "यह व्याक्यांश उस पर लागू होता है, जो बारी-बारी से कई लोगों के लिए यज्ञ कराता है; यानी, जो अकसर पुजारी का कार्य करता है।" पंडित गणेशदत्त पाठक अपने अनुवाद में 'याजयंति' शब्द की सांकेतिक तौर पर गाँव के पुरोहित (ग्राम्य पुरोहित) के रूप में व्याख्या करते हैं। डॉनिगर, *मनुस्मृति* (III.152) के अनुवाद में कहती है कि मनु के अनुसार, "कैसे पुरोहित जो मूर्तियों की सेवा करते हैं··· उन्हें ईश्वर और पूर्वजों के चढ़ावे से वर्जित रखा जाता है।" प्रो. झा अपने अनुवाद में कहते हैं कि ईश्वर और पितरों के सम्मान में किए जानेवाले धार्मिक अनुष्ठानों में ऐसे ब्राह्मणों से, जो 'मंदिर-सेवकों' की

तरह कार्य करते हैं, बचा जाना चाहिए। मेधातिथि भी स्पष्ट हैं कि *मनु* की यह निषेधाज्ञा सिर्फ उन ब्राह्मणों पर लागू होती है, जो जीविका हेतु पुरोहित के रूप में कार्य करते हैं। अतः पुजारी या पुरोहित ब्राह्मण को मनु और उनके समीक्षक मेधातिथि तथा अन्य भारतीय विद्वानों ने जबरदस्त तरीके से अवमानित किया है, परंतु डॉनिगर महोदया के लिए ब्राह्मण सिर्फ पुरोहित है।

मनुस्मृति के अध्याय-IV में ब्राह्मण गृहस्वामी के कर्तव्यों की चर्चा है। *मनुस्मृति* का यह अध्याय उन यथोचित व्यवसायों की चर्चा के साथ प्रारंभ होता है, जिसे कोई ब्राह्मण गृहस्वामी जीवन निर्वाह करने हेतु अपना सकता है। पद IV.4 कहता है कि किसी ब्राह्मण को ऐसे व्यवसायों को अपना कर अपनी जीविका चलानी चाहिए, जो 'न्यायसंगत', 'अमर', 'नश्वर', 'मारक' और परस्पर 'अच्छे और न्यायसंगत' माने जाते हों। 'न्यायसंगत' जीविका, मूल फसल कटने के बाद खेत से बचे हुए अनाज को चुने जाने के रूप में समझाई गई है; 'अमर' जीविका अप्रार्थित भिक्षा पर आधारित है; 'मृत्यु' या नश्वर जीविका का अभिप्राय भिक्षा माँगने के लिए बाहर जाने से है; खेती 'मारक' है; 'व्यवसाय' समान रूप से 'अच्छा और अनैतिक' है। ब्राह्मण के लिए पुरोहित या पुजारी का व्यवसाय संस्तुत ही नहीं है। मनु (IV.8) आगे स्पष्ट करते हैं कि सबसे अच्छा ब्राह्मण गृहस्वामी वह होता है, जिसके घर में अगले दिन के भोजन के लिए भी अन्न न हो। *मनुस्मृति* की विश्वदृष्टि में ब्राह्मण से 'पुरोहित' बनने की अपेक्षा नहीं की जाती है। *मनुस्मृति* का पद IV.11 (प्रो. झा के अनुवाद के अनुसार) ब्राह्मण के बारे में कहता है कि "उसे जीविका के प्रयोजनार्थ कभी भी सांसारिक रास्ते का अनुसरण नहीं करना चाहिए; उसे ब्राह्मण का निष्कपट, शुद्ध और पवित्र जीवन (जैसा कि ऊपर उद्धृत है) व्यतीत करना चाहिए।" ग्रंथ में प्रयुक्त शब्द 'जीवेदब्रह्माणा जीविकाम' है—यानी उसे किसी ब्राह्मण के लिए संस्तुत व्यवसायों का ही अनुगमन करना चाहिए, किंतु डॉनिगर इन शब्दों का अनुवाद, 'उसे एक उचित पुजारी का जीवन जीना चाहिए...' के रूप में करती है।

उनकी सूक्ष्म विदग्धता की तब कोई सीमा नहीं रहती जब उन्हें यह सिद्ध करने की तत्परता होती है कि ब्राह्मण सिर्फ पुजारियों का एक समुदाय है और *मनुस्मृति* उस पुरोहित मंडली की मूलभूत किताब है। वह ग्रंथ के आंतरिक साक्ष्य को नकार सकती है (जैसा ऊपर दिखाया गया है) और अनुवाद में अपना हस्त कौशल दिखाने के लिए हाथ की सफाई के अन्य करतब भी दिखा सकती है। *मनुस्मृति* (IV.8) कहती है कि सर्वश्रेष्ठ गृहस्वामी ब्राह्मण (वह जिसके पास अगले दिन के लिए भी अन्न न हो) "अपनी योग्यता और नेक आचरण के आधार पर विश्वविजयी है"—*धर्मतोलोकजित्ताम:*—एक मनुष्य अपने आचरण, अपनी सात्त्विकता, संयम और नेकी से सभी लोकों पर विजय

प्राप्त करता है। परंतु, वेंडी डॉनिगर इस मामले पर भिन्न विचार रखती हैं और इस पद का अनुवाद यह बताने के लिए करती है कि संयमी ब्राह्मण "अपने पंथ (रिलीजन) के द्वारा दुनिया का बेहतर विजेता" बनता है। वेंडी डॉनिगर के हाथों में एक धर्मनिष्ठ ब्राह्मण, जिसके घर में एक दिन के लिए भी पर्याप्त भोजन न हो और लाक्षणिक रूप से जिसे सांसारिक आकर्षणों से ऊपर उठने को कहा गया हो, अपने रिलीजन द्वारा विश्व विजय करने का इच्छुक एक पांथिक प्रचारक बन जाता है। ऐसे अनुवाद का आशय बहुत स्पष्ट है : यह संदेश दिया जाता है कि ब्राह्मणों ने अपने मजबूत पांथिक प्रचार द्वारा भारत के सामाजिक-सांस्कृतिक स्थान को अधिकृत कर लिया। मनु कहते हैं कि पुरोहितवाद ब्राह्मण हेतु सम्मानजनक व्यवसाय नहीं है; डॉनिगर कहती है ब्राह्मण कुछ और नहीं, बल्कि एक षड्यंत्रकारी पुरोहित है। मनु पुरोहित अथवा पुजारी के कार्य को अच्छे ब्राह्मण के लिए योग्य व्यवसाय के रूप में गणना नहीं करते हैं; डॉनिगर के लिए ब्राह्मण सिर्फ पुरोहितों की एक संस्था है, जो विश्व को अपने रिलीजन के अधिरोपण द्वारा जीतने का प्रयत्न कर रही है, और प्रो. स्मिथ के अनुसार, सभी ब्राह्मण अनिवार्यत: पुरोहित हैं और *मनुस्मृति* एक ग्रंथ के रूप में "केवल पुजारी द्वारा ही नहीं, बल्कि बहुत हद तक पुजारियों के लिए ही है।"[21]

धर्मशास्त्र ग्रंथों में 'पुरोहित' या 'पुजारी' के व्यवसाय का शायद ही अच्छे रूप में उल्लेख किया गया है। *याज्ञवल्क्य स्मृति* हमें बताती है कि किसी अच्छे ब्राह्मण को ऐसे मनुष्य द्वारा दिया गया भोजन नहीं खाना चाहिए, जो गाँव के पुरोहित का कार्य करता हो--*ग्रामयाजिनम्।* यह निषेधाज्ञा हमें दो चीजें बता सकती है—(क) या तो पुरोहित का कार्य ब्राह्मण के लायक व्यवसाय नहीं माना गया था या (ख) पुरोहित का कार्य ब्राह्मणों के अलावा अन्य वर्णों के लोग भी किया करते थे। दोनों ही स्थितियों में मूल पाठ का अर्थ प्रो. डॉनिगर की पसंद के लिए अत्यंत असुविधाजनक होगा। *पाराशर स्मृति* के अनुसार, ब्राह्मणों के छह मुख्य कार्य है—(i) संध्या, (ii) नाम स्मरण, (iii) वेदों का अध्ययन, (iv) देवताओं को तर्पण, (v) वैश्व देव और (vi) अतिथियों का आदर-सत्कार। इस सूची में पौरोहित्य जैसे कार्य करने का कोई उल्लेख नहीं है। *हारीत स्मृति* के अनुसार ब्राह्मण के निम्नांकित कर्म हैं : (i) अध्ययन, (ii) शिक्षण, (iii) यज्ञ का निष्पादन और (iv) दान लेना-देना या परोपकार। *मनुस्मृति* और *शंख स्मृति* में भी यही समान व्यवसाय प्रगणित हैं; किंतु पुजारी के कार्य का निषेध भी समान रूप से मुखरित है। यहाँ तक कि अभी हाल के वर्षों तक जीविका के लिए पुरोहित का काम करनेवाले ब्राह्मण को उसी समुदाय के सामाजिक अनुक्रम के भीतर अपेक्षाकृत हीन स्तर का माना जाता है और किसी उच्च ब्राह्मण ने तो पुजारी के परिवार में अपने संतान के विवाह का विचार भी नहीं किया होगा। प्रो. जे.एन. भट्टाचार्य ने बताया है, "हिंदू मतों के अनुसार पुजारी एक बहुत

निम्न स्तर का मनुष्य होता है और कोई ब्राह्मण, जो अन्यथा जीवन यापन कर सकता है, इच्छापूर्वक पुरोहित का कार्य नहीं करना चाहेगा। जो भी कारण हो, पुरोहित का हिंदू समाज में बहुत निम्न स्थान है।"[21a] किंतु ऐसा प्रतीत होता है, ऐसा तथ्य प्रो. डॉनिगर के लिए मायने ही नहीं रखता है।

वेंडी डॉनिगर और ब्रायन के. स्मिथ के अनुसार *मनुस्मृति* के केंद्रीय धार्मिक मुद्दों में से एक "हत्या और भक्षण का विरोधाभास है"[22] (वे धर्म को 'कानून' और साथ ही साथ 'रिलिजन' के रूप में अपनी बहस की आवश्यकता के अनुसार अनूदित करती हैं)। यह ऐसा इसलिए है, क्योंकि प्राचीन भारत की अन्य विचारधाराओं की तरह धर्मशास्त्र कार्यों का अधिकांश हिस्सा भी वैदिक विचारधारा से प्रेरित होता है, जिसे डॉनिगर और स्मिथ के द्वारा 'क्रूर' और 'भौतिकवादी' बताया गया है जो "'भोजन' और 'भक्षक' के आवर्ती विचार के रूप में *वेद* में सर्वत्र विद्यमान है।"[23] विद्वान् प्रो. स्मिथ के अनुसार, *वेद* का विमर्श केवल हत्या और भक्षण, भोजन और भक्षक के बारे में है और इसलिए, "जो पाक उपमा जैसा प्रतीत होता लग सकता था, उसका अभिप्राय वास्तव में प्राकृतिक और सामाजिक संसार के पदानुक्रमीय खाद्य श्रृंखला में संगठित होने के वर्णनात्मक विवरण से था।"[24]

प्रो. स्मिथ के अनुसार, *अग्निहोत्र* जैसे यज्ञों में समर्पित पुरोडाश और जीवों के भोजन हेतु समर्पित बलि की कल्पना खाद्य सामग्री का प्रसाद देने और परोपकार की भावना से नहीं जुड़ी है, अपितु ऐसे वर्णन एक एक 'पोषण संबंधी कड़ी' बनाते हैं, जो कि वास्तव में हिंदू समाज के भीतर व्याप्त प्रजातियों के क्रम का वर्णन करता है। यह विचार कि जीवों की विभिन्न प्रजातियाँ—पौधे और पशु दोनों—जिनमें पारिस्थितिकी सहसंबद्ध है, और जो ब्रह्मांड में एक-दूसरे से सहजीविक रूप से संबद्ध हैं, हिंदू मानस के स्थापित तथ्य का बयान नहीं, बल्कि ऐसा अभिकथन है, जो भारतीय मूल्य व्यवस्था में 'खाद्य पदार्थों के अनुक्रम' द्वारा पश्चिमी सिद्धांत की 'अस्तित्व श्रृंखला' को स्थानापन्न करना चाहता है।' प्रो. स्मिथ के अनुसार, "वेद में प्रकृति, पदानुक्रम में सृजित चीनी डिब्बे का एक सेट या यह कहना ज्यादा बढ़िया होगा कि पदानुक्रमित भारतीय आमाशय थी।"[25] भारत के जैविक ज्ञान का सार ऐसा होने पर यह उचित ही था कि यह प्राकृतिक भौतिक उपभोक्तावाद सामाजिक नीति में भी परिलक्षित हो, जो कि "शासकों एवं शासित, उपभोक्ताओं एवं उपभुक्तों, शोषकों एवं शोषितों, शक्तिशाली एवं कमजोर"[26] की अनंत गाथा है। पौधे का जमीन से अपने उपयोग के लिए पानी लेना कमजोर के शोषण और दमन का सामंती नाटक मात्र है।

किंतु डॉनिगर और स्मिथ की विद्वता इतने भर से संतुष्ट नहीं होती। उनका मानना है कि हिंदू धर्म ग्रंथों में 'भोजन' और 'भक्षण' का प्रत्येक संदर्भ "किसी व्यक्ति द्वारा

अपने प्रतिद्वंद्वी की पराजय और उसके ऊपर उसके आधिपत्य का चिरस्थायी व्यवस्थापन है··· किसी का पकवान उसका विरोधी था। भक्षण उस प्राकृतिक एवं सामाजिक शत्रु पर विजयपूर्वक काबू करना था, जिसे कोई नफरत करता है और उस भक्षित की नफरत का पात्र भी है।"[27] हिंदू विश्वदृष्टि के गुप्त अर्थ की इस सबसे उल्लेखनीय खोज के समर्थन में स्मिथ *शतपथ ब्राह्मण* से एक वाक्य का उद्धरण देते हैं, जिसमें उनके अनुसार, शत्रु भोजन के रूप में कल्पित है और आहुति के रूप में चित्रित किया गया है। यह आक्षेप सर्वथा अनुचित है, क्योंकि उद्धृत वाक्य वास्तव में किसी मनुष्य की बुरी भावनाओं एवं इच्छाओं को दीप्तिमान *अग्नि* की परिशोधक सीमा में आहुति करने की बात करता है। यह कहता है कि जैसे देवताओं ने अपनी घृणा को भोजन रूपी आहुति के रूप में अपनी शांत बुद्धिमत्ता की आग में डाला और बुराई से शुद्ध हो गए, वैसे ही आदमी स्वयं की शत्रुता और द्वेष को अग्नि में डाल सकते हैं, जिसे अग्नि 'खा' जाएगी और आहुति क़रनेवाला आदमी पवित्र हो जाएगा। किंतु कोई शब्द जो वेदों या शास्त्रों में 'भोजन' या 'भोज्य' के रूप में यथाशब्द विवेचित किया जा सकता है, उसे डॉनिगर और स्मिथ द्वारा कमजोर और दमित के 'भक्षण' की एक महान् कहानी के रूप में प्रस्तुत किया जाता है।

स्मिथ द्वारा उनके 'खाद्य शृंखला' के सिद्धांत के समर्थन में उद्धृत कुछ एक उद्धरण यदि पूर्ण रूप से प्रसंगहीन नहीं तो भी अत्यधिक त्रुटिपूर्ण हैं। वे हमें बताने के लिए *कठोपनिषद्* से एक श्लोक (2.9) उद्धृत करते हैं कि वास्तव में 'भक्षण' की महान् अनुवर्ती शृंखला प्रजापति से प्रारंभ होती है—"पुरोहित आपके मुखों में से एक है। उस मुख से आप शासकों को खाते हैं। उसी मुख से मुझे खाना खानेवाला बनाएँ।" राजा आपके मुखों में से एक है। उस मुख से आप आम लोगों को खाते हैं। उसी मुख से मुझे खाना खानेवाला बनाएँ।"[28] मैंने *कठोपनिषद्* के कुछ संस्करणों को संदर्भित किया, किंतु 2.9 से थोड़ा बहुत मिलते-जुलते सूत्र का भी पता नहीं लगा सका, जिसे प्रो. स्मिथ द्वारा इतने आधिकारिक रूप से उद्धृत किया गया है। उनका उद्देश्य यह बताना है कि खाद्य बिंब "वास्तव में समाज के अंतर्गत व्याप्त असली अंतर्वैयक्तिक, सामाजिक, राजनीतिक और आर्थिक रिश्तों का अनलंकृत और सटीक विवरण है।"[29]

स्मिथ के अनुसार, यह शोषक नरभक्षीय विन्यास वेदों के हृदय में स्थित है "जहाँ मैं केवल तुम्हारी हानि पर लाभ प्राप्त करता हूँ, मेरी समृद्धि में तुम्हारा विनाश अंतर्निहित है, मेरा निरंतर अस्तित्व तुम्हारी मृत्यु पर निर्भर करता है, मेरा भोजन करना तुम्हारे भोजन बनने की अपेक्षा करता है। यह पारिस्थितिक पद्धति आभासी रूप से सबसे लाभप्रद उसके लिए है, जो बलशाली और सैन्य शक्तिवाला है, जैसे—सबसे बड़ी मछली, सबसे ताकतवर व्यक्ति।"[30] यह कुछ भी मायने नहीं रखता कि *ऋग्वेद* (X. 191.2-4) हमें सशक्त रूप से याद दिलाता है कि "हम साथ चलें, एक आवाज में साथ बात करें; अपने

मन को एक लय में होने दें···हमारी मंत्रणा या सामूहिक प्रार्थनाएँ आम हों। हमारी बुद्धि सहकार से चले; हमारी सोच में सद्भाव हो, सार्वजनिक उद्देश्य और सार्वजनिक इच्छा सर्वोपरि हो। हमारी प्रार्थनाएँ एवं पूजा एक समान हों और हमारी भक्ति एवं प्रसाद एक समान हो। हमारे संकल्प एक हों; हमारा हृदय एक समान महसूस करता हो; हमारी सोच एक हो इसलिए हम सभी एकता के द्वारा आनंद से जीवन व्यतीत करें।" *कठोपनिषद्* का प्रारंभ ही इस प्रकार के संकल्प द्वारा होता है—'सर्वोच्च ब्रह्म हम दोनों को संरक्षित करे। वह हमें साथ पोषित करे। हम दोनों साथ में सामर्थ्य और शक्ति प्राप्त करें···हमें कभी भी एक-दूसरे के प्रति दुर्भावना न हो?' परंतु स्मिथ के अनुसार, *वेद* केवल समाज के कमजोर वर्गों की हत्या, नरभक्षिता, भक्षण, शोषण और उत्पीड़न की पतनशील पुस्तिका है। सहृदय हिंदुओं की पीढ़ियाँ, अतीत के अनगिनत शिक्षक और ऐसे आधुनिक विद्वान्, जैसे—अरविंद, विवेकानंद, रमन महर्षि और श्री नारायण गुरु, चाहे जो समझें। प्रो. स्मिथ और वेंडी डॉनिगर हत्यारी बिल्ली को वैदिक पोषण नली से सफलतापूर्वक बाहर निकाल लाए हैं।

हिंदू द्वारा अपने ब्राह्मण शिक्षकों को दिया गया सम्मान पुरोहितों द्वारा प्रभुत्व का झूठा दावा बन जाता है और हमें बताया जाता है कि ये पुरोहित वही लोग हैं, "जिन्होंने स्वयं को बारंबार सर्वोपरि वर्ग, परम भक्षक घोषित किया।"[31] पुरोहित ने यज्ञ को नियंत्रित किया, जो कि हिंसक था और इस आधार पर समाज में सबल द्वारा प्रायोजित वैध हिंसा का एक फर्मा बनाया गया, जिसका अर्थ होगा कि हिंदू समाज में व्याप्त हिंसा सीधे इसके वैदिक केंद्र से निकलती है। तब तो इस तर्क का निहितार्थ यह भी निकलना चाहिए कि उन समाजों में सामाजिक वर्गीकरण और हिंसा नहीं होनी चाहिए, जो कि वैदिक पुरोहित का अनुसरण नहीं करते हैं। वस्तुतः, एक सम्मानित, जीवित परंपरा का क्षुद्रीकरण; वेदों की गूढ़ प्रतीकात्मकता की निंदा; श्रुति के संदेश की समझ का घोर अभाव; कथ्य की समग्र योजना में किसी बात के होने के संदर्भ और उसके उद्धरण के स्थान को बिना बताते हुए, जिससे वे संबंधित हैं, चित्रित करना; यहाँ से एक मुहावरा और वहाँ से एक प्रतिबिंब उठाकर हिंदू परंपरा की प्रायोजित बदनामी करना, ये सभी उपकरण एक अकादमिक छड़ी के रूप में प्रयुक्त होते हैं, जिससे कि हिंदुओं की सांस्कृतिक विरासत को आहत किया जा सके। फिर 'हत्यारा' और 'भक्षक' हिंदू धर्म को मानवतावादी इस्लाम के भाईचारे या, अपने बाजार की उपस्थिति के अनुसार, ईसाई धर्म के मुक्तिदायक प्रेम के साथ मुकाबले में लाया जा सके और उसे अपर्याप्त और उबाऊ घोषित किया जा सके।

यह भी पूछा जाना चाहिए कि बाइबिल में वर्णित भोजन संकेतों का क्या हो? 'भोजन' और 'भक्षक', हत्यारा और मृतक के उसके संदर्भ का क्या हो? क्या बाइबिल के ईश्वर ने भक्षक और भक्ष्य, शोषक और शोषित की महान् खाद्य शृंखला का आरंभ

करते हुए बाइबिल के आदमी को अपने स्वयं के प्रतिबिंब में नहीं रचा? बाइबिल के ईश्वर कहते हैं, "चलो हम मनुष्य को अपने प्रतिबिंब, अपनी समरूपता में बनाते हैं और उसे समुद्र की मछली एवं हवा के पक्षियों, पशुधन के ऊपर, समग्र धरती पर और धरती के ऊपर चलनेवाले सभी जीवों पर राज करने दें।"[32] जब बाइबिल के साँचे में ढले आदमी से धरती पर चलनेवाले सभी जीवों पर शासन करने की अपेक्षा की जाती है, तो उसने अवपीड़न, उपनिवेशवाद और धर्म-परिवर्तन की प्रज्वलित आग में कई समाजों, कई संस्कृतियों और सभ्यताओं को मारने, उनका उपभोग कर खाने को स्वाभाविक रूप से अपना विशेषाधिकार समझा। बाइबिल का ईश्वर आगे कहता है, "मैं तुम्हें संपूर्ण पृथ्वी का प्रत्येक बीजधारक पौधा और प्रत्येक वृक्ष जिसमें बीज के साथ फल हो, देता हूँ। वे तुम्हारे लिए भोजन होंगे।"[33] पौधों के बाद पाक सूची पर पशु आता है, "और पृथ्वी के सभी जंगली पशु और वायु के सभी पक्षी और सभी जीव, जो धरती पर चलते हैं, सब कुछ जिसमें जीवन की साँस है, मैं प्रत्येक हरे पौधे को भोजन हेतु देता हूँ।"[34]

क्या ईश्वर ने ईर्ष्यावश ज्ञान और प्रज्ञा के फल को 'खाने' के विशेषाधिकार पर पहरा नहीं दिया और क्या उसने उसी भोजन को 'खाने' की कोशिश करने की उसकी साधारण गलती के कारण आदम का उपभोग नहीं किया, क्योंकि ईश्वर पदानुक्रम में श्रेष्ठतर होने की श्रृंखला में था? बाइबिल के प्रभु परमेश्वर ने अब्राहम से उनके आशीर्वाद पाने और एक विस्तृत जाति का जनक बनाए जाने के बदले एक बछिया, एक बकरी, एक भेड़ा, एक कबूतर और एक युवा कबूतर खाने की माँग की थी। उपभोग के एक विचित्र दृष्टांत में ईश्वर सुरक्षा देने के प्रतिदान के रूप में अब्राहम के शिश्नमुंडच्छद—उसकी कामुकता और पुरुषत्व का एक प्रतीक—और साथ ही सभी उत्तरगामी पीढ़ियों के शिश्नमुंडच्छद की भी माँग करते हैं। ईश्वर अपने अनुबंधित लोगों को मनोवैज्ञानिक एवं शारीरिक निर्बलता प्रदर्शन के आरोपण द्वारा सुरक्षा का वादा करते हैं। बाइबिल के पन्ने वास्तविक हिंसा, हत्या, बलिदान, खाने और उपभोग की क्रियाओं से भरे पड़े हैं; किंतु यहाँ-वहाँ कुछ वाक्यों में व्यक्त करुणा की चर्चा को अनिमेश हिंसा की अत्यंत गंभीर घटनाओं को ढाँपने के लिए किया जाता है।

टिप्पणीकार हमें यह बताने में असफल हो जाते हैं कि हिंदू परंपरा ने 'भोजन' और 'भक्षण' की उपमाओं को न तो उपभोग के पौष्टिक तथ्य और न ही समाज के कमजोर तबकों की अधीनता में प्रतिबिंबित दमन की सामाजिक-आर्थिक क्रिया को निरूपित करने के लिए नियोजित किया है। इन वैदिक प्रतीकों का ऐसा कोई भी अर्थ निकालना, हमारे दैनंदिन धर्मनिरपेक्ष प्रवचन में कुछ निश्चित शब्दों के बने रहने का लाभ उठाना भर है। इन अर्थों का उपयोग उस संदर्भ का अर्थ विकृत करने हेतु होता है, जिनमें ये शब्द अत्यधिक जटिल और गूढ़ कार्यों की निष्पत्ति हेतु वैदिक संग्रह में डाले गए हैं। वैदिक

कवि भोजन, भिक्षा और भक्षण की उपमाओं का प्रयोग यज्ञ के संदर्भ में व्याख्यायित समकालिक एकता एवं समर्पण और एकता एवं संयोजन के आध्यात्मिक तथ्यों को व्यक्त करने हेतु करते हैं। बलि देनेवाले ने सही मायने में अपने यज्ञ को पूरा किया, यह तभी कहा जा सकता है, जब उसने "अपने स्वयं के अजगर को मार डाला हो" और अपने स्वयं के अंदर "प्रेम के युद्ध" के द्वारा ऐसी जैसी जागरूकता की भावना को प्राप्त कर लिया हो, 'जहाँ स्वर्ग और धरती मिलते हैं'।"[35]

शतपथ ब्राह्मण कहता है कि "जो खाया जाता है, उसे स्वयं के नाम से नहीं, बल्कि भक्षक के नाम से पुकारा जाता है", एक प्रक्रिया, जिसमें आनंद कुमारस्वामी हमें बताते हैं, "अंतर्ग्रहण का तात्पर्य समाविष्ट है।"[36] भोजन का संकेत परस्पर संवादात्मक संयोजन और अंतरंग सहवास को सूचित करने हेतु चुना गया है : "जैसे सूर्य अरुणोदय को निगल जाता है या चाँद को प्रत्यक्ष एवं बाह्य रूप से प्रतिदिन एवं मासिक निगल जाता है, वैसे ही 'दिव्य विवाह' है, जो तुम्हारे भीतर पूर्णता को प्राप्त करता है।"[37] यज्ञ में मृत्यु भी 'सर्वोपरि मोक्ष' की जागृति है और समाधि का होना एक 'एक तन्मय संश्लेषण', जिसमें आत्मा ने अपनी मूल अवस्था की पुनः प्राप्ति की है, "ठीक वैसे ही जैसे पुरुष एवं स्त्री एक-दूसरे से, बाह्य और अंतरंग की भिन्नता के बिना, बारीकी से गले लगे हुए होते हैं।"[38] ऐसा लगता है कि 'भोजन-भक्षण' कल्पना बहु-प्रचलित है और वैदिक कथाओं से अलग विभिन्न आध्यात्मिक परंपराओं में भी प्रत्यक्ष पाई जा सकती है। मीस्टर एक्हार्ट के अनुसार, "आत्मा ईश्वर के साथ मिल जाती है, जैसे भोजन मनुष्य के साथ, जो आँख से आँख में, कान से कान में बदल जाता है; वैसे ही ईश्वर से जुड़ आत्मा ईश्वर में बदल जाती है;' क्योंकि "जो मुझे समाहित कर लेता है, वही मैं हूँ, न कि मेरा स्वयं।"[39]

प्रो. स्मिथ हमें बताते हैं कि विशुद्ध शक्ति द्वारा विनियमित वातावरण में पुरोहित अपना प्रभुत्व 'यज्ञ पर नियंत्रण' के द्वारा स्थापित करता है। 'यज्ञ' शब्द का अनुवाद 'सैक्रिफाइस' के रूप में करना गलत और यहाँ तक कि अपमानजनक है। वैदिक साहित्य यज्ञ के कई रूप बताता है—कुछ केवल राजा द्वारा किए जाते हैं; दूसरे प्रकार के *यज्ञ* प्रत्येक गृहस्वामी द्वारा किया जाना अपेक्षित होते हैं। यदि प्रो. स्मिथ *अग्निहोत्र* को 'अग्नि अनुष्ठान' के रूप में इंगित करने की इच्छा करते हैं, तब हम उन्हें याद दिलाना चाहते हैं कि घरेलू अग्नि जलाना प्रत्येक गृहस्वामी का कर्तव्य था और उसे इस कार्य के लिए किसी ब्राह्मण या पुरोहित की सहायता की आवश्यकता नहीं थी। *पंचकर्म* कराना भी प्रत्येक गृहस्वामी का कर्तव्य था और इसे कराने के लिए भी किसी ब्राह्मण या पुरोहित की सहायता की आवश्यकता नहीं थी। *मनुस्मृति* कहती है कि प्रत्येक गृहस्वामी को पाँच *यज्ञ* (*पंचयज्ञ*) प्रतिदिन पूरे करने चाहिए—(i) पूर्वजों को श्रद्धांजलि (*पितृयज्ञ*), (ii) वेदों का अध्ययन (*ब्रह्मयज्ञ*), (iii) गृह अग्नि को आहुति (*देवयज्ञ*), (iv)

जीवों को भोजन देना (*भूतयज्ञ*) और (v) अतिथियों का सत्कार (*नृयज्ञ*)। किसी आम मनुष्य से *वाजपेय, राजसूय* या *अश्वमेध* जैसे सत्रीय यज्ञों की अपेक्षा नहीं की जाती थी, जिनमें विभिन्न कार्य-निर्वाहक जैसे *ब्रह्मा, होत्र, अध्वर्यु, उद्गात्र* आदि की सहायता की आवश्यकता होती थी। प्रत्येक दिन के यज्ञ को करने हेतु प्रत्येक गृहस्वामी को ही स्वयं अपना पुरोहित होना होता था।

कुछ निश्चित यज्ञों को निष्पादित करने हेतु ब्राह्मण की सहायता ली जा सकती थी, किंतु यह अनिवार्य नहीं था। बहुसंख्यक घरेलू अनुष्ठान आज भी हिंदू घरों में स्त्रियों द्वारा स्वयं निष्पादित किए जाते हैं। प्रो. स्मिथ के अनुसार ब्राह्मण एक 'अनुष्ठान शिल्पी' है, जो अपने प्रभुत्व का दावा "दूसरों के वर्चस्व की ओर निर्देशित" हिंसक बलि पर अपने नियंत्रण के आधार पर करता है। ऐसी घोषणा के इस तथ्य के बावजूद करते हैं कि *अग्निहोत्र* और *पंचयज्ञ* का पुजारी या हिंसा या हत्या से कुछ लेना-देना नहीं है और जिसे अधिकतर हिंदू गृहस्वामी स्वयं करते हैं। बाद में स्मिथ कहते हैं कि इन्हीं बर्बर ब्राह्मणों, इन कट्टर 'अनुष्ठान शिल्पियों' ने भोजन प्रणाली को उलटा-पुलटा कर दिया और शाकाहार एवं अहिंसा को एक उच्च मूल्य के रूप में स्थापित किया और शुद्धता की इन नई अवधारणाओं की व्यवस्था के द्वारा हिंदू पदक्रम और जाति का निर्माण किया। इन उद्देश्यों को प्राप्त करने हेतु उन्होंने *धर्मसूत्र* लिखे, जो कि स्मिथ के अनुसार "कर्मकांडियों द्वारा तैयार किए गए थे।" विचित्र!

ब्राह्मण घाघ अत्याचारी था, चाहे शाकाहारी हो या मांसाहारी। इसलिए यह स्वाभाविक था, जैसा डॉनिगर हमें बताती हैं, कि "बलिदान एवं हिंसा की वैदिक परंपरा और बाद के समय के शाकाहार एवं अहिंसा की परंपरा, मनु के अंतिम संग्रहण में साथ लाए गए थे।"[40] डॉनिगर हमें उस भव्य रूप-रेखा के बारे में बताती हैं, जिसने कि *मनुस्मृति* के लेख को स्वचालित किया : "मनु के नियम शायद कुछ हद तक ब्राह्मण प्रतिष्ठा को शारीरिक शक्ति (क्षत्रिय) और आर्थिक शक्ति (वैश्य) पर स्थापित करने की इच्छा से प्रेरित हो सकते हैं, किंतु यह हत्या एवं भक्षण, प्रेम करने और मरने की मानवीय, बौद्धिक, मनोवैज्ञानिक, तार्किक समस्यायों को हल करने की इच्छा से भी प्रेरित था।"[41] वेंडी डॉनिगर और ब्रायन स्मिथ जैसे टीकाकार भारतीय परंपरा को समझना नहीं चाहते हैं; वे चतुर व्याख्यात्मक उद्धरणों का उपयोग, हिंदू संस्कृति और इसकी सहजीवी एकजुटता को काल्पनिक जातीय उत्पीड़न और लैंगिक-असंवेदनशीलता पर बल देकर पतनशील सिद्ध करने हेतु करते हैं। हिंदू परंपरा वह है, जो डॉनिगर और उसके रचनात्मक सहायक की पसंद कहती है। उनके लिए भारतीय परंपरा की अपनी आंतरिक व्याख्या का कोई भी संदर्भ केवल हिंदू संस्कृति की बर्बरता और भ्रष्टणीयता को छिपाने का प्रयास भर है।

हिंदू परंपरा के प्रति ऐसा विद्वत शिष्टाचार केवल पश्चिमी विद्वानों ने प्रकट नहीं

किया है। भारतीय विश्वविद्यालयों के कई प्रख्यात शिविर अनुयायियों और अन्वेषकों ने भी अपने सामूहिक जीवन को केवल दो मुद्दों को सिद्ध करने में लगा दिया—(i) भारत में ऐसा कुछ भी नहीं था, जो कि भारतीय संस्कृति के रूप में पहचाना जा सके और (ii) जिसे हिंदू धर्म कहा जाता है, वह वास्तव में 'कट्टरपंथी' या 'ब्राह्मणी' सिद्धांतों का संग्रह है, और वह अत्यधिक पतित और अतर्कसंगत है। कई आधुनिक इतिहासकार भारत के अधिकतर समकालीन संकटों को पश्चिमी समाजशास्त्रियों, नृवंश विवरणकारों और इतिहासकारों के श्रम के हवाले से औपनिवेशिक शासन के मत्थे मढ़ देते हैं। कहा जाता है, इन पश्चिमी विद्वानों ने प्रत्यक्ष रूप से औपनिवेशिक शासन के सूक्ष्म सहयोग से भारतवासियों के लिए ऐसी पहचानों को 'आविष्कृत', 'कल्पित' और 'अनुमानित' किया, जो कि विभाजनकारी, तत्त्ववादी और एककरणीय थीं। उपनिवेशीय इतिहास लेखन को मार्क्सवादी और सबआलटर्न, दोनों प्रकार के इतिहासकारों ने भारत के अतीत और साथ-ही-साथ वर्तमान की हमारी समझ में छेड़छाड़ के लिए दोषी ठहराया है, किंतु उपनिवेशीय कार्यनीति की इस प्रत्यालोचना में इतिहासकारों द्वारा आलोचना का चुनिंदा उपयोग रोचक है। उपनिवेशीय और पश्चिमी इतिहास लेखन की आलोचना कुछ विशिष्ट प्रयोजनों हेतु ही होती है और हमें यह स्पष्ट रूप से ध्यान में रखना चाहिए। कई भारतीय विद्वान् उपनिवेशीय इतिहास लेखन और समाजशास्त्रीय शोध को बहुत विशिष्ट प्रयोजनों के लिए दोष देते हैं। सबसे पहले यह कहा जाता है कि उपनिवेशीय/पश्चिमी इतिहास लेखन—विशेष रूप से भारतीय इतिहास के जेम्स मिल के आवधीकरण और इलियट और डावसन के कार्य ने—हिंदू और मुस्लिम समुदायों के बीच एक कृत्रिम सीमांकन बनाया। मुस्लिम शासन के एक युग को स्पष्ट रूप से हिंदुओं के प्रति क्रूर और कठिन कहने के लिए उपनिवेशीय विद्वानों द्वारा तुर्की-ईरानी स्रोतों को ज्यादा महत्ता दी गई। मध्यकालीन मुस्लिम राज्यों की गतिविधियों को लोकप्रिय संज्ञान में लाकर उन्होंने हिंदुओं और मुसलमानों के बीच विभाजन की खाई को बढ़ाया, जो कि अन्यथा एक सामंजस्यपूर्ण और समग्र सांस्कृतिक पहचान में रचे-बसे माने जाते थे।

दूसरे, कहा जाता है कि उपनिवेशीय इतिहास लेखन ने झूठी तरह से, बिना किसी आधार के, जातीय और धार्मिक रूप से एकीकृत मुस्लिम समुदाय की छवि बनाई, जिसे ज्ञानेंद्र पांडेय 'धर्मांध जुलाहे' का सुरम्य नाम देते हैं। यह विश्वास किया जाता है कि उपनिवेशीय व्यवस्था और पश्चिमी विद्वानों ने मुस्लिम राज्यों द्वारा अपनी हिंदू प्रजाओं पर किए गए दमन और क्रूरता की घटनाओं को गलत तरीके से प्रकट किया। कई भारतीय इतिहासकारों की दृष्टि में मुस्लिम राज्य वास्तव में धर्मनिरपेक्ष सिद्धांत और समन्वयात्मकता की मिसाल थे। यह उपनिवेशीय व्यवस्था थी, जिसने एक सौम्य इकाई को सांस्कृतिक एवं राजनीतिक रूप से अपने विशेष धार्मिक अस्तित्व के प्रति जागरूक

करके एक विशिष्ट मुस्लिम उम्मा में परिवर्तित किया। वही अध्येता, जो अपने शैक्षिक झोले की हर चाल का उपयोग मुस्लिम सांप्रदायिकता को नकारने हेतु करते हैं, हिंदू परंपरा की उपनिवेशीय विवेचना को पूर्णतः अनुल्लंघनीय मानते हैं। वैसे सभी पश्चिमी सिद्धांत या प्रशासनिक उपाय, जिसने हिंदू समाज में फूट, विभाजन और अलगाववाद के विचार को व्यक्त किया, उसे उन्हीं विद्वानों ने अकादमिक वस्तुगत तथ्यों के रूप में सही ठहराया। यदि विलियम जोंस या मैक्समूलर सुझाव देते हैं कि आधुनिक ब्राह्मणवाद और हिंदू धर्म के तथाकथित जनक आर्यों ने बाहर से आकर भारत पर आक्रमण किया तो यह पूर्णरूपेण सच होना चाहिए। यदि रिसली और अन्य नृवंश विवरणकारों ने एक सांघातिक नस्ल सिद्धांत का प्रयोग किया, तो उसे इस बात के साक्ष्य के तौर पर अवश्य स्वीकृत होना चाहिए कि आर्यों की आक्रामक नस्ल ने भारत के मूल वासी 'काले' और 'द्रविड़ियन' नस्लों को पराजित करके अपने अधीन किया, जो अंततः उनके दलितकरण का कारण बना। यदि रॉबर्ट कॉडवेल ने कहा था कि विंध्य से दक्षिण के लोग 'एक एवं समान नस्ल' के सदस्य हैं, जो कि आर्यों की 'विजेता नस्ल' से भिन्न है, तो यह शोध प्रतिमानात्मक रूप से सच कैसे नहीं हो सकता? 'सूक्ष्म भेद', 'प्रतिवाद', 'बहुमौखिकता', 'उपनिवेशीय निर्माण'—आधुनिक शैक्षिक लेख में बहुतायत में प्रयुक्त होनेवाले ये नारे हिंदू इतिहास की घटनाओं पर लागू नहीं किए जाने चाहिए।

हिंदू इतिहास पूर्णतः निर्विवाद है, क्योंकि उपनिवेशीय दलालों, मिशनरियों, पक्षपाती अधिकारियों या वेतनभोगी शिक्षकों ने ऐसा कह दिया है। यह सिद्ध करने हेतु कोई प्रयत्न नहीं छोड़ा जाना चाहिए कि मुस्लिम व्यवस्था ने हमेशा इस देश से प्रेम किया है और भारत में अपने आगमन के पहले दिन से ही वे भारत की गौरवशाली संयुक्त संस्कृति का हिस्सा बन गए थे—इस तथ्य के खंडन हेतु उपलब्ध पूर्व-उपनिवेशीय अवधि के सारे साक्ष्य चाहे जो कहें। जबकि इस बात का खंडन करने में कोई कसर नहीं छोड़नी चाहिए कि हिंदू समाज कभी एक साझा पहचान या समान संस्कृति एवं इतिहास की भावना से अनुप्राणित थे। विद्वानों को सिद्ध करना चाहिए कि जिसे हिंदू धर्म कहा जाता है, वस्तुतः वह कुलीन उच्च जातीय ब्राह्मणों हेतु एक प्रचलित नाम भर है, जो भारत में एक हमलावर सभ्यता के रूप में किसी सुनसान से मैदान से, या न जाने कहाँ से आए, और जिन्होंने यहाँ के मूल निवासियों को अनंत दासता और पृथक्करण में रखकर उनके साथ नृशंस व्यवहार किया। इस्लाम भारतीय संयुक्त संस्कृति का हिस्सा था; जिसे हिंदू धर्म कहा जाता है, वह मूल ब्राह्मणिक आधिपत्य के भीतर यहाँ की मूल संस्कृतियों, विवादपूर्ण पहचानों एवं विभिन्न उप-राष्ट्रवादों को एक व्यवस्था के अंतर्गत लाने का आधुनिक राजनीतिक प्रयत्न है। भारतीय संस्कृति जैसी न तो कोई इकाई थी, न ही हिंदू पहचान। हिंदू धर्म का इतिहास विभिन्न स्थानीय पहचानों, विरोधी संस्कृतियों एवं

राष्ट्रीयताओं के जबरन ब्राह्मणिक अनधिकार ग्रहण का अभिलेख है। शूद्र, दलित, द्रविड़, आदिवासी सभी अलग और दमित राष्ट्र हैं, जिन्हें हिंदू पहचान के मिथक को विभाजित और खंडित करने का अधिकार है।

आधुनिक भारतीय इतिहास लेखन, सामाजिक विज्ञान एवं मनुष्य जाति के विज्ञान का बहुलांश ऐसे शुचितावादी प्रयोजनों के चारों ओर घूमता है, जो कि पश्चिमी विद्वानों, मिशनरी विद्वानों एवं उपनिवेशीय पदाधिकारियों द्वारा प्रचारित व्याख्याओं की अंधी नकल है। पश्चिमी-उपनिवेशीय झूठ एक सर्वोपरि सच्चाई है, क्योंकि यह हिंदू समाज को आहत करता है। ध्यान दीजिए कि किस दृढ़ता से आर्य आक्रमण सिद्धांत को बिना किसी ठोस प्रमाण के पुष्ट किया जाता है? सोचिए, भारतीय समाज में किस प्रकार नस्लीय, भाषायी एवं जातीय विभाजन के सिद्धांत प्रसारित किए जाते हैं और कट्टरतापूर्वक सिखाए जाते हैं? यह भी देखिए कि इस्लामी व्यवस्था और राजनीतिक संरचनाओं की प्रत्येक निर्दयता को किस तरह 'सूक्ष्म' ऐतिहासिक विद्वत्ता के मलबे के अंदर उलझाकर रक्षित या दबा दिया जाता है? उपनिवेशीय व्याख्याएँ यदि इस्लाम से संबंधित हैं तो गलत हैं; यदि वे हिंदू परंपरा को तोड़ती, भ्रमित और कलंकित करती हैं तो अत्यधिक प्रामाणिक अकाट्य सच्चाई की अभिव्यक्ति हैं। अत: टी.के. ऊमन हमें सदयतापूर्वक सूचित करते हैं कि, "हिंदुत्व आर्यों के आक्रमण के साथ भारत आया···"।[42] ऊमन के अनुसार, इन आर्य-हिंदू विजेताओं ने अपना क्षेत्र विस्तार किया और "आर्य-पूर्व मूल निवासी और हिंदू विरोधी धर्मों" को निगल लिया।[43] तथाकथित दलित, मूल निवासी वनवासी लोग, जैन, बौद्ध एवं द्रविड़ सभी अलग देश हैं; ब्राह्मणिक हिंदुत्व के खिलाफ खड़ी विद्रोही विरोधी-संस्कृतियाँ हैं और उन सभी को हिंदू' की परिधि में बाँधने का कोई भी शैक्षिक प्रयास नृशंस आधिपत्य है। क्या आधुनिक इतिहासकारों ने अंतिम तौर से सिद्ध नहीं किया है कि भारत न एक संस्कृति है, न ही एक देश है, बल्कि केवल विरोधी-संस्कृतियों का ढेर और राष्ट्रीयताओं का एक 'कब्रिस्तान' है? "क्या फिर भारत एक देश है? इस प्रश्न का उत्तर मार्क्सवादियों को बेझिझक ना में देना चाहिए। भारत···एक देश नहीं है, क्योंकि यह न तो एक सामूहिक भाषा, न ही एक सामूहिक संस्कृति की माँग को पूरा करता है।"[44]

भारतीय कई सहस्राब्दियों से साथ रहते हुए भी न तो एक सामूहिक संस्कृति, न ही एक सामूहिक भाषा (संस्कृत के होते हुए भी) पैदा कर पाए, किंतु हमें बताया जाता है कि मुसलमानों ने तुरंत पहली बार यहाँ बसते ही संयुक्त संस्कृति पैदा कर दी। प्रो. हबीब और कई अन्य समान मानसिकता वाले श्रेष्ठ इतिहासकारों ने हमें याद दिलाया है कि भारत का कोई सामूहिक धर्म, उसकी कोई सामूहिक संस्कृति नहीं थी। यहाँ तो केवल विरोधधर्मा सांस्कृतिक, धार्मिक-सामाजिक एवं वैचारिक आंदोलन थे और उनके भारी आक्रमण एवं विच्छेदन से लड़ता हुआ एक छोटा असभ्य ब्राह्मणवादी हिंदू धर्म एवं

संस्कृति। तब यह प्रश्न उठता है कि मुसलमानों ने किन भारतीय वर्गों के साथ मिलकर एक सार्वजनिक 'संयुक्त संस्कृति' पैदा की। यही कारण है कि हिंदू संस्कृति, हिंदू दर्शन एवं लोकाचार को बदनाम और कलंकित करने के काम आनेवाला प्रत्येक उपनिवेशीय और प्राच्य सिद्धांत महिमामंडित किया जाता है। भारतीय विषय पर लिखने की प्रक्रिया में कई अध्येता उपनिवेशीय मानव विज्ञान को, हिंदू धर्म एवं संस्कृति की खंडित, भ्रामक एवं उत्पीड़क प्रकृति को सिद्ध करने के लिए अपनाते हैं। उनका प्रयत्न हिंदू समाज को समझने का नहीं, बल्कि उसे महत्त्वहीन सिद्ध करने और यदि संभव हो तो उसे खंडित करने का है। बाह्य हिंदू आक्रमण की बात करते रहना और वनवासी, दलित एवं द्रविड़ मूल निवासियों की हिंदू अधीनता की वीणा बजाते रहना उस प्रयास के उपकरण हैं, जिसका मानना है कि पीड़ित वर्गों को मुक्त करने के लिए हिंदू समाज को टूटना चाहिए! क्या तथ्य, क्या आधार? मिशनरियों, कंपनी अधिकारियों, उसके द्वारा नियुक्त विद्वानों एवं उपनिवेशीय प्रशासकों ने ऐसा कहा है और क्या चाहिए? सभी आगामी शोध सिर्फ उस आधार-सामग्री को जानने के लिए आयोजित होना चाहिए, जो किसी तरह उपनिवेशीय सिद्धांत को सिद्ध करने हेतु उपयुक्त हो। क्या हुआ यदि गेल ओमवेत सिद्ध करने का प्रयत्न करती हैं कि बौद्ध धर्म वह नहीं है, जो भगवान् बुद्ध ने प्रचारित किया, किंतु वह है, जो मिशनरी, पश्चिमी विद्वान् एवं 'दलित' कार्यकर्ता—जिनमें से कई अ-भारतीय, अ-हिंदू, विदेशी प्रतिष्ठानों द्वारा वित्त-पोषित एवं अत्यंत राजनीतिक हैं—कहते हैं। बुद्ध की संपूर्ण विरासत विदेशी वित्त-पोषित संस्थाओं, मिशनरी संगठनों एवं राजनीतिक उद्देश्य हेतु समर्थित ऐसे 'दलित' कार्यकर्ताओं द्वारा विनियोजित की जा रही है।

यह औपनिवेशिक स्रोतों और व्याख्याओं के चुनिंदा उपयोग का एक उदाहरण है। दूसरा उदाहरण इतिहासकारों द्वारा कुछ निश्चित सांस्कृतिक इकाई से संबंधित 'ग्रंथों' एवं ग्रंथीय आख्यानों को विशेषाधिकार देने में व्यक्त होता है। मध्यकालीन युग के इतिहासकार बल देते हैं कि जहाँ तक भारत में मुस्लिम शासन के इतिहास या इस्लाम से जुड़े प्रकरण तक पहुँचने का संबंध है, हमें समकालीन घटनाओं के ईरानी, अरबी या उर्दू इतिहास पर कभी विश्वास नहीं करना चाहिए, यद्यपि उनकी ऐतिहासिकता असंदिग्ध नहीं है और जिन घटनाओं के वे अभिलेख हैं, उनका घटना भी विवादित नहीं है। रोमिला थापर के अनुसार, इसका कारण है कि "उन्हें उनके ऐतिहासिक प्रयोजनों की पर्याप्त चर्चा के बिना और अन्य स्रोतों के साथ उनकी तुलना के बिना ही उन्हें तथ्यात्मकता का विशेषाधिकार दिया गया है।"[45] वे हमें मुस्लिम इतिहासों, अदालती इतिहासों, आत्मकथाओं और महान् मुस्लिम व्यक्तित्वों की शिक्षाओं में सन्निहित विपुल आख्यानों के बारे में चेतावनी देती हैं और हमसे ऐसे दस्तावेजों पर पूरी तरह भरोसा नहीं करने की माँग करती हैं। उनका मानना है "इसलिए अध्ययन, इन वृत्तांतों द्वारा उपलब्ध कराई गई व्याख्या तक सिमटा

दिया गया है, हालाँकि यह अध्ययन भी शाब्दिक और सीमित हो गया है और इस श्रेणी के भीतर के विरोधाभासों पर ध्यान नहीं दिया है।"[46] वह हमें इन ग्रंथों के विरोधाभासों के बारे में सचेत करती हैं। रोमिला थापर हमसे अपेक्षा करती हैं कि हम मुस्लिम ऐतिहासिक साक्ष्यों को ज्यादा तरजीह न दें। रोमिला थापर के अनुसार, जहाँ तक इस्लाम के प्रकरणों और मुस्लिम इतिहास का संबंध है, हमें "सरलीकृत एककरणीय स्पष्टीकरण से दूर हटकर बदलते परिदृश्य में विभिन्न प्रकार के कारणों की जटिलताओं की खोज करनी चाहिए।"[47]

जहाँ तक मुस्लिम एवं मुस्लिम ऐतिहासिक ग्रंथों का संबंध है, हमें उन पर विश्वास नहीं करना चाहिए। हमें इस पर यकीन नहीं करना चाहिए कि किसी ऐतिहासिक व्यक्ति ने समय के एक खास बिंदु पर अंजाम दिए गए अपने कारनामों के बारे में क्या कहा है। हमें 'विभिन्न सूत्रों और उन घटनाओं से उनकी निकटता' ढूँढ़नी चाहिए और उस पर बल देना चाहिए; हमें 'मौखिक परंपराओं', गानों एवं गाथाओं का उपयोग करना चाहिए, इसके बावजूद भी कि उनके साक्ष्य उन घटनाओं के होने के कुछ सदियों बाद के हैं, जिनसे वे संबंधित कहे जाते हैं। हमें अरबों, तुर्कों, ईरानियों द्वारा उनकी अपनी जीतों, उनके शासन, उनकी धार्मिक नीतियों और उनके मंतव्यों के बारे में लिखे इतिहास पर विश्वास नहीं करना चाहिए। थापर के अनुसार, वे 'आतंरिक विरोधाभासों' से भरे हैं और उन पर विश्वास का अभिप्राय होगा कि पाठक "इतिहास की यूरोपीय भावना के अधिक करीब"[48] जाने की कोशिश कर रहा है। इसलिए फर्रुखी, गिरदीजी, फेरिस्त इत्यादि के विवरण शब्दश: नहीं माने जाने चाहिए, क्योंकि "तुर्की-ईरानी ग्रंथ घटना का उपयोग सत्ता की अपनी कल्पनाओं के निर्माण हेतु करते हैं।"[49] थापर हमें बताती हैं कि चौहान और खिलजी राजाओं के संघर्ष को हिंदू और मुसलमान के बीच हुए संघर्ष के रूप में नहीं, बल्कि 'तुर्कों और राजपूतों के बीच' 'सत्ता की प्रतियोगिता' के तौर पर देखा जाना चाहिए। थापर के लिए भारत की कोई सांस्कृतिक, ऐतिहासिक या राजनीतिक पवित्रता नहीं है। यह केवल अचल संपत्ति का एक टुकड़ा था, जहाँ कोई भी हमलावर सत्ता का खेल खेल सकता था। स्थानीय राजपूत और हमलावर तुर्क, दोनों समान हैं।

रोमिला थापर के अनुसार, पर्याप्त स्पष्टतापूर्वक घटनाओं का वर्णन करनेवाले ईरानी और अरबी इतिहासों पर अनन्य रूप से भरोसा नहीं किया जाना चाहिए। इसके लिए विभिन्न सूत्रों की तुलना होनी चाहिए। तात्पर्य यह है कि हमें ऐतिहासिक वास्तविकता के सूक्ष्म स्वभाव, कम-से-कम इसके मुस्लिम भाग को समझने के लिए कविताओं, महाकाव्यों, लोकगीतों इत्यादि को सुनना चाहिए। वे कहती हैं कि भारत पर तुर्कों के हमले को केवल भारतीय क्षेत्र के अंदर मुस्लिम शक्ति के आक्रामक आगमन के रूप में नहीं देखा जाना चाहिए, हालाँकि मुस्लिम इतिहासकार ठीक यही दावा करते हैं : "विजय

के कई आयाम हैं और पराजित लोगों को सत्ता, आर्थिक संसाधनों की पहुँच, धार्मिक प्रतीकों एवं जीवन जीने के एक ढंग की हानि का सामना करना पड़ता है।"[50] थापर, महमूद गजनवी द्वारा सोमनाथ मंदिर को लूटे जाने के बचाव में कई क्लिष्ट कारणों को सुझाती हैं, किंतु वह इस्लामी पांथिक किताबों में मूर्तिभंजन और काफिरों के राजनीतिक नियंत्रण को उच्च धार्मिक व्यवसाय माने जाने पर एक शब्द भी नहीं बोलती हैं। इसके विपरीत, वे विचित्र तर्क देती हैं कि कुछ मुसलमानों का अभिप्रेरण 'धार्मिक मतभेदों' के परिणामस्वरूप हो सकते हैं, किंतु वे कहती हैं कि इनको भी "अन्य प्रयोजनों से संयुक्त जटिल तसवीर"[51] के रूप में देखा जाना चाहिए।

थापर सुझाव देती हैं कि भारत में महमूद के लक्ष्य को पूर्वी खिलाफत की राजनीति के वृहत्तर परिप्रेक्ष्य में, और गजनी को उत्कृष्ट वास्तुकला के साथ एक कुलीन राजधानी बनाने की महमूद की आकांक्षा के प्रकाश में समझना चाहिए। मध्यकालीन मुस्लिम शासकों के इतिहास में हिंदुओं के उत्पीड़न के प्रचुर उदाहरण दर्ज हैं, वे भी केवल इसलिए क्योंकि हिंदू काफिर थे। इतिहासकार भी इन समकालिक घटनाओं को समझाने के लिए मजहबी मुहावरे का प्रयोग करते हैं। परंतु थापर के अनुसार, यह सब विश्वास के योग्य नहीं है: "मुहावरा जरूरी नहीं कि वास्तविकता हो और यह अपरिहार्य रूप से जटिल वास्तविकता पर परदा डाल सकता है। इसलिए इतिहासकार को शाब्दिक को अलंकार से छानकर अलग करना होता है। इसके लिए इतिहासकार को ऐतिहासिक प्रक्रिया के कारणों की पड़ताल करने से पूर्व कई आवाजों को सुनना जरूरी होता है।"[52] ऐसा करना ही चाहिए, क्योंकि "एक विशेष अतीत के वैकल्पिक अनुभव हो सकते हैं और इन्हें अतीत के पुनर्निर्माण और कारणों के प्राथमिक मूल्यांकन करते समय सम्मिलित किया जाना चाहिए"।[53]

संदेश यह है यदि मुस्लिम प्रकरण बयान किए जाते हैं कि हमें विभिन्न सूत्रों, वैकल्पिक अनुभवों, लोक-साहित्य, संभावनाओं की विभिन्नता और पाठ की चुप्पियों का उपयोग तो करना चाहिए, किंतु विचारधारा, इस्लामी ग्रंथों; उनकी कानूनी आवश्यकताओं और उनके राजनीतिक-धार्मिक नेतृत्व के नियामक व्यवहार की बात करने से बचना चाहिए। इस्लामी मजहबी निर्देशों की बाध्यता के अंतर्गत दूसरों के सांस्कृतिक स्थान पर प्रवृत्त आतंक के हर कार्य को अकादमिक कुचेष्टा की आखिरी बूँद तक बचाव करना चाहिए। वस्तुतः उस घटना की ऐतिहासिक निकटता में उस घटना पर विशेष रूप लिखे ग्रंथों पर भरोसा नहीं किया जाना चाहिए। बजाय इसके हमें बहुत बाद की 'किंवदंतियों' का उपयोग करना चाहिए, क्योंकि "वे इतिहास को दूसरा आयाम प्रदान कर सकती हैं, जहाँ तक कि किंवदंतियों की अतीत की घटनाओं की धारणाओं के रूप में जाँच की जा सकती है।"[54] असली घटना के सहस्राब्दियों बाद लिखित ये आख्यान,

ये किंवदंतियाँ, ये लोककथाएँ, यद्यपि 'काल्पनिक' हैं, लेकिन "जिन समूहों में से उत्पन्न हुई हैं, उनके दृष्टिकोणों की कुछ समझ प्रदान करती हैं।"[55] थापर के अनुसार उन्नीसवीं सदी के गाथागीत, जैसे—*किस्सा मंगरोली शाह,* सतरहवीं सदी में लिखित—वह भी 'परिकल्पित'—संत-जीवनी, मीर' अत-उज-मस'उदी, हमें उत्बी या गिरदीज़ी की बजाय महमूद और गाजी सलार मसूद के इतिहास की बेहतर समझ देता है। थापर हमें ईरानी ऐतिहासिक दस्तावेजों को 'ऐतिहासिक रूप से सही' मानने के विरुद्ध आगाह करती हैं, जबकि लेखक, स्थान, घटना, कार्य—सभी स्पष्टत: पहचाने एवं विश्लेषित किए जा सकते हैं। केवल मुस्लिम ग्रंथों पर निर्भरता ने "सामुदायिक रिश्तों एवं प्रत्येक अवसर की विशिष्टता की सूक्ष्मता का सफाया कर दिया, जिसमें विभिन्न लोग विभिन्न पहचानों के साथ सम्मिलित थे।"[56] थापर हमें सूचित करती हैं कि एक लोक-किंवदंती में गजनी का महमूद एक पवित्र मनुष्य की तरह स्वयं को साधुत्व और आध्यात्मिक शक्ति के प्रति समर्पित करता हुआ दिखता है। भारतीय काफिरों के अभिशाप, गाजी मियाँ या सलार मसूद, गौरक्षक एवं चरवाहे नायक बन जाते हैं। हमें महमूद के बारे में अपने ऐतिहासिक मत को संशोधित करना चाहिए, क्योंकि *शबर तंत्र* की कुछ पंक्तियाँ हमें बताती करती हैं कि महमूद एक पवित्र पीर माना जाता था, जो बीमारियाँ ठीक करता था और बाधाओं को दूर कर सकता था। थापर तर्क है कि ऐसा नेक महमूद शायद ही सोमनाथ को अपवित्र कर सकता था।

परंतु जहाँ तक हिंदुओं का संबंध है, इतिहास को केवल कुछ खास ग्रंथों पर निर्भर रहना चाहिए। केवल उन ग्रंथों पर ही नहीं अपितु उनकी बहुत विशिष्ट विवेचना पर, जो उत्पीड़क उच्च जाति के मनुवादियों और उत्पीड़ित बहुसंख्यक दलित, शूद्रों एवं आदिवासियों के बीच विभाजनकारी संबंध को बढ़ावा देने हेतु प्रयासरत मिशनरियों और उपनिवेशीय सेवकों की विश्वदृष्टि को प्रतिबिंबित करती है। थापर और वैसे अन्य इतिहासकारों के अनुसार, एक अखंड मुस्लिम समुदाय कभी भी नहीं था, किंतु शूद्रों और अछूतों की अखंड पहचान को नीचा दिखाने पर अडिग उच्च जातीय बदमाशों का अखंड मनुवाद हमेशा था। महमूद के गौरवशाली अभियानों की ईरानी कथा 'विजय के महाकाव्यों' के रूप में सच नहीं मानी जानी चाहिए, क्योंकि "इस तरह के विवरण ग्रंथों की प्रत्येक श्रेणी की सूक्ष्मताओं को छुपाकर उनसे इनकार कर देते हैं"; जबकि *मनुस्मृति* किसी भी सूक्ष्म भेद के साथ आकलित नहीं की जानी चाहिए और उसे कट्टर ब्राह्मणों द्वारा उत्पीड़न के उन्माद में दलितों के 'भक्षण' का उत्सव मनाने हेतु लिखित 'विजय के महाकाव्य' के रूप में हमेशा चित्रित किया जाना चाहिए। ये इतिहासकार बारंबार दोहराते हैं कि आर्य-हिंदुओं के भारत पर आक्रमण के समय से ही 'मूल' स्थानीय लोगों के साथ उनके संघर्ष जारी हैं। इसलिए जब थापर जयसिंह सिद्धराजा चालुक्य के मंत्री हेमचंद्र की

चर्चा करती हैं, जिसने मंदिरों को अपवित्र करने वाले बर्बर, राक्षसों, दैत्यों के खिलाफ अभियान चलाया था, तो वे इन मूर्तिभंजक समूहों की आश्चर्यजनक रूप से मुसलमान नहीं, बल्कि हिंदू जाति-व्यवस्था से बाहर किए गए समुदाय बताती है—"ये जाति समाज से बाहर के लोग हो सकते थे जिनकी जमीन पर अतिक्रमण किया गया था और जो अतिक्रमण का विरोध कर रहे थे।"[57] थापर पश्चिमी संभाषण का पूर्णतः अनुसरण करती हैं और दावा करती हैं कि मुसलमानों का नकारात्मक वर्णन केवल ब्राह्मण कथा का उत्पाद था, किंतु यह समाज के अन्य वर्गों के द्वारा साझा नहीं किया गया था। वे विश्वास करती हैं कि "उदाहरणार्थ, अभिलेखों में मुसलमानों का नकारात्मक वर्णन उच्च जातीय ब्राह्मण मनोभावों का संप्रेषण है, क्योंकि मुस्लिम शासक वर्ग का सबसे ज्यादा असर इसी वर्ग पर पड़ा था और उसी का मानक विघटित हुआ था।"[58] आखिरकार लुटेरे तुर्की योद्धा केवल भारत के उत्पीड़ितों की मुक्ति की माँग करते हुए उत्पीड़न की ब्राह्मणवादी व्यवस्था को 'विफल' करने का प्रयत्न ही तो कर रहे थे!

इतिहास लेखन की इस शैली का संदेश मुसलमानों के बारे में नकारात्मक होने के लिए उपनिवेशवाद की प्रत्यालोचना पर बल देता है, किंतु उस प्रत्येक उपनिवेशीय प्रतिमान को स्वीकार करता है, जो हिंदू इतिहास को कलंकित करता हो। मुस्लिम शासन की गतिविधियों के प्रकरणों से संबंधित होनेवाले 'ग्रंथों', अदालती अभिलेखों, 'इतिहासों' पर निर्भरता की निंदा की गई है; जबकि उन 'ग्रंथों' को पूर्ण रूप से पवित्र और आधिकारिक मानने के लिए कहा जाता है, जो उनके विचार से हिंदू समाज को बदनाम और कलंकित करने हेतु प्रयुक्त किए जा सकते हों। इसके अलावा हिंदू ग्रंथ 'सूक्ष्म' (नुआन्स) तरीके से उनके व्यापक ऐतिहासिक संदर्भ में, इनकी कथा की बहु-कारणीयता में और परंपरा के आंतरिक व्याख्याकारों की आवाज की सहायता से नहीं पढ़े जाने चाहिए; उन्हें उपनिवेशीय अध्येताओं, नृवंश विवरणकारों और आधुनिक इतिहासकारों के उल्लेखित तरीकों से ही पढ़ा जाना चाहिए।

थापर 'स्मृति' के विश्लेषण पर अधिक बल देती हैं—"स्मृति को विश्लेषित करना पेचीदा अभ्यास हो सकता है।"[59] वे कहती हैं कि 'स्मृति' विरासत में तो मिल सकती है, किंतु आविष्कृत भी की जा सकती है। क्या याद रहता है और क्या विस्मृत किया जाता है, इस प्रक्रिया का मूल्य होता है और इस विभेद को समझा जाना चाहिए। चूँकि सोमनाथ की अपवित्रता की हिंदू स्मृति उतनी ज्वलंत नहीं है, जितनी इसकी मुसलमान स्मृति, इसलिए थापर कहती हैं, हम मुसलमान स्मृति को बेमतलब महत्त्व नहीं दे सकते हैं। अगर तर्क की दृष्टि से इस सिद्धांत को कुछ समय के लिए मान भी लिया जाए तो थापर जैसे इतिहासकारों के द्वारा इस सिद्धांत के उपयोग में भी बौद्धिक राजनीति की जाती है। शूद्रों और अन्य तथाकथित 'उत्पीड़ित' राष्ट्रीयताओं की लोककथाओं और

लोकगाथाओं में उच्च जातीय यातना और उत्पीड़न की 'स्मृति' और उसका उल्लेख शायद ही मिलता हो (उन्नीसवीं सदी के अंत और बीसवीं सदी के आरंभ में उपनिवेशीय व्यवस्था के सक्षम मार्गदर्शन में राजनीतिक उद्देश्यों हेतु उनके आविष्कार के अलावा), परंतु इस बात का कोई महत्त्व नहीं है। अल्वार, नयनार और ऐसे ही अधिकतर भक्त संतों की वाणी में उनके उत्पीड़न के संगठित प्रयास का कोई उल्लेख न होने के तथ्य का कोई महत्त्व नहीं है। थापर और उन जैसे इतिहासकारों के लिए यह तथ्य पूरी तरह से अप्रासंगिक है कि समूह के तौर पर प्राचीन भारत में शूद्रों और अन्य जातीय समुदायों के उच्च जातियों द्वारा उत्पीड़न का कोई ऐतिहासिक अभिलेख उपलब्ध नहीं है। यह तथ्य भी कोई महत्त्व नहीं रखता कि भारत घूमने आया कोई यात्री शूद्रों पर ब्राह्मणी अत्याचार की घटनाओं को दर्ज नहीं करता है। हमें हिंदू-मुस्लिम संघर्ष को द्विपक्षीय स्पष्ट संघर्ष के रूप में नहीं देखना चाहिए, क्योंकि कुछ भाड़े के हिंदू महमूद के बैनर तले भी लड़े थे और तिलक नाम का एक हिंदू उसका सेनापति था। परंतु हमें उच्च जातीय *मनुवादियों* और कथित दलितों के अंतर्संबंधों को हमेशा द्विपक्षीय संघर्ष के रूप में ही देखना चाहिए, भले ही तुकाराम, नामदेव और संत रविदास को हिंदुओं की अनेक पीढ़ियाँ पूजती रही हों। वेदों के ब्राह्मण विद्वानों के द्वारा संत रविदास का सम्मान और श्रद्धा से उनके चरण स्पर्श करने की घोषणा, हिंदू परंपरा और सामाजिक व्यवहार की विराटता का कारण नहीं होना चाहिए।

हिंदू समाज को आक्रमणकारी उच्च जातीय आर्यों और स्थानीय शूद्र/दलित की पृथक् श्रेणियों के घेरे में ही रखा जाना चाहिए। कोई तथाकथित 'स्थानीय' स्वर *मनुस्मृति* का उल्लेख अपने उत्पीड़न के कारण के रूप में नहीं करता है, लेकिन यह तथ्य 'सूक्ष्मता' (नुआन्स), 'स्मृति', 'विस्मरण' (ऐम्नेसिया) और 'दहलीज पर खड़े होने' (लिमिनालिटी) के सिद्धांत के आधुनिक चौधरियों के लिए कोई मायने नहीं रखता, क्योंकि उनका उद्देश्य सच बोलना नहीं है और उनका पोषण विद्वत्तापूर्ण चिंतन की बजाय विचारधारा से अधिक होता है। इसलिए जब हिंदू संस्कृति पर बहस की बात आती है तो इतिहासकार विपिन चंद्रा को भी 'विभिन्न सूत्रों', 'सूक्ष्मता', और 'वैकल्पिक आवाजों' की धारणा को फेंक देने में कोई हिचक नहीं होती है और वे घोषणा करते हैं, "हिंदू सामाजिक संगठन का मूलभूत सिद्धांत जाति-व्यवस्था है और मूलभूत सामाजिक ग्रंथ *मनुस्मृति* है।"[60] और *मनुस्मृति* का मूलभूत उद्देश्य स्पष्टत: स्थानीय अवर्ण जाति को 'भक्षण' और 'उपभोग' के द्वारा आतंकित करना है। रोमिला थापर हमें सदयता से समझाती हैं, "हमें अतीत पर उस अनुभव को प्रक्षिप्त करने से सावधान रहना चाहिए, जो कि हमारे वर्तमान के अनुभव से बाहर निकलता है।"[61] हालाँकि उनकी चयनात्मक विस्मरण की बीमारी उन्हें यह बताने से रोकती है कि हिंदू-आर्य आक्रमण का पूरा मुद्दा

और भारत के स्थानीय लोगों की अधीनता का सिद्धांत, हिंदू 'स्मृति' और उसके अतीत के अनुभवों पर आधारित नहीं है। वास्तव में आधुनिक राजनीति की मजबूरियों के तहत, 'उत्पीड़ितों' के स्वघोषित नेताओं द्वारा उपनिवेशीय व्यवस्था के आविष्कार को स्वीकार कर लिया गया, जो मुस्लिम सांप्रदायिकता के साथ मिलकर आधिकारिक उपनिवेशीय सुख का हिस्सा चाहते थे और इस कारण उन्हें अलगाव, वियोजन और उत्पीड़न की हिंदू परंपरा और स्मृति को आविष्कृत करने की बुरी तरह से आवश्यकता थी। कोई भी हिंदू *मनुस्मृति* को अपनी संस्कृति के अन्य पवित्र ग्रंथों से ज्यादा महत्त्वपूर्ण नहीं मानता है, लेकिन श्रेष्ठ विद्वान् विपिन चंद्रा हमें बताते हैं कि यह हिंदू धर्म का 'मूलभूत सामाजिक ग्रंथ' है। उपनिवेशीय और प्राच्य लेखन का ऐसा अहंकारी प्रभाव हुआ कि कई इतिहासकार हिंदू परंपरा के 'मूलभूत सिद्धांतों' को आविष्कृत करने का प्रयत्न करते हैं और इसके सांस्कृतिक संवाद के 'मूलभूत ग्रंथों' को स्वयं निर्मित करते हैं।

इससे कोई इनकार नहीं है कि *धर्मशास्त्रीय* कार्य हिंदू समाज में सम्मानित हुए, लेकिन वे कभी भी उनके सांस्कृतिक जीवन का मूलभूत या मर्म नहीं माने गए। *धर्मशास्त्रों* को दिया गया सम्मान उन कारणों की वजह से नहीं था, जिन्हें पश्चिमी अध्येता वेंडी डॉनिगर और अन्य इतिहासकार उत्तरदायी ठहराते हैं। वे सम्मानित थे, क्योंकि उन्होंने कई नेक गुणों को सिखाया और धार्मिक गुणों के उपदेश पर बल दिया। यदि हम जानना चाहते हैं कि *मनुस्मृति* का मूल स्वर क्या है, तो हमें स्वयं *मनुस्मृति* को सुनना होगा। *मनुस्मृति* (II.1) कहती है कि इसका उद्देश्य ऐसे धर्म का वर्णन करना है, जिसे उन विद्वान् लोगों ने सीखा और व्यक्तिगत रूप से उसका अभ्यास किया, जो घृणा और आवेशपूर्ण लगाव से मुक्त थे। धर्म का सामाजिक दायरे में यह तात्पर्य है कि गृहस्वामियों को अतिथियों को आतिथ्य प्रदान करना चाहिए; हालाँकि आतिथ्य शैली विभिन्न समुदायों द्वारा विभिन्न तरीके से प्रकल्पित की जा सकती है। एक विद्यार्थी को संयमी जीवन-शैली अपनानी चाहिए, जो उसका धर्म है; वह चाहे पूर्णत: अपना सिर मुँड़ाता है या शिखा रखता है, यह उसकी सामाजिक परंपरा का मामला है। अपने पूर्वजों को आहुति देना पुत्र का धर्म है; वह कैसी आहुति देता है, किसे खिलाता है या कितना खिलाता है, यह सब उसकी क्षमता और उसके समुदाय की प्रथा पर निर्भर करता है। जब *मनुस्मृति* अहिंसा, अच्छे व्यवहार, करुणा, परोपकार और भाईचारे के महत्त्व पर बल देती है, तो वह धर्म के दायरे में विचरण करती है। जब वह कहती है कि किसी को आँधी के दौरान पढ़ना नहीं चाहिए या किसी रस्सी के ऊपर कूदना नहीं चाहिए, तो यह निश्चित ही स्थानीय प्रथाओं और वर्जनाओं का उल्लेख मात्र है। धर्म के मूल भावों, उसकी मान्यताओं एवं परंपराओं के अभिलेखन का यह अंतर हमेशा ध्यान में रखा जाना चाहिए। सामाजिक संबंधों के नियमों और व्यावहारिक प्रथाओं हेतु *मनुस्मृति* कोई नियम निर्धारित नहीं करती है। यही कारण है

कि यह कहा गया है कि (II.34) किसी बच्चे का चटावन समारोह जन्म के बाद छह महीने में हो सकता है या यह रस्म किसी ऐसे तरीके से आयोजित की जा सकती है, जो कि पारिवारिक परंपरा के अनुसार शुभ माना जाता हो। धर्म—सत्यवादिता, क्षमा, शुद्धता, करुणा, परोपकार, अहिंसा—सार्वकालिक अवधारणाएँ हैं, जो कभी विस्मृत नहीं होनी चाहिए, परंतु स्थानीय परंपरा, सामाजिक अनुष्ठान, आदि (जिन्हें *समय* कहा गया है) आकस्मिक साधन हैं, जो हमेशा धर्म के सिद्धांतों का संदर्भ करते हैं, यद्यपि वे प्रासंगिक, विविध और परिवर्तन के अधीन हैं।

मनुस्मृति (II.100) कहती है कि जीवन का लक्ष्य (पुरुषार्थ) ज्ञानेंद्रियों के पूर्ण नियंत्रण के साथ और स्वच्छंद मन को वशीभूत करके अपनाया जाना चाहिए। यह कहती है कि पिता की तुलना में माता हजार गुना अधिक आदर और सम्मान के योग्य है, और किसी शिक्षक से लाख गुना अधिक पवित्र है। हमें *मनुस्मृति* में बताया गया है कि (2.238) किसी मनुष्य को बेझिझक अपने से अवर वर्ण में जनमे व्यक्ति से ज्ञान प्राप्त करना चाहिए और कोई मनुष्य मुक्ति का धर्म *चांडाल* तथा एक छोटे कुल की धार्मिक स्त्री से भी प्राप्त कर सकता है। *मनुस्मृति* (3.56) कहती है कि देवता उस स्थान में प्रसन्न रहते हैं, जहाँ स्त्रियाँ पूजी जाती हैं; जहाँ वे पूजी नहीं जाती हैं वहाँ के सारे अनुष्ठान फलहीन होते हैं। यह कहती है कि जिस परिवार की स्त्रियाँ अपमान और दु:ख झेलती हैं, वह परिवार शीघ्र ही बरबाद हो जाता है; किंतु यदि स्त्रियाँ व्यथित नहीं हैं तो परिवार हमेशा फलता-फूलता है—

शोचन्ति जामयो यत्र विनश्यत्याशु ततत्कुलम्।
न शोचन्ति तु यत्रैता वर्धते तद्धि सर्वदा।

इसमें आगे *मनुस्मृति* (III.62) में कहा गया है कि यदि स्त्री तेजस्वी है तो पूरा परिवार तेजस्वी हो जाता है, किंतु यदि स्त्री तेजस्वी नहीं हो तो पूरा परिवार ही तेजस्वी नहीं होता है। स्त्रियों का उत्पीड़न स्पष्टत: उनको तेजस्वी बनाने का सुनिश्चित साधन नहीं है, इसलिए कोई भी परिवार अपनी स्त्रियों के अधिकारों में कुछ भी कमी करने की हिम्मत नहीं कर सकता था। *मनुस्मृति* (III.58) में चेतावनी दी गई है कि ऐसे घर पूरी तरह से नष्ट हो जाते हैं, जो परिवार की उन स्त्रियों द्वारा शापित होते हैं, जिन्हें उचित आदर नहीं दिया गया हो। आश्चर्यजनक है कि मनु की स्त्रियों के विशेषाधिकारों, अधिकारों एवं उनकी महत्ता की इन शिक्षाओं को मनु के मूलभूत शिक्षण के रूप में क्यों उद्धृत नहीं किया जाता है। अगर मनु ने हिंदू परिवारों के लिए इन मूल्यों को तय किया है तो उनका (स्त्रियों को अपने पिता, पति और पुत्र के संरक्षण के अंतर्गत रहनेवाले कुछ संदर्भों के लिए की जा रही आलोचना के बजाय) लैंगिक समानता के कार्यकर्ताओं के सेमिनारों में स्वागत किया जाना चाहिए। आशा की जाती है कि

शैक्षिक चर्चाओं में प्रचारित 'बहुपरतीय अर्थों' और 'विविध अध्ययन' के सिद्धांत का लाभ मनु को भी दिया जाए।

मनु कहते हैं (IV.170) कि कोई अधार्मिक मनुष्य, ऐसा मनुष्य जिसने धन-दौलत बेईमानी से प्राप्त की है या ऐसा मनुष्य जो हिंसा में लिप्त रहता है, यहाँ पृथ्वी पर प्रसन्नता प्राप्त नहीं करता है। धर्म का अनुसरण सर्वोपरि है। रोचक बात यह है वेंडी डॉनिगर मनु के धर्मशास्त्र के शीर्षक को 'मनु के कानून' के रूप में अपने ग्रंथ में अनूदित करती हैं, किंतु ग्रंथ के मुख्य भाग में वह 'धर्म' को धर्म के रूप में और 'अधर्म' को अधर्म के रूप में अनूदित करती हैं। धर्म उनके लिए सुविधानुसार कानून और धर्म, दोनों है। यह इस बात पर निर्भर करता है कि वह हिंदू संस्कृति के किस पक्ष की आलोचना करना चाहती हैं? अपने मूल स्वरूप में तो *मनुस्मृति* हमें यही बताती है कि कोई मनुष्य अधर्म के द्वारा थोड़े समय के लिए ही तरक्की करता है, किंतु अंत में वह मिट जाता है। अतः मनुष्य को हमेशा सच, धर्म, सही आचरण एवं जीवन की पवित्रता से ही आनंद लेना चाहिए—*सत्यधर्मार्यवृत्तेषु शौचे चैवारमेत्सदा*। यदि कोई लाभ और आनंद धर्म के साथ टकराव में हो, तो मनुष्य को इन्हें त्याग देना चाहिए और यहाँ तक कि इस तरह के धर्म को भी त्याग देना चाहिए यदि यह मनुष्यों में दुःख का संचार करता हो या लोगों में आक्रोश पैदा करता हो :

परित्यजेद् अर्थकामौ यौ स्यातां धर्मवर्जितौ।
धर्मं चाप्यसुखोदर्कम लोकविकृष्टमेव च।।

मनुस्मृति शिक्षा देती है कि मनुष्य को अपनी पत्नी के साथ वैसा ही व्यवहार करना चाहिए जैसे वह स्वयं उसकी अपनी देह हो—*भार्या पुत्रः स्वका तनुः।* इसमें हमें बताया गया है कि अपने नौकरों और नियोजित लोगों के साथ ऐसा व्यवहार करना चाहिए जैसे वे आपके अपने प्रतिबिंब हों। इसलिए यदि कोई इन लोगों द्वारा अपमानित भी होता है तो उसको बिना गुस्सा हुए बरदाश्त कर लेना चाहिए। अंतवैंयक्तिक रिश्ते के दायरे में यह सबसे अधिक वांछनीय है कि सच विनम्र तरीके से बोला जाए (सत्यं ब्रूयात्)। *मनुस्मृति* (IV.139) में अपेक्षा की गई है कि हमें सभी मनुष्यों के प्रति दया एवं उदात्त भाव रखना चाहिए। 'आशीर्वाद, आशीर्वाद' या 'सभी को आशीर्वाद' उसे ऐसा कहना चाहिए। उसे किसी के साथ बेवजह शत्रुता या बहस में सम्मिलित नहीं होना चाहिए। और ध्यानपूर्वक सुनिए—किसी भी परिस्थिति में ऐसे किसी मनुष्य को अपशब्द नहीं बोलना चाहिए, उनको अपमानित करना या नीचा नहीं दिखाना चाहिए, जो वृद्ध, अपंग, गरीब, कमजोर हैं या कमजोर स्तर के परिवारों में पैदा हुए हैं। हमें अपने बड़ों, शिक्षकों और अभिभावकों का आदर करने का आदेश दिया गया है।

मनु कहते हैं कि अच्छे व्यवहार का मूल्य अन्य सभी विशेषताओं के ऊपर होता

है, क्योंकि यह बुरे लक्षणों को मिटा देता है; बुरा आचरण निंदनीय है और यह मनुष्य को बीमार, दु:खी और अल्पायु बनाता है। मनुष्य की माँ धरती माँ का रूप है, मनुष्य का पिता सर्जक प्रजापति का रूप है। मनुष्य के माँ, पिता एवं शिक्षक को ब्रह्मांड के तीन लोकों, तीन आश्रमों, तीन अग्नियों एवं तीन वेदों के रूप में माना और महत्त्व दिया जाना चाहिए, क्योंकि वे वास्तव में ऐसे ही हैं, और उनको सम्मान देकर वेदों को जानने का एवं यज्ञ करने का पुण्य प्राप्त किया जा सकता है। चूँकि *मनुस्मृति* का सबसे महत्त्वपूर्ण प्रयोजन सही आचरण और चरित्र के बड़प्पन का प्रतिष्ठापन है इसलिए कहा गया है कि झूठे, बेईमान साधनों के माध्यम से संपत्ति का संचय करनेवाले, ढीठ और अप्रतिष्ठित लोगों को प्रसन्नता नहीं मिलती है। हिंदुओं की कई पीढ़ियाँ को भारत के अंग्रेजी शिक्षित शिक्षाविदों द्वारा यह विश्वास करने के लिए बरगलाया गया है कि ब्राह्मणों ने अपने धनी संरक्षकों और साथ-ही-साथ जनसाधारण से प्राप्त होनेवाले विपुल दान को प्रोत्साहित करके अपने लिए विशेषाधिकारों की व्यवस्था बनाई। हालाँकि *मनुस्मृति* (IV.186) कहती है कि यद्यपि ब्राह्मण घोर आवश्यकता में हो और उपहार को प्राप्त करने योग्य भी हो, तब भी उसे इसके आवर्ती आश्रय से बचना चाहिए, क्योंकि वेदाध्ययन से उसने जो श्रेष्ठता और प्रतिभा (ब्रह्मतेज) प्राप्त की है, वह *दान* स्वीकार करने से शीघ्र विलुप्त हो जाती है।

मनुस्मृति के अनुसार, यही धर्म है, अत: किसी ब्राह्मण को उपहार या दान स्वीकार नहीं करना चाहिए, भले ही वह भूख से अचेत हो रहा हो। स्वर्ण, भूमि, अश्व, गौ, धान प्रभृत दान की अविवेकी और अज्ञानपूर्ण स्वीकृति किसी ब्राह्मण को इस तरह राख कर देती है, जैसे एक सूखी लकड़ी को प्रज्वलित अग्नि में डाल दिया गया हो। यहाँ एक स्पष्ट इशारा है कि कोई ब्राह्मण उपहार लेने के योग्य सिर्फ इसलिए नहीं है कि वह ब्राह्मण है; अयोग्य ब्राह्मण को उपहार देने से दानकर्ता साथ-ही-साथ दान लेनेवाला, दोनों पाप के गहरे पानी में डूब जाते हैं। दान केवल तपस्वी ब्राह्मण को दिया जा सकता है और उनको दिया जाता है, जो वैदिक अध्ययन में लगे हुए हैं। ऐसे ब्राह्मण, जो *वैडालवृत्तिका, बकवृत्तिका* जैसे कार्य करते हैं और वेद की शिक्षाओं से अनभिज्ञ हैं, वे पानी के दान योग्य भी नहीं हैं। *मनुस्मृति* में बताया गया है कि एक ब्राह्मण, जो धार्मिक बनने का ढोंग करता है, किंतु वास्तव में लालची, कपटी और हिंसक है, *बैडालिका* है।

ऐसा ब्राह्मण, जो झूठी विनम्रता का दिखावा करता है, किंतु वास्तव में ढोंगी-शोषक है और केवल अपने लाभ से मतलब रखता है, वास्तव में *बकवादी* है। ऐसे ब्राह्मणों को न तो सम्मानित, न ही प्रोत्साहित किया जाना चाहिए। दान का वास्तविक प्राप्तकर्ता धर्मनिष्ठ, संत एवं ज्ञानी वैदिक विद्वान् नहीं हो सकता है। *मनुस्मृति* के अनुसार, सबसे श्रेष्ठ उपहार वेदों का उपहार है, जो जल, भोजन, गौ, भूमि, वस्त्र, तिल, स्वर्ण या घी से कहीं बेहतर उपहार है।

ब्राह्मण को अपनी भाषा या व्यवहार (*सर्वभूतान्यपीडयन*) द्वारा किसी को दु:ख पहुँचाए या दमित किए बिना धर्म को प्राप्त करना चाहिए, क्योंकि दूसरी दुनिया में केवल धर्म ही रक्षा के काम आता है। *मनुस्मृति* इस सोच की आलोचना करती है, जिसमें माना जाता है कि कोई मनुष्य बिना पुत्र की प्राप्ति के स्वर्ग की प्राप्ति नहीं कर सकता है। *मनुस्मृति* हमारा ध्यान उन हजारों ब्रह्मचारी विद्वानों की ओर आकर्षित करती है, जिन्होंने बिना किसी संतति के उच्च स्वर्ग प्राप्त किया है। जीवन के एक विशेष आश्रम के कर्तव्यों को केवल उस आश्रम के कर्तव्यों के बाहरी दिखावे से पूरा नहीं किया जा सकता। अच्छे जीवन का सच्चा प्रमाण धैर्य के साथ अपने कर्तव्य के निष्पादन एवं सभी जीवों के प्रति मित्रता की भावना में है। *मनुस्मृति* में हमें बताया गया है कि सामाजिक और सांसारिक धर्म, दस मूल बिंदुओं में निहित हैं—धैर्य, क्षमा, स्व-नियंत्रण, चोरी नहीं करना, शुद्धीकरण, इंद्रियों पर नियंत्रण, बुद्धिमत्ता, ज्ञान, सच और क्रोध का अभाव। *मनुस्मृति* की इन धार्मिक शिक्षाओं से अधिक श्रेष्ठ एवं मानवीय क्या हो सकता है ? आश्चर्यजनक रूप से मनु के आधुनिक विमर्श में, उन्हें शायद ही कभी इन गुणों को सिखाते हुए दिखाया गया हो।

ऐसा लगता है कि जीवन की वास्तविकताओं के साथ आदर्श के संतुलन की समस्या ने धर्मशास्त्रों के शिक्षकों का ध्यान गंभीरता से खींचा है। उन्होंने विश्वास किया कि अहिंसा एक उच्च गुण है, किंतु उन्होंने यह भी महसूस किया कि युद्ध भी कई कारणों से होते हैं। जीवन की क्षुद्र वास्तविकताएँ, जहाँ तक संभव हो, धर्म के सिद्धांतों के प्रकाश में विनियमित की जानी चाहिए। मनु की मूलभूत दृष्टि में युद्ध और संघर्ष बुरे हैं, किंतु यह सच्चाई भी सामने है कि युद्ध को पूर्णतः दूर करने का कोई उपाय नहीं है। इसलिए युद्ध की मानवीय और कम उत्पीड़ित प्रणाली को सिखाने की दिशा में यह ग्रंथ आगे बढ़ता है। *मनुस्मृति* (VII.198) शासक वर्गों को अपने दुश्मनों के ऊपर साम, दाम, दंड एवं भेद के द्वारा विजय प्राप्त करने का उपदेश देती है। दुश्मन को अधीन करने हेतु युद्ध कभी नहीं लड़ा जाना चाहिए— *युद्धेन कदाचन*। यदि सभी कूटनीतियाँ असफल हो जाती हैं, तो राजा को युद्ध का आश्रय केवल रक्षात्मक उपाय के रूप में करना चाहिए। उसे मानवीय रूप से युद्ध का संचालन करना चाहिए और एक बार शत्रु शासक अपदस्थ कर दिया जाए तो उसके परिवार के ही किसी सदस्य को गद्दी पर सम्मानपूर्वक बैठाना चाहिए। युद्ध जमीन पर कब्जा और लूट के उद्‌देश्य से कभी नहीं शुरू किया जाना चाहिए। *मनुस्मृति* कहती है कि किसी योद्धा राजा को निम्न प्रकार के लोगों को युद्ध के दौरान नुकसान नहीं पहुँचाना चाहिए : ऐसा मनुष्य जो पीछे हट गया हो, ऐसा मनुष्य जो टीले पर चढ़ गया हो, ऐसा मनुष्य जिसने याचना कर हार स्वीकार कर ली हो, ऐसा मनुष्य जो कहता है 'मैं आपका हूँ', निद्रालु मनुष्य, ऐसा मनुष्य जो हथियारविहीन या

गैर-लड़ाकू हो, ऐसा मनुष्य जो लड़ना नहीं चाहता हो, दर्शक या घायल मनुष्य जिसका बाजू टूटा हुआ हो, जो डरा हुआ हो और ऐसा मनुष्य जो दुःखी हो या युद्ध में जिसकी कोई हिस्सेदारी नहीं हो। जहाँ तक युद्ध एवं संग्राम का संबंध है तो मनु का केंद्रीय बिंदु यह है कि युद्ध दुःखद घटनाएँ हैं और *मनुस्मृति* स्पष्ट तौर पर कहती है कि युद्ध नहीं लड़े जाने चाहिए—*तस्माद्युद्धं विवर्जयेत।*

धर्मशास्त्रीय ग्रंथों का मुख्य उद्देश्य उनके आस-पास की घटनाओं का सामाजिक-राजनीतिक दायरे में निरीक्षण एवं विश्लेषण करना और मानव व्यवहार को धर्म की सीध में लाना है। उनकी मुख्य चिंता धर्म सिखाना है, नियंत्रण, दबाव एवं विनियमन की कानूनी संरचना को स्थापित करना नहीं है। अगर ऐसा होता तो इन ग्रंथों में व्यापक लचीलापन अंतर्विरोध एवं सहिष्णुता नहीं पाई जाती। यह भी उतना ही सच है कि धर्मशास्त्रीय ग्रंथ सतही नैतिक सापेक्षता में विश्वास नहीं करते जिसमें हर सिद्धांत को समान मानने का सुस्त बौद्धिक आग्रह हो। यदि जीवन का एक तरीका बुरा है, तो स्पष्टतः कहा गया है कि ऐसा है। यदि कोई मनुष्य या समूह नीच व्यवहार प्रदर्शित करता है तो उसकी आलोचना की गई है, किंतु ये ग्रंथ किसी सामाजिक संस्कार के बलपूर्वक प्रतिबंध और उसकी जगह में किसी दूसरे मतीय नियम को लागू करने के लिए नहीं कहते हैं। इन ग्रंथों के शिक्षक यह जानते हैं कि मांसभक्षण विभिन्न हिंदू समुदायों में प्रचलित है; *मनुस्मृति* मांसाहार के कई दृष्टांतों को अभिलेखित भी करती है, जो इसके अहिंसा पर बल के सिद्धांत की दृष्टि में अजीब से लगते हैं, किंतु इस तरह की कथा उस बिंदु का समर्थन करती है कि अच्छे व्यवहार के मानक को हमेशा दिमाग में रखा जाना चाहिए, किंतु इस तथ्य से भी अवगत रहना चाहिए कि वास्तविक दुनिया में सामाजिक जीवन की विभिन्न परंपराएँ पाई जाती हैं और उन्हें नैतिक उपदेश से सुधारने भर का काम किया जा सकता है।

यदि मनु के पास बल और सत्ता होती, जिसका कि उन्हें श्रेय दिया जाता है तो उन्होंने मांस-भक्षण को उसी प्रकार प्रतिबंधित किया होता जैसे कि कहा जाता है, उन्होंने जाति-व्यवस्था को आविष्कृत, स्थापित और बनाए रखा, किंतु *मनुस्मृति* इस प्रकार का कुछ नहीं करती है। यह कहती है कि मांस-भक्षण किसी रीति-रिवाज के संबंध में तो शायद स्वीकृत किया जा सकता है; किंतु भोजन हेतु पशुओं की हत्या के अन्य सभी कृत्य पाशविक व्यवहार में आते हैं। यह ग्रंथ हमें उस मांस के बारे में तो बताता है, जो मनुष्यों द्वारा खाया जाता है, परंतु यह अनावश्यक एवं अविवेकी हत्या के विरुद्ध सचेत भी करता है—*न त्वेव तू बृथा हंतुम् पशुमिच्छेत्कदाचना।* सच है लोग मांस-भक्षण करते हैं, किंतु यह भी उतना ही सच है कि वे जो स्वयं की संतुष्टि के उद्देश्य हेतु हत्या करते हैं, वे इस लोक और साथ-ही-साथ दूसरे लोक में भी आनंद से वंचित होते हैं।[62] दूसरी तरफ, ऐसे

लोग जो दूसरे जीवों को चोट या नुकसान नहीं पहुँचाते हैं, उच्चतम परमानंद को प्राप्त करते हैं— *सा सर्वस्या हितप्रेप्सुः सुखमत्या न्यामश्नुते।*

इसलिए *मनुस्मृति* में अनुरोध किया गया है कि सभी प्रकार की हिंसा एवं मांसभक्षण को त्याग देना चाहिए— *निवर्तेता सर्वमांसया भक्षणात।* मनु लोगों को मांस-भक्षण त्यागने हेतु बाध्य नहीं करते हैं, वे राजा को शाकाहार लागू करवाने हेतु नहीं कहते हैं; वे समस्या के विभिन्न रूपों को प्रस्तुत करते हैं और फिर पाठकों से स्वयं निर्णय लेने की अपेक्षा करते हैं—प्रसमीक्ष्य, सोचो और फिर करो। *मनुस्मृति* में एक मार्मिक श्लोक पद है, जो दरशाता है कि धर्मशास्त्र के ग्रंथ व्यक्तिगत व्यवहार और सामाजिक आचरण की समस्या को कैसे सुलझाते हैं? यह श्लोक कहता है कि मांसभक्षण में कुछ भी गलत नहीं है, न मदिरापान में और न यौनिक क्रिया में क्योंकि मनुष्य इसके प्रति प्रवृत्त होते हैं, हालाँकि क़ोई संदेह नहीं है कि ऐसी आसक्तियों से मुक्ति से महान् नैतिक पुरस्कार की प्राप्ति होती है।[63] यह तरीका शिक्षकों और शिक्षित बड़ों के द्वारा गर्वित और छिद्रान्वेषी लगे बिना, समाज के साथ जुड़ने और उसे नैतिक जीवन की ओर बढ़ने की ओर प्रेरित करने की प्रशिक्षणीय पद्धतियाँ हैं, जो धर्म की आवश्यकताओं के अधिक लय में हैं। ऐसे कारणों की वजह से ही *धर्मशास्त्रों* ने हिंदुओं की कई पीढ़ियों का ध्यान और सम्मान पाया है। ऐसे ही उदात्त आदर्शों के कारण डॉ. अंबेडकर ने *मनुस्मृति* को विकृत करने से इनकार कर दिया था, जबकि उनके कम योग्य अनुयायियों ने ग्रंथ को जला देने पर बल दिया था।

धर्मशास्त्रीय कार्यों में उपस्थित अंतर्द्वंद्व और असंगतियाँ इस तथ्य के कारण हैं कि ये ग्रंथ कई सदियों से विभिन्न शिक्षकों की मेहनत के जरिए संकलित, संशोधित और संपादित किए गए हैं। ये ग्रंथ कई सदियों की समय अवधि के दौरान प्रचलित पाए गए विभिन्न समुदायों की प्रथाओं के अभिलेख को सम्मिलित करते हैं। इसे किसी विशेष समुदाय, किसी विशेष युग या किसी विशिष्ट लेखक से जोड़ना असंभव है। *धर्मशास्त्रीय* ग्रंथों में जिन प्रथाओं या रिवाजों का उल्लेख है वे मात्र वर्णनात्मक हैं। वैसे विचार भी, जिनसे किसी काम के करने का सुझाव मिलता है, परामर्शपूर्ण एवं शिक्षात्मक हैं और उनके साथ कोई बाध्यकारिकता या दंडात्मकता संलग्न नहीं है। सच बोलना अच्छा है, और हर व्यक्ति को सच्चा आचरण करना चाहिए, परंतु सच नहीं बोलने का दुष्परिणाम सिफ नैतिक है। किसी राजकीय दंड का प्रावधान नहीं है। पिछले एक सौ पचास वर्षों से *मनुस्मृति* की अभद्र कुव्याख्या के पीछे उसे, और उसके मार्फत हिंदू चिंतन को, नीचा दिखाना भर है। सत्य, न्यायपूर्ण निष्पक्षता और अकादमिक विद्वता का उससे कोई लेना-देना नहीं है।

संदर्भ

1. डॉनिगर, उद्धृत के विपरीत, पृ. xvii
2. वही, पृ. xvii
3. वही, पृ. xviii
4. वही, पृ. xLix
5. वही, पृ. Lix
6. वही, पृ. Viii
7. वही, पृ. xix
8. वही, पृ. xLix
9. वही, पृ. xLix
10. वही, पृ. xLix
11. वही, पृ. 1
12. वही, पृ. 1
13. वही, पृ. Li
14. वही, पृ. Li
15. वही, पृ. Li
16. वही, पृ. Lii
17. वही, पृ. Lii
18. वही, पृ. Lii
19. वही, पृ. Lii
20. वही, पृ. xxii
21. वही, पृ. xxiii

21a. जे. एन. भट्टाचार्य, हिंदू कास्ट्स एंड सैक्ट्स, मुंशीराम मनोहरलाल; दिल्ली, 1955, पृ. 19

22. डोनिगर, उद्धृत के विपरीत, पृ. XXV
23. वही, पृ. xxiv
24. ब्रायन स्मिथ, वही, पृ. xxiv
25. स्मिथ, वही, पृ. xxv
26. स्मिथ, वही, पृ. xxv
27. स्मिथ, वही, पृ. xxvi
28. स्मिथ, वही, पृ. xxvi
29. स्मिथ, वही, पृ. xxvii
30. स्मिथ, वही, पृ. xxvii
31. स्मिथ, वही, पृ. xxvii
32. जेनेसिस, 1.26
33. जेनेसिस, 1.29
34. जेनेसिस, 1.30
35. आनंद के. कुमारस्वामी, हिंदुज्म एंड बुद्धिज्म, मुंशीराम मनोहरलाल, दिल्ली, 1996, पृ. 23

36. वही, पृ. 24
37. वही, पृ. 24
38. वही, पृ. 24
39. वही, पृ. 24
40. डॉनिगर, उद्धृत के विपरीत, पृ. xLv
41. वही, पृ. xLvii
42. टी.के. उम्मेन, इनसाइडर्स एंड आउटसाइडर्स इन इंडिया: प्रिमोर्डिअल कलैक्टिविज्म एंड कल्चरल प्लूरलिज्म इन नेशन बिल्डिंग, इन बिद्युत चक्रबर्ती (सं), कौम्युनल आइडेंटिटी इन इंडिया; इट्स कंस्ट्रक्शन एंड आरटिक्युलेशन इन ट्वेंटिथ सेंच्युरी, ओ.यू.पी., नई दिल्ली, 2003, पृ. 236
43. वही, पृ. 237
44. उम्मेन द्वारा उद्धृत, वही, पृ. 242
45. रोमीला थापर, सोमनाथ : द मैनी वॉयसेस ऑफ हिस्टरी, पेंगुइन/विकिंग्स, नई दिल्ली, 2004, पृ. 5
46. वही, पृ. 5
47. वही, पृ. 9
48. वही, पृ. 15
49. वही, पृ. 72
50. वही, पृ. 135
51. वही, पृ. 136
52. वही, पृ. 145
53. वही, पृ. 145
54. वही, पृ. 146
55. वही, पृ. 147
56. वही,
57. वही, पृ. 112
58. वही, पृ. 112
59. वही, पृ. 214
60. बिपन चंद्र, कॉम्युनलिज्म : ए प्राइमर, अनामिका पब्लिशर्स एंड डिस्ट्रीब्यूटर्स (पी.) लिमिटेड, नई दिल्ली, 2004, पृ. 83
61. थापर, उद्धृत के विपरीत, पृ. 230
62. मनुस्मृति, V. 45
63. वही, V. 56

❑

शूद्र कथा रचना

धर्मशास्त्रों को हिंदुओं के मौलिक ग्रंथ बताने की चेष्टा के पीछे यह विचार है कि 'जाति' हिंदू विचार विश्व की मूल अवधारणा है। इस धारणा के अनुसार, जाति को हिंदुओं की प्रमुख विशिष्टता माना जाता है और फिर हमें बार-बार बताया जाता है कि यह उस अन्यायी विचार व्यवस्था पर आधारित है, जिसकी अभिव्यक्ति श्रेणीबद्ध, स्तरीकृत और व्यक्तिगत तथा सामाजिक संबंधों में व्याप्त घोर अत्याचारी दमन के रूप में होती है। बताया जाता है कि विभिन्न सामाजिक जातियों के रूप में मानव समुदायों का समूह के रूप में संगठित होना सामाजिक-आर्थिक कारकों की अपेक्षा धर्म के आदेशों के कारण है। यह आदेश *धर्मशास्त्रों* और विशेषकर *मनुस्मृति* द्वारा निर्धारित कानून के अंतर्गत जारी किए गए हैं। हिंदू जीवन-शैली तभी पूर्ण रूप से अपने वास्तविक स्वरूप में दिखती है, जब उसमें श्रेणीबद्ध जातियों की एक व्यवस्था कायम हो जाती है। यह व्यवस्था उन लोगों को 'खाने', 'पचाने' और 'उत्पीड़ित' करने के प्रति समर्पित होती है, जो सामाजिक श्रेणी के निचले पायदान पर होते हैं। हिंदुत्व जन्मजात रूप से विषमतावादी, अलोकतांत्रिक और इस कारण फासीवादी है। हमें जबरन यह विश्वास दिलाया जाता है कि हिंदुओं का लंबा-चौड़ा इतिहास गरीब समुदायों के खून से सना है और यह सब इस कारण हुआ, क्योंकि सुदूर आश्रमों में बैठकर कुछ गुरुओं ने अपने साथियों और शिष्यों के साथ धर्म पर चर्चा की। यह फासीवाद इस कारण प्रभाव में आया, क्योंकि धर्मशास्त्र वर्णाश्रम व्यवस्था की बात करते हैं। औपनिवेशिक टिप्पणीकारों के अनुसार, इस व्यवस्था ने हमेशा के लिए दासों जैसे शूद्रों और जाति से निकाले गए अछूतों का सृजन किया। यदि भारतीय समाज के कुछ वर्ग गरीब और वंचित हैं तो क्यों न उनके मूल ग्रंथ *मनुस्मृति* पर ही दोष डाल दिया जाए। ऐसा माना जाता है कि ग्यारहवीं शताब्दी से लेकर बीसवीं शताब्दी के पूर्वार्द्ध तक में भारत के हिंदू समाज में मची भारी राजनीतिक, आर्थिक उथल-पुथल तथा यूरोपीय व्यापार की आड़ में की गई लूट के साथ ही वित्तीय पूँजी से जुड़े हितधारकों आदि ने कोई समस्या ही नहीं खड़ी

की। कुछ समुदायों की गरीबी और आर्थिक बदहाली का जिम्मेदार दो हजार वर्ष पहले की रचनाओं का सृजन करनेवाली सोच को ठहराया जाता है, परंतु विख्यात इतिहासकार मध्य और आधुनिक काल के सबसे भयंकर और तबाह करनेवाले एक हजार वर्ष तक चले सामाजिक-सांस्कृतिक हस्तक्षेपों के ऊपर से छलाँग लगा देते हैं।

कहा जाने लगा कि निंदनीय ब्राह्मणों ने सत्ता के भूखे क्षत्रियों के साथ मिलकर शोषणवादी सामाजिक-राजनीतिक प्रबंधन प्रणाली का सृजन, पालन और पोषण किया। जाति-व्यवस्था को न्यायसंगत बनाने के लिए ब्राह्मणों के सिद्धांतों, और इस व्यवस्था को सुरक्षित और सुनिश्चित करने के लिए क्षत्रियों की तलवार की आवश्यकता थी। जाति-आधारित भेदभाव का यह संपूर्ण ढाँचा राज्य की सत्ता और पुरोहितों की धार्मिक धोखाधड़ी के गंदे गठजोड़ पर टिका था। हमें बताया जाता है कि जाति-व्यवस्था को मजबूती इस कारण मिली, क्योंकि *मनुस्मृति* की रचना की गई थी और उसके प्रावधानों को राजाओं ने दंड का भय दिखाकर लागू किया था। हमें यह याद रखना चाहिए कि यह गठजोड़, मुसलमानों के आने के बाद से ही भारत के कई हिस्सों में टूटता दिखा। राजनीतिक शासन मुस्लिम सुल्तानों, अमीरों और रईसों के हाथ में चला गया। सामाजिक और कानून बनाने का अधिकार शरिया के तथाकथित समतावादी कानूनों के अधीन हो गया। कानून के क्षेत्र पर राज्य द्वारा नियुक्त काजियों, महतासिबों और मुफ्तियों का नियंत्रण हो गया। देश के कई हिस्सों में लगभग पाँच सौ वर्षों तक यह व्यवस्था कायम रही।

क्षत्रियों की तलवार मात खा गई और ब्राह्मण तथा श्रमण शिक्षक अपने मंदिरों, पूजा स्थलों, आश्रमों, विद्यालयों और विश्वविद्यालयों के तोड़े जाने के बाद अज्ञातवास में चले गए। *मनुस्मृति* अब भारत का कानून नहीं रह गई होगी और समतावादी इस्लाम की मुक्ति दिलानेवाली मौजूदगी ने उत्पीड़न झेल रही जातियों के बड़ी संख्या में पाला बदलने का माहौल तैयार कर दिया होगा। उन्होंने उस हिंदू व्यवस्था को चुनौती दे दी होगी, जिसे *मनुस्मृति* ने बनाए रखा था और जिसे नित्य दिन ब्राह्मणों और कुलीनों के गठजोड़ ने नए-नए रूप दिए थे। सामाजिक क्षेत्र में ब्राह्मणों और क्षत्रियों द्वारा बल प्रयोग की संभावना समाप्त होती दिखी। शरिया का शासन आ गया। इस्लामी शासक सिंहासन पर बैठ गए। मुस्लिम काजियों ने इंसाफ देना शुरू कर दिया। राज्य ने लोगों को हिंदू धर्म का त्याग करने के लिए प्रोत्साहित किया, किंतु *मनुस्मृति,* पता नहीं कैसे, तब भी जाति को निर्धारित करती रही, तथा जाति-व्यवस्था को माननेवालों ने हिंदू दासता की बेड़ियों को उतार फेंकने से इनकार कर दिया।

ऐसा प्रतीत होता है कि हिंदू संप्रभुता के अभाव तथा तथाकथित 'लोकतांत्रिक' और 'समतावादी' इस्लाम के 'भाईचारे' से मिली वैचारिक चुनौती के बीच भी जाति-व्यवस्था चलती रही। ऐसा नहीं लगता कि उत्पीड़न का शिकार हुई जातियों ने ब्राह्मणों

के अपमान, क्षत्रियों के उखाड़ फेंके जाने, *धर्मशास्त्रों* के निष्प्रभावी हो जाने के उपरांत इस्लाम के 'शांति' और 'भाईचारे' की परोपकारी व्यवस्था की स्थापना का कोई लाभ उठाया। आखिर, इस्लाम की 'दयालुता' के बावजूद जाति-व्यवस्था समाप्त क्यों नहीं हुई? यदि जातियों का वर्गीकरण और शोषण शास्त्रों द्वारा न्यायोचित ठहराए जाने के साथ ही राज्य द्वारा लागू कराए जाने का परिणाम था, तो फिर मुस्लिम और ब्रिटिश शासन में हिंदुओं द्वारा की जानेवाली जोर-जबरदस्ती को बेअसर कर दिए जाने के बाद भी वह कैसे चलती रही? स्पष्टतः *धर्मशास्त्र* जैसी रचनाओं का जाति-व्यवस्था के सृजन और पोषण से कोई लेना-देना नहीं है। शासन की दमनकारी और भेदभावपूर्ण व्यवस्था का भी इनसे कोई संबंध नहीं है। यह भी साफ हो जाएगा कि इस व्यवस्था को चालू रखने के लिए राजकीय समर्थन और कानूनी दबाव की कोई आवश्यकता नहीं थी। इस कारण, वर्ण-व्यवस्था (शास्त्रों में जाति-व्यवस्था की कोई चर्चा नहीं है) के अस्तित्व के कारणों की खोज कहीं और करनी पड़ेगी। इस दिशा में की जानेवाली खोज से पहले वर्ण-व्यवस्था की धारणा को पूरी तरह समझ लिया जाना चाहिए। सबसे पहले *वर्ण* और *जाति* के बीच कोई भ्रम नहीं होना चाहिए और दूसरा जाति को 'कास्ट सिस्टम' से जोड़कर नहीं देखा जा सकता है। वर्ण, जाति नहीं और जाति 'कास्ट' नहीं है। यही नहीं, ये सभी न तो *मनुस्मृति* के परिणाम हैं और न ही वे शोषण करनेवाले और शोषित, ऊँच और नीच से संबंधित हैं।

सबसे पहले वर्ण-व्यवस्था को जाति-व्यवस्था के रूप में यूरोपीय विद्वानों और औपनिवेशिक जजों तथा प्रशासकों ने चित्रित किया। इसके बाद, अनेक भारतीय विद्वानों ने इस धारणा को अपनाया और अपने छात्रों की कई पीढ़ियों को भी यही पढ़ाया। भारतीय इतिहास को औपनिवेशिक दृष्टिकोण से देखने-समझने की प्रवृत्ति अपने व्याख्यात्मक चिंतन और विदेशी शासन के दुष्प्रचार से जुड़कर आगे बढ़ती है। इस ऐतिहासिक दुष्प्रचार का एक बड़ा हथियार आर्यों के आक्रमण का सिद्धांत है। आर्यों की तुलना बड़ी आसानी और चालाकी से हिंदुओं से की गई। वे किसी अज्ञात स्थान से भारत आए और स्थानीय लोगों को शूद्र और दास बना दिया। साथ ही, धार्मिक रूप से अपने उत्पीड़न को सही ठहराने के लिए वर्ण और जाति-व्यवस्था जैसे वैचारिक ढाँचे का निर्माण किया। एक बार जब आर्य-हिंदू आक्रमण को ऐतिहासिक सच मान लिया गया तो कुछ इतिहासकारों और समाजशास्त्रीयों के लिए सामाजिक संगठन के किसी भी अंतर को 'गुलामी' का परिणाम घोषित कर देना आसान हो गया। नस्ल, स्थानिकता और भाषा से जुड़े सिद्धांतों का ताना-बाना बुना जाने लगा, जिनका उद्देश्य विभाजित करनेवाले राजनीतिक मकसदों को सही ठहराना था। चूँकि यह पता लगाना मुश्किल था कि आक्रमणकारी आर्य वास्तव में कौन थे, इसलिए आक्रमणकारी के आर्य और हिंदू होने तथा उच्च जाति के होने

की बात बेखटके कही जा सकती थी। उन्हें क्षत्रिय या फिर ब्राह्मण बताया जाने लगा। केवल उच्च जाति के लोग ही हिंदू थे, जिन्हें *मनुवादी* कहा जाने लगा। उनके सिवाय बाकी बचे भारतीयों को आदिवासी, शूद्र, अछूत, द्रविड़, दक्षिणवासी कहा गया, जिन्हें जोर-जबरदस्ती के विभिन्न उपायों से हिंदू धर्म के कब्जे में रखा गया था। इन सबके पीछे छिपी हुई मंशा यह थी कि स्थानीय युवाओं को आक्रमणकारियों की सांस्कृतिक दासता से मुक्त होने के लिए उकसाया जाए, फिर चाहे उन्हें खोखली राष्ट्रीयता की ओर ही क्यों न धकेल दिया जाए!

किंतु यहाँ एक छोटी सी समस्या है। आक्रमणकारियों ने अपने बेहिसाब ग्रंथों में कहीं भी अपने आक्रमणकारी अभियानों का कोई जिक्र नहीं किया है। वैदिक काल की रचनाओं में पराजित स्थानीय लोगों को शूद्र बनाए जाने और, उससे भी कहीं बुरा, उनके दलित बनाए जाने की कोई चर्चा नहीं है। यदि भारत के बाहर से आनेवाला आक्रामक झुंड पूरी तैयारी के साथ विजय अभियानों और लोगों को दास बनाने के क्रम में जुटा था तो इसकी चर्चा उनके नस्ली व्याख्यानों में अवश्य होनी चाहिए थी। हमें यह भी बताया जाना चाहिए था कि लड़ाइयाँ कैसे जीती गईं और हारे हुए लोगों के लिए जाति-व्यवस्था का निर्माण कैसे किया गया? नस्ली शुद्धता के प्रति सजग आर्यों द्वारा कम-से-कम इस एक तथ्य को तो स्पष्ट रूप से दर्ज किया जाना चाहिए था। मुस्लिम शासकों की सेनाओं ने जब भारत पर आक्रमण किया, तो उनके इतिहासकारों ने पूरे जोश के साथ उनके द्वारा जीती गई लड़ाइयों का वर्णन किया। साथ ही, यह भी बताया कि गाय जैसे चेहरे वालों, और अल्लाह के दुश्मन भारत के पापी काफिरों को कैसे मारा-काटा गया और उन्हें गुलाम बनाया गया। न जाने किन कारणों से स्थानीय भारतीयों को पराजित करने और उन्हें गुलाम और दास बनानेवाले आक्रमणकारी आर्यों को शूद्र या अछूत कहे जानेवाले वर्गों का कोई ज्ञान नहीं था? *ऋग्वेद* में 'शूद्र' शब्द केवल एक बार आया है। वेदों में एक भी ऐसा शब्द नहीं, जो बताना तो दूर, संकेत भी देता हो कि ऐसा कोई सामाजिक वर्ग था, जिसे बाद में अछूत मान लिया गया। आश्चर्यजनक रूप से, वैदिक रचनाओं में उन सामाजिक वर्गों का संदर्भ तक नहीं है, जिनकी उत्पत्ति के लिए विजय पताका लहरानेवाली सभ्यता के द्वारा तैयार किए गए नस्लीय माहौल को जिम्मेदार ठहराया जाता है। वह भी तब, जबकि इन रचनाओं का उद्देश्य तथाकथित रूप से अनेक सदियों तक आर्य-हिंदू विजेताओं की गतिविधियों को दर्ज करना था। आर्यों को भारत में अपने तथाकथित प्रवेश के सदियों बाद तक शूद्रों और अछूतों की कोई जानकारी नहीं थी। जैसा कि इतिहासकार आर.एस. शर्मा कहते हैं, "किंतु हम *पुरुषसूक्त* को यदि छोड़ दें तो *ऋग्वेद* जिस युग का प्रतिनिधित्व करता है, उसमें शूद्र वर्ण के अस्तित्व का कोई प्रमाण नहीं है।"[1] फिर भी हमें यह मानना चाहिए कि आर्यों ने आक्रमण किया था

और स्थानीय लोगों पर विजय प्राप्त करने के बाद उन्हें शूद्र और अछूत बना दिया गया। यह भी हैरान करता है कि हड़प्पा और द्रविड़ संस्कृति के विकसित और पढ़े-लिखे तथाकथित पराजित लोगों ने अपनी पराजय के साथ ही दास बनाए जाने तथा समाज से काट दिए जाने पर एक वाक्य तक नहीं लिखा। वास्तविकता यह है कि हमें शूद्रों, द्रविड़ों, आदिवासियों या अछूतों की किसी वैकल्पिक ऐतिहासिक परंपरा का कोई प्रमाण नहीं मिलता, जिसकी स्मृति तथाकथित रूढ़िवादी 'हिंदू' परंपरा से अलग रही हो। हालाँकि इनमें से कई समूहों द्वारा रचित सामाजिक-धार्मिक साहित्य का विशाल संग्रह आज भी उपलब्ध है। विजेता ने विजय की गाथा नहीं लिखी। पराजित ने पराजय को दर्ज नहीं किया, लेकिन आक्रमण जरूर हुआ होगा।

शूद्रों की चर्चा की शुरुआत *अथर्ववेद* से होती है, जिस आधार पर आर.एस. शर्मा यह अनुमान लगाते हैं कि "एक सामाजिक वर्ग के रूप में शूद्रों का उदय *अथर्ववेद* के युग की समाप्ति के समय हुआ"[2], लेकिन यहाँ भी इस शब्द को "वर्ण के अर्थ में नहीं बल्कि एक जनजाति के अर्थ में देखा जाना चाहिए, जो उस संदर्भ में अधिक उपयुक्त प्रतीत होता है।"[3] आर्यों और शूद्रों के बीच नस्ल, भाषा या क्षेत्रीय विभेद का कोई प्रमाण नहीं मिलता। इसके विपरीत, आर.एस. शर्मा कहते हैं कि "ऊपर जो कुछ कहा गया है, उसके आधार पर यह संभाव्य है कि दासों के समान ही शूद्र भी भारतीय आर्य मूल से संबद्ध थे।"[4] आर्यों और शूद्रों के बीच विभेद या दुश्मनी की बात को शर्मा यह कहते हुए खारिज करते हैं कि "उपलब्ध प्रमाण के आधार पर कोई भी यह सोचने पर विवश हो सकता है कि शूद्र जनजातियों का आर्यों के साथ जुड़ाव था।"[5] आर.एस. शर्मा के अनुसार, आरंभिक वैदिक युग में शूद्रों को एक सामाजिक वर्ग की अपेक्षा जनजातियों के रूप में देखा जाना चाहिए। यदि हम उस युग के साहित्य को प्रमाण मानें तो लगभग छह सौ से सात सौ वर्षों के दौरान आर्यों और शूद्रों के बीच किसी शत्रुता या शूद्रों के किसी वर्ग का कोई साक्ष्य नहीं मिलता, चाहे हम मैक्समूलर द्वारा वैदिक ग्रंथों की रचना के दोषपूर्ण कालक्रम को ही क्यों न अपनाएँ? इस दावे को विभिन्न विद्वानों ने भी खारिज किया है कि शूद्रों की नस्ल और भाषा के आधार पर कोई एक अलग श्रेणी थी। वेबर का मत है कि शूद्र शुरुआती लहर में आए हुए आर्य रहे होंगे। तब तो यह कहा जा सकता है कि वे बाद में आनेवाले आक्रमणकारियों के समान ही थे। भाषा के आधार पर भी शूद्रों को आर्यों से अलग नहीं कहा जा सकता, क्योंकि वे भी वही आर्य भाषा समझते और बोलते थे तथा "इसका कोई प्रमाण नहीं है कि वे अनार्य भाषाओं का प्रयोग किया करते थे।"[6] अनार्यों की सूची में शूद्रों की कोई चर्चा नहीं है, जबकि उस सूची में पुलिंदों और शबर जैसे वर्गों का वर्णन है। शूद्र सदा से ही उत्तर-पश्चिम में रहते थे और ऐसा बताया गया है कि वे सरस्वती नदी के आस-पास ही बसे थे, जहाँ आर्यों की अधिकांश गतिविधियाँ हुआ करती थीं।[7]

ऋग्वेद में "न तो कृषक दासों, न ही मजदूरों और भाड़े के श्रमिकों (कर्मकार) का वर्णन है, जो उत्तर-वैदिक काल में कृषि की गतिविधियों का प्रमुख अंग बनकर उभरे थे।"[8] गुलाम शुद्रों का अस्तित्व, जिन्हें आर्यों ने बेड़ियों में जकड़ रखा था, एक हजार वर्ष के दौरान हुए आक्रमण, विजय और पराधीनता के दौरान भी नहीं था। इसके विपरीत ऐसे पर्याप्त प्रमाण मिलते हैं, जिनके अनुसार शुद्र एक सामाजिक इकाई या जनजाति के रूप में आर्यों के भौगोलिक क्षेत्र में ही रहते थे, लेकिन उनकी संस्कृति अलग थी, और जो वैदिक आर्यों के दृष्टिकोण से अकसर मेल नहीं खाती थी। आर.एस. शर्मा का यह भी मानना है कि आर्यों और शूद्रों को दो अलग जनजातीय समूह मान लेना अधिक विश्वसनीय होगा, जिनके बीच सांस्कृतिक और विचारधारा के स्तर पर टकराव था। *अथर्ववेद* में मुजवंत, बाहलिक और महावृष जनजातियों के साथ ही शूद्र स्त्रियों का वर्णन है। ये सभी भारत के उत्तर-पश्चिम में निवास करते थे। महाभारत में शूद्र जनजाति को आभीरों के साथ रहनेवाला बताया गया है। इस महाकाव्य में शूद्रों की चर्चा आभीरों, दरडों, तुखारों और पहलवों के साथ की गई है। "एक जनजाति के रूप में शूद्रों का जिक्र उन लोगों की सूची में मिलता है, जिन पर नकुल ने अपने चतुर्दिक विजय अभियान के दौरान (दिग्विजय) विजय प्राप्त किया था और जिन्होंने युधिष्ठिर के राजतिलक पर उपहार भेजा था।"[9] यह महत्त्वपूर्ण है कि शूद्रों की गणना भारत में बाहर से आई जातियों—तुखारों, पहलवों, चीनों के साथ ही गई है।

हालाँकि लगता है कि एक जाने-पहचाने समुदाय के रूप में शूद्र और आभीर भारत में शक, पहलव, रोमक, चीन और हूणों से भी पहले से मौजूद थे। शूद्रों को शक, रोमन, ईरानी और यूनानियों को एक साथ मिलाकर देखने का कारण उनके द्वारा अपनाई गई संस्कृति रही होगी। आर्य उन्हें सच्चरित्रता और शिष्टता के अपने पैमाने के विरुद्ध मानते होंगे। यूनानी, हूण और शक जैसे आक्रमणकारी समूहों को शूद्र करार दिया जाना अपने आपमें एक दिलचस्प कहानी बयान करता है। यह हमें बताता है कि 'शूद्र' शब्द का तात्पर्य सताए, पराजित किए गए समाजों और दासों से नहीं था, बल्कि यह शब्द उस जीवन-शैली का द्योतक हो गया, जो वैदिक आर्यों की धारणाओं के अनुकूल नहीं थी। यह संभव है कि भारत के उत्तर-पश्चिम में आर्य और शूद्र जनजातियों के बीच सांस्कृतिक आधार पर व्याप्त मतभेद भारत में बाद में प्रवेश करनेवाली जनजातियों पर भी लागू हो गया और एक समूह का सामान्य नाम सभी अनार्य समुदायों को संबोधित करने वाला शब्द बन गया। ऐसा प्रतीत होता है कि "आर्य और अनार्य लोगों के बीच का विभाजन दो संस्कृतियों के बीच का अंतर था, जिनमें एक आध्यात्मिक मूल्यों को तो दूसरा भौतिक मूल्यों को अपनाता था।"[10] शूद्र ऐसे लोगों का एक वर्ग रहा होगा, जो वैदिक आध्यात्मिक संस्कृति के दायरे से बाहर होगा तथा उनमें वैदिक मूल्यों और

धार्मिक अनुष्ठानों के प्रति सम्मान का भाव नहीं रहा होगा। उनमें आर्यों की धारणाओं के विरुद्ध शत्रुता भी उत्पन्न हुई होगी, क्योंकि इसके संकेत इस बात से मिलते हैं कि आगे चलकर उन पर सबसे महत्त्वपूर्ण प्रतिबंध यह लगा कि वे वेदों को नहीं पढ़ सकते हैं। यह संभवत: उस बीते युग की स्मृति का परिणाम था, जब एक ही भाषा बोलने और एक ही मूल के होने के बावजूद शूद्रों के कुछ समूहों ने वैदिक दृष्टिकोण का घोर विरोध किया था। यदि शूद्रों को वेद पसंद नहीं थे, तो फिर क्यों न उन्हें इसे पढ़ने से मना ही कर दिया जाए?

अथर्ववेद में जिन शूद्रों का वर्णन है, वे दास नहीं थे, बल्कि ऐसे जनजाति थे, जिनकी अपनी राजनीतिक, सैन्य और सांस्कृतिक पहचान थी। एक संगठित जनजाति के रूप में शूद्रों के अस्तित्व का संकेत डियोडोरस की रचना में मिलता है, जिसमें कहा गया है कि एलेग्जेंडर ने *सोद्राई* नामक जनजाति से युद्ध किया था। *मनुस्मृति* में जिन *'अंबष्ठों'* का एक मिश्रित जाति के रूप में वर्णन है, उन्हें भी डियोडोरस ने राजनीतिक रूप से संगठित बताया था, जिनका एक राजा भी था। इस कारण, जैसा कि आर.एस. शर्मा कहते हैं, 'शूद्र वर्णों' को 'शूद्र जनजातियों' के रूप में चिह्नित किया जा सकता है, जो भाषा और नस्ल के आधार पर आर्यों के समान थे, किंतु आध्यात्मिक और सांस्कृतिक रूप से उनसे भिन्न थे। आगे चलकर यह अंतर परंपरागत शैली के आधार पर किया जाने लगा। ऐसे सभी समुदाय, जो भद्रता के आर्यों के मापदंड पर खरे नहीं थे, उन्हें 'शूद्र' कहा जाने लगा। इस प्रकार 'शूद्र' शब्द द्विअर्थी हो गया। एक का अर्थ जनजाति तथा दूसरे का अर्थ कुल के रूप में लगाया जाने लगा। *महाभारत* "शुद्र कुल, जिनकी चर्चा क्षत्रिय और वैश्य कुलों के साथ की गई है, तथा शूद्र जनजाति जिनकी चर्चा आभीरों, दरड़ों, तुखारों, पहलवों आदि के साथ की गई है, के बीच स्पष्ट अंतर करता है।"[11] "आर्य जनजातियों और उनके संगठनों के समान ही शूद्र जनजाति भी योद्धाओं का कर्म निभाते थे। *महाभारत* में *अंबष्ठों*, शिवियों, सूरसेनों आदि के साथ शूद्रगणों की सेना का भी वर्णन है।"[12] व्युत्पत्ति के आधार पर भी शूद्र शब्द का अर्थ सांस्कृतिक और व्यावहारिक धारणा के आधार पर लगाया जाता है। उसमें उनके दास होने या समाज में निम्न स्थिति पर होने का कोई संकेत नहीं मिलता है। *वेदांत सूत्र* कहता है कि 'शूद्र' शब्द का अर्थ 'शोक की ओर तीव्र गमन' है। शंकराचार्य कहते हैं कि जनश्रुति को तीन कारणों से 'शूद्र' कहा जाता था—"(i) वह शोक की ओर भागा (*शूचम अभिदुद्राव*), (ii) 'शोक ने उसे वश में कर लिया' (*शुचावा अभिदुद्रुवे*) तथा (iii) शोक में वह रैकव के पास गया (*शुचा वा रेकवम् अभिदुद्राव*)।"[13]

रैकव ने जिस जनश्रुति को शूद्र के रूप में संबोधित किया है, वह "महावृषों पर शासन करता था, एक ऐसे गण जो, *अथर्ववेद* में, उत्तर-पश्चिम भारत में रहनेवाले बताए

गए हैं।" हम जानते हैं कि *अथर्ववेद* में 'शूद्र' शब्द का प्रयोग किसी नीच सामाजिक वर्ग के लिए नहीं किया गया है। इस कारण जनश्रुति या तो "शूद्र जनजाति या उत्तर-पश्चिम के किसी दूसरे गण के सदस्य थे, जिन्हें ब्राह्मणवादी लेखकों ने शूद्रों का नाम दे दिया।"[14] किंतु बादरायण, व्यास, शंकर और पौराणिक परंपरा के विद्वानों ने आखिर 'शूद्र' शब्द की व्याख्या शुच यानी शोक से क्यों की? आखिर क्यों यह कहा गया कि शूद्र शोक में डूबा या शोक की ओर तीव्र वेग से चला गया या शोक ने उसे वश में कर लिया? *पुराणों* में हमें इसका उत्तर मिलता है। ऐसा प्रतीत होता है कि कुछ गण जो शुरुआत में आर्य संस्कृति या सभ्यता से जुड़े थे, उन्होंने एक समय पर एक भिन्न जीवन-शैली अपनाने का निर्णय लिया, जिसमें वैदिक दृष्टिकोण तथा अच्छे और बुरे के आर्यों के मापदंड की अनदेखी की गई। जिन्होंने अलग राह अपनाई और पुरानी धारा से दूर गए या दूर जाने पर विवश किए गए, उन्हें कदाचारी जीवन जीने के कारण दुःख और पतन का सामना करना पड़ा। वायु पुराण कहता है, *'शोचन्तश्च द्रवनतष्च परिचर्यासु ये रताः; निस्तेजसो अल्पवीर्याश्च शूद्रस तानब्रवितु सः'।* अर्थात् "जो दुःखी थे और भागे, जिन्हें शारीरिक श्रम की आदत पड़ गई, जिनमें भद्रता की कमी थी और जिन्हें दुर्बलता का शिकार होना पड़ा, वे शूद्र बना दिए गए।"[15] *भविष्य पुराण* कहता है कि "शूद्रों को यह नाम इस कारण मिला, क्योंकि उन्हें बचा-खुचा वैदिक ज्ञान प्राप्त हुआ है"—*ये ते श्रुतेर्द्रुति प्राप्ताः शूद्रास्तेनेह कीर्तिताः।* "बुद्ध के अनुसार, जो भयंकर थे और संकुचित भाववाले थे (*लुद्दाचार खुद्दाचार* ती), उन्हें शूद्र कहा गया और इस प्रकार 'सुद्द' शब्द अस्तित्व में आया।"[16] मनु से कई सदियों पूर्व बुद्ध के समय में 'शूद्र' शब्द का प्रयोग उन लोगों के लिए किया गया, जो हीन और अनार्य व्यवहार करते थे—*सुद्दात्वेव आक्खरम उपनिबत्तम।* भद्र जीवन का त्याग करने से उत्पन्न होनेवाले शोक की व्याख्या लाक्षणिक रूप से शोक में डूबने से की गई है, जिनके बारे में आर.एस. शर्मा ने 'आर्य शूद्रों' शब्द का प्रयोग किया है।

इस प्रकार ऐसा प्रतीत होता है कि 'आर्य आक्रमण' की कल्पित घटना के बाद की कुछ सदियों तक शूद्रों को एक वर्ग के रूप में नहीं जाना जाता था। उनके 'निम्न' और 'दास' वर्ग के होने की तो संभावना भी उत्पन्न नहीं होती। उनके अस्तित्व के संकेत केवल ई.पू. दसवीं सदी के पश्चात् मिलते हैं, जब उनकी पहचान स्वतंत्र और राजनीतिक रूप से सशक्त जनजातियों के रूप में की गई, जो भारत के पश्चिमी और उत्तर-पश्चिमी भाग में रहते थे। उनके अश्रेष्ठ होने की व्याख्या नस्ल या सामाजिक पतन की अपेक्षा उनके सांस्कृतिक और सामाजिक व्यवहारों के कारण की जाती है; एक ऐसी जीवन-शैली, जो उन्हें भद्र जीवन के आर्य विचार के हाशिए पर ला देती है। यदि तर्क के लिए यह मान भी लें कि आर्यों का कोई आक्रमण हुआ था, जो पाँच से छह सदियों तक चला

तो भी आर.एस. शर्मा का मत है कि "*ऋग्वेद* और *अथर्ववेद* में वर्णित समाज के चित्र से, उनके उद्गम के समय, शूद्र वर्ण की दयनीय और क्षीण अवस्थिति सिद्ध नहीं होती है। इन संहिताओं में दास और आर्य के बीच या शूद्र और उच्च वर्णों के बीच भोजन और विवाह से जुड़ी पाबंदियों का कोई प्रमाण नहीं मिलता। वर्णों के बीच इस प्रकार के सामाजिक भेद का पहला संकेत *अथर्ववेद* में मिलता है, जिसमें दावा किया गया है कि *राजन्य* और वैश्य की तुलना में ब्राह्मण को किसी स्त्री का प्रथम पति होने का अधिकार है। यहाँ शूद्र की चर्चा नहीं है, क्योंकि संभवत: उस काल तक उसका वर्ण अस्तित्व में नहीं आया होगा। ऐसा कोई वर्णन नहीं मिलता, जो बताता हो कि दास या शूद्र को अशुद्ध माना जाता था या उनके स्पर्श से भोजन या उच्च वर्णों के सदस्य अशुद्ध हो जाते हों।"[17] इस काल में एक बात निश्चित रूप से देखी जा सकती है कि आर्यों का उन लोगों के साथ एक संघर्ष चल रहा था, जिन्हें दास, *दस्यु* और पणि के नाम से जाना जाता था। आर्यों के शुरुआती ग्रंथ शत्रुओं के रूप में दास, *दस्यु* और पणि की चर्चा करते हैं। आखिर ये लोग कौन थे? क्या वे अनार्य मूल के जनजाति थे या फिर नस्ल और भाषा के आधार पर आर्यों के ही समान थे? उनके बीच किस प्रकार का संघर्ष था?

ऋग्वेद दासों को धनाढ्य लोगों में शुमार करता है, जो ऐसे शहरों में रहते थे, जहाँ उनके सिवाय और कोई नहीं रहता था। इन लोगों के पास विशाल भू-खंड थे तथा उनकी अपनी ही शासन प्रणाली थी। दासों को शक्तिशाली दिखाया गया है और ऐसा कहा गया है कि उनके राजाओं में से एक संबर के पास एक विशाल सेना थी। दासों को आर्यों का शत्रु बताया गया है। ऐसा प्रतीत होता है कि आर्यों ने "*दासों* से आर्य होने की विशेषता को छीनकर बदला लिया।"[18] दस्युओं का जंगलों और पहाड़ों के दूरस्थ इलाकों पर कब्जा था,जहाँ से वह बसे-बसाए क्षेत्रों और राजमार्ग पर चलनेवाले कारवाँ को अपने हमले का निशाना बनाया करते थे। ये ऐसे लोग थे, जिनके बारे में कहा जाता था कि ये लोग न तो सदाचार का पालन करते थे और न ही किसी प्रकार का व्रत रखते थे। पणि लोगों की चर्चा अकसर आर्यों की गाय चुराने को लेकर की जाती है। ऐसा कहा जाता है कि "पणि आर्यों से अधिक धनी थे।"[19]

पणि संभवत: व्यापार ही किया करते थे। एक बार उन्हें *दस्यु* लोगों जैसा बताया गया है, लेकिन आर्यों ने उन्हें कभी सताने या दास बनाने का प्रयास नहीं किया। राक्षसों के विषय में कहा जाता है कि वे पर्वतों के उस पार रहते थे। वे न तो यज्ञ करते थे, न ही स्तोत्रों का पाठ करते थे। ऐसा कहा जाता था कि जल की धाराओं पर उनका नियंत्रण था।[20] प्रसिद्ध सर्प *वृत्र* को राक्षस माना जाता है। असुरों को पर्याप्त धनवान दिखाया गया है। इन तथ्यों के अतिरिक्त हमें इन वर्गों के बारे में कोई अधिक जानकारी नहीं है। पणियों के सिवाय, "अन्य समूहों के क्षेत्र या व्यवसाय के विषय में कुछ भी ज्ञात नहीं है।"[21] इन

लोगों के विषय में हम बस इतना जानते हैं कि वे इतने धनी और शक्तिशाली थे कि उनमें आर्यों का अच्छा-खासा विरोध करने की क्षमता थी। साथ ही, उनकी जीवन-शैली आर्यों की संस्कृति से एकदम भिन्न थी। जहाँ तक आर्यों की बात है, तो दास और *दस्यु* उनकी चिंता का प्रमुख कारण थे।

वर्ण शब्द का प्रयोग सबसे पहले *ऋग्वेद* में आर्यों और दासों की संस्कृति तथा जीवन-शैली की व्याख्या के क्रम में किया गया। सच्चरित्र और सभ्य लोगों को *आर्य वर्ण* में वर्गीकृत किया गया, जबकि कम भद्र लोग दास वर्ण में रखे गए। इस प्रकार वर्ण का प्रयोग आरंभ में किसी सामाजिक समूह या किसी जातीय समूह के लिए नहीं किया गया, बल्कि वह संस्कृति, भाषा और व्यक्तियों तथा समुदायों के सामाजिक चाल-चलन का द्योतक था। *ऋग्वेद* में इंद्र को *आर्य वर्ण* का रक्षक (*हत्वी दास्युमप्रारयम् वर्णमावत*) बताया गया है, जो दास वर्ग को गुफाओं में खदेड़ देते हैं (*येनेम वी श्वाच्यवना कृतानि, यो दासम् वर्णामधर्म गुहाकः*)।[22] भौतिक रूप से दास किसी भी प्रकार आर्यों से कम समृद्ध नहीं थे; समृद्ध दोनों ही थे (वास्तव में दास अधिक संपन्न थे), दोनों घोड़े तथा धातुओं के स्वामी थे, दोनों ही एक ही भाषा परिवार की बोली बोलते थे तथा जनजातियों में संगठित थे, जिन्हें *विश* कहा गया। इन साक्ष्यों के आधार पर आर.एस. शर्मा का कहना है कि "इस आलोक में देखा जाए तो आर्य और दास के बीच का संघर्ष उन वैदिक जनजातियों के बीच का संघर्ष प्रतीत होता है, जो लगभग समान प्रकार का जीवन व्यतीत कर रहे थे।"[23]

डॉ. अंबेडकर ने कहा है कि *ऋग्वेद* में *वर्ण* शब्द का प्रयोग मनुष्यों के संदर्भ में केवल चार बार हुआ है, अन्य स्थानों पर इसका प्रयोग उषा, अग्नि, सोम आदि देवी-देवताओं की उपासना के क्रम में किया है। डॉ. अंबेडकर के अनुसार *ऋग्वेद* में *असुरम् वर्ण* शब्द का प्रयोग त्वचा के रंग की बजाय अँधेरे के संकेत के संदर्भ में किया गया है। *ऋग्वेद* में 1.179.6 बताया गया है कि संतानोत्पत्ति तथा शक्ति प्राप्त करने के लिए महर्षि अगस्त्य ने लोपामुद्रा के साथ सहवास किया। इसके फलस्वरूप दो वर्ण (*उभौ वर्णव*) उत्पन्न हुए—*ऋषि* और *उग्र*। यहाँ स्पष्ट रूप से ऋषियों के सदाचार और उग्रों की नीच तथा हिंसक जीवन-शैली की ओर संकेत किया गया है। इन संदर्भों में नस्ल, रंग या भाषा का कोई संकेत नहीं मिलता। ये संकेत हमें बताते हैं कि *ऋग्वेद* में 'वर्ण' शब्द का प्रयोग वर्ग, जाति या नस्ल के लिए नहीं किया गया है। रंग की चर्चा अधिकांशतया बुद्धिमत्ता या तमस जैसी धारणाओं के लिए की गई है तथा उनका प्रयोग देवताओं के संदर्भ में मिलता है। 'वर्ण' शब्द का प्रयोग व्यक्तिगत तथा सामाजिक व्यवहार, सांस्कृतिक चलन, बौद्धिक जीवन पद्धतियों की विशेषता बताने के लिए किया गया है।

यहाँ यह याद रखना महत्त्वपूर्ण है कि *पुरुषसूक्त* में ब्राह्मण, क्षत्रिय, वैश्य और

शूद्र की उत्पत्ति का वर्णन हमें यह नहीं बताता कि इन शब्दों का प्रयोग किसी सामाजिक समूह या किसी जाति के लिए किया गया है। इस सूक्त में तो 'वर्ण' या 'जाति' शब्द का प्रयोग भी नहीं किया गया है। इस सूक्त का अर्थ केवल यही है कि ब्रह्मांडीय पुरुष से मानव अस्तित्व का उदय हुआ, जो ब्राह्मण, क्षत्रिय, वैश्य और शूद्र के रूप उस पुरुष की संभाव्यता को दरशाता था। इस मंत्र पर किसी और व्याख्या को नहीं थोपा जा सकता, क्योंकि यह जिस संदर्भ में चर्चा में आया, वह विश्व की उत्पत्ति से, उसकी ऋतुओं, विभिन्न पशुओं और पौधों से तथा उस प्रथम यज्ञ से संबंधित था, जिसमें पहली आहुति *पुरुष* की दी गई। यह मंत्र कहता है कि जब परम पुरुष के निराकार रूप को त्याग दिया गया, तब संसार की और फिर मनुष्य की उत्पत्ति हुई। सृजन के इसी संदर्भ में, जिसमें ब्रह्मांडीय यज्ञ से मनुष्य की उत्पत्ति हुई, एक प्रश्न पूछा जाता है कि मनुष्य की परिकल्पना कितने रूपों में की गई थी—*यातपुरुषं व्यादधु कतिधा व्याकल्पयम्?* यह प्रश्न पुरुष स्वरूपों को लेकर माँगी जानेवाली सूचना के कारण और विस्तृत हो जाता है—इस मनुष्य का मुँह क्या है, उसके दोनों बाजू क्या हैं, उसकी जंघाएँ क्या हैं तथा उसके पैर क्या हैं—*मुखम् किमस्य कउ बाहु का उरु पाद उच्यते।* यह संदर्भ ब्रह्मांडीय पुरुष की आहुति दिए जाने तथा मानव जाति के जन्म से जुड़ा है। ये प्रश्न नवसृजित मानव की रचना से जुड़े हैं। इन प्रश्नों के उत्तर *पुरुषसूक्त* के उस मंत्र में मिलते हैं, जो प्रसिद्ध होने के साथ ही ऐसा है, जिसकी व्याख्या गलत रूप में की जाती है। यह मंत्र बताता है कि पुरुष की प्रकृति इस प्रकार है—

ब्राह्मणोऽस्य मुखमासीद वाहु राजन्य कृतः।
ऊरु तदस्य यदवैश्यः पदभ्याम् शूद्रो अजायत।।

ब्राह्मण इस व्यक्ति का मुँह था, *राजन्य* उसके दो हाथ थे, वैश्य उसकी दोनों जंघाएँ और शूद्र उसके पैरों से उत्पन्न हुए, जिसका भाव इस परिप्रेक्ष्य में यह हुआ कि शूद्र उसके पैरों के अंग थे। यह भी विचारणीय है कि मानव शरीर में पैरों का महत्त्व कब से हीन हो गया? कितने लोग किसी दुर्घटना में हाथ की बजाय पैर का अक्षम हो जाना पसंद करेंगे? मानव शरीर की पूरी संरचना पैरों पर ही टिकी होती है।

हमने देखा है कि 'शूद्र' शब्द का प्रयोग आर्यों ने सामाजिक या वर्ग की विशेषता बताने के लिए नहीं किया है। इसका प्रयोग सिर्फ सांसारिक और भौतिक विषयों के लिए किया गया है। ब्राह्मण, *राजन्य* और वैश्य शब्दों को भी सामाजिक और जातीय श्रेणी की विशेषता के रूप में नहीं समझा गया। वे गुणों और मनोदैहिक विशेषताओं के सूचक थे। इन तथ्यों के आधार पर हमें अब यह कहना बंद कर देना चाहिए कि आर्यों ने 'शूद्र' शब्द का प्रयोग सामाजिक वर्गीकरण के लिए किया। इस कारण भी कि केवल *पुरुषसूक्त* में एक बार इसकी चर्चा है, और उसके सिवाय कहीं भी इसकी कोई चर्चा नहीं मिलती।

यदि ब्राह्मण, क्षत्रिय, वैश्य और शूद्र मिलकर एक मानव जाति की रचना करते हैं तो यह संभव है कि हमें यह कहा जा रहा है कि सारे मनुष्यों में बुद्धि, वीरता, उद्यम और कठिन परिश्रम की क्षमता होती है। इस कारण यह संभव है कि 'शूद्र' जैसे शब्दों की व्याख्या उसी प्रकार की जाए, जिस प्रकार हम मनुष्यों के व्यक्तित्व में सत्त्व, रज और तम के तत्त्वों की उपस्थिति को देखते हैं। डॉ. अंबेडकर ने ठीक ही कहा है कि *पुरुषसूक्त* को छोड़कर, *ऋग्वेद* में सृजन संबंधी अन्य व्याख्या सिर्फ मानव की उत्पत्ति को बताती है, न कि सामाजिक वर्गों के उदय की कोई चर्चा करती है। अनावश्यक रूप से यह मान लेने का कोई कारण नहीं कि *पुरुषसूक्त* वैदिक विचार की समग्रता से थोड़ा भी अलग कोई बात करता है। डॉ. अंबेडकर इस बात को लेकर हैरान हैं कि *वेदों* में पुरुष के शरीर का निरूपण कहीं भी नहीं किया गया तो फिर *पुरुषसूक्त* में ऐसा भटकाव क्यों मिलता है? इसका कारण यह है कि डॉ. अंबेडकर कथित छंद से एक आधुनिक अर्थ को प्रस्तुत करने का प्रयास कर रहे थे, जो तत्कालीन समाज की वास्तविकताओं पर आधारित था। वह यूरोपीय विद्वानों द्वारा तय किए गए निष्कर्ष को सही ठहराने का एक धार्मिक कारण तलाश करने में जुट गए थे। वैदिक ऋषि मनु स्वयंभू को संपूर्ण मानवता का जनक मानते हैं, जिन्हें *विरज* और *पुरुष* भी कहा जाता था। इस कारण *पुरुष* के अंग के रूप में शूद्रों की उपमा को मानवीय मनु और उनके वंशजों के संदर्भ में देखा जाना चाहिए। सृष्टि की रचना के दौरान ब्रह्मांडीय पुरुष का अस्तित्व समाप्त हो गया, क्योंकि उनका उत्सर्ग कर दिया गया, देवताओं द्वारा उन्हें अग्नि को सौंपा गया तथा ऋषियों ने उन्हें यज्ञ का कुष बना दिया और इस क्रम में उस पुरुष की उत्पत्ति हुई, जो मानव था। इस कारण *ऋग्वेद* 1.113.6 मनुष्य के जीवन के विषय में कहता है—"कुछ शक्ति की तलाश में जाएँगे, कुछ ख्याति की खोज में, कुछ धन अर्जित करने, कुछ काम-धंधे के प्रयास में; उषा ने लोगों को जगा दिया है, जिससे कि उनमें से हर एक अपनी आजीविका अपने विशेष और भिन्न तरीके से अर्जित करने जा सके।" किसी भी मनुष्य के लिए अपनी इच्छानुसार व्यवसाय को चुनना संभव था। यदि व्यक्ति में किसी विशेष क्षेत्र से संबंधित क्षमता और कौशल था तो उसे उस कार्य को अपनाने से रोकनेवाली किसी भी प्रकार की सामाजिक पाबंदी नहीं थी।

ऋग्वेद में जिस अर्थ में वर्ण का प्रयोग किया गया है, उस पर लौटें, तो डॉ. अंबेडकर बताते हैं कि जेंद अवेस्ता में *वरन* या *वरेन* शब्द का प्रयोग विशेष रूप से मत, धारणा, धर्म या सिद्धांत के रूप में किया गया है, "यह *वर* मूल से बना है, जिसका अर्थ विश्वास करना या उसे मानना होता है।"[24] जरथ्रुष्ट के अनुसार—"कान लगाकर सुनो और मेरे द्वारा बताए जा रहे चरम सत्य पर चिंतन करो। अपने जाग्रत् मन से अंदर झाँको। प्रत्येक मनुष्य को अपने मत (अवरेनओ) का निर्धारण अवश्य करना चाहिए।"[25]

किसी मनुष्य के वर्ण का निर्धारण उसके द्वारा एक विशेष जीवन पद्धति विचारपूर्वक चुने जाने से होता है (अवरेनओ विचिथह्य)। वह उस मत पद्धति को समझकर चुनता है और फिर अपने जीवन का निर्धारण करता है। जरथ्रुष्ट की एक टिप्पणी हमारे उद्‌देश्य के पूरी तरह अनुरूप है, जिसमें वे कहते हैं कि किसी दुष्ट आत्मा पर उसके पाप और गलत व्यवहार के कारण पड़े प्रभाव से उसकी वाणी बुरी हो जाती है। इस पर डॉ. अंबेडकर ने कहा कि " 'वर्ण' शब्द के अर्थ पर जेंद अवेस्ता में मिले इस प्रमाण से यह शंका नहीं रह जाती कि मौलिक रूप से इसका अर्थ एक विशेष मत को माननेवाले वर्ग से था और रंग या रूप से इसका कोई लेना-देना नहीं था।"[26] 'बुरी वाणी' के रूप में अवेस्ता में मिले संकेत से हमें वैदिक शब्द *म्रिध्रवाक्* के रहस्य को सुलझाने में सहायता मिल सकती है। *ऋग्वेद* में इस शब्द का प्रयोग दो बार *दस्यु* लोगों के लिए किया गया है। इस शब्द की व्याख्या सायण ने 'शत्रुतापूर्ण बोली' तथा गेल्डनर द्वारा 'गलत वाणी' के अर्थ में की गई है। इस शब्द का प्रयोग किसी अज्ञात या समझ में न आनेवाली बोली के लिए नहीं किया गया है।

कोई भी व्यक्ति विचार के स्तर पर जो विश्वास करता है, वह उसकी वाणी के माध्यम से ही प्रकट होता है। 'शत्रुतापूर्ण' या 'गलत वाणी' का प्रयोग सीधे तौर पर दासों और *दस्यु* जनों के बुरे व्यवहार और गलत धारणा को बताता है, जो उनकी गलत और दुष्टतापूर्ण वाणी से प्रकट होता था, हालाँकि उस बोली की उत्पत्ति भी वहीं हुई थी, जहाँ आर्य रहते थे। वैदिक आर्यों की लड़ाई अलग नस्ल के विदेशी दास और *दस्यु* गणों से नहीं थी। *ऋग्वेद* लड़ाई की चर्चा करता है, परंतु "यह लड़ाई उजाले और अँधेरे, सच्चाई और झूठ, आध्यात्मिकता और बौद्धिकता के बीच की लड़ाई है।"[27] यह विभिन्न नस्लों की श्रेणियों और सामाजिक वर्गों के बीच का संघर्ष नहीं था, बल्कि उन्हीं समान लोगों के बीच का टकराव था, जो संस्कृति, व्यवहार और मत के आधार पर विभाजित थे। डॉ. काने ने ठीक ही कहा है कि "यह कहा जा सकता है कि दास या *दस्यु* संभवत: ऐसे आर्य गण थे, जिन्होंने वैदिक छंदों के गानेवाले आर्य उपासकों की पूजा या संस्कृति का त्याग कर दिया था।"

दास और *दस्यु* के संबंध में एक और शब्द का प्रयोग किया गया, जो म्रिध्रवाक धारणा के अपेक्षाकृत अधिक समीप है। यह शब्द है *अनास,* जिसका अनुवाद मैक्समूलर ने 'बिना नाकवाला' या 'चपटी नाकवाला' के रूप में किया। इस अनुवाद को यूरोपीय तथा भारतीय इतिहासकारों ने इन दोनों समूहों के भारत के मौलिक निवासी होने तथा उनके अनार्य रूप को दरशाने के लिए पूरे मनोयोग से अपना लिया, हालाँकि आज इस व्याख्या को गिने-चुने लोग ही स्वीकार करते हैं। इसके मूल प्रस्तावकों ने भी यह स्वीकार किया कि उनकी व्याख्या में चूक की संभावना है, और जब ग्रिफिथ ने मान

लिया कि इस शब्द का अर्थ 'बेजुबान' या 'मुखविहीन' के रूप में अधिक उपयुक्त है तो यह सायण के विचारों को ही स्वीकार करने के समान था। सायण ने *अनास* का अर्थ 'मुखविहीन' या ऐसे लोग, जिनकी 'भाषा अच्छी नहीं थी' के रूप में किया है। कीथ और मैकडॉनल्ड भी मानते हैं कि "पद पाठ और सायण, दोनों ही इसका अर्थ 'बिना चेहरेवाला' लगाते हैं।"[28] डेविड फ्रॉली हमें बताते हैं कि *अनास* जैसे शब्दों का, आर्य और स्थानीय द्रविड़ों के बीच उनकी नाक के आधार पर अंतर करने के लिए प्रयोग, पूरी तरह बकवास है, क्योंकि द्रविड़ चपटी नाकवाले नहीं थे, न ही वे लोग, जिन्हें सिंधु घाटी सभ्यता के सृजन का श्रेय दिया जाता है, छोटी नाक वाले थे। *ऋग्वेद,* V.32.8 में, *दस्यु* लोगों को अपाद कहा जाता है, तो क्या हम उन्हें 'बिना पैरवाला' या 'टेढ़े पैर वाला' मान लें? जिन सूक्तों में *अनास* और म्रिध्रवाक जैसे शब्दों का प्रयोग (लगभग एक साथ) किया जाता है, उनका संबंध जातीय युद्धों और लड़ाइयों से नहीं था। उनका प्रमुख उद्देश्य चेतना की देदीप्यमान शक्तियों (इंद्र) की वंदना करना तथा मनुष्य के अंदर और बाहर के अंधकार, बुराई और अश्लील शक्तियों पर विजय प्राप्त करना था।

डॉ. अंबेडकर कहते हैं कि *अनास* शब्द को मृध्रवाक् का समानार्थी माना जाना चाहिए, "इस कारण इस निष्कर्ष की पुष्टि का कोई प्रमाण नहीं है कि *दस्यु* किसी अलग नस्ल के थे।"[29] इस धारणा का भी कि *दस्यु* काले थे और आर्य गोरे तथा आर्यों ने रंग के आधार पर भेदभाव की सामाजिक व्यवस्था को सही ठहराया, वही हश्र हुआ। ऐसा सुझाव ही भोंडा और निराधार है। हम ऐसे अनेक उच्च कोटि के आर्य पुरुषों के विषय में जानते हैं, जिनका रंग काला था। ऋषि दीर्घतमस, ऋषि कण्व, राम, कृष्ण ऐसे ही कुछ उदाहरण हैं। डॉ. अंबेडकर की बात सही है—"यह दावा सही साबित नहीं होता कि आर्य बाहर से आए और भारत पर आक्रमण किया और यह पूर्वानुमान भी प्रामाणिक रूप से गलत है कि दास और *दस्यु* भारत की मूल जनजाति हैं।"[30]

डॉ. अंबेडकर इस संबंध में कुछ बहुत महत्त्वपूर्ण बातें कहते हैं। वे कहते हैं—(i) "आक्रमण की परिकल्पना एक आविष्कार है", (ii) "एक पृथक और भिन्न आर्य नस्ल का सिद्धांत सिर्फ एक अनुमान है", (iii) "आर्य नस्ल का सिद्धांत केवल एक पूर्वधारणा है", और (iv) आर्य नस्ल का सिद्धांत "पश्चिमी लेखकों की उपज है…"।[31] दासों और *दस्यु* को नस्ल, रंग और मुखाकृति के आधार पर आर्यों से अलग नहीं किया जा सकता है। यह बात इससे और भी पुख्ता होती है कि दास/दस्यु तथा अन्य आर्यों का एक से दूसरी कोटि में परिवर्तन न केवल संभव था, बल्कि ऐसा अकसर हुआ करता था। दास और आर्य एक ही सामाजिक घालमेल का हिस्सा हैं। *ऋग्वेद* में इंद्र की प्रार्थना ऐसे देवता के रूप में की गई है, "जिसने दासों को आर्य बनाया, अर्थात् बुरे मनुष्यों को अच्छा बनाया"; एक ऐसे देवता, "जिसने *दस्यु* से आर्य की पदवी छीन ली" तथा ऐसे

देवता "जो बता सकते हैं कि कौन आर्य है और कौन *दस्यु* तथा उनमें अंतर कर सकें।" *ऋग्वेद* में अनेक घटनाओं का वर्णन है, जिसमें "एक साझा शत्रु के विरुद्ध एकजुट खड़े लोग" के रूप में दासों और आर्यों की एकता का वर्णन है। इसके विपरीत *ऋग्वेद* में दास और आर्य शत्रुओं की भी चर्चा है, जिससे संकेत मिलता है कि *ऋग्वेद* में जिन लड़ाइयों का वर्णन है, उनमें महज एक तरफ आर्य और दूसरी तरफ दास तथा *दस्यु* ही नहीं हुआ करते थे। ये संघर्ष आर्य समुदायों के बीच भी हुआ करते थे, ऐसे समुदाय, जिनमें धारणा, रीति संबंधी व्यवहार, मूल्यों और जीवन के प्रति दृष्टिकोण के आधार पर विभिन्न सांस्कृतिक समूह शामिल थे। *दस्यु* चपटी नाक, काले रंगवाले मूल जनजाति नहीं, बल्कि आर्यों के सामाजिक जगत् के सदस्य थे, जिन्होंने उस समाज के कुछ मूल्यों का त्याग कर मातृ संगठन से स्वयं को अलग कर लिया। एक आर्य *अव्रत* (बिना व्रत या वचन), *अन्यव्रत* (विभिन्न वचनों का पालन करने से), *अब्रह्म* (बिना प्रार्थना), *अनगनित्र* (आंतरिक अग्नि की समाप्ति), *ब्रह्मद्विष* (प्रार्थना के विरोधी) तथा *अनृप:* (वेदों के ऋक् से विहीन) होकर *दस्यु* बन जाता है। यदि एक दास और *दस्यु* वेदों को त्याग देने का निर्णय करता है, तो आर्य परंपरा स्वाभाविक रूप से वेदों को उसकी पहुँच से दूर कर देगी, जैसा कि आगे चलकर किया भी गया और हम इस तथ्य का अवलोकन भी करेंगे।

आगे चलकर जिन व्यावसायिक समूहों को शूद्र जाति के रूप में जाना गया, वे आरंभिक वैदिक काल में भी मिलते हैं। *रथकार* (रथ बनानेवाले), धातु का काम करनेवाले (*कर्मार*), *तक्षन* (बढ़ई) और *चर्मम्न* (चर्मकार) आदि आर्य समाज के अंग थे। ये सारे कार्य आर्य समुदाय के सदस्यों द्वारा ही किए जाते थे तथा ये काम "पूरी तरह सम्मानित थे, जिन्हें *विश* के प्रतिष्ठित सदस्यों द्वारा निष्पादित किया जाता था।"[32] खेती का काम आर्य परिवारों द्वारा ही किया जाता था और दिहाड़ी मजदूरों, भाड़े के श्रमिकों तथा कृषि दासों का कोई प्रमाण नहीं मिलता। रथ बनाने तथा धातु का काम करनेवाले कुछ पेशेवरों को "समाज में सम्मानजनक स्थान प्राप्त था।"[33] व्यापार, खेती, कला और शारीरिक श्रम को समाज में बुरा नहीं माना जाता था। एक ही परिवार के विभिन्न सदस्य भिन्न-भिन्न पेशा अपना सकते थे। राजा श्रृष्टिसेन के दो पुत्रों में से एक शांतनु राजा बने, तथा उनका दूसरा पुत्र देवपि एक *पुरोहित* बन गया। *ऋग्वेद* IX.112.3 में ऋषि ने कहा है, "मैं छंदों का पाठ करता हूँ, मेरे पिता चिकित्सक हैं और मेरी माता चक्की में अनाज पीसती हैं। हम विभिन्न कार्यों से धन अर्जित करने का हक रखते हैं।" ब्रह्मर्षि वसिष्ठ को ब्राह्मण कहा जाता है, लेकिन जैसा कि काने कहते हैं, "इसका अर्थ यह नहीं कि वे ब्राह्मण (जन्म से) थे, क्योंकि ऐसा कहा जाता है कि वे मित्र और वरुण के उर्वशी से सहयोग के कारण पैदा हुए थे।" डॉ. काने के अनुसार, *ऋग्वेद* में ब्रह्म शब्द का अर्थ 'प्रार्थना' या 'छंद' से है तथा " 'ब्रह्म' शब्द का अर्थ निश्चित रूप से जन्म से ब्राह्मण

नहीं है।"[34] इसी प्रकार *क्षत्र* शब्द का अर्थ वीरता है तथा *विश* आर्य लोगों के पूरे समुदाय का सूचक है। *ऋग्वेद*, राजनीतिक सत्ता के अधिकारियों के लिए अधिकांशतया *राजन्य* शब्द का प्रयोग करता है, न कि *क्षत्रिय* का। *ऋग्वेद* में 'शूद्र' शब्द केवल एक बार मिलता है, जहाँ उसका प्रयोग वर्ग, जाति या नस्ल के किसी भी अर्थ में नहीं किया गया।

समस्त प्रमाण स्पष्ट रूप से यह बताते हैं कि शूद्र, दास, *दस्यु* और पणि एक ही आर्य या भारतीय सामाजिक-सांस्कृतिक समूह का हिस्सा थे। वैदिक आर्यों के मुख्य हिस्से से उन्हें नस्ल के आधार पर अलग नहीं बताया जाता, बल्कि यह भेद धारणाओं, जीवन-शैली और संभवत: आंतरिक राजनीतिक संघर्ष के आधार पर किया जाता है। उस युग की रचनाओं से मिले प्रमाण भी यही बताते हैं कि 'शूद्र' शब्द का प्रयोग दो अर्थों में किया जाता था : एक अलग गण समूह या गणों के *विश,* के रूप में और आगे चलकर आर्यों के समाज के ही एक अलग वर्ग के रूप में। यह भी याद रखा जाना चाहिए कि शूद्र और आभीर जैसी आर्य जनजातियों के साथ ही शक, हूण, चीनी तथा यूनानियों को भी शूद्र कहा जाता था। यह ऐतिहासिक तथ्य भी ध्यान में रखा जाना चाहिए कि भारत के बाहर से आई इन आक्रमणकारी जातियों ने आर्यों के समाज को प्रताड़ित किया और उनकी संस्कृति पर भी आघात किया। तब भी इसमें कहीं यह संकेत नहीं मिलता कि इन स्वतंत्र और शासक समूहों को आर्यों ने कभी दास बनाया या अपने अधीन कर लिया। 'शूद्र' शब्द के इस अनेकार्थी रूप में प्रयोग को जान लेने के बाद, आगे चलकर इस वर्ग को लेकर की गई व्याख्या को समझना सरल हो जाएगा। यह भी अवश्य याद रखना चाहिए कि कुछ गणों को शूद्र इस कारण कहा भी जाता था, क्योंकि वे सांस्कृतिक पद्धतियों और जीवन-शैली में वैदिक आर्यों से भिन्न थे। संभवत: इस कारण ही आर्यों से उनका संघर्ष हुआ होगा, जिससे आर्य समाजों से उथल-पुथल, टकराव और भ्रम की स्थिति बनी, और इस शब्द के साथ तिरस्कार का एक भाव जुड़ गया। ऐसा प्रतीत होता है कि कुछ समय बाद दासों और *दस्यु* ने आर्यों से समझौता कर सद्भाव कायम कर लिया, क्योंकि बाद के साहित्य में इन शब्दों का प्रयोग किसी गण के लिए नहीं किया गया। धीरे-धीरे दास और *दस्यु* अपमानजनक और सूत्रबद्ध उपाधि के समान बन गए। अब जो भी आर्यों की सोच के विपरीत कार्य और व्यवहार करता, उसके साथ इसे जोड़ दिया जाता था।

हालाँकि सांस्कृतिक, मत संबंधी और वैचारिक आधार पर दासों से आर्यों से मतभेद की स्मृति मिटी नहीं और जब *अथर्ववेद* के युग की समाप्ति पर 'सुद्रोई' और '*अंबष्टनोई*' कहे गए लोगों से वैदिक आर्यों का सामना हुआ, तो आरंभिक दास शब्द की अर्थवत्ता को 'सुद्रोई' या *शूद्र* से बदल दिया गया। इस प्रकार, सांस्कृतिक, राजनीतिक और मूल्यों को लेकर मतभेद की एक नए रूप में व्याख्या कर दी गई। दास, *दस्यु* और

पणि आर्यों के ही अंग थे, इस कारण वे उस समाज में रचे-बसे हुए थे। ऋग्वैदिक काल के समापन पर हम उनके बारे में एक समूह या जनजाति या सामाजिक वर्ग के रूप में नहीं जानते या सुनते। ऐसा लगता है कि उन्होंने पूर्ण रूप से आर्य जीवन-शैली को अपना लिया और उसके साथ सामंजस्य बैठा लिया। शेष बस यह स्मृति रह गई कि दास शब्द का प्रयोग कभी आपत्तिजनक रूप में किया जाता था। ऋग्वैदिक युग की समाप्ति पर दास और *दस्यु* जैसा कोई अलग सामाजिक वर्ग नहीं रह गया था। बहुत आगे चलकर सांस्कृतिक रूप से भिन्न, राजनीतिक रूप से विरोधी और सभ्यता के अनुसार आर्यों से पृथक् लोगों का एक समूह विशाल भारत में प्रवेश कर आर्य-जगत् को चुनौती देने लगा। चूँकि इस चुनौती को *शूद्रोई* या *शूद्रों* की आरंभिक शत्रुता का साकार रूप माना गया, इसलिए ऐसे लोगों के लिए शूद्र जैसा सामान्य नाम खुलकर प्रयोग में लाया जाने लगा, जो राजनीतिक-सांस्कृतिक खतरा पेश करते थे और शुचिता तथा सही चाल-चलन के आर्य मानकों पर खरे नहीं उतरते थे; साथ ही जो आर्यों की नैतिकता का भी मजाक उड़ाया करते थे। इस प्रकार के व्यवहार को आर्य परंपरा के पालक कठोरता से लेते थे तथा अपने मूल्यों पर हुए इस कुठाराघात पर क्रोध की अभिव्यक्ति के लिए शूद्र शब्द का प्रयोग करते थे।

धर्मशास्त्रों में शूद्रों को एक वर्ण के रूप में देखे जाने की व्याख्या वर्ण शब्द के मौलिक अर्थ को समझने तथा उन लोगों के स्वभाव को जान लेने के बाद की जा सकती है, जिन्हें आर्यों द्वारा शूद्र माना जाता था। वर्ण शब्द का प्रमुख अर्थ सांस्कृतिक विशेषताओं से लगाया जाता है। विशेषताएँ, जैसे किसी मत, जीवन-शैली, मूल्यों और धारणाओं का चुनाव। यही अर्थ विभिन्न प्रकार के सामाजिक-सांस्कृतिक जीवन-शैली के चित्रण के द्वारा मनुष्यों को *आर्य वर्ण, दास वर्ण, असुर वर्ण* आदि वर्गों में बाँटे जाने के क्रम में प्रकट होता है। इस शब्द का आरंभिक अर्थ में प्रयोग आर्यों की भाषा और सांस्कृतिक व्याख्यानों में किया जाने लगा। दासों और *दस्यु* के पूर्ण रूप से समाहित हो जाने के बाद भी नए वर्ग के लोगों के लिए इसका प्रयोग किया गया, जिनकी पहचान हठी शूद्रों से जोड़ दी गई। ये लोग सभी आर्यों से अलग वर्ण के लगते थे और आर्यों के लिए इन नए लोगों को शूद्र वर्ण का मान लिया जाना संभव था : जनों का ऐसा समूह, जो नस्ल या भाषा के आधार पर अलग नहीं था, लेकिन एक वर्ण के रूप में ऐसे व्यवहार को अपनाता था, जो उचित नहीं था और इस कारण शोक में डूबा रहता था। अपने इस ऐतिहासिक काल में आर्यों ने ऐसे समाज की अवधारणा बनाई, जिसमें दो समूह थे—*आर्य वर्ण और शूद्रों का वर्ण* : एक भद्र था तो दूसरा अपरिपक्व और अविकसित। *तैत्तिरीय ब्राह्मण* में शूद्रों को असुर वर्ण का बताया गया है—*असूर्य: शूद्र:*, जिसका अर्थ प्रो. काने के अनुसार यह हैं कि इन शब्दों का प्रयोग एक अलग शूद्र जनजाति के लिए

किया गया था। इस प्रकार आगे चलकर आर्यों का सामना जब भी विदेशियों या उन स्थानीय लोगों के साथ होता था, जिनकी जीवन-शैली और संस्कृति-सभ्यता आर्यों की धारणा से मेल नहीं खाती थी तथा जो सांस्कृतिक टकराव और हमलावर होने के संकेत देते थे, उन्हें शूद्र वर्ण के खाँचे में डाला जाने लगा। पहलव, तुखार, बैक्ट्रियाई और यवन मूल के लोगों को भी इस वर्ग में रखा गया। शूद्र वर्ण का प्रमुख सूचक यह था कि वे आर्य संस्कृति और उसकी नैतिक प्रणाली को खारिज करते थे या उससे सहमत नहीं थे। ऐसे लोगों के प्रति आर्यों का रुख आरंभ से लेकर बाद के समय तक यह रहता था कि वे उन्हें अपने प्रमुख ग्रंथों और सांस्कृतिक रस्मों, जैसे *उपनयन,* वेदों और यज्ञ से दूर रखते थे।

बाद के युग में किसी अवर परिवार के व्यक्ति को शूद्र कुल में जन्मा कहा जाने लगा : इस प्रकार वैदिक काल के अंत में शूद्र शब्द का प्रयोग दो अर्थों में किया जाने लगा—एक जनजातीय या समुदाय के रूप में तथा दूसरा व्यक्तियों और परिवारों के लिए। आर.एस. शर्मा कहते हैं कि *महाभारत* "क्षत्रियों और वैश्यों के *कुल* के साथ चर्चा में आनेवाले शूद्र कुल तथा उस शूद्र जनजाति के बीच स्पष्ट अंतर करता है, जिसका वर्णन आभीरों, दरडों, तुखारों और पहलव आदि के साथ किया गया है।"[35] ये लोग किसी भी मायने में दास या अधीन नहीं थे, किंतु आर्यों से सांस्कृतिक और राजनीतिक मतभेद के कारण उनके लिए प्रयोग किए जानेवाले शूद्र शब्द का अर्थ केवल तिरस्कार और निंदा के अर्थ में किया जाता था। कृषक और श्रमिक वर्गों के लोग आर्य समाज में हीन वर्ग के नहीं माने जाते थे। यह इस कारण, क्योंकि स्वयं आर्य भी इन कार्यों को किया करते थे। *धर्मशास्त्रों* के काल में भी पशुपालन, कृषि, व्यापार, वाणिज्य आदि से जुड़ी गतिविधियाँ संपूर्ण आर्य *विश* के लोग बिना किसी सामाजिक लांछन के किया करते थे, जबकि उन्हीं गतिविधियों को करनेवाले शूद्रों को द्विज वैश्य से तुच्छ बताया जाता था। इस भेद-भाव की व्याख्या उसी प्रकार मात्र व्यवसाय के आधार पर नहीं की जा सकती, जिस प्रकार आरंभिक काल में इसकी व्याख्या नस्ल के आधार पर संभव नहीं थी। इसकी व्याख्या केवल यह मानकर की जा सकती है कि 'शूद्र' शब्द, शब्दार्थ विज्ञान में प्रयोग किया जानेवाला ऐसा संकेत बन गया, जिससे आर्यों द्वारा उन सभी लोगों की पहचान की गई, जो सांस्कृतिक रूप से कम भद्र थे, जो नए थे और आर्य जगत् से अलग तौर-तरीकेवाले थे या किसी अन्य कारण से उन्होंने आर्यों को अपना शत्रु बना लिया था। आर्य समाज में ऐसे लोगों के पूर्ण विलय तथा जुड़ाव ने भी इस शब्द को बनाए रखा, जिसका प्रयोग सांस्कृतिक, रीति और व्यवहार के अंतरों को बताने के लिए किया जाता रहा। हालाँकि शूद्रों और वैश्यों की दूरी कम किए जाने से वर्ग विभाजन की कठोरता कुछ कम होने के संकेत मिलते हैं और यह पता चलता है कि शूद्रों को आर्यों के *विश* में शामिल कर लिया गया। इसमें आश्चर्य नहीं कि कुछ शास्त्रों में वेदों तक पहुँच और आर्य अनुष्ठानों से दूर

रखे जाने जैसी पाबंदियों की चर्चा के बावजूद कुछ अन्य शास्त्र उन्हें सारे रीति-रिवाजों में शामिल होने के उपयुक्त बताते हैं।

धर्मशास्त्रों में 'शूद्र' शब्द का प्रयोग अव्यवस्थित तरीके से एक जाति, बाहरी लोगों, हीन परिवार, कपटी व्यक्ति, अनार्य राजनीतिक ताकत और कभी-कभी आर्यों के कुछ अपने समूहों के लिए भी किया गया है। ये सभी समूह किसी-न-किसी रूप में ऐसे सांस्कृतिक मूल्यों का समर्थन करते थे, जिन्हें वैदिक आर्य पसंद नहीं करते थे, किंतु *धर्मशास्त्र* इस बात को स्पष्ट नहीं करते कि रचनाकार ने 'शूद्र' शब्द का प्रयोग किस विशिष्ट संदर्भ में किया और उसका अर्थ क्या था? यह शब्द एक प्रचलन के रूप में प्रयोग में आ गया था। जैसे ही कोई नया समूह अपना विरोध कम करता और आर्यों की संस्कृति और सभ्यता के मानकों को स्वीकार कर लेता था, वैसे ही उसे आर्यों के फैलते हुए विशाल समूह का अंग मान लिया जाता था। दुष्ट राक्षसों की निंदा उनकी सामाजिक या जातीय उत्पत्ति (याद रहे, रावण एक आर्य ऋषि का वंशज था) के लिए नहीं, बल्कि यज्ञों को भंग करने तथा ऋषियों के निवास, आश्रमों और विद्यालयों को तहस-नहस करने तथा आर्य संतों और ऋषियों पर निरंतर हमलों के कारण की जाती थी। *दस्यु अव्रत*, दास *अब्रह्म* तथा राक्षस *यज्ञ* के विनाशक थे। इस कारण यदि हम मान लें कि दास और *दस्यु* आगे चलकर आर्य समाज के शूद्र बन गए तो फिर हम इस तथ्य को नजरअंदाज नहीं कर सकते कि आर्य जीवन-शैली के विरोध के कारण ही इन सारे शब्दों को एक ऋणात्मक अर्थ मिला। हमने पीछे देखा है कि दास और *दस्यु* भी वृहत्तर आर्य समाज का ही हिस्सा थे। आर्यों में अपने शास्त्रों और धार्मिक रीतियों को अनार्य समूहों के साथ साझा करने की उत्सुकता नहीं दिखती। उनमें ऐसे लोगों को वेदों के पढ़ने तथा यज्ञ करने की शिक्षा देने के प्रति अनिच्छा दिखती है, जो उनकी संस्कृति के विरुद्ध या उससे अलग थे। वे उन लोगों से अपना चिंतन साझा करने से हिचकते थे, जिन्हें वे ग्रंथों की गूढ़ आध्यात्मिक तथा जटिल प्रतीकात्मकता को समझने में (ज्ञान के आधार पर) पर्याप्त सक्षम नहीं मानते थे। उनका यही व्यवहार ब्राह्मण के रूप में जनमे व्यक्ति से भी होता था, यदि उसमें उतनी बुद्धि और क्षमता नहीं होती थी।

यदि धूर्त ब्राह्मण अन्य द्विज वर्गों के सहयोग से, अपने 'धर्म के माध्यम से' अपने प्रभाव को बढ़ाने की इच्छा रखता था, तो वह अन्य समूहों का 'धर्म-परिवर्तन' कराने के प्रति इतना अनिच्छुक क्यों था? वह अपने शास्त्रों, देवताओं तथा कर्मकांडों का, दूसरे समुदायों में धर्म-परिवर्तन के अभियान के दौरान प्रचार क्यों नहीं करता था? यदि ब्राह्मण वर्ग ऐसा करता तो धन, पहचान और व्यापक प्रभाव अर्जित कर लेता, किंतु वह दूसरे मतों, पंथों में अपने मत के प्रचार-प्रसार के प्रति अत्यंत संकोची दिखता है। वह वनवासियों तथा अन्य गैर-वैदिक लोगों के बीच अपने धर्मप्रचार में कोई दिलचस्पी नहीं

रखता। उस वर्ग का यह आचरण काफी हैरान करनेवाला है, जिसे आधुनिक विद्यानों के विमर्श में अत्यधिक भुक्खड़ और लालची, यानी हद से ज्यादा उपभोगवादी दिखाया गया है। आर्यों ने अपने शास्त्रों को पढ़ने के लिए योग्यता संबंधी कठोर शर्त रखी थी। यह भी स्पष्ट है कि वैदिक आर्य दूसरे लोगों को उनके देवताओं की पूजा करने के लिए स्वतंत्र छोड़कर खुश थे। वे तब तक अन्य पांथिक समूहों की धार्मिक प्रणालियों में हस्तक्षेप नहीं करते थे, और न ही उन पर अपने धर्म को थोपते थे, जब तक कि वे उनकी संस्कृति का अपमान नहीं करते, उनके यज्ञों में व्यवधान नहीं डालते या उनके आश्रमों को नष्ट नहीं करते थे। दासों, दस्युओं और बाह्य शूद्रों के लिए वे अपनी आध्यात्मिक परंपराओं के द्वार तब भी खोलने में संकोच करते थे, जब उन लोगों ने अपनी शत्रुता को समाप्त कर आर्य समाज के साथ शांतिपूर्ण संबंध बना लिए। वैदिक आर्य दुनिया के सबसे अनिच्छुक धर्मप्रचारक साबित हुए। संभव है कि उन्होंने दूसरे लोगों की संस्कृति की आलोचना की हो, लेकिन इसका कोई प्रमाण नहीं मिलता कि उन्होंने कभी किसी अन्य समुदाय को उनके देवताओं की पूजा से रोका या उनके रीति-रिवाजों पर प्रतिबंध लगाया या फिर अपने सिवाय किसी भी अन्य सामाजिक समूह की जीवन-शैली में कोई हस्तक्षेप किया हो। यदि *मनुस्मृति* कहती है कि शूद्रों को वेदों की शिक्षा नहीं दी जानी चाहिए, तो हम यह कैसे कह सकते हैं कि यह प्रतिबंध आक्रमणकारी विध्वंसक यवनों और शकों के लिए नहीं था, जबकि मनु तथा अन्य स्मृतिकारों ने इन दोनों जातियों को शूद्रों की सूची में शामिल कर रखा था। हमें यह याद रखना चाहिए कि अधिकांश *स्मृतियों* की रचना उस युग (ई.पू. 300 ईसवी से सन् 600 के बीच) में की गई, जब उत्तर भारत में आर्यों के समाज में बैक्ट्रियाई, शिवियों, युवेहची, शकों और खतरनाक हूणों जैसे विदेशियों ने भारी उथल-पुथल मचा दी थी। अनेक समाज जड़ से उखड़ गए, अनेक शासकों का विनाश हो गया, धार्मिक संस्थान संकट में आ गए तथा आर्यों के समाज की स्थिरता को इन्हीं विदेशी 'शूद्रों' से सबसे भयंकर खतरा पैदा हो गया।

यह मान लेना एक भारी भूल होगी कि शूद्र से वैदिक संस्कारों के अधिकार केवल इस कारण छीन लिए गए कि समाज में उनकी स्थिति निचले स्तर की थी। हमें अनेक धनी शूद्रों (*बहुपशु*) के उदाहरण मिलते हैं, जिनके धन को भी वैदिक संस्कार करने की योग्यता का आधार नहीं माना गया। *तांडय महाब्राह्मण* कहता है कि शूद्र के पास चाहे कितने ही पशु क्यों न हों, उसे अनुष्ठान करने का अधिकार नहीं है— *तस्माच्छुद्र उत बहुपशुर्ययग्नियो विदेवो नहि।*[36] सुन:शेप जब अपने परिवार में लौटने से इनकार कर देता है तब उसके परिजन यह कहते हुए उसकी निंदा करते हैं कि उसके बुरे और प्रपंची कर्म उसके 'शूद्रों जैसे व्यवहार' के परिचायक हैं और उसके साथ किसी समझौते की संभावना नहीं है— *न पागा: शौद्रान्यायदसनध्येमं त्वय कृतम्।*

शतपथ ब्राह्मण ने इसी संकेत को आगे बढ़ाया और कहा कि शूद्र के व्यवहार में झूठ दिखता है और एक दीक्षित आर्य को ऐसे शूद्रों से बात नहीं करनी चाहिए। *ब्राह्मण* ग्रंथों में कुछ संदर्भ हैं, जिनमें शूद्रों को *दास* वर्ग का बताया गया है। ऐसे भी अनेक संदर्भ हैं, जिसमें शुद्र को धनी, शक्तिशाली और संपन्न दिखाया गया है। *जैमिनीय ब्राह्मण* कहता है कि, "*अश्वमेध* यज्ञ के फलस्वरूप पालन-पोषण करनेवाला वैश्य धनी हो जाता है तथा उदीयमान शूद्र दक्ष *कर्मकर्ता* बन जाता है—*उत्थाता शूद्रो दक्षः कर्मकर्ता।*"[37] आर.एस. शर्मा हमें बताते हैं कि *तैत्तिरीय ब्राह्मण* में *कर्मकर्ता* शब्द का प्रयोग भाड़े के श्रमिकों के लिए नहीं, बल्कि ऋत्विक पुरोहित के अर्थ में किया गया है। इस कारण *अश्वमेध* यज्ञ के दौरान शूद्रों के दक्ष *कर्मकर्ता* के रूप में उदय से यह माना जाना चाहिए कि शूद्र भी वैदिक अनुष्ठान में सम्मान के साथ शामिल हो सकते थे। स्मरण रहे कि वैदिक क्रियाओं को 'कर्म' भी कहते थे, जिससे '*कर्मकांड*' शब्द का विकास हुआ। इसी प्रकार, यदि वैश्यों को 'समाज का पालक' कहा जाता था तो *बृहदारण्यक उपनिषद्* शूद्रों को भी पालक का दर्जा देता है। शूद्रों को *पुषान* या समाज का पोषक कहा गया है। बहरहाल, उत्तर-वैदिक काल के दौरान विभिन्न प्रकार के शूद्र समूह आर्य समाज के महत्त्वपूर्ण अंग बन गए थे।

संहिताओं, ब्राह्मणों और *श्रौतसूत्रों* में अंकित शूद्रों के वर्णन को वर्तमान समय जातिगत की राजनीति के लिहाज से नहीं देखा और समझा जाना चाहिए। आर.एस. शर्मा के अनुसार, "बाद की संहिताओं में, खासतौर पर ब्राह्मणों में हम इच्छासूचक शब्दों का प्रयोग कुछ अधिक देखते हैं...इस कारण उत्तर-वैदिक ग्रंथों में दर्ज अनेक कथन वास्तविक घटनाओं का वर्णन नहीं करते, बल्कि उन्हें सलाह और निर्देश के रूप में ही देखा जाना चाहिए।"[38] वास्तविक घटनाओं के प्रमाण "*महाभारत* के मुख्य व्याख्यात्मक अंशों से निकाले जा सकते हैं, जो संभवतः उत्तर-वैदिक काल में होनेवाली घटनाओं को बताते हैं।"[39] प्रो. आर.एस. शर्मा इच्छासूचक शब्दों (विधि लिं) के प्रयोग को लेकर एक महत्त्वपूर्ण बात तथ्य उजागर करते हैं। वे उत्तर-वैदिक ग्रंथों में *विधि लिं* के प्रयोग की चर्चा करते हैं, इसलिए सुझावों को तथ्य न मानने की उनकी चेतावनी पर हमें ध्यान देना चाहिए। यहाँ इस बात को ध्यान में रखना आवश्यक है कि अधिकतर *धर्मशास्त्र* भी व्याख्या की शैली का इच्छासूचक (ऑटेटिव) रूप ही प्रयोग करते हैं और इस कारण इन्हें पढ़ने के दौरान सावधानी बरतनी चाहिए ताकि चिंतन को तथ्य समझने की गलती न हो। आर.एस. शर्मा के अनुसार, 1000 ई.पू. से 500 ई.पू. तक कि अवधि का सच यह है कि "पुरुष शूद्रों को गुलाम बनाए जाने की कोई संभावना नहीं है"[40] और "*ऐतरेय*" तथा *गोपथ* ब्राह्मणों में वर्णित *दास* शब्द का प्रयोग गुलाम के अर्थ में नहीं किया गया है।"[41]

सच्चाई यह है कि "वैदिक काल में शूद्रों की स्थिति को गुलामों या दासों के रूप में

परिभाषित करना कठिन है।"[42] वैश्यों के साथ ही शूद्र भी, अन्य व्यवसायों सहित, खेती और शिल्प के जिस कार्य में जुड़े थे, उन्हें निकृष्ट नहीं माना जाता था। "जहाँ तक शिल्प की बात है, तो चमड़े के काम को भी हेय दृष्टि से नहीं देखा जाता है। इससे स्पष्ट होता है कि अशुद्धि व्यवसाय की प्र कृति से उत्पन्न नहीं होती थी। जो धारणा आनेवाले समय में अक्षुण्ण भी बनी रही।"[43] *तैत्ति य संहिता* का ऋषि आर्य समाज के सभी वर्गों की समृद्धि की कामना करता है—हमारे ब्राह्मणों को बुद्धि और ऐश्वर्य प्राप्त हो, हमारे शासकों पर भी इसकी कृपा हो, हमारे वैश्यों तथा शूद्रों को भी उत्कृष्टता मिले (*रुचम् विश्वेषु शूद्रेषु मई देहि रुचा रुचं*)। शूद्र उस काल के राजनीतिक जीवन में भी महत्त्वपूर्ण भूमिका निभा रहे थे। आर.एस. शर्मा का मानना है कि "राज्य के कार्य-कलापों में शूद्रों की भी पर्याप्त भागीदारी थी। यह बात चौंकानेवाली है कि उन्हें राज्य के लगभग एक दर्जन उच्च कोटि के दरबारियों के समूह में स्थान प्राप्त था, जिन्हें 'रत्निन' कहा जाता था।"[44]

सायण के अनुसार, *शतपथ ब्राह्मण* में राज्य के जिन रत्निनों का वर्णन है, उनमें कुछ की पहचान शूद्र सेना नायक—*शूद्रान सेनान्यादिन*—के रूप में की गई है। *पालागल* और *गोविकरत्न* जैसे शूद्रों का वर्णन महत्त्वपूर्ण *रत्निन* के रूप में किया गया है। कई मामलों में उनका वर्णन "शिल्पकार के रूप में किया गया, जबकि अन्य मामलों में चरवाहों और संदेशवाहकों के रूप में। शूद्र वर्ण के सदस्यों को इतना महत्त्वपूर्ण माना जाता था कि राजतिलक यज्ञ के उपलक्ष्य पर राजा उनके पास भी जाता था।"[45] *राजसूय यज्ञ* में हवन करनेवाला राजकुमार शूद्रों को उपहार में फलियों से भरा पात्र देता और अपनी लंबी आयु के लिए उनकी शुभकामना प्राप्त करता था। राजकुमार युधिष्ठिर के राजतिलक पर कई शूद्रों को निमंत्रित किया गया था। शूद्रों को *अश्वमेध* के उस घोड़े की सुरक्षा में सशस्त्र सैनिकों के रूप में (*शतं शूद्रा वरूथिनः*) तैनात किया जाता था, जिसे विश्व-विजय के अभियान पर भेजा जाता था।[46] वैश्य स्त्री और शूद्र पिता के प्रतिलोम विवाह से उत्पन्न संतान को *आयोगव* कहा जाता था। उसे *अश्वमेध* यज्ञ के एक रक्षक के रूप में दिखाया गया है। "*शतपथ ब्राह्मण* में एक अनूठा वर्णन है, जिसमें एक आयोगव राजा मरुत अविक्षित ऐसा *अश्वमेध* करता है, जिसमें मरुत उसके रक्षक हैं, अग्नि उसकी प्रबंधक और सारे देवता (विश्वदेव) उसके सभासद हैं।"[47]

बौधायन गृह्यसूत्र स्पष्ट रूप से कहता है कि *रथकारों* को *उपनयन* का अधिकार था। रथकारों और बढ़ई (*तक्षक, उपक्रुष्ट*) को वैदिक संस्कारों के लिए अग्नि प्रज्वलित करनेवाला बताया गया है। *निषादों* के मुखिया को वैदिक यज्ञों और संस्कारों का अधिकार था। यास्क के *निरुक्त* (III.8) के अनुसार, *पंचजनाः*, अर्थात् चार वर्णों और *निषादों* को वैदिक यज्ञों का अधिकार था। यास्क की व्याख्या स्पष्ट रूप से बताती है कि "उनके काल में शूद्रों के साथ ही, *धर्मसूत्रों* के अनुसार ब्राह्मण और शूद्र स्त्री के सहयोग से जन्मे

मिश्रित जाति के *निषाद* भी यज्ञ में भाग ले सकते थे।"[48] इस संदर्भ में आर.एस. शर्मा एक महत्त्वपूर्ण बात कहते हैं—"इस प्रकार यह स्पष्ट है कि वैदिक काल के समापन तक शूद्र वर्ग में आनेवाले रथकारों और निषादों को यज्ञ का अधिकार था। इससे भी महत्त्वपूर्ण बात है कि यास्क द्वारा पंचजना: शब्द की व्याख्या से पता चलता है कि उनके मतानुसार संपूर्ण शूद्र वर्ण को भी यज्ञ का अधिकार था।"[49] *शतपथ ब्राह्मण* के अनुसार, विभिन्न धार्मिक अनुष्ठानों में अन्य वर्णों के साथ ही शूद्रों को भी देवताओं को *हवि* अर्पण करने के दौरान शामिल होने तथा सोम रस पीने का अधिकार था। *सत्यसाढ़ श्रौतसूत्र* के अनुसार, शूद्रों को पका हुआ भोजन अर्पित करने (*ओदनासव*) के अनुष्ठान में "अन्य तीन वर्णों के समान ही" भाग लेने का अधिकार था। शूद्र संक्रांति के अवसर पर होनेवाले संस्कार *महाव्रत* में भी हिस्सा लेते थे। इससे "उस काल के धार्मिक जीवन में उनकी भागीदारी का महत्त्वपूर्ण प्रमाण मिलता है।" *उपनयन* की पहली चर्चा *अथर्ववेद* में मिलती है, लेकिन यह उद्धरण हमें यह नहीं बताता कि कौन-कौन से वर्ण इसका लाभ उठा सकते थे, इसलिए यह अनुमान लगाया जा सकता है कि यह विशेषाधिकार सभी वर्णों का था, क्योंकि "संहिताओं और ब्राह्मणों में *उपनयन* संस्कार से शूद्रों को वंचित करने की कोई चर्चा नहीं मिलती है।"[50] वास्तव में *उपनयन* का अधिकार उन "व्रात्यों को भी दिया गया, जिन्हें आर्यों के समाज में *ब्रह्मचर्य* को अपनाने के बाद शामिल किया गया था।" शूद्रों को किसी प्रकार के ज्ञान से वंचित नहीं रखा गया था। *शतपथ ब्राह्मण* के अनुसार, एक ब्राह्मण शिक्षक सपेरों, सूदखोरों, मछुआरों, बहेलियों, शेलागरों, निषादों, असुरों और गंधर्वों को शिक्षा दे सकता है, जिनमें से कई शूद्र वर्ण में आते थे। उन्हें *इतिहास, अथर्ववेद, सर्प विद्या* और *देवजन विद्या* की शिक्षा दी जाती थी।"[51]

हालाँकि इस काल के ग्रंथों में शूद्रों को कुछ विशेष प्रकार की शिक्षा और संस्कारों से दूर रखने की भी चर्चा है, जिसकी शुरुआत काफी बाद में लिखे गए *सत्यसाढ़ श्रौतसूत्र* से होती है। यह ग्रंथ *उपनयन* का प्रावधान केवल तीन वर्णों के लिए करता है, किंतु सारे ही शूद्रों को इससे वंचित नहीं किया गया प्रतीत होता है, क्योंकि यह शास्त्र कहता है कि "वेदों का अध्ययन तथा यज्ञ का फल तभी प्राप्त होता है, जब इसमें वे शामिल होते हैं, जो शूद्र नहीं हैं और दुष्टों जैसी गतिविधियाँ नहीं करते।"[52] जैसा कि हमने पूर्व में कई दृष्टांतों सहित देखा है कि 'शूद्र' शब्द एक बहुअर्थी और बहुआयामी मायनों में प्रयुक्त हुआ है। इसका प्रयोग यवन, चीवन, पहलव जैसे विभिन्न प्रकार के लोगों के लिए किया जाता रहा है और जैसा कि कीथ ने कहा है, *संहिताओं* और *ब्राह्मणों* में शूद्रों की स्थिति स्पष्ट नहीं है, इस कारण हम यह नहीं जान पाते कि जिन लोगों को इन संस्कारों से दूर रखा जा रहा है, वे वास्तव में कौन हैं? यही नहीं, शूद्रों को इनसे दूर रखने तथा उनसे संबंध रखने से बचने की सारी बातें वैदिक युग के अंत और उसके बाद मिलती हैं। यानी आर्य

आक्रमण का सिद्धांत परोसनेवाले इतिहासकारों के कालक्रम के अनुसार भी शुद्र के प्रति किसी प्रकार की वर्जना की चर्चा, तथाकथित आर्य आक्रमण के सहस्राब्दी बाद शुरू हुई लगती है, जबकि कहा जाता रहा कि प्राचीन शूद्रों को विजेता आर्यों ने तुरंत ही दास बना लिया गया था। कुछ शूद्रों को वैदिक संस्कारों से दूर रखने का एक कारण आर्थिक भी था। एक राजा के रूप में युधिष्ठिर को यह एहसास था कि गरीब लोग वैदिक यज्ञ नहीं कर सकते, क्योंकि इसके प्रबंध के लिए भारी मात्रा में सामग्रियों की आवश्यकता पड़ती है—*न ते शक्या दरिद्रेण यज्ञाः प्राप्तुं पितामह*। "किंतु एक अमीर शूद्र का यज्ञ से जुड़ाव अवांछित नहीं माना जाता था, क्योंकि यज्ञ के लिए उसके घर की अग्नि को स्वीकार किए जाने का प्रावधान था।"[53] ऐसा प्रतीत होता है कि उन शूद्रों को यज्ञ या वेदों के अध्ययन या *उपनयन* या फिर अन्य सामाजिक समारोहों से दूर नहीं रखा जाता था, जिन्हें वृहत् आर्य समाज में सम्मिलित कर लिया जाता था। संभवतः इस कारण ही शास्त्रों में उनके संबंध में सकारात्मक टिप्पणियाँ मिलती हैं। नकारात्मक या वंचित किए जाने की बातें संभवतः उन लोगों के विषय में कही गईं, जो आर्य संस्कृति से पूर्णतः जुड़े नहीं थे. जिन्होंने अपने रीति-रिवाज नहीं छोड़े थे, और जो वैदिक संस्कृति के प्रति उदासीन थे। उन नए सामाजिक वर्गों और जनजातियों के संदर्भ में भी नकारात्मक संदर्भ मिलते हैं, जो आर्यों के समाज में शामिल तो हुए, लेकिन अपने विशिष्ट रीति-रिवाजों का पालन करते रहे, जिनको वैदिक आर्य अपने संस्कारों से बलपूर्वक नहीं बदलना चाहते थे। उन समूहों के साथ भी वेदों और यज्ञों को साझा न करना उचित माना गया होगा, जिनकी अपनी विशिष्ट संस्कृति थी। इसलिए, इन विषयों पर उनसे चर्चा का कोई लाभ भी नहीं था। उन्हें उनके हाल पर इस उम्मीद में छोड़ देना ही उचित समझा गया कि वे कालांतर में वे संभवतः साथ आएँगे। यदि नहीं भी आते तो कोई फर्क नहीं पड़ता है। ब्राह्मण लेखकों ने शूद्रों से *उपनयन* का अधिकार नहीं छीना। उनमें से अनेक इस कारण शूद्र कहे जाते थे, क्योंकि उनकी अपनी संस्कृति में *उपनयन* संस्कार का कोई महत्त्व नहीं था। यवनों, शकों और चीनों को मनु शूद्र कहते हैं और इसका कारण यह कहते हैं कि इन समुदायों ने यज्ञों का परित्याग कर दिया था और *उपनयन* करना छोड़ दिया था। यदि किसी समुदाय में ये संस्कार व्यावहारिक रूप में प्रचलित नहीं थे तो उन्हें प्रतिबंधित मान लिया गया। ऐसे अनेक प्रमाण हैं, जो बताते हैं कि जब एक *धर्मशास्त्र* शूद्रों को वेदों के अध्ययन तथा *उपनयन* से रोकता है, अपमान और उल्लंघन के लिए कठोर दंड का प्रावधान करता है, तो इसका तात्पर्य विद्वेषी शकों, यूनानियों, पार्थियनों, ईरानियों तथा हूणों जैसे विदेशियों से था। यह भी समझ लेना उतना ही महत्त्वपूर्ण है कि सामान्य शूद्रों को आर्य समाज के सामाजिक, आर्थिक और राजनीतिक गतिविधि के किसी भी क्षेत्र से बाहर नहीं रखा गया था।

हमें *निषादों* और *आयोगवों* जैसे अनेक धनी तथा राजनीतिक रूप से शक्तिशाली शूद्रों के उदाहरण मिलते हैं। यदि इन समूहों के लिए घोर गुलामी का प्रावधान था तो वैसी समृद्धि कैसे संभव थी, जिसकी चर्चा शास्त्रों में की गई है। कुछ शूद्र अन्य गैर-शूद्रों के सेवकों का काम करते होंगे, किंतु एक वर्ग के रूप में समाज के विभिन्न क्षेत्रों में उनकी अच्छी स्थिति थी तथा समूह या एक व्यक्ति के रूप में उनके साथ कोई लांछन नहीं जुड़ा था। कई शूद्रों के संपन्न ब्राह्मणों और क्षत्रियों के कुल के साथ घनिष्ठ पारिवारिक संबंध थे। "दशरथ की चार पत्नियों में से एक, सुमित्रा, शूद्र थी।"[54] शांतनु ने एक *निषाद* पुत्री से विवाह किया और महान् कुरु वंश को जन्म दिया। प्राचीन भारत के अनेक महान् ऋषि मिश्रित माता-पिता की संतान थे, जिनमें उनकी माता को शूद्र या दासी बताया गया है। फिर भी हम यह निश्चित रूप से कह सकते हैं कि उनकी रगों में किसी मिश्रित या शूद्र का लहू होने के कारण उनकी निंदा नहीं की जाती थी। संपूर्ण वैदिक युग तथा शास्त्रों की रचना के काल से प्राप्त साहित्यिक प्रमाण हमें यह स्वीकार करने पर विवश कर देते हैं कि 'शूद्र' शब्द को केवल एक अर्थ के दायरे में नहीं बाँधा जा सकता है। इस कारण यह अत्यंत महत्त्वपूर्ण है कि एक वर्ग के रूप में उनकी सामाजिक और संस्कार संबंधी स्थिति तथा उनके अधिकारों और विशेषाधिकारों की समीक्षा तथा मूल्यांकन करते समय किसी भी दुष्प्रचार से प्रभावित हुए बिना खुली सोच-समझ का प्रयोग किया जाए। व्याकरण के महाज्ञानी पतंजलि हमें शूद्र के पाँच वर्गों के अस्तित्व के विषय में बताते हैं। इस सूची में सबसे ऊपर शक और यवन थे, साथ ही ऐसे शूद्रों के समूह भी थे, "जो यज्ञों और अनुष्ठानों में भी शामिल होते थे।[55] ऐसे में शास्त्रों में उन बातों का अर्थ क्या है, जिनके अनुसार शूद्र केवल सेवक होता है या कि उसे यज्ञ में शामिल नहीं होने देना चाहिए, जबकि एक ओर शूद्र समूह में विजेता और शासक समुदाय थे, तो दूसरी ओर हिंदू समाज में पूरी तरह शामिल किए जा चुके सदस्य भी थे? शास्त्रों में 'शूद्र' शब्द के प्रयोग को समझने का एकमात्र तरीका यह है कि उस शब्द की मूलभूत संकरता तथा अनेकार्थता की क्षमता को समझा जाए।

यदि शूद्रों को लेकर कोई अपमानजनक टिप्पणी की जाती है तो उसकी मंशा केवल उन लोगों के प्रति एक सांस्कृतिक विचार व्यक्त करने की होती है, जो अलग विचारधारा रखते हैं। यदि एक शूद्र यवन को *उपनयन* का अधिकार नहीं दिया जाता था तो इस कारण कि उसे इसकी थोड़ी-सी भी परवाह नहीं थी। एक पुलकस को कोई वेद नहीं पढ़ने दिया जाता था, क्योंकि वह उनकी परवाह नहीं करता था या वह उनका अपमान करता था। समय बीतने के साथ ही समायोजन, समझौते तथा एकीकरण के कारण मेल-जोल को लेकर शत्रुता कम हुई, फलतः परिणाम यह हुआ कि (i) यवन, शक और हूण वर्ग के शूद्रों को क्षत्रियों का कार्य करनेवाला माना गया, (ii) अन्य शूद्रों में आर्थिक रूप से

कमजोर वर्ग हिंदू समाज के *विश* या साधारण लोगों का अंग बन गए। इसकी पुष्टि इस तथ्य से होती है कि वैश्यों और शूद्रों के बीच सामाजिक तथा व्यावसायिक अंतर समाप्त हो गए और शास्त्रों में दोनों को समान सामाजिक दरजा दिया जाने लगा। इस संबंध में प्रो. घुरे का कहना है कि पारंपरिक रूप से पहले दो वर्णों के साथ रखे जानेवाले वैश्यों को कई अवसरों पर शूद्रों के साथ शामिल किया जाता था। इन दोनों वर्गों का पेशा लगभग एक जैसा ही था। वैश्यों और शूद्रों के लिए समान रूप से श्रम से अर्जित किए जानेवाले लाभ की बात कही गई है। व्यवसाय की उत्तरोत्तर समानता के अतिरिक्त वैश्यों के विशेष धंधे किस प्रकार के थे, उन्हें बता पाना संभव नहीं है। अनेक पूर्ववर्ती शूद्र तेजी से आर्यों के *विश* का अंग बनते जा रहे थे और इस तथ्य को एक प्रकार से *धर्मशास्त्रों* ने भी दरशाया है। यदि इस बात पर गौर किया जाए कि इन ग्रंथों में उन हिस्सों में जिनमें अधिकांश उपदेशों को वर्ण-धर्म की श्रेणी के अंतर्गत रखा गया है, वहाँ शूद्रों की चर्चा अधिक नहीं है। इसके दो कारण हो सकते हैं : पहला, शूद्र आर्य *विश* के अंग बन चुके थे, दूसरा यह कि "जहाँ तक उनके आंतरिक मामलों का प्रश्न है, शूद्रों को उनके हाल पर छोड़ दिया गया था।"[56]

पुल्कसों, *चांडालों* और अन्य *अंत्यज* समुदाय की सामाजिक स्थिति का जहाँ तक प्रश्न है तो एक नई समस्या खड़ी हो जाती है। इन लोगों के विषय में हम वैदिक समुदायों द्वारा किए गए वर्णन से ही जान पाते हैं। हालाँकि न तो उनके वर्णन स्पष्ट हैं, न ही इन लोगों पर केंद्रित हैं। *चांडालों* के विषय में मिलनेवाली जानकारी उतनी ही मिश्रित और अस्पष्ट है, जितनी कि दास, *दस्यु* और शूद्रों के संबंध में। हमें इस गलत धारणा पर विश्वास नहीं करना चाहिए कि चांडाल, पुल्कस, दरडा, *निषाद* के रूप में चिह्नित सारे *अंत्यज* समुदाय अनिवार्यतः अछूत और नस्लीय रूप से भिन्न थे। डॉ. अंबेडकर ने कहा है कि समाज में अछूतों का अस्तित्व "400 ईसवी के बहुत बाद" परिलक्षित होता है। (यह समय *मनुस्मृति* की रचना के काल से सदियों बाद का है), जबकि स्मृतियों में आगे चलकर जिन समुदायों को *अंत्यज* माना गया, उनका अस्तित्व वैदिक काल में भी था।

चांडाल और पुल्कस की चर्चा *वाजसनेयी संहिता* में भी है, किंतु प्रो. काने के अनुसार, "इन वर्णनों में ऐसा कोई संकेत नहीं मिलता कि यदि वे एक जाति के रूप में थे, तब भी क्या उन सभी को अस्पृश्य माना गया था? यदि कुछ कहा जा सकता है तो इतना कि पुल्कसों को *वीभत्स* (वाज. स. 30.17) तथा *चांडाल* को वायु (पुरुषमेध में) कहा गया है : पुल्कस का जीवन ऐसा था, जिससे घृणा हो जाए और *चांडाल* हवा में (अर्थात् संभवतः खुले में या श्मशान में) रहते थे।"[57] काने कहते हैं कि *चांडालों* के विषय में वैदिक साहित्य में केवल एक अंश मिलता है, जिसकी चर्चा पर कुछ विश्वास किया जा सकता है और वह अंश *छांदोग्य उपनिषद्* (V.10.7) में मिलता है, जिसमें

यह कहा गया है कि दूषित व्यवहारवाला व्यक्ति *चांडाल* के रूप में जन्म लेता है, किंतु इससे *अंत्यज* समुदायों की जातीय, सामाजिक और सांस्कृतिक पृष्ठभूमि का पता नहीं लग पाता। बस, इतना पता चलता है कि आर्य समुदाय के प्रमुख लोग उनके व्यवहार को उचित नहीं मानते थे।

यद्यपि *छांदोग्य* के अंश में *चांडालों* की चर्चा कुत्तों और सूअरों संपर्क के साथ की गई है, लेकिन इस प्रक्रार एक साथ वर्णन से उनकी शारीरिक अशुद्धि का पता नहीं चलता, क्योंकि आर्य स्वयं कुत्ते पालते थे और सूअर का मांस खाते थे। प्रो. काने ने पूरे दावे के साथ कहा है कि "यह मान लेने का कोई कारण नहीं है कि छांदोग्य का यह अंश बताता है कि बीते समय में *चांडाल* अस्पृश्य थे।"[58] इसी प्रकार, वे इस बात को भी नहीं मानते कि *बृहदारण्यक उपनिषद्* (1.3.10) में आर्यों के समुदाय में अस्पृश्यता की मौजूदगी की बात कही गई है। वे कहते हैं "इस अंश से वैदिक काल में अस्पृश्यता के मत की पुष्टि नहीं होती।"[59] इस कारण, जहाँ तक वैदिक युग की बात है, तो हमें *अंत्यज* वर्ग की जातीय या सामाजिक पृष्ठभूमि की कोई जानकारी नहीं मिलती, हालाँकि हम इतना अवश्य जानते हैं कि *अंत्यज* चाहे जो भी रहे हों, वे किसी हाल में अस्पृश्य नहीं थे और वैदिक युग में एक सामाजिक प्रचलन के रूप में अस्पृश्यता का कोई अस्तित्व नहीं था।

वैदिक युग के बाद के शास्त्रों ने परंपरागत चार वर्णों के अतिरिक्त किसी पाँचवें वर्ण की संभावना से साफ इनकार किया है। कुछ ऐसा ही प्रमाण *महाभारत* (*स्मृतश्च वर्णश्चत्वार पंचमो नाधिगम्यते*) और *मनुस्मृति* (*नास्ति तु पंचमः*) में मिलता है और हम जानते हैं कि चार वर्णों के किसी भी सदस्य को अस्पृश्य नहीं माना जाता था। पतंजलि, अंगीरस और मनु *चांडाल, मृतप* और *स्वपच* जैसे *अंत्यज* समूह को शूद्रों के अंतर्गत मानते थे, हालाँकि वे यह भी कहते हैं कि इनमें से कुछ समूह को *निर्वासित* या निकाला गया माना जाना चाहिए। *अंत्यज* समुदायों की वंशावली इस बात की पुष्टि करती है कि उनमें से अधिकतर आर्य समाज के भीतर से ही उत्पन्न हुए हैं। कुछ दो भिन्न वर्णों के बीच विवाह से बने तथा उनमें से कुछ को इस कारण अशुद्ध माना गया, क्योंकि उनका व्यवहार और व्यवसाय अनुचित और अशुद्ध था। अशुद्धता का संबंध केवल उनके जन्म से ही नहीं था, क्योंकि अन्य व्यक्तियों और समुदायों को भी इस कारण अशुद्ध मान लिया जाता था, कि उनके जीवन की शैली विचित्र थी या उन्होंने कोई जघन्य कार्य किया था। एक आर्य को मदिरा पान के बाद अशुद्ध माना जाता था। *अपरार्क* में ऐसी परंपरा का वर्णन है कि यदि कोई एक लोकायतिका, महापातक तथा अपने वर्ण और प्रतिष्ठा के प्रतिकूल कार्य करनेवाले ब्राह्मण को स्पर्श कर लेता है तो उसे वस्त्र सहित जल में प्रवेश कर शुद्ध होना चाहिए।[60] *मिताक्षरा* में ऐसा कहा गया है (और यह महत्त्वपूर्ण है), कि

यदि किसी व्यक्ति ने देवालक (पैसे के लिए कार्य करनेवाला मंदिर का पुजारी) के रूप में कार्य करनेवाले ब्राह्मण का या गाँव के पुजारी के रूप में कार्य करनेवाले ब्राह्मण—*देवद्रयोपजीवनं ग्राम्याजकम्*—का स्पर्श कर लिया तो उसे शुद्ध करनेवाला स्नान अवश्य करना चाहिए।[61]

अशुद्धता के कारण अस्पृश्यता की भावना उत्पन्न होने के कई कारण हो सकते हैं। ऐसा कहा जाता है कि अपनी रजस्वला पत्नी या प्रसव के पहले दस दिनों में पत्नी के स्पर्श से एक व्यक्ति अशुद्ध हो जाता है। अपने संबंधी की मृत्यु का शोक करनेवाला या किसी शव को श्मशान ले जानेवाले व्यक्ति को अशुद्ध और अस्पृश्य मान लिया जाता था। कुछ लोगों को दूषित, नीच और गंदा पेशा अपनाने के कारण अशुद्ध और अस्पृश्य माना जाता था। संवर्त के अनुसार, एक मछुआरा, शिकारी, कसाई, बहेलिया और धोबी अपने धंधे के कारण अशुद्ध था और उनका स्पर्श करनेवाले व्यक्ति को पवित्र करनेवाला स्नान करना चाहिए। ऐसा विचार संवर्त या वैसे ही अन्य विचारधारावाले लोगों का हो सकता था, जो प्रमुख रूप से शाकाहारी थे। दूसरी तरफ, ऐसे अनेक आर्य समूह थे, जो मांस खाते थे और ऐसे लोगों के लिए कसाई या शिकारी अछूत नहीं हो सकते थे, जिनकी दुकान या घर से वे मांस या मछली खरीदते होंगे। *मनुस्मृति* के अनुसार, *चांडाल* द्वारा बेचा जानेवाला मांस खाने योग्य होता है। यदि *चांडाल* को अशुद्ध माना जाता तो ऐसी बात की संभावना नहीं थी। इस प्रकार, यह स्पष्ट होता है कि धंधे से जुड़ी अस्पृश्यता उन समूहों को लेकर अधिक व्यापक थी, जो मरे हुए जानवरों और मृत मनुष्यों से जुड़ा धंधा करते थे तथा ऐसा भोजन करते थे, जिन्हें अधिकांश आर्यों द्वारा निषिद्ध माना जाता था। इसके साथ ही, "म्लेच्छ जैसी कुछ जातियों और कुछ देशों तथा उनके नागरिकों को भी अशुद्ध माना जाता था।"[62] हालाँकि सबसे महत्त्वपूर्ण बात यह है कि *धर्मशास्त्र* अस्पृश्यता के रूप में किसी सामाजिक संस्था की नहीं, बल्कि व्यक्तिगत स्वच्छता और संस्कारों की अशुद्धता की चर्चा करते प्रतीत होते हैं। जब किसी व्यक्ति को छूने पर पाबंदी लगाई जाती थी, तब उसका अर्थ कुछ समय के लिए आई अशुद्धि से सावधान करना होता था, जो उस व्यक्ति में कुछ कार्यों और धंधों के साथ जुड़ने के कारण आई थी तथा उसे स्पर्श करनेवाला भी अशुद्ध हो सकता था। शास्त्रों में ऐसा कोई प्रमाण नहीं मिलता कि कुछ व्यक्तियों और समाजों को कभी समाप्त न होनेवाली और न मिटनेवाली अस्पृश्यता का अनिवार्य हिस्सा बना दिया गया था।

अस्पृश्यता का संबंध समुदाय से कहीं अधिक एक व्यक्ति से था और इस कारण अशुद्धि के पीछे की वजह को छोड़ देने के साथ ही अशुद्धता का कलंक भी मिट जाता था। प्रो. काने हमें याद दिलाते हैं कि व्यक्ति नहीं, बल्कि उसका पेशे या उसके द्वारा किया गया व्यवहार अस्पृश्य होता है। धर्मशास्त्रों के विषय में प्रो. काने कहते हैं, "यह बताया

जाना आवश्यक है कि शास्त्र, उन जातियों के वैसे सदस्यों को अस्पृश्य नहीं मानते यदि उसने अपना वैसा व्यवसाय छोड़ दिया हो; शास्त्रों का लक्ष्य मात्र व्यवसाय है।"[63] प्रो. काने के अनुसार, कुछ चीजों के संपर्क में आने की अनिच्छा का कारण व्यक्तिगत शुद्धता को लेकर अत्यधिक चिंता प्रतीत होती है, जिसके उल्लंघन से आध्यात्मिक उत्कृष्टता की प्राप्ति के उद्देश्य में बाधा उत्पन्न होने की बात मानी जाती थी। अशुद्धता केवल कुछ मनुष्यों के समूहों में ही नहीं मानी जाती थी, बल्कि इसका कारण वस्तुओं को भी माना जाता था। *आपस्तंब धर्मसूत्र* कहता है कि कुत्ते से छू जाने के बाद व्यक्ति को वस्त्र सहित स्नान करना चाहिए। यदि *वृद्ध हारीत* में ऐसी सब्जियों और जड़ी-बूटियों का वर्णन है, जिनका स्पर्श करने के बाद किसी व्यक्ति को स्नान करना चाहिए तो उसमें केवल उस प्राचीन हिंदू, "अशुद्धता के भय" तथा "सफाई कर्मचारियों, खाल-चमड़े का कार्य करनेवालों और श्मशान के रक्षकों जैसे समूहों को अलग"[64] करने की भावना को ही व्यक्त किया गया होगा। दूषित होने की बात किसी व्यक्ति के विशेष परिवार में जन्म लेने से नहीं, बल्कि उस तत्त्व से उत्पन्न होती है, जिससे जुड़ा कार्य वह करता है। केवल उन्हीं "व्यवसायों को अशुद्ध माना जाता था, क्योंकि व्यक्ति यदि मुक्ति के अंतिम लक्ष्य को प्राप्त करना चाहता है तो उसे मन के साथ ही शरीर की शुद्धता भी बढ़ानी होगी। चूँकि आध्यात्मिक प्रगति के लिए स्वच्छता और शरीर की सांसारिक शुद्धता पर विशेष बल दिया जाता है, इस कारण न केवल ऐसे लोगों के संपर्क में आने से बचने पर जोर दिया जाता था, जो गंदे या अशुद्ध कार्य करते थे, बल्कि जानवरों और मृत वस्तुओं से भी दूर रहने को कहा जाता था।"[65] डॉ. काने कहते हैं, "ये पाबंदियाँ हृदय की कठोरता या नस्ल अथवा जाति के अभिमान की वजह से नहीं लगाई जाती थीं, जैसा कि अकसर कहा जाता है, बल्कि उनका कारण मनोवैज्ञानिक या धार्मिक विचार तथा स्वच्छता की आवश्यकता थी।"[66] किसी की पत्नी या पुत्र ने यदि किसी प्रकार का संस्कार किया तो वे अस्थायी रूप से अशुद्ध हो सकते थे। हमने देखा है कि यदि एक ब्राह्मण पुजारी बन जाए तो वह भी अशुद्ध हो जाता था।

किसी व्यवसाय से किसी सामाजिक समूह का स्थायी संबंध या वंशानुगत रूप से उसे अपनाने की परंपरा काफी आगे चलकर शुरू हुई। संगठित सामाजिक स्तरीकरण के फलस्वरूप मनुष्यों के बीच अस्पृश्यों के सृजन का दोष *धर्मशास्त्रों* पर नहीं मढ़ा जा सकता है। इससे भी महत्त्वपूर्ण यह है कि अस्पृश्यता की परिभाषा और इसे किस हद तक लागू किया जाए, इन पर *धर्मशास्त्रों* में भी सहमति नहीं है। *मनुस्मृति* के अनुसार, केवल *आँध्र, मेद, चांडाल* और *स्वपच* को गाँव से बाहर रहना चाहिए। अन्य समुदाय गाँव में रह सकते थे। *चांडालों* के साथ *आँध्रों* को निष्कासित वर्ग में रखे जाने से इस संपूर्ण विषय पर प्रश्न खड़ा हो जाता है। क्या यह संभव है कि एक भौगोलिक समूह होने

के कारण अनेक प्रकार के वर्णों तथा जातियोंवाले आंध्र लोग किसी समय में निष्कासित अस्पृश्यों के छोटे समूह रहे होंगे, जो किसी युग में उत्तर भारत के गाँवों के बाहर रहते होंगे। *आंध्रों* को *स्वपचों* जैसे विशेष पेशा अपनानेवाले समूह के साथ शामिल किए जाने के कारण अनेक शास्त्रों द्वारा किए गए सामाजिक वर्गीकरण की सटीकता और वैधता पर प्रश्न खड़ा होता है। इससे उन पर यह आरोप लग सकता है कि उन्होंने समाज का ऐसा वर्गीकरण किया, जो सच्चाई से कोसों दूर था। *हारीत स्मृति* और *अंगीरस स्मृति* के अनुसार मोची, कसाई, जल्लाद या किसी कुत्ते के स्पर्श से उत्पन्न बुरे प्रभावों को स्नान करने की अपेक्षा बस जल के कुछ घूँट पीकर दूर किया जा सकता था। हालाँकि कुछ समूहों को इस प्रकार अस्पृश्य घोषित कर दिए जाने के बावजूद उनके धार्मिक और संस्कार संबंधी अधिकारों पर कोई प्रभाव नहीं पड़ा। *नित्याचार* पद्धति के अनुसार, *चांडाल* और पुक्कस नियमित रूप से मंदिरों में जाते थे और अन्य सभी वर्णों के साथ मिलकर भगवान् विष्णु की पूजा करते थे। इससे प्रतीत होता है कि उनके स्पर्श या संबंध से कोई अशुद्धि नहीं होती थी :

विष्णवालयसमीपस्थान विष्णुसेवार्थमागतान।
चांडालपुक्कसान्वपि स्पृष्टवा न स्नानमाचरेत।[67]

यदि हम *धर्मशास्त्रों* को सही मानें तो एकमात्र *चांडालों* की ही जाति थी, जिसे जन्म से ही अस्पृश्य माना जाता था। ऐसा कहा जाता था कि *चांडालों* का जन्म शूद्र पुरुष और ब्राह्मण स्त्री के विवाह से हुआ था और इस कारण वे प्रतिलोम बच्चों के उस समूह में आते थे, जिनमें *क्षत्र, सूत, मागध, आयोगव* आदि शामिल थे। किंतु *मनुस्मृति* (X.13) पर अपनी टिप्पणी में मेधातिथि कहते हैं कि अनेक प्रतिलोम जातियों में केवल *चांडाल* को ही दूषित करनेवाला माना जाता था। *मनुस्मृति* के एक और टिप्पणीकार कुल्लुक का भी यही विचार है और वे अन्य सभी प्रतिलोम जातियों को अस्पृश्य नहीं मानते हैं। इस प्रकार यह प्रतीत होता है कि सामाजिक समूहों के बीच अस्पृश्यता के उदय या जारी रहने का कारण वंश या जन्म नहीं था। *अंत्यज* समुदायों को स्मृतिशास्त्रों में प्रतिलोम जातियों में शामिल किया गया था। फिर भी, यह लगभग निश्चित है कि *चांडालों* को छोड़कर किसी अन्य प्रतिलोम जाति को अस्पृश्य नहीं माना जाता था। डॉ. काने ने स्पष्ट रूप से कहा है, "इस कारण यह निश्चित है कि मनु के अनुसार, *अंत्यजों* के बीच केवल *चांडाल* ही अस्पृश्य थे।"[68] इस कथन की पुष्टि इस तथ्य से भी होती है कि मछुआरों (मल्लाहों, गोढी, निषाद) और नट जैसे जाने-माने *अंत्यज* समुदायों को आज भी अस्पृश्य नहीं माना जाता और *मनुस्मृति* के काल में भी यही स्थिति थी। इस कारण नस्ल या वंश के आधार पर अस्पृश्यता की निश्चित धारणा *धर्मशास्त्रों* के युग की नहीं मानी जाती, न ही उसके लिए उस युग के किसी ग्रंथ को उत्तरदायी ठहराया जा सकता है। *अपरार्क* ने

एक आधिकारिक छंद को उद्धृत कर हमें ठीक ही याद दिलाया है कि किसी *चांडाल* या पतित की छाया अशुद्ध और किसी व्यक्ति की सामाजिक प्रतिष्ठा में कमी लानेवाली नहीं होती— *चांडालपतितच्छाया स्पर्शे दुष्टा तु न भवेत।*[69]

यदि किसी *चांडाल* के स्पर्श या उसकी छाया को दूषित करनेवाला माना जाता तो बाणभट्ट की *कादंबरी* की वह *चांडाल* कन्या भरे राजदरबार में राजा के सामने खड़े होकर अपने तर्क नहीं रख सकती थी। अस्पृश्यता को एक सीधी सामाजिक घटना के रूप में देखना इतना सरल नहीं, क्योंकि इसके साथ अनेक प्रकार की अस्पष्टता जुड़ी है। इसकी वास्तविकता तभी सही रूप में सामने आ सकती है, जब इससे जुड़े संपूर्ण कथनों और व्यवहारों पर भी विचार किया जाए। यह स्वीकार कर लेना संभव नहीं कि किसी अस्पृश्य या *चांडाल* को सड़कों और रास्तों पर चलने नहीं दिया जाता था, जबकि *याज्ञवल्क्य स्मृति* (1.194) में यह लिखा गया है कि सूर्य की किरणों, चाँदनी तथा हवा के बहाव से सड़कें निरंतर शुद्ध बनी रहती हैं, चाहे *चांडाल* भी उन पर चलते-फिरते क्यों न रहते हों। यही शास्त्र आगे कहता है (1.197) कि सड़कों, घरों और महलों में रखे जल को किसी *अंत्यज* द्वारा छुए जाने के बाद शुद्ध करने की आवश्यकता नहीं पड़ती, क्योंकि हवा के बहाव से वह प्राकृतिक रूप से शुद्ध हो जाता है। इसका अर्थ यह हुआ कि किसी *चांडाल* या *अंत्यज* के स्पर्श से सड़क, घर और वहाँ रखा जल अशुद्ध नहीं होता है। अस्पृश्यता किसी जाति से जन्मजात रूप से नहीं जुड़ी थी। इसकी पुष्टि इस तथ्य से होती है कि किसी *अंत्यज* परिवार में जन्मा व्यक्ति सभी वर्णों के सदस्यों के साथ, उस परिस्थिति में घुलता-मिलता था, जहाँ उसका संबंध दूषित तत्त्व या व्यवसाय से नहीं होता था। अत्रि कहते हैं कि यदि किसी व्यक्ति को किसी अस्पृश्य द्वारा मंदिर, धार्मिक यात्रा, विवाह समारोहों, यज्ञों तथा त्योहारों में स्पर्श कर लिया जाता था तो भी उस व्यक्ति पर अस्पृश्यता का कलंक नहीं लगता है— *देवयात्राविवाहेषुयज्ञप्रकरणेषु च उत्सवेषु च सर्वेषु स्पृष्टास्पृस्टीन विद्यते।*[70] स्मृति की इस व्याख्या से दो महत्त्वपूर्ण तथ्य स्पष्ट हो जाते हैं : पहला यह कि तथाकथित अस्पृश्यों को सभी जातियों के साथ विभिन्न धार्मिक और सामाजिक उत्सवों में शामिल होने का अधिकार था, दूसरा यह कि ऐसे सामुदायिक उत्सवों में उनके बिल्कुल करीब आने और गले लगाने से किसी प्रकार की नकारात्मकता नहीं जुड़ी थी। *स्मृतिचंद्रिका* में शातातप को यह कहते उद्धृत किया गया है कि यदि कोई व्यक्ति गाँव में, सार्वजनिक मार्ग पर, धार्मिक यात्रा में हंगामे के दौरान तथा गाँव में आई प्राकृतिक आपदा से लड़ने के दौरान किसी अस्पृश्य को छू लेता है तो इसमें उससे कोई चूक नहीं होती— *ग्रामे तु यात्रा संपृष्टिर्यात्रायाम कलहादिषु, ग्रामसंदुसणे चैव स्पृष्टिदोसो न विद्यते।*[71] डॉ. काने कहते हैं, "बृहस्पति का भी कहना है कि किसी पवित्र स्थान पर, वैवाहिक और धार्मिक यात्राओं में, देश पर हुए आक्रमण के बाद लड़ाई के

दौरान तथा सड़क पर आगजनी के दौरान यदि कोई संपर्क (अस्पृश्य के साथ) में आ जाता है तो यह उसकी गलती (और इस कारण प्रायश्चित्त की आवश्यकता नहीं रहती) नहीं है।" *स्मृत्यार्थ सार* के अनुसार, ऐसे अनेक स्थल और अवसर हैं, जहाँ अस्पृश्यता की धारणा लागू नहीं होती और किसी अस्पृश्य को छूने तथा उससे मेलजोल करनेवाले व्यक्ति पर कोई दोष नहीं लगता, जैसे कि युद्ध में, सार्वजनिक सड़क पर, बाजार में, धार्मिक यात्रा में, मंदिर में, त्योहारों में, यज्ञों में, पवित्र स्थलों पर, आपदाओं में, गाँव में आए संकट के दौरान और जलाशयों के तट पर।

पाराशर माधवीय कहता है कि 'उच्च जातियों' के तालाब से यदि कोई *चांडाल* पानी लेता है तो वह पानी अशुद्ध नहीं होता। इन शास्त्रों और शिक्षकों की बातों से साफ होता है कि लगभग सभी सामाजिक, सामुदायिक और धार्मिक प्रकृति के मेल-जोल पर अस्पृश्यता की धारणा लागू नहीं होती थी और कोई भी व्यक्ति जाति-समुदाय के विभिन्न सदस्यों के साथ उठ-बैठ सकता था। उसकी अस्पृश्यता तभी सामने आती थी, जब वह कोई अशुद्ध आचरण या काम करता था। स्वस्थ आचरण और व्यवसायवाला व्यक्ति प्राचीन और आरंभिक मध्ययुगीन हिंदू समाज में किसी भी अन्य जाति के सदस्य जितना ही स्वच्छ था। अस्पृश्यों को विष्णु के अवतारों की पूजा का अधिकार था। वे मंदिर बना सकते थे, हरि का जाप करते थे और उनके विग्रह की पूजा करते थे। *मिताक्षरा* के अनुसार, वे विभिन्न व्रत भी रख सकते थे : *अतः स्त्री शुद्रयोः प्रतिलोमोजाना च त्रैवर्णीकवद व्रताधिक्रा इति सिद्धम्।*[72] यदि ऐसा नहीं होता तो तिरुपाण आलवार और नम्मालवर जैसे हिंदू संतों के अस्तित्व की व्याख्या कैसे हो सकती है?

उपरोक्त तथ्यों से संभवतः यह समझा जा सकता है कि सामाजिक अस्पृश्यता की अवधारणा के विकसित होने के निश्चित कारणों को नहीं बताया जा सकता है। एक महत्त्वपूर्ण बात ध्यान में रखनी चाहिए कि अस्पृश्यता के साथ ही जातियों की आधुनिक काल में जो स्थिति है, वैसी स्थिति प्राचीन, आरंभिक और मध्य काल में नहीं रही होगी। भारत में हम आज जैसी स्थिति देखते हैं, वह लगभग एक हजार वर्षों के उथल-पुथल, विध्वंस, परिवर्तन और पुनर्निर्माण का नतीजा है, जो तबाही लानेवाले राजनीतिक दबावों के कारण उत्पन्न हुई तथा जिन्हें मुस्लिम तथा ब्रिटिश शासन के दौरान यहाँ की सामाजिक व्यवस्था में हस्तक्षेप से बढ़ावा मिला। इतिहासकारों में भी आपस में गहरा मतभेद है। अंबेडकर, ओपर्ट, फिस्क और बोस मानते हैं कि अस्पृश्यों का उदय उन जनजातियों से हुआ, जिन्हें पराजित कर आर्यों में शामिल कर लिया गया। हालाँकि आज भी भारत की अधिकांश जनजातियाँ अस्पृश्य नहीं हैं। रूबेन का दावा है कि अस्पृश्यों का उदय ग्रामीण गुलामों के परिवारों से हुआ, यह दावा सर्वथा निराधार है, क्योंकि भारत के ग्रामीण क्षेत्रों में गुलाम परिवारों की उपस्थिति का कोई प्रमाण नहीं है। *स्मृतियों* के अनुसार, अस्पृश्यता

का उदय चार वर्णों के बीच आपसी विवाह के कारण हुआ। हालाँकि इनमें से कोई भी अस्पृश्यता के विकास का संतोषजनक उत्तर नहीं दे सका। इसका प्रमुख कारण यह है कि कई विद्वान् इसके पीछे जातीय या वंशानुगत कारणों को देखते हैं तथा किसी समूह के अशुद्धता के वर्जित प्रक्षेत्र में चले जाने को नस्ली, पांथिक और आर्थिक कारणों से परिभाषित करते हैं। इसके कारण शुद्धता की मौलिक धारणा का अवमूल्यन हुआ, जिसके अनुसार अशुद्ध व्यवसाय और जीवन-शैली अपनाने के कारण व्यक्तिगत रूप से गंदगी का कलंक जुड़ता है और अन्य लोग ऐसे व्यक्ति को अलग-थलग नहीं करते बल्कि स्वयं उससे दूर हो जाते हैं।

अस्पृश्यता के उदय का नस्लीय या वंशानुगत सिद्धांत इस कारण भी अप्रामाणिक है, क्योंकि उसके वर्गीकरण के सिद्धांत अस्पष्ट और अनिश्चित हैं तथा अस्पृश्यता की व्याख्या अनेक दोषपूर्ण जोड़-घटाव से भरी है। एक सामाजिक संस्था के रूप में अस्पृश्यता का सैद्धांतिक आधार कमजोर है। जातीय, जनजातीय वंशानुगत आधार पर कुछ लोगों को अछूत मान लेनेवाली सामाजिक व्यवस्था का तर्क दोषपूर्ण और यथार्थ से परे है। जैसा कि हमने देखा है, *स्मृतियाँ* भी जातीय या जनजातीय पहचान के आधार पर अस्पृश्यता को लेकर निश्चित या सकारात्मक मत की नहीं हैं, जबकि कुछ आधुनिक विद्वान् उन्हें ही आधार मान लेते हैं। यह ठीक है कि एक लंबी अवधि के दौरान, देश के कुछ हिस्सों में अस्पृश्यता सामाजिक जीवन में आए पतन का एक अंग बन गई, किंतु उसके लिए *धर्मशास्त्रों* में लिखी बातों को आधार नहीं बनाया गया, क्योंकि शास्त्र ऐसी कोई बात नहीं कहते और ऐसी सोच को पूरी तरह खारिज कर देना चाहिए। कुछ शास्त्रों में मिलनेवाले कुछ एक अस्पष्ट वाक्यों के आधार पर अस्पृश्यता की उत्पत्ति का पता लगाना गंभीर और निष्पक्ष शोध को त्याग देने के समान है। वह भी इस कारण, क्योंकि उन वाक्यों के कथ्य का अन्य शास्त्रों द्वारा पुरजोर तरीके से विरोध किया जाता है तथा उन्हें खारिज किया जाता है। हिंदू परंपराओं के आधुनिक आलोचकों पर भरोसा करना भी उचित नहीं, क्योंकि उनका प्रमुख उद्‍देश्य इसे कलंकित करना है। साथ ही, ऐसे आलोचक दो सहस्राब्दियों के इतिहास को छुपाने या भिन्न ग्रंथों के तुलनात्मक अध्ययन के आधार पर एक समग्र दृष्टिकोण प्रस्तुत न करने पर तुले हुए हैं। वे चुनौतियों, हिंदू सामाजिक जीवन में दखल देनेवाली बाहरी विधर्मी सत्ता और विचारधाराओं को भी अनदेखा करते हैं। हिंदू समाज के साथ ही, इसके अस्पृश्यों को *मनुस्मृति* के लौह ढाँचे में कैद तसवीरों की तरह पेश किया गया है, जिनके विचार जैसे इतिहास से कभी प्रभावित ही नहीं हुए हैं—जबकि वास्तविकता यह है कि उन सामाजिक समूहों की सूची बनाना या उन्हें चिह्नित करना असंभव है, जिन्हें धर्मशास्त्रों के युग से लेकर अब तक अस्पृश्य माना जाता है। शास्त्र आपस में सहमत नहीं, टिप्पणीकार अलग-अलग बातें करते हैं

और जिन समूहों को अशुद्ध या नीच कहा जाता है, वे विशाल हिंदू समाज में अकसर उसके शक्तिशाली और महत्त्वपूर्ण अंग के रूप में उभरकर सैद्धांतिक मानकीकरण को निराधार साबित कर देते हैं।

धर्मशास्त्रों में *मागध* को एक प्रतिलोम जाति के रूप में दिखाया गया है, ऐसे गण जिन्हें निम्न परिवारों (*हीन कुल*) का कहकर अपमानित किया जाता था, लेकिन *मनुस्मृति* से बहुत पहले उन्हीं *मागधों* ने शहरी संस्कृतियों और एक साम्राज्य का निर्माण किया, जिनके राजाओं को महान् *राजन्य* कहा जाता था। उत्तर-वैदिक काल तक *निषादों* को समुदाय का सम्मानजनक सदस्य माना जाता था, जबकि *अमरकोश* उन्हें *चांडालों* और *स्वपचों* के साथ सूचीबद्ध करता है। यह दिलचस्प है कि *सरवतकोश* नाम की एक आरंभिक कृति *निषादों* को *चांडालों* के वर्ग में नहीं रखती। *निषादों* के अपने राज्य हुआ करते थे। *रामायण* में भगवान् राम के मित्र और सहायक *निषाद* राज का विस्तृत वर्णन है। ऐसी विरोधाभासी चर्चाओं से क्या हमें किसी एक में एक अकेले *निषाद* समुदाय का पता चलता है या फिर यहाँ एक से अधिक *निषाद* समुदायों की चर्चा हो रही है, हमें कुछ भी पता नहीं। प्रमाण बताते हैं कि *निषाद, चांडाल* जैसे अनेक शब्दों का प्रयोग समाजशास्त्रीय और पद्धति की सटीकता की बजाय बिना सोचे-समझे ही एक अवधारणा के रूप में किया गया है। यह बात याद रखना अत्यंत महत्त्वपूर्ण है कि *चांडाल* शब्द का प्रयोग किसी विशेष अस्पृश्य सामाजिक वर्ग के लिए नहीं किया जाता था। बहुधा इसका प्रयोग प्रतीकात्मक नाम के रूप में लोगों के ऐसे समूह के लिए किया जाता था, जिनमें विविध सामाजिक वर्गों को रखा जाता था। *अर्थशास्त्र* में, *चांडालों* को एक अलग सत्ता के रूप में दर्ज नहीं किया गया है। उन्हें किरात, शबर, *पुलिंद*, म्लेच्छ और *स्वपचों* के साथ उन *आटविकों* के वर्ग में रखा गया है, जो जंगली क्षेत्रों और सीमावर्ती इलाकों में रहते थे।

शाश्वतकोश (ई. सन् चौथी से छठी सदी) के काल तक *चांडाल* को एक अलग वर्ग के रूप में जाना जाने लगा, जिसमें *स्वपच, नापित, मातंग* और *अन्त्यवसायी* जैसे आठ समूह शामिल थे।[73] *नापित* (नाई) को तथाकथित अस्पृश्य *चांडालों* के साथ रखा जाना हैरान करता है, क्योंकि *नापित* को कभी भी हिंदू समुदाय में अस्पृश्य के रूप में नहीं देखा गया। यही बात मातंग पर भी लागू होती है, जिनके विषय में *रामायण* हमें बताती है कि वह एक महान् ऋषि थे। *अमरकोश* (ईसवी सन् छठी सदी) *चांडालों* के समान माने जानेवाले पहले के आठ समूहों में म्लेच्छ और *निषाद* का नाम जोड़ देता है।[74] दसवीं सदी तक आते-आते *हलयुद्धकोश* ने म्लेच्छ वर्ग में पाँच नए नामों—*निस्त्य, नहाल, भट, मल और भील*—को शामिल किया। जैसा कि हमने पूर्व में देखा है, म्लेच्छ को *चांडालों* के वृहत् वर्ग में पहले ही शामिल कर लिया गया था।[75] हालाँकि सन् 1845

में, *शब्दकल्पद्रुम* की रचना के बाद म्लेच्छ और *नापित* को *चांडाल* समुदायों की सूची से निकाल दिया गया, जबकि सरवत्कोश, अमरकोश और हलयुद्धकोश, सब ने नापितों को *चांडाल* के समान बताया था। हमें यहाँ यह भी देखना चाहिए कि समकालीन भारत में कोई भी तथाकथित अस्पृश्य समुदाय ऐसा नहीं है, जो अपने आपको *चांडाल* कहता हो। यह समुदाय, एक जाति के रूप में चांडाल, सामाजिक परिदृश्य से अचानक गायब हो गया। आश्चर्य!

हमने अभी-अभी देखा है कि व्युत्पत्ति शास्त्र के कई ज्ञाता और टिप्पणीकार *अंत्यवासी* या *अंत्यजों* को *चांडाल* के समान मानते हैं, किंतु *अंत्यज* वर्ग में आनेवाले समुदायों के नाम एक शास्त्र से दूसरे शास्त्र में बदल जाते हैं। प्रभाति मुखर्जी ने बताया है कि *चांडालों* की सूची में दर्ज *अंत्यज* लोगों का एक ऐसा समूह है, जिसमें *रजक, चर्मकार, नट, वरूढ़* (बढ़ई), *कैवर्त, मेद* तथा *भील* जैसे व्यवसाय से जुड़े समुदाय शामिल हैं। अन्य समूह में *सूत, मागध, वैदेहक* तथा *आयोगव* को शामिल किया गया।[76] यह बात आसानी से समझी जा सकती है कि जिन समुदायों को *अंत्यज* वर्ग में शामिल किया गया तथा *चांडालों* के अस्पृश्य समुदाय के समतुल्य समझा गया है, वे या तो क्षेत्रीय इकाई हैं या किसी पेशे से जुड़े समूह हैं। इसका पता लगाना भी सरल है कि सूची में शामिल कई समूह वास्तविक जीवन में अछूत और अस्पृश्य नहीं हैं। *बढ़ई, नट, भील, मागध, सूत* और *वैदेहकों* के साथ अशुद्धता का कोई कलंक कभी नहीं जुड़ा था। इसके विपरीत *सूत* और *मागध* आरंभ से ही राजदरबार तथा राजा के निवास से जुड़े थे, जिसमें *सूत* को एक *रत्निन* माना जाता था। फिर हम कहानी से वास्तविकता को अलग कैसे कर सकते हैं? क्या यह संभव है कि मात्र स्मृतियों से मिलनेवाले विकृत तथा विरल साक्ष्यों, तथा उसके बाद की टीकाओं के आधार पर एक जड़ और स्थिर सामाजिक वास्तविकता का सिद्धांत तय किया जा सके? संभवतः नहीं, क्योंकि शास्त्र अनेक विरोधाभासी बातें करते हैं और अपने काल की सामाजिक वास्तविकता से सर्वथा अलग तसवीर पेश करते हैं। कोई भी जाना-माना समुदाय सदा के लिए अस्पृश्य नहीं बताया गया है और शास्त्रों में कुछ तथाकथित अशुद्ध समुदायों का जो वर्णन है भी, तो इतना अस्पष्ट कि सामान्य विवेक उन्हें मानने से इनकार कर देता है। व्युत्पत्तिशास्त्रियों और स्मृतिकारों के हाथों में जातियाँ आतीं और अचानक गायब हो जाती हैं। एक समय जिन जातियों को *अंत्यज* बताया जाता है, वही आगे चलकर हिंदू समाज में बिना किसी अशुद्धि के कलंक के शामिल कर ली गई हैं। इसका कारण यह था कि समाज की कार्य-प्रणाली में किसी प्रकार का कानूनी या प्रशासनिक हस्तक्षेप नहीं था तथा विभिन्न समुदाय प्रवहमान सामाजिक-सांस्कृतिक क्षेत्र में अपने महत्त्व के स्तर को प्राप्त करने के लिए स्वतंत्र थे। संभवतः कुछ शास्त्रकार सामाजिक वास्तविकताओं को एक कल्पित ढाँचे

के दायरे में लाने का प्रयास करते हैं। रॉबर्ट डेलीज ने ठीक ही कहा है कि कुछ जातियों को स्वतंत्र भारत के कानूनी दायरे में अनुसूचित करने के क्रम में "अस्पृश्यता के चारों ओर एक वास्तविक सीमा रेखा खींच दी गई है, जबकि विशुद्ध समाजशास्त्रीय अर्थ में यह अवधारणा काफी अस्थिर है।"[77] डेलीज ने यह भी कहा है कि अस्पृश्यता को महज गरीबी, वर्ग पहचान, संस्कार की अशुद्धि तथा शोषण जैसे शब्दों से नहीं समझाया जा सकता है। नस्ल या वंशानुगत सिद्धांत भी पूरी तरह अविश्वसनीय हैं, "क्योंकि अस्पृश्यों को किसी विशेष शारीरिक गुण के आधार पर अलग नहीं किया जा सकता है।"[78]

विभिन्न अस्पृश्य समुदायों की वर्तमान स्थिति पर डेलीज ने एक महत्त्वपूर्ण तथ्य सामने रखा है, जो आमतौर पर निष्कासन के सिद्धांत के बोझ तले दब जाता है। वह कहते हैं, "संक्षेप में, भारत के अस्पृश्य अपनी अलग संस्कृति के साथ किसी एकरूप समुदाय के रूप में नहीं हैं: वे स्थानीय समुदायों में घुले-मिले हैं और उन समुदायों के मूलभूत मूल्यों का पालन करते हैं··· अस्पृश्य कठोर विरोधी संस्कृतिवाली सीमांत आबादी नहीं है; इसके विपरीत वे भारतीय समाज के अभिन्न अंग हैं।"[79] माइकल मोफट का भी यही विचार है, "उनकी (अस्पृश्य) कोई अलग उपसंस्कृति नहीं है। वे व्यवस्था के परिमेयकरण की प्रक्रिया से अलग या दूर किए गए लोग नहीं हैं; अस्पृश्य सघन एवं विन्यासित रूप से एक ऐसी संस्कृति जीते हैं, जिसकी पहचान और मूल्य वैश्विक भारतीय ग्रामीण संस्कृति के ही अनुरूप है।"[80] किंतु हमें यह भी ज्ञात होना चाहिए कि इस प्रकार के गंभीर प्रयास किए जा रहे हैं कि 'अस्पृश्यों' को अलग-थलग घोषित कर, उन्हें पृथकतावादी संस्कृति की तलाश करने के लिए उकसाया जाए। इस तथ्य को जान लेने के बाद कि प्रशासनिक रूप से अनुसूचित अस्पृश्यता को पैमाना बना लिया जाना व्यक्तिगत स्तर पर आरोपित अशुद्धि से कितना अलग है, यह जानना भी दिलचस्प होगा कि तथाकथित अस्पृश्य अपने ऊपर लगे दूषित होने के कलंक को लेकर खुद क्या कहते हैं? उत्पत्ति और परिस्थिति से जुड़ी उनकी अपनी 'स्मृति' को ध्यान में रखकर ही 'अशुद्ध' समुदायों के बारे में कोई विश्वसनीय तसवीर बनाई जा सकती है। अनेक महान् हिंदू साधु और संत तथाकथित 'अस्पृश्य' माताओं से जन्मे थे। व्यास और विदुर की माताएँ शूद्र थीं। ऐसा कहा जाता है कि पाराशर की माता *चांडाल* या *स्वपच* स्त्री थी, कक्षिवत निचले कुल की दासी के पुत्र थे। वसिष्ठ तथा विश्वामित्र जैसे महात्माओं को *चांडालों* के साथ घुलते-मिलते दिखाया गया है। महान् ऋषि वाल्मीकि का जन्म एक नीच कुल में हुआ था, किंतु हिंदू समाज द्वारा दास बनाए जाने या सताए जाने की कोई स्मृति उनकी रचनाओं में नहीं है।

अनेक अलवार और नयनार संत तथाकथित छोटे या अशुद्ध नीच या अछूत परिवारों में जनमे बताए जाते हैं, किंतु उनमें से किसी ने भी अस्पृश्य कहे जाने या

'ब्राह्मणवादी हिंदू' समाज से दूर रखे जाने की सामुदायिक स्मृति का वर्णन नहीं किया है। इसके विपरीत वे उसी 'ब्राह्मणवादी हिंदू' समाज के सम्मानित गुरु बन गए। 'अस्पृश्य' रविदास को याद नहीं कि वाराणसी के धूर्त ब्राह्मणों ने उन्हें कभी सताया हो या उन पर तथा उनके समुदाय पर कोई लांछन लगाया हो। उनके अनुसार तो विद्वान् ब्राह्मण उनके पास आते और उनका सम्मान करते थे, जबकि वे निरंतर चर्मकारोंवाले अपने पारिवारिक पेशे से जुड़े रहे थे। ऐसे पुरोहित, जो हिंदू जीवन-शैली के आध्यात्मिक संदेश की अपेक्षा अनावश्यक कर्मकांड पर बल देते थे, उनका मजाक तो उड़ाया जाता था और उनकी आलोचना की जाती थी, किंतु इन सभी संतों द्वारा हिंदू धर्म के मूल संदेश, उसके दर्शन और आध्यात्मिक शिक्षा का गहरा आदर और सम्मान किया जाता था।

अस्पृश्यों की विकल स्थिति की व्युत्पत्ति तथा उनकी वर्तमान स्थिति को लेकर आधुनिक युग के दलितों की स्मृति का आशय कुछ इसी प्रकार का है। रॉबर्ट डेलीज ने कुछ दृष्टांतों को दर्ज किया है, किंतु दलित व्युत्पत्ति के मिथकों में से किसी में भी नस्ल, वंश, निष्कासन या आर्थिक शोषण का लेशमात्र भी वर्णन नहीं है। सारे मिथक ब्राह्मण और परित्यक्तों की समान उत्पत्ति की बात करते हैं। तमिलनाडु का परइयार समुदाय ऐसा मानता है कि आरंभ में वे और ब्राह्मण दो भाई थे, किंतु भाषागत गलत व्याख्या के कारण छोटा भाई ब्राह्मण बन गया, जबकि बड़ा एक परइयार माना जाने लगा। अन्य सभी जातियों की उत्पत्ति इन दोनों भाइयों से हुई।[81] परइयारों की इस स्मृति की पुष्टि इस तथ्य से होती है कि केरल में परइयारों को 'बड़ा ब्राह्मण' और नयदियों को 'बड़े पुत्र' कहा जाता है और उन्हें ब्राह्मणों से जुड़ा माना जाता है।[82] यहाँ तक कि स्थानीय ब्राह्मण भी "इस संबंध को स्वीकार करते हुए परइयारों को विवाह के अवसर पर *अन्नन वरिसई,* 'बड़े भाई का उपहार' देते हैं, जिसमें सुपारी, फूल और फल होते हैं।"[83] इसी मिथक से जुड़ी एक अन्य कहानी यह कहती है कि बड़ा भाई एक मृत गाय का कंकाल हटाने के कारण अस्पृश्य परइयार बन गया। रामनद जिले के ततली परइयारों के बीच प्रचलित कहानी के अनुसार, उनकी जाति इस कारण अस्पृश्य हो गई, क्योंकि दो ब्राह्मण भाइयों में से एक ने गाय की हत्या कर दी और उसे गाँववालों ने गाँव से बाहर निकाल दिया। ततली परइयार निष्कासित बड़े ब्राह्मण भाई के वंशज होने का दावा करते हैं।

एंदावुर के परइयाचर भी मानते हैं कि अतीत में उनकी और ब्राह्मणों की उत्पत्ति एक ही थी। उनके बीच प्रचलित कथा के अनुसार, गोमांस चुराने के कारण बड़ा भाई गाँव से निकाल दिया गया, जिसके कारण उसके वंशज परइयार कहे जाने लगे। पल्लार समुदाय मानता है कि मूलतः वे एक अत्यधिक उर्वर नदी घाटी पर शासन करनेवाले समुदाय थे। वर्तमान में वे इस कारण निम्न स्तर पर पहुँच गए, क्योंकि सत्रहवीं सदी में मुस्लिम आक्रमणकारियों ने उन पर विजय प्राप्त कर उनकी जमीन पर कब्जा कर लिया

और उन्हें दास बना दिया। उत्तर भारत के *चमार* यह मानते हैं कि वे एक सर्वोच्च जाति के परिवार से उत्पन्न हुए हैं। एक दिन बगीचे में एक गाय मर गई और छोटा भाई उसका शव हटाने के लिए तैयार हो गया। मृत गाय को छूने के कारण उसे अपमानित किया गया और परिवार के अन्य सदस्यों ने उसे *चमार* बन जाने को कहा। हालाँकि उसके परिवार ने उसकी अच्छी देखभाल का भरोसा दिया। उत्तर भारत के *भंगी* अपने आपको पांडव नकुल के वंशज बताते हैं। नकुल से, पांडवों की हिमालय यात्रा से पूर्व, एक मृत गाय के शव को हटाने के लिए कहा गया था और ऐसा करने के बाद उसे दूसरों से अलग-थलग कर दिया गया। *भंगी* मानते हैं कि आगे चलकर नकुल के वंशज *मेहतर* और पंखा बनानेवाली जाति के रूप में भी जाने गए। महाराष्ट्र के *महार* मानते हैं कि गोमांस खाने के कारण उनके पूर्वजों को दंडित किया गया और वे नीच कुल के बन गए। पंजाब के *डोम* भी मानते हैं कि गोमांस खाने के कारण वे अशुद्ध हो गए। सेनापुर के *चमार* चार ब्राह्मण भाइयों की कहानी कहते हैं, जिन्होंने नदी पार करते समय कीचड़ में फँसी एक गाय को देखा। एक के बाद एक सभी भाइयों ने गाय को निकालने का प्रयास किया। जो सबसे छोटा भाई था, उसने गाय की पूँछ पकड़कर निकालने का प्रयास किया, तभी गाय की मृत्यु हो गई। अन्य ब्राह्मण भाइयों ने इस कृत्य को गोहत्या मानते हुए उसे अशुद्ध मान लिया।

अधिकांश वंश कथाओं में दर्ज अस्पृश्य समाजों की स्मृति से उनकी वर्तमान स्थिति के बारे में तीन महत्त्वपूर्ण तथ्य उभर कर सामने आते हैं : (i) आरंभ में ब्राह्मण और अस्पृश्य एक ही परिवार का अंग थे, (ii) अस्पृश्यों की पदावनत स्थिति का कारण गोमांस खाने या मृत गाय को छूने से जुड़ा है, (iii) सैन्य और राजनीतिक शक्ति से वंचित किया जाना उनकी दशा में आई गिरावट का कारण है, तथा (iv) एक अस्पृश्य और एक ब्राह्मण में नस्ल या प्रजाति के आधार पर कोई अंतर नहीं है। इनमें से किसी भी वंश कथा ने उनकी अशुद्धता और अवनत सामाजिक स्थिति के लिए *धर्मशास्त्रों, मनुस्मृति* या बहुप्रचारित जातिप्रथा को दोषी नहीं ठहराया है। अस्पृश्यता के लिए पांथिक आधार पर विभेद या किसी दैवी हुक्म की कोई चर्चा नहीं है। ये कथानक "जाति संबंधित निर्णयों की सांसारिक प्रकृति को दर्शाते हैं" तथा इस पर बल देते हैं कि सामाजिक दशा में आई कमी के पीछे कोई मंशा नहीं थी, "और यह ईश्वर की इच्छा नहीं, बल्कि मनुष्यों के कारण प्रभाव में आया।"[84] अधिकांश कथाओं में जैसा कि डेलीज भी कहते हैं, भगवान् कहीं नहीं है, इसलिए वालघीर मणिकम के अस्पृश्य यह कह सके कि जातिप्रथा देवों की रचना नहीं है। वे एस. मुलुंड की एक रिपोर्ट को उद्धृत करते हैं, जिसमें कानपुर के कोरियों ने दावा किया कि, "जातिप्रथा मनुष्यों ने बनाई है। यदि कोई व्यक्ति अंधा होता है तो इसका कारण भगवान् हैं। यदि वह निम्न जाति में जनमा तो इसका कारण यह

है कि मनुष्य ने जातियों वाला समाज बनाया है··· भगवान् हमें अपनी स्थिति को सुधारने से कभी नहीं रोकते।"[85] रॉबर्ट डेलीज आगे कहते हैं—"अस्पृश्यों की विचारधारा और उच्च जाति के विचारों में पूर्ण भेद नहीं है। सामान्य तौर पर बात करें तो निम्न जातियाँ भी जातिप्रथा का कोई विकल्प नहीं सुझाती हैं। वास्तव में, उनकी कहानियों ने जाति को सहाय तथ्य मान लिया है। वे ब्राह्मणों से भाईचारे की बात तो करते हैं, फिर भी वे ब्राह्मणों को उच्च मानते हैं··· इसके बावजूद अस्पृश्य अपनी अवनत स्थिति के लिए ईश्वर की इच्छा की बात को स्वीकार नहीं करते और इस कारण अपनी स्थिति को परिवर्तनशील मानते हैं। पौराणिक कथा साफ करती है कि सामाजिक बदलाव संभव है···"[86] इन सभी तथ्यों से स्पष्ट है कि अस्पृश्यों की 'स्मृति' में कोई प्रमाण नहीं है कि अपने ही समाज में उनके भेदभाव और अपमान का कारण प्राचीन शास्त्र हैं। वे मानते हैं कि उन्हें अन्य कारणों ने ही अशुद्ध और दलित बनाया है।

जाति और अस्पृश्यता का कोई धार्मिक या शास्त्र संबंधी आधार नहीं है, यदि अस्पृश्य समुदायों की '*स्मृतियों*' पर विश्वास किया जाए। जाति का सृजन *धर्मशास्त्रों* ने नहीं किया था और जैसा कि हम पहले देख चुके हैं, *स्मृतियाँ* और *सूत्र* कोई कानूनी दस्तावेज नहीं थे, जिनका आदेश बाध्यकारी और रहा हो।

संदर्भ

1. आर.एस. शर्मा, शूद्राज इन एनशिएंट इंडिया; मोतीलाल बनारसीदास; दिल्ली, 2002, पृ. 24
2. वही, पृ. 34
3. वही, पृ. 36
4. वही, पृ. 39
5. वही, पृ. 38
6. वही, पृ. 28
7. वही, पृ. 38
8. वही, पृ. 30
9. वही, पृ. 37
10. डेविड फ्रौले, गोड्स सेजेस एंड किंग्स; मोतीलाल बनारसीदास; दिल्ली; 1999, पृ. 201
11. शर्मा, उद्धृत के विपरीत, पृ. 37
12. वही, पृ. 42
13. वही, पृ. 43
14. वही, पृ. 43
15. वही, पृ. 43
16. वही, पृ. 43-44
17. वही, पृ. 44-45

18. प्रभाति मुखर्जी, बियोंड द फोर वर्णज : द अनटचेबल इन इंडिया, आई.आई.ए.एस.; शिमला; 2002; पृ. 18
19. वही, पृ. 20
20. वही, पृ. 20
21. वही, पृ. 20
22. आर.एस. शर्मा; उद्धृत के ।वेपरीत, पृ. 11
23. वही, पृ. 10
24. बी.आर. अंबेडकर, उद्धृत के विपरीत, वॉल. 7, पृ. 83
25. वही, पृ. 83
26. वही, पृ. 85
27. फ्रौले, उद्धृत के विपरीत, पृ. 258
28. तलगेरी, उद्धृत के विपरीत, पृ. 242
29. बी.आर. अंबेडकर, उद्धृत के विपरीत, वॉल. 7, पृ. 77
30. वही, पृ. 79
31. वही, पृ. 78-79
32. आर.एस. शर्मा, उद्धृत के विपरीत, पृ. 30
33. वही, पृ. 31
34. काने, वॉल. II, I; उद्धृत के विपरीत, पृ. 29
35. आर.एस. शर्मा, उद्धृत के विपरीत, पृ. 37
36. काने, वॉल. II, I; उद्धृत के विपरीत, पृ. 34
37. आर.एस. शर्मा, उद्धृत के विपरीत, पृ. 49
38. वही, पृ. 47
39. वही, पृ. 47
40. वही, पृ. 50
41. वही, पृ. 50
42. वही, पृ. 53
43. वही, पृ. 54
44. वही, पृ. 54
45. वही, पृ. 56
46. वही, पृ. 60
47. वही, पृ. 60
48. वही, पृ. 78
49. वही, पृ. 78-79
50. वही, पृ. 74
51. वही, पृ. 75
52. वही, पृ. 75
53. वही, पृ. 86

54. जी.एस. घुर्ये, कास्ट एंड रेस इन इंडिया; पॉप्युलर प्रकाशन; मुंबई; 2000, पृ. 63
55. वही, पृ. 88
56. वही, पृ. 54–55
57. काने, वॉल. II, I; उद्धृत के विपरीत, पृ. 166
58. वही, पृ. 167
59. वही, पृ. 167
60. वही, पृ. 169
61. वही, पृ. 169
62. वही, पृ. 169
63. वही, पृ. 170
64. वही, पृ. 170
65. वही, पृ. 170
66. वही, पृ. 170
67. वही, पृ. 172
68. वही, पृ. 172
69. वही, पृ. 174
70. वही, पृ. 174
71. वही, पृ. 175
72. वही, पृ. 177
73. प्रभाति मुखर्जी, उद्धृत के विपरीत, पृ. 51
74. वही, पृ. 52
75. वही, पृ. 52
76. वही, पृ. 54
77. रॉबर्ट डेलीज, द अनटचेबल्स ऑफ इंडिया, (अनु. नोरा स्कॉट), बर्ग पब्लिशर्स; न्यूयॉर्क; 1999, पृ. 10
78. वही, पृ. 2
79. वही, पृ. 30
80. वही, पृ. 52
81. वही, पृ. 73
82. वही, पृ. 74
83. वही, पृ. 74
84. वही, पृ. 77
85. वही, पृ. 78
86. वही, पृ. 86

❑

धर्मशास्त्रों में जातियाँ

वर्ण के साथ व्यावसायिक श्रेणियों तथा सजातीय जातियों के अनुचित समीकरण ने इस मुख्य तथ्य को ध्यान से ओझल कर दिया कि वैदिक संतों द्वारा नियोजित 'वर्ण' शब्द कुछ और नहीं, अपितु मनुष्य के क्रियात्मक एवं स्वाभाविक निदेशक को सूचित करते थे। इसलिए, इस तथ्य के आलोक में, *धर्मशास्त्र* इस बात पर बल देते हैं कि उनके संदर्भ का अंतिम पैमाना *वेद* है। यह निश्चित रूप से अनुमानित किया जा सकता है कि इन उत्तरकालीन ग्रंथों ने भी समान विचार को व्यक्त करने हेतु 'वर्ण' शब्द का प्रयोग किया है। केवल कथा वाचन के तरीके को बाद में अजीब तरह से उलट दिया गया। बजाय यह कहने के कि एक मनुष्य, जिसका झुकाव व्यवसाय की ओर हो, वैश्य वर्ण से संबंधित माना जा सकता है, *धर्मशास्त्र* पुनरुक्ति रूप से कहता है कि किसी मनुष्य का व्यवसाय व्यापार एवं वाणिज्य ही होना चाहिए क्योंकि वह वैश्य है। वर्ण की *धर्मशास्त्रीय* बहस मूल वैदिक धारणा के आषय में दो महत्त्वपूर्ण परिवर्तन करती है। पहले, इसने कुछ हद तक पद के सांस्कृतिक एवं आध्यात्मिक पक्ष को कमजोर किया, जो कि ऐसे विशेषणों जैसे, 'आर्य वर्ण' एवं 'दास वर्ण' के उपयोग द्वारा पूर्व में दरशाए गए थे। दूसरा, यह वर्ण के साथ सांसारिक व्यवसायों एवं कौशल की खोज में किसी आदमी के झुकाव की सांसारिक अभिव्यक्ति को, स्वभाव-सम्बन्धी प्रवृत्ति के साथ इसके प्रमुख साहचर्य को पूरी तरह से नकारे बिना, विशेषाधिकार देता है। वैदिक काल में वैदिक श्रेणियाँ निश्चित नहीं थीं और विभिन्न वर्णों के लोगों के लिए एक ही परिवार में सह-अस्तित्व करना संभव था। उसी प्रकार व्यक्ति की यात्रा राजनीतिक कार्यों के निर्वहन (*राजन्य*) से शैक्षणिक कर्तव्यों (*ब्राहम्य*) तक और, इसके उल्टे क्रम से भी, केवल सैद्धांतिक रूप से संभव नहीं, बल्कि व्यावहारिक रूप से प्राप्य था। इसलिए *विस* के, *ब्राह्म* एवं *राजन्य* कार्य आवश्यक रूप से वंशानुगत और अवरुद्ध नहीं थे, न ही एक निश्चित वर्ग या विशिष्ट संस्कृति के लोगों तक सीमित थे। *वर्ण* विचार ने निश्चित कार्यों को करने के लिए झुकाव एवं योग्यता का केवल संकेत दिया था और इसका उद्योग

एवं व्यवसाय के साथ अर्थ सहयोग बहुत बाद का विकास था, जब जटिल राजनीतिक संगठनों द्वारा सुगमित और समर्थित कृषि और वाणिज्यिक अर्थव्यवस्था के तेजी से विकास के द्वारा श्रम की विशेषज्ञता सहज हुई थी।

वैदिक जन शूद्र वर्ण या शूद्र व्यवसाय के बारे में नहीं जानते थे, क्योंकि *विस* के अधिकतर कार्य, जो बाद में इन *वर्णों* से संबद्ध किए गए, पहले *विस* के सदस्यों, यानी आम नागरिकों द्वारा स्वयं किए जाते थे। रथकार, चर्मकार, कुम्हार और धातु श्रमिक, जिनका वर्णन वेदों में है, वे शूद्र या अछूत जातियों के सदस्य नहीं, बल्कि कतिपय विशिष्ट आर्थिक कार्यों को करने में निपुण आर्य *विस* के ही सामान्य सदस्य थे। यहाँ तक कि बहुत बाद में भी चमड़े के श्रमिक या कुम्हार, जैसे अलग पहचानवाले समुदायों को 'जाति' के शीर्षक के अंतर्गत सम्मिलित किया गया वर्ण के रूप में नहीं। वर्ण की धारणा ने अपनी मूल अर्थ शुद्धता को बनाए रखा, यद्यपि इसने अपना मूल्य केवल व्यावसायिक विशिष्टता के साथ अपने संयोजन के माध्यम से वंशानुगत बंधन के रूप में बदल दिए जाने के द्वारा खोया। ये बिंदु शायद स्पष्ट कर सकते हैं कि क्यों *ब्रह्म, राजन्य* और *विस* श्रेणियों के जाति और वर्ण तादात्म्य अबाधित बने रहे, जबकि मुख्य रूप से जातियों का प्रगुणन *अनुलोमज* एवं *प्रतिलोमज* श्रेणियों के भीतर घटित हुआ। उनका शूद्र जातियों के रूप में मिलाया जाना बहुत बाद की बात है और किसी भी प्रकार से धर्मशास्त्रीय ग्रंथों के संकलकों को इसके लिए जिम्मेदार नहीं ठहराया जा सकता। धर्मशास्त्रीय ग्रंथ जाति की उत्पत्ति के बारे में उसी अर्थ में बात नहीं करते, जिसमें कि हम आज इस शब्द को समझते हैं।

वास्तव में *सूत्र* एवं *स्मृति* ग्रंथ जातियों के मूल एवं विकास की उस रूप में शायद ही चर्चा करते हैं, जो कि उनके आधुनिक संकेतार्थों जैसे 'यादव जाति' या 'कुर्मी जाति' की समाजशास्त्रीय व्याख्या के समरूप हो। उनका मुख्य सरोकार अभी भी *वर्ण* एवं *आश्रम* श्रेणियों के रूप में सामाजिक वास्तविकता को स्वीकार करना है। जब कभी वे अन्य मानव संस्थाओं को ध्यान में लाते हैं, जिनकी प्रादेशिक और साथ-ही-साथ व्यावसायिक पहचान एवं विशिष्टता होती है, वे तब भी विभिन्न वर्णों और उनकी एक-दूसरे के साथ परस्पर वैवाहिक संबंध की परिचित धारणा का ही उपयोग करते हैं। *सूत* या *मागध* जैसी श्रेणियाँ नई आविष्कृत जातियों के रूप में व्याख्यायित नहीं की गई हैं, वे अस्तित्वमान समूहों के रूप में मानी जाती हैं, जो कि दो अलग वर्ण अवयवों के बीच संयोजन से पैदा हुई हैं और इसलिए मिश्रित विशेषताओं को लिए हुए लगती हैं, जिन्हें पूर्ण *ब्रह्म, राजन्य, विस* या *शूद्र* नहीं कहा जा सकता। बहुत से सामाजिक समूह किसी विशिष्ट वर्ण की संकेत सूची में सीधे तौर पर नहीं आते थे। उनके जीवन का तरीका, उनकी रुचि एवं उनकी सांस्कृतिक बुनावट एक ही समय पर एक या अधिक वर्ण की विशेषताओं के चिह्न समाहित किये हुए मिश्रित या विविध प्रकृति की दिखाई देती है।

यह वर्णनात्मक तकनीक सामाजिक संस्थाओं को वर्णित करने का एक निरूढ़ तरीका था। यह इस तथ्य से स्पष्ट है कि अनेक विशिष्ट या अलग जातियों को दो अलग वर्णों के अभिभावकों से पैदा हुए बच्चों की संख्या में वृद्धिशील विकास द्वारा उत्पन्न बताया जाता है। क्या हम विश्वास कर सकते हैं कि सभी क्षत्रिय पिताओं ने अपने उन पुत्रों एवं पुत्रियों का, जो ब्राह्मण माँ से पैदा हुए थे, परित्याग कर दिया और इस प्रकार हिंदू समुदाय के भीतर, किसी संस्था के प्रयास से, इन बच्चों को मिलाकर एक नया मिश्रित वर्ण उभरा? अगर हम *धर्मशास्त्रों* के हू-ब-हू विवरण में जाएँ तो यही परिदृश्य उभरता है—मिश्रित *अनुलोम* या *प्रतिलोम* विवाह का प्रत्येक बच्चा अपने अभिभावकों द्वारा त्याग दिया गया था और कुछ अज्ञात, किंतु बहुत शक्तिशाली, संस्थाओं ने ऐसे विवाहों और उनके उत्पादनों का राष्ट्रव्यापी हिसाब रखा, ऐसे परित्यक्त बच्चों को एकत्रित किया और इन उत्परिवर्ती जीवों का आनुवंशिक उपनाम जाँचकर मिश्रित जातियों का वर्गीकरण किया। यह बात ही अनर्गल है और हमारे पास इस सुझाव का प्रमाण नहीं है कि ऐसा कभी हुआ था।

वर्णों का मिश्रण या *वर्ण-संकरता* वैचारिक अवधारणा के रूप में दो बातें बताता है—(i) किसी मनुष्य का मूल वर्ण, यानी उसकी मनोवृत्ति का क्षय तथा उसके संकल्प एवं दक्षता का क्षरण; (ii) आदमी की व्यावहारिक एवं नैतिक प्रतिक्रिया में भ्रम, जो रुचियों एवं लक्षणों के निषेध के परिणामस्वरूप होता है। एक व्यावहारिक विभाजक के रूप में, वर्णाश्रम का विचार उन विभिन्न समूहों की पहचान एवं व्याख्या करने के लिए उपयोग किया जाता था, जो आर्य संसार की परिधि के भीतर इकट्ठे थे। विचार ने उन्हें एक-दूसरे के साथ साझा समुदाय के दार्शनिक, सामाजिक एवं आनुवंशिक साँचे में संबद्ध किया। अर्जुन के सुदृढ़ *राजन्य* में तपस्वी त्याग की घटना वर्णों का मिश्रण है और गीता में *वर्ण संकरता* के संकट पर कृष्ण का उपदेश केवल बेमेल वैवाहिक संयोजनों के विरुद्ध चेतावनी नहीं है, बल्कि व्यक्ति के सामाजिक एवं नैतिक कार्यों के बीच बेमेलपन के विरुद्ध भी है। अपने वर्ण के कर्तव्यों को जानना और उनका अनुसरण करना, अपने चुने पथ पर दृढ़ रहना होता था। जब *धर्मशास्त्र* वर्ण संकर पुरुष एवं औरतों की चर्चा करते हैं, तो वे एक आनुवंशिक मॉडल का अनुगमन करते हैं और ऐसा करने में अपने वृतान्त में क्रियात्मक एवं प्राकृतिक मूल्यों की छाप को बनाए रखते हैं, जिसने विचारधारा के स्तर पर उनकी अवधारणा को परिभाषित किया। इसी कारण से गौतम का प्राचीनतम *धर्मशास्त्र* उस प्रक्रिया के लिए कोई संदर्भ नहीं बताता है, जिसके द्वारा जाति पैदा हुई। यद्यपि उसमें ऐसे शब्दों का प्रयोग है जिनकी कभी-कभी जाति के रूप में पहचान की गई है, किंतु वह शास्त्र मुख्यत: मिश्रित संतान के उत्पादन के बारे में सूचित करने तक ही सीमित रहता है। हम यह भी स्पष्ट रूप से याद रखें कि *धर्मशास्त्र* के अनुसार दो अलग

वर्णों के बीच विवाह कानूनी रूप से मान्य, वैध और वास्तविक था। कोई शूद्र आदमी ब्राह्मण स्त्री से कानूनी रूप से और प्रसन्नता से विवाह कर सकता था। *धर्मशास्त्र* मिश्रित विवाहों पर कोई रोक नहीं लगाते; वे ऐसे विवाहों से पैदा हुए बच्चे की प्रकृति और ऐसे विवाहों के कारण उत्पन्न सामाजिक समन्वय की परेशानियों के बारे में चिंतित अधिक लगते हैं।

गौतम धर्मसूत्र के अनुसार (1.4.14) सभी अनुलोम या बेमेल विवाह ऐसी संतानों—जाति नहीं—जैसे, *सवर्ण, अंबष्ठ, उग्र, निषाद, दौसमंत* एवं *पराशव* को जन्म देते हैं। उसी ग्रंथ के अनुसार सभी *प्रतिलोम* विवाह *सूत, मागध, अयोगव, क्रत, वैदेहक* एवं *चांडाल* संतानों को जन्म देते हैं। गौतम की चर्चा ऐसे बच्चों की प्रकृति तक सीमित है, जो प्रतिलोम और अनुलोम विवाह से जन्म लेंगे, यद्यपि इन बच्चों का विवरण देने के लिए जो नाम उपयोग किए गए, बाद में वही विभिन्न जातियों, व्यवसायों एवं प्रादेशिक संघों के रूप में जाने गए। *अंबष्ठ, सूत* एवं *मागध* कुछ एक उदाहरण हैं। इस तथ्य को देखते हुए कि गौतम मिश्रित वंश के बच्चों के शुद्धीकरण एवं उत्थान के लिए विधि का प्रावधान करते हैं, यह अधिक विश्वसनीय है कि *सूत्र* ग्रंथ मिश्रित विवाह एवं विभिन्न सांस्कृतिक समुदायों की अंतःक्रिया के द्वारा उत्पन्न भ्रम की स्थिति को समझने में अधिक रुचि रखते थे, न कि श्रेणीबद्ध जाति की व्यवस्था बनाने में। अतः न केवल एक *वर्णसंकर* बच्चे को अवर वंश मूल्य दिया गया, किंतु समान वर्ण के अभिभावकों के बच्चों के बीच भी, उनके अभिभावकों द्वारा अनुबंधित विवाह के प्रकार के आधार पर, अंतर किया जाता था। उस पुरुष का बच्चा, जिसने *ब्राह्म* व्यवस्था के अनुसार समान वर्ण की स्त्री से विवाह किया, उस बच्चे से अधिक गुणवान माना जाता था, जिसके अभिभावकों ने समान वर्ण से संबंधित होते हुए भी *आर्ष* तरीके से अपनी शादी संपन्न की। इसके विपरीत *मनुस्मृति* (III.41) के अनुसार समान वर्ण से संबंधित, किंतु *गंधर्व, राक्षस, पैशाच* और *असुर* प्रथा के अनुसार विवाहित अभिभावकों की संतानें क्रूर, अधार्मिक एवं वेदों की अवमानना करनेवाली बन जाती हैं। मनु और गौतम की आनुवंशिकी मूर्खतापूर्ण ढंग से अवैज्ञानिक लगती है, क्योंकि उनकी चर्चा का उद्‍देश्य सुजनन विज्ञान के किसी बिंदु की विवेचना नहीं करना है, बल्कि सामाजिक सद्‍भाव बनाए रखने की दृष्टि के साथ अंतर्वर्णीय यौनिक संयोजनों की घटनाओं एवं विवाह के अनुचित रूपों को हतोत्साहित करना है।

इसके अलावा यह लगता है कि दो वर्णों के बीच विवाह से संबंधित धर्मशास्त्रीय निषेधाज्ञा केवल बीते युग की कुछ औपचारिक यादें भर थीं। असल सामाजिक प्रथाओं ने अपने स्वयं के स्वतंत्र मार्ग की रूपरेखा तैयार की। राजा विचित्रवीर्य की पत्नियाँ, अंबा एवं अंबालिका, बल प्रयोग से भीष्म द्वारा एक प्रतियोगिता में जीती गईं और इस

तरह इस कौरव विवाह ने *राक्षस* परंपरा का अनुगमन किया। हालाँकि हम अच्छी तरह से जानते हैं कि न तो पांडु और न ही धृतराष्ट्र वेद-विरोधी एवं झूठे थे, जैसा कि उन्हें *मनुस्मृति* के अनुसार होना चाहिए था। धर्मात्मा विदुर, ब्राह्मण पाराशर और कौरवों की एक शूद्र दासी के बीच मिश्रित विवाह से पैदा हुए थे, किंतु उनके पाराशव जन्म ने उनकी अकादमिक उत्कृष्टता, सामाजिक आदर एवं राजनीतिक भूमिका पर कोई अयोग्यता नहीं लागू की। गौतम के अनुसार, क्षत्रिय पिता एवं शूद्र माता का पुत्र *दोषमंत* के रूप में जाना जाता है, किंतु वही बच्चा *मनुस्मृति* के अनुसार एक उग्र बच्चे के रूप में, जो हिंसक स्वभाव एवं क्रूर आचरण का होता है,क्योंकि वह दोनों वर्णों की मिश्रित विशेषताओं को ढोता है, जिनसे मिलकर वह बना होता है—*क्षत्रशूद्रवपुर्जन्तुग्रो नाम प्रजयते*। इस तरह की मिश्रित और अनुलोम संतान *धर्मशास्त्र* के द्वारा थोड़ी चिंता के साथ विचारित होती है। वास्तविक स्थिति में, सारा कुरु वंश क्षत्रिय शांतनु एवं शूद्र सत्यवती के बीच विवाह का *उग्र* उत्पाद था, परंतु उनकी एवं नैतिक प्रतिष्ठा के दावे पर कभी भी सवाल नहीं किया गया, और जिनका व्यक्तिगत आचरण आवश्यक रूप से वेदों के आलोचकों जैसा नहीं था। *गौतम धर्मसूत्र* अभिलेखित करते हैं कि ऐसे अनुलोम विवाहों (जिनमें शूद्र स्त्रियाँ सम्मिलित होती हैं) के बच्चे *उपनयन* करने के अधिकारी नहीं हैं, जिसका मतलब होगा कि इस निषेधाज्ञा के बल पर संपूर्ण कुरु वंश को *उपनयन* अनुष्ठान के अधिकार एवं वेदों के अध्ययन से वंचित किया जाना चाहिए था। हम अच्छी तरह से जानते हैं कि ऐसा नहीं हुआ और कुरु उग्र या दौषमंत वर्ग के रूप में नहीं, बल्कि गर्वीले एवं प्रतापी *राजन्य* बच्चों के रूप में जाने जाते थे। *पाराशव* विदुर स्वयं एक महान् वैदिक विद्वान् माने जाते थे।

एक पीढ़ी बाद हमें कुरु वंश के भीतर वर्णों के मिश्रण की अन्य घटना मिलती है। पांडु और धृतराष्ट्र का जन्म ऋषि कृष्ण द्वैपायन और क्षत्रिय अंबा एवं अंबालिका के साथ सहवास के माध्यम से हुआ था, जिसमें कृष्ण द्वैपायन स्वयं भी शुद्ध ब्राह्मण नहीं थे, बल्कि एक *अनुलोमज पाराशव* थे और *मनुस्मृति* के सिद्धांतों के अनुसार यही पद उनको दिया जाना चाहिए था, हालाँकि महान् एवं ऐश्वर्यवान कौरवों के जन्म पर किसी ने प्रश्न नहीं खड़े किए। इस बिंदु को स्पष्ट करने के लिए कई और उदाहरण हैं, जो उद्धृत किए जा सकते हैं और वे हमें कुछ गंभीर विचार हेतु बाध्य करते हैं। कैसे एक ब्राह्मण या एक ब्राह्मण ग्रंथ ऐसा सुझाव देने की हिम्मत कर सकता था कि एक शूद्र अभिभावक (व्यास) के साथ हुए मिश्रित विवाह से जन्मा पुत्र सवर्णी आनुवंशिक उत्पाद की तुलना में कम था और जिसकी प्रमुख प्राकृतिक विशेषताएँ क्रूरता, नमकहरामी एवं अधार्मिकता थी, जबकि हमें बताया गया है कि 'धूर्त' ब्राह्मण और और क्षत्रिय के बीच, इन उद्देश्य से एक गठजोड़ था कि क्षत्रियों का राज्य पवित्र एवं अबाधित रहे। कोई राजा किसी

ब्राह्मण को यह उपदेश देने और संकेत करने की अनुमति नहीं देगा कि मिश्रित जन्म की प्रकृति के कारण उसका दर्जा नैतिक रूप से नीच एवं सामाजिक रूप से निंदनीय बन जाता है, जबकि बहुत सारे राज्य ऐसे राजाओं के नेतृत्व में थे, जिनकी वंशावली में ऐसे गंभीर पारिवारिक अभाव थे, जो राज्यों पर अधिकार करने हेतु उन्हें पूरी तरह अयोग्य सिद्ध कर सकते थे। मनु या नारद ऐसी बेकार बातें मिश्रित बच्चों के बारे में कैसे कह सकते हैं, जब उनके समय के अनेक सम्राट् एवं राजा बुरी तरह से मिश्रित थे? याद रखें कि मौर्य वंश स्वयं मिश्रित *अनुलोम* राजाओं का वंश था।

हम इस सिद्धांत की रक्षा कैसे करने जा रहे हैं कि *मनुस्मृति* ने राज्य का अधिकार केवल क्षत्रिय वर्ण के लोगों के लिए सुरक्षित रखा था, जबकि हम जानते हैं कि प्राचीन भारत के कुछ महान् राजसी परिवार—मौर्य, गुप्त, वाकाटक, सातवाहन, यहाँ तक कि हर्ष भी—मूल रूप से गैर-क्षत्रिय थे। अपारार्क ने इस तथ्य को स्पष्ट रूप से माना और कहा, "जब कोई *गैर-क्षत्रिय, क्षत्रिय* का कार्य करता है यानी राजा बन जाता है, उसे वह सब करना चाहिए जो कि एक क्षत्रिय राजा करता है, क्योंकि कहावत है कि किसी निश्चित व्यक्ति या वस्तु का स्थान या कार्य हासिल करने पर कोई वह प्राप्त करता है, जो उस दूसरे के कारण से है [यानी गैर-क्षत्रिय से क्षत्रिय बने राजा को लोगों की रक्षा करना प्रारंभ करना चाहिए और स्वयं को कर पाने का अधिकारी समझना चाहिए]।" जैसा पहले बताया गया है कि बाद के कुरु अपने जन्म से शुद्ध क्षत्रिय नहीं थे, किंतु उनके राज्य करने के अधिकार एवं क्षत्रिय वर्ण के रूप में जाने जाने की पात्रता पर कोई विवाद नहीं रहा। यह महत्त्वपूर्ण बिंदु हमें उस तथ्य का संज्ञान कराता है कि क्षत्रियवाद किसी व्यक्ति को उसके राजनीतिक कार्यों (*राजन्य*) के निष्पादन और राज्य एवं प्रशासन की शक्तियों के आयोजन (*क्षत्र*) के कारण दिया जाता था न कि उसके जन्म की घटना के कारण। इसलिए *धर्मशास्त्र* और *नीति* के ग्रंथ राजनीतिक सत्ता के धारकों की प्रकृति, अधिकार एवं कर्तव्यों पर चर्चा करते हुए 'क्षत्रिय' शब्द की तुलना में *राजन्य* या *राजन* शब्द का ज्यादा प्रयोग करते हैं। और उनकी विचार योजना में किसी राजनीतिक इकाई के सिंहासन पर आरूढ़ होने के लिए किसी व्यक्ति के जन्म का कारक कोई बंधन नहीं था।

ह्वेनसांग ने हर्ष के समय में देश भर में अपनी व्यापक यात्रा के दौरान भारत का अधिकांश हिस्सा देखा था। अगर हम उनके प्रत्यक्ष प्रमाण को मानें तो हम पाते हैं कि उनके समय के विभिन्न भारतीय राज्य तथाकथित गैर-क्षत्रिय वर्ण के कहे जानेवाले लोगों द्वारा शासित थे—गढ़वाल का ब्रह्मपुरा एक स्त्री राजकुमारी द्वारा शासित था; उज्जयिनी के राजा चीकितो एवं महेश्वरपुर के राजा जन्म से ब्राह्मण थे; सिंधु का राजा

हुए थे। क्या हम विश्वास कर सकते हैं कि इन राजकुमारों ने ब्राह्मणों को ऐसे कानूनी ग्रंथों को बनाने की अनुमति दी होगी, जिसमें उनके सामाजिक पदों का मजाक बनाया गया हो और राजनीतिक सत्ता के उनके कानूनी अधिकारों को चुनौती दी गई हो? ब्राह्मणों द्वारा संकलित और राजाओं द्वारा लागू तथाकथित हिंदू कानून संहिता अपने राजसी रक्षक के अभिमान को उनके परिवार या जन्म के कारण कैसे तिरस्कृत कर सकते हैं? प्राचीन भारत की वास्तविक सामाजिक और राजनीतिक सच्चाई स्मृति कथाओं के बहुत सारे काल्पनिक प्रवचनों के बिल्कुल विपरीत है। 'शूद्र' एवं 'क्षत्रिय' शब्द शायद उस एकपक्षीय धारणा से अधिक कुछ संकेत करते हैं, जिसके अनुसार वर्ण को केवल वंशानुगत कुल के रूप में स्वीकार किया जाता है। *धर्मशास्त्रीय* ग्रंथों में अर्थ की कई परतें हैं, जो उस जटिलता से संबंधित है जो कई बाहरी शासक वंशों एवं लोगों के प्रवेश द्वारा भारतीय क्षेत्र में लाई गई। यदि ईरानी, साइथियन और यूनानी, कई ग्रंथों में शूद्र के रूप में अभिलेखित थे, तब विदेशी लोगों के अंत:प्रवाह से भारतीय पहचान के बेबस होने का डर, ऐसे वर्गों की राजनीतिक सत्ता के कुप्रभाव एवं आध्यात्मिक परंपराओं तक उनकी पहुँच से संबंधित निषेधाज्ञा में पढ़ा जा सकता है। संभवत: ऐसे ही शूद्र राजाओं के राज्य (*शूद्र राज्य*) के संदर्भ में *मनुस्मृति* कहती है कि ब्राह्मण उनके राज्य में निवास न करें। *धर्मशास्त्रीय* ग्रंथों द्वारा प्रयुक्त शब्दों में ऐसे गहरे अर्थ निहित हैं, और उनकी कथा सैकड़ों साल की अवधि से अधिक के विस्तार में अर्थों एवं चिंताओं की बहुपरतीय अभिवृद्धि में ऐसे छुपी हुई है, कि उनका सरलीकृत अध्ययन दुर्भावनापूर्ण निंदा का प्रचार ही समझा जाएगा जिसका आशय वास्तविक अर्थ को षिथिल करना है।

आरंभ में *मनुस्मृति* दो भिन्न वर्ण के लोगों के बीच विवाहों एवं संयोजनों के तरीके एवं इसके परिणाम को समझाती है। फिर ऐसे संयोजनों से पैदा होनेवाले बच्चों के प्रकार और उनके अधिकारों एवं पात्रता की प्रकृति का विश्लेषण किया गया है। *मनुस्मृति* कहती है कि ब्राह्मण पुरुष एवं वैश्य स्त्री से होनेवाली संतान *अंबष्ठ;* ब्राह्मण पुरुष एवं शूद्र स्त्री से *निषाद;* क्षत्रिय पुरुष एवं ब्राह्मण स्त्री से होनेवाली संतान सूत कही जाती है और वैश्य पुरुष के साथ क्षत्रिय एवं ब्राह्मण स्त्रियों से होनेवाली संतान क्रमश: मागध एवं *वैदेह* होती है; शूद्र पुरुष के वैश्य, क्षत्रिय एवं ब्राह्मण कन्याओं से होनेवाले पुत्र *आयोगव, क्षत* एवं *चांडाल* कहे जाते हैं। विभिन्न वर्णों और *प्रतिलोम* एवं *अनुलोम* लोगों के बीच हुए अन्य संयोजन एवं क्रम परिवर्तन का भी हल निकाला गया है, किंतु याद रखने लायक महत्त्वपूर्ण बिंदु यह है कि इन श्लोकों में *मनुस्मृति* मुख्यतत: उन बच्चों के नाम एवं प्रकृति की सूची बना रही होती है, जो विभिन्न वर्णों के बीच सहवास से पैदा हुए हैं। कुछ नाम उन मानव समूहों के संकेत भी हैं, जिनकी बाद में व्यावसायिक, वंशानुगत एवं

में डालता है, खासकर जब हम जानते हैं कि कुछ संतान समूहों के नाम, जैसे *निषाद, नट, करण, करवार, चमार* विभिन्न अस्तित्वमान जातियों के नाम भी हैं। धर्म ग्रंथ बच्चों के जन्म और उनकी विशेषताओं की बात तो करता है, किंतु यह भी लगता है कि संतान समूहों के लिए प्रयुक्त शब्दों को मानव समुदायों की विभिन्न जातीय एवं भौगोलिक पहचान के साथ भी जोड़ देता है : *सूत* एक प्रकार का बच्चा है, किंतु एक विशिष्ट समुदाय भी है; *मागध* एक मिश्रित मानव उत्पाद है, किंतु जैसा कि हम जानते हैं कि मगध क्षेत्र के रहनेवाले भी *मागध* कहे जाते हैं और यह जाति नहीं है। कैसे कोई *निषाद* या *अंबष्ठ* प्रकृति का पुत्र, अपने मिश्रित वर्ण उत्पत्ति के कारण एक जातीय समुदाय या एक भौगोलिक इकाई के नाम के रूप में पहचान में आ गया? कैसे विस्तृत क्षेत्र में फैली हुई एक जाति दो व्यक्तियों के बेमेल या प्रतिलोम विवाह से पैदा हुई कही जा सकती है? इसके लिए तो हमें यह मानना पड़ेगा कि ऐसे सारे बच्चे अपने अभिवावकों द्वारा ऐसे जातीय प्रबंधकों की देखभाल में फेंक दिए जाते थे, जिनको बच्चों के इस अंत:प्रवाह को मिश्रित श्रेणियों में छाँटने और, एक मानक सूची के अनुसार, विभिन्न जातियों एवं उपजातियों को बनाने की भूमिका सौंपी गई थी। यह भी अविश्वसनीय है कि ये नवजात बच्चे नई जाति या भौगोलिक इकाई की नींव रखने के लिए अपने जैसे अन्य मिश्रित बच्चों को खोजने स्वयं अपने घरों से बाहर निकले होंगे। जो हम निश्चित रूप से जानते हैं वह यह है कि उग्र विचित्रवीर्य और पाराशव विदुर हस्तिनापुर के महल में क्रमश: राजा एवं राजसी सलाहकार बने रहे।

इस जटिल कथा के रहस्य को सुलझाने का एक संभव सुराग 'जाति' शब्द के अर्थ और उपयोग में मिलता है। 'जाति' शब्द की व्युत्पति मूल शब्द *जनो* से हुई है, जो कि जन्म होने के कारक या प्रजनन को सूचित करता है और इसके शब्दार्थ की सीमा में जन्म और प्रजनन के स्रोत की जानकारी भी होती है। अपने संपूर्ण अभिप्राय में *जन, जायते* और *जात* के निम्नलिखित अर्थ होते हैं—(i) पैदा या उत्पन्न होना, (ii) ऊपर उठाना, निर्मित होना और उगना, (iii) होना, बनना, घटित होना, हो जाना और घट जाना, (iv) पैदा करना, उत्पादन का कारण होना और उपजाना। अत: 'जाति' शब्द का मूल अभिप्राय जन्म, उत्पादन, उत्पन्न होने और किसी वस्तु या घटना के अस्तित्व में आने से संबंधित तथ्य है। इसके अलावा इस शब्द का उपयोग ऐसे गुणों को सूचित करने के लिए किया जा सकता है, जो किसी समुदाय विशिष्ट में पाए जाते हैं और उस समुदाय को अन्य समुदायों से अलग करते हैं, जैसे पेड़-पौधों या जानवरों को उनकी नस्ल या प्रजातियों में विभाजित किया जाता है। इसलिए जब *मनुस्मृति* किसी मिश्रित जाति के बच्चे के जन्म के बारे में बात करती है तो वह '*जायते*' या '*प्रजायते*' जैसे शब्दों का उपयोग करती है। ये शब्द न केवल अस्तित्व में आने को दरशाते हैं, बल्कि उन विशिष्ट गुणों को भी दरशाते

हैं, जो इस अस्तित्व में आए बच्चे के रूप में उभरकर आए हैं। *मनुस्मृति* के पद X.II में 'जाति' शब्द का उपयोग विशिष्ट तौर पर प्रतिनिधि प्रवृत्तियों के लिए किया गया है। यह कहती है कि ब्राह्मण लड़की और क्षत्रिय लड़के के विवाह से उत्पन्न बच्चे की जाति *सूत* है— *क्षत्रियाद्विप्र कन्यायां सूतो भवति जातित:।* इसी तरह से *आभीर; अंबष्ठ, निषाद* इत्यादि का उपयोग *वर्णसंकर* बच्चे के विशिष्ट चरित्र और मनोदशा के लक्षणात्मक वर्णन के लिए होता है। हालाँकि हम जानते हैं कि धर्मशास्त्र के समय से बहुत पहले से आभीर, *अंबष्ठ* और *निषाद,* स्वतंत्र समुदाय के रूप में ज्ञात हैं, इसलिए *धर्मशास्त्रों* को इन जातियों को उत्पन्न और वर्गीकृत करके हिंदू जातिप्रथा के निर्माण का श्रेय नहीं दिया जा सकता। यही नहीं, *मनुस्मृति* ने भी जातियों की तालिका बनाकर उन्हें अनुक्रमित नहीं किया है।

ऐसा लगता है कि अस्तित्वमान सामाजिक इकाइयों के नाम ही *धर्मशास्त्रों* ने अपने स्वयं के विचित्र प्रतिपादन के लिए अपनाए और प्रयुक्त किए। यह अधिक मुमकिन है कि भारतीय जनसमुदाय के वैदिक आर्य पक्ष के लोगों का,आर्यों के अन्य दलों और जनजातीय समाजों सहित कई विदेशी तत्त्वों के साथ जुड़ाव से उत्पन्न जटिल समस्या को समझाने के लिए विभिन्न अस्तित्वमान समुदायों के प्रतिनिधि गुणों और नामों का उपयोग किया गया, जो कि आर्य प्रभाव के क्षेत्र के फैलाव, और साथ-ही-साथ इसकी अन्य जातीय, सांस्कृतिक और भौगोलिक प्रणालियों की विशाल विविधता के साथ परस्पर अंतर्क्रिया, से संभव हुआ। ऐसा प्रतीत होता है कि *धर्मशास्त्रों* के संकलनकर्ताओं ने दो महत्त्वपूर्ण परिणाम प्राप्त किए। प्रथम, वे अंतर्जातीय और अंतर्नस्लीय विवाहों को, और इस तरह के विवाह से उत्पन्न संतानों को स्वीकार करके अपने व्याख्यात्मक प्रतिमान (जो उनके पास थे) के द्वारा समाज की मुख्यधारा के दायरे में लाकर वैध करना चाहते थे। दूसरा, वे भारतीय समाज की विभिन्न भौगोलिक, जातीय, भाषायी और सांस्कृतिक इकाइयों को सामाजिक पहचान और संबद्धता के एकल व्यापक प्रतिमान के भीतर एकीकृत करना चाहते थे। ब्राह्मण और चांडाल, दोनों का ही संयुक्त हिंदू पहचान में स्थान था, यद्यपि *चांडाल* की दशा सदा बहुत अच्छी नहीं रही। *धर्मशास्त्रों* के आनुवंशिक और कर्मकांडी रक्त-संबंधों (जो कभी-कभी काल्पनिक भी थे) के साझे सुझाव के माध्यम से *मागध, वैदेह, आंध्र, द्रविड़,* यहाँ तक कि *शक, यवन* और *पहलव,* सभी एक विशाल सांस्कृतिक संग्रह के भीतर सम्मिलित हुए। *धर्मशास्त्रों* ने प्राचीन भारत की विशाल भूमि पर बसनेवाले लोगों के सांस्कृतिक और दार्शनिक एकीकरण के व्यापक कार्य का दायित्व लिया। सभी समुदायों को समाहित किया गया, घेरे से बाहर कोई नहीं छूटा, यहाँ तक कि विदेशी आप्रवासी भी नहीं। *धर्मशास्त्रों* ने मूलभूत स्तर पर एक भीमकाय बौद्धिक प्रयोग किया, जिसका उद्देश्य सांस्कृतिक रूप से एकजुट, भावनात्मक रूप से

एकीकृत और जातीय रूप से मेल-मिलापयुक्त राष्ट्रीय सामूहिकता का निर्माण था। इस एकात्मता का प्राचीन भारत के भूगोल की गरिमा से जुड़ाव समावेश के उसी माध्यम से प्राप्त किया गया था। तथाकथित *मनुवादियों* ने भारत में फल-फूल रही महान् संस्कृति के उत्फुल्लन से किसी को वंचित नहीं किया। उन्होंने सभी प्रकार के लोगों को आम जातीय, भाषायी और सांस्कृतिक उद्गम के बिम्बों के माध्यम से आपस में जोड़ा; याद रहे कि सबसे अवर *चांडाल* की माँ एक ब्राह्मण स्त्री थी। यदि हम मानते हैं कि *धर्मशास्त्र* केवल ब्राह्मण ग्रंथ हैं, (जो वे कुछ हद तक थे भी) तब भी हम यह तथ्य मानने और सराहने पर मजबूर हो जाएँगे कि इनके संकलकों ने अधिकतम भारतीय लोगों को आर्य संस्कृति और सामाजिक ढाँचे के भीतर समायोजित और समाहित करने का महान् प्रयत्न किया और इस प्रकार से एक अखिल भारतीय पहचान की सांस्कृतिक और दार्शनिक विधा का श्रीगणेष किया।

यह सच नहीं है कि *धर्मशास्त्रों* के लेखकों ने *चांडालों* और *स्वपचों* की जातियों का निर्माण किया, ठीक उसी तरह से जैसे यह भी सच नहीं है कि उन्होंने *मागध, वैदेह, आंध्र* और *यवन* जातियों को बनाया। धर्मग्रंथ हमें यह सोचने का कोई कारण नहीं देते कि जातिवाचक शब्द *चांडाल* का प्रयोग *मागध, यवन* और *आंध्र* जैसी अन्य श्रेणियों की अपेक्षा अलग तरीके से होता था। *आंध्र, मागध* और *वैदेह* समाज के लोग प्राचीन भारतीय इतिहास में *मनुस्मृति* के संकलन के प्रारंभ से पूर्व के युग में पहले से ही महत्त्वपूर्ण किरदारों के रूप में विख्यात थे। मगध के निवासी किसी एक वर्ण या जाति के नहीं थे, बल्कि शेष भारत की तरह ही विभिन्न जातियों और वर्णों का मिश्रण थे। फिर भी, अगर *मनुस्मृति* उन्हें एक जाति के रूप में देखती है, जो कि वैश्य पुरुष और क्षत्रिय स्त्री के विवाह से उत्पन्न हुए हों, तो यह बहुत अटपटा लगता है। ऐसा करने का एक ही कारण सोचा जा सकता है—यह ग्रंथ संपूर्ण *मागध* लोगों के प्राचीन भारतीय पहचान में समावेश को एक पुरातन व्याख्या प्रदान करने का प्रयत्न कर रहा है, जैसे कि वह *आंध्र, पौंद्र, वैदेहक* और किरात लोगों को भी समाहित करने का प्रयास करता है। ग्रंथ यह बात सुझाते प्रतीत होते हैं कि भारतवर्ष के सभी निवासी न केवल आम भौगोलिक क्षेत्र, बल्कि एक ही वंशावली भी साझा करते हैं। यदि *धर्मशास्त्र* के व्याख्याता चाहते तो *चांडाल, यवन, निषाद* और ऐसे कई अन्य लोगों को पूरी तरह से बहिष्कृत कर चुके होते या कम-से-कम उनके निरे और कट्टर विरोधी अलगाव पर ही बल देते। इसके विपरीत, उन्होंने ऐसे सभी लोगों को महान् भारतीय खिचड़ी के हिस्से के रूप में सम्मिलित किया। विभिन्न समुदायों की सापेक्षिक सामाजिक और आर्थिक स्थिति *धर्मशास्त्रीय* ग्रंथों की निषेधाज्ञा पर नहीं निर्भर करती, बल्कि निरंतर बदलते अनेक सामाजिक-आर्थिक कारणों पर निर्भर करती है। हालाँकि एक बात निश्चित है कि ये अंत:स्थितियाँ न तो तय हैं, न ही स्थिर।

विष्णु पुराण में कहा गया है कि राजा महापद्मनंद के शासन के बाद समस्त सांसारिक शक्ति शूद्र राजाओं द्वारा संचालित की जाएगी। यह भविष्यवाणी केवल इस तथ्य का अभिलेख है कि नंद वंश के पतन के बाद भारत के, विशेषत: उत्तर और उत्तर-पश्चिम में, सर्वाधिक महत्त्वपूर्ण शासक शूद्र मूल के थे; मौर्य, यूनानी, पार्थियन, सीथियन, शक और कुषाण कुछ ऐसे ही महत्त्वपूर्ण उदाहरण हैं। राजनीतिक सत्ता के उपयोग द्वारा उन शूद्र समुदायों ने अपनी सामाजिक स्थिति को मजबूत कर लिया होगा और इनमें से कुछ शूद्र समुदायों का सामूहिक दर्जा क्षत्रिय के बराबर ऊँचा हो गया होगा। विभिन्न वर्णों के व्यवसाय से संबंधित *धर्मशास्त्रों* की निषेधाज्ञा का अतिक्रमण न केवल शूद्रों ने, बल्कि कुछ ब्राह्मण समुदायों ने भी किया। हालाँकि आगे बढ़ने से पहले हमें ठहरकर *मनुस्मृति* के द्वारा शूद्रों के लिए निश्चित व्यवसायों पर एक नजर डालनी चाहिए। *मनुस्मृति* समेत अधिकतर धर्मशास्त्रों के मुताबिक शूद्रों का मुख्य व्यवसाय अन्य तीन वर्णों की सेवा है। 'सेवा' (सुश्रूषा) शब्द का उपयोग कई इतिहासकारों ने दासता, ताबेदारी, गुलामी और अन्य भयावह सिद्धांतों को बनाने के लिए किया। हिंदू समाज के अन्य तीन वर्णों की सेवा (हालाँकि सेवा, सुश्रूषा का यथोचित अनुवाद नहीं है) को विकृत गुलामी के रूप में देखा गया है, किंतु यह दुष्कर मूल्यांकन आधुनिक इतिहासकारों के दिमाग की कपोल-कल्पना है, जो हिंदू समाज को नीचा दिखाने पर तुले हैं। तीन वर्णों की 'सेवा' या सुश्रूषा का मतलब समझने के लिए हमें इसके बारे में *मनुस्मृति* की बात सुननी चाहिए। *मनुस्मृति* के अनुसार—शूद्र कारीगरी, दस्तकारी, शिल्पकारी जैसे कामों में संलग्न होते हैं, ताकि इन कार्यों के निष्पादन से अन्य तीन वर्णों की बेहतर सेवा हो सके :

यै: कर्मभि: प्रचारतैहे प्रचरितै: सुश्रूयन्ते द्विजातय:।
तानि कारूककर्माणि षिल्पानि विविधानि च॥

एक दूसरे पद में (X.99) *मनुस्मृति* कहती है कि शूद्र अपनी आजीविका कारीगरी और शिल्पकारी के विभिन्न व्यवसायों में संलग्न होकर कमा सकते हैं—*जिवेतकारुककर्माभि:।* 'सेवा' की इस ग्रंथीय परिभाषा पर इतिहासकारों ने प्रकाश नहीं डाला और यह लोकप्रिय भी नहीं है, क्योंकि यह परिभाषा शूद्रों की स्वच्छंद आर्थिक भूमिका पर बल देती है और साथ ही उनकी अन्य कई भूमिकाओं को भी स्पष्ट करती है, जिन्हें मोटे तौर पर प्राचीन भारतीय अर्थ-व्यवस्था के 'सेवा-क्षेत्र' (सर्विस सेक्टर) के रूप में समझा जा सकता है। याद रहे, वैश्यों के बाद राज्य को सबसे ज्यादा कर शूद्र समुदाय ही देते थे। शूद्र दास या गुलाम तो हो ही नहीं सकता था।

यह उम्मीद की जा सकती थी कि व्यावसायिक चयन की ऐसी स्वतंत्रता, जो शूद्रों के संदर्भ में स्पष्ट है, केवल उन्हीं तक ही सीमित है, किंतु तथ्य यह है कि ब्राह्मणों के मामले में भी तसवीर कम अस्पष्ट नहीं है। व्यावहारिक रूप में भारत के किसी भी भाग

में हमें जुताई और मजदूरी करते ब्राह्मणों की उपस्थिति मिल जाती है। कुछ महत्त्वपूर्ण उद्धरण गुजरात के भटेला, महाराष्ट्र और गोवा के शेनावी, कर्नाटक के हैग, ओडीशा के मस्तान और बिहार और उत्तर प्रदेश के भूमिहर ब्राह्मण हैं। यह भी जाना जाता है कि उनके अधिक कट्टर बिरादर उन्हें उनके अपरंपरागत काम के कारण, असली ब्राह ग न मानकर इनके साथ सही व्यवहार नहीं करते हैं। यह संभव है कि बहुत सारे ब्राह्मण समुदाय, व्यापारिक या वाणिज्यिक व्यवसायों को अपनाने के पारंपरिक ब्राह्मणों द्वारा छोटे मान लिए गए। यह अभिलिखित है कि अंग्रेजों की बंगाल सेना बहाली के इच्छुक अनेक ब्राह्मण बहुत बार अपने को निचले जाति स्तर का घोषित कर देते थे ताकि वे ऐसी सैन्य टुकड़ियों में सम्मिलित हो सकें, जहाँ कोटे से अधिक ब्राह्मण बहाल हो गए थे।[1] यह संभव है कि लंबे अरसे तक निचली जाति के रूप में पंजीकरण कराने के कारण बहुत सारे ब्राह्मण परिवार गैर-ब्राह्मण के रूप में जाने जाने लगे हों। ब्राह्मण पिता और शूद्र माता से उत्पन्न *निषाद* को *मनुस्मृति* के अनुसार मछुआरों का काम सौंपा गया, किंतु इसी शब्द का उपयोग *सहयाद्रि खंड* में सोनार या सोने का काम करनेवाले के लिए किया है। *रामायण* में कहा गया है कि भगवान् राम निषादों के राजकुमार गुह से मिले थे *गुहमासाद्य धर्मात्मा निषादाधिपतिं प्रियम्।* तात्पर्य यह कि *निषाद* राजा भी होते थे।

निश्चित रूप से *निषाद* 'मिश्रित बच्चों' के व्यर्थ एवं अपमानित समूह नहीं थे। इसी तरह, क्षत्रिय पुरुष की शूद्र पत्नी से पैदा हुए उग्र, जो थोड़े क्रूर और थोड़े नीच माने जाते थे, *स्कंद पुराण* के सहयाद्री खंड में 'राजपूत' का स्थान पाते हैं। हिंदू समाज में सामाजिक हैसियत की गतिशील प्रकृति को छिपाना इसके सृजनशील तत्त्व को पाखंडपूर्ण ढंग से नकार देना है।

वैदिक स्तुतियों में 'ब्राह्मण' शब्द का प्रयोग "पुरोहित के बारे में पूरी तरह से स्थापित सामान्य पद के, या पुरोहिताई से संबंधित एक समूह के रूप में नहीं मिलता है।"[2] इस शब्द का पुल्लिंग रूप में प्रयोग "प्रार्थना करनेवाले या करानेवाले के अर्थ में हुआ।"[3] डी. देवहूति ने स्पष्ट किया है कि *ब्राह्म* शब्द स्तुति, प्रार्थना, पवित्र शब्द, सच का सूत्रीकरण, आधार आदि का संकेत करता है। बाद में व्यावहारिक स्तर पर विकसित हुए विचारों में ब्राह्मण उपाधि का प्रयोग उस व्यक्ति के लिए हुआ, जिसमें इस तरह के विचारों से अवगत करानेवाले गुण हों, और अवधारणा के स्तर पर इसका विकास उन अर्थों के सार योग के अपरिवर्तनीय सार्वभौमिक सिद्धांत के रूप में हुआ। इसलिए, "निःसंदेह, ब्राह्मणों का वेदों में उल्लेख जाति के रूप में नहीं, महज एक पेशे के रूप में है। इन रचनाओं में, उनके मानव परिवार के अन्य सदस्यों से भिन्न उत्पत्ति के बारे में एक शब्द भी नहीं कहा गया है। वे किसी मूल गरिमा या स्थिति के आधार पर किसी विशेषाधिकार की माँग नहीं करते।"[4] यहाँ तक कि *मनुस्मृति* (1.39) प्रतिपादित करती

है कि समस्त मानवता एक साथ दस महर्षियों से उत्पन्न हुई, जो ब्रह्मा की मानसिक तपस्याओं से पैदा हुए थे और इस उद्गम संयोजना में *ब्राह्मण* और *चांडाल* का मानवीय उद्गम साझा है। बहुत सी वैदिक ऋचाएँ राजसी वर्ग के सदस्यों से संबंधित हैं और एक ही समूह के व्यक्तियों को िक्षकों और ऋषियों के परिवार में अकसर विवाह करते दिखाया गया है। इसी तरह, क्ष त्रेय पद की स्थिति है : "वेदों में 'क्षत्र' शब्द का प्रयोग सत्ता धारण करने वाले समूह क लिए किया गया है···और *क्षत्रपति* (शक्ति का धारक) संज्ञा का प्रयोग संभवत: सत्ता धारण करने वाले हर उस पक्ष के लिए किया गया है, जो किसी भी तरह का या किसी हद तक का प्राधिकार रखते हों। *क्षत्रिय, क्षत्रपति* के समतुल्य है।"[5] हम जानते हैं कि बहुत बाद के समय में, *धर्मशास्त्रों* के रचनाकाल के समय तक, भी किसी भी वर्ग का व्यक्ति राजनीतिक सत्ता प्राप्त कर सकता था और वैध तरीके से उसका इस्तेमाल कर सकता था। राजा और अधिकारी वेदों में प्रशंसित तो किए गए हैं, "किंतु उनमें ईश्वर की भुजाओं से उनकी उत्पत्ति के बारे में एक शब्द भी नहीं कहा गया है।"[6] प्रो. एच.एच. विल्सन ने भी उल्लेख किया है कि "वहाँ (वेदों में) अनुष्ठान से वैरभाव रखने वाले *राजाओं* के भी संकेत हैं, इसलिए वे किसी मान्यता प्राप्त सैन्य समुदाय से संबंधित नहीं हो सकते थे।"[7]

इस प्रकार हम दावे के साथ कह सकते हैं कि, "जाति, जिस भाव में वह वर्तमान में मौजूद है, प्राचीन आर्यों के बीच बिल्कुल अज्ञात थी, यद्यपि नि:संदेह अन्य संबंधित समुदाय के लोगों की तरह, उनके समुदाय में भी विभिन्न प्रकार के पद और पेशे थे।"[8] जॉन विल्सन विश्वास करते हैं कि प्राचीन वैदिक समय में जाति, आर्यों की व्यवस्थित संस्था नहीं थी; पूर्व परीक्षित तथ्यों के आधार पर अब तो यह भी कह सकते हैं कि *धर्मशास्त्रों* के समय भी जाति वर्तमान जैसी नहीं थी। मैक्समूलर ने 10 अप्रैल, 1888 को लंदन के टाइम्स में लिखा था—"क्या जाति, जिस रूप में हम मनु और आज के समय में पाते हैं, वेदों की धार्मिक शिक्षा का हिस्सा है? हमारा निश्चित उत्तर है कि नहीं। वेदों में जातियों की संश्लेषीय व्यवस्था के लिए कोई भी निवेश नहीं है, ब्राह्मणों द्वारा दावा किए गए आक्रामक विशेषाधिकार के लिए कोई जगह नहीं है; शूद्रों की अपमानित स्थिति के लिए कोई व्यवस्था नहीं है। यहाँ ऐसा कोई कानून नहीं, जो विभिन्न वर्ग के लोगों को एक-दूसरे के एक-साथ रहने से, साथ खाने और पीने से रोकता हो; विभिन्न जातियों से संबंधित लोगों के बीच विवाह निषेध करने के लिए कोई कानून नहीं है; ऐसे विवाहों की संतति पर अमिट कलंक लगाने के लिए भी कोई कानून नहीं।"[9] मैक्समूलर इस बिंदु पर सही हैं कि जातियों के बीच संबंध, जैसा हमें आज सामना करने के लिए विवश किया गया है, आर्य सामाजिक जीवन का हिस्सा नहीं थे; वे ब्राह्मणों के 'आक्रामक विशेषाधिकार' और शूद्रों की 'अपमानित स्थिति' के मुद्दों पर निश्चित

तौर से गलत हैं और इस विषय के निरीक्षण की आवश्यकता है। मैक्समूलर और अन्य विद्वान् 'अपमानित शूद्रों' की बात किसी विश्वसनीय ऐतिहासिक प्रमाण के आधार पर नहीं, बल्कि आधुनिक सामाजिक वास्तविकता के अपने अनुभवों के आधार पर करते हैं, जिससे वे अतीत की अटूट निरंतरता होने का अनुमान करते हैं।

दुर्भाग्यवश कई इतिहासकार और सामाजिक वैज्ञानिक समुचित विचार एवं गंभीरता के बिना ही अपमानजनक शब्दों, जैसे, 'दयनीय', 'अपमानित', 'दास' इत्यादि को शूद्र की मूल दशा बताने के लिए उपयोग करने से हिचक नहीं करते हैं। शूद्र को आधुनिक परिभाषा के आलोक में भी, जो मोटे तौर पर भारत की विभिन्न 'पिछड़ी जातियों' की श्रेणी के अनुरूप है, और जिसमें ब्राह्मण, क्षत्रिय, वैश्य और अनुसूचित जातियों के अलावा सभी जातियाँ सम्मिलित हैं, अपमानित और दयनीय नहीं कहा जा सकता है। संपन्न और शक्तिशाली *यादव, कोइरी, कम्मा और नाडार* शायद उस पारंपरिक ज्ञान के साथ असहमत होना चाहेंगे, जो उन्हें दयनीय सामाजिक अवस्था में व्यवस्थित करना चाहता है। सुशिक्षित *कुर्मी* और *मीणा* शायद नम्रता से सुझाव देना पसंद कर सकते हैं कि उनकी पदावनति से संबंधित कथा, जो ऐतिहासिक रूप से अप्रमाणित और सामाजिक रूप से अकल्पनीय है, उसका पुनर्मूल्यांकन किया जाए। भारत के सैकड़ों तथाकथित शूद्र समुदाय न तो दयनीय, न अपमानित और न दास हैं। भारत के कई समाज-वैज्ञानिक हमें विश्वास दिलाना चाहते हैं कि शूद्रता निश्चित पहचान है, जिसे सार्वभौमिक रूप से स्वीकार्य सामाजिक-आर्थिक मानदंड के अनुसार एक सामाजिक घटना के रूप में समझा जा सकता है। अगर ऐसा था तो *यादवों* का प्राचीन क्षत्रिय वंश आज शूद्र क्यों कहलाएगा? क्यों *लोध, कुर्मी, कहार* और *शाक्य* समुदाय स्वयं को क्षत्रिय कहलाना पसंद करते हैं, जबकि वे भारत के सामाजिक वर्गों की भव्य सूची में 'पिछड़ी' जातियों के रूप में दर्ज हैं? हमें यह भी ध्यान में रखना चाहिए कि वास्तविकता में 'शूद्र' शब्द का प्रयोग वास्तविक जीवन में एक सामाजिक वर्ग को सूचित करने के लिए शायद ही कभी किया गया हो। कोई व्यक्ति या तो ब्राह्मण, या यादव या लोध होता है। ये विशिष्ट जातीय पदनाम वर्णों की पारंपरिक शैली के बजाय सामाजिक गतिविधियों की एक लचीली संरचना को दर्शाने के लिए उपयोग किए गए थे।

गौतम धर्मसूत्र (1.241) कहता है कि कोई ब्राह्मण शिष्य भिक्षा के लिए प्रत्येक वर्ण के लोगों के घर जा सकता है। हालाँकि पापी और गिरा हुआ व्यक्ति अभिशप्त के रूप में चिह्नित है, शूद्र का नाम अयोग्य भिक्षादाताओं की चर्चा में नहीं आता है। उसी *सूत्र* (1.5.38) में लिखा है कि कोई शूद्र किसी ब्राह्मण का अतिथि बन सकता है और शूद्र के ब्राह्मण के घर अतिथि के रूप में आने पर उसे उचित सम्मान दिया जाना चाहिए और भोजन-पानी की सेवा दी जानी चाहिए। गौतम के *सूत्र* से यह भी स्पष्ट है कि ब्राह्मण

गृहस्वामी द्वारा कराए जानेवाले यज्ञ में सम्मिलित होने के लिए भी गैर-ब्राह्मण समुदायों पर कोई प्रतिबंध नहीं था और ऐसे शूद्र अतिथि उचित सम्मान के अधिकारी होते थे— *यज्ञे संवृताश्चेत।* इसमें कोई भी संदेह नहीं है कि सभी गैर-ब्राह्मण व्यक्ति शिक्षकों की भूमिका निभा सकते थे और अपनी पाठशालाओं में ब्राह्मण परिवार के बच्चों को भी दाखिला दिला सकते थे। सूत्र 1.7.4 में गौतम चर्चा करते हैं कि ब्राह्मण के सभी कार्य—यज्ञ, शिक्षण और भिक्षादान स्वीकार करना—संकट के समय में सभी वर्ण के लोगों द्वारा किए जा सकते हैं— *यज्ञाध्यापनप्रोतिग्रह सर्वेषम।* ब्राह्मण शिष्य को अपने गैर-ब्राह्मण शिक्षक का सम्मान और आदर सहित अनुकरण करने हेतु आह्वान किया जाता है। शूद्र अपने पूर्वजों का शौच संस्कार और श्राद्ध करने के लिए योग्य थे। दस्तकारी और कारीगरी को शूद्र के व्यवसाय के रूप में निश्चित तौर पर लिखा गया है— *शिल्पवृत्तिश्च।* वह *वैश्वदेव* अनुष्ठान निश्चित मंत्रों के साथ कर सकता था और *पाकयज्ञ* का अनुपालन कर ले सकता था। गौतम के अनुसार, शूद्र कानूनी विवाद में गवाह के रूप में काम कर सकता था। शूद्र के हत्यारे को गाय और बैल के दान के अलावा एक साल तक अपने कृत्य का पश्चात्ताप करना आवश्यक था।

बहुत बाद की *मनुस्मृति,* शूद्र और ब्राह्मण के एक ही पैतृक स्रोत के वंशज होने की घोषणा करती है। ब्राह्मणों के वंशज सोमप और शूद्रों के सुकालिन हैं, और हमें बताया गया है कि सुकालिन ऋषि वसिष्ठ के पुत्र थे।*मनुस्मृति* बताती है कि प्राचीन भारत में कई शूद्र राजा थे। यद्यपि ऐसा उल्लेख नकारात्मक रूप से है, क्योंकि यह चेतावनी देती है कि शूद्र के राज्य-*शूद्रराज्ये*-में रहना खतरनाक हो सकता है। *मनुस्मृति* में शूद्रों के गैर-आर्य मूल का होने या पराजित गुलामी के कारण उनके अलग-थलग पड़ने और उनकी दयनीयता के पक्ष में कुछ भी नहीं कहा गया है। *स्मृतियाँ,* शूद्रों के ऊपर आर्थिक या व्यावसायिक अक्षमता आरोपित नहीं करती हैं। कई टिप्पणीकार विवादास्पद विश्लेषण का सहारा लेते हुए यह बताते हैं कि शूद्र केवल तीन उच्च वर्णों की सेवा करने के अधिकारी थे। धर्म ग्रंथों की गवाही जबकि इससे अलग है। *पाराशर स्मृति* (79) कृषि, वाणिज्य और कारीगरी को वैश्यों और शूद्रों के सामान्य व्यवसायों के रूप में बताती है— *वैश्यः शूद्रः सदा कुलतु कृषिवाणिज्यशिल्पकान। शंख स्मृति* में कहा गया है कि शूद्र अन्य तीन वर्णों को सेवाएँ उपलब्ध कराके अपनी जीविका कमा सकता है, किंतु इसमें यह भी कहा गया है कि उसके लिए सभी पेशे और शिल्प भी खुले हैं— *सर्व शिल्पाणि। अत्रि स्मृति* के अनुसार, शूद्र का व्यवसाय तीनों वर्णों को सेवा प्रदान करना, *वार्त्ता* (आर्थिक और व्यापार से संबंधित गतिविधियाँ), और विभिन्न शिल्प हैं— *शूद्रस्य वार्त्ता सुश्रूषा द्विजनाम् करुकर्म च।*

यह शूद्र से जुड़ी वास्तविकता का एक पक्ष है। दूसरा पक्ष शूद्र शब्द के द्वारा किसी

व्यक्ति के सांस्कृतिक स्तर और उसकी मूल्य सिद्धियों की ओर संकेत करने हेतु हुए उपयोग में संपुटित है। माना जाता था कि एक ब्राह्मण, शूद्र के चेतना स्तर पर तब तक रहता है, जब तक कि वह अपने अध्ययन में महारथ हासिल न कर ले और ब्राह्मण के लिए उपयुक्त परिपक्वता का स्तर न प्राप्त कर ले। *अत्रि स्मृति* विश्वास करती है कि प्रत्येक ब्राह्मण, ब्राह्मणत्व के पवित्र स्तर पर सदा नहीं रहता है, बल्कि अपने आचरण, गुण एवं व्यवहार के आधार पर ही वह *देव, मुनि, द्विज, राजा, वैश्य, शूद्र, निषाद, पशु,* म्लेच्छ और *चांडाल* माना जा सकता है। फिर, हम ऐसा कैसे कह सकते हैं कि जब किसी ग्रंथ में *चांडाल* की बात होती है तो उसका इशारा मूर्ख ब्राह्मणों के समूह की ओर नहीं होता है।

यह भी एक तथ्य है कि कतिपय धर्मशास्त्रीय ग्रंथों में कुछ कठोर निषेधाज्ञाओं भी उल्लेख मिलता है, किंतु ध्यान देने की बात है कि ये निषेधाज्ञाएँ अधिकतर मौखिक हमला (*वाक्यपारुश्य*) और शारीरिक हमला (*पारुश्य*) की चर्चा के संदर्भ में मिलती हैं। *मनुस्मृति* कहती है कि यदि कोई शूद्र अन्य तीन वर्णों के लिए घृणित शब्द बोलता है तो उसकी जीभ छेद देनी चाहिए; यदि वह इन लोगों के वर्ण और नाम को सुविचारित घृणा के साथ बोलता है, तो उसके मुँह में लोहे की छड़ डाल देनी चाहिए; यदि वह अहंकार के साथ ब्राह्मणों को उनका कर्तव्य सिखाता है, तो उसके मुँह और कान में गरम तेल डाल देना चाहिए। संक्षेप में, ये भेदभावपूर्ण निषेधाज्ञा के उत्कृष्ट उदाहरण हैं, हालाँकि इन क्रूर निषेधाज्ञाओं को सिर्फ इस कारण लागू नहीं किया जा सकता कि संबंधित व्यक्ति एक शूद्र है। यह संदर्भ एक बड़ी बहस का हिस्सा है, जिसमें विभिन्न समुदायों के बीच हिंसा की घटनाओं पर विचार-विमर्श किया जा रहा है। वही ग्रंथ यह भी कहता है कि यदि कोई ब्राह्मण, शूद्र समेत अन्य वर्णों के लोगों पर मौखिक रूप से आक्रमण करता है, तो उस पर अर्थदंड लगाया जाना चाहिए। मेधातिथि ने *मनुस्मृति* (VIII.272) पर अपनी टिप्पणी में स्पष्ट किया है कि यह ग्रंथ केवल उन शूद्रों के लिए दंड का प्रावधान करता है, जो अहंकार वश ब्राह्मण को संस्कार, अनुष्ठान और वैदिक अध्ययन पर सलाह देते हैं। मेधातिथि स्पष्ट करते हैं कि यदि "किसी शूद्र ने ब्राह्मणों के साहचर्य के माध्यम से चीजों को सीखा है और वह समय और स्थान या विवरण की खामियाँ मित्रतापूर्वक बताता है, तब इसमें कुछ भी गलत नहीं है।"[10]

अहंकार और दुर्भावनापूर्ण मौखिक आक्रमण से संबंधित सारी कठोर निषेधाज्ञाएँ केवल शूद्रों के लिए नहीं थीं, बल्कि सभी वर्णों के लिए थीं। *गौतम धर्मसूत्र* के इसी प्रकार के पदों पर अपनी वृत्ति में *मिताक्षरा* समझाती है कि अधिकतम कठोर निषेधाज्ञाएँ केवल अतिशयोक्तिपूर्ण और भड़कदार भाषा के प्रयोग का उदाहरण हैं—*अथ हेति वाक्यालंकारे*—किसी शूद्र को वेदों के शब्द सुनने पर कोई नुकसान नहीं उठाना पड़ता

है। इस तरह की भेदभावपूर्ण घोषणाओं का कारण नहीं बताया जाता है। अत: इन पदों को *अर्थवाद* या बिना किसी निषेधाज्ञा मूल्य के गैर-चिंतनशील व्याख्यान के रूप में पढ़ा जाना चाहिए। अगर शूद्र के बारे में जो कहा गया है, वह केवल एक *वाक्यलंकार* है, कहने का एक अतिशयोक्तिपूर्ण तरीका है, तो संभवत: इन कठोर निषेधाज्ञाओं को *अर्थवाद* की घटनाओं के रूप में पढ़ा जा सकता है, वास्तविक प्रथाओं के अभिलेखों के रूप में नहीं, क्योंकि हम नहीं जानते कि 'शूद्र' शब्द से किस समुदाय की ओर इशारा किया जा रहा है—यूनानी या भारतीय शूद्रवर्ग का कोई हिस्सा? यह भी याद रखना चाहिए कि ग्रंथों में होनेवाली ये चर्चाएँ उपदेशात्मक परंपरा से संबंधित हैं, न कि किसी राजा या राज्य की विधिक संरचना से। इसके अलावा, कई शूद्र राजाओं, सेनापतियों, धनी व्यवसायियों और कृषकों को किसी तपस्वी के ऐसे मूर्खतापूर्ण चिंतन पर हँसी ही आई होगी, जो जगत् की वास्तविकता से पूरी तरह कटा हुआ लगता है। यह भी संभव है कि ऐसा व्याख्यान कुछ ब्राह्मणों का इच्छा कल्पित चिंतन रहा हो, जिनके प्रभाव का क्षेत्र भारत पर नए लोगों के आक्रमण से खतरे में पड़ गया था। हिंदू परंपरा इस तथ्य को मानती है कि नंद वंश के नाश के बाद सभी सांसारिक और राजनीतिक सत्ता शूद्रों के द्वारा नियंत्रित होगी। *विष्णु पुराण* में स्पष्ट कहा गया है कि नंदों के बाद भारत के सभी राजा शूद्र होंगे। इस तरह के ऐतिहासिक बोध के बाद शूद्रों के विरुद्ध शारीरिक हिंसा की जगह कहाँ बचती है? हमें याद रखना चाहिए कि नंदों के बाद भारत के महानतम राज्य—मौर्य, बैक्ट्रियाई, पर्थियाई और शक-शूद्रों के द्वारा ही शासित थे। वर्ण, जाति और *वर्णसंकर* के *धर्मशास्त्रीय* सिद्धांत का चरित्र मात्र फॉर्मूला आधारित साहित्य का है; कुल मिलाकर ये परंपरावादियों के द्वारा तत्कालीन परिस्थितियों को व्यवस्थित अर्थ प्रदान करने के प्रयास को प्रतिबिंबित करते हैं, जो कि उनके नियंत्रण और समझ से परे था।

यह कहना कि *मनुस्मृति* ने जाति-व्यवस्था को सृजित किया और स्थिर बनाए रखा, पूरी तरह से तथ्यहीन है। *मनुस्मृति* में उल्लेखित बहुत सी जातियाँ इसके संकलन के बहुत पहले से ही विद्यमान थीं। मागध, ओद्र, आंध्र, वैदेह *मनुस्मृति* में जाति के रूप में उल्लेखित हैं, जबकि असल में ये क्षेत्रीय पहचान हैं और उनके भीतर विभिन्न जातियों से जुड़े लोग सम्मिलित थे। आभीर, *अंबष्ठ* और *मीड* महत्त्वपूर्ण *स्मृतियों* के युग से सदियों पूर्व से जनजाति समूहों के रूप में अस्तित्व में थे। वेदों में, शुद्ध हो या मिश्रित, ऐसी किसी भी जाति की चर्चा नहीं है; "स्पर्श द्वारा, खाने द्वारा या पीने द्वारा औपचारिक कलंक लगने के सिद्धांत या घटना या व्यवस्था का एक भी उदाहरण वेदों में नहीं नहीं मिलता है।"[11] ब्राह्मण वह था, जिसके पास *ब्रह्म* हो, क्षत्रिय *क्षात्र* या राजनीतिक एवं सैन्य सत्ता का धारक था : उसका जातीय संबंध उसके ऐसे अधिकार के प्रयोग के लिए बाधक नहीं था। *शुक्ल यजुर्वेद* में ऐसी श्रेणियों का सम्मान किया गया है, जिन्हें हम आधुनिक समय

में शूद्र कह सकते हैं। इसमें खेतों के मालिक *क्षेत्रपति; चारण, सारथी* या *सूत;* जनजातियों के प्रमुख *तस्करपति;* बढ़ई या *तक्ष;* कुलत या कुम्हार; धातुकर्मी या *कर्मार* और *निषाद* का अभिनंदन किया गया है।[12] जॉन विल्सन कहते हैं, "यहाँ जाति के पारंपरिक या व्यभिचारी मिश्रण से पैदा किसी पार्टी का पौराणिक संदर्भ नहीं है··· हमारे इस विश्वास का पर्याप्त कारण है कि, मागध और *चांडालों* से अलग, जिन वर्गों का उल्लेख बिना किसी गोत्र की चर्चा किए हुआ है वे या तो आर्य थे या आर्यों से संबंधित थे।"[13]

शतपथ ब्राह्मण (यथा i.1.4.11) में स्पष्ट संकेत है कि विभिन्न यज्ञों को करने का अधिकार शूद्र को प्राप्त था। प्रासंगिक ग्रंथ कहता है, "यदि यज्ञ करनेवाला ब्राह्मण हो, तो ऐही अथवा आओ कहते हैं! यदि वह वैश्य है, तो कहा जाता है, अगही या इधर आना! *राजन्य* बंधु है तो कहते हैं, *अद्रव* या इधर दौड़ो! शूद्र से कहते हैं, *अध्व* यानी इधर दौड़ो!"[14] *वृहदारण्यक उपनिषद्* के अनुसार, ब्रह्म से समाज के पोषक के रूप में शूद्र पैदा हुए और जिनमें ब्रह्माण्डीय *ब्रह्म* का सारतत्त्व उसी तरीके से प्रवहमान है, जैसे क्षत्रिय या वैश्य में होता है। वैदिक समय से उपलब्ध इन साक्ष्यों की दृष्टि से, और ब्राह्मण ग्रंथों और उपनिषदों के समय से ही हिंदू समाज में शूद्रों की एकीकृत स्थिति के स्पष्ट रूप से प्रमाण मिलते हैं। *सूत्रों* और *स्मृति* ग्रंथों में *उपनयन* और वैदिक अध्ययन से शूद्रों के बहिष्कार के बारे में कुछ छिटपुट संदर्भ संभवत: अपरिचित नवागंतुकों के भारतीय सामाजिक परिवेश में प्रवेश को लेकर कहे गए माने जा सकते हैं। मजेदार बात यह है कि *हिरण्यकेशी* सूत्र में एक जगह शूद्र के लिए यज्ञ-अग्नि रखना निरर्थक काम माना गया है, जबकि दूसरे स्थान पर उसमें *द्रविहोम* यज्ञ के बारे में भी बताया गया है, जिसमें ब्राह्मण, क्षत्रिय, वैश्य और शूद्र एक साथ मिलकर यज्ञ के दायित्वों को निभाते हैं। क्या *हिरण्यकेशी* सूत्र में दो अलग-अलग शूद्र श्रेणियों का संदर्भ दिया गया है? या इसमें शूद्रों के दो अलग-अलग समूहों में प्रचलित प्रथाओं को बताया गया है, जिनमें से एक समूह *उपनयन* और यज्ञ को निरर्थक कार्य मानता था, जबकि दूसरा पूरी तरह से इसमें भाग लेता था? सब से युक्तियुक्त तो यही समझना चाहिए कि यहाँ ऐसा ही किया गया है, क्योंकि अधिकतम सूत्र ग्रंथ "शूद्र को स्पष्ट रूप से कभी बहिष्कृत नहीं करते हैं, न ही वे उसे पैदाइशी दास या अन्य जातियों के आश्रित के रूप में प्रस्तुत करते हैं।"[15] भ्रम तब और बढ़ जाता है, जब हम मानव कल्प सूत्र को यह घोषणा करते पाते हैं कि "मवेशियों की देखभाल करनेवाला, व्यापार करनेवाला, यांत्रिक और विनोदी कृत्य करनेवाला, शरीर की परिचर्या करनेवाला, सूदखोरी करनेवाला ब्राह्मण शूद्र के समान माना जाता है।"[16]

महाभारत में युधिष्ठिर और अगस्त्य मुनि के श्राप से नाग बन गए राजा नहुष के बीच एक संवाद की चर्चा है। इस प्रश्न पर कि ब्राह्मण कौन है, नाग उत्तर देता है,

निग्रह है, करुणा है।"[17] युधिष्ठिर ने सहमति जताई और कहा, "जब शूद्र में पुण्य का निशान हो और द्विज में नहीं हो, तो वह शूद्र शूद्र नहीं है और वैसा ब्राह्मण ब्राह्मण नहीं है।"[18] युधिष्ठिर आगे जोर देकर कहते हैं कि जातियों के भ्रम की स्थिति को रोकने और उन सांस्कृतिक समुदायों के मिथ्या निरूपण को रोकने के लिए, जिनके संपर्क में वैदिक आर्य लगातार आ रहे थे, जाति की धारणा में अच्छे आचरण को अधियोजित किया जाना चाहिए। *महाभारत* में कहा गया है, "सभी देशों के अपने कानून और ईश्वर हैं; यवन बुद्धिमान हैं और बहुत ही वीर हैं, म्लेच्छ अपना अनुष्ठान स्वयं करते हैं।"[19] प्राचीन भारत के उस काल खंड में, जिसमें अधिकांश *सूत्र* और *स्मृतियों* (600 ई.पू. से 400 ई.पू.) का संकलन हुआ, विभिन्न लोगों और समुदायों के मध्य बड़े पैमाने पर पारस्परिक विचार-विमर्श हो रहा था। इसलिए भारत में कोई भी राजनीतिक इकाई कभी भी नस्लीय, जातीय या सांप्रदायिक रूप से अनन्य संगठन नहीं बनी, क्योंकि वे विभिन्न मानव समूहों से निकले नागरिकों से मिल कर बने थे। इंद्र को किए गए अपने संबोधन में राजा मंधाता इस विविधता को रेखांकित करते हैं—"यवन, किरात, गंधार, चिन, शबर, वानर, चक, तुशार, कांकर, पह्लव, आंध्र, माद्र, पौंद्र, पुलिंद, रामथ, कंबोज, ब्राह्मणों एवं क्षत्रियों से उत्पन्न हुए लोग, वैश्य एवं शूद्र जातियों के लोग—विभिन्न देशों के ये लोग किस प्रकार के कर्तव्य का वहन करेंगे और मेरे जैसे राजा को उन लोगों के लिए क्या नियम निर्धारित करने होंगे, जो *दस्यु* की तरह जी रहे हैं?"[20] यह संपूर्ण विचार-विमर्श सामंजस्य का एक सिद्धांत ढूँढ़ने को लक्षित है, जिससे विभिन्न समुदायों को किसी भी मायने में उनकी निहित विशिष्टताओं को कम किए बिना, पहचान की एक आम संरचना के अंतर्गत बाँधा जा सके। मांधाता कहते हैं—"मनुष्यों की इस दुनिया में, अलग वेश में सही, परंतु *दस्यु* सभी जातियों में देखे जाते हैं, यहाँ तक कि चार क्रमों (आश्रमों) के मनुष्यों के बीच में भी।"[21]

दूसरी ओर, महान् और धर्मात्मा लोग भी सभी चारों वर्णों में पाए जाते हैं। *वज्र शुचि* में, अश्वघोष कहते हैं कि वे व्यक्तिगत रूप से ऐसे कई शूद्रों को जानते थे, "जो चारों वेदों, भाषा-शास्त्र, मीमांसा एवं सांख्य और वैशेषिक एवं ज्योतिषिका दर्शनों के ज्ञाता थे।"[22] अश्वघोष कई *नटों, भटों, कैवार्तों, भांडों* और अन्य समूहों को जानते थे, जो धर्मपरायणता के गंभीर और श्रमसाध्य कार्य करते थे। अश्वघोष हमें याद दिलाते हैं कि रावण के नेतृत्व में अधिकतर राक्षस वेद पढ़ते थे। अश्वघोष के अनुसार, "ब्राह्मणत्व किसी भी जाति या नस्ल से अपरिहार्य रूप से संलग्न नहीं, बल्कि केवल अच्छे आदमी का गुण है।"[23] वे बल देते हैं—"मेरे मन में ब्राह्मणत्व केवल निर्मल गुण है, कुंद पुष्प की हिम जैसी धवलता के समान···इसलिए यह कहना कि ब्राह्मण एक निश्चित नस्ल

कुल और *चांडाल* कुल से संबंधित थे, उन्होंने *चूड़ा-कर्म* (केश मुंडन) और *मुंज-बंधन* (पवित्र सूत्र बाँधना) और *दंत-काष्ठ* (दाँत धोना) करते हुए और ब्राह्मणों के लिए विनियोजित ऐसे ही अन्य कर्मों का निर्वहन किया और मृत्यु उपरांत ब्राह्मण के रूप में प्रसिद्ध हुए और अभी भी हैं।"[24] *स्कंद पुराण* का *काशी खंड* एक आद्य पुरुष के शरीर से चार वर्णों की उत्पत्ति के मिथक पर प्रश्नचिह्न खड़ा करता है, और इस धारणा को अस्वीकार करता है कि इस मिथक ने ही सामाजिक समूहों के वर्गीकरण की जमीन तैयार की है। उसमें कहा गया है, "(उच्च) जाति और निम्न जाति (वर्ण-अवर्ण) के बारे में नहीं सोचा जाना चाहिए। मनुष्यों के बीच विभेद का संज्ञान कभी भी या किसी स्थान पर भी नहीं लिया जाना चाहिए।"[25]

हिंदू संस्कृति के कुछ सर्वाधिक पूजनीय सूत्रों से निकलती हुई ये आवाजें स्पष्ट रूप से जाति अलगाव, दमन और अयोग्यता के बारे में प्रचारित कई प्रचलित सिद्धांतों को खारिज करती हैं। *धर्मशास्त्रीय* ग्रंथों ने जाति-व्यवस्था नहीं बनाई; उन्होंने केवल उसे समझने, अभिलिखित करने, वर्गीकृत करने और यथासंभव उन्हें सैद्धांतिक व्याख्यात्मक मॉडल में एकीकृत करने का प्रयास भर किया। जाति अपनी विशिष्ट पहचान वाले मनुष्यों का समुदाय थी, जिसकी अपनी खुद की आंतरिक संरचना और नियमों की व्यवस्था थी। ऐसी व्यवस्था, जो एक विशिष्ट पहचान में परिलक्षित हुई, जो या तो भौगोलिक, या रक्त-संबंध या जनजातीय संबंध या व्यावसायिक विशेषज्ञता के कारण उपार्जित हुई होगी और इस अर्थ में कहा जा सकता है कि जाति दुनिया के सभी दूसरों हिस्सों में भी अस्तित्वमान थी। जहाँ यूरोप और अधिकतर इस्लामी राज्यों में संस्कृति, सोच एवं व्यावहारिक मानदंडों की एकरूपता के पांथिक आग्रह ने सदियों पुराने विविध सामुदायिक प्रतिमानों को मिटा दिया और उन्हें एक विलक्षण, एकरंगी रिलीजियस सिद्धांत के अनुरूप बदल दिया, वहीं भारत में अधिकतर मानव समूहों और समुदायों (जातियों) को अपने सांस्कृतिक और सामाजिक प्रतिमानों को बनाए रखने की अनुमति थी। हिंदुओं ने प्रत्येक समुदाय को उनके स्वयं के सामाजिक मानदंडों के संपूर्ण नियंत्रण के द्वारा समृद्ध होने की अनुमति दी। हिंदुओं ने कट्टर कानूनों के अपरिहार्य और एक समान अनुप्रयोग पर आधारित सामुदायिक जीवन की एक अखंड और तात्त्विक धारणा बनाने की कोशिश कभी नहीं की। विभिन्न जातियों की स्वीकृति, विभिन्न मानव समुदायों की विविधता और उनके सामाजिक-सांस्कृतिक अधिकारों की स्वीकृति थी। हिंदू शिक्षकों और हिंदू राज्यों ने सभी सामाजिक समुदायों पर एकीकृत शरीअत या चर्च द्वारा उद्घोषित कोई नियम उस तरह बलपूर्वक आरोपित नहीं किया, जिस तरह इस्लाम और ईसाई धर्म ने समाज को नियंत्रित करने के लिए किया था। एकेश्वरवादी पंथों ने पंथ परिवर्तित समुदायों की सदियों पुरानी सांस्कृतिक प्रथाओं का बलपूर्वक बहिष्कार कर सांस्कृतिक, सामाजिक

और विधिक विविधताओं का नाश कर दिया और उनकी जगह आस्था, दर्शन और न्यायिक सोच की पूर्व-निर्धारित, एकरंगी और कट्टर बुनियादी ढाँचे को थोप दिया। इब्राहिमी एकेश्वरवाद के अंतर्गत जातियाँ, चर्च या राज्य द्वारा थोपे गए एकार्थक संस्कृति के दबाव में अपने ईश्वरों, अपने धार्मिक अनुष्ठानों, अपने अनगिनत त्योहारों को खो देती हैं; बहुईश्वरवाद में मानव बहुसांस्कृतिकता सम्मिलित होती है और सराही जाती है, और नागरिक और सामाजिक जीवन के नियामन पर राज्य को कोई अधिकार नहीं होता है। हमारे पास प्राचीन समय के हिंदू राज्य द्वारा विभिन्न समुदायों के रोजमर्रा के जीवन में बाधा उत्पन्न करने का कोई साक्ष्य नहीं है। इसके विपरीत, जैसा हम शीघ्र ही देखेंगे, राज्य ने विभिन्न समुदायों के आतंरिक विधि-विधानों को सुनिश्चित करने के सचेत प्रयास किए, यहाँ तक कि जनजातियों, विधर्मी संप्रदायों और अधीनस्थ लोगों को उनकी न्यायिक प्रक्रिया के निर्वहन की छूट दी। हिंदू समाज विभिन्न स्वायत्त समुदायों की सहक्रिया थी, जो अपनी अलग आंतरिक पहचान के बावजूद आम आर्थिक, धार्मिक एवं सांस्कृतिक अधिकारों के क्रियान्वयन में एक-दूसरे से परस्पर जुड़ी हुए थे।

प्राचीन भारत में विभिन्न समुदायों के बीच साझा सांस्कृतिक विशिष्टता का विस्तार केवल सहनशीलता और समझौते की भावना की संपूर्ण अभिव्यक्ति के कारण संभव था। जे. टॉलबॉयस व्हीलर कहते हैं, "ब्राह्मणों ने संपर्क में आए नए लोगों की परंपराओं की उपेक्षा या उनकी निंदा का प्रयास शायद ही कभी किया होगा; बल्कि उन्होंने ऐसी सामग्री का अपने विशिष्ट सिद्धांतों के प्रचार के लिए साधन के तौर पर उपयोग किया।"[26] इसी तरह ब्राह्मणों ने जाति-व्यवस्था का न तो आविष्कार किया, न ही उसे बनाया : "सच यह है कि ऐसे विभाजन हमेशा से अस्तित्व में थे और वे किसी खास समय पर किसी एक व्यक्ति की रचना नहीं थे। ब्राह्मणों ने जनसंख्या के पृथक् समूहों पर अपने कार्यात्मक चार वर्गों के विभाजन को विस्तारित कर मौजूदा अराजकता में अनुशासन लाने का प्रयास किया।"[27] विभिन्न जातियों और उनके अंतर्संबंधों के बारे में जे.एच. हट्टन कहते हैं कि "जाति का एक महत्त्वपूर्ण कार्य, शायद सभी कार्यों में सबसे महत्त्वपूर्ण, और जो जाति को भारत में अनूठा संस्थान बनाती है, वह यह है, या था, कि इसने भारतीय समाज को एकीकृत बनाया, सभी समूहों को एक समुदाय रूप में जोड़ा... इनमें से कुछ समूह व्यावसायिक या पांथिक थे। कुछ अन्य, और यह अधिक महत्त्वपूर्ण है, राष्ट्रीय, राजनीतिक एवं जनजातीय समाज थे जो अन्यथा या तो अवशोषित और रूपांतरित हो जाते या संभवत: असमायोजित और विघटनकारी तत्वों के रूप में ही रह गए होते... जाति-व्यवस्था ने इन समस्याओं को बहुत प्रभावी ढंग से हल किया, जिसे हल करने में अन्य समाज विफल रहे।"[28] हिंदू अपनी प्रजातीय, भाषा संबंधी और सांस्कृतिक विविधता की समस्याओं को हल करने में सफल रहे थे। इसका पहला और सबसे बड़ा कारण यह

था कि वे इस विविधता की सात्त्विक वास्तविकता को समझते थे, इसलिए किसी समूह या समुदाय की विशिष्टता को नष्ट किए बिना ही एकीकृत सभ्यतागत लोकाचार को विकसित करने में सफल रहे। इस सभ्यतागत लोकाचार को बाणभट्ट ने अपने *हर्षचरित* में भव्यता से दिखाया है, जिसमें वे किसी अरण्य विश्वविद्यालय की राजकीय यात्रा का वर्णन करते हैं। वहाँ उन्होंने बौद्धों, जैनों, लोकायतों, कणाद अनुयायियों, भिक्षुकों, साधुओं, कपिल के अनुयायियों, वैयाकरण, इत्यादि को एक साथ रहते हुए और अपने-अपने सिद्धांतों का अनुसरण करते हुए; चर्चा करते हुए, बहस करते हुए, आग्रह करते हुए, शंका करते हुए और उन्हें हल करते हुए देखा था।[29]

विभिन्न गोत्रों, प्रवरों, जातियों और समुदायों के लोग पारस्परिक अंतर्संबंधों की विशाल विविधता के साथ अस्तित्व में थे; वे अपनी सांस्कृतिक संरचना और आंतरिक विनियमन की व्यवस्था को बनाए रखते हुए भी, प्रथानुसार विकसित परिपाटी के माध्यम से पड़ोसी समुदायों से जुड़े हुए थे। ऐसा सह-अस्तित्व सामाजिक और नागरिक क्षेत्रों में राज्य के हस्तक्षेप के बिना संभव हुआ। डॉ. इरावती कर्वे ने "सामाजिक संस्थानों के स्वरूप में अनंत विविधता और राजनीतिक सत्ता या सुसंगठित चर्च के रूप में सामाजिक नियंत्रण की केंद्रीय संस्था के लगभग अभाव" को रेखांकित किया है।[30] *मनुस्मृति* के होने के बावजूद हिंदू सामाजिक व्यवहार में एकरूपता नहीं थी और शायद यह वांछित भी नहीं था। उत्तरी भारत के बहुत से हिंदू समुदायों में नजदीकी रिश्तेदारों के साथ विवाह प्रचलित नहीं है, किंतु राजपूताना, काठियावाड़ और महाराष्ट्र में यह प्रथा काफी लोकप्रिय है। *राजपूत, काठी* और मछुआरे अपने मामा की पुत्री से विवाह कर सकते हैं, किंतु पिता की बहन की बेटी से नहीं, वहीं कुछ मराठी और दक्षिणी भारतीय समुदायों के लड़के पिता की बहन की बेटी से भी विवाह कर सकते हैं।[31] कई मलयाली हिंदू समुदाय मातृसत्ता का पालन करते हैं, किंतु नंबूदरी पितृसत्तात्मक होते हैं और त्रावणकोर एवं कोचीन के राजसी परिवार कुल उत्तराधिकार का अनुसरण करते हैं। कुछ हिंदू समुदाय *नियोग* का पालन करते हैं, जबकि दूसरे अपनी साली से विवाह करते हैं। इस बुनियादी तर्क के समर्थन में कई उदाहरण दिए जा सकते हैं कि हिंदू समाज में सामाजिक संबंध और सामुदायिक व्यवहार की संरचना का प्रबंध शास्त्रों के नियामक निदेशों के बिना आंतरिक रूप से विकसित हुआ।

जैसा कि 'जाति' शब्द से ही पता चलता है, इससे किसी समुदाय के उद्‌भव और विकास की परिस्थितियों और उसकी विशिष्ट प्रकृति को अभिव्यक्त का पता चलता है। जाति ने, अपनी पसंद के तरीके में अपने जीवन की व्यवस्था करने के अधिकार को मान्यता देते हुए, उस समुदाय के सामाजिक क्षेत्र को चिह्नित करने के उद्‌देश्य को ही पूरा किया। जब *देवांग कश्ती* जाति के कुछ लोग कर्नाटक से पुणे स्थानांतरित हुए तो उन्होंने

स्वयं को *मराठा देवांग* बुलाना शुरू कर दिया और कर्नाटक के *कश्तियों* से विवाह करना बंद कर दिया। इसी तरह खांदेश के कृषक *लेवा* गुजरात के मूल *लेवाओं* में विवाह नहीं करते, यद्यपि इन जातियों के अधिकतर सदस्य एक ही मूल इसे हुए अपने आपसी अलगाव के कारण को समझते हैं और "प्रवास की दृढ़ स्मृति रखते हैं"।[32] डॉ. कर्वे इस संबंध में बहुत प्रासंगिक चर्चा करती हैं : "पुराने दिनों में जब परिवारों ने प्रवास किया, तो उन्होंने धीरे-धीरे नए प्रांतों में अपने घर बना लिये, आस-पास की आबादी की भाषा और रीति-रिवाज अपनाए और नई जाति बन गए··· इसीलिए जाति मुख्यतः एक क्षेत्रीय इकाई है और यह ऐसे लोगों से मिलकर भी बनी होती है, जो एक तरह का व्यवसाय करते हैं।" डॉ. कर्वे का अवलोकन जाति निर्माण की पूरी गतिकी को नहीं बताता है, किंतु हमारे अभी के उद्देश्य के लिए इस तथ्य को दरशाता है कि जातियाँ और समुदाय अति जटिल ऐतिहासिक कारणों के आधार पर उभरे, विलीन हुए, अलग हुए, गायब हुए और पुनः प्रकट हुए, और इसका कारण यह बिल्कुल नहीं है कि *धर्मशास्त्रों* ने कल्पित समुदायों की कोई सूची बनाई है। व्यावसायिक तकनीकों में परिवर्तन और श्रम-विभाजन ने भी नई जातियों के उभरने का रास्ता साफ किया। जिन समुदायों ने तेल निकालने के लिए कोल्हू में सिर्फ एक बैल का इस्तेमाल किया, वे *एकबैले* हुए और जिन्होंने दो बैल इस्तेमाल किए, वे *दोबैले* नामक अलग जाति के के रूप में पहचाने जाने लगे। अपने हाथों से पात्रों को गढ़नेवाले कुम्हार समुदाय के लोग *हथगढ़े* जाति के कहलाने लगे, जबकि चाक से पात्र बनानेवाले उन्हीं के परिजन *गढ़चके* कहलाने लगे। इसी तरह से किसानों होते हुए भी फूलों की खेती करनेवाले किसान माली हुए, सामान्य खेती करनेवाले कोइरी हुए तो दूध का व्यवसाय करनेवाले यादव कहलाने लगे।[33]

दो समुदायों के मध्य सामाजिक संबंधों के मानदंड पूरे देश में एक समान नहीं थे। उत्तर की अवस्था दक्षिण से बिल्कुल अलग थी। एक अंतर यह था कि दक्षिण में अछूत जातियों की वास्तविक संख्या उत्तर भारत से बहुत अधिक है। डॉ. कर्वे कहती हैं कि "अछूत जातियों की संख्या और उन पर प्रतिबंधों की गंभीरता उत्तर से दक्षिण की ओर बढ़ती जाती है।"[34] एक आश्चर्यजनक तथ्य! विशेषकर इस पृष्ठभूमि में कि भारत के उत्तरी क्षेत्रों पर आर्य/हिंदू के आपराधिक नियंत्रण और समतावादी द्रविड़ों, हड़प्पा निवासियों और अन्य प्रगतिशील एवं क्रांतिकारी देशीय समुदायों के दक्षिण में निर्वासन के भक्ति-उपदेश सुनकर हम बड़े होते हैं। कुछ समुदायों के साथ सामाजिक संबंधों पर लगा प्रतिबंध देश के दक्षिण हिस्से में कहीं अधिक कठोर है। शायद यह सामाजिक वास्तविकता, भूतपूर्व बंबई और मद्रास सूबों में, जाति आधारित सक्रियतावाद और सामाजिक सुधार आंदोलनों के विकास को स्पष्ट करती है। आर्य *मनुवाद* के मूल क्षेत्रों और शायद *मनुस्मृति* के संकलनकर्ताओं के निवास—पंजाब, उत्तर प्रदेश और बिहार—

ने हिंदू समुदायों के अधिक निकट और न्यायसंगत एकीकरण को अधिक सफलता से संपन्न किया है। उत्तर प्रदेश और बिहार में कोई *चमार* और *डोम* किसी ब्राह्मण के घर जा सकता है, वैवाहिक समारोह में सम्मिलित हो सकता है, भोजन ग्रहण कर सकता है और विभिन्न त्योहारों में भाग ले सकता है। बिहार में बहुत से हिंदू समुदायों के दूल्हे अपने विवाह के लिए आगे तभी बढ़ते हैं, जब उनकी पारिवारिक *धोबिन* उन्हें नहला दे और उनका मुँह जूठा करा दे। सर्वाधिक शुभ पारिवारिक कार्य *चमार* जाति की स्त्री के ढोलक बजाने से ही पूरा होता है। उसका ढोलक पहला सामान होता है, जिसका कार्यक्रम के दौरान सबसे पहले अभिषेक होता है। अधिकतर पवित्र त्योहारों में *डोम* लोगों द्वारा निर्मित टोकरियों और सूपों का उपयोग होता है। यह संव्यवहार समूचे मराठा देश और दक्षिण में संभव नहीं था।[35] सामाजिक संबंधों के बारे में डॉ. कर्वे कहती हैं कि, "लगता है कि पंजाब और उत्तर प्रदेश सर्वाधिक एकीकरण कर पाए हैं।"[36]

जातियों के अस्तित्व ने भारतीय जीवन की विविधता को बनाए रखने में मदद की और इसकी विलक्षणता को संरक्षित किया। केवल जातियों की उपस्थिति का अर्थ, आवश्यक रूप से, उनके बीच क्रूर विरोध नहीं होता जैसे कैटालन, बावेरियाई, फ्लेमिश या डच लोगों की उपस्थिति, उनके बीच अनिवार्य युद्ध और शत्रुता की स्थिति पैदा नहीं करती है। हट्टन महसूस करते हैं कि प्रतिष्ठा की असमानता जाति कहे जानेवाले सामाजिक समूह की केवल आकस्मिक प्रवृत्ति है।[37] आंतरिक अनुभवजन्य परिप्रेक्ष्य से देखा जाए तो, "जाति एक ऐसी युक्ति (उपकरण) लगती है, जिसके द्वारा सभी नस्लीय और सांस्कृतिक तत्त्वों को, यहाँ तक कि सबसे पुराने एवं सबसे आदिम तत्त्व को भी, पूर्ण विलुप्त किए बिना, कम या अधिक, एक छोटे से क्षेत्र में अलग, किंतु बरकरार रखा गया।"[38] *धर्मशास्त्र* विरोधाभासों और असाधारण सामाजिक तथ्यों से इतने भरे पड़े हैं कि उनके उपदेशों का केवल सतर्क और समग्र उपयोग ही उनके समय के सामाजिक जीवन की प्रकृति समझने में मदद कर सकता है। रीति-रिवाज और सामाजिक परंपराओं पर धर्मशास्त्रों के साक्ष्य, उसी काल के अन्य दूसरे ग्रंथों में अभिलिखित साक्ष्यों का प्रतिवाद करते हैं। उदाहरण के लिए, पाणिनि विश्वास करते थे कि, जो संस्था आज जाति के रूप में वर्णित की जाती है, वह विभिन्न गोत्रों (प्राकृतिक वंश) और चरण (सांस्कृतिक वंश) समुदायों के द्वारा एक निश्चित रूप धारण करने से उभरी थी, और जो मोटे तौर पर जातियों के जातीय, व्यावसायिक और सांस्कृतिक उद्गम से संबंधित थी। पतंजलि भी जाति की व्याख्या इसी विस्तृत अर्थ में करते हैं—*गोत्रेन च चारणै सह*—और पाणिनि के अवलोकन का समर्थन करते हैं कि कई *गोत्र* और *चरण* अलग जातियों के रूप में विकसित हुए होंगे।[39]

पतंजलि कहते हैं कि शूद्रों की दो श्रेणियाँ प्राचीन भारत के भौगोलिक क्षेत्र में

रहती हैं—(i) वे जो आर्यावर्त की सामाजिक व्यवस्था के भीतर रहती थीं और, (ii) आर्यावर्त और इसके समाज के क्षेत्र के बाहर रहनेवाली श्रेणियाँ।[40] पाणिनि के अनुसार, आर्य समाज के घेरे के भीतर रहनेवाले शूद्र *अनिर्वासित* नाम से जाने जाते थे, और जो शूद्र आर्य समाज के घेरे से बाहर थे वे निष्कासित या निर्वासित कहे जाते थे। *निर्वासित* शूद्रों की श्रेणी में शक, यवन और गाब्दीकम जैसे समूह शामिल थे। ऐसे में यह विश्वास बहुत ही उचित लगता है कि कुछ समुदायों के आचरण या सामाजिक स्थान के बारे में *धर्मशास्त्रों* में सम्मिलित अधिकतर कड़वे बयान इन शत्रुतापूर्ण और *निष्कासित* शूद्रों की ओर निर्देशित किए गए हैं, विशेषत: जब हम आर.एस. शर्मा को यह सुझाव देते हुए सुनते हैं कि कटु निषेधाज्ञाएँ उन शूद्रों के लिए मान्य लगती हैं, जो ब्राह्मणों के विरुद्ध शत्रुतापूर्ण आचरण करते थे और हिंसक गतिविधियों में लिप्त थे। जहाँ तक एकीकृत और *अनिर्वासित* शूद्रों का संबंध है, उनके सामाजिक अधिकार और कर्तव्य उनके द्वारा स्वयं चुने जाते थे, न कि धार्मिक ग्रंथों के उद्धरणों के आधार पर तय होते थे। *स्कंद पुराण* शूद्रों को *अन्नदे* के रूप में चिह्नित करता है, यानी आर्य समाज के अन्न पैदा करने और भोजन की आपूर्ति करनेवाले गृहस्थ। ह्वेन सांग शूद्रों को कृषकों के रूप में अभिलिखित करते हैं। अलबरूनी ने वैश्य और शूद्र की भौतिक और सामाजिक प्रतिष्ठा में कोई खास अंतर नहीं पाया था। मेधातिथि के अनुसार, किसी शूद्र को दास नहीं बनाया जा सकता था और वह क्षत्रिय के रूप में सशस्त्र बलों में सम्मिलित होने के लिए स्वतंत्र होता था। *मज्झिम निकाय* में शूद्र के पास ब्राह्मण नौकर होने का संदर्भ मिलता है। कात्यायन ने गुल्म शब्द का उपयोग *चांडालों* और *स्वपचों* के सामाजिक संगठन का वर्णन करने के लिए किया है— *चांडालश्वपचदिनाम समूहो गुल्म उच्यते।* कौसांबी और आर.एस. शर्मा *गुल्म* शब्द की व्याख्या कानून-व्यवस्था के कर्तव्यों और कर-संग्रहण के लिए प्रयुक्त होनेवाले पुलिस संगठन के वाचक के रूप में करते हैं और इस अर्थ में गुल्म ग्रामीण इलाकों में राज्य के प्राधिकारी का वर्णन करते लगते हैं। बहुत से *धर्मशास्त्रीय* उद्धरण दूसरे और अधिक प्रासंगिक हिंदू परंपरा के ग्रंथों में दर्ज वास्तविक ऐतिहासिक साक्ष्य के प्रकाश में वास्तविकता से बहुत दूर लगते हैं।

राजनीतिक प्रबंधन और राज्य शिल्प से संबंधित, *शुक्रनीति सार* हमें बताती है कि राजा को अपने सेनापति के रूप में ऐसे सक्षम व्यक्तियों को नियुक्त करना चाहिए, जो अपने धर्म का यथोचित अनुपालन करते हों, आत्म-सम्मानी हों, राजा और राज्य के लिए समर्पित हों और राज्य के दुश्मनों से गहरी शत्रुता रखते हों। ऐसे लोग *शूद्र, क्षत्रिय, म्लेच्छ* या मिश्रित जातियों से संबंधित हो सकते हैं— *शूद्र वा क्षत्रिय वैश्य म्लेच्छ: संकरसंभवा*— और उनकी जन्मगत जाति कोई अयोग्यता नहीं मानी जा सकती। इसी ग्रंथ में हमें यह भी बताया गया है कि राजा अपने सलाहकारों (*सभासद*) के रूप में सभी जातियों के

सदस्यों को नियुक्त कर सकता है, बशर्ते कि वे सच्चे गुणों से युक्त हों—*सभ्यः सभासदः कार्या वृद्धाः सर्वासु जातिषु।* सेनापतियों का पद ऐसे व्यक्तियों को दिया जाना चाहिए, जो अत्यंत पराक्रमी हों और वे सभी जातियों से संबंधित हो सकते हैं—*सेनापतिः श्रा या योग्यः सर्वासु जातिषु।* राजा किसी भी शिक्षित, उत्तम और धार्मिक व्यक्ति को अपने कानूनी सलाहकार के रूप में नियुक्त करने को स्वतंत्र था—*राज्ञा नियोजित व्यस्ते सभ्यः सर्वासु जातिषु। शुक्रनीति* प्रभावी ढंग से कहती है कि वर्ण होने के कारण शूद्र, धर्म के सभी पक्षों और उसके अनुषांगी अनुष्ठानों के अधिकारी हैं—*शूद्रो वर्णचातुर्थोऽपि वर्णत्वा धर्मम् अर्हते।* जाति और जातीय नियमों की बहस के दौरान, *शुक्रनीति,* बढ़ई, नृतकों, विभिन्न शिल्पकारों इत्यादि की अपनी-अपनी व्यापार मंडली की चर्चा करती है और सुझाव देती है कि उपरोक्त वर्णित सभी लोगों (अधिकतर शूद्र) को अपने झगड़ों को अपने संबंधित समुदायों की पारंपरिक प्रथाओं के अनुसार हल करना चाहिए—*कुर्युह स्वेन धर्मेण निर्णयम।* उन्हें समझौते के लिए बाह्य अधिकारियों के पास नहीं जाना चाहिए, क्योंकि गैर लोग परंपरागत प्रथाओं की अपनी अज्ञानता के कारण उनकी समस्याओं पर न्याय करने में सक्षम नहीं होंगे—*अशाक्यो निर्णयो ह्यान्यैस्ताज्जैरेवा तू कर्येत।*

शूद्र, सेना के सेनापतियों, मंत्रियों (महापद्म नंद के मंत्री शतकार शूद्र थे) और सभासद के रूप में प्रायः नियुक्त होते थे; *धर्मशास्त्र* की घोषणाओं के विपरीत, ब्राह्मण समुदाय के लोग व्यवसायी, सैनिक, कृषक, सूदखोर और कारीगर जैसे विभिन्न लौकिक व्यवसायों में संलग्न पाए जाते थे। यहाँ तक कि उन्नीसवीं सदी के उत्तरार्ध और बीसवीं सदी में महाराष्ट्र के देशस्थ ब्राह्मणों के बारे में कहा जाता है कि "उनमें से अधिकतर लौकिक आजीविकाओं, जैसे, एजेंटों, लिपिक, लेखापाल, व्यापारियों, किसानों, का पालन करते हैं।"[41] कोंकणस्थ "अपनी प्रतिभा और प्रशासनिक क्षमता के लिए बहुत प्रतिष्ठित माने जाते हैं।"[42] जवाल ब्राह्मण मूलतः *कुनबी* जाति के माने जाते हैं, जो पेशवा के उपकार से ब्राह्मण बने। *केंदा गोलका* ब्राह्मण अधिकतर मुद्रा-परिवर्तकों, दुकानदारों और किसानों के रूप में काम करते हैं। *सोपरी ब्राह्मण* इतिहास में कुछ पड़ावों पर शूद्र माने जाते थे, क्योंकि अन्य ब्राह्मण उनके साथ भोजन नहीं करते और वे अधिकतर नारियल की खेती करते हैं। 1864 में हुई बंबई की जनगणना के अनुसार, "बंबई में कुल 30,604 ब्राह्मणों में से, 10,570, पूरी संख्या का लगभग एक तिहाई, भिखारी और कंगाल, 5973 लिपिक और लेखापाल, 2606 पुजारी, अध्यापकों और शिक्षकों के रूप में केवल 720, 1728 व्यापारियों और बैंक-कर्मी, 1795 घरेलू नौकरों के रूप में दर्ज किए गए।"[43] डॉ. बुकानन ने द्रविड़ ब्राह्मणों के बारे में कहा कि "कर्नाटक के निचले इलाके में अधिकतर ब्राह्मण लौकिक व्यवसायों में लगे हैं।"[44]

पश्चिमी घाट के *हैग* ब्राह्मण विभिन्न प्रकार का कृषि श्रम करते हैं और उनमें

से अधिकतर धनी व्यापारी और सरकारी नौकर हैं। कोंकणी ब्राह्मणों के बारे में जॉन विल्सन का यह कहना था कि, "उनमें से अधिकतर जो अब भी हिंदू धर्म के अनुयायी हैं, स्वयं को पूरी तरह से लौकिक कर चुके हैं और उनमें से अधिकतर विशेष रूप से दुकानदारों, लिपिकों और किसानों के रूप में काम कर रहे हैं।"[45] अजमेर के *पोखरण* ब्राह्मण अब भी *कुदाली* और *गैंती* की पूजा करते हैं और इसके बारे में डॉ. इरविन बताते हैं, "कहा जाता है कि पोखरण ब्राह्मण बेलदार थे, जिन्होंने पुष्कर झील की खुदाई की थी और परिणामस्वरूप ब्राह्मण बनाए गए।"[46] जातियों की उर्ध्वगामी गतिशीलता देश के कई अन्य भागों में भी पाई जाती है और यह संभव भी था, क्योंकि हिंदुओं ने सामाजिक श्रेणियों और व्यावसायिक समूहों को सदा के लिए स्थिर रूप देकर उन्हें गतिहीन करने के लिए अनुसूचित नहीं किया। ज्वालामुखी के भोजक ब्राह्मणों के बारे में कहा जाता है कि वे किसानों के निचले वर्ग से आए हैं, जो मंदिर से अपने संबंध के कारण ब्राह्मण बने हैं। त्यागी और भूमिहार ब्राह्मण अधिकतर किसान हैं, जबकि पहाड़ी ब्राह्मण कृषि और माल ढुलाई के काम में लगे होते हैं। अवध से, पूर्वी उत्तर प्रदेश और बिहार से ब्राह्मणों की एक बड़ी संख्या ईस्ट इंडिया कंपनी की सेना और पुलिस बल में सम्मिलित हो गई थी। इस तथ्य का जॉर्ज कैंपबेल ने संज्ञान लिया था, जिन्होंने कहा, "मुझे लगता है कि कानपुर और फतेहपुर जिलों में किसी अन्य वर्ग की तुलना में ब्राह्मण किसानों की संख्या सबसे ज्यादा है···अंतर्वेद और अवध के इन ब्राह्मणों ने मोटे तौर पर सैनिक के धंधों को अपना लिया है।"[47] जॉन विल्सन, थोड़ा सा बढ़ा-चढ़ाकर ही सही, ब्राह्मणों के सामरिक धंधों का समर्थन करते हैं, "अवध के लोग (बिहार के निवासियों के साथ वर्गीकृत, और आमतौर पर पुरबिया या पूर्वी ब्राह्मण कहे जानेवाले) लगभग सभी सैनिक हैं।"[48] अवध और बिहार के पूर्वी ब्राह्मण "नियमित रूप से पैदल सेना की उद्धत वाहिनी में शामिल होते रहे, जिसने कई सालों तक इस देश पर आधिपत्य जमाकर रखा।"[49] बंगाल में *डोम* ब्राह्मण और *जलिक* ब्राह्मण और *व्यासोक्त* ब्राह्मण पाए जाते हैं, जो शूद्रों के वंशज कहे जाते हैं और जिन्हें व्यास के वचनों के जरिए ब्राह्मण बनाया गया था।[50]

कई शूद्र समुदाय अपने तरीके से न केवल जातीय क्रम में ऊपर आते हैं और वैश्य, क्षत्रिय और ब्राह्मण बनते हैं, बल्कि कई समकालीन अनुसूचित और पिछड़ी जातियाँ स्वयं को बड़ी जातियों से संबंधित मानती हैं, जो कुछ ऐतिहासिक कारणों से निचली सामाजिक स्थिति पर आ गई हैं। उत्तर प्रदेश और बिहार के *भर* की "महान परंपरा रही है, जो अपनी पूर्व स्वतंत्रता के साक्षी पुराने किलों और जलाशयों की ओर ईशारा करते हैं और ऐसा लगता है कि वे उन राजपूतों के आक्रमण में हार गए थे, जिन्होंने मुस्लिम सेनाओं के हमले के समय पीछे हटते हुए भरों की भूमि पर कब्जा कर लिया।"[51] राजस्थान की भिक्षा माँगनेवाली जाति *दकोट* पूर्व में जोशी ब्राह्मण होने का दावा करती

है। वर्तमान में मध्य भारत में रहनेवाली *सतिया* जाति के लोग एक जगह से दूसरे जगह मवेशी बेचते हुए घूमते हैं, किंतु वे "राजस्थान के लगते हैं और निर्वासित राजपूत हो सकते हैं।"[52] अधिसूचित 'आपराधिक' जातियों की एक बहुत बड़ी संख्या राजपूत वंश का होने का दावा करती है और अपनी वर्तमान आर्थिक-सामाजिक स्थिति के लिए मुसलमानों के हाथों हुई पराजय और निर्वासन को दोषी ठहराती है। उनमें से एक, *साँसी* की जमीनें मुसलमानों द्वारा तेरहवीं सदी में छीन ली गई थीं और उन्हें राजस्थान के बाहर खदेड़ दिया गया था। पंजाब का *हरनी* समुदाय राजपूत होने का दावा करता है; करनाल के *तगुस* लोग ब्राह्मण होने का दावा करते हैं और जनेऊ पहनते हैं; *हबुरा* चौहान राजपूत होने का दावा करते हैं, जो अपनी मूल मातृभूमि से खदेड़ दिए गए थे; काठियावाड़ और कच्छ के मियणा भी स्वयं के राजपूत होने का दावा करते हैं। "भंतु भी राजपूत होने का दावा करते हैं और चित्तौड़गढ़ को अपनी मातृभूमि मानते हैं। उनकी परंपरा दावा करती है कि जब मुसलमानों ने चित्तौड़गढ़ पर कब्जा किया तो वे बिखर गए और अपने घरों और जीवन के पुराने तरीकों को छोड़ने पर मजबूर हुए, जंगल में रहने लगे और खानाबदोश घूम्मकड़ बन गए।"[53]

चंद्रवेदियों के यायावर समुदाय स्वयं को सनध *ब्राह्मण* घोषित करते हैं। वर्तमान की कई अवर जातियों का योद्धा होने का इतिहास है, जिन्होंने मुसलमानों से लोहा लिया, और हार के बावजूद उनका विरोध करना जारी रखा। परिणामस्वरूप ऐसी जातियाँ कालांतर में सामाजिक-आर्थिक रूप से कमजोर और भूमिहीन होकर यायावरी की स्थिति में पहुँच गए। ऐसी कई जातियों का बाद में अंग्रेजों द्वारा अपनी सुविधा के लिए अपराधीकरण कर दिया गया। मंडी के *कोलियों* के बारे में कहा जाता है कि उन्होंने मुस्लिम आक्रमण के समय अपनी मातृभूमि छोड़ दी थी और पहाड़ों में भाग गए थे। भारत की *भंगी* और *मेहतर* जातियों की स्थिति का संक्षिप्त विवरण भी दिया जाना चाहिए, जो सफाई और मल हटाने के कार्य में लगे होते हैं। वे अधिकतर शहरी क्षेत्रों में पाए जाते हैं, क्योंकि ग्रामीण भारत में कभी भी दूसरों का मल साफ करने या ढोने की व्यवस्था नहीं रही। सिंधु-सरस्वती सभ्यता के समय से ही हमारे यहाँ जल-मल निकासी और सफाई की कुशल प्रणाली थी और मानव-वाहकों की सेवा की आवश्यकता ही नहीं थी। प्राचीन भारत में ऐसे समुदाय का कोई प्रमाण नहीं मिलता और शास्त्रीय संस्कृत ग्रंथों में शौचालय साफ करने और मल ढोने के कार्य में संलग्न ऐसी किसी जाति या वर्ग का उल्लेख नहीं है। स्टीफेन फुक्स कहते हैं, "यह कहा जाता है कि पश्चिमी भारत में *मेहतर* जाति मुसलमानों के आगमन के साथ अस्तित्व में आई।"[54] मुसलमानों की शहरी जीवन-शैली, सख्त और तनहा हरम जीवन और स्त्रियों की गतिशीलता पर लगे गंभीर प्रतिबंधों के कारण शिविरों, महलों और घरों में शौचालय सेवा की व्यवस्था और उसके प्रबंध के लिए खास लोगों के समूह की

आवश्यकता हुई। इस तरह *भंगी* और *मेहतर* जातियाँ अस्तित्व में आईं। भारतीय समाज में ग्रामीण पुरुषों और स्त्रियों दोनों के लिए दिशा-मैदान के लिए बाहर जाने का ही चलन मुख्य था।

धर्मशास्त्रीय सिद्धांत और समाज की वास्तविक स्थिति के बीच का अंतर इतना अधिक है, और ग्रंथों में विसंगतियाँ इतनी असुधार्य हैं कि उन पर अंधविश्वास करना हमें गलत धारणा तक ही ले जाएगा। राज्य और धार्मिक सत्ताओं के नियंत्रण से मुक्त सामाजिक कार्य पद्धति ने हिंदू समाज को रूढ़िगत निषेधाज्ञाओं को अतिक्रमित करने और ग्रंथों की अनिवार्यता को नकार देने की क्षमता से भर दिया। *मनुस्मृति* कभी भी *शरिया* का दबदबा नहीं प्राप्त कर सकी, क्योंकि *मनुस्मृति* ने दैवी इलहाम होने का कभी दावा नहीं किया, जिसको कायम रखना राजा का परम कर्तव्य हो। हिंदू जगत् की पहचान आत्यंतिक पदावली में परिभाषित नहीं थी और अधिकतर पारिभाषिक शब्दावली लचीली और खुली हुई थी। यह कहना कि अमुक व्यक्ति हिंदू था, इसका मतलब यह नहीं कि वह बौद्ध-धर्म विरोधी था या उसने अपनी पहचान मुख्यतः दूसरों के प्रति शत्रुतापूर्ण पांथिक सिद्धांत पर बनाई होगी। शुंग और कण्व ब्राह्मण राजा थे, किंतु उनके राज्य में भरहुत और साँची की बौद्ध गुफाएँ और स्तूप फले-फूले और बौद्ध धर्म का काफी विकास हुआ।[55] हिंदू वाकाटकों ने अजंता की गुफाओं को सज्जित किया। अशोक बुद्ध के अनुयायी थे, किंतु उन्होंने ब्राह्मणों का उतना ही सम्मान किया, जितना श्रमणों का। हर्षवर्धन शैव था, किंतु उसने वैष्णव और बौद्ध शिक्षाओं के प्रति समान श्रद्धा और उदारता दिखाई। ब्राह्मणों ने कर-समाहर्ताओं, गुप्तचरों, काम पर नियुक्त सेवकों, मजदूरों और कसाइयों के रूप में कार्य किया; शूद्रों ने राजाओं, पेशकारों, व्यवसायियों और राजसी पदाधिकारियों का कर्तव्य निभाया।

हिंदू समाज में सामाजिक संबंधों की खुली और अबंध नीति थी और इस तथ्य से धर्मशास्त्रीय ग्रंथों ने भी इनकार नहीं किया। ग्रंथ एक दिशा में चिंतन कर सकते हैं और हो सकता है कि समाज ने दूसरी दिशा में चलने का निर्णय लिया हो। और जहाँ तक जातियों के नियमों का संबंध था, ऐसा कोई भी समय नहीं था, जब नियम तोड़े नहीं गए हों। इसका प्रमुख कारण था कि *धर्मशास्त्रों* के ग्रंथ कानून की पुस्तकें नहीं थे, और दूसरा, उनको लागू करना राजा की राजनीतिक जिम्मेदारियों में शामिल नहीं था। जैसा जिनिन ऑबॉएर कहती हैं, "किंतु अन्य क्षेत्रों की तरह ही, सिद्धांत और वास्तविकता के बीच में एक चौड़ी खाई थी और ऐसा लगता है कि ब्राह्मणीय भारत इन सिद्धांतों को कठोरता के साथ बनाए रखने में कभी सफल नहीं हुआ और वास्तविकता को स्वीकार करने के लिए सतत बाध्य होता रहा।"[56] 'ब्राह्मणीय भारत' शब्द का प्रयोग हालाँकि असावधानी से किया गया है, किंतु ऑबॉएर के सूत्रीकरण का मुख्य सिद्धांत सही है।

रिचर्ड डब्ल्यू. लारिविएरे ने सही कहा था, "ग्रंथ कभी भी आदर्शों और आचरण के नियमों की स्थापना नहीं कर सकते। केवल ग्रंथों की व्याख्या करनेवाले ही ऐसा कर पाने में सक्षम होते हैं।"[57] समकालीन हिंदुओं के निजी जीवन में *धर्मशास्त्रों* का महत्त्व मोटे तौर पर प्रतीकात्मक है और ऐसा उनकी नैतिक और उत्कृष्ट धार्मिक शिक्षाओं के कारण है। किंतु हम पर्याप्त कारण देकर यह सिद्ध कर सकते हैं कि परिस्थिति "तब से बहुत अधिक अलग नहीं है, जब इन ग्रंथों को संकलित किया गया था।"[58] लारिविएरे कहते हैं कि "हमारे पास कोई साफ और स्पष्ट प्रमाण नहीं हैं कि भारत में धर्मशास्त्र कभी भी, इस शब्द के आधुनिक कानूनी अभिप्राय, 'कोड्स' के रूप में प्रयुक्त किए गए हों। हमें यह भी नहीं पता कि इन ग्रंथों का किस हद तक प्रचार-प्रसार था।"[59]

हमारे पास ऐसा कोई प्रमाण नहीं है कि *मनुस्मृति* कभी भी अदालत के कार्यों में उपयोग की गई या कि इसका कोई एक प्राधिकृत पाठ था।[60] शिलालेख संबंधी प्रमाणों में *धर्मशास्त्रों* का कोई भी वास्तविक उद्धरण नहीं है। शूद्रक के नाटक *मृच्छकटिकम्* में मनु का एक प्रसंग है कि ब्राह्मण को दंड नहीं मिलना चाहिए। लारिविएरे ने कहा है कि संपूर्ण *धर्मशास्त्रीय* साहित्य में वास्तविक अदालती मामले की केवल यही एक रिपोर्ट दर्ज है, वह भी निश्चित रूप से बाद का प्रक्षेप लगता है। इसलिए, "जो भी क्षीण-सा साक्ष्य हमारे पास है, वह इन ग्रंथों के पश्चिमी अर्थ में 'कोड्स' के रूप में प्रयुक्त होने की ओर संकेत नहीं करता है।"[61]

यह समझा जा सकता है कि किसी ग्रंथीय उद्धरण की प्रतिष्ठा श्रोताओं के बीच लेखक की प्रतिष्ठा की अपेक्षा उसके प्रभाव पर अधिक आधारित थी और ऐसा लगता है कि, "यह बात मायने नहीं रखती है कि किसी पद का याज्ञवल्क्य या मनु को श्रेय दिया जाए या उसे अनाम रूप से प्रस्तुत किया जाए।"[62] 'ग्रंथ' व्यवहार के नियामन की तरह नहीं देखे जा सकते क्योंकि "वे स्थानीय परिपाटी के पुष्टिकर्ता थे," जिसका अभिप्राय यह भी होगा कि "मौलिक *धर्मशास्त्र* असल में समुदाय में कई लोगों को ज्ञात ज्ञान की संहिता है।"[63] *धर्मशास्त्रीय* कार्यों को हिंदुओं के कानूनों के रूप में प्रस्तुत करने का शैक्षणिक प्रयास, बस उस प्रकल्पित इच्छा का सहसंबंधी है, जिसका उद्देश्य यह सिद्ध करना है कि जातियों, वर्णों, शूद्रों और अंत्यजों, और अंतिम दो श्रेणियों की सामाजिक निर्बलताओं से संबंधित उद्धरण, हिंदू अधिनियम के कानूनी नियम और उप-नियम थे। प्रमाण के प्रकाश में देखे जाने पर ऐसी विद्वता का प्रचार राजनीति के प्रयास भर लगते हैं।

संदर्भ

1. जॉन विल्सन, इंडियन कास्ट, वॉल. I, उद्धृत के विपरीत, पृ. 53
2. वही, पृ. 101

3. वही, पृ. 101
4. वही, पृ. 101
5. वही, पृ. 108
6. वही, पृ. 108
7. वही, पृ. 108
8. वही, पृ. 116
9. वही, पृ. 117
10. मनुभाष्य ऑफ मेधातिथि, (अनु.) गंगानाथ झा; मोतीलाल बनारसीदास; दिल्ली; 1999; वॉल. 6, पृ. 311
11. विल्सन, उद्धृत के विपरीत, पृ. 15
12. वही, पृ. 126
13. वही, पृ. 135
14. वही, पृ. 163
15. वही, पृ. 196
16. वही, पृ. 201
17. वही, पृ. 254
18. वही, पृ. 254
19. वही, पृ. 262
20. वही, पृ. 266
21. वही, पृ. 266
22. वही, पृ. 299
23. वही, पृ. 301
24. वही, पृ. 300–302
25. वही, पृ. 313
26. जे. टॉलबॉय ह्विलर
27. टी.आर.वी. शास्त्री, 'द स्मृतीज : देअर आउटलुक एंड कैरेक्टर' इन कल्चरल हेरिटेज ऑफ इंडिया, आर.के. मिशन, उद्धृत के विपरीत, पृ. 323
28. वी. राघवन द्वारा उद्धृत, 'द मनु संहिता' वही, पृ. 353
29. सी.पी.आर. आइयर, 'सम आस्पेक्ट्स ऑफ सोशल एंड पॉलिटिकल इवोल्यूशन इन इंडिया, कल्चरल हेरिटेज ऑफ इंडिया मे, आर.के. मिशन, उद्धृत के विपरीत, पृ. 494
30. इरावती कर्वे, 'द इंडियन सोशल ऑर्गेनाइजेशन : इन एंथ्रोपोलॉजिकल स्टडी, इन कल्चरल हेरिटेज ऑफ इंडिया मे, आर.के. मिशन, उद्धृत के विपरीत, पृ. 536
31. वही, पृ. 540
32. वही, पृ. 546
33. वही, पृ. 546
34. वही, पृ. 548
35. वही, पृ. 548

36. वही, पृ. 548
37. वही, पृ. 552
38. वही, पृ. 549
39. वी.एस. अग्रवाल, इंडिया एज नोन टू पाणिनी, पृ. 75
40. वही, पृ. 78
41. जॉन विल्सन, वॉल. II, उद्धृत के विपरीत, पृ. 18
42. वही, पृ. 19-20
43. वही, पृ. 46
44. वही, पृ. 59
45. वही, पृ. 65
46. वही, पृ. 114
47. वही, पृ. 159
48. वही, पृ. 188
49. वही, पृ. 188
50. वही, पृ. 215
51. स्टीफन फुक्स, ऐट द बॉटम ऑफ इंडियन सोसाइटी, मुंशीराम मनोहरलाल; दिल्ली; 1981, पृ. 30
52. वही, पृ. 33
53. वही, पृ. 60
54. वही, पृ. 236
55. जीनिन अबोयर, डेली लाइफ इन एनशिएंट इंडिया; मुंशीराम मनोहरलाल; दिल्ली; 1994, पृ. 13.
56. वही, पृ. 23
57. रिचर्ड डब्ल्यू. लेरिविएर, 'धर्मशास्त्र : इट्स प्रेजेंट वैल्यू एंड रेलेवेंस' इन के.एस. मूर्ति एंड अमित दासगुप्ता (सं.), द प्रैनियल ट्री, आई.सी.सी.आर., नई दिल्ली; 1996, पृ. 177
58. वही, पृ. 177
59. वही, पृ. 179
60. वही, पृ. 179
61. वही, पृ. 180
62. वही, पृ. 180
63. वही, पृ. 181

❑

धर्म और व्यवहार

इस बात में कोई शक नहीं है कि *धर्मशास्त्रों* के कुछ हिस्से केवल अदालत की प्रक्रियाओं और विवादों के निराकरण के क्षेत्र को समर्पित हैं। कानूनी मामलों से संबंधित सभी पाठ एक विशिष्ट श्रेणी के तहत आते हैं, जिसे व्यवहार या विवादों का निराकरण और नागरिक और आपराधिक शिकायतों का न्यायिक निर्णय कहते हैं। सिर्फ *धर्मशास्त्रों* के *व्यवहार* भाग में ही कुछ कानूनी सिद्धांत हैं और इनमें ही न्यायिक प्रक्रिया का विश्लेषण किया जाता है। अगर एक पूरे ग्रंथ को सिर्फ कानून के रूप में लागू करने के लिए बनाया गया होता तो उसमें न्यायिक विषयों से संबंधित विषेष अध्याय को सम्मिलित करने की आवश्यकता ही नहीं होती। *व्यवहार* पर एक अलग अनुभाग बनाकर, साफ-साफ यह संकेत दिया गया कि सिर्फ उन्हीं हिस्सों का कानूनी मामलों पर प्रभाव होगा, जो अदालत की प्रक्रिया या मामलों के निराकरण से संबंधित होंगे, वह भी वैसे ही जिस तरह से बुद्धिमान लोगों या चिंतकों की राय का महत्त्व सामाजिक और राजनीतिक मामलों में होता है। सभी कानूनी विमर्श सिर्फ *व्यवहार* के भाग में लिखे गए हैं। *व्यवहार* बहुत सारे विषयों में से एक विषय है, जिसके बारे में *स्मृतियों* और *सूत्रों* में बात की गई है। इसके साथ-साथ इनमें धर्म, आचार, सामाजिक परंपराओं, रूढ़िवादी प्रथाओं और समुदायों की पुरानी परंपराओं के बारे में भी चर्चा की गई है।

व्यवहार का अर्थ होता है, किसी मामले को राजा या अदालत या न्यायाधीकरण के सामने उसके निराकरण के लिए पेश किया जाना। महत्त्वपूर्ण *स्मृतियों* और *सूत्रों* में *व्यवहार* की चर्चा राजा के कर्तव्यों की विवेचना के बाद की गई है, जिसका अर्थ यह है कि विवादों का निपटारा, राजा और समुदाय के अन्य अधिकृत संस्थाओ के लौकिक दायरे में आता है। उस समय राजाओं का दरबार किसी क्षत्रिय व्यक्ति के लिए आरक्षित नहीं होता था, बल्कि क्षत्रिय जाति के व्यक्ति के अलावा भी हर व्यक्ति के लिए अवसर खुला था। मेधातिथि कहते हैं कि "जो व्यक्ति लोगों की रक्षा करता है, वह राजा, रक्षक स्वामी कहलाता है और उसके कर्तव्य सामान्य लोगों के हित में निहित होते है।"[1] कानूनी

परिभाषा में रक्षा का मतलब होता है—'समस्याओं को मिटाना'। मेधातिथि के हिसाब से समस्याएँ दो तरह की होती हैं : दृश्य और अदृश्य; पर ये दोनों आपस में कारणात्मक रूप से संबंधित होती हैं। दृष्य समस्या वह मामला है "जब कोई कमजोर व्यक्ति मजबूत व्यक्ति के क्षरा प्रताड़ित होता है और वह कमजोर व्यक्ति की कोई चीज जबरन छीन लेता है; और ऐसे मामले अदृश्य समस्या हैं जहाँ ऐसा मजबूत व्यक्ति दूसरी दुनिया में दु:ख-दर्द सहता है।"[2] चूँकि किसी भी राज्य के अस्तित्व का कारण और उद्देश्य उस राज्य के "लोगों का विकास ही होता है"[3], और अगर प्रजा को कोई नुकसान पहुँचता है तो अंतत: उस राज्य को भी हानि सहनी पड़ेगी, अर्थात् सभी मामलों की अच्छे से जाँच की जानी चाहिए है ताकि कोई व्यक्ति गलत राह पर न निकल पड़े।

मनुस्मृति (V.III) पर अपनी टिप्पणी में मेधाविधि *व्यवहार* की यह परिभाषा बताते हैं : "*व्यवहार* या 'मामला' शब्द वह नाम है जो वादी और प्रतिवादी के उस वाद के लिए इस्तेमाल किया जाता है, जिसका आश्रय वे अपने हक के लिए लेते हैं। या फिर इसका प्रयोग कर्ज की अदायगी न करने या अन्य सादृश्य मामलों के लिए हो सकता है, जो विवाद का विषय होने के कारण अनुसंधान योग्य होते है, और इस तरह से राजा का कर्तव्य बन जाते है।"[4] किसी राजा का सबसे प्रमुख काम रोजाना सभा में उपस्थित होना और अपने सामने पेश किए जानेवाले सभी मामलों और मुकदमों की तहकीकात करना होता है—*पश्येत कार्याणि कार्यिणाम।* "राजा से संबंधित यह शिक्षा, जिसमें उससे सभी मामलों का स्वयं परीक्षण करने की बात की गई है, विशेषकर उन मामलों के लिए है जो सजा देने से संदर्भित हैं; परंतु यह बात पूर्ण जाँच पर भी लागू होती है जिसका अंतवादी और प्रतिवादी, दोनों के द्वारा अपना पक्ष सामने रखने से होता है। इसका उद्देश्य यह है कि ऐसा करने से राजा अपनी प्रजा की रक्षा करने का कार्य पूरा कर पाता है।"[5] हालाँकि इन सभी मामलों का परिशीलन करना सिर्फ राजा का विशेषाधिकार नहीं होता और न ही इसकी वजह से नागरिक समाज के अन्य अंगों के, अपने संगठन के आंतरिक विषयों पर, न्याय-निर्णय के अधिकार को ग्रहण लगता है। यह निर्धारित था कि अगर कोई ऐसा विवाद राजा के सामने आता है, जिसमें वादी और परिवादी, दोनों एक ही व्यवसाय के हों और विवाद में शामिल मसलों का प्रभाव अगर उस व्यवसाय से जुड़े सभी लोगों पर पड़ता हो तो उस व्यवसाय से जुड़े सभी लोग तहकीकात में हिस्सा ले सकते हैं।

धर्मशास्त्र का *व्यवहार* वाला हिस्सा मुख्य रूप से न्यायिक प्रक्रिया और विवादों के निपटारे से संबंधित मामलों की जानकारी देता है। अनुषंगी रूप से इसके कुछ भाग परिवार और सामाजिक जीवन के बारे में भी बात करते हैं, क्योंकि यह भी नागरिकों कानून के क्षेत्र में आता है। प्रथम अवलोकन में ऐसा लगता है कि सभी न्यायिक कार्य राजा के दरबार में ही केंद्रित थे। पर यह कहना गलत होगा, क्योंकि राजा अनेक संस्थाओं में से

एक था, जिनकें बीच नागरिक और आपराधिक मध्यस्थता की शक्ति पृथक्-पृथक् रूप में विभाजित थी। व्यवहार या कानूनी प्रक्रिया के प्रामाणिक और परिचालन सिद्धांत अनेक स्रोतों से लिये गए हैं और इनके परिपालन का कार्य भी कई अभिकरणों को सौंपा गया था, जो अपनी-अपनी न्यायिक अधिकारिता के क्षेत्र में पूरी स्वतंत्रता से अपना कार्य करते थे। प्रक्रियात्मक कानून के विषय में जिन स्रोतों की बात की गई है, *धर्मशास्त्र* उनमें से एक स्रोत है। हालाँकि अगर हम स्मृतियों और सूत्रों पर बारीकी से नजर डालें तो यह पता लगता है कि इनमें किसी स्थिर कानून का अधिनियम नहीं किया गया है; इनमें बस हमें यह जानकारी दी गई है कि कानून कैसे विकसित हुआ, कैसे समझा गया और राजनीतिक व सामाजिक क्षेत्र में कैसे लागू किया गया? *मनुस्मृति* (I.118) यह हर तरह से स्पष्ट कर देती है कि उसके द्वारा किसी भी नए कानून का विधायन नहीं किया जा रहा है, वह, पाखंडी पंथों सहित, विभिन्न समुदायों की परंपरागत प्रथाओं का अभिलेखन भर कर रही है जो भूगोल, जाति, पंथ और पारिवारिक परंपराओं के विशिष्ट प्रभाव के तहत उभरे :

देशधर्मान् जातिधर्मान्कुलधर्मांश्च शाश्वतान्।
पाषण्डगणधर्मांश्च शास्त्रऽस्मिन्नुक्तवामनुः॥

धर्मशास्त्र के संकलनकर्त्ता नए कानून बनाने में संलग्न नहीं थे बल्कि, हॉब्स और बेन्थम की तरह, अपने समय में प्रचलित मूल और प्रक्रिया संबंधी कानून की उत्पत्ति और उसकी प्रकृति की चर्चा ही कर रहे थे। उनकी दिलचस्पी केवल व्यक्ति के नैतिक और आध्यात्मिक विकास में थी, अर्थात् "कानून के प्रकरणों पर हमें *धर्मसूत्रों* में जो भी संदर्भ मिलता है, वह सब आकस्मिक है और उनकी विषय-वस्तु की मुख्य विशेषताएँ नहीं हैं।"[6] मनु और याज्ञवल्क्य की *स्मृतियाँ* कर्मकांडीय मामलों, आहार प्रथाओं और परिहार के नियमों के साथ प्रक्रियात्मक कानून के मुद्दों का मिश्रण हैं। सिर्फ नारद, बृहस्पति और कात्यायन ऐसी तीन *स्मृतियाँ* हैं, जिनमें हमें प्रक्रियात्मक और सकारात्मक कानून के बारे में बताया जाता है। ये तीन स्मृतियाँ "कानूनी सिद्धांतों और दर्शन को विस्तार से समझाने में उत्कृष्ट विश्लेषणात्मक अंतर्दृष्टि और श्रेष्ठ विधिक कुशाग्रता का प्रदर्शन करती हैं।"[7] ये तीन *स्मृतियाँ* विधिक प्रक्रिया की, बिना पश्चाताप का संदर्भ दिए, चर्चा करती है और हमें प्राचीन भारत के राजनीतिक एवं सामाजिक संस्थाओं के बारे में वास्तविकता से बताती हैं। *नारद स्मृति* (1.8) के अनुसार हर राजा का न्यायालय न्यायिक व्यवस्था का एक हिस्सा था। बहुत से ऐसे अन्य न्यायालय भी थे, जिन्हें अलग-अलग तरह के मामले सुलझाने के लिए अधिकृत किया गया था। नारद के अनुसार, न्यायालय निम्नांकित प्रकार के होते थे : कुल (परिवार), श्रेणी (व्यापार संघ) और गण (जनजाति सभा); अधिकृत व्यक्ति और स्वयं राजा। इनमें से हर अनुवर्ती न्यायालय पूर्ववर्ती से श्रेष्ठ था और राजा सर्वोच्च अपीलीय न्यायालय था।

नारद के अनुसार, कानूनी फैसले जिन नियमों पर आधारित थे, वे चार तरह के थे : धर्म या नैतिक मूल्य, *व्यवहार* या कानूनी कारवाई, प्रथा (*चरित्र*) और राजशासन या राजकीय आज्ञाएँ। यह भी माना जाता था कि उत्तरगामी नियम का मूल्य पूर्वगामी नियम से अधिक होता था। यानी इस सिद्धांत के अनुसार कानूनी प्रशासन में धर्म के नियमों को परंपरागत प्रथाओं से बहुत नीचे रखा गया। कौटिल्य के अनुसार, धर्म, *व्यवहार* (सिविल विधि), *चरित्र* (परंपरा) और *राजाज्ञा* कानून के चार पैरों की तरह हैं और हर उत्तरगामी नियम पहलेवाले से अधिक महत्त्वपूर्ण और मूल्यवान होता है। इन सभी मान्यताओं को बृहस्पति का समर्थन हासिल था, जिनके विचारों में नैतिक मूल्य, किसी समुदाय की परंपरागत प्रथाओं, *व्यवहार* के नियम और *राज्यादेशों* को कानूनी प्रशासन का स्तंभ माना गया है। इन प्राचीन चिंतकों के विचार में परंपरागत प्रथाएँ और समुदाय के रीति-रिवाज राजा के फैसले से तो कम महत्त्वपूर्ण माने जाते थे, पर नैतिक उपदेशों और *व्यवहार* के नियमों से अधिक महत्त्वपूर्ण माने जाते थे। इनमें से कोई भी विद्वान् या चिंतक *स्मृति* या *सूत्र* को कानून का या कानूनी प्रक्रिया का, स्रोत नहीं मानता है। असल में "रिवाजों और *राज्यादेशों* को पवित्र कानून के ऊपर अधिभावी प्रभाव दिया गया था... कानून के स्रोत के रूप में रिवाजों की यह स्थिति अपने आपमें अनोखी है। रीति-रिवाज न केवल कानून का अनुपूरक थे बल्कि वे पवित्र कानून पर हावी थे।"[8]

विवादों के निपटारे के लिए संदर्भ बिंदु के रूप में परंपरागत प्रथाओं की प्रधानता को *मनुस्मृति* में स्पष्ट रूप से मान्यता प्राप्त है। उपलब्ध पाठ (VIII.3) के अनुसार, राजा को अठारह शीर्षों में अंतर्निहित सभी कानूनी मामलों का निष्पादन प्रांतों, परिवारों, जाति एवं जनजातियों के लोकाचार, परंपराओं और रीति-रिवाजों और गवाहों की गवाही के आलोक में करना चाहिए। *मनुस्मृति (*VIII.41*)* यह भी कहती है कि हर राजा को यह सुनिश्चित करना चाहिए कि सभी कानूनी मामले अधिकृत व्यक्तियों द्वारा जाति से संबंधित प्रांतीय कानून, व्यापार-श्रेणियों के कानून और परिवार के कानूनों की पूर्ण तहकीकात के बाद निपटाए गए हों :

जातिजानपदानधर्मानश्रेणीधर्मश्च धर्मवित्।
समीक्ष्य कुलधर्माश्च स्वधर्म प्रतिपादयेत।।

मनुस्मृति स्वयं को या किसी ग्रंथ को कानून के सूत्र या विवादों के अधिनिर्णय का प्राधिकारी नहीं बताती है। मनु के अनुसार, कानूनी कारवाई के दौरान हर राजा को सच्चाई पर, विवाद के कारणों पर, खुद पर, गवाहों पर और स्थान तथा परंपराओं के लक्षणों पर कड़ी नजर रखनी चाहिए। हालाँकि कानून के एक स्रोत के रूप में प्रांतीय, जाति, श्रेणी और परिवार की परंपराओं को वैध माना गया है, फिर भी मनु यह सलाह देते हैं कि उन परंपराओं का समीक्षण शास्त्रों के अनुरूप करना चाहिए। परंतु मनुस्मृति

के भाष्यकार मेधातिथि का तर्क है कि, आचार-व्यवहार की परंपराओं को हर मामले में हावी होना चाहिए, क्योंकि "इन परंपराओं को उनके जनजातीय रिवाजों की सहमति है और उनके द्वारा आबाद क्षेत्र की भौगोलिक स्थिति द्वारा स्वीकार्य है। इन परंपराओं को शास्त्र के अनुकूल भी नहीं माना जा सकता, क्योंकि 'शास्त्र की असंगति' का संबंध सिर्फ उस व्यक्ति के लिए हो सकता है जो शास्त्रीय कार्यों का अधिकारी है···।"[9]

'स्थानीय प्रचलन से निकले' सिद्धांतों के जरिए विवाद को सुलझाने (मनु, 8.3) के बारे में मेधातिथि कहते हैं कि "सिद्धांतों से हम किसी नतीजे तक पहुँचते हैं; और ये दो तरह के होते हैं—(i) सबूत के रूप में और (ii) रिवाजों के रूप में।"[10] शास्त्रों पर आधारित सिद्धांत वस्तुतः वास्तविक परिस्थितियों की वास्तविकता को संहिताबद्ध करने के रूप में देखे जाते हैं और यह माना गया कि ऐसे मामलों में आम आदमी की दुनिया के शब्दों के सहारे की आवश्यकता है। मेधातिथि को इस बात पर कोई शक नहीं है कि "केवल स्मृति पाठ के साथ बेमेल होने से हम किसी मामले की असल वस्तुस्थिति को नजरअंदाज नहीं कर सकते हैं।"[11] क्योंकि विवाद के विषय *मनुस्मृति* और *स्मृति* के अन्य पाठों में, अठारह शीर्षों के अंदर आते हैं; और लोगों के बीच विवाद इन्हीं अठारह कारणों की वजह से होते हैं, "इसलिए केवल स्मृति पाठों पर निर्भर रहना ठीक नहीं होगा, खासकर तब जब हम यह नहीं कह सकते कि स्मृति पाठ, जिनका असर कानूनी प्रक्रिया पर पड़ता है, वेद पर आधारित हैं या नहीं, क्योंकि किसी भी मामले में जीतने या हारने का फैसला अच्छी व निपुण बातों पर निर्भर करता है···और यह धारणा और अनुभूति के अन्य रूपों के अधीन होता है।"[12]

व्यवहार के मुद्दों के मानक विश्लेषण का कार्य स्मृति पाठों में 18 शीर्षों के तहत आता है, जो कि *मनुस्मृति* (8.4-7) में प्रस्तावित हैं। ये 18 कारण हैं—

(i) ब्याज का भुगतान न करना,
(ii) जमा,
(iii) बिना स्वामित्व के सामान बेचना,
(iv) संयुक्त हित,
(v) वस्तु देने का वादा करके न देना,
(vi) वेतन न देना,
(vii) अनुबंध का उल्लंघन,
(viii) बिक्री और खरीद का विच्छेदन,
(ix) मालिक और नौकर का विवाद,
(x) सीमाओं को लेकर विवाद,
(xi) शारीरिक आक्रमण,

(xii) मौखिक आक्रमण,
(xiii) चोरी,
(xiv) हिंसा,
(xv) व्यभिचार,
(xvi) पति और पत्नी के कर्तव्य,
(xvii) संपत्ति का बँटवारा और आवंटन,
(xviii) जुआ और सट्टा।

विवाद के इन अठारह शीर्षों को देखकर यह हैरानी होती है कि इनमें वर्ण या जाति के नियम, जातीय विशेषाधिकार, *धर्मशास्त्र* के काल्पनिक जाति पदानुक्रम का उल्लंघन जैसे सारे विवाद जिनमें अदालत के हस्तक्षेप की अपेक्षा होती, उनकी चर्चा तक नहीं है। यह तो उस पारंपरिक ज्ञान के विपरीत है, जो न जाने कितने दशकों से हमारे दिमाग में घर किए हुए है। यह प्रकट करता है कि वर्ण, जाति, आश्रम और अन्य व्यक्तिगत आचरण के संकेतक के विषय पर की जानेवाली चर्चा कानूनी काररवाई और हस्तक्षेप के लिए खुली नहीं थी और केवल दार्शनिक और प्रारंभिक समाजशास्त्रीय चिंतन और विश्लेषण के लिए थी।

चूँकि कानून के नियम, अपने स्रोत या आध्यात्मिक चोले से स्वतंत्र होते हैं और क्योंकि वे कुछ सामाजिक जरूरतों के कारण उत्पन्न होते हैं और कुछ विशिष्ट सामाजिक स्थितियों के कारण अस्तित्व में आते हैं, इसलिए "लौकिक प्राधिकारों द्वारा प्रवर्तित किए जानेवाले कर्तव्यों और मानकों तथा अंत:करण के क्षेत्र में प्रवर्तित किए जा सकनेवाले अन्य मामलों में"[13] अंतर किया गया। नैतिक आदेश और कानूनी आदेशों या निर्देषक सिद्धांत और अनिवार्य नियमों के अलग-अलग क्षेत्रों को विधिवत् मान्यता प्राप्त हुई। और एक ही ग्रंथ में शामिल किए जाने के बावजूद इनके संचालन को परस्पर व्यापन से दूर रखा गया। तात्विक स्तर पर कभी-कभी नैतिक उपदेशों को विधि जैसा दिखाया गया, परंतु बदलते सामाजिक-आर्थिक संदर्भ में नैतिक चिंतन और रोजमर्रा के सामाजिक साहचर्य के बीच के भेद को कभी भुलाया नहीं गया। सांसारिक कानूनी तर्कषक्ति के पक्ष में सबूतों का वजन इतना अधिक था कि अंग्रेज प्रिवी काउंसिल ने भी यह माना कि जहाँ तक शास्त्रीय नियमों के कानूनी निहितार्थ की बात है, वे केवल अनुशंसात्मक हैं, न कि अनिवार्य।[14] *श्री बालसु* के मामले में प्रिवी काउंसिल ने यह कहा कि कोई व्यक्ति अपने आचरण में या अपनी संपत्ति के निस्तारण के मामले में सामान्य कर्तव्यों का उल्लंघन कर सकता है, लेकिन फिर भी वह अपने कानूनी अधिकार के दायरे में ही होगा। इस बात में कोई संदेह नहीं है कि जिस तरह से हम यह भेद देख सकते थे, उसी तरह हिंदू संत भी इस भेद को देख सकते थे और जीवन के मार्गदर्शन के लिए जो उपदेश उन्होंने दिए थे,

वे इसके संदर्भ के साथ देखे जाने चाहिए··· परंतु मात्र यह तथ्य कि कोई संव्यवहार स्मृति जैसी पुस्तकों में निंदित किया गया हैं, उसके अमान्य होने का कोई प्रमाण नहीं हैं।"[15]

स्मृतियों की विधि–विषयक चर्चाओं को सकारात्मक कानून का प्रख्यापन नहीं कहा जा सकता है। स्मृतियों की विधि चर्चा यह मानती है कि प्रक्रियात्मक और सकारात्मक विधि को हमेशा सांसारिक जगत से पेरित होना चाहिए, परंतु इस क्रम में नैतिक मूल्यों से भी जुड़ा रहना चाहिए। जैसा कि हमने देखा कि बहुत सी महत्त्वपूर्ण *स्मृतियाँ* खुद को कानूनी किताबें या सकारात्मक व प्रक्रियात्मक कानून का स्रोत नहीं कहलाना चाहतीं। वे केवल कानूनी मामलों पर समझदार बहस करने के मंच की तरह दिखना चाहती हैं। इस प्रक्रिया में वे अपने समय के कानूनी तंत्र की संरचनात्मक और कार्यात्मक पहलुओं का अभिलेख बन गईं। यह संभव है कि प्राचीन भारतीय इतिहास के कुछ समय–सोपान में *स्मृतियों* से प्रेरणा लेकर, और उनके कुछ सुझाव अपनाकर, विधायी और न्यायिक कार्यों में इस्तेमाल किया हो। परंतु यह भी सत्य है कि कानून और उसकी प्रक्रिया के अधिकतर नियम *धर्मशास्त्र* के बाहर बने हैं। सकारात्मक और प्रक्रियात्मक विधि का निरूपण लौकिक सामाजिक संस्थाओं के द्वारा किया गया था। इसीलिए बार–बार यह कहा गया कि रिवाज या परंपरा और राजाओं के आदेशों में इन शास्त्रीय ग्रंथों के विचारों से अधिक प्रबलता होती है।

प्राचीन हिंदू विद्धानों और हिंदू विधि के यूरोपीय अध्येताओं ने यह माना है कि अगर कानून का कोई भी सिद्धांत *स्मृति* ग्रंथों के विचार के प्रतिकूल हो तो वह निरस्त और अप्रभावी नहीं होता। प्रिवी काउंसिल ने मैकनॉटन के हिंदू विधि का उद्धरण करते हुए यह निर्णय दिया कि, "अगर किसी काम को करने की मनाही है तो यह आवश्यक नहीं है कि वह अवैध माना जाएगा।"[16] जे.डी.एम. डेरेट का तर्क है कि धर्मशास्त्र प्रवर्तनीय और अप्रवर्तनीय निषेध के बीच भेद बनाए रखता है। प्राचीन हिंदू शिक्षकों की प्रणाली के बारे में प्रो. पारस दीवान कहते हैं कि "जब उन्हें आवश्यक लगा है तो वे कानून के नियम और नैतिकता व धर्म के नियमों के बीच स्पष्ट अंतर करते है।"[17] इसलिए व्यावहारिक रूप से आचार या समय (परंपरा, सामाजिक संविदा) हमेशा से ही अन्य प्राधिकारों और ग्रंथों पर हावी रहा है और अपनी नागरिक तथा लौकिक स्वतंत्रता बनाए रखी है। कात्यायन का विश्वास रहा है कि *व्यवहार* में हमेशा लौकिक और नागर विषय से संबंधित कानूनों को शामिल किया है और इनका उपयोग कानूनी और प्रशासनिक संदेह मिटाने के लिए किया जाना चाहिए। *महाभारत* के अनुसार, जहाँ धर्म के सिद्धांतों का जन्म वैदिक विधियों (*चोदना*) से हुआ था, उसी प्रकार व्यवहार के सिद्धांतों का जन्म सामाजिक और राजनीतिक प्रशासन के क्षेत्र में राजा के आदेश से हुआ था। न्यायमूर्ति गजेंद्रगडकर ने सबूतों की प्रबल बहुलता को देखने के बाद सही

और स्पष्ट तौर पर कहा है कि "*व्यवहार* धर्म की वह शाखा है, जो लौकिक कानून से संबंधित है।"[18]

न्यायमूर्ति गजेंद्रगडकर आगे कहते हैं कि "स्मृति साहित्य का केवल व्यवहार भाग ही ऐसा है, जो सही मायनों में कानून से संबंध रखता है।"[19] *व्यवहार, आचार* और *राजाज्ञा,* इन तीन स्तंभों की कानून का प्रमुख स्रोत या सहारा होने से इसमें कोई आश्चर्य की बात नहीं है कि "हिंदू कानून के विकास का इतिहास यह साफ-साफ दिखाता है कि रिवाज, जिसे कानून का स्रोत माना गया है, का हिंदू विधि के विकासमान होने में, और विधि के शब्दों और बदलती सामाजिक जरूरतों के बीच का अंतर कम करने में बहुत बड़ी भूमिका है।"[20] किसी विवाद के निपटारे के लिए किसी प्रांत, जाति, व्यावसायिक समुदाय, समाज या युग में प्रचलित परंपरागत प्रथाएँ कानूनी प्रक्रिया की महत्त्वपूर्ण निर्धारक हैं और प्राचीन भारत में न्यायिक प्रशासन का विकेंद्रीकृत, बहुमुखी और बहुलवादी स्वरूप प्रकट करती हैं। इस बात का कोई अवसर नहीं था कि इस विकेंद्रीकृत और स्थानीय स्तर पर स्वायत्त न्यायिक संरचना के होते कोई भी *स्मृति* का *श्रुति* ग्रंथ अखिल भारतीय पैमाने पर आधिकारिक बन सके। इन ग्रंथों को सम्मान इसलिए मिला था, क्योंकि कभी-कभार ये विभिन्न समुदायों के व्यापक कानूनी सहमति के आसवन और व्यवस्थाकरण थे। हिंदू विधि के बहुत से प्राख्यात विद्धान् न्यायमूर्ति गजेंद्रगडकर की इस बात से सहमत होते कि "प्राचीन हिंदू विधिवेत्ता यह समझते थे कि यदि समुदाय में प्रचलित प्रथा और कानून के शब्दों जो स्मृतियों और श्रुतियों में पाए जाते हैं, के बीच टकराव होता तो है और सामान्यत: प्रथा ही हावी होती है।"[21]

धर्मशास्त्र के ग्रंथों में *आचार* या रिवाज शब्द कभी कभार *स्मृति* के विचारों के संयोजन के रूप में इस्तेमाल किया जाता है, पर हिंदू कानून के बहुत से टिप्पणीकार मानते हैं कि कानूनी प्रक्रिया में किसी भी रिवाज या विधि प्रक्रिया के सिद्धांत को किसी ग्रंथ के उपदेश को मानने की आवश्यकता नहीं थी। न्यायमूर्ति गजेंद्रगडकर कहते हैं—"डॉ. काने की उस सोच से मैं भी सहमत हूँ कि आचार, जिसके बारे में मनु ने बताया है, उसे अपने स्वरूप में लिया जाना चाहिए न कि *श्रुत्युक्तो* या *स्मार्त* जैसे योग्य शब्दों से सीमित करते हुए।"[22] सभी प्राचीन भाष्यकारों एवं टीकाकारों की भी यही सोच थी। विज्ञानेश्वर, याज्ञवल्क्य (II.118-119) पर अपनी टिप्पणी में कहते हैं कि *व्यवहार* के भागों में उन प्रथाओं का वर्णन किया गया है, जो समाज में प्रचलित थे। *मिताक्षरा* भी *स्मृति* में कानूनी चर्चा के व्युत्पन्न रूप के बारे में बटता है और कहता है कि *याज्ञवल्क्य स्मृति* में *व्यवहार* के बारे में जो भी लिखा गया है, उससे लोगों के बीच प्रचलित स्थानीय प्रथाओं की ही पुष्टि हुई है। कौटिल्य द्वारा भी इस धारणा को साझा किया गया है, जो यह मानते थे कि किसी भी मामले में यदि धर्मशास्त्रों के सिद्धांत और किसी न्यायोचित तथा

बुद्धिसंगत नियम के बीच विरोध हो तो परवर्ती नियम उस हर मामले में निर्णायक होंगे; ग्रंथ के कड़े शब्द कहीं नहीं टिकेंगे।[23]

धर्मशास्त्र के भाष्यकारों का हिंदू कानून के विकास में बहुत बड़ा हाथ है और यह कहा जा सकता है कि संस्कृत टीका विधिज्ञ वर्ग से उत्पन्न हुई है।" बहुसंख्यक टीकाकारों ने विधि के प्रावधानों के लोकमान्य प्रचलन और रिवाज की सीध में लाने का प्रशंसनीय काम किया है।"[24] रचनात्मक और सतत व्याखयाओं ने विधि के ढाँचे को लचीला बनाए रखा और उसके प्रबंधकों का भी यह नमनशीलता प्रदान की जिससे वे किसी शास्त्रीय पाठ के प्रति औपचारिक सम्मान दिखाते हुए भी कानूनी प्रणाली को गतिशील और स्वायत्त बना सकें। यह एक ऐसी प्रक्रिया थी, जिसे ब्रिटिश शासन द्वारा अवरुद्ध किया गया था और "हिंदू कानून शिलीभूत होने लगा, क्योंकि सभी न्यायाधीश टीकाकारों की बात पर ही विश्वास करने लगे और हिंदू समुदाय के परिवर्तनशील रिवाजों और चलन को ध्यान में नहीं रखा।"[25]

के.पी. जायसवाल मानते हैं कि हिंदू कानून का प्रधान स्रोत *समय* है, जो परंपराएँ और संविदागत समझौते हैं, जिन्हें विभिन्न लोकप्रिय निकायों द्वारा अपनाया गया था। यह ऐसा विचार है, जो *आपस्तंब धर्मसूत्रों* की उस धारणा से पूरी तरह से भिन्न नहीं है कि *समय* सभाओं में सहमति से स्वीकार लोकप्रिय प्रस्ताव है। जायसवाल विजयनगर राज्य के एक शिलालेख को उद्धृत करते हुए कहते हैं कि ब्राह्मणों के बीच एक ऐसा समझौता हुआ था कि वे केवल आडंबरहीन कन्यादान संपन्न कराएँगे, जिसमें उपहार या धन का लेन-देन नहीं हुआ हो और यह भी ऐसा नहीं करने पर उन्हें राजा द्वारा दंड दिया जाएगा।[26] इस मामले पर टिप्पणी करते हुए न्यायमूर्ति गजेंद्र गडकर कहते हैं कि, "अत: यह मानना अनुचित यह सोचना गलत नहीं होगा कि हिंदू कानून का प्राचीन और प्रधान स्रोत लोगों के समूह द्वारा अपनी निगमित सभाओं में लिये गए संकल्प और समझौते रहे हों।"[27] *नारद स्मृति* (X.1.2) से यह पता चलता है कि *गणों* की परंपराओं और संविदाओं को समय कहते थे, और *स्मृति चंद्रिका* में बृहस्पति को उद्धृत करते हुए बताया गया है कि, "*समय* का असल मतलब होता है, वे सब निर्णय, जो किसी सभा में मिलकर लिए गए हों।" कुल, जाति, संघ, श्रेणी, व्यापार निकायों, गाँवों आदि में लिए गए फैसलों के पास कानून का बल होता था और सभी न्यायालयों से इन्हें स्वीकार करने और लागू करने की अपेक्षा की जाती थी। उपरोक्त तथ्यों से यह स्पष्ट होता है कि लोकप्रिय सभाओं के समझौते और उसकी संविदा *(समय)* रीति-रिवाज और स्थानीय परंपराओं *(आचार)*, कानून के दो मूल स्रोत थे। अत: हिंदू कानून के विद्वान् इस बात पर जोर देते हैं कि, "यह बात ध्यान में रखनी चाहिए कि हिंदू समाज में कानून का स्रोत रिवाज थे। अर्थात् सभी नियमों का उद्‌भव लोगों के बीच से ही हुआ था।"[28]

नारद का विचार था कि रिवाज ही सब कुछ तय करते हैं और शास्त्रीय पाठ के निषेध का लाँघ जाते हैं, अर्थात् किसी जनपद या जाति की स्वीकृत परंपरा पर शास्त्रों की शक्ति हावी नहीं हो सकती। *मदुरा के कलेक्टर बनाम मुट्टू रामालिंग* के मामले में प्रिवी-काउंसिल का निर्णय हुआ कि "हिंदू कानून व्यवस्था में स्पष्ट प्रचलित प्रथाएँ हमेशा लिखित पाठों पर हावी होंगी।" *आचार* और *समय* के अलावा राजकीय आदेश, राजकीय निर्णय और राजकीय घोषणाएँ प्राचीन भारतीय कानूनी प्रशासन का तीसरा पहलू रही हैं। राज्य *शासन* और *राज्यादेश* कानून का महत्त्वपूर्ण स्रोत था। याज्ञवल्क्य ने इस बात को स्वीकार किया है और नारद में साफ-साफ यह बताया गया है कि राजा द्वारा बनाए गए कानून हमेशा शास्त्र के नियम और रिवाजों पर भारी पड़ते हैं। कौटिल्य का भी यही मानना था। पारस दीवान ने इन सभी ऐतिहासिक सबूतों को ध्यान में रखते हुए यह बताया कि राजा द्वारा बनाए गए कानूनों को रिवाज और शास्त्रीय विधि, दोनों से अधिक महत्त्व दिया जाता था।"[29] *समय,* रिवाज और राजा के आदेश, तीनों ही हमेशा से धर्मशास्त्र के पाठों पर हावी रहे हैं। इस तथ्य को जे.डी.एम. डेरेट ने भी माना था, और उन्होंने यह भी कहा था कि स्मृति के पाठ को अनम्य मानना "सवर्था भटकाने वाली बात है क्योंकि शताब्दियों तक विकास और समन्वय से साथ्र्य निःसंदेह पाए जाते हैं।"[30] विकास की प्रक्रिया इन पाठों में भी प्रकट होती है, तो "अगर हम किसी स्मृति की जाँच करते हैं तो यह पता चलता है कि कई ऐसे नियम, जो एक समय में लागू थे, भाष्यकारों की वजह से कानूनी ताक पर धकेल दिए गए थे।"[31]

कानूनी प्रक्रियाओं के बारे में स्मृतियों के पाठ स्वयं बताते हैं कि उन सभी में रिवाजों को अधिक महत्त्व दिया गया है। जे.डी.एम. डेरेट ने इस बात पर सबका ध्यान खींचा है कि "तुलनात्मक रूप से हाल के उच्च मानदंड वाले लेखकों ने वैदिक पाठों की जगह स्मृतियों को तरजीह दी और सदाचार भी स्मृति का विस्थापित कर सकती थी। यह बात किसी विद्वान् शास्त्र के लिए मान पाना कठिन है, परंतु यह स्थापित सत्य है।"[32] डेरेट यह भी बताते हैं कि बहुत सारे शिलालेख ऐसे हैं, "जो इस बात को अभिलेखित करते हैं कि राजाओं ने जाति या जातियों और गाँवों या किसी कस्बे के लोगों के लिए बहुत से निजी और सार्वजनिक कानून के नियम और कायदे बनाए।"[33] डेरेट यह भी स्पष्ट करते हैं कि, "कोई भी मामला को सुनते समय राजा को भी रिवाजों का अनुपालन करना होता था—जैसा शास्त्र के पाठ स्वयं बताते हैं, और इस बात के बहुत सारे सबूत भी हैं कि राजा न केवल इन रिवाजों को मानते थे, बल्कि इन रिवाजों की रचना का अनुमोदन भी करते थे।"[34]

हिंदू चिंतन का एक सबसे प्रमुख सिद्धांत, जो उसकी बहुलतावादी परंपरा से निकले हैं और जो सामाजिक विविधता की स्वीकृति पर आधारित हैं तथा यह विधिशास्त्र

के क्षेत्र में भी लागू है, मानता है कि "कोई भी एक मानक या तरीका सभी के लिए अपनी तफसील में आदर्श नहीं हो सकता" अपने विस्तार में आदर्श है। जिंदगी के बहुत से तरीके—सामाजिक, सांस्कृतिक, कानूनी और धार्मिक—प्रच्छन भाव में समान रूप से सराहनीय हो सकते हैं।"[35] इसी कारण हिंदुओं ने एकात्मक और केंद्रीयकृत अनुल्लंघनीय सिद्धांतों की रचना नहीं की—न कानूनी और न दैवीय। उन्होंने सभी समुदायों के लोगों को अपने हिसाब से सामाजिक परंपराएँ विकसित करने की आजादी दी, पर इसके साथ-साथ उन्होंने यह भी कहा कि धर्म के वृहत्तर आदर्शों को लापरवाही से नहीं छोड़ना चाहिए। इस बहुलवादी विचार की पृष्ठभूमि में किसी विशेष सिद्धांत के वाध्यकारी अधिकार, चाहे मजहबी हो, सामाजिक हो या कानूनी, का किसी शिक्षक, पंथ या सोच के द्वारा न तो दावा किया गया और न ही उसका समर्थन किया गया। बहुत वाद-विवाद हुए, बहुत से सिद्धांतों के विषय में गरमागरम बहस हुई और कई सिद्धांतों को गलत साबित करने का प्रयास भी हुआ। प्राथमिकताओं को रेखांकित किया गया, पर प्राथमिकताओं की चर्चा नैतिक आधार पर की गईं, "जिन्हें लागू करने का अधिकार किसी के पास नहीं था, सिवा उस प्रासंगिक समुदाय के जिससे उनका संबंध हो।"[36] अर्थात् कोई हिंदू शिक्षक, समुदाय या पाठ अपने विचार किसी और समुदाय पर थोपना नहीं चाहता था और बदलाव, मुक्ति, पंथ परिर्वतन और प्रगति के नाम पर यह किसी और समुदाय के अंदर बलात हस्तक्षेप का अनावश्यक समझा जाता था। डेरेट सही कहा है कि "हिंदुत्व उत्पीड़न से घृणा करता है, उत्पीड़ित के हित में भी।"[37]

दूसरे समुदाय के लोगों की प्रथाओं में हस्तक्षेप करने की अनिच्छा उस हिंदू धारणा से उत्पन्न हुई है कि प्रशासन के क्रम में सभी लोगों को "सभी परिस्थितियों में एक ही तरह के नियमों से शासित नहीं करना चाहिए, बल्कि अलग-अलग सामाजिक जिंदगी जीनेवाले लोगों के लिए अलग-अलग तरह के नियमों की रचना होनी चाहिए।"[38] हर समुदाय के लोग अपने हिसाब से जिंदगी जीने, अपने रिवाजों और अपनी जीवन पद्धति के हकदार हैं और उनके महत्त्व को समझा गया और उसकी सुरक्षा भी की गई। जे.डी. एम. डेरेट इस बिंदु पर कहते हैं कि "शास्त्रों में यह आम तौर पर पाया जाता है कि राजा किसी परिवार, जाति, श्रेणी, जनपद, यहाँ तक कि अपराधी समुदाय और पाखंडी शिक्षकों या भिक्षुकों के रिवाजों को कानून के स्रोत के रूप में स्वीकार करें। उस भारतीय सिद्धांत को नजरअंदाज करना हमारे लिए जोखिम भरा होगा, जिसके अनुसार समाज की सबसे छोटी और अजीब लगनेवाली ईकाई के पास भी आंतरिक अनुशासन के अपने सिद्धांत होते हैं और अगर हम धर्म को पाना चाहते हैं तो हमें इन सब समुदायों के सिद्धांतों का भी परामर्श करना होगा।"[39] विविध सामाजिक प्रतिमानों को *स्मृतियों* की कीमत पर भी स्वीकार करने और उनसे परामर्श करने के विचार के बारे में पहले भी बहुत से भाष्यकारों

ने प्रकाश डाला है। पाराशर माधव में देवल का एक उद्धरण है, जो हमारे इस तर्क का समर्थन करता है। उसमें कहा गया है कि, "अगर उपयोगिता के कारण किसी स्थान पर कुछ नए नियम या रिवाज स्थापित होते हैं (भले ही वे विधि के लिखितपाठ के विपरीत हों) तो उनका इस्तेमाल उसी स्थान पर होना चाहिए, न कि किसी और स्थान में। किसी जनपद, नगर, शहर या गाँव या विद्धानों के बीच जो भी परंपरागत विधि प्रचलित है (भले ही वह स्मृतियों के विपरीत हो), उसे छेड़ा नहीं जाना चाहिए।"[40] सर डी.एम. मुल्ला हमें यह बताते हैं कि, "रिवाज हिंदू कानून के तीन स्रोतों में से एक है। जब भी रिवाजों और स्मृति के पाठों के बीच विवाद होता है तो रिवाज ही पाठ पर भारी पड़ते हैं।"[41]

नारद, बृहस्पति और कात्यायन की *स्मृतियाँ* केवल प्रक्रियात्मक और सकारात्मक कानून की चर्चा करती हैं। उनके ग्रंथ नैतिक और अनुष्ठान से जुड़े विषयों का न्यायशास्त्र के साथ घालमेल नहीं करते हैं और सिर्फ कानून के स्वरूप, स्रोत और उत्पत्ति; विभिन्न स्तर के अदालतों की स्थापना, विवादों के अठारह शीर्ष और प्रक्रिया के सवालों पर फोकस करते हैं। बृहस्पति कहते हैं कि कानूनी फैसले सिर्फ शास्त्रों के पाठों पर आधारित नहीं होने चाहिए। हर फैसला उचित विवेचन (*युक्ति*) और समानता तथा न्याय (*न्याय*) पर आधारित होना चाहिए, नहीं तो धर्मभ्रष्ट हो जाएगा—

केवलं शास्त्रमाश्रित्य न कर्तव्यो हि निर्णय:
युक्तिहिने विचारे तु धर्महानि प्रजायते।

ये तीनों *स्मृतियाँ* विभिन्न मामलों के निपटाने में व्यवहार (न्यायिक प्रक्रिया, परीक्षण), रिवाजों और राजसी फैसलों की भूमिका को रेखांकित करती हैं, हालाँकि इनमें एक या दूसरे बिंदु की महत्ता के बारे में मत—वे भिन्न हैं। बृहस्पति के अनुसार, कोई राजा अपने मूल्यांकन के अनुसार ही किसी मामले पर बिना रिवाजों और उनके महत्त्व को समझे फैसला दे सकता है, लेकिन कात्यायन का मानना है कि राजसी फैसलों के लोगों के रीति-रिवाजों के विपरीत नहीं होना चाहिए। "ये सब समान रूप से रिवाजों की श्रेष्ठता को समझते हैं और कहते हैं कि रिवाज किसी भी हिंदू कानून पर हावी हो सकते हैं।"[42] परंपरागत और संविदात्मक अधिकार और कर्तव्य न केवल कुल, श्रेणी, गण और राज-दरबार में पनपे, बल्कि इन कानूनों से उत्पन्न होनेवाले मामलों के लिए तदनुसार न्यायालय भी उनके पास थे। अपील, क्षतिपूर्ति और समीक्षा के प्रावधानों के साथ मामलों के निपटान के लिए कुल, श्रेणी, गण, पुग, अधिकृत और राजसी न्यायालय भी थे। यह स्थानीय संस्थाएँ निजी अदालतें नहीं थीं, बल्कि न्याय के प्रशासन का नियमित हिस्सा थीं, जिन्हें विधिवत् मान्यता प्राप्त थी।

परंपरागत प्रथाओं का बृहत् कानूनी महत्त्व था। अदालत में साक्ष्य प्रस्तुत करने या दस्तावेजों के प्रमाणन में इनकी बड़ी भूमिका थी। नारद के अनुसार, कोई भी ऐसा

दस्तावेज सबूत के तौर पर मान्य था, जो किसी प्रांत या समुदाय में प्रयुक्त प्रचलन के प्रतिकूल न हो। वास्तव में, "नारद की अपेक्षा है कि कोई दस्तावेज तभी मान्य होगा, जब वह किसी क्षेत्र की परंपरा के अनुकूल हो, न कि उसके प्रतिकूल।"[43] रॉबर्ट लिंगट सही इशारा किया है "रिवाज सी॰ तौर पर कानून का स्रोत हैं, पर धर्म का नहीं।"[44] उनका यह भी मानना था कि दंड वि॰यक कानून केवल लौकिक सत्ता से लिए गए थे—"हम पूरे अधिकार के साथ यह मान सकते हैं कि हिंदू राजकुमार किसी विषय पर सूत्रकारों के विचारों का निर्देश किए बिना ही लोगों को सजा देने का अधिकार रखते थे… इसके अलावा (दीवानी) विवादों का नियंत्रण रिवाजों के और पारस्परिक संव्यवहारों में लोगों के बीच प्रयुक्त होनेवाली प्रथाओं के हाथ में था। राजा का काम सिर्फ इतना होता था कि वे परंपरागत नियमों का संदर्भ लेकर उस व्यक्ति को सजा दें, जिसने उन नियमों का उल्लंघन किया हो।"[45] नारद (1.40) में सलाह दी गई है कि अगर कभी शास्त्र के दो पाठों के बीच विवाद पैदा हो जाए तो ऐसे में उस व्याख्या का प्राथमिकता दी जाए, जिसे तर्कबुद्धि से प्राप्त किया गया हो—*धर्मशास्त्र विरोधे तु युक्तियुक्तो विधिः स्मृतः।* यह व्याख्या इस बात पर बल देती है कि यदि किसी पाठ/ग्रंथ की विभिन्न व्याख्याएँ संभव हों तो "उस पाठ को प्राथमिकता दी जानी चाहिए (विभाग से), जो उस समय की जरूरतों के सबसे ज्यादा अनुकूल हो और वर्तमान परंपरा के सबसे निकट हो।"[46]

याज्ञवल्क्य (2.21) में ऐसा पद है, जो इस बात का समर्थन करता है—*स्मृत्योर विरोधेः न्यायस तु बलवान व्यवहारतः*—अर्थात यदि दो *स्मृतियों* के बीच विवाद हो, जो अकसर होते ही हैं, तो अतीत की परंपरागत और प्रचलित प्रथाओं द्वारा संचालित बुद्धि और न्याय भावना का *व्यवहार* के मुद्दों पर ज्यादा बल रहता है। नीलकंठ का भी यही मानना है कि *स्मृति* के पाठ स्थापित रिवाज का अभिनिषेध नहीं कर सकते। *व्यवहार मयूख* में वे कहते हैं कि "चूँकि किसी पाठ के अर्थ को प्रचलन के अनुरूप समझना संभव है, इसलिए यह मानना गलत होगा कि कोई पाठ इसके विपरीत कोई समाधान प्रतिपादित कर सकता है।"[47] इसका कारण बहुत सरल है—"भारत में, जहाँ स्थानीय लोगों को स्वयं शासन करने का लाभ मिला है और जहाँ विभिन्न प्रकार के न्यायाधिकरण एक साथ सहअस्तित्व में थे, रिवाजों की वास्तविक विविधता में कानूनी विविधता संलग्न होगी।"[48] बहुत से परंपरागत कानून और अनुबंध समझौतों का बिना *स्मृति* का संदर्भ लिए पूर्ण न्यायिक महत्त्व था। कात्यायन यह भी बताते हैं कि रिवाज (*चरित्र*) वे होते हैं, "जिनका लोग पालन करते हैं", चाहे वे धर्म और *स्मृति* के नियमों के अनुरूप हों या न हों, मात्र इस कारण से कि वे रिवाज उनके क्षेत्र में प्रचलित हैं बस वे उनके जीवन का एक हिस्सा हों—*धर्म्यम् वाधर्म्यम् एवं च।*[49] बहुत से भाष्यकार यह मानते हैं कि वे नियम जो विवादों की सुनवाई और उनके निपटान से संबंधित होते हैं, उनका जन्म चरित्र और समय से हुआ है।

स्मृति और सूत्र के न केवल व्यवहार वाले हिस्से को, बल्कि पूर्ण स्मृति और सूत्र को बार-बार विशेषाधिकार देने की प्रवृत्ति का वास्तविकता से स्पष्टत: कोई संबंध नहीं है और यह केवल सुनी-सुनाई अधकचरी बातों पर आधारित है। वे लेखक, जो *धर्मशास्त्र* के शब्दों की महत्ता पर जोर देते हैं, वस्तुत: एक ऐसे स्थान पर पहुँच जाते हैं, जहाँ महान् विद्वान् भी जाने से डरते हैं। ऐसे लोगों को *स्मृति* के बारे में रॉबर्ट लिंगट इस के शब्द याद दिलाना अच्छा होगा—"सामाजिक सच्चाई को उनके [*स्मृतियों* के] विचारों के माध्यम से कल्पित करना या उनके विचारों को उस समय प्रचलित विधि के नियम मानना खतरनाक होगा।"[50] यह खतरनाक इसलिए भी है, क्योंकि ये पाठ एक स्वर में नहीं बोलते हैं और इस बात से अवगत हैं कि आचरण के नियम विभिन्न स्तरों पर विभिन्न रूपों में बदलते रहते हैं। यह भी बताया गया कि किसी एक युग के लिए ठीक माना जानेवाला आचरण का कोई नियम दूसरे युग के लिए मान्य नहीं हो सकता है। *स्मृतियों* ने यह भी घोषित किया है कि पुराने युग की कई कार्यान्वय के योग्य नहीं रह गई है, यानी प्रथाएँ *कलि-वर्ज्य* हो गई हैं कि अब इस आधुनिक समय में उनका कोई महत्त्व नहीं है, हालाँकि कई पाठ ऐसी प्रथाओं के बारे में बात करते हैं। इस बात पर भी आम सहमति रही कि महान् पुरुषों के अतीत के कर्मों पर आँख बंद करके नहीं चलना चाहिए, क्योंकि उस समय कि इन महापुरुषों के पास कुछ खास शक्तियाँ होती थीं और उनकी परिस्थितियाँ अलग थीं। सबसे जरूरी बात यह है कि अधिकतर *स्मृतियाँ* स्वयं हमें उन उपदेशों के प्रति सचेत कराती हैं, जिन्हें लोग अप्रिय, निंदात्मक और निकृष्ट मानते हैं। याज्ञवल्क्य (1.156) का कहना है कि हमें धर्म के उपदेशों का साधारणत: पालन करना चाहिए, लेकिन उन नियमों का पालन करने से बचना चाहिए, जो लोगों की नेक भावनाओं के विपरीत हों, सर्वोत्कृष्ट योग्यता की ओर न ले जाते हों, जनता की निगाह में अप्रिय हों और सांसारिक सुख के लिए हानिकारक हो (*लोक-विद्विष्टम*): *अस्वर्गयं लोक विद्विष्टं धर्मं अपि आचरेण न तु)*। मनु का प्रस्ताव है कि आचरण के उस नियम से हमेशा बचना चाहिए, अगर दुनिया भर में उसकी निंदा की गई हो, उसे दोषपूर्ण माना गया हो और उसका तिरस्कार किया गया हो, फिर भले ही वह *धर्मशास्त्र* में क्यों न दिया गया हो—*विकृष्ट* ।

बौधायन ने उत्तर और दक्षिण भारत के ब्राह्मणों द्वारा पालन की जानेवाली ऐसी बहुत सी प्रथाओं के बारे में बताया है, जो धर्मशास्त्र की भावनाओं और मंशा से अलग हैं, लेकिन उनके इस्तेमाल को प्रतिष्ठा मिली है, क्योंकि लोकप्रिय स्वीकार्यता और परंपरागत प्रयोग ने उन्हें आचरण के लायक बनाया—*तत्र तत्र देश प्रामाण्यं एव स्यात।*[51] विविध परंपरागत सामाजिक प्रथाओं की स्वीकृति इस बात से परिलक्षित होती हैं कि किसी विजयी राजा को अपने कानूनों और नियमों को किसी नए पराजित क्षेत्र पर लागू करने की

अनुमति नहीं थी। प्रतिष्ठित स्मृतिकार याज्ञवल्क्य (1.342) ने भी किसी विजयी राजा को *मनुस्मृति* और याज्ञवल्क्य के नियमों या अन्य किसी शास्त्र के सिद्धांतों का किसी विजित क्षेत्र के निवासियों के बीच प्रचार-प्रसार करने को नहीं कहा। इसके विपरीत वे यह कहते हैं कि पराजित क्षेत्र के समुदायों में व्याप्त रिवाज, प्रक्रियाओं के नियम, व्यवहार के नियम और परिवारों और कुलों के नियमों को बिना बदले पूर्ववत ही इस्तेमाल में रहने देना चाहिए।[52] याज्ञवल्क्य यह भी कहते हैं कि हर राजा को यह सुनिश्चित करना चाहिए कि किसी *नैगम, श्रेणी* और *पाखंड* (गैर-वैदिक पंथ) के सदस्यों की परंपराओं और उनकी संविदाओं आदि, को स्वीकार कर उनका आदर किया जाए और उन्हें लागू करवाया जाए। नारद (13.2) यह भी कहते हैं कि एक "राजा को *पाखंड, नैगम* और अन्य समुदायों में प्रचलित परंपराओं (*समय*) और रिवाजों को कायम रखना चाहिए।"[53] राजाओं और सम्राटों को विविध मानव समुदायों के रिवाज, कानून और परंपराओं का सम्मान करने का उपदेश दिया गया है, यह जानते हुए भी कि उनमें से कुछ; जैसे पाखंडी, वेदों की अधिकारिता को नहीं मानते और सनातनी रीतियों को पालन नहीं करते। शास्त्रीय ग्रंथों में उन समुदाय के प्रति, जिनकी जीवनदृष्टि ग्रंथों के विचार से मेल नहीं खाती, कोई जातीय, नस्ली या सांस्कृतिक दुर्वचन नहीं कहा गया है। वे मानव समष्टि के लिए निश्चित सामाजिक या सांस्कृतिक अनिवार्यता से अपना कोई संबंध नहीं रखते और इस बात पर जोर देते हैं कि मनुष्यों का सामाजिक जीवन स्वायत्त-सामुदायिक समझौतों के आधार पर ही चलना चाहिए। यह तथ्य कि ब्राह्मण और *धर्मशास्त्र* समाजिक पदक्रमों को अंकित करते हैं और असमानता की पृष्टि करते हैं महज दुष्प्रचार है। इसमें सिर्फ सामुदायिक क्रोध बढ़ता है, न कि सच्चाई की खोज में मदद मिलती है।

धर्म को कायम रखनेवाले के रूप में एक राजा की यह जिम्मेदारी पराए समुदायों या सांस्कृतिक भ्रातृ संघों तक ही सीमित नहीं है: "राजा, सीमावर्ती क्षेत्रों में रहनेवाले··· यहाँ तक कि अपधर्मियों द्वारा स्थापित रीति-रिवाजों को सम्मान देने तथा दूसरों के द्वारा उनका सम्मान कराने के लिए बाध्य है।"[54] रॉबर्ट लिंगट *मनुस्मृति* और अन्य ऐसी पुस्तकों के विचारों को क्रूर राजाओं के सहयोग से ब्राह्मणों द्वारा भारत के बेबस, देशी 'गैर-हिंदुओं' पर लागू किए जाने के सिद्धांत को खारिज करते हैं—"जब अपधर्मी और असंस्कृत लोग वेदों को अरूचिकर आचार-व्यवहार अपनाने को कानूनी रूप से अधिकृत हैं, तो *शास्त्रों* के नियम उनपर शब्दश: कैसे थोपे जा सकते हैं?"[55] इस संदर्भ में बृहस्पति (2.28) को पढ़ने से पता चलता है कि धर्मशास्त्रों की भारतीय शिक्षा जगत् की प्रभावी धारा ने कितनी घृणा और द्वेष से व्याख्या की है। वृहस्पति कहते हैं, "किसी परिवार, जाति, राज्य या अन्य संगठनों के रिवाजों (*धर्मों*) को अक्षत रहने देना चाहिए।"[56] यह बिंदु आगे इस बात से भी स्पष्ट किया जा सकता है कि *धर्मशास्त्र* के बहुसंख्यक टीकाकार राजा के

आवश्यक रूप से क्षत्रिय ही होने की भी अनदेखी करते हैं। मनु (8.2) पर अपने विचार बताते हुए मेधातिथि कहते हैं कि दूसरे वर्ण के पुरुष भी राजा या किसी राज्य के रक्षक बन सकते हैं। पद 4.84 पर अपने विचार प्रकट करते हुए वे विस्तार से बताते हैं कि *मनुस्मृति* के पाठ में *राजा, राजन* शब्द का उन सभी लोगों के लिए इस्तेमाल किया गया है, जो किसी क्षेत्र में सत्ता में हों, चाहे वे क्षत्रिय हों अथवा न हों।[57]

मनुस्मृति के एक और टीकाकार कुल्लुक भट्ट कहते हैं कि *राजा* शब्द उन सभी व्यक्तियों के लिए इस्तेमाल होता है, जिन्हें किसी राज्य की रक्षा का दायित्व सौंपा गया हो या जिन्होंने उस दायित्व को ग्रहण किया हो,चाहे वे किसी भी जाति या धर्म के हों।[58] चंदेश्वर और मित्र मिश्र जैसे अन्य टीकाकार भी कुल्लुक और मेधातिथि की बात से सहमत हैं कि राजा उन सभी लोगों को कहा जाता है, जो अपनी प्रजा की रक्षा का दायित्व संभालते हैं। विज्ञानेश्वर, अपरार्क और नीलकंठ भी इसी बात की पुष्टि करते हैं और इस सत्य मानते हैं। ऐसे में रॉबर्ट लिंगट हमें स्पष्ट रूप से यह याद दिलाते हैं, "मनु की सोच के बावजूद, अधिकतर महान् टीकाकार मानते हैं कि राजा का क्षत्रिय होना अनिवार्य नहीं है। राजपद उसी का होता है जिसके पास वास्तविक *क्षेत्र, इंपीरियम,* मोटे शब्दों में साम्राज्य, यानी आधिपत्य की शक्ति हो चाहे उसकी पैदाइश जो भी हो या चाहे जिस परिस्थिति में भी उसे सिंहासन मिला हो।"[59]

प्राचीन भारतीय राजनीतिक विचारधारा ने सदा ही स्थानीय और क्षेत्रीय रिवाजों और भावनाओं पर अधिक जोर डाला है। यह भावना बहुत से वैचारिक मतों के लेखन में दिखाई देती है जो "राजनीतिक संस्थाओं के बहुलतावादी चरित्र के प्रति संवेदनशीलता और गहरी समझ" को परिलक्षित करती है और यह "प्रारंभिक भारतीय राजनीतिक विचारधारा के प्रमुख गुणधर्मों में से एक रहा है।"[60] *म्लेच्छों, अंत्यजों, आत्विकों,* और अन्य अपधर्मी संप्रदायों के रहने, आने-जाने और अपनी आस्थाओं का पालन करने पर कभी कोई रोक नहीं रही। राजनीतिक विचारकगण, "विविध पहचानों को पर्याप्त और उचित स्थान देने के लिए उत्सुक थे।"[61] सिवेश भट्टाचार्य ने बताया है कि इस बात का कोई प्रमाण नहीं है कि कौटिल्य किसी भी समुदाय के आंतरिक मामलों में हस्तक्षेप करने या पांथिक आधार पर किसी पाखंड या किसी म्लेच्छ और अपधर्मी संप्रदाय के विरुद्ध भेदभाव करने की सलाह देते हैं।[62] इसके प्रतिकूल कौटिल्य ने यह कहा कि "किसी क्षेत्र, जाति, संघ या गाँव के जो भी परंपरागत कानून हैं, मात्र उनके अनुसार ही उत्तराधिकार कानून का प्रशासन होना चाहिए।"[63] बहुलतावाद की ऐसी स्वीकृति के कारण ही युगों तक "पूरे राज्य भर में प्रशासन और कानून की कठोर और एक रूप अखंड संरचना लागू करने"[64] के प्रति राजसी अरुचि दिखती है। यही दृष्टिकोण कानून और शासन कला की अधिकतर बहसों में व्याप्त रहा। एक प्रतिनिधि नमूना मिताक्षरा से लिया जा सकता

है, जिसमें कि *याज्ञवल्क्य स्मृति* (1.342–43) की टीका करते हुए बताया गया है कि सभी राजाओं को हर प्रांत और जनपद के रीति–रिवाजों, परंपराओं और तौर–तरीकों का संरक्षण करना चाहिए और उन्हें कायम रखना चाहिए—*यस्मिनदेशे या आचार: कुलस्थिति व्यवहार वा।*[65] याज्ञवल्क्य स्मृति के अनुसार सभी धार्मिक, जनजातीय और सांप्रदायिक समूहों के *समय* और *चरित्रों* को उसी प्रकार से सम्मानपूर्वक संरक्षित किया जाता था जैसा सम्मान और संरक्षण स्वीकार्य वैदिक परिधि में आनेवाले समुदायों का होता था। दोनों के लिए नियम समान ही थे—*पाखंडी गणानाम्प्ययम् विधि:।*[66]

नारद स्मृति (10.1–3) इस विषय पर अधिक मुखर है—"विधर्मियों (*पाषंड*), वेद के अनुयायी (*नैगम*) और अन्य लोगों के बीच स्थापित नियमों को समग्र रूप से *समय* (अनुबंध और स्थापित परिपाटी) कहते हैं। राजा को चाहिए कि अपधर्मियों के बीच स्थापित परिपाटी को किलाबंद नगरों और देहातों, दोनो जगहों में कायम रहे। (*संरक्षेत समयं राजा दुर्गे जनपदे तथा*)। उनके जो भी नियम–कानून, पांथिक परिपाटी (*धर्म–कर्म*), रहन–सहन और आजीविका का तरीका हो, राजा को उनका अनुमोदन करना चाहिए।"[67] *मिताक्षरा* में याज्ञवल्क्य (2.192) पर टिप्पणी में कहा गया है कि "राजा को विशिष्ट चरित्र (*भेद*) और पांथिक परिपाटी (*धर्म व्यवस्थानामा*) सहित उनके रीति रिवाजों की रक्षा करनी चाहिए (*नृपो रक्षेत*)।"[68] राजा को बार–बार याद दिलाया जाता है कि पाखंड और म्लेच्छों समेत हर समुदाय के अधिकारों और रीति–रिवाजों की रक्षा करना उसका कर्तव्य है—*रक्षण, संरक्षण, पालन*। *मनुस्मृति* में एक छंद है (9.225) जिसे पढ़कर यह आशय निकाला जा सकता है कि उसमें अपधर्मी संप्रदायों के निर्वासन की बात कही गई है, लेकिन मेधातिथि अपनी टीका में "उस छंद को *अर्थवाद* कह कर खारिज करते हैं, क्योंकि उसकी व्यावहारिक प्रासंगिकता नहीं है।"[69] हालाँकि, दूसरी जगह (12.95) पर *मनुस्मृति* में वर्णन किया गया है कि वेद के दायरे के बाहर के समुदायों द्वारा माने जानेवाले रीति–रिवाज उनकी महत्त्वपूर्ण *स्मृतियों* को दरशाते हैं—*या वेदबाह्य: स्मृतयो।* अगर गैर–वैदिक समुदायों के इन रिवाजों, परंपराओं, रस्मों और सामाजिक परिपाटियों को उनके सामाजिक जीवन की महत्त्वपूर्ण और मूल्यवान *स्मृति* माना जाता था तो *मनुस्मृति* के रचयिताओं को उनके अंदर अपनी प्रथाओं को डालने की आवश्यकता नहीं लगी होगी।

डॉ. काने कहते हैं, "धर्मशास्त्रों के प्राचीन लेखकों को इस बात का श्रेय मिलता है कि वे इतने सहिष्णु थे कि उन्होंने राजा से अपेक्षा की कि, उसका अपना पांथिक रुझान जो भी, वह अपधर्मियों की परिपाटियाँ का भी सम्मान करे और उनके बीच उसका प्रवर्तन करे। शर्त सिर्फ यह थी उनकी परिपाटियों का प्रर्वतन राज्य या राजधानी के हितों के प्रतिकूल नहीं हो, अस्तव्यस्ता न फैलाए और पूरी तरह से अनैतिक नहीं हो।"[70] *बृहस्पति*

स्मृति हमें ऐसी शास्त्रीय निषेधाज्ञाओं का आँख मूँदकर पालन करने के प्रति सावधान करती है, जो केवल शास्त्रीय आधार पर कही गई हों, परंतु तर्कबुद्धि और न्याय रहित हों क्योंकि इससे धर्म की हानि होती है। *नारद स्मृति* (1.40-41) में कहा गया है, "जब धार्मिक कानून (*धर्मशास्त्र*) के उपदेशों पर चलना नामुमकिन हो तो तर्कों पर आधारित किसी प्रणाली (*युक्तियुक्त विधि*) को अपनाना आवश्यक हो जाता है, क्योंकि रिवाज ही सब कुछ तय करते हैं और ये धार्मिक कानून पर हमेशा भारी पड़ते हैं।"[71] सिवेश भट्टाचार्य हमें ध्यान दिलाते हैं कि "समय-समय पर इस बात पर जोर दिया गया, और यह अंतर्निहित भी था, कि *व्यवहार* के अर्थ में अथवा प्रशासन के संदर्भ में *धर्म,* भावातीत अर्थ में *धर्म* से पूरी तरह भिन्न था।"[72] अत: एक राजा से यह अपेक्षा की जाती है कि वह हर परंपरागत प्रथा को स्वीकर करे और उसकी रक्षा करे, साथ-साथ उनकी विविधताओं को भी अपनाए, जैसा कि *महाभारत* में लक्षित किया गया है कि ऐसा कोई भी नियम या रिवाज नहीं हैं, जो सबके लिए समरूप से अच्छा हो— *नहीं सर्वहित: कश्चिदाचार: संप्रर्वतते।* हर *स्मृतिकार* और टीकाकार को *अदृष्टार्थ* (अनदेखा और उत्कृष्ट) के क्षेत्र में धर्म के नियमों की प्रभावोत्पादकता की सुमझ थी, जबकि *व्यवहार* का उद्देश्य रोजमर्रा के जीवन की तात्कालिक और व्यावहारिक चिंताओं (दृष्टार्थ) की पूर्ति था। इस दृष्टि से, मननपूर्वक बुद्धि और युक्ति से विचारित किए गए, रिवाजों, परंपराओं और सामाजिक अनुबंधों का स्थान किसी *सूत्र* या *स्मृति* से अधिक श्रेष्ठ था, यहाँ तक कि परंपराएँ धर्मशस्त्रों की रद्द कर सकती थीं या उन्हें अवक्रमित कर सकती थीं।

शास्त्रीय परंपरा से निकाले गए पूर्वगामी तथ्यों को देखते हुए, हल्के-फुल्के ढंग से भी यह कहना बिल्कुल गलत होगा कि सिर्फ और सिर्फ *धर्मशास्त्र* ही हिंदुओं के नियम और कानून थे। आधुनिक शिक्षाविदों, विद्वानों और इतिहासकारों की सहमति से यह कानून कैसे बन गया, यह विचारधारा कैसे बन गई इसकी एक मार्मिक कहानी है। इस प्रयास में अत्यधिक घातक तरीके से तथ्यों को तोड़-मरोड़कर एक जटिल, गैर-शैक्षणिक उद्देश्य की पूर्ति की गई। गणराज्य और साम्राज्य की स्थापना से शुरू होनेवाले और मुस्लिम शासन की घेराबंदी के साथ अंत वाले प्राचीन भारतीय इतिहास के पूरे दौर में रिवाज, स्थानीय परंपराएँ, व्यवहार के नियम, नागरिक निकायों के नियमों और राजसी आदेशों को ही कानून का स्रोत माना गया और *स्मृति* को प्रभावी ढंग से सदाचार, नैतिकता और व्यवहार के उत्कृष्ट मानदंडों के क्षेत्र तक सीमित रखा गया। फिर *स्मृतियों* ने हिंदू कानूनों का रूप कैसे ले लिया? जब न्याय प्रशासन के मामले में परंपराओं, समय, जनजातियों और समुदायों के नियमों और राजाज्ञाओं का महत्त्व सर्वोपरि था और वे *धर्मशास्त्रों* के बहुत से पाठों का निषेध कर सकते थे, तो फिर ये हिंदू कानूनों के स्रोत कैसे बने? इसके कुछ कारणों की समीक्षा हम पूर्वगामी अध्यायों में कर चुके हैं। पर

इसका सही कारण कहीं और, यानी प्राच्यविदों और मिशनरी नेताओं की बाध्यताओं, हितों और विध्वंसक रणनीतियों में तथा औपनिवेशक शासन के जान-बूझकर किए गए प्रयासों में छिपा है। अब हम अपना ध्यान हिंदू परंपरा के सांस्कृतिक पुनर्निर्माण में जुटे, राजनीतिक-कानूनी उद्यम के खुलासे पर केंद्रित करेंगे।

सूत्रों और *स्मृतियों* के संकलकों और रचयिताओं समेत प्राचीन भारत के अधिकतर टिप्पणीकार और सिद्धांतकार शास्त्रीय पाठों के दावों को, जहाँ तक कि वे कानून, प्रशासनिक कामकाज और न्यायिक प्रक्रिया से संबंधित हों, परंपराओं, सामुदायिक रिवाजों, पारिवारिक परिपाटियों, राजाज्ञाओं और विभिन्न प्रकार के व्यापारी तथा पेशेवर निकायों के अनुबंधों की तुलना में कम महत्त्व का मानते थे। धर्मशास्त्रीय और राजनीतिक आम सहमति से यह माना गया कि अगर शास्त्रों के किसी नियम का रिवाजों के साथ टकराव हुआ और वह जनता की राय तथा नैतिकता के प्रतिकूल हुआ और समाज कल्याण में सहायक न हुआ (*लोक विद्विष्ट*) तो उसे अमान्य कर दिया जाएगा। पाँचवीं शताब्दी ई.पू. में *गौतम धर्मसूत्र* में बताया गया है कि किसान, व्यापारी, चरवाहे, साहूकार और कारीगर जैसे सामाजिक संगठनों को अपने नियम खुद तय करने की पूरी आजादी थी और राजा को इनके मामलों के निस्तारण करने से पहले इनके नियमों को ध्यान में रखना होता था। कानूनी बहुलवाद की इस प्रणाली के चलते केंद्रीकृत कानून और संगठित नौकरशाही की एक केंद्रीय धारणा की जरूरत खत्म हो गई। यह ऐसी कानूनी व्यवस्था थी, जो कानून की केंद्रीयकृत, संहिताबद्ध और रूपवादी यूरोपीय अवधारणा से बहुत थी और इसने यूरोपीयों को, खासकर ब्रिटिश लोगों को, दिग्भ्रमित कर दिया और ऐसी अवस्था में उन्हेंने बेहद हानिकारक निष्कर्ष निकाले। उन्होंने ऐसी कल्पना की जैसे कि भारत में प्राचीन काल में संहिताबद्ध कानून होता था, केंद्रीयकृत अधिकार व्यवस्था थी एक समान न्यायिक संरचना थी,यहाँ तक कि पूजा-पाठ के तरीके भी समान होते थे।

जिस विविधता और बहुलतावाद का अंग्रेजों ने भारत में सामना किया, उसने उन्हें व्यवस्थित रूप से, चाहे सहभागी और सहानुभूतिपूर्वक न सही, हिंदू समाज के अन्वेषण में संलग्न नहीं होने दिया। वे अपनी ईसाई सांस्कृतिक विरासत और सिविल समाज के राजनीतिक और कानूनी जीवन को नियंत्रित करने के राजसत्ता के अधिकार पर इतने मुग्ध थे। कवे हिंदू परिवेश में भी वैसी ही व्यवस्था खोजने लगें। एक बहुत ही सुंदर विश्लेषण में मधु किश्वर कहती हैं, "वे एक ऐसी संस्कृति से आते हैं, जहाँ परिवार और सामुदायिक मामलों के कई पहलुओं को रिलीजियस कानून के अधिकार क्षेत्र में रखा गया है अत: वे भारत में सत्ता के इसी तरह के स्रोतों को ढूँढ़ते थे। वे यह मानकर चलते थे कि जैसे यूरोपियन विवाह कानून बाइबिल के सिद्धांतों की चर्च की व्याख्याओं के व्यवस्थित सृजन पर आधारित है, वैसे ही विभिन्न भारतीय समुदायों के निजी कानूनों

को इसी तरह के मौलिक धार्मिक ग्रंथों और उनकी पुरोहितीय व्याख्याओं से प्राप्त किया गया। उन्हें कोई भी संस्था, कोई हिंदू पोप ऐसा नहीं मिला, जो भारत के विविध समुदायों के लिए एक समान कानूनी संहिता की वैधता स्थापित कर सके; कोई शंकराचार्य ऐसा नहीं मिला, जिसका आदेश देश भर में मान्य होता हो।"[73] विविधता के इस अनुभवजन्य तथ्य और इसके वास्तविक उत्कर्ष ने भी "अंग्रेजों को हिंदू कानून के निष्चयात्म स्रोत की खोज से हतोत्साहित नहीं किया।"[74]

उन्होंने ढाई हजार वर्ष के हिंदू न्यायिक संस्कृति के अनुभवों को आँखें बंद करके नकार दिया और शास्त्रों को न्याय संहिता के रूप में ऐसा अधिकार देने की कोशिश की, जो उनके पास कभी भी नहीं था। उन्होंने न केवल कल्पना की,बल्कि हिंदुओं के सामाजिक जीवन के लिए एक संहिताबद्ध और शास्त्री थकड़ी का निर्माण भी कर दिया। इस बात में कोई संदेह नहीं है कि उनका प्राथमिक उद्देश्य *धर्मशास्त्र* के पाठों को स्थावर वैधानिकता देकर उन्हें हिंदू कानून का दस्तावेज घोषित करता था। *स्मृति* के पाठ को महत्ता देने की प्रक्रिया के दौरान उन्होंने यह निष्कर्ष भी निकाला कि केवल *व्यवहार* अंश नहीं, बल्कि वर्णाश्रम के नियम और मनगढ़ंत सामाजिक भेदभाव के उपदेश सहित शास्त्रों को सभी चर्चाएँ हिंदू कानून का हिस्सा हैं। न केवल शास्त्र के *व्यवहार* वाले हिस्से को कानून के रूप में बदला गया, बल्कि शास्त्र के पाठों की इस तरह व्याख्या की गई और समझाया गया कि ऐसा लगे, जैसे इनके सभी अंश–*आचार, प्रायश्चित्त, श्रद्धा, वर्णाश्रम* सबकुछ धार्मिक रूप से वैध थे समरूप हिंदू कानून थे। *धर्मशास्त्रों* के पाठ, उनकी टीकाएँ और संग्रह खुद के लिए किसी भी अखिल–हिंदू कानूनी अधिकार का दावा नहीं करते और एक स्वर में विकेंद्रीकृत स्थानीय स्तर से उद्‌भूत तथा संदर्भ–सापेक्ष न्यायिक प्रक्रियाओं पर जोर देते हैं। भारत में एकांगी हिंदूशास्त्र, समान हिंदू कानून और हिंदू अधिकार के आवंटन की कोई केंद्रीकृत व्यवस्था कभी नहीं थी, पर अंग्रेजी नियामकों, शासकों, और न्यायाधीशों के हाथों में *धर्मशास्त्र* हिंदू कानून का विशेषाधिकारप्राप्त स्रोत बन गया।

जब ईस्ट इंडिया कंपनी ने 1765 में बंगाल, बिहार और ओडिशा में राजस्व इकट्ठा करने और कानून व्यवस्था के रखरखाव का अधिकार प्राप्त कर लिया, तब हिंदू सामाजिक जीवन के साथ मेल–जोल में उनकी उत्सुकता जगी। न्याययुक्त दिखने और स्वदेशी समुदायों के मानकों के अनुसार राज करने की चाह में, उन्होंने उन मानदंडों के स्रोत की खोज शुरू कर दी और साथ ही उनके प्रयोग के लिए जरूरी तंत्रों को ठीक करने लगे। ईस्ट इंडिया कंपनी के नए अधिगृहीत प्रदेशों के प्रशासन का कार्य सँभालनेवाले वारेन हैस्टिंग्स "बंगाल में प्राचीन कानूनों के आधार पर अंग्रेजी शासन का प्रभुत्व स्थापित करना" चाहते थे।[75] इसलिए जब उन्होंने बंगाल विनियमन 1772 को अधिकृत किया, तो

उसमें यह शर्त भी उन्होंने जोड़ी कि ईस्ट इंडिया कंपनी की अदालतों में चलनेवाले कानून "गेन्टू के संदर्भ में उसके शास्त्र होंगे।" इस एक वाक्तखंड ने हिंदू वैश्विक दृष्टिकोण के अर्थ को बुरी तरह बदल दिया गया। सांस्कृतिक तात्त्विकी में इस उलट-फेर और सामाजिक व्यवहार के हजारों वर्षों की परंपरा के इस विकृतीकरण के बारे में जे.डी. एम. डेरेट ने उल्लेख किया है, कि "प्रसिद्ध बंगाल विनियमन 1772 बनने के समय से ही कानून का अंतिम अधिकार, जब विवाद का मुद्दा निजी कानून के दायरे में आता हो, धर्मशास्त्रों के पास चला गया।"[76] इस सिद्धांत की स्थापना के साथ ऐंग्लो-इंडियन न्यायालयों को यह हिदायत दी गई कि वास्तव में शास्त्र ही हिंदू कानून हैं और उच्च और श्रेष्ठ माने जाने के कारण ये रिवाज और परंपराओं से महत्त्वपूर्ण हैं। भारत की हजारों साल पुरानी मान्यताओं, व्यवस्थाओं और वास्तविकताओं को सिर के बल उलटा कर दिया गया।

एक छोटी-सी समस्या यह थी कि अंग्रेजी अधिकारी उस विश्वसनीय हिंदू शास्त्र की खोज नहीं कर पा रहे थे, जिसे वे हिंदुओं का कानून घोषित कर सकें। अंग्रेजी काल की शुरुआत के समय शास्त्रीय कानूनों में "इतने सारे पारंपरिक विचलन हुए थे कि इनके मूल का पता लगाना आसान नहीं था।"[77] बहरहाल, अंग्रेजों द्वारा पाठों के संहिताबद्ध रूप को प्राथमिकता देना बहुत सी परंपरागत प्रथाओं के उन्मूलन का कारण बना, जो अंग्रेज प्रशासकों के मस्तिष्क में ढाले गए 'ऐंग्लो-हिंदू लॉ' से हट गई थीं। इसके परिणामस्वरूप "ऐंग्लो-हिंदू लॉ *धर्मशास्त्र* की अपनी पृष्ठभूमि के साथ पहले से अधिक व्यापक रूप में फैला।"[78] प्रो. लारिविएरे ने पाया कि इस प्रक्रिया में अंग्रेजों ने "हिंदू कानून कही जानेवाली एक ऐसी चीज बनाई, जिसका पहले कभी पता नहीं था।"[78] अंग्रेजों ने एक चीज बनाई, पहले कभी भी किसी को नहीं पता, वे आगे कहते हैं कि जब वॉरेन हेस्टिंग्स ने "अविशेषज्ञ पंडितों के एक समूह को एक अजीब-सा पाठ *विवादार्णवसेतु*, तैयार करने के लिए नियुक्त किया, तब *धर्मशास्त्र* ने एक ऐसा ओहदा ग्रहण कर लिया, जिसके बारे में परंपरा को पहले कभी पता ही नहीं था।"[79] हेस्टिंग्स और उनके साथियों ने यह कल्पना कर ली थी कि ईसाइयों के धार्मिक कानून और इस्लामी शरीअत की तरह हिंदुओं के पास भी संहिताबद्ध धार्मिक कानून रहे होंगे। उन्हें स्थानीय और परंपरागत प्रथाओं की जानकारी ढूँढ़ने और इकट्ठा करने में भी बहुत कठिनाइयाँ आई होंगी और उन्हें इस बात का भी डर होगा, जैसा रोसेन रोचर कहती हैं, कि "ब्रिटेन की आंग्ल भावना इन रिवाजों को अनपढ़ और असभ्य लोगों की उपज समझने की गलती कर उन्हें खारिज कर देगी।"[80]

जो भी हो, वॉरेन हेस्टिंग्स ने खुद को ऐसे मूल कानूनी पाठ को ढूँढ़ने के काम में लगाया, जिसे थोड़े रूपांतरण के साथ, विभिन्न दीवानी अदालतों में इस्तेमाल किया

जा सके, जिन्हें कंपनी बहादुर स्थापित कर रही थी। जब वे मूल कानूनी ग्रंथ ढूँढ़ने में बिल्कुल असफल रहे तो उन्होंने यह तय किया कि वे अपनी प्रत्यक्ष निगरानी में खुद ही एक हिंदू विधि संहिता तैयार करेंगे। दृढ़ चित्त होकर उन्होंने राजस्व पर्षद को नेथानियल ब्रासी हॉलहेड के नेतृत्व में संचालित होने वाली एक परियोजना की मंजूरी देने के लिए प्रोत्साहित किया। इस परियोजना के लिए उन्होंने ग्यारह बंगाली पंडितों को, "अपनी कानून की किताबों में से एक संहिता तैयार करने के लिए, जो दीवानी अदालतों में मार्गदर्शक का काम करेगी" नियुक्त किया।[81] इन पंडितों द्वारा बनाए गए नियम को *विवादार्णवसेतु*–मुकदमेबाजी के समुद्र से पार करानेवाला पुल कहा गया। 'हिंदू विधि' के इस संकलन को बनाने की प्रक्रिया बहुत घुमावदार थी—इन पंडितों ने पहले संस्कृत शब्दों का मौखिक रूप से बंगाली में पढ़कर बताया, फिर बंगाली से इसका अनुवाद जायनल अल-दिन अली रसाई ने फारसी में किया और इस अनुवाद के आधार पर हैल्हेड ने इसका अंग्रेजी में अनुवाद किया। अंग्रेजी अनुवाद 1776 में लंदन में पहली बार प्रकाशित किया गया, जिसका नाम '*अ कोड ऑफ गेन्टू लॉ* या *ओर्डिनेशंस ऑफ द पंडित्स* रखा गया। यह एक ऐसी धमाकेदार घटना थी, जिसने हिंदू परंपरा और सामाजिक चलन की परिभाषा और व्याख्या की दिशा ही बदल दी। हालाँकि कुछ पंडितों द्वारा बनाई गई यह विधि संहिता निचली अदालतों में इस्तेमाल करने के लिए बनाई गई थी, लेकिन पंडित विलियम जोंस शुरुआत में इसके सदगुणों के विषय में थोड़ा उलझन में थे, "मूल से तीसरे चरण का अनुवाद, आप सहज समझ सकते हैं कि कितना त्रुटिपूर्ण होगा।"[82] जोंस को लगता था कि इस बनावटी रचना में "बहुत से जरूरी अंश छूट गए हैं, जबकि पाठ को स्पष्ट या बेहतर बनाने की खामख्याली में कई अमहत्त्वपूर्ण टिप्पणियों को प्रक्षिप्त किया गया है।"[83]

हिंदुओं के निष्पक्ष व्यवहार, वस्तुनिष्ठता और कानूनी कुशाग्र बुद्धि की इससे ज्यादा प्रशंसा और क्या हो सकता है कि बंगाल के वैसे पंडितों के द्वारा, जो संस्कृत, वैदिक ज्ञान या शास्त्रीय साहित्य में निष्णात नहीं थे, सृजित व्युत्पन्न, कृत्रिम, रूढ़ शैलीबद्ध रचना की भी प्रशंसा हुई। *क्रिटिकल रिव्यू* ने 1777 में इस संहिता की गहरी प्रशंसा करते हुए लिखा था, "दुनिया का यह प्रबुद्ध हिस्सा [ब्रिटेन] भी ऐसी किसी चीज का दावा नहीं कर सकता, जो पौरोहित्य के संकीर्ण, अपरिष्कृत और पूर्वाग्रही प्रभाव-क्षेत्र से पूरी तरह पर हो। आधुनिक दर्शन का सर्वाधिक प्रिय हिस्सा भी कुछ एक अशिक्षित हिंदू ब्राह्मणों की व्यापक उदारता और समाविष्ट अनुग्रह के तुल्य नहीं होगा।"[84] हालाँकि, सबकुछ इतना अच्छा नहीं था जैसा कि ऊपर की समीक्षा में बताया गया है। भारत के प्रति ब्रिटिश सहानुभूतिपूर्ण प्रतिक्रिया को बैर के रूप में बदल देनेवाले अतिवादी ईसाई प्रचारक चार्ल्स ग्रांट ने हॉलहेड की संहिता की कठोर भर्त्सना की और उसे कर्मकांडी सिद्धांत

का उदाहरण बताया जिसके कारण ही, "घोर गुलामी और अद्वितीय नीचता हिंदुओं का विशेष लक्षण बन गया है।"[85] संहिता की भूमिका में हॉलहेड कहते हैं कि हालाँकि हिंदू परंपरा ने लिखित पाठ को लचीली, अनुकूली और परिवर्तनात्मक सामाजिक रीतियों पर कभी तरजीह नहीं दी, तब भी उन्होंने यह निष्कर्ष निकाला कि सयह परंपरा रहस्यमय ढंग से लुप्त हो गई। इससे यह धारणा बनी की, विकसित अंग्रेजों को तुलना में, हिंदुओं के पास लिखित विधि नहीं थी। हॉलहेड ने हिंदुओं की इसी कमी को पूरा करने की गरज से अपनी संहिता का लेखन किया ताकि "यूरोप में सामान्य रूप से प्रचलित इस धारणा का खंडन हो कि हिंदुओं के लिखित विधि नहीं है...।"[86]

इस संहिता के संकलन का मकसद भारत में औपनिवेशिक हित का प्रचार करना था, यह हॉलहेड ने अपनी प्रस्तावना में भी अच्छी तरह से स्पष्ट किया है। उनके हिसाब से इस संहिता का मुख्य लक्ष्य "मूल निवासियों का प्रेम हासिल करना और अधिप्राप्त राज्य में स्थायित्व सुनिश्चित करना" था।[87] इसीलिए "धर्म के मामलों में ससमय पर सहनशीलता और देश की वैसी मौलिक विधि को अंगीकृत करना जो विजेताओं के हितों या कानूनों के साथ तात्कालिक रूप से न टकराते हों"[88] आवश्यक था। अपनी संहिता में हॉलहेड ने हमेशा 'पंडितों' का अनुवाद हिंदू समुदाय के 'वकील' के रूप में किया। भाड़े के उन बंगाली पंडितों ने हॉलहेड के नेतृत्व में जो किया, वह क्रांतिकारी था। उन्होंने कुछ एक प्राचीन ग्रंथों के आधार मात्र पर हिंदू विधि की संहिता तैयार करने का मिशन पूरा किया; एक ऐसा उद्यम जो बेहद निष्णात प्राचीन विद्वान् तक नहीं कर सके थे। ब्रिटिश नियोक्ताओं द्वारा नियुक्त इन पंडितों ने बंगाल के किसी कोने में बैठकर बेहद विविध और विकेंद्रीकृत न्यायिक संरचना की जगह पर, जो विधियों के विविध स्रोतों पर आधारित थी, सामान्य हिंदू विधि की संहिता तैयार करने का साहस दिखाया और इसके लिए "संस्कृत भाषा के अनेक मूल पाठों से वाक्य दर वाक्य हूबहू उठाया और अपनी तरफ से प्राचीन पाठ के किसी हिस्से को न तो हटाया और न ही कुछ जोड़ा।"[89] पंडितों ने मुख्य रूप से *मनुस्मृति, याज्ञवल्क्य स्मृति, विवाद रत्नाकर, विवाद चिंतामणि, नीति चिंतामणि, व्यवहार मात्रिका* आदि ग्रंथों के परामर्श से यह संहिता तैयार की।

कोड ऑफ गेन्टू लॉ में हिंदू कानूनों को औपचारिक रूप देना और संहिताबद्ध करना ब्रिटेन की उस इच्छा को पूरा करना था, जिसके तहत वे आधिकारिक विधि प्रबंध की रचना करना चाहते थे। हालाँकि इस काल्पनिक उद्यम का परिणाम बहुत हानिकारक रहा, क्योंकि "जो सार्वभौमिक और आधिकारिक था, उस तक पहुँचने के प्रयास में हैस्टिंग्स ने उन पाठों का सहारा लिया, जिनमें प्राचीन या उच्च सांस्कृतिक कानून शामिल थे और निस्संदेह, यह सब गाँवों के विविध परंपरागत कानूनों की कीमत पर किया गया।"[90] कुछ टिप्पणीकारों ने नौकरशाही वाली कानूनी प्रणाली निर्माण के खतरे के प्रति

आगाह भी किया था। उसका आधार यह था कि ऐसी प्रणाली भारतीय जाति स्वभाव के लिए अजनबी है। जोनाथन डंकन लिखते हैं कि भारत के निवासी बहुत लंबे समय से अपने विवाद मध्यस्थता और स्थानीय निकायों के न्याय निर्णय के जरिए सुलझाने के आदी रहे हैं। परंतु ऐसी सुलझी हुई सलाह को कोई फायदा नहीं हुआ और ब्रिटिश अधिकारी शास्त्रों की भूमिका को "यूरोप में चर्च स्थापित अदालतों के विशेष उद्‌देश्य समतुल्य" देखने की जिद पर अड़े रहे, के साथ जोड़कर देखने पर जोर देते रहे। ब्रिटिश अदालतों में हिंदुओं के बीच संपत्ति बँटवारे, ऋण, गिरवी, दत्तक, विरासत जैसे विवादों को निपटाने के लिए *द कोड ऑफ गेन्टू लॉ* का इस्तेमाल होने लगा।

हिंदू कानून के संहिताकरण और शास्त्रीय सामग्री को विशेषाधिकार देने का दूसरा प्रोत्साहन विलियम जोंस नाम के पंडित के 'औपनिवेशक दायित्वों' और 'पुरातन रुझानों' से मिला। स्वदेशी पंडितों के काम से संतुष्ट न होकर जोंस खुद ही हिंदुओं के कानूनी मामलों पर अधिक आधिकारिक और समरूप पाठ सामग्री ढूँढ़ने के लिए व्यक्तिगत अन्वेषण में जुट गए। हिंदू पाठों की अपनी खोज की शुरुआत करने के लिए उन्होंने "वैज्ञानिक ढंग से अंग्रेजी और शास्त्रीय रोमन पाठों के 'मूलग्रंथों' के संहिताकरण के 'मूलग्रंथों' के बीच समानता' ढूँढ़ी, जिससे "कानून की सार्वभौमिक और अवैयक्तित्व के पश्चिमी मॉडल से उनके सरोकार" की झलक मिलती है।[91] इसके परिणामस्वरूप "भारतीय कानून पर उनके संग्रह को गाँवों की अधिक विविध और विकेंद्रीकृत परंपरागत कानूनों की जगह लागू होता देखा गया।"[92] कानून के लिखित पाठ के प्रति उनका सरोकार ही उनकी कुछ पाठों को विशेष महत्त्व देने की इच्छा का कारण नहीं था; उनका दूसरा उद्‌देश्य उस कंपनी के लाभ के लिए "आधुनिक वाणिज्यिक अर्थव्यवस्था को बढ़ावा देने के लिए मौलिक सिद्धांतों को प्राप्त करने" का था, जिसके वे विनम्र कर्मचारी थे। जोंस ने *मनुस्मृति* को अनुवाद करने और उसकी टीका करने के लिए चुना। उन्होंने एकमात्र यही *स्मृति* क्यों चुनी, इसका जवाब स्पष्ट नहीं है, लेकिन प्राख्यात पाश्चात्य न्यायविद्, संस्कृतविद् और प्राच्यविज्ञानी के रूप में उनकी ख्याति से *मनुस्मृति* को वह प्रतिष्ठा और महत्त्व मिल गया, जिसकी कोई ऐतिहासिक मिसाल नहीं है। जोंस ने पुराने और लगभग विस्मृत कर दिए गए एक ग्रंथ को पुनर्जीवित करने और उसे वह अधिकार दिलाने का काम बहुत प्रभावी ढंग से किया, जो उस ग्रंथ के हिस्से में कभी था ही नहीं। जोंस के *मनुस्मृति* के अनुवाद और और उस पर टीका ने इस ग्रंथ को हिंदुओं की सबसे पवित्र और पूज्य पुस्तक के रूप में चित्रित किया। यहीं से *मनुस्मृति* और मनुवाद का आरंभ भारत के हिंदुओं के समाजिक जीवन में हो गया। फ्रैंकलिन ने तर्क दिया है कि "हेस्टिंग्स की तरह जोंस ने भी आधुनिक प्रबंधों की कीमत पर, जिनमें वर्तमान विधिक परिपाटी शामिल थी, प्राचीन और प्रतिष्ठित पाठ को महत्त्व दिया।"[93] अंतरराष्ट्रीय विद्वान्

के रूप में जोंस की ख्याति ने यह सुनिश्चित किया कि *मनुस्मृति* को यूरोप में उत्साह और उदारता से प्रशंसा मिले। यह ग्रंथ वास्तव में एक उन्माद बन गया; इसका अनुवाद किया गया, टीकाएँ की गईं, इसके अंश उद्धृत किए गए और यूरोप भर में विद्वानों के बीच इसकी चर्चा हुई जिसमें आदिम हिंदुओं के इस महान् वकील [मनु] की संगति में उन्हें अपार खुशी मिली!

काफी समय तक *मनुस्मृति* यूरोप की बौद्धिक बिरादरी की सभाओं में सबसे प्रसिद्ध भारतीय कृति बनी रही। हिंदू कानून और धार्मिक परंपराओं के सबसे मौलिक पाठ के रूप में इसका विश्लेषण किया जाता था, इसे पढ़ाया जाता था और उद्धृत किया जाता था। *मनुस्मृति* की सहायता से तैयार हिंदू विधि संहिता और हिंदू संस्कृति के रूप में उसके अकादमिक प्रचार के संयुक्त प्रभाव के हिंदू जीवन दृष्टि के सबसे महत्त्वपूर्ण स्रोत के रूप में उसकी स्थापना कर दी। रोसेन रोचर का तर्क है कि "यूरोप और भारत के परवर्ती विद्वान् अंग्रेजों के स्थापित विचार, जिसमें *मनुस्मृति* को हिंदू कानून की सबसे उत्कृष्ट कृति के रूप में प्रधानता मिली, को बदलने में अक्षम रहे।"[94] पंडित जोंस द्वारा अनूदित *ऑर्डिनेंसेस ऑफ मनु* या *इंस्टीट्यूट्स ऑफ मनु* ने भारत में *धर्मशास्त्र* साहित्य में क्रांति ला दी।[95] शायद ही किसी ने इस बात पर ध्यान भी दिया कि जोंस ने 'धर्म' का अनुवाद कानून के 'आर्डिनेन्स'(अध्यादेश) और 'इंस्टीट्यूट'(कानून संहिता) के रूप में किया।

ऑर्डिनेंसेस ऑफ मनु की भूमिका में जोंस बताते हैं कि आचरण के धर्मशास्त्रीय नियमों पर "स्वर्ग से वास्तविक रूप से अवतरित (रेवेलेशन) मंजूरी" थी और इस तरह से अवतरित ग्रंथों की श्रेणी में *मनुस्मृति* "विधायिकाओं में सबसे पवित्र है।" भारतीय प्रसंग में जोंस ने मनु के बारे में जो कहा, उसका मतलब तो यह हुआ कि ब्रिटेन के राजनीतिक विचारकों को ईसाई धर्म के विधायकों के रूप में देखा जाना चाहिए और उनकी रचना का 'हौब्स के अध्यादेश', 'बेंथैम के कानून' और 'रूसो की संहिता' के रूप में मूल्यांकन किया जाना चाहिए। परंतु अपने चिंतकों के संदर्भ में पाश्चात्य विद्वानों ने ऐसा नहीं किया। *मनुस्मृति* को नैतिक और कौतुहलपूर्ण चर्चा की गूढ़ दुनिया से बाहर ले जाया गया, ताकि इसे हिंदुओं की ह्रासकारी सांस्कृतिक और कानूनी विश्व दृष्टि के महान् उदाहरण के रूप में चित्रित किया जा सके। अंग्रेजी सरकार ने शैक्षणिक जगत् में *मनुस्मृति* की अनुभवजन्य प्रतिष्ठा और उसके धार्मिक मूल्य की स्थापना के लिए सभी उपाय अपनाए : "यह (*मनुस्मृति*) अंग्रेजों की सबसे पसंदीदा पुस्तक बन गई। इंडिया ऑफिस में उच्चतम स्तर पर ऐसा नीतिगत निर्णय लिया गया था, कि इस विशेष दस्तावेज के प्रसार को कायम रखा जाए और इसे भारतीय विधिशास्त्र के स्रोत के रूप में दिखाया जा सके, जिससे अंग्रेज इस भ्रम को बनाए रखा जा सकें। अंग्रेज तो शास्त्रीय आदेशों को मात्र लागू कर रहे थे, और हिंदू तो पहले से ही उनके द्वारा शासित रहे हैं और इस तरह

से वे यह साबित करते रहे कि ये कानून उन्हें विरासत में ही मिले थे। इस प्रकार *मनुस्मृति* ने पश्चिमी जगत् में प्राच्यविद्या के अध्ययन पर इतना गहरा प्रभाव डाला, जितना कि अंग्रेज पूर्व भारत में से रह रहे किसी भी वास्तविक समुदाय के चाल-चलन पर नहीं डाला था।"[96]

कंपनी द्वारा नियुक्त कुछ पंडितों द्वारा जल्दबाजी में जैसे-तैसे समेटकर बनाई गई हिंदू विधि संहिता की सहायता से अंग्रेजी शासन ने अपनी अदालतों में कानूनों का चलन शुरू कर दिया, जो कि देखने में कुछ निश्चित प्राचीन ग्रंथों पर आधारित लगता था लेकिन वास्तव में हिंदुओं के आचार-व्यवहार से कोसों दूर था। प्रो. रिचर्ड लैरिविएर मर्मस्पर्शी ढंग से बताते हैं, "सामाजिक परिवर्तन और अनुकूलन को दरशाने के बजाय, जीवित परंपरा की रूपरेखा का हिस्सा होने के बजाय, *धर्मशास्त्र* अपने ही जीवाश्म अवशेष बन गए। विकास से पूरी तरह अवरुद्ध होकर और परंपराओं से जरा-सा भी परिचय रखने वालों से कटकर धर्मशास्त्रों का उत्पादक काल समाप्त हो गया। उनको जन्म देनेवाले ये पाठ और परंपराएँ आगे से अपरिवर्तनीय और निश्चित समझी जाएँगी तथा सामाजिक बदलावों से पूरी तरह से दूर अनछुई रहेंगी। यह उनकी ऐसी भूमिका थी, जो इसके पहले कभी नहीं रही।"[97]

संदर्भ

1. मनुभाष्य ऑफ मेधातिथि, (अनु.) गंगानाथ झा; मोतीलाल बनारसीदास; दिल्ली; 1999; वॉल. 6, पृ. 1
2. वही, पृ. 2
3. वही, पृ. 2
4. वही, पृ. 2
5. वही, पृ. 6
6. मधुकर एम. पटकर, नारद, बृहस्पति एंड कात्यायना, मुंशीराम मनोहरलाल; दिल्ली; 1978, पृ. 6
7. वही, पृ. 8
8. पारस दिवान, मॉडर्न हिंदू लॉ, इलाहाबाद लॉ एजेंसी, इलाहाबाद; 1976, पृ. 23
9. झा, उद्धृत के विपरीत, पृ. 55
10. वही, पृ. 9
11. वही, पृ. 15
12. वही, पृ. 17
13. दीवान, उद्धृत के विपरीत, पृ. 20
14. वही, पृ. 20
15. वही, पृ. 20
16. वही, पृ. 20

17. वही, पृ. 21
18. पी.बी. गजेंद्रगडकर, 'द हिस्टॉरिकल बैकग्राउंड एंड द थ्योरेटिक बेसिस ऑफ हिंदू लॉ'; इन कल्चरल हेरिटेज ऑफ इंडिया, आर.के. मिशन, वॉल. 2, उद्धृत के विपरीत, पृ. 424
19. वही, पृ. 425
20. वही, पृ. 426
21. वही, पृ. 426
22. वही, पृ. 426
23. वही, पृ. 426
24. वही, पृ. 427
25. वही, पृ. 427
26. वही, पृ. 428
27. वही, पृ. 428
28. दीवान, उद्धृत के विपरीत, पृ. 21
29. वही, पृ. 24
30. डैरेट (1957), उद्धृत के विपरीत, पृ. 14
31. वही, पृ. 15
32. वही, पृ. 42
33. वही, पृ. 43
34. वही, पृ. 43
35. डेरेट (1970), उद्धृत के विपरीत, पृ. 32
36. वही, पृ. 33
37. वही, पृ. 34
38. वही, पृ. 43
39. वही, पृ. 34
40. डी.एफ. मुल्ला द्वारा उद्धृत, प्रिंसिपल्स ऑफ हिंदू लॉ, द ईस्टर्न लॉ हाउस लिमिटेड; कलकत्ता, 1952, पृ. 9
41. वही, पृ. 15
42. पाटकर, उद्धृत के विपरीत, पृ. 35
43. वही, पृ. 39
44. लिंगट, उद्धृत के विपरीत, पृ. 14
45. वही, पृ. 68
46. वही, पृ. 167
47. वही, पृ. 168
48. वही, पृ. 171
49. वही, पृ. 176
50. वही, पृ. 183
51. वही, पृ. 146
52. वही, पृ. 199

53. वही, पृ. 199
54. वही, पृ. 199
55. वही, पृ. 200
56. वही, पृ. 203
57. वही, पृ. 210
58. वही, पृ. 210
59. वही, पृ. 210
60. सिबेश भट्टाचार्य, सेक्युलर एंड प्लूरलिस्टिक ऐलिमेंट्स इन द आइडिया ऑफ स्टेट इन अर्ली इंडिया, आई.आई.ए.एस., शिमला; 2002, पृ. 144
61. वही, पृ. 152
62. वही, पृ. 153
63. वही, पृ. 155
64. वही, पृ. 161
65. वही, पृ. 162
66. वही, पृ. 164
67. वही, पृ. 164
68. वही, पृ. 165
69. वही, पृ. 165
70. वही, पृ. 167
71. वही, पृ. 168
72. वही, पृ. 168
73. मधु किश्वर, 'मनुस्मृति टू मधुस्मृति', 'मानुषी' से।
74. वही,
75. एम.जे. फ्रेंकलिन (सं.), रिप्रजेंटिंग इंडिया, रूटलेज, लंदन, 2000, पृ. v
76. डेरेट (1957), पृ. 9
77. वही, पृ. 44
78. वही, पृ. 78
79. रिचर्ड व. लैरिवियर, 'धर्मशास्त्र : इट्स प्रजेंट वैल्यू एंड रेलेवेंस', द प्रेरेंनिअल ट्री (सं.) में, के.एस. मूर्ति, एंड अमित दासगुप्ता, आई.सी.सी.आर., नई दिल्ली, 1996, पृ. 182
80. फ्रेंकलिन द्वारा उद्धृत, ऑप.सिट, पृ. vi
81. वही, पृ. vi
82. वही, पृ. vi
83. वही, पृ. vi
84. वही, पृ. viii
85. वही, पृ. ix
86. वही, पृ. x
87. वही, पृ. ix

88. वही, पृ. ix
89. वही, पृ. x
90. जे.एम. फ्रेंकलिन (सं.), रिप्रजेंटिंग इंडिया, वॉल. IX, रूटलेज, लंदन; 2000, पृ. vi
91. वही, पृ. viii
92. वही, पृ. viii
93. वही, पृ. ix
94. वही, पृ. ix
95. वही, पृ. x
96. मधु किश्वर, ऑप.सिंट.
97. लारिविये, ऑप.सिंट., पृ. 183

❑

जनगणना, औपनिवेशिक परिवेश और जातियाँ

भारतीय समाज की सारी समस्याओं के लिए हिंदुओं की स्वाभाविक विफलता को ही उत्तरदायी ठहराया जाता है, फिर चाहे यह समस्या भारतीयों पर बर्बर हमलों और बल प्रयोग से इनकी जमीन पर कब्जे की ही क्यों न हो? भारतीयों पर हुए बाहरी अत्याचारों के लिए भी हिंदुओं के अंतर्निहित दोषों को ही जिम्मेदार ठहराया गया। सारी दुनिया में हिंदुओं के दो सबसे महत्त्वपूर्ण दोष गिनाए जाते हैं, वे हैं—(i) निर्दयी ब्राह्मणवादी व्यवस्था और (ii) उनकी घातक जातिप्रथा। भारतीयों की लगभग सारी विफलताओं की व्याख्या इन्हीं दो सिद्धांतों या अवगुणों के आधार पर की गई है। साथ ही, यह भी बताया जाता है कि कैसे इनके कारण ही भारतीय समाज विकसित नहीं हो सका और संघर्षों तथा संकटों से जूझता रहा? रोनाल्ड इंडेन कहते हैं कि, "यह काम विद्वानों ने उस काल्पनिक दृष्टि से किया कि भारत को उसकी विभिन्न नैसर्गिक प्रवृतियों ने शाश्वत रूप से पुरातन बनाए रखा, जिनमें सबसे खास जातिप्रथा है।"[1] भारत की नैसर्गिक प्रवृतियाँ प्रमुख रूप से अप्रभावी धार्मिक विचार, विकृत रूप से वर्गीकृत सामाजिक ढाँचे और खयाली दार्शनिक विचार में छिपी हैं। हिंदू नैसर्गिक प्रवृतियों के पुनर्निर्माण के लिए वैकल्पिक नामकरण का काम शुरू हुआ, जिसके लिए एक रणनीति के अंतर्गत ऐसे नाम और संकुचित अर्थों को स्थानीय विचारों से जोड़ा गया, जिससे कि पारंपरिक धारणाओं का क्षय हुआ। इस रणनीति की मंशा यह थी कि हिंदू दार्शनिक और सांस्कृतिक एकात्मता को छिन्न-भिन्न किया जाए। इस उद्देश्य से हर विमर्श को 'ब्राह्मणवादी रूढ़िवादिता' और उनको सतत चुनौती दे रहे 'प्रोटेस्टेंट' (विरोधी) तथा 'हेरेटिक' (अपधर्मी) चिंतन में विभक्त कर दिया गया। इस वैचारिक रणनीति से जुड़ा, या यह कहा जाए कि इसी से जनित, यह प्रचार था कि हिंदू समाज वस्तुतः सतत संघर्षरत इकाइयों का जमाव है, जिनमें से ज्यादातर इकाइयों की पहचान 'ब्राह्मणवादी हिंदुत्व' से उनके संघर्ष और दुराव पर आधारित थी।

वेदों, उपनिषदों, गीता तथा दर्शन की अनेक विचारधाराओं पर आधारित सांस्कृतिक-वैश्विक दृष्टिकोण को ब्राह्मणवाद या ब्राह्मणवादी हिंदुत्व का नाम दिया गया। पुराणों और महाकाव्यों में जिन परंपराओं का वर्णन है, उन्हें लोकप्रिय हिंदुत्व बताया गया। हिंदू संतों और विद्वानों की परंपरा को 'प्रोटेस्टेंट' हिंदुत्व और ब्राह्मणवादी व्यवस्था के विरुद्ध लोकतांत्रिक विद्रोह के रूप में दरशाया गया। उन परंपराओं, विद्वानों तथा संप्रदायों ने, जिन्हें वैकल्पिक पहचान दी गई, भले ही स्वयं किसी कथित विद्रोह में शामिल होने और अपने आपको अलग बताने का दावा नहीं किया हो, किंतु आधुनिक व्याख्याकारों को तथ्यों से कोई मतलब नहीं था। हिंदुत्व का इतिहास प्रमुख रूप से कथित रूढ़िवादिता के विरुद्ध बँटवारे, विद्रोह, प्रस्थान और फूट की एक शृंखला है। हालाँकि उस मूल रूढ़ि के पैमाने को विरले ही टिप्पणीकार पूरी तरह समझ सके। अपनी इस विफलता को छिपाने के लिए उन्होंने बड़ी आसानी से इसे 'ब्राह्मणवाद' का नाम दे दिया। ऐसी सोच को इब्राहिमी धार्मिक संस्कृति में पले-बढ़े विद्वानों के ऐतिहासिक अनुभव से समझा जा सकता है, जिसका प्रभाव अधिकतर यूरोपीय विद्वानों, प्राच्यवादियों तथा आरंभिक भारतीय विद्वानों पर था। इब्राहिमी विचारधारा में केंद्रीकृत रूप से स्थापित रिलीजियस सिद्धांतों से हटकर उनकी वैकल्पिक व्याख्या करना या अलौकिक अर्थ को समझने के व्यक्तिगत प्रयासों को धर्म विरोधी फित्ना और सामूहिक विद्रोह के रूप में देखा जाता था।

अपने निजी अनुभव के आधार पर यदि कोई व्यक्ति आध्यात्मिक जीवन जीने का प्रयास करता तो उसे विधर्मी, विश्वासघाती 'हेरेटिक' या 'मुरतद' (इस्लाम को छोड़नेवाला) कहा जाता था और ऐसे लोगों को भयानक यातनाएँ देकर मौत के घाट उतारा जाता था। धार्मिक या दार्शनिक रूढ़िवादिता एक इब्राहिमी विचार है। हिंदू परंपरा आध्यात्मिक सत्य को, पाखंड की पूर्वधारणा से प्रभावित हुए बिना, समझने तथा उसकी खोज करने से फलती-फूलती रही है। प्राच्यवादी विद्वानों ने अनेकवादी हिंदू परंपरा पर न केवल इब्राहिमी पैमाने को लागू किया, बल्कि उसे एक उलटा अर्थ भी दे दिया। इब्राहिमी परंपरा में जहाँ आधिकारिक रूप से घोषित सिद्धांत से थोड़े-से भटकाव को भी आपराधिक विधर्मिता और धर्मभ्रष्टता माना गया और क्रूरता से उसे कुचल दिया गया, वहीं आश्चर्यजनक रूप से, भारत में ऐसी सोच को प्रगतिशील, समतावादी और लोकतांत्रिक घोषित किया गया।

हिंदू परंपरा की इंडोलॉजिकल आलोचना का दूसरा उद्देश्य—जिसे बाद के आधुनिक इतिहासकारों और उदारवादी समाजशास्त्रायों ने भी अपनाया—यह था कि आर्य, उच्चवर्गीय, ब्राह्मणवादी सोच से पनपे हिंदुत्व और पिछड़ी जातियों द्वारा धारित 'प्रोटेस्टेंट' हिंदुत्व के बीच एक अवास्तविक फूट पैदा की जाए। ऐसी 'पिछड़ी जातियों' के सांस्कृतिक विचारों को कथित रूप से ब्राह्मणों की रूढ़िवादिता का विरोधी करार दिया

गया। हिंदू समाज मौलिक रूप से परस्पर विरोधी शक्तियों का एक समूह था, जिसकी एकमात्र निश्चित पहचान यह थी कि उसके भीतर, एक तरफ ब्राह्मणवादी हिंदुओं तथा दूसरी तरफ अन्य 'समतावादी' तथा 'प्रगतिशील' हिंदू ताकतों के महागठबंधन के बीच झगड़ा चलता आ रहा था। भारतीय सामाजिक-राजनीतिक क्षेत्र में जो कुछ भी गलत था और हमेशा से ही गलत था, वह ब्राह्मणवादी हिंदुओं का किया-धरा था। वह सबकुछ जो प्रगतिशील और आधुनिक था, वह हिंदुओं के बीच हुए बँटवारे के बाद दूसरी तरफ खड़े 'सबऑल्टर्न' समूह के कारण संभव हुआ। यह ध्यान रहे कि व्याख्या की यह परंपरा भारतीय विद्वानों और इतिहासकारों की अपनी सोच का परिणाम नहीं थी। इसकी शुरुआत धर्मांतरण निकायों से जुड़े ईसाई धर्म प्रचारकों की लिखी गई किताबों के कपटपूर्ण लेखों से हो गई थी। आरंभिक ईसाई साहित्य संपूर्ण ब्राह्मण समुदाय को अपना कट्टर दुश्मन मानता था, क्योंकि उसे लगता था कि भारत में ईसा मसीह के धर्म का प्रचार करने के रास्ते का सबसे बड़ा रोड़ा इसी ब्राह्मण समुदाय के शिक्षक, दार्शनिक और सांस्कृतिक मध्यस्थ थे। उनमें से कइयों ने ब्राह्मण समुदाय के नेतृत्व की महत्ता को पहचान लिया था और वे यह मानते थे कि हिंदुओं का धर्म-परिवर्तन ब्राह्मणों को अपराधी घोषित किए बिना संभव नहीं है। इस कारण ही उन्होंने इस बात को स्थापित करने का प्रयास किया कि अन्य जातियाँ ब्राह्मणों से अलग और उनके विरुद्ध होने के साथ ही हिंदू संस्कृति के उनके दृष्टिकोण को भी नहीं मानती हैं।

आरंभिक ब्राह्मण विरोधी ताकतों को उकसाने के पीछे प्रमुख रूप से ईसाई धर्म प्रचारक थे, जिन्हें लगता था कि ब्राह्मणों की सत्ता पर कीचड़ उछालकर वे हिंदुओं के भ्रमित और अनिश्चित परिवार से कुछ समुदायों को धीरे-धीरे दूर करने की शुरुआत कर सकते हैं। उनके दुष्प्रचार का दूसरा हथियार कथित जातिप्रथा थी। जाति को लेकर उनकी चिंता हिंदुओं के बीच सामुदायिक समरसता पैदा करना नहीं थी। उन्हें यह अच्छी तरह मालूम था कि जातियों का गठन तथा उसके द्वारा सदस्यों को मिलनेवाली सुरक्षा और पहचान धर्म-परिवर्तन के लिए एक बहुत बड़ी बाधा थी। जाति के विरुद्ध उनके हमले समानता और अधिकार के समान वितरण को बढ़ाने के उद्देश्य से नहीं थे, बल्कि वे जाति संगठन से व्यक्तियों को मिलनेवाले फायदे, भरोसे और स्थायित्व से उन्हें दूर कर देना चाहते थे। जाति-व्यवस्था के उन्मूलन की बात करने के पीछे किसी व्यक्ति को उसकी सामूहिक पहचान से दूर कर उसे यह बताने की मंशा थी कि उसकी नैतिक प्रगति तभी संभव है, जब वह अपने व्यक्तिगत और एकाकी अस्तित्व को समझे। जाति साहचर्य को आदिकालीन और पुरातन, बाड़ेखाने की नैतिकता बताया गया, जिससे निकलकर आधुनिक हिंदुओं को एक स्वेच्छाचारी, जड़ से उखड़े व्यक्ति के रूप में धर्म परिवर्तन के लिए तैयार किया जाए। लुइस डुमॉण्ट ने ठीक ही कहा है कि व्यक्तिवादिता को लेकर

पश्चिम का गंभीर झुकाव जाति को समझने में सबसे बड़ी रुकावट थी।[2] सबसे पहला 'प्रगतिशील' जाति विरोधी औपनिवेशिक कानून, 'जाति अयोग्यता निवारण अधिनियम 1850' था, जिसने पहली बार जाति छोड़ने, उसकी जिम्मेदारियों का त्याग करने तथा अपना धर्म बदलनेवाले व्यक्ति को संपत्ति और पैतृक धन पर अधिकार देकर धर्मांतरण को सरल बना दिया।

उन्नीसवीं सदी के अंत तक जाति-व्यवस्था का प्रश्न एक राजनीतिक प्रश्न बन गया, जिसके दो पहलू थे : (i) औपनिवेशिक शासन के द्वारा भारतीय आबादी को कमजोर करनेवाले वर्गीकरण का फायदा उठाने की इच्छा, और (ii) सामाजिक ढाँचे को जाति-व्यवस्था के इस्तेमाल से कमजोर करना और उसे अपनी इच्छानुसार तोड़ना-मरोड़ना। औपनिवेशिक काल के अधिकारियों को ईसाई धर्म प्रचारकों तथा इंडोलॉजी के विद्वानों ने पहले ही अपने आक्रामक विमर्श से दिशा दे दी थी, जिसमें इस बात पर जोर दिया गया था कि जाति-व्यवस्था को ऐसे अन्यायपूर्ण संस्थान के रूप में देखा जाना चाहिए, जो हिंदुओं की धार्मिक-सांस्कृतिक चर्चाओं तथा सामाजिक, आर्थिक व्यवहार के मूल में रचा-बसा है। इस प्रकार भारतीयों, और उनमें भी कहीं अधिक हिंदुओं को लेकर अंग्रेजों की सोच ऐसी थी कि उनके साथ सामान्य नागरिकता की बजाय, उन्हें जातिगत टुकड़ों में बँटा मानकर व्यवहार किया जाता था। अब तक जो जातीय पहचान नाते-रिश्ते, सामाजिक सुरक्षा, सामुदायिक सहायता पाने तथा किसी सदस्य या परिवार के सामाजिक कार्य में सामूहिक सहयोग की एक भावना पैदा करती थी, उसका राजनीतीकरण किया गया और उसे संघर्ष का एक साधन बना दिया गया। यहाँ तक कि सन् 1857 के बाद, जब ब्रिटिश शासन भारत में पूरी जड़ें जमा चुका था, तब भी जातियाँ विशेष व्यावसायिक और सामाजिक समूहों के कठोर बंधन में नहीं बँधी थीं। बर्नार्ड कोहन का तर्क है कि जाति की वर्तमान स्थिति और समझ के लिए औपनिवेशिक चिंतन और सूझ-बूझ तथा जनगणना की काररवाई प्रमुख रूप से जिम्मेदार थीं।

यदि अंग्रेज भारत में जातियों और वर्णों की प्रकृति को जानना चाहते थे तो उन्हें मनु स्मृति पढ़ लेनी चाहिए थी, जो उनके अनुसार जातियों की मौलिक मार्गदर्शिका थी। या फिर भाड़े के कर्मचारियों की बजाय विभिन्न समुदायों के बीच आवासित ब्राह्मण विद्वानों की राय लेनी चाहिए थी जिनके विषय में अंग्रेजों में आम सहमति थी कि वे जातिप्रथा के रक्षक थे और उसके बारे में सबकुछ जानते थे। लेकिन औपनिवेशिक राज्य और प्राच्यवादी विद्वानों ने ऐसा कुछ भी नहीं किया, क्योंकि उन्हें यह एहसास हो गया होगा कि धर्मशास्त्रों की परंपरा को लेकर चर्चा कराने से इसके स्वदेशी जानकारों की बातें जाति पर दिए जा रहे औपनिवेशिक प्रवचनों का खेल बिगाड़ सकती हैं; साथ ही उस दुष्प्रचार को झूठा ठहरा सकती हैं, जिसमें कहा जा रहा था कि जाति एक कठोर धार्मिक संस्था

है, जिसके द्वारा ब्राह्मणों ने शास्त्रों के आधार पर समाज को सोपानों में बाँट दिया। देशी व्याख्याकारों से विचार-विमर्श न करने के पीछे एक कारण यह भी था कि औपनिवेशिक शासन जातियों के गठन से जुड़े विचारों के अर्थ को समझने और उनकी वस्तुस्थिति जानने में उतनी रुचि नहीं लेता था, जितना कि जाति को 'कास्ट' के रूप में जड़ीभूत करने में।

कई वर्षों तक यूरोपीय विद्वान् और औपनिवेशिक शासक जाति-व्यवस्था के सृजन और उसे बढ़ावा देने का दोष धर्मशास्त्र और ब्राह्मणों को देते रहे थे, किंतु जब जाति की वास्तविक वर्तमान स्थिति को समझने का समय आया तो आश्चर्यजनक रूप से वे उन ब्राह्मण विद्वानों को भूल गए और उन्होंने ईसाई धर्म प्रचारकों, औपनिवेशिक मानवशास्त्रियों, कपाल विद्या (फ्रेनोलॉजी) के जानकारों और जनगणना करनेवालों पर भरोसा कर लिया। अंग्रेजी राज जातियों की वास्तविकता और उनकी आपसी वरीयता को समझने की दिशा में उन सरकारी प्रपत्रों की मदद से आगे बढ़ा, जिन्हें जनगणना के अधीक्षकों ने तैयार किया था। मानवशास्त्र के सिद्धांत, समाजशास्त्रीय निरूपण तथा पहले से तैयार की गई सरकारी प्रश्नावली ऐसे साधन थे, जिनसे अंग्रेजों ने भारत में जाति (कास्ट) का आविष्कार किया।

एक यूरोपीय के लिए जाति की सामुदायिक भावना अत्यधिक उलझाऊ थी और चूँकि वह अपने ही आधुनिक व्यक्तिवाद से आसक्त था, इस कारण उसने हिंदू सामाजिक जीवन के स्वरूप को आदिम और बीता हुआ मान लिया। हालाँकि आधुनिक युग के अनेक महान् विचारकों को निर्बाध और निर्मूल व्यक्तिवाद के गुण तात्कालिक रूप स्पष्ट नहीं हुए, जो एलेक्सिस डे टोकविल के समान ही उसे अफसोसजनक नया विचार मानते थे, जिसकी खूबी दोषरहित रूप से स्थापित नहीं हुई थी। वास्तव में, टोकविल व्यक्तिवादी सोच के उन फायदों को लेकर निश्चित नहीं थे, जिस पर अमेरिकी लोकतंत्र आधारित था और उन्होंने इस पर एक तीखी आलोचना लिखी "व्यक्तिवादिता, समुदाय के प्रत्येक सदस्य को अपने साथियों से नाता तोड़ लेने को तथा उसे अपने परिवार और अपने मित्रों से अलग हो जाने को प्रेरित करती है; इस कारण जब वह अपना एक छोटा सा दायरा बना लेता है तो वह विशाल समाज को उसके हाल पर छोड़ देता है··· लोकतंत्र प्रत्येक मनुष्य को न केवल अपने पूर्वजों को भुलाने पर मजबूर कर देता है, बल्कि उसके वंशजों को भी छुपा देता है और उसके समकालीनों को भी उससे दूर कर देता है; 'उसे उसके हाल पर अकेला छोड़ देता है तथा अंत में उसके पास अपने हृदय के सूनेपन के सिवाय कुछ नहीं बचता।"[3] इसके विपरीत, जाति के अंतर्गत व्यक्ति के साथ ही एक सामाजिक दायरे के सदस्य के रूप में कार्य करना संभव है। यद्यपि डुमॉण्ट ने इस पर जोर दिया कि वर्णवादी मूल्य भारतीय सामाजिक विचार का महत्त्वपूर्ण अंग

है, फिर भी उन्होंने यह मानने से इनकार कर दिया कि इन मूल्यों के कारण ही समाज में असमानता और सामाजिक-आर्थिक अधीनता ने अनिवार्य रूप ले लिया। उन्होंने लिखा कि, "किसी मूल्य को अपनाना ही वर्गीकरण की शुरुआत होती है, जहाँ मूल्यों पर बनी एक सहमति, विचारों और लोगों का किंचित वर्गीकरण सामाजिक जीवन का अभिन्न अंग बन जाती है··· बेशक, अधिकांश मामलों में वर्गीकरण किसी-न-किसी रूप में सत्ता से जुड़ा रहता है, लेकिन ऐसा अनिवार्य रूप से नहीं होता, जैसा कि भारत के मामले में देखा जा सकता है।"[4]

जाति ने औपनिवेशिक और प्राच्यवादी चर्चाओं में महत्त्वपूर्ण स्थान ले लिया, क्योंकि सामाजिक धरातल पर यह हिंदुओं की 'अव्यवस्थित कल्पना' और वस्तुनिष्ठ वैश्विक वास्तविकता के प्रति उनकी भ्रमित तथा अव्यावहारिक सोच का प्रतिबिंब बन गया। जाति की इंडोलॉजिकल आलोचना में उनके सांस्कृतिक पक्षपात की अभिव्यक्ति के सिवाय कुछ भी प्रत्यक्ष रूप से बुद्धिसंगत नहीं था, जिसके कारण रोनाल्ड इंडेन को यह कहने में कोई संकोच नहीं था कि, "सपनों में खोए तथा जातियों में बँटे भारत का विचार अनुभवजन्य वियुक्ति पर आधारित नहीं है। यह एक व्यापक प्राच्यवादी विमर्श का हिस्सा है···"।[5] और वह विमर्श चाहे प्रत्यक्षवादियों का हो या फिर छायावादियों का, उसमें कल्पना, असंगतता और हिंदू जगत की अलौकिकता की चर्चा की ही प्रधनता थी, जो उनके अनुसार, सांसारिक स्तर पर जातियों के वर्गीकरण के रूप में निरूपित हुई। भारत के ठहराव के लिए जाति जिम्मेदार थी। जातिगत भेदभाव ने भारतीय राजनीति को बाँट दिया था और सबसे महत्त्वपूर्ण यह कि इसके कारण ही भारत लगातार बाहरी ताकतों का गुलाम बनता रहा। प्राच्यवादियों, उपनिवेशवादी ताकतों, आधुनिक इतिहासकारों और जाति-विरोधी कार्यकर्ताओं में इस तर्क पर आम राय है। हालाँकि तथ्य कुछ और ही बताते हैं। सबसे पहली बात, जैसा कि कुछ आधुनिक इतिहासकार बताते हैं (और तर्क के लिए मान भी लें) कि भारत में एक बड़ा आक्रमण हुआ था, जिसे 'आर्यों का आक्रमण' बताया जाता है, तो उसके लिए जाति को तो जिम्मेदार नहीं ठहराया जा सकता, क्योंकि वही इतिहासकार यह भी मानते हैं कि जाति का आविष्कार तो भारत विजय के बाद आर्यों ने किया। इसलिए यह संभव था कि ब्राह्मणों और जाति-व्यवस्था के बिना भी भारत पर आक्रमण कर उसे अधीन बनाया जा सकता था। दूसरी बात भारत के दर्ज इतिहास में हमें एक भी प्रमाण ऐसा नहीं मिलता, जिसमें किसी राज्य को प्रमुख रूप से एक जाति के सदस्यों द्वारा बनाया गया हो, जिसके शासक वर्ग किसी विशिष्ट जाति के हों और राज्य को उस जाति या प्रजाति के हित के लिए ही चलाया जा रहा हो। भारत में कभी कोई बनिया राज्य या कोइरी राज्य या इनके जैसा कोई भी अन्य राज्य नहीं रहा है।

यह कहना कि भारत की पराजय के लिए जाति आधारित हिंदू समाज ही दोषी था,

उस पूर्व धारणा पर आधारित है, कि जाति आधारित राज्य और साम्राज्य भारत में पहले से मौजूद थे और उनमें जातियों के आधार पर इतनी शत्रुता थी कि यदि किसी विशेष जाति के राज्य पर हमला होता था तो दूसरी जातिवाला राज्य मूकदर्शक बना रहता था। जाति आधारित राज्यों और साम्राज्यों वाली राजनीतिक व्यवस्था का अवलंबन लिए बिना यह निष्कर्ष पूरी तरह बेबुनियाद है कि जाति के कारण ही हिंदुओं की हार हुई। यदि भारत के राज्य जातीय आधार पर संगठित नहीं थे और उनमें विभिन्न जाति, भाषा, नस्ल और पांथिक संप्रदाय के लोग रहते थे तो दो राजाओं के बीच का युद्ध केवल सत्ता का युद्ध ही हो सकता था, जिसमें विभिन्न राजा किसी परिस्थिति के प्रति स्वतंत्र और निष्पक्ष प्रतिक्रिया करते हैं, न कि उन रियासतों के रूप में, जो शुद्ध रूप से जाति की इच्छा को आगे बढ़ाते हैं। जयचंद और पृथ्वीराज तो एक ही जाति के थे, फिर भी जयचंद ने मुहम्मद गोरी के विरुद्ध पृथ्वीराज की कोई मदद नहीं की। अनेक मुस्लिम राज्यों को, जिसमें जाति हावी नहीं थी, जाति-केंद्रित मराठों ने रौंद दिया। समतावादी मुसलमान लोदी राज्य को मुगलों ने रौंद दिया और अठारहवीं सदी में इस्लामी, जाति-विरोधी मुसलमान मुगल शासन के बावजूद, आक्रमणकारी यूरोपियों ने भारत को पराजित कर दिया। इस्लामी बगदाद में कोई जाति नहीं थी, फिर भी वुईद, मंगोलों, तुर्कों और अंग्रेजों ने उसे बरबाद कर दिया। भारत की राजनीतिक पराजय का कारण जाति को बतानेवाली यह थ्योरी इतनी लचर और फर्जी है कि यह देखकर हैरानी होती है कि इतिहासकार इस पर गंभीरता से विचार करने लग जाते हैं! इस पर बिल्कुल भी गौर करने की आवश्यकता नहीं, क्योंकि यह तथ्यों पर नहीं, बल्कि उस काल्पनिक पूर्वाग्रह पर आधारित है, जिसमें जाति आधारित राज्यों के अस्तित्व और एक ऐसे राजनीतिक परिदृश्य की मनगढ़ंत तसवीर बनाई गई है, जहाँ विशेष 'जाति-राष्ट्र' अपने बचाव में अन्य 'जाति-देशों' का समर्थन जुटा पाने में विफल रहते हैं। यदि अरबों की हार का कारण जाति नहीं थी तो भारतीयों के मामले में यह एक कारक कैसे हो सकती है? जब महमूद गजनी का आक्रमण हुआ, तब उसका सामना थानेसर, कन्नौज और मथुरा जैसे राज्यों से हुआ, न कि ब्राह्मणों, यादवों और बनियों वाले भारत से। क्या यह माना जाए कि थानेसर एक जाट राज्य था और इस कारण अहीरों और राजपूतों के राज्य ने उसकी मदद नहीं की। लेकिन यह तर्क बेवकूफी से भरा होगा। यही नहीं, भारतीयों की किस्मत में केवल पराजय का मुँह ही देखना नहीं लिखा था। उन्होंने कई आक्रमणकारियों के दाँत भी खट्टे किए, चाहे सिंध के राजा दाहिर का समय हो या अजमेर के पृथ्वीराज और विजयनगर के राय राजाओं का काल रहा हो।

हालाँकि औपनिवेशिक शासन की विचारधारा से प्रभावित कुछ ख्यातनाम इतिहासकार कहते हैं कि हिंदुओं की पराजय का एक महत्त्वपूर्ण कारण जाति रही है, किंतु यह क्यों और कैसे है, इस बारे में हमें कुछ नहीं बताया जाता है, (संभवतः वे

इतिहासकार खुद भी नहीं जानते) लेकिन यह दलील लगातार दी जाती रही है। पादरी सिडनी स्मिथ ने 1814 में एडिनबर्ग रिव्यू में लिखा कि, "यदि एक ऐसे उपाय का आविष्कार करना संभव हो, जिससे सुदूर के देश से कुछ लोगों को भेजकर हिंदुओं को गुलाम बनाया जा सकता हो, तो वह उपाय जातियों की व्यवस्था ही हो सकती है।"[6] दुर्भाग्य से पादरी स्मिथ यह बताना भूल गए कि मुट्ठी भर यूरोपियों ने जिस भारत को पराजित किया, उसमें मुसलमानों की भी एक बड़ी संख्या थी और वे राजपदों पर भी थे, परंतु उनकी जातिविहीनता उपनिवेशवाद के विरुद्ध राष्ट्रवादी विरोध में कोई योगदान नहीं कर सकी। यदि पादरी स्मिथ अफ्रीका पर ब्रिटिश कब्जे की बात कर रहे होते तो वह अफ्रिकी पराजय के लिए जनजातियों की प्रथा या स्थानीय लोगों की त्वचा के काले रंग या उनकी अंतर्निमित नस्लीय सुस्ती को जिम्मेदार ठहरा देते। मुद्दा यह है कि अंततोगत्वा यह पीड़ित ही है, जो अपनी महरूमी का जिम्मेदार है और विजेताओं की मंशा और चालबाजी की साम्राज्यवाद के विस्तार में कोई महत्त्वपूर्ण भूमिका नहीं थी। प्रो. के.ए. निजामी हमें बताते हैं कि भारत में मुहम्मद गौरी की सफलता का कारण हिंदुओं की जाति-व्यवस्था थी, किंतु इस दलील के पक्ष में वह आश्चर्यजनक रूप से न कोई प्रमाण देते हैं और न ही समाजशास्त्रीय बहस से ही कुछ टिप्पणियाँ उद्धृत करते हैं। मुहम्मद हबीब ने लिखा है कि, "मुसलमानों द्वारा जाति व्यवस्था का वर्णन पूर्णतया औपचारिक है और उसमें गहराई के साथ ही समीक्षा का अभाव है।" किंतु समझ की इस कमी को इतिहासकारों ने कभी भी हिंदुओं की हार का कारण उनकी जाति-व्यवस्था को बताने की राह का रोड़ा बनने नहीं दिया गया।

अधिकतर मुसलमान इतिहासकार हिंदुओं की सारी बदकिस्मती का कारण जाति को बताने में जरा भी संकोच नहीं करते। यहाँ तक कि प्रो. हबीब ने भारत में मुसलमानों को मिली सफलता पर अपनी टिप्पणी के लिए भी ग्रंथों के उन्हीं उद्धरणों का सहारा लिया है, जो कहते हैं कि जाति आधारित व्यवस्था के कारण ही हिंदुओं को राजनीतिक घाटा उठाना पड़ा। डॉ. परमात्मा शरण हिंदुओं की पराजय के संभावित कारणों में से 'अन्यायपूर्ण जातिप्रथा'[7] को मुख्य मानते हैं, जो आश्चर्यजनक है, क्योंकि उसी किताब में कुछ कंडिका पहले वे हमें बताते हैं कि गौरी तथा अन्य इस्लामी आक्रमणों की सफलता का कारण "केवल हिंदुओं की सामाजिक और धार्मिक विशिष्टताओं को नहीं बताया जा सकता है, क्योंकि उन बातों को लेकर हमारे विचार अज्ञात और अस्पष्ट हैं और वे निश्चित तथ्यों पर आधारित नहीं हैं।"[8] यदि मुसलमानों की विजय के कारकों को लेकर हमारे विचार अज्ञात और अस्पष्ट हैं तो हिंदुओं की हार के लिए जाति को एक प्रमुख कारक बताए जाने की जिद अध्यापन और शिक्षण की एक रटी-रटाई अवधारणा मात्र प्रतीत होती है, जो जुरासिक युग की मानसिकता वाले शिक्षकों के क्लास नोट्स में आज

भी दर्ज हैं। न तो हिंदुओं की पूर्ण पराजय हुई और न ही उन्होंने वीरता दिखाए बिना हार को स्वीकार किया। बस, कुछ देर के लिए सोच-विचार कीजिए और आप समझ जाएँगे कि इस हार के लिए जाति को कारण बताया जाना बेतुका और तर्क से विहीन है। इसके प्रचलन में आने का कारण यह है कि इतिहासकारों ने इसे औपनिवेशिक प्राच्यवादियों से भिक्षा में लिया और जब कोई और तर्क नहीं सूझा तो उसे ही प्रस्तुत कर दिया। जाति हमारी वैचारिक अक्षमता और पराजय को लेकर हमारी कुंठा की कायराना बहानेबाजी बन गई। अंततोगत्वा, इस तर्क ने प्राच्यवादियों द्वारा हिंदुओं को अन्यायपूर्ण, आवेगी और संभ्रमित बताए जाने की पुष्टि की।

सेनार्ट का मानना था कि "जाति, प्रथाओं और धारणाओं के उस निरंतर प्रवाह की आत्मा है, जिसे हिंदू धर्म कहा जाता है।"[9] मिल ने यह निष्कर्ष निकाला कि भारत और हिंदू धर्म को समझने की कुंजी जाति ही है, इस कारण उनका "जातियों का उनका वर्णन यूरोपीय यात्रियों की धारणाओं का मनु की विविध नामक ग्रंथ से समेकन करता है, जो हिंदुत्व का आदम था।"[10] मिल यह भी मानते थे कि ब्राह्मण, भारतीय समाज में प्रमुखतया 'पुजारियों' की भूमिका निभाते थे और इस कारण हिंदू समुदाय में 'महानतम अधिकार' रखते थे, जबकि हिंदू समाज उनके अनुसार 'सामाजिकता के निम्नतम स्तर'[11] पर था। रोनाल्ड इंडेन ने इस टीका संबंधी तकनीक का अवबोधक विश्लेषण किया है। एक ऐसी तकनीक, जो सुनी-सुनाई बातों और कुछ प्राच्यवादियों तथा ईसाई विचारकों के लेखनों पर आधारित थी : "चूँकि भारत विशेष रूप से एक अज्ञानी आदिम समाज था, जो चार जातियों तथा छत्तीस मिश्रित जातियों के सामने आने के बाद से बिल्कुल भी नहीं बदला था इसलिए सिर्फ यही उम्मीद की जा सकती है कि उसकी सामाजिक व्यवस्था पर पुजारी हावी रहे होंगे।"[12] अपरिवर्तनीय जातियों का अस्तित्व, जहाँ एक तरफ हिंदू सभ्यता के पाषाणवत् और गतिहीन होने को दरशाता है, वहीं दूसरी तरफ, जैसा कि हेगेल ने कहा है, "इसने भारतीय लोगों को सबसे दयनीय बौद्धिक गुलामी में धकेल दिया।" हेगेल, हालाँकि राज्य की तुलना में हिंदू समाज की स्वायत्तता के वर्णनों से भी हैरान थे, क्योंकि यह बात राज्य को लेकर उनकी धारणा के एकदम विपरीत थी, क्योंकि वे राज्य को ब्रह्मांडीय, दैवी तथा मानवीय इच्छाशक्ति (विल) की सबसे मौलिक और प्रगतिशील अभिव्यक्ति के रूप में देखते थे। उनके अनुसार, एक राजनीतिक राज्य की स्थापना और उसके प्रति पूर्ण समर्पण ही मनुष्य की सबसे अच्छी नियति है। हेगेल इस बात को किसी हाल में मानने को तैयार नहीं थे कि यही मानवीय इच्छा शक्ति हिंदुओं की सभ्यता के स्वभाव के साथ-साथ आगे बढ़ी होगी और इस कारण उन्होंने कहा : "हिंदू राजनीतिक अस्तित्व हमारा परिचय लोगों से तो कराता है, राज्य से नहीं।"[13]

लुइस डुमॉण्ट का मानना था कि हिंदू जातिप्रथा का पदानुक्रम सामाजिक क्षेत्र में

'पवित्रता' और 'सत्ता' के समीकरण से बना रहता है, जो दूसरे शब्दों उस पुरानी धारणा का, वेबर के सिद्धांत के अनुसार, महज एक रूपांतरण था, जिसके अनुसार भारत में धर्मसत्ता ने राजसत्ता को कमजोर किया और लौकिक बुद्धिमत्ता को अपने तार्किक निष्कर्ष तक पहुँचने से रोक दिया। हिंदुओं के सामाजिक-राजनीतिक क्षेत्र में धार्मिक व्यक्तियों की भूमिका पर जोर देकर लौकिक मामलों में राजा की केंद्रीय भूमिका को क्षीण बनाया गया। हालाँकि राजा अपने शासन क्षेत्र का रक्षक था, सबका स्वामी था, दंड देने की शक्ति का पालक तथा राजनीतिक तंत्र का सबसे महत्त्वपूर्ण अंग था। बहरहाल, पश्चिम के समाज की तरह राजा को नागरिक क्षेत्र में अपना कानूनी आधिपत्य स्थापित करने की इजाजत नहीं दी गई थी। हिंदू राज्य की सामाजिक-सांस्कृतिक क्षेत्र में एक सीमित भूमिका थी। राजा, संप्रदायों, जातियों, वर्णों और जनजातीय समूहों के अधिकारों और परंपराओं का रक्षक मात्र था, जिससे इन निकायों को एक व्यापकता, ढाँचागत लचीलापन तथा बाह्य विस्तार का अवसर मिला और जाति या मत के नाम पर कबीलाई मानसिकता की भावना महत्त्वपूर्ण नहीं रह गई। जब तक राजा और राज्य का संरक्षण था, विप्लवी तत्त्वों पर उनका नियंत्रण था और वे सबको एक समुदाय में शामिल करने की भावना रखते थे, तब तक किसी वर्ण या जाति के लिए अपने दरवाजे बंद करने, नियमों से बाँधने और पदानुक्रम के विशेषण देने का कारण नहीं था। राजा सामाजिक रीतियाँ तय नहीं करता था। वह केवल उन मानकों को लागू करता था, जो समाज में समाज के सदस्यों द्वारा आम सहमति से स्थापित किए गए थे। हमारे पास यह मान लेने का कोई प्रमाण नहीं है कि एक यादव समाज के रिवाज और उसकी पवित्रता कुर्मियों के रिवाजों से अधिक महत्त्वपूर्ण थे। कई विद्वानों की मान्यता है कि हिंदू राजा के अस्तित्व के कारण नहीं, बल्कि उसकी गैर-मौजूदगी के कारण जाति व्यवस्था का प्रभाव बढ़ा : "हिंदू राजघरानों के पतन ने जातियों (कास्ट) के उस रूप को जन्म दिया जो उनके आधुनिक स्वरूप से (अलबत्ता, वैसा नहीं जैसा वर्णित होता है) मिलता-जुलता है। यानी हिंदू सभ्यता की यह विशिष्ट व्यवस्था तेरहवीं या चौदहवीं सदी से पहले सामने नहीं आती, और जातियाँ हिंदू राजतंत्र की कमजोरी और समाप्ति का कारण नहीं, बल्कि उनका परिणाम हैं।"[14] निकोलस डर्क्स ने कहा है कि हिंदू राजाओं के अंत ने "औपनिवेशिक शासन के अंतर्गत ज़ातियों के रूपांतरण का रास्ता साफ कर दिया।"

जोंस, मिल और हेगेल, रिजली जैसे अनुभवजन्य यथार्थवादियों, तथा श्लिगेल जैसे रोमानी आदर्शवादियों के मिले-जुले प्रयासों से यूरोपीय लोगों के दिमाग में जाति ने अत्यधिक कठोर, केंद्रीकृत और अनिवार्य तात्त्विकता का रूप ले लिया। इस अनिवार्यता के प्रभाव ने उस वैकल्पिक सोच को प्रकट ही नहीं होने दिया, जिसके अनुसार "जाति को नागरिकता के एक स्वरूप में देखा जाए, जो विभिन्न परिस्थितियों में पुनर्परिभाषित

हुआ था, न कि अतिशय और चिरस्थायी 'प्राकृतिक समाज के रूप में।"[15] अनेक जातियों की मौजूदगी का अर्थ यह नहीं था कि जनपद या ग्राम के राजनीतिक प्रक्षेत्र में अवस्थित विभिन्न जातियों की पृथक् विशेषताओं से उनकी नागरिकता पर कोई प्रभाव पड़ता था। यदि हम गाँव को एक इकाई मान लें तो भी हम देखेंगे कि उसमें रहनेवाली जातियों के बीच चाहे जो भी अंतर हो, उन सभी को नागरिकता के अधिकार समान रूप से प्राप्त थे। ऐसे अनेक उदाहरण मिलते हैं, जिनमें विवाद निवारण के लिए बुलाई जानेवाली गाँवों की परिषद् में तथाकथित सबसे निचली जातियों के सदस्य भी शामिल रहते थे। हमें ऐसे अनेक उदाहरण मिलते हैं, जिनमें दो ब्राह्मणों के बीच के झगड़े को सुलझानेवाली स्थानीय पंचायत के सदस्यों में शूद्र और अछूत भी शामिल रहते थे। "निचली जातियों की सशक्त परिषद् पर जुटाए गए प्रमाण बताते हैं कि वे भी समाज के एक अंग के रूप में गठित थे⋯।"[16]

बहरहाल, आधुनिकतावादी विद्वानों के अनुसार, जाति एक प्रकार से भारतीय सभ्यता, संस्कृति और परंपरा से मौलिक रूप से जुड़ी रही। जाति की इस प्रकार की केंद्रीय भूमिका पूर्व-आधुनिक युग में भी नहीं थी। निकोलस डर्क्स का तर्क है कि "आज हम जिस रूप में जाति को जानते हैं, वह वास्तव में प्राचीन भारत का अतिजीवित अपरिवर्तित रूप में नहीं है; ऐसी एकल इकाई नहीं है, जो सभ्यता के मौलिक मूल्यों को दरशाती हो; यह भारतीय परंपरा की अथव्यक्ति नहीं है। इसकी बजाय मैं यह कहना चाहूँगा कि जाति (एक बार फिर, जैसा कि हम आज इसे समझते हैं) एक आधुनिक घटना है, यानी विशेष रूप से भारत और पश्चिमी औपनिवेशिक शासन के बीच टकराव का एक परिणाम⋯ मैं यह कहना चाह रहा हूँ कि अंग्रेजों के अधीन ही यह एकमेव शब्द बन गया, जिसमें भारत की सामाजिक पहचान, समुदाय और संगठन की विविधता को अभिव्यक्त, संगठित और प्रणालीबद्ध करने की क्षमता आ गई⋯ संक्षेप में, उपनिवेशवाद ने जाति को वह रूप दिया, जिस रूप में आज यह है।"[17] गलत रूप से चिह्नित करने के अभियान के तहत प्राच्यवादियों और औपनिवेशिक शासन ने एक जटिल अवधारणा को सतही, कठोर और विकृत अर्थ दे दिया—"भारत को समझने और उसमें काम करने के लिए अंग्रेजों ने जो अवधारणात्मक योजना बनाई थी, वे उसी तर्क को लगातार मानते आ रहे थे; उन्होंने व्यापक रूप से जटिल संकेतों और उनसे जुड़े अर्थों को लाक्षणिक रूप दे दिया⋯ अंग्रेजों ने भारत को कुछ नियमों और आदेशों द्वारा पुनर्परिभाषित देश में बदल दिया, एक बार अंग्रेजों ने जब अपनी संतुष्टि के अनुसार उन बातों को, जिन्हें वे भारतीय नियम और परंपराएँ समझते थे, परिभाषित कर दिया तो भारतीय लोगों को उन्हीं रचनाओं का अनुसरण करना पड़ा।"[18]

जाति, भारतीय परिस्थिति की सबसे गंभीर सच्चाई बयान नहीं करती थी, चाहे वह

आधुनिकता की ओर बढ़ रहे भारत की ही बात क्यों न हो? भारतीय समाज के विषय में डुआर्टे बरबोसा को "कोई हैरानी या धक्का लगने जैसा अनुभव नहीं हुआ।" उन्होंने वर्ण या जातिप्रथा का वर्णन नहीं किया, न ही "जाति पर किसी प्रकार की नैतिकता का पाठ पढ़ाया।"[19] डर्क्स ने कहा कि, "भारत के बारे में परवर्ती यूरोपीय लेखों में भी इस कथन में कोई खास वृद्धि नहीं की और जाति जैसी बातों पर टिप्पणियाँ और कम होती चली गईं।"[20] ज्याँ बैप्टिस्ट टैवर्नियर ने अपने विशद लेखन में जाति की चर्चा नाममात्र की ही की है। इसके पीछे की वजह डर्क्स बताते हैं : "ऐसा नहीं कि जाति का अस्तित्व नहीं था, बल्कि यह उतनी प्रभावी, महत्त्वपूर्ण या निश्चित नहीं दिखती थी··· जाति भी स्वयं को प्रभावी या विशेष रूप से स्पष्ट स्वरूप में प्रस्तुत नहीं करती थी।" वास्तव में, अठारहवीं तथा उन्नीसवीं सदी के कई विद्वानों ने जाति के विषय में कुछ अत्यंत सुखद बातें लिखी हैं। एबे डुबोइस एक रिलीजन के रूप में हिंदुत्व को तिरस्कार की दृष्टि से देखते थे, जो उनके जेसुईट ईसाई मिशनरियों से उनकी संबद्धता को दरशाता है, किंतु वह जाति की सराहना करते थे, "मैं कई मायनों में जाति विभाजन को हिंदू कानून का सबसे सुखद प्रयास, उसकी सर्वश्रेष्ठ कृति मानता हूँ। मुझे यकीन है कि भारत यदि बर्बर स्थिति में नहीं पहुँचा तो इसका कारण लोगों का विभिन्न जातियों में वितरित होना है; इसके कारण ही इस देश ने सभ्यता से जुड़ी कलाओं और विज्ञानों को सहेजा और सँवारा है, जबकि दुनिया के दूसरे देश बर्बर स्थिति ही रहे हैं।"[21] डुबोइस ने माना कि जातिप्रथा के बिना भारत "निराशावादी अराजकता की स्थिति में पहुँच जाएगा और वर्तमान पीढ़ी के खत्म होने के पहले ही, आज जो देश वर्तमान परिस्थितियों में इतना सुसंस्कृत है, वह विश्व के सबसे असभ्य देशों में गिना जाने लगेगा।"[22] आधुनिक इतिहासकारों की आम सहमति के विपरीत, एबे डुबोइस मानते थे कि "सर्वोपरि रूप से तथा सर्वप्रथम, यह जातिप्रथा ही थी, जिसने उनकी रक्षा की।" वह निश्चित तौर पर मानते थे कि जाति-व्यवस्था के कारण ही भारत में आज ईसाई धर्म प्रचार विफल हो रहा है और भविष्य में भी ऐसा ही होगा।[23]

एबे डुबोइस को हिंदुओं के धर्म-परिवर्तन में जिस कठिनाई का सामना करना पड़ा, उसका अनुभव उस युग के अनेक ईसाई मत प्रचारकों ने भी किया था। जाति के विरुद्ध उनके हमले हिंदू समाज में सुधार लाने की इच्छा से प्रेरित नहीं थे, बल्कि ईसाई धर्म की शिक्षा देने के दौरान जाति द्वारा प्रस्तुत होनेवाले ठोस विरोध का परिणाम थे। अठारहवीं और उन्नीसवीं सदी के दौरान हिंदू समाज को भेद पाने में अनेक पादरियों और फादरों के मसीही प्रयास की विफलता ने उनका ध्यान आलोचनात्मक समीक्षा के लिए जाति (जो उनकी विफलता का कारण थी) की ओर आकर्षित किया। अधिकतर ईसाई धर्म प्रचारकों ने बड़ी सज्जनता से यह निष्कर्ष निकाला कि "जाति शैतान द्वारा अब तक का सबसे श्रापित आविष्कार थी और इस कारण जाति को समाप्त करने पर जोर देने का

आग्रह शुरू हुआ।"[24] निचली जातियों से कुछ एक को छोड़कर, धर्म-परिवर्तन कराने के इच्छुक न मिलने से उनका गुस्सा और बढ़ गया और उन्होंने इस सशक्त सामाजिक संगठन को नष्ट करने का प्रयास और तेज किया। सेरामपुर मिशन के विद्वान् विलियम केरी ने लिखा कि "फिलहाल सभी अपनी वर्तमान स्थिति में जातियों से बँधे हैं, जिसकी बेड़ियों को तोड़ने पर एक व्यक्ति को अपनी पत्नी, बच्चों और मित्रों की निंदा और धृणा सहनी पड़ती है। अपने आपको ईसा मसीह के प्रति समर्पित करने से पहले उसे एक पति, पिता और पड़ोसी के रूप में हृदय के सभी बँधनों को तोड़ना और फाड़ना होगा।"[25] जातिप्रथा की आधुनिक युग में की जानेवाली अप्रामाणिक और तिरस्कारपूर्ण आलोचना ऐसे ही ईसाई धर्म प्रचारकों की घोर पक्षपातपूर्ण आलोचना से प्रेरित है, जिसका मुख्य पांथिक उद्देश्य धर्मांतरण था। डर्क्स कहते हैं—"धर्मांतरण के प्रति तन्मयता और उसके इतिहास के कारण ईसाई धर्म प्रचारकों में जाति के प्रति एक विशेष घृणा उत्पन्न हुई; उन्होंने जाति में ऐसी योगमापी शक्ति दे दी, जो अन्य समकालीन ब्रिटिश लेखनों में नहीं मिलती।"[26] अधिकतर यूरोपीय विद्वानों के लिए जाति में, जैसा कि हम आज जानते हैं, गौर करने या टिप्पणी करने लायक कोई आकर्षण नहीं था।

हमारे अपने समय के निष्पक्ष यूरोपीय लेखक जाति और जाति से जुड़े व्यवहारों पर अधिक ध्यान नहीं देते हैं और जब इस विषय को उठाते हैं तो उसे किसी फॉर्मूले की तरह पेश करते हैं। वे हमें जातियों के बीच युद्ध, प्रताड़ना, अधीनता और 'अधिरोपित असमानताओं' की काल्पनिक कहानियाँ नहीं सुनाते, जो बाद के दशकों में समाजशास्त्रीय वाद-विवाद का प्रमुख मुद्दा बन गईं। कई लेखक जाति को विशुद्ध नागरिक संस्थान मानते थे, जिसे किसी प्रकार का धार्मिक सहारा नहीं था। इस विचार को आरंभ में बिशप हेबर और कुछ अन्य ईसाई प्रचारकों भी स्वीकार कर रहे थे। मिशनरी सोसाइटी ऑफ मद्रास ने धर्म-परिवर्तन करनेवाले नए लोगों की भूमिका के संदर्भ में यह माना कि "समाज में न तो इतनी क्षमता हो सकती है और न ही इच्छा कि वह भारत में वर्गों के बीच सभी प्रकार के अंतर को मिटा सके।"[27] फिर भी, यह कुछ लोगों की ही प्रारंभिक धारणा थी, परंतु उन्नीसवीं सदी के मध्य तक सभी प्रकार के ईसाई धर्म प्रचारक यह मानने लगे कि जाति "कभी समाप्त न होनेवाली बुराई" है। जाति की निंदनीयता के लिए गिनाए जानेवाले कारण अनुभवजन्य, समाजशास्त्रीय, तथ्यात्मक, कल्याणकारी या शास्त्रों के अध्ययन पर भी आधारित नहीं थे। जाति की अक्षम्य बुराई का प्रमुख कारण ईसाई धर्म प्रचार और औपनिवेशिक इरादों की राह में उसका रोड़ा होना था। सन् 1850 में मद्रास मिशनरी कॉन्फ्रेंस ने घोषित किया कि "जाति भारत में ईसाई धर्मोपदेश के प्रचार-प्रसार की सबसे बड़ी रुकावट है।"[28] जाति इस कारण बुरी नहीं थी कि वह हिंदू समाज की प्रगति में बाधक थी, बल्कि इसलिए कि वह ईसाई धर्म प्रचार को विफल कर रही थी।

इसी संदर्भ में डर्क्स ने एक खास बात पर गौर किया कि "ईसाई धर्म प्रचारकों ने जाति तथा अन्य सामाजिक मुद्दों पर उन्नीसवीं सदी के पूर्वार्द्ध में अन्य व्यक्तियों की तुलना में बहुत ज्यादा लिखा। मिशनरियों पर जाति का भूत सवार था।"[29]

आरंभिक ईसाई धर्म प्रचार से जुड़े साहित्य के अलावा, अठारहवीं सदी के अंत और शुरुआती उन्नीसवीं सदी का अंग्रेजी लेखन भी "जाति के विषय में अपेक्षाकृत कम ही चर्चा करता है, और जो है वह भी फॉर्मूलाबद्ध लगता है…"। इस तथ्य की ओर हमारा ध्यान अवश्य जाना चाहिए, क्योंकि यह दो समस्याओं की ओर ध्यान आकर्षित करता है : (i) भारत में जाति उस रूप में अवस्थित नहीं थी, जैसा कि परवर्ती साहित्य में उसे दिखाया गया है और (ii) इसकी प्रकृति और कार्यप्रणाली के साथ वैसी कोई बुराई नहीं जुड़ी थी, जिसका दोषारोपण बाद के विद्वानों ने किया है। इससे यह स्पष्ट होता है कि जाति को लेकर बनाई गई नव-धारणा और उस पर आधारित नव-प्रचार एकदम हाल की घटना है, जो औपनिवेशिक प्रशासकों और राज्य के मानव विज्ञान के वैज्ञानिकों के लेखन से उपजी। दक्षिण भारत में सन् 1784 से 1821 के दौरान औपनिवेशिक प्रशासक और मानचित्रकार का काम करने वाल कोलिन मैकेंजी ने भारी मात्रा में स्थानीय साहित्य, मौखिक परंपराओं और ऐतिहासिक घटनाओं का संग्रह किया। उनके संग्रह में दक्षिण भारतीय जीवन और संस्कृति को लेकर पर्याप्त जानकारी थी। स्थानीय हिंदू रीतियों, परंपराओं के इस विशाल संग्रह की एक खास बात यह थी कि इनमें जाति के बारे में या उससे जुड़ी समस्याओं को लेकर कोई चिंता परिलक्षित नहीं थी और इनके संग्रहकर्ता मैकेंजी ने भी इन विषयों पर ज्यादा टिप्पणी नहीं की है।[30] मैकेंजी के संग्रह में जाति की चर्चा के कुछ ही दृष्टांत हैं और इसमें जातियों के इतिहास से जुड़ी ऐतिहासिक बातें भी कम ही मिलती हैं, लेकिन जल्दी ही यह तसवीर बदलनेवाली थी। जिस क्षेत्र में मैकेंजी काम कर रहे थे, उसी में काम करते हुए मानवजाति का अध्ययन करनेवाले परवर्ती एथनोग्राफर ने, उन्हीं सांस्कृतिक साक्ष्यों के आधार पर एकदम अलग निष्कर्ष निकाला। वे ऐसे निष्कर्ष थे, जो जाति को औपनिवेशिक व्याख्याकारों और शोधकर्ताओं के विमर्श के केंद्र में घसीट लाये। सन् 1857 के विद्रोह के बाद उभरी नई चुनौतियों ने अंग्रेजी राज को सामाजिक नियंत्रण और राजनीतिक सहयोजन से जुड़ी समस्या को हल करने के लिए नई तकनीकों पर विचार करने के लिए विवश कर दिया तथा इस क्रम में "मानवशास्त्र (एन्थ्रोपोलॉजी) ने औपनिवेशिक ज्ञान और शासन के प्रमुख साधन के रूप में इतिहास को उखाड़ फेंका। उन्नीसवीं सदी के अंत में…भारत में औपनिवेशिक राज्य को मानवजाति विज्ञान संबंधी राज्य (एथनोग्राफिक स्टेट) कहा जा सकता है।"[31]

भूमि अधिकारों, ग्रामीण आंतरिक स्वशासन तथा स्थानीय भू-राजस्व व्यवस्था से अपने पुराने सरोकार से अलग हटकर, "औपनिवेशिक मानवजाति विज्ञान के जानकारों

के कौतुहल में, जो सन् 1870 के दशक के बाद खासतौर पर फला-फूला, सामाजिक वर्गीकरण और उसकी समझ के लिए जाति को प्रमुख विषय माना गया।"[32] डर्क्स ने औपनिवेशिक विचार में आए बदलाव को इस प्रकार दर्ज किया है : 'आरंभिक आधिकारिक दस्तावेजों के साथ ही ऐसी स्थानीय रचनाओं, जिन्हें मैकेंजी ने जुटाया, में जाति के विषय पर परिलक्षित अपेक्षाकृत मौन की जगह नए प्रकार के सार-संग्रहों ने ली—विविध संग्रह और ग्रंथ, आधिकारिक नियमावलियाँ, गजट से लेकर जनगणना तक—जिसमें भारतीय सामाजिक जगत् के संगठन को समझने और वर्गीकृत करने की योजना में जाति के विषय ने सबसे महत्त्वपूर्ण स्थान ले लिया।"[33]

इस एथनोग्राफिक राज्य ने भारत के सामाजिक जीवन को "एक विशेष औपनिवेशिक अकर्मण्यता" से विच्छेदित करना शुरू कर दिया। किंतु यह राज्य जितना श्रम कर भी "भारत की संपूर्ण आबादी गणना के लिए जाति की श्रेणियों का परिष्कार करता, उतना ही उसे लगता कि जातियों की श्रेणियाँ परस्पर व्यापक, अस्थिर और विवादित हैं।"[34] हालाँकि इसे बहुत बड़ी समस्या नहीं माना गया, क्योंकि मानव वैज्ञानिकों को लगता था कि जाति के बारे में सैद्धांतिक और व्यावहारिक स्तर पर व्याप्त गहन अस्पष्टता उसकी वस्तुनिष्ठ समीक्षा में बाधक नहीं थी, बल्कि इस समस्या का कारण कम कड़ाई से की गई गणना, अनुसूचीकरण और संहिताकरण था। यदि कुछ असंगत तथ्य सामने आते थे जो जाति के बारे में औपनिवशक राज की पूर्वधारणाओं से मेल नहीं खाते थे, परंतु जिनका स्पष्टीकरण जरूरी था, तो ईसाई मिशनरियों के जाति विषयक विषवमन का सहारा लिया जाता था। इस प्रकार जाति को सामाजिक निरूपण की तातविक अभिव्यक्ति माना गया। इस योजना में एक तरफ 'धूर्त ब्राह्मण' था तो दूसरी तरफ 'निकृष्ट शूद्र' थे। हिंदू समाज के दायरों को जब इतने स्पष्ट रूप से तय कर दिया गया तो पादरी एम.ए. शेरिंग (1872) को यह कहने में कोई समस्या नहीं हुई कि, "जाति मनुष्यों की खुशी की कट्टर दुश्मन हैं", "जाति बौद्धिक स्वतंत्रता की विरोधी है"; "जाति प्रगति का रास्ता रोककर खड़ी है।"[35] यह बेतुकी और अनावश्यक विद्वत्ता का घोर नाटकीय उदाहरण था, क्योंकि इस उद्घोष के समर्थन में कोई ठोस कारण नहीं दिया गया। साथ ही, इस पूर्व धारणा पर आधारित निष्कर्ष के पीछे ऐतिहासिक आधार नहीं, बल्कि रिलीजन संबंधी धारणाएँ थीं। इन विद्वानों का उद्देश्य हिंदू समाज में बँटवारा कराना और तथाकथित निचली जातियों को भड़का कर उनकी प्रारंभिक राजनीतिक आकांक्षाओं को धार्मिक टकराव और बँटवारे की ओर मोड़ना था। शेरिंग, ब्राह्मणों के अलावा दूसरे समूहों से कहते हैं कि यदि वे चाहें तो "ब्राह्मणवाद को जड़ और शाखाओं समेत समाप्त कर उसका संहार कर सकते हैं।"[36]

जातियों को आपस में संघर्षरत अनिवार्य, तात्विक और विछिन्न सत्ता का स्वरूप दिया जाना हिंदुओं के उस ऐतिहासिक अनुभव से पूरी तरह अलग था, जिसमें सामाजिक

पहचान रिवाजों से अलग और प्रवहमान थी। अधिकतर सामाजिक–आर्थिक व्यवसायों के लिए जाति एक हतोत्साहित करनेवाला तत्त्व नहीं थी और इस कारण इसने जन्मजात संकुचित दायरे में सिमटने की बुराई से अपने आपको बचा लिया। यह प्रमुख रूप से रिश्ते–नातों का एक प्रतीक बनी रही। डर्क्स ने ठीक ही कहा है कि, "वास्तव में जाति ने न तो सामाजिक रूपों, कार्यों और पहचानों के फैलाव को नि:शेष किया, न ही कोई आधारभूत इकाई बना। जाति का एकमात्र साझा सामाजिक सच सगोत्रता को संहिताबद्ध करना तथा कुछ हद तक मिल–जुलकर भोजन करने के नियमों से संबंधित था।"[37] डर्क के आकलन में जिस विचार को व्यक्त किया गया है, उसकी पुष्टि जातियों पर शुरुआती औपनिवेशिक सूचीकारों की गवाही से भी होती है, जो उनकी अनिश्चित प्रकृति को दिखाने के साथ ही यह भी बताती है कि अंग्रेजों ने ही अपने औपनिवेशिक हितों को साधने के लिए जाति की पाषाणवत् व्यवस्था के विचार का निर्माण किया। जाति इकाई जैसी नहीं थी और आज जिस रूप में हम उसे देखते हैं, वैसी भी नहीं थी"।[38] जाति को गढ़ा गया था।" कुछ हद तक प्राच्यवादी विद्वानों द्वारा स्वायत्त और विविध परंपराओं की भूतापेक्षी पाठ रचना द्वारा और कुछ हद तक ईसाई धर्म प्रचारक संगठनों के भारी दबाव के अंतर्गत। प्राच्यवादी विद्वान् जाति के संहार की मांग करने से पहले उसका हौव्वा खड़ा करना चाहते थे। जब एक बार ईसाई धर्म प्रचारकों ने जाति पर एक समन्वित हंगामा खड़ा कर दिया, तो उन्होंने उसके खतरे को समाप्त करने की गरज से प्रभावी हस्तक्षेप करने के लिए सरकार को अर्जियाँ देने की शुरुआत कर दी। चर्च मिशनरी सोसाइटी ने अंग्रेज रानी को एक निवेदन पत्र भेजा—"भारत सरकार ने ईसाई धर्म तथा झूठे धर्मों (गैर ईसाई पंथ) के बीच तटस्थ रहने की इच्छा जाहिर की है। आपके निवेदक ऐसा मानते हैं कि ऐसी इच्छा से ईश्वर के सत्य का अपमान होता है, ईसाई धर्म के प्रसार में रुकावट आती है तथा यह स्थानीय लोगों के सामाजिक कल्याण के विरुद्ध है..."[39]

औपनिवेशिक प्रशासन ने इन निवेदनों पर ध्यान दिया और ईसाई धर्म प्रचारकों की रिपोर्ट के आँकड़ों को अपने सर्वे और जनगणनाओं में शामिल करने का प्रयास किया। केविन हॉबसन के अनुसार, भारत की जनगणना न केवल मानव हस्ती की गिनती का प्रयास था, बल्कि उन हस्तियों को परिभाषित कर उनकी व्याख्या का भी प्रयास था : "इसका परिणाम यह हुआ कि जनगणना न केवल जो मौजूद था, उसका सामान्य लेखा–जोखा बनी, बल्कि समाज के सृजन और रूपांतरण की सक्रिय भागीदार बन गई।" हिंदू समाज की गिनती के क्रम में औपनिवेशिक जनगणना ने "भारतीय प्रणाली को ऐसा रूप दे दिया जिसका अतीत में कभी अनुभव नहीं किया गया। सन् 1872 में पश्चिमोत्तर प्रांत की सामान्य जनगणना रिपोर्ट तैयार करनेवाले डब्ल्यू.सी. प्लोडेन और उन जैसे अन्य लागों ने जाति को सामाजिक जीवन की इकाई माने जाने के खिलाफ सावधान भी किया

था, किंतु उनके जैसे लोगों के परामर्श को सरकार ने गंभीरता से नहीं लिया। प्लोडेन ने लिखा था, "जाति का पूरा सवाल इतना उलझन भरा है तथा इस विषय पर सही जानकारी जुटाना इतना कठिन है कि मुझे उम्मीद है कि अगली बार आबादी की जातियों और जनजातियों के विषय में जानकारी जुटाने का कोई प्रयास नहीं किया जाएगा।"[40] हेनरी वॉटरफील्ड ने इस धारणा को खारिज कर दिया था कि किसी विशेष जाति के अधिकतर लोग उसी पेशे को अपनाते हैं, जिसके अनुसार उन्हें जनगणना में वर्गीकृत किया गया है। हालाँकि राजनीतिक स्वार्थ की पूर्ति के लिए इन आवाजों को दबा दिया गया। यह साबित करने के लिए कि हिंदू समाज कितना बँटा हुआ है और किस प्रकार जातियों की आधुनिक धारणाओं का निर्माण जनगणना से जुड़े अधिकारियों द्वारा किया गया, इसका प्रमाण मद्रास प्रांत से जुटाए गए आँकड़ों में देखा जा सकता है। सन् 1871 में जहाँ जातियों की संख्या 3,208 थी, वह संख्या सन् 1881 में बढ़कर 19,004 हो गई"।[41]

एक और समस्या विभिन्न जातियों के बीच जनगणना सूची में पारस्परिक स्थान को लेकर आम सहमति के अभाव के कारण उत्पन्न हुई। हालाँकि कुछ अस्पृश्य समुदायों को छोड़कर, इस समस्या की तरफ हिंदुओं का ध्यान नहीं गया, जो जातियों के बीच पारस्परिक वरीयता के बिंदु को महत्त्वपूर्ण नहीं मानते थे और इस कारण जातियों और मतों की लिखित सूची नहीं रखते थे। गणना के क्रम में जनगणना से जुड़े अधिकारियों के पास जाति संगठनों के साथ ही निजी व्यक्तियों की ओर से भेजे गए आवेदनों की बाढ़ आ जाती थी, जो इस बात की शिकायत करते थे कि जनगणना के अभिलेखों में उनकी जाति के सामाजिक स्थानों को नीचा कर दर्ज किया गया है, और यह दावा करते थे कि जिस जाति को उनके उपर दर्ज किया गया है, उसे वस्तुतः उनकी जाति के इंद्राज के कुछ पृष्ठों बाद दर्ज होना चाहिए। दिलचस्प बात यह है कि जाति संगठनों और जाति महासभाओं का तेजी से फैलाव भारत की जनगणना के साथ ही शुरू हो गया। इतिहासकार हमें बताते हैं कि बहुत से जाति संगठन इस कारण अस्तित्व में आए, क्योंकि उन्हें लगा कि सरकार के अधिकारी उनकी वास्तविक स्थिति और हैसियत के साथ छेड़छाड़ कर रहे हैं। सामुदायिक और एक-दूसरे पर निर्भरतावाली प्राचीन जीवन-शैली की निश्चितता को स्पर्धात्मक व्यक्तिवादिता के नए साहसी जगत् से चुनौती मिल रही थी, जिसमें सामाजिक पद सरकारी मान्यता पर निर्भर करने लगा। जातियों को, रिश्ते-नातों और सामाजिक पहचान से जुड़ी समस्याओं को, समुदायों के बीच आपसी बातचीत से सुलझाने की बजाय, राज्य की शरण में जाने के लिए प्रोत्साहित किया गया। जातियों ने अपने सामाजिक महत्त्व को जताना भी शुरू कर दिया, ताकि वे राज्य द्वारा जाति आधारित उन मनोनीत पदों और नौकरियों पर अपना ज्यादा से ज्यादा दावा कर सकें, जो सरकार धीरे-धीरे देने लगी थी। भारतीय समाज में वर्ण या व्यावसायिक समूहों से जातियों

के संबंध को लेकर भ्रम, अस्पष्टता और सहमति के अभाव की स्थिति, जो सरकारी दस्तावेजों में अंकित सामाजिक स्थान या पेशे को चुनौती देती थी, ने भी औपनिवेशिक सरकार को जनगणना के लिए जाति आधारित गणना को अपनाने से नहीं रोका। सबसे बड़ा गोरखधंधा यह था कि जनगणना अधिकारियों ने भारतीय समाज में आ रहे परिवर्तनों से आँखें मूँद लीं और समुदायों तथा व्यक्तियों के तत्कालीन व्यवसायों को दर्ज करने की बजाय उन्हें एक काल्पनिक फॉर्मूले के आधार पर दर्ज करने लगे जो, उनके अनुसार किन्हीं प्राचीन शास्त्रों के अनुसार थे।

जनगणना में इस प्रकार का छल किया जाता था कि किसी नागरिक की गणना, वैसे आधार पर नहीं की जाती थी, जैसा वह था, बल्कि उसे पूरी तरह से कल्पित जातियों के साँचे में डालकर सूचीबद्ध किया जाता था। दस वर्षों पर होनेवाली जनगणना मनुष्यों की गणना में उतनी दिलचस्पी नहीं रखती थी, जितनी कि सामाजिक और व्यावसायिक वर्गीकरण करने और उसे दर्ज करने में रखती थी। सन् 1871 की जनगणना में भारतीयों को छह बड़े वर्गों और साठ उपसमूहों में बाँटने का ध्येय रखा गया। इन वर्गों और उपसमूहों को पहले से ही निश्चित कर दिया गया था। भारतीय लोगों को इनमें से ही किसी एक में डाले जाने का कार्य किया गया, चाहे ऐसा करना वास्तविक स्थिति के कितना ही विपरीत क्यों न हो। हिंदू समाज के इस पूर्वनिर्धारित वर्गीकरण ने जमीनी सच्चाई के स्वतंत्र और निष्पक्ष आकलन की संभावना को समाप्त कर दिया। सन् 1891 के जनगणना कर्मचारियों को यह हिदायत दी गई कि वे केवल उन्हीं जातिगत व्यवसायों का प्रयोग करें, "जो उस जाति को परंपरागत रूप से आवंटित हैं और वर्तमान में उसके नाम के साथ सामान्य रूप से जुड़े हैं।"[42] इस निर्देश को जनगणना कर्मचारियों द्वारा, इस सच्चाई को जानने और अपने स्रोतों तथा रिपोर्ट से पुष्टि होने के बाद भी, लागू किया गया कि किसी विशेष जाति के अधिकतर सदस्य आजीविका के उन साधनों से बहुत दूर हो चुके हैं, जिसके आधार पर उनका नाम रखा गया है। उदाहरण स्वरूप, चर्मकार जाति के सभी लोग चमड़े का काम नहीं करते हैं। हालाँकि सन् 1891 की जनगणना ने गिनती के लिए वर्ण का प्रयोग एक पैमाने के रूप में नहीं किया, फिर भी कुछ पुराने ग्रंथों के अध्ययन के आधार पर सामाजिक क्रम की धारणा के प्रति उपनिवेशवादियों के विशेष अनुराग के कारण, उसे पूरी तरह मिटाया नहीं जा सका। हिंदुओं की सामाजिक वरीयता सूची के लिए वे अकसर अपने ब्राह्मण लिपिकों और सर्वेक्षणकर्ताओं तथा उनके जैसे लोगों पर ही भरोसा करते थे, जिन्हें वे विशेषज्ञों के रूप में प्रस्तुत करते थे। बंगाल के जनगणना आयुक्त, जे.ए. बुदिलौं ने गणना और वर्गीकरण की अपनी योजना किसी राजेंद्र लाल मित्रा द्वारा तैयार की गई जातियों की सूची के आधार पर बनाई। इसका महान् प्रभाव यह हुआ कि बंगाल के लेफ्टिनेंट गवर्नर ने "आदेश दिया कि यदि किसी

जाति की सामाजिक स्थिति के विषय में शंका हो तो उसका निवारण मित्रा की सूची को देखकर किया जाए।"[43] इस प्रकार जमीनी सच्चाई की बजाय किन्हीं महाशय मित्रा की सूची एक जाति की समाज में स्थिति और महत्त्व का पैमाना बन गई। समय के साथ उपनिवेशवादियों का भरोसा ग्रंथों, उनके द्वारा नौकरी पर रखे गए लिपिकों की सूचनाओं या पूर्वाग्रह से ग्रस्त अधिकारियों की सलाह पर बढ़ता चला गया।

व्यक्तियों की किसी भी प्रकार की सांख्यिकीय गणना, से गणक द्वारा अपनाए गए पैमाने तथा उन्हें वर्गीकृत करने की उन श्रेणियों पर निर्भर करती है, जिनका उपयोग जानकारी जुटाने, मिलान करने, सूचीबद्ध करने तथा प्राप्त आँकड़े को अंततः जारी करने के लिए किया जाता है। प्रश्न पूछे जाने की प्रक्रिया, पूर्व निर्धारित, किंतु गणना की गलत पद्धति को शामिल किए जाने से समुदायों में होनेवाली नाराजगी तथा सामाजिक और व्यक्तिगत हैसियत का पता स्वतंत्र नहीं बल्कि दूसरे व्यक्तियों और जातियों से तुलानात्मक रूप में पाने की जिद से यह निश्चित था कि गलत-सलत उत्तर ही मिलेंगे। यह जानी हुई बात है कि सांख्यिकीय और गणना संबंधी प्रश्नावली को इस प्रकार तैयार किया जा सकता है कि एक ही क्षेत्र सामग्री से अलग-अलग निष्कर्ष निकाले जा सकें। हमारा ज्ञान हमारे द्वारा पूछे जा रहे प्रश्नों से प्रभावित होता है। औपनिवेशिक गणकों ने ऐसे प्रश्न पूछे और ऐसी जानकारी जुटाई, जो वर्ण और जाति को लेकर उस पूर्व धारणा की पुष्टि करती थी, जिसे ईसाई धर्म प्रचारकों, प्राच्यवादियों और नस्लीय व्याख्याओं और विचारों से ग्रहण किया गया था। मद्रास जनगणना के पर्यवेक्षक, डब्ल्यू.आर. कोर्निश को यह समझ में आ गया था कि जनगणना में धर्म या जाति से जुड़ी बातें अप्रासंगिक हैं और उन्होंने स्वीकार किया कि, "संभवतः इस प्रकार के प्रश्न उठेंगे, आखिर ये विभिन्न मत क्या हैं?"[44] इस कारण "सन् 1872 (और फिर 1881 में) प्रमुख वर्गीकरण वर्ण के आधार पर किया गया।"[45] डर्क्स कहते हैं, 'जनगणना का अनुभवजन्य प्रकल्प सामाजिक व्यवस्था के वर्गीकरण के लिए प्राच्यवादियों की सबसे सामान्य श्रेणियों से जुड़ा था, जिसमें पदानुक्रम और प्रक्रिया को लेकर धारणा पहले ही बनाई जा चुकी थी।"[46] जनगणना आयुक्त, डब्ल्यू.सी. प्लोडेन ने, जो पहले जाति को उलझाऊ और फिजूल मानते थे, अपने पूर्व विचार को त्यागकर सन् 1881 की जनगणना पर यह टिप्पणी की, "यह जाति के अनजान विषय पर और जानकारी जुटाने का आधार है। इस कारण भारत सरकार ने स्थानीय प्रशासन से यह अनुरोध किया है कि वह वर्गीकरण के कुछ विशेष उपाय अपनाए तथा प्राप्त आँकड़े की व्याख्या करे, जिससे कि सांख्यिकीय आँकड़ों का पूरा-पूरा लाभ उठाया जा सके।"[47]

हिंदू आबादी को ब्राह्मणों, राजपूतों तथा 'अन्य जातियों' में बाँटा गया। 'अन्य जातियों' को कृषक तथा कारीगरों के उपसमूहों में बाँटा गया। नामित करने के इस

उपक्रम का प्रमुख उद्‌देश्य "जातियों के नामों को मानकीकृत तथा पदानुक्रमित करने के व्यावहारिक तरीके को"[48] ढूँढ़ना था। वर्तनी को मानकीकृत किया गया, जातियों के नाम से जुड़े उपनामों को हटाया गया तथा जातियों को "पदानुक्रम के सिद्धांतों के आधार पर" संगठित किया गया, "जिन्हें व्यवस्थित रूप तथा स्थायित्व देनेवाला माना जाता था।"[49] यह एक ऐसी योजना थी, जिसने डर्क्स के अनुसार, "किसी-न-किसी रूप में गणना की प्रक्रिया में पदानुक्रम को शामिल कर लिया।"[50] सन् 1891 की जनगणना के आयुक्त, जे.ए. बेंस ने जाति के विषय में कहा कि यह भारतीय परिस्थिति में रची-बसी है और उन्होंने जाति-व्यवस्था की नस्लीय प्रकृति का भी वर्णन किया, जिसे वे स्थानीय समुदायों के साथ विदेशी आर्य जातियों के संपर्क का सीधा परिणाम मानते थे। रिजली भी इसी सिद्धांत का दृढ़ प्रचार अपने मानवशास्त्रीय और मस्तिष्क विज्ञान (फ्रेलोलॉजी) संबंधी शोध के आधार पर पुरजोर ढंग से कर रहे थे, हालाँकि उनके सिद्धांतों को अब खारिज कर दिया गया है। सन् 1891 की जनगणना में वर्ण चिह्नों की अपेक्षा जातियों के व्यवसाय पर अधिक भरोसा किया गया। इस पद्धति पर नेसफील्ड और इबेटसन का प्रभाव था। प्रमुख रूप से नेसफील्ड का, जो मानते थे कि जाति व्यवस्था का आधार उनके व्यवसाय का अंतर था। रिजली ने अपने गणना कर्मचारियों से कहा कि वे अपने-अपने इलाके की जातियों की विस्तृत सूची भेजें, जिन्हें सामाजिक वरीयता के हिसाब से तैयार किया गया हो। उसने स्वयं भी *मनुस्मृति* से वर्णों पर जुटाई गई जानकारी के आधार पर हिंदू जातियों की एक नियंत्रक सूची बनाई, फिर उसने इस सूची में "विशेष जाति समूहों को उचित वर्गीकरण के शीर्षों के अंतर्गत जोड़ा।"

रिजली ने समकालीन भारतीय समाज की स्थिति को समझने के लिए एक ऐसे ग्रंथ का प्रयोग किया, जो उसके युग से लगभग दो सहस्राब्दी पहले का था। जाहिर तौर पर उसकी नकली सूची सच्चाई से कोसों दूर थी और जब उसने मंतव्य के लिए उसे परिचालित किया, तो "उसे बेहिसाब मंतव्यों और कई बार तो आमूलचूल सुधार के साथ लौटाया गया।"[51] रिजली को उत्तर देनेवाले कई व्यक्तियों ने जाति की स्थितियों, दर्जा और पदानुक्रम की विवादित स्थिति का भी वर्णन किया। उसे बताया गया कि बंगाल के कई वैद्य स्वयं को ब्राह्मण बताते हैं, जबकि कुछ अन्य स्वयं को राजपूत कहते हैं। बंगाल के कायस्थ अपने समाज को राजपूत घोषित करने की पुरजोर माँग कर रहे थे। सूदर्ण वणिक कहने लगे कि वे वैश्य हैं। अनेक हिंदू समुदायों के द्वारा शास्त्र आधारित पदानुक्रम की अंग्रेज व्याख्या को विवादित बताते हुए उसपर गंभीर समीक्षात्मक प्रश्न उठाए गए। तथापि जनगणना से जुड़े अधिकारियों ने बाबू ताराप्रसाद चटर्जी जैसे सनकी लोगों—जिसने बंगाल की जातियों की सूची *ब्रह्मवैवर्तपुराण* के आधार पर तैयार की थी—और राजेंद्र लाल मित्रा के परामर्श को माना, जिसने रिजली को फटकार लगाई कि जनगणना को

अनुभवजन्य समकालीन वास्तविकताओं और पदानुक्रम और उस पर हो रहे विवादों से कोई लेना-देना नहीं होना चाहिए, बल्कि "यह उनका कर्तव्य है कि वे हिंदुओं के ग्रंथों को मानें और विशेष दावों पर निर्णन न करें।"[52]

रिजली ने अधिकतर घिसे-पिटे ग्रंथों के समाजशास्त्र को ही आधार माना, "क्योंकि उसके मन में जाति की नस्ली उत्पत्ति की धारणा भयंकर रूप से घर कर चुकी थी, और उसने उन्नीसवीं सदी के उत्तरार्द्ध के वैज्ञानिक अनुभववाद के अपने अनुभव के साथ उन्नीसवीं सदी के आरंभ के प्राच्यवादी ज्ञान तथा औपनिवेशिक शासन के मध्य स्तर पर भरे पड़े स्थानीय ब्राह्मण क्लर्कों के विचार का एक जबरदस्त घालमेल कर दिया था।"[53]

यदि जनगणना की कारखाई के आधार पर जुटाए गए आँकड़े विशेष प्रकार के होते, तो उनकी व्याख्या औपनिवेशिक शासन और उसके 'प्रशासनिक निश्चित ज्ञान' के पूर्वग्रह को सिद्ध करने के लिए की जाती थी। सेक्रेटरी ऑफ स्टेट ने कहा—"जनगणना जरूरी आँकड़े उपलब्ध कराती है; उन आँकड़ों की व्याख्या से उनके पीछे के तथ्यों का पता लगाना बाकी रह जाता है।"[54] रिजली ने जब सन् 1901 की जनगणना सामाजिक वरीयता के आधार पर करने का निर्णय लिया, तो उसने जनगणना की कारखाई को एक राजनीतिक हथियार बना दिया, और फूट डालनेवाली तथा जाति आधारित विद्वेष की राजनीति का खतरनाक रास्ता खोल दिया। समुदायों के बीच आपसी स्पर्धा के लिए छद्म प्रयोगसिद्ध सिद्धांत को स्थापित किया गया, जो आगे चलकर अपने जातीय दावों को स्थापित करने के लिए होनेवाली जाति आधारित राजनीति का मंच बन गया। चूँकि सामुदायिक दर्जा, शुद्धता और सामाजिक महत्त्व का पैमाना अब औपनिवेशिक शासन द्वारा तय कर दिया गया, इस कारण अपनी राजनीतिक पहचान के लिए उसके साथ साँठ-गाँठ करना अनिवार्य माना जाने लगा। वान्नियारों ने अपने आपको क्षत्रियों में शामिल करने की अरजी दी, तिन्नेवेल्लि के शानारों ने भी यही मांग की, जबकि कम्मलन समुदाय के लोग ब्राह्मणों में गिना जाना चाहते थे। कई अन्य जातियों ने, जातियों की सरकारी सूची में अपनी स्थिति के पुनर्निर्धारण की माँग शुरू की। भारत में अनेक जगहों पर विशेष रूप से दक्षिण और महाराष्ट्र में टकराव, साजिश, साँठ-गाँठ, तथा राजनीतिक आंदोलनों की शुरुआत हो गई। इसके परिणाम अवश्यंभावी थे, जैसा कि शेखर बंद्योपाध्याय ने लिखा भी है : 'स्थानीय स्तर पर, निचली जातियों के इन आंदोलनों में उच्च जातियों के विरुद्ध शत्रुता सन्निहित होती थी और कभी-कभी निचली जातियों के नेताओं की कारखाई से ऊँची जातियों के लोग भड़क जाते थे।"[55] जातियों के बीच आधुनिक काल में जो अंतर दिखता है, उसका कारण शास्त्रों की बातें या समुदायों के ऐतिहासिक अनुभव नहीं हैं। इसने समस्या का रूप तब लिया, जब जातियाँ और उनसे जुड़ा संख्या बल राजनीतिक

काररवाई तथा संरक्षण का एक महत्त्वपूर्ण मानक बन गई। उदाहरण के लिए, यदि एक अस्पृश्य जाति अपने सामुदायिक पहचान का निर्धरण महज शत्रुतापूर्ण राजनीतिक ताकत के रूप में करेगी तो निश्चित है कि अन्य समुदाय भी उसके विरोध में उठ खड़े होंगे।

हमारे साझे इतिहास का यह एक दुर्भाग्यपूर्ण तथ्य है कि राजनीतिक स्वतंत्रता के लिए हमारा आंदोलन एक ऐसे माहौल में शुरू हुआ जो औपनिवेशिक मानवशास्त्र तथा उसके आधार पर भारतीय समाज और पहचान को बँटा हुआ दिखाए जाने से जहरीला हो गया था। जातियों के बीच प्रतिस्पर्धा के आधार पर होनेवाली गोलबंदी ने सदियों पुराने हिंदू समाज के सहयोगात्मक ढाँचे की जगह ले ली और एक ऐसा खेल शुरू हो गया, जिसमें किसी के नुकसान पर ही दूसरे को फायदा हो सकता था। यह विचार घर करने लगा कि एक जाति का लाभ दूसरी जाति के घाटे पर, या कम-से-कम उनका विरोधी बनने पर निर्भर होता है। राष्ट्रवादियों की चर्चा में धीरे-धीरे औपनिवेशिक विचार ने मुख्यधारा का स्थान लेना शुरू कर दिया। विनाशकारी रूप से यह जाति की परिभाषा का एक अकादमिक पैमाना भी बन गया। साथ ही, इस पैमाने के आधार पर समाज में बँटवारे को साबित करने के लिए एक तरफ 'अखंड ब्राह्मणवादी हिंदुत्व' का वैचारिक निर्माण किया गया तो दूसरी तरफ उसके खिलाफ खड़ी विद्रोही जातियों की पहचान के तर्क भी दिए गए। यह सच कि ईसाई मिशनरी और ज्यादातर मुस्लिम विचारक विभाजित और परस्पर संघर्षरत हिंदू समाज की अवधारणा के समर्थक थे, स्वयं भी एक दिलचस्प कहानी बयान करता है। उन सभी ने सच्चे मन से औपनिवेशिक विचारधारा और चर्च से जुड़े संगठनों के उकसावे पर अमल किया। ईसाई धर्म प्रचारकों के दयालुतापूर्ण मार्गदर्शन तथा मानवशास्त्रियों, प्रशासकों और राजनीतिक प्रबंधकों के सौजन्य से हिंदू समाज को बाँटने की शुरुआत तन्मयता से शुरू कर दी गई।

अधिकतर जातिगत संगठनों के लिए रिजली के लेख एक मानक बन गए, जिन्होंने उनके नस्लीय तथा विभेदकारी सूत्रों का उपयोग जातीय अलगाव को दिखाकर अपने महत्त्व और दावे को जताने के लिए किया। यह तथ्य कि विभिन्न हिंदू समुदायों के बीच जातीय अंतर का यह सिद्धांत हिंदू शास्त्रों की बजाय औपनिवेशिक विद्वानों द्वारा स्थापित किया गया था, राजनीतिक पहचान प्राप्त करने तथा संख्या के अनुपात में प्रशासनिक लाभ उठाने की हड़बड़ी में नजरअंदाज कर दिया गया। सन् 1931 के जनगणना आयुक्त, जे.एच. हट्टन ने लिखा कि "भारत की जनगणना से जुड़े तमाम परवर्ती जनगणना अधिकारी उस दिन को अवश्य कोसते होंगे, जब सर हरबर्ट रिजली ने, बेशक आनुपातिक नासिका सूचकांक के अपने प्रशंसनीय सिद्धांत की जाँच-परख के लिए ही सही, जातियों की सामाजिक वरीयता क्रम पर आधारित सूची बनाने का प्रयास किया। वह अपने प्रयोजन में विफल रहे, लेकिन उनके प्रयास के फल उतने ही दुखदायी हैं, जितना कि

उनके सफल होने पर होते, क्योंकि हर जनगणना ने जटिलताओं से भरे इतिहास वृत्त के साथ, दाखिल होने वाली अर्जियों की घातक बाढ़ को जन्म दिया।"[56]

इस विषय में डर्क्स ने भी लिखा कि "बीसवीं सदी के पहले दो दशकों ने जाति के विषय पर लेखों का एक विस्फोट देखा, जिनमें से अधिकांश वर्ण के अनुसार वर्गीकरण में विशिष्ट जाति समूहों को ऊँचा स्थान देने के दावे के बारे में हुआ करते थे। जनगणना में जातियों को किसी प्रकार की वरीयता के क्रम में रखने के खिलाफ सरकारी निर्णय के बावजूद, रिजली का प्रभाव लंबे समय तक जीवित रहा। अंग्रेज द्वारा रचित जाति साहित्य पर रिजली का दीर्घकालीन प्रभाव था··· जाति संगठनों के उदय और जाति-व्यवस्था तथा उसके व्यवस्थापन के सिद्धांतों पर उपमहाद्वीप के भारतीयों द्वारा सृजित साहित्य के विस्फोट पर रिजली का नाटकीय प्रभाव था··· जब जातियाँ अपनी पहचान के दावे करतीं तो वे अपना हित साधनेवाले उसी ब्राह्मणवादी वर्ण से जुड़ी भाषा का प्रयोग करतीं, जिन्हें रिजली ने अथक प्रयासों से पुनर्जीवित और नस्लीकृत किया था।"[57]

औपनिवेशिक शासन द्वारा स्थापित अदालतें भी लंबे समय तक जाति को लेकर ईसाई धर्म प्रचारकों और औपनिवेशिक दुष्प्रचार से अछूती नहीं रह सकीं। पूरे देश में एंग्लो-सैक्सन व्यवस्था के अनुरूप एक केंद्रीकृत और समान कानून लागू करने के इरादे से उन्होंने जातियों और समुदायों के अनेक पारंपरिक रीति-रिवाजों में दखल देना शुरू कर दिया। बंबई हाई कोर्ट ने सन् 1876 में यह आदेश दिया—"किसी विवाह को खारिज करने या किसी स्त्री को पुनर्विवाह करने की इजाजत देने के जाति के अधिकार को अदालतें मान्यता नहीं देंगी।"[58] वहीं; दक्षिण भारत के अनेक मंदिरों के "प्रबंधन का नियंत्रण सरकार के द्वारा लिए जाने के बाद कुछ जातियों में होनेवाले विधवा पुनर्विवाह की परंपरा को रोक दिया गया और ऐसे मंदिरों में होनेवाले अनुष्ठानों को अवैध घोषित कर दिया गया, क्योंकि उन्हें शास्त्र सम्मत नहीं माना गया।"[59] न केवल शास्त्रों की व्याख्या गलत रूप में की गई, बल्कि परंपरागत तौर-तरीकों और रीति-रिवाजों की तुलना में उनकी निर्विवाद अधीनता को भी भुला दिया गया। साथ ही, हिंदू सामाजिक जीवन के बारे में एक नए विचार की रचना की गई, जिसने उसमें निहित अनेक प्रगतिशील तथा समतावादी प्रवृत्तियों को कुंठित कर दिया। रॉबर्ट काल्डवेल की उस दलील की आरंभ में निंदा की गई, जिसमें कहा गया था कि तमिलनाडु के शनर अनार्य मूल के हैं और यह निंदा शनर समाज के बुद्धिजीवियों ने की जो कि अपने को बिरादरी का हिस्सा मानते थे। बाद में सन् 1921 की जनगणना में शनरों को नाडार समुदाय के अनुरोध पर नाडार के रूप में सूचीबद्ध किया गया।

शनरों/नाडारों ने क्षत्रिय दर्जा पाने के अथक प्रयास किए, लेकिन आर्य होने के उनके दावे को निराधार और मनगढ़ंत बताकर उनका दावा खारिज कर दिया गया। कुछ

नाडार जब पूजा-पाठ के लिए मीनाक्षी मंदिर में प्रवेश कर गए, तब एक विवाद शुरू हो गया और औपनिवेशिक अदालतों ने आदेश दिया कि नाडारों के आर्य होने के उनके अपने दावे के बावजूद, उनकी आर्य होने की दलील को नहीं माना जा सकता है, इस कारण उन्हें क्षत्रिय का दर्जा देना संभव नहीं है।[60] ऐसी अनेक जातियाँ, जिन्होंने लंबे समय तक सैनिक के रूप में कार्य करने के आधार पर, क्षत्रिय के रूप में पंजीकरण हेतु दावा किया, उन्हें अदालतों ने यह कहकर निराश कर दिया कि पेशा बदल जाने से किसी व्यक्ति का वर्ण बदल जाए, ऐसा नहीं माना जा सकता है। धर्मशास्त्रों और हिंदुओं की ऐतिहासिक आम सहमति के साथ यह एक भद्दा मजाक था।

अनेक प्रशासक भी मानते थे कि औपनिवेशिक शासन ने हिंदू सामाजिक ढाँचे को विकृत रूप दे दिया था। सन् 1921 में हुई जनगणना के एक अधीक्षक, मिडलटन ने पंजाब में जातियों पर औपनिवेशिक शासन के बुरे प्रभावों का वर्णन इस प्रकार किया था—"मैं यह कहना चाहता था कि पेशे पर आधारित जातियों के वर्गीकरण के विरुद्ध एक व्यापक विद्रोह छिड़ा है; यह भी कि इन जातियों का विर्निर्माण और अलग जातियों के रूप में उनका संरक्षण मुख्यत: ब्रिटिश सरकार ने किया है। जमीन से जुड़े हमारे दस्तावेजों और सरकारी अभिलेखों ने जाति की पुरानी कठोरता को लोहे की सलाखों से जड़ दिया है। ऊँची जातियों के बीच जाति को लेकर सख्ती थी, जबकि निचली जातियों में यह नरम थी। हमने हर व्यक्ति को जाति के आधार पर कबूतर के दड़बों में डाल दिया और जिनके लिए सही जाति नहीं मिली, उन्हें उनके खानदानी पेशे का नाम दे दिया। हम जातिप्रथा और सामाजिक-आर्थिक समस्याओं पर उसके कुप्रभाव की निंदा करते हैं, लेकिन उस जाति व्यवस्था के लिए भी हम ही जिम्मेदार हैं, जिसकी हम निंदा करते हैं। यदि उनके ऊपर छोड़ दिया जाए तो जल्दी ही सोनार और लुहार जैसी जातियाँ विलुप्त हो जाएँगी और किसी को फर्क भी नहीं पड़ेगा… नामकरण और कबूतरों के दड़बे में डालने की लालसा के कारण जाति व्यवस्था दृढ़ हो गई, जो कुछ कुलीन जातियों को छोड़कर, देशी शासन के दौरान अत्यंत प्रवहमान थी। यदि सरकार जाति को अनदेखा करे तो निचली जातियों के बीच इसके स्थान पर कुछ अलग ही दिखाई देगा।"[61] किंतु अनभ्य और राजनीतिक उद्देश्य से सूचीबद्ध किए जाने के कारण जल्दी ही निचली जातियों को भी भेदभाव का रोग लग गया। गैर-ब्राह्मण बहुमतवाले डिस्ट्रिक्ट स्कूल बोर्डों में ऐसे अनेक उदाहरण मिलते हैं, जिनमें ब्राह्मणों को सताया और बाहर कर दिया जाता था, साथ ही उनके गैर-ब्राह्मण अफसर ब्राह्मण कर्मचारियों के साथ तबादलों और नियुक्तियों में भेदभाव करते थे।

औपनिवेशिक मानवशास्त्र के सिद्धांत में दो और सूत्र बुने गए। पहला, घोर पूर्वाग्रही और विभाजनकारी सूचकों के प्रयोग से हिंदुओं की आबादी को कम करने की एक गंदी

साजिश की गई। दूसरा, जनगणना करनेवालों ने जीववादियों (एनिमिस्ट), अछूतों आदि, जैसे नए समूहों की संख्या बढ़ाने का प्रयास किया, जिन्हें आगे चलकर गैर-हिंदू घोषित कर दिया गया। सन् 1901 की जनगणना तक भारतीय आबादी को मुसलमानों, हिंदुओं और ईसाइयों के अंतर्गत गिना जाता था। सन् 1911 की जनगणना के लिए वर्गीकरण का एक नया सिद्धांत अपनाया गया और पहली बार हिंदुओं को तीन अलग वर्गों में अपना आँकड़ा देने को कहा गया—(i) हिंदू, (ii) जीववादी (एनिमिस्ट) और जनजातीय तथा (iii) दलित वर्ग या अस्पृश्य। डॉ. अंबेडकर ने इस बिंदु पर कहा कि हिंदुओं के इस नए वर्गीकरण को स्वीकार करने के पीछे मुस्लिम लीग का दबाव था, जिसने लॉर्ड मिंटो से सन् 1909 में की गई अपनी अपील में राजनीतिक भारांक प्राप्त करने तथा मुसलमानों के लिए अलग निर्वाचन क्षेत्र की माँग के साथ ही हिंदुओं की संख्यात्मक शक्ति का पुनर्मूल्यांकन हिंदू धर्म के दायरे से जीववादियों तथा हिंदू धर्म के अन्य 'अल्पसंख्यक' मतों को पृथक कर करने का अनुरोध किया। वाइसरॉय मिंटो दिए गए संबोधन में लिखा था—"यदि (हिंदू) समुदाय के असभ्य (यथामूलक) हिस्से को, जिनकी गणना सामान्यत: जीववादियों तथा अन्य अल्पसंख्यक पंथों के अंतर्गत की जाती है, और उन वर्गों को भी, जिन्हें हिंदुओं के रूप में वर्गीकृत किया जाता है, जबकि सही रूप में देखा जाए तो वे हिंदू हैं ही नहीं, अलग कर दिया जाए तो मुसलमानों का अनुपात बहुसंख्यक हिंदुओं से काफी बड़ा हो जाएगा।"

इन विभाजनकारी उपायों का असली चेहरा तब सामने आया, जब सन् 1909 में अलग निर्वाचन क्षेत्र की योजना बनी जिसके बाद सांप्रदायिक आँकड़े अत्यंत महत्त्वपूर्ण हो गए। किंगलर डेविस ने कहा है कि, "सन् 1909 में अलग धार्मिक निर्वाचन क्षेत्र की शुरुआत के साथ ही गलती के एक और महत्त्वपूर्ण स्रोत का उद्घाटन हुआ, जो जान-बूझकर किया गया मिथ्या निरूपण था। धर्मिक संगठनों की तरफ से जनगणना में अपनी संख्या बढ़ाने का तो लगातार दबाव रहा ही था।"[62] पी.बी. देसाई इस विचार की पुष्टि करते हुए कहते हैं कि "राजनीतिक चेतना के जागरण ने जनगणना की प्रक्रिया पर विकृत करनेवाला प्रभाव डाला।"[63]

डॉ. अंबेडकर ने कहा कि, "मुसलमान हमेशा से ही दलित वर्गों की ओर लालसा भरी निगाहों से देखते रहे हैं··· सन् 1909 में मुसलमानों ने धृष्टता दिखाते हुए यह सुझाव दे दिया कि दलित वर्ग को जनगणना के दौरान हिंदुओं में न गिना जाए।"[64] यद्यपि उनका यह सुझाव सरकार ने पूरी तरह नहीं माना, फिर भी इसी परिणाम को पाने के लिए धूर्तता से 'दलित वर्गों' की संख्या को बढ़ाकर हिंदुओं की कुल संख्या को कम करने की चाल चली गई।

सन् 1911 की जनगणना के दौरान गणना अधिकारियों/अधीक्षकों को हिदायत

दी गई कि कि वे उन जातियों और जनजातियों की गणना अलग से करें, जिन्हें हिंदू तो कहा जाता है, लेकिन वे उनके कई रीति-रिवाजों को नहीं मानते हैं। इस मकसद को हासिल करने के लिए गणना करनेवालों को एक परामर्शदात्री निर्देशिका जारी की गई, जिसके आधार पर गणनाकर्मियों को उन हिंदू जातियों को गैर-हिंदू माना जाना था, जो (i) ब्राह्मणों की श्रेष्ठता को स्वीकार नहीं करते, (ii) किसी ब्राह्मण से मंत्र प्राप्त नहीं करते, (iii) वेदों की सत्ता को स्वीकार नहीं करते, (iv) हिंदुओं के महान् देवताओं की पूजा नहीं करते, (v) उन्हें ब्राह्मण पुजारी उनके संस्कार नहीं कराते, (vi) जिनके ब्राह्मण पुजारी हैं ही नहीं, (vii) जिन्हें हिंदू मंदिरों के गर्भगृह में प्रवेश नहीं मिलता, (viii) दूषित करते हैं, (ix) मृतकों को दफनाते हैं, (x) गोमांस खाते हैं और गाय को पवित्र नहीं मानते हैं।

इन पैमानों पर सरसरी निगाह डालें तो यह स्पष्ट हो जाएगा कि प्रश्नावली इस प्रकार तैयार की गई थी कि लोगों से मनचाहा उत्तर प्राप्त किया जाए, जबकि कई संकेतक तो हिंदू होने के स्वीकृत सूचक भी नहीं थे। अनुभव और पद्धति के आधार पर भी वर्गीकरण के इस सिद्धांत में कई खामियाँ थीं। एस.के. गुप्ता कहते हैं, "इस पैमाने की पुष्टि भारत के अलग-अलग हिस्से में समान रूप से नहीं होनी थी। कुछ जातियाँ इस पैमाने के कुछ बिंदुओं पर खरी उतरती थीं, पर दूसरों पर नहीं। कुछ जातियों के मामले में प्राप्त जानकारी इतनी जटिल प्रकृति की होती थी कि किसी निश्चित निष्कर्ष पर पहुँचना मुश्किल हो जाता था।"[65] मध्य भारत और बरार के जनगणना आयुक्त, ई.ए. गेट ने कहा, "जिन तेरह जातियों के स्पर्श से कोई दूषित होता है, उनमें से नौ गोमांस नहीं खातीं, जबकि जो आठ गोमांस खाती हैं, उनमें से चार अस्पृश्य नहीं मानी जातीं तथा दो को मंदिरों में प्रवेश मिलता है।"[66] इस प्रकार जातियों को लेकर तसवीर बहुत धुँधली थी। यद्यपि पूर्ववर्णित पैमाने के आधार पर किए गए वर्गीकरण को पूरी तरह स्वीकार नहीं किया गया, फिर भी वैचारिक स्तर पर पर्याप्त क्षति हो चुकी थी और विभाजनकारी दुष्प्रचार के लिए एक आधार तैयार हो गया था। जनगणना से जुड़ी गतिविधियों की एक प्रमुख विशेषता दलित वर्गों की संख्या को बढ़ाने की इच्छा भी थी। उनकी संख्या पर प्राप्त रिपोर्ट विरोधाभासी थी, फिर भी उनके सामान्य संकेत संख्या को बढ़ाने की दिशा में ही जा रहे थे।

सन् 1912-17 के बीच भारत में शिक्षा की सातवीं पंचवर्षीय समीक्षा में दलित वर्गों की अनुमानित आबादी तीन करोड़ दस लाख चौवन हजार नौ सौ छियानवे (31,5496 मिलियन) बताई गई। सन् 1917 के बाद आधिकारिक दस्तावेजों में दलित वर्गों की संख्या बढ़ने लगी। सन् 1919 में साउथबॉरो कमेटी ने यह आबादी 42.2 मिलियन बताई। गृह विभाग ने संसद् के समक्ष सन् 1920 में पेश की जानेवाली रिपोर्ट में दलित वर्गों की संख्या मात्र 29.36 मिलियन बताई, जबकि सन् 1921 के जनगणना आयुक्त ने 43.3

मिलियन का आँकड़ा प्रस्तुत किया। सन् 1924 में सरकार की ओर से तैयार की गई रिपोर्ट में दलित वर्गों की संख्या 60 मिलियन दर्ज की गई। इन तथ्यों के आधार पर एस.के. गुप्ता ने कहा कि, "इस प्रकार की विसंगतियाँ उस राष्ट्रवादी तर्क को सही साबित करती हैं कि अस्पृश्य अंग्रेजों की हाल की खोज हैं।···यह भी अव्यारूपेय सरकार अलग-अलग संख्या बताती है और उन पर विश्वास करती है। इस प्रकार, यह निष्कर्ष निराधार नहीं है कि ब्रिटिश सरकार ने दलितों की संख्या को राष्ट्रवाद की आँधी रोकने के लिए महत्त्व देना शुरू कर दिया था।"[67] इसमें कोई शक नहीं है कि औपनिवेशिक सरकार दलित घोषित समुदायों की उग्र, और कुछ दृष्टांतों में, अलगाववादी राजनीति की महत्ता पहचानती थी। इसी प्रकार, "दलित वर्ग स्वयं भी अपने राजनीतिक महत्त्व को समझ चुके थे और अपनी स्वतंत्र पहचान को बनाए रखना और उसे जताना चाहते थे।"[68] इसके लिए उन्हें संख्या का समर्थन चाहिए था, जिसे तथ्यों में हेर-फेर और परिभाषाओं की गलत व्याख्याओं से हासिल किया गया। जी.एस. वाजपेयी जैसे अन्य कई लोगों ने दलित वर्गों की संख्या के सरकारी आँकड़े को चुनौती दी और सरकार द्वारा दिए गए 60 मिलियन की बजाय 28.2 मिलियन का वैकल्पिक आँकड़ा पेश किया। अपनी संख्या को बढ़ाए जाने के प्रयास ने दलित वर्ग के नेताओं को और भी अवैध तरीके अपनाने पर मजबूर कर दिया। इस तथ्य पर जे.एच. हट्टन ने भी गौर किया। उन्होंने कहा, "यह कहना सही होगा कि अनेक जातियाँ, जो निश्चित रूप से दलित वर्ग में नहीं थीं, उनके दलित होने का दावा करने में दलित वर्ग के संगठन पीछे नहीं थे।"[69]

ईसाई साहित्य, प्राच्यवादी लेखनों, औपनिवेशिक मानवशास्त्र तथा ब्रिटिश सरकार द्वारा अपनाई गई गणना की रणनीतियाँ हमें उस एकपक्षीय दुष्प्रचार की आलोचना पर विवश कर देती हैं, जो जातियों को हिंदुओं की शाश्वत संस्था बताने पर तुला था और कहता था कि उसका सृजन, संरचना और कभी न बदलनेवाला साँचा धर्मशास्त्रों ने तैयार किया था। यह बात हमें ऐसी स्थिति उत्पन्न करनेवालों की अधिशासी भूमिका को समझने में सहायता देती है, जो किसी परंपरा को नाम देकर और सूचीबद्ध कर उकसावे के तौर पर उसका प्रयोग ऐसे खतरनाक तरीके से कर रही थीं, जो उन परंपराओं के अर्थ और उद्देश्य से सर्वथा भिन्न थीं। धर्मशास्त्रों ने जातियों को सूचीबद्ध या पदक्रमानुसार नहीं सजाया था। उन्होंने कोई जनगणना नहीं की थी, न ही किसी जाति की भूमिका, प्रासंगिकता या स्थिति को ही बताया था। जातियों के बीच के संबंध को नियंत्रित करने का कार्य स्वायत्त नागरिक अनुबंधों पर छोड़ दिया गया था, जिनमें परिस्थितियाँ बदलती रहती थीं। धर्मशास्त्रों में केवल सामाजिक वास्तविकताओं के अपने अनुभव को दर्ज करते लें जो उनकी संरचना तथा कार्यशैली पर आधारित था। वर्णों को क्रमवार सजाने का एक महत्त्व हो सकता है, किंतु जातियों के मामले में किसी भी भूमिका का निर्धारण नहीं

किया गया है। शास्त्र सिर्फ इतना कहते हैं कि अमुक जाति किसी विशेष संबंध के कारण अस्तित्व में आई या वह किसी विशेष क्षेत्र में स्थित थी या समान व्यवसाय करती थी। व्यवसाय से संबंध भी अधिकांशतया शैलीगत था या दर्ज किए जाने के समय उसे जिस रूप में देखा गया था, वैसा था। जिस मागध को राजा के सेवक या चापलूस के रूप में दरशाया जाता था, वह वास्तविकता में व्यापारी, भवन निर्माता, कृषक और राजा भी था। सबसे बड़ी बात यह है कि मनु और याज्ञवल्क्य न तो जनगणना अधीक्षक थे और न ही राज्य के प्रशासनिक अधिकारी।

जातियों की पहचान आंतरिक रूप से निर्धारित होती थी, आरोप्य नहीं थी, मुक्त और सतत परिवर्तशील तथा वे किसी व्यवसाय से जुड़ी नहीं थीं। वे स्वतंत्र और सतत थीं। मंदसौर के बुनकरों की श्रेणी के सदस्यों के लिए यह संभव था कि वे उत्तर भारत चले जाएँ तथा अनेक समूहों में बँटकर सैनिकों, संन्यासियों और ज्योतिषियों जैसे पेशे अपना कर पृथक समूहों में बँट जाएँ। उन पर न कोई शास्त्र लागू होता था, न ही जातियों की सूची से परामर्श होता था, और न ही नई जातियों तथा व्यावसायिक समूहों के गठन को रोका जाता था। वास्तव में किसी को परवाह नहीं थी कि कौन सा समुदाय क्या करता है ? जातियों की पहचान को लागू करने और उन पर निगरानी का कोई तंत्र नहीं था। भारत में जातियों का 'कास्ट' के रूप में उभरना इब्राहिमी रिलीजन के प्रभाव के कारण हुआ, जिन्हें मनुष्य के समूहों को, आधिपत्य रखनेवाले निश्चित धार्मिक ग्रंथ के आधर पर बने एक समान और आधिकारिक धार्मिक कानूनों द्वारा तय किए गए मानकों के अनुसार, देखने की आदत है। साथ ही, वे यह भी मानते हैं कि राज्य को इन मानकों को शुद्ध रूप में लागू करना चाहिए, जिससे कि यदि एक बार किसी समूह की पहचान तय कर दी जाए तो फिर उससे विचलन न हो। इब्राहिमी राज्य समूह के सदस्यों के जीवन के हर पक्ष का नियामत करता है—वे क्या खाते हैं, क्या पहनते हैं, कैसे प्रार्थना करते हैं, यहाँ तक कि उनका यौन संबंध कैसा है ?

ईश्वर की वाणी पर आधारित शास्त्र, धार्मिक कानून या किसी धार्मिक गुरु के आदेश के उल्लंघन को न केवल विधर्मिता या धर्म का घोर अपमान माना जाता था, बल्कि उसे राष्ट्र से द्रोह और आपराधिक विरोध भी माना जाता था। ऐसे उल्लंघन की सजा बहुत कठोर, तुरंत दी जानेवाली और अक्षम्य होती थी। इब्राहिमी रिलीजन ऐसे निश्चित, नियंत्रित और अपरिवर्तनीय पहचान में विश्वास करते हैं, जिन्हें धर्म पुस्तकों द्वारा निर्धारित किया जाता है कि कौन क्या है—मोमिन, काफिर, मूर्तिपूजक या मुरतद—और यह पहचान अनंत काल के लिए अपरिवर्तनीय है। इस पहचान को बदलना एक घोर अपराध, एक फितना, आदेश का उल्लंघन माना जाता है। मुसलमानों और अंग्रेजों ने भारतीय समाज को अपने इब्राहिमी, एकदेववादी तथा पूर्व निश्चित नजरिए से देखा। वे

हिंदू जगत् में बाइबल, कुरान, शरीअत और धार्मिक कानून के समतुल्य कोई चीज ढूँढ़ रहे थे। वे अपरिवर्तनीय सामूहिक पहचान के उदाहरण देखना चाहते थे, जिन्हें धार्मिक मान्यता प्राप्त हो, किंतु उन्हें ऐसा कुछ भी नहीं मिला। इस कारण वे उस हिंदू धर्म दृष्टि की आलोचना करने लगे, जिसे वे पकड़ में न आनेवाला, अनियंत्रित और असभ्य मानते थे, जो आध्यात्मिक रूप से तथा सामुदायिक सामाजिक-सांस्कृतिक दृष्टि से अनेक पद्धतियों वाला था, इसलिए उनके अनुसार मूल्यहीन था।

यूरोपीय व्याख्याताओं की इब्राहिमी पृष्ठभूमि ने उन्हें उन हिंदुओं के लिए रिलीजन की तलाश करने पर मजबूर कर दिया, जो मुसलमान, ईसाई, यहूदी या पारसी नहीं थे। अपने शुरुआती लेखनों में उन्होंने हिंदू शीर्षक के अंतर्गत रूढ़िवादी, जोगी, अघोरपंथी, वैष्णव, शैव, जनजातीय समूहों जैसे सारे वर्गों को शामिल किया। उसके बाद वाममार्गियों या शाक्तों से लिए गए कुछ गूढ़ व्यवहारों को प्रमाण मानते हुए उन्होंने खून जमा देनेवाले हिंदू रिवाजों और दैत्यों की पूजा जैसी धार्मिकता पर बहस छेड़ दी। काफी आगे चलकर ईसाई धर्म प्रचार और औपनिवेशिक साम्राज्य को चलाते रहने की मजबूरी के कारण उन समूहों को, जिन्हें पहले हिंदू माना जाता था और जिनकी रीतियों को हिंदू धर्म की निंदा के लिए बहस में शामिल किया जाता था, उन्हें ईसाई प्रचारकों और औपनिवेशिक विद्वानों द्वारा बागी, धर्मसुधारक, गैर-ब्राह्मणवादी, जीववादी, धर्मविरोधी, यहाँ तक कि गैर-हिंदू वर्गों में भी रख दिया गया। ईसाई रिलीजन और इस्लाम में धर्मविरोधी होना भ्रष्ट, पापी और खतरनाक होने के समान माना जाता है। हिंदू जगत् में हिंदू धर्मविरोधी को ब्राह्मणवादी और पाखंडी हिंदू धर्म के विरुद्ध प्रगतिशील विद्रोही माना गया; एक प्रगतिशील संत या पंथ कहा गया। इब्राहिमी दृष्टिकोण ने एक ऐसे हिंदुत्व की रचना की, जो कभी अस्तित्व में ही नहीं था और इस क्रम में अनेक सहबद्ध समुदायों को बाँटने का प्रयास किया, जिनकी एक ही सांस्कृतिक सोच थी। यह मान लिया गया कि हिंदुओं का भी एक देवता, एक ग्रंथ तथा एक कानून होना चाहिए और वे एक प्रकार के हिंदू उम्मा के सदस्य जरूर होने चाहिए। इस पूर्वाग्रह के साथ उन्होंने रूढ़िवादिता के लिए एक सैद्धांतिक आधार बनाना शुरू कर दिया और इस प्रक्रिया में प्राचीन भारतीय परंपरा को तोड़ने-मरोड़ने, नष्ट और विकृत किया।

कृपया याद रखें कि सबसे कट्टर हिंदू भी यह मानता है कि भगवान को तैंतीस करोड़ तरीके से जाना जा सकता है, इसलिए यह नहीं कहा जा सकता कि कौन बड़ा या कौन छोटा देवता था; कौन ब्राह्मण और कौन किसी शूद्र या कौन किसी जीववादी का देवता था; 'किंतु औपनिवेशिक शासन और जनगणना करनेवालों ने ऐसा ही मान लिया था। कोई ईसाई और कोई मुसलमान कभी समझ ही नहीं सकता कि एक व्यक्ति, जो किसी एक देव रूप से प्रेम करता है, वही उसके दूसरे रूप के प्रति भी उतना ही समर्पण

रख सकता है। उनके लिए यह मानना कठिन था कि एक हिंदू आध्यात्मिकता को लेकर या तो यह या फिर वह में विश्वास नहीं रखता, अर्थात् वह यह नहीं मानता कि ईसा मसीह के प्रति श्रद्धा रखने का अर्थ राम से घृणा करना है। एक ईसाई और एक मुसलमान यह भी नहीं समझ सकता कि मनुष्य बौद्धिक ज्ञान की विविध अंतर्दृष्टि का एक साथ संधान कर सकता है। औपनिवेशिक सरकार ने एक दिशा-निर्देश तैयार किया, जिसमें कहा कि यदि एक व्यक्ति हिंदुओं के 'बड़े देवताओं' पर विश्वास नहीं करता तो उसे अन्य जीववादियों के रूप में दर्ज किया जाए। उन्होंने अपने सिद्धांतों के विपरीत सामने आनेवाली सच्चाई के बावजूद इस दिशा-निर्देश पर अमल किया। सन् 1881 की जनगणना रिपोर्ट कहती है कि "ऐसे उदाहरण मिलते हैं, जिसमें जनगणना कर्मचारी ने परिगणक अनुसूची के उस कॉलम में, जहाँ रिलीजन दर्ज किया जाना चाहिए था, वहाँ किसी ज्ञात रिलीजन को नहीं, बल्कि किसी जाति या संप्रदाय का नाम दर्ज कर दिया गया।"[70] मध्य प्रांत के जनगणना अधीक्षक, ड्रिसडेल जैसे कुछ अधिकारियों ने समुदायों की गणना को लेकर जारी दिशा-निर्देश से प्रभावित नहीं हुए और अधिकतर समुदायों को हिंदुओं में दर्ज किया। केवल पाँच को ही 'अन्य' के अंतर्गत शामिल किया।[71] बरार के जनगणना अधीक्षक किट्स ने 'हिंदू शब्द की अस्पष्टता' को लेकर शिकायत की और यह माना कि जनजातियों की संबद्धता को 'अन्य' के रूप में दर्ज करना वास्तव में हास्यास्पद था।

भारत का जनजातीय समुदाय उस वृहत्तर सांस्कृतिक जगत् के संदर्भ में, जिसमें वे रहते थे, अपनी पहचान को किस प्रकार से देखते थे, यह बात कोरकू जनजाति के उत्तर से स्पष्ट हो जाती है। किट्स ने लिखा कि "जब पहाड़ी लोगों से जोर देकर पूछा गया कि उनका रिलीजन क्या है तो काफी वाद-विवाद के बाद उन्होंने कहा कि या तो वे हिंदू हैं या वे नहीं जानते कि रिलीजन होता क्या है; वे अरनी लोग, अज्ञानी लोग थे। वे बस इतना जानते थे कि वे कोरकू जाति के थे। जहाँ तक मैं जान सका, एक भी व्यक्ति ने यह नहीं कहा कि कोरकू रिलीजन जैसी विशिष्ट और अलग कोई चीज होती है; उसने बस इतना कहा कि मैं एक कोरकू हूँ, पर मैं नहीं जानता कि मेरे रिलीजन का नाम क्या है? मैं महादेव, हनुमान, बीरमबाई, चाँद, सूरज और भगवंत की पूजा करता हूँ, जो मेरे धर्म के रचयिता हैं। अब चाहे जो ठीक लगे, समझें।"[72] यह अंश अत्यधिक महत्त्वपूर्ण है। यह गणना करनेवाले को बताता है कि कोरकुओं के कई देवता हैं—हनुमान, महादेव, बीरमबाई आदि। इसलिए जाओ और अनुमान लगाओ कि मेरा रिलीजन क्या है? यह सोचकर अचरज होता है कि कोई जनजातीय व्यक्ति अपना रिलीजन पूछे जाने पर कैसी प्रतिक्रिया देता होगा? क्या वह रिलीजन का अर्थ समझता था? क्या वह गणना करनेवाले की जटिल प्रश्नावली में छिपी चाल को पूरी तरह समझ पाता था? अधिकतर मामलों में थक-हारकर वह गिनती करनेवालों पर ही काफी कुछ छोड़ देता होगा—जो जी में आए

करो! यह कर्तव्य जनगणना कर्मी सहर्ष निभाते थे। यदि हम ऊपर उद्धृत अवतरणों को देखें तो समझ पाएँगे कि अरनी लोग का अनुवाद 'अज्ञानी लोग' के रूप में किया गया है, जबकि इसका अनुवाद 'वनवासी' के रूप में किया जाना चाहिए। अब हम अंदाजा लगा सकते हैं कि गिनती करने, नाम देने और प्राचीन तथा शाश्वत परंपरा को वर्गीकृत करने के क्रम में कितनी हेर-फेर की गई होगी? इसने खेल के लगभग सारे नियमों को नए सिरे से तय कर दिया। इसने धर्म को रिलीजन, पेशे को जाति में और आध्यात्मिक रीतियों को पांथिक कंट के समूहों में बदल दिया। कोरकू लोग चिल्लाते रहे कि वे किस देवता की पूजा करते हैं, इससे कोई फर्क नहीं पड़ता, क्योंकि उनकी पहचान और धर्म किसी पूर्व निश्चित और अपने ही प्रेम में पागल देवता पर निर्भर नहीं थे।

हालाँकि उपरोक्त बातों से हमें यह नहीं समझ लेना चाहिए कि हिंदुओं में साझा संस्कृति और सभ्यतागत विचारों के आधार पर एक सामुदायिक भावना नहीं थी। यदि जनजातीय लोग हनुमान, महादेव और भगवंत को पूजते थे तो पारंपरिक ब्राह्मण बरगद, पीपल के पेड़ों और कई प्रकार के अन्य स्थानीय देवी-देवताओं की पूजा करते थे। अनेक ब्राह्मण स्त्रियाँ आत्माओं, शकुनों और विभिन्न प्रकार के जीववादी देवताओं की पूजा किया करती थीं। एक ब्राह्मण और एक आदिवासी के बीच 'रिलीजन' की अभेद्य दीवार नहीं थी तथा आपस में मिलने पर वे एक-दूसरे को अच्छी तरह समझ लेते थे। वैसे भी, राम को बेर खिलानेवाली शबरी ने उनके साथ कई साझा सांस्कृतिक विषयों पर चर्चा की थी। रेने गुएनॉन ने हमें ठीक ही सावधान किया है कि, "जब पारंपरिक संस्थानों की बात की जाती है, तो चीजों को गहराई से समझने के लिए एक अनोखा 'समाजशास्त्रीय' दृष्टिकोण कम पड़ जाता है, क्योंकि इन संस्थानों का वास्तविक आधार असल में एक ब्रह्मांडीय व्यवस्था होती है।"[73]

संदर्भ

1. रोनाल्ड इंडेन, इमेजिनिंग इंडिया; हर्स्ट एंड कंपनी, लंदन, 2000, पृ. 1
2. निकोलस ब. डर्क्स, कास्ट्स ऑफ माइंड, परमानेंट ब्लैक; नई दिल्ली, 2003, पृ. 4
3. वही, पृ. 4
4. वही, पृ. 4
5. इंडेन, उद्धृत के विपरीत, पृ. 49
6. वही, पृ. 49
7. के.ए. निजामी नें उद्धृत, सम एसपेक्ट ऑफ रिलीजन एंड पॉलिटिक्स इन इंडिया ड्यूरिंग द थरटींथ सेंच्युरी, अलीगढ़ मुस्लिम यूनिवर्सिटी, अलीगढ़, 1961, पृ. xvii
8. वही, पृ. xvi-xvii
9. इंडेन में उद्धृत, उद्धृत के विपरीत, पृ. 57

10. वही, पृ. 57
11. वही, पृ. 57
12. वही, पृ. 57
13. वही, पृ. 71
14. वही, पृ. 82
15. वही, पृ. 83
16. वही, पृ. 219
17. डर्क्स, उद्धृत के विपरीत, पृ. 219
18. बेर्नार्ड कोह्न, डर्क्स द्वारा उक्त में उद्धृत, पृ. 10
19. डर्क्स, वही, पृ. 19
20. वही, पृ. 19
21. वही, पृ. 24
22. वही, पृ. 24
23. वही, पृ. 26
24. वही, पृ. 27
25. वही, पृ. 25
26. वही, पृ. 27
27. वही, पृ. 27
28. वही, पृ. 27
29. वही, पृ. 28
30. वही, पृ. 30
31. वही, पृ. 43
32. वही, पृ. 43
33. वही, पृ. 43–44
34. वही, पृ. 44
35. वही, पृ. 47
36. वही, पृ. 48
37. वही, पृ. 79
38. वही, पृ. 121–122
39. वही, पृ. 131
40. वही, पृ. 202
41. वही, पृ. 208
42. वही, पृ. 212
43. वही, पृ. 210
44. वही, पृ. 210
45. वही, पृ. 202
46. वही, पृ. 202

47. वही, पृ. 207
48. वही, पृ. 209
49. वही, पृ. 209
50. वही, पृ. 210
51. वही, पृ. 216
52. वही, पृ. 217
53. वही, पृ. 218
54. वही, पृ. 220
55. वही, पृ. 223
56. वही, पृ. 224
57. वही, पृ. 223-224
58. धुर्ये में उद्धृत, ऑप. सिंट., पृ. 272
59. डर्क्स, ऑप. सिंट., पृ. 170
60. वही, पृ. 239
61. धुर्ये में उद्धृत, ऑप. सिट.; पृ. 281
62. एस.के. गुप्ता द्वारा उद्धृत, 'द शेड्यूल्ड कास्ट्स इन मॉडर्न इंडियन पॉलिटिक्स': देर इमरजेंस ऐस.ए. पॉलिटिकल पॉवर', मुंशीराम मनोहरलाल; दिल्ली; 1985, पृ. 38
63. वही, पृ. 38
64. वही, पृ. 38
65. वही, पृ. 41
66. वही, पृ. 41
67. वही, पृ. 47
68. वही, पृ. 52
69. वही, पृ. 61
70. जॉन जावोस द्वारा उद्धृत, द इमरजेंस ऑफ हिंदू नेशनलिज्म एन इंडिया, ओ.यू.पी.; दिल्ली; 2000, पृ. 74
71. वही, पृ. 74
72. वही, पृ. 74
73. रेने गुएनन, स्टडीज इन हिंदुइज्म; मुंशीराम मनोहरलाल; नई दिल्ली, 2002, पृ. 67

❑

संदर्भ ग्रंथ सूची

1. जॉन डब्ल्यू. मैक्रिंडल, इंडिका, *एनशिएंट इंडिया ऐस डिस्क्राइब्ड बाई मेगस्थनीज एंड आरियान*, मुंशीराम मनोहरलाल, नई दिल्ली, 2000
2. एबल रेमुसैट, क्लैपरोथ एंड लैंड्रेस, *दी पिलग्रिमेज ऑफ फा-हियान*, मित्तल पब्लिकेशंस, नई दिल्ली, 1990
3. सैमुअल बील, *बुद्धिस्ट रेकॉर्डस ऑफ दी वेस्टर्न वर्ल्ड*, ओरिएंट रिप्रिंट्स, नई दिल्ली, 1983
4. एडवर्ड सी. साचाउ, *अल्बेरुनिज इंडिया*, मुंशीराम मनोहरलाल, नई दिल्ली, 2001
5. कूनराड एल्स्ट, *हू इज ए हिंदू*, वाइस ऑफ इंडिया, नई दिल्ली, 2002
6. शशि एस. शर्मा, *कैलिफ्स एंड सुल्तान्स, रिलिजियस आइडियोलॉजी एंड पॉलिटिकल प्रैक्सिस*, रूपा एंड कं. नई दिल्ली, 2004
7. शशि एस. शर्मा, *ओ माय गॉड : नेचर ऑफ डिवाइन फॉल्टलाइंस*, रूपा एंड कंपनी, नई दिल्ली, 2002
8. डब्ल्यू फ्रीडमैन, *लीगल थ्योरी*, यूनिवर्सल लॉ पब्लिशिंग कं. लि., नई दिल्ली, 1999
9. पी.जे. फिट्जेराल्ड, *सेलमंड ऑन जूरिसप्रूडेंस*, यूनिर्वल लॉ पब्लिशिंग कं.लि., नई दिल्ली, 2002
10. जूलियस गूल्ड एंड विलियम एल. कोल्व (सं.), *ए डिक्शनरी ऑफ दि सोशल साईंसेज*, टैविस्टॉक पब्लिकेशंस, लंदन, 1964
11. टी.पी. मुखर्जी एंड के.के. सिंह, *दि लॉ लेक्सिकन*, इलाहाबाद लॉ एजेंसी, 6 इलाहाबाद, 1971

12. *इनसाइक्लोपीडिया ब्रिटेनिका,* माइक्रोपीडिया, वॉल 222, 1987

13. *कैथोलिक इनसाइक्लोपीडिया,* इंटरनेट वर्जन

14. जॉन फिनिक्स, *नैचुरल लॉ एंड नैचुरल राइट्स,* ऑक्सफोर्ड, क्लैरेंडन प्रेस, 1980

15. विल्हेल्म हल्बफास, *इंडिया एंड यूरोप,* सनी प्रेस, अल्बानी, 1988

16. हिराकावा अकिरा, *ए हिस्टरी ऑफ इंडियन बुद्धिज्म,* (अनु.) पॉल ग्रोनर, मोतीलाल बनारसीदास, दिल्ली, 1998

17. मोतीलाल पंडित, *बियौंड द वर्ड, बुद्धिस्ट अप्रोच टू नॉलेज एंड रियलिटी,* इंटरकल्चरल पब्लिकेशंस, नई दिल्ली, 1997

18. बी.आर. अंबेडकर, *दि बुद्ध एंड धम्म,* डॉ. बाबा साहेब अंबेडकर राइटिंग्स एंड स्पीचेज, शिक्षा विभाग, महाराष्ट्र सरकार, वॉल-II

19. सुकुमार दत्त, *अर्ली बुद्धिस्ट मंक्स एंड मोनोस्ट्रीज ऑफ इंडिया,* मोतीलाल बनारसीदास, दिल्ली, 2000

20. मुनि श्री न्यायविजयजी, *जैन दर्शन,* (अनु.) नगिन जे. शाह, मोतीलाल बनारसीदास, दिल्ली, 2000

21. श्री ग्रंथ साहिब, *सिरिराग महला* 3.1

22. *श्रीमद्भागवत,* 4.16

23. एन. राम जायस, धर्म : द *ग्लोबल एथिक्स* : भारतीय विद्या भवन, मुंबई, 1997

24. थ. चेरबात्सकी, *दि सेंट्रल कनसेप्शन ऑफ बुद्धिज्म,* मोतीलाल बनारसीदास, दिल्ली, 2001

25. *महावग्ग*

26. रामाश्रय राय, *पॉलिटिकल ऑर्डर* : दि वैदिक परसपैक्टिव, आई.आई.ए.एस., शिमला, 2002

27. एस.पी. नागेंद्र, द मोरल एंड रिचुअल फाउंडेशन ऑफ एंशिएंट इंडियन सोसाइटी इन *लाइफ थॉट एंड कल्चर इन इंडिया,* (सं.) जी.सी. पांडे, पी.एच.आई.एस. पी.सी., वॉल I, पार्ट 2, नई दिल्ली, 2001

28. जॉन विल्सन, इंडियन कास्ट, वॉल. II, दीप पब्लिकेशंस, नई दिल्ली 2001

29. पी.वी. काने, हिस्टरी ऑफ धर्मशास्त्र, बि.ओ.आर.आई., पुणे 1990, वॉल. I, पार्ट I

30. डॉ. रमेश कुमार लॉ (सं.), *आपस्तंब धर्मसूत्र*, साहित्य भंडार, मेरठ, 1988

31. अल्का शुक्ला, *पाराशर स्मृति*, परिमल पब्लिकेशंस, दिल्ली, 1991

32. वेंडी डॉनिगर, *दि लॉज ऑफ मनु*, पेंगुईन बुक्स, दिल्ली, 1991

33. वी. राधवन, दि मनु संहिता, द *कल्चरल हेरिटेज ऑफ इंडिया*, आर.के. मिशन इंस्टीट्यूट ऑफ कल्चर : कोलकाता, 1993

34. श्रीकांत तलगेरी, द *आर्यन इन्वेन्शन थ्योरी एंड इंडियन नेशनलिज्म*, वॉइस ऑफ इंडिया, नई दिल्ली, 2003

35. जितेंद्र बजाज (सं.), *अयोध्या एंड द फ्यूचर ऑफ इंडिया, सेंटर फॉर पॉलिसी स्डीज, चेन्नई, 1993*

36. ओम प्रकाश, रिचुअल सोशल एंड लीगल आइडियाज इन द धर्मसूत्र एंड अर्ली स्मृतिज, *लाईफ थॉट एंड कल्चर इन इंडिया*, पी.एच.आई.एस.पी.सी., नई दिल्ली, 2001

37. जूलियस लिप्नर, *हिंदूज : देयर रिलीजियस बिलिफ्स एंड प्रैक्टिसेज*, रूटलेज, लंदन, 1994

38. रॉबर्ट लिंगत, द *क्लासिकल लॉ ऑफ इंडिया*, मुंशीराम मनोहरलाल, नई दिल्ली, 1993

39. टी.आर. वेंकटराम शास्त्री, 'द स्मृतिज : देयर आउटलुक एंड कैरेक्टर', आर.के. मिशन, वॉल. II

40. गंगानाथ झा (अनु.), *मनुभाष्य ऑफ मेधातिथि*, मोतीलाल बनारसीलाल, दिल्ली, 1999

41. एस. वेंकटरमण, *ए ट्रिटाइज ऑन हिंदू लॉ*, ओरिएंट लॉगमैन, चेन्नई, 1972

42. जे.डी.एम. डेरेट, *हिंदू लॉ पास्ट एंड प्रेजेंट*, ए. मुखर्जी एंड कंपनी प्रा.लि., कोलकाता, 1957

43. जे.डी.एम. डेरेट, *ए क्रिटीक ऑफ मॉडर्न हिंदू लॉ,* एन.एन. त्रिपाठी प्रा.लि., मुंबई, 1970

44. आपस्तंब धर्मसूत्र, 1.7.20.6

45. लुडो रोचर, 'दि धर्मशास्त्राज', गेविन फ्लड (सं.), *दि ब्लैकवेल कंपेनियन टू हिंदुज्म,* ब्लैकवेल पब्लिशिंग, ऑक्सफोर्ड, 2003

46. पारस दीवान, *मॉडर्न हिंदू लॉ,* इलाहाबाद लॉ एजेंसी, इलाहाबाद, 1978

47. जे.एन. भट्टाचार्य, *हिंदू कॉस्ट्स एंड सेक्ट्स,* मुंशीराम मनोहरलाल, दिल्ली, 1955

48. आनंद के. कुमारस्वामी, *हिंदुज्म एंड बुद्धिज्म,* मुंशीराम मनोहरलाल, नई दिल्ली, 1996

49. टी.के. उम्मेन, 'इनसाइडर्स एंड आउटसाइडर्स इन इंडिया, प्रिमोर्डियल कलैक्टिविज्म एंड कल्चरल प्लूरलिज्म इन नेशन बिल्डिंग, विद्युत चक्रवर्ती (सं.)', *कम्युनल आइडेंटिटी इन इंडिया : इट्स कंस्ट्रक्शन एंड आर्टिकुलेशन इन द ट्वेंटिथ सेंचुरी,* ओ.यू.पी., नई दिल्ली, 2003

50. बिपिन चंद्रा, *कॉम्युनलिज्म : ए प्राइमर,* अनामिका पब्लिशर्स एंड डिस्ट्रीब्यूटर्स प्रा.लि., नई दिल्ली, 2004

51. आर.एस. शर्मा, *शूद्राज इन एंशिएंट इंडिया,* मोतीलाल बनारसीदास, नई दिल्ली, 2002

52. डेविड फ्रौले, *गॉड्स सेजेज एंड किंग्स,* मोतीलाल बनारसीदास, दिल्ली, 1999

53. प्रभाती मुखर्जी, *बियोंड द फोर वर्णाज : द अनटचेबल्स इन इंडिया,* आई.आई.ए.एस., शिमला, 2002

54. जी.एस. धुर्ये, *कास्ट एंड रेस इन इंडिया,* पॉप्युलर प्रकाशन, मुंबई 2000

55. रॉबर्ट डेलीज, द *अनटचेबल्स ऑफ इंडिया (ट्र. नोरा स्कॉट), बर्ग पब्लिशर्स, न्यूयॉर्क, 1999*

56. जॉन विल्सन, *इंडियन कास्ट,* वॉल. I

57. टी.आर.वी. शास्त्री, 'द स्मृतिज : देयर आउटलुक एंड कैरेक्टर', *कल्चरल हेरिटेज ऑफ इंडिया :* आर.के. मिशन

58. वी.एस. अग्रवाल, *इंडिया ऐज नानि टू पणिनि*

59. स्टीफन फुक्स, *ऐट द बॉटम ऑफ इंडियन सोसाइटी,* मुंशीराम मनोहरलाल, दिल्ली, 1981

60. जिनीन अबोयर, *डेली लाइफ इन एशिएंट इंडिया,* मुंशीराम मनोहरलाल, नई दिल्ली, 1994

61. रिचर्ड डब्ल्यू लारिविएर, 'धर्मशास्त्राज : इट्स प्रेजेंट वैल्यू एंड रेलेवेंस', के.एस. मूति एंड अमित दासगुप्त (सं.), द *प्रैनियल ट्री,* आई.सी.सी.आर., नई दिल्ली, 1996

62. मधुकर एम. पाटकर, *नारद, बृहस्पति एंड कात्यायन,* मुंशीराम मनोहरलाल, दिल्ली, 1978

63. पारस दीवान, *मॉर्डन हिंदू लॉ,* इलाहाबाद लॉ एजेंसी, इलाहाबाद, 1976

64. पी.बी. गजेंद्र गडकर, 'द हिस्टोरिकल बैकग्राउंड एंड द थ्योरेटिक बेसिस ऑफ हिंदू लॉ', *कल्चरल हेरिटेज ऑफ इंडिया,* आर.के. मिशन

65. डी.एफ. मुल्ला, '*प्रिंसिपल्स ऑफ हिंदू लॉ*', दि इस्टर्न लॉ हाउस लि., कोलकाता, 1952

66. सिबेश भट्टाचार्य, *सेक्युलर एंड प्लूरलिस्टिक एलिमेंट्स इन द आइडिया ऑफ स्टेट इन अर्ली इंडिया,* आई.आई.एस., शिमला, 2002

67. मधु किश्वर, 'मनुस्मृति टू मधुस्मृति', *मानुषी*

68. एम.जे. फ्रैंकलिन (सं.) *रिप्रजेंटिंग इंडिया,* रूटलेज, लंदन, 2000

69. रोनाल्ड इंडेन, *इमैजिनिंग इंडिया,* हर्स्ट एंड कंपनी, लंदन, 2000

70. निकोलस बी.डर्क्स, *कास्ट्स ऑफ माइंड,* परमानेंट ब्लैक, नई दिल्ली, 2003

71. के.ए. निजामी, *सम एस्पेक्ट्स ऑफ रिलीजन एंड पॉलिटिक्स इन इंडिया ड्यूरिंग द थर्टिंथ सेंच्युरी,* अलीगढ़ मुसलिम यूनिवर्सिटी, अलीगढ़, 1961

72. एस.के. गुप्ता, *दि शेड्यूल्ड कास्ट्स इन मॉडर्न इंडियन पॉलिटिक्स : देयर इमरजेंस एंड ए वोलिटिकल पॉवर,* मुंशीराम मनोहरलाल, नई दिल्ली, 1985

73. जॉन जावोस, द *इमरजेंस ऑफ हिंदू नेशनलिज्म इन इंडिया,* ओ.यू.पी., दिल्ली, 2000

74. रेने गुयेनन, *स्टडीज इन हिंदुज्म,* मुंशीराम मनोहरलाल, नई दिल्ली, 2002।

❑❑❑